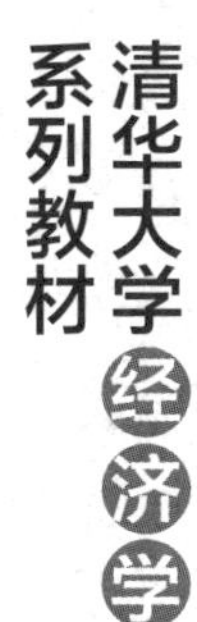

RISK MANAGEMENT AND INSURANCE

风险管理与保险

陈秉正◎编著

清華大學出版社
北京

图书在版编目（CIP）数据

风险管理与保险 / 陈秉正编著 . -- 北京 : 清华大学出版社 , 2025. 7.
(清华大学经济学系列教材). --ISBN 978-7-302-69868-5

Ⅰ. F840.32

中国国家版本馆 CIP 数据核字第 20254D44S2 号

责任编辑： 胡　月
封面设计： 李召霞
版式设计： 方加青
责任校对： 王荣静
责任印制： 丛怀宇

出版发行： 清华大学出版社
网　　址： https://www.tup.com.cn，https://www.wqxuetang.com
地　　址： 北京清华大学学研大厦 A 座　　**邮　　编：** 100084
社 总 机： 010-83470000　　**邮　　购：** 010-62786544
投稿与读者服务： 010-62776969，c-service@tup.tsinghua.edu.cn
质 量 反 馈： 010-62772015，zhiliang@tup.tsinghua.edu.cn
印 装 者： 三河市铭诚印务有限公司
经　　销： 全国新华书店
开　　本： 185mm×260mm　　**印　　张：** 24.75　　**字　　数：** 564 千字
版　　次： 2025 年 7 月第 1 版　　**印　　次：** 2025 年 7 月第 1 次印刷
定　　价： 79.00 元

产品编号：098484-01

序言 PREFACE

20 多年前，伴随着中国加入世界贸易组织（WTO），中国保险业开启了向世界全面开放的进程。也就是从那个时候起，作者进入了保险学教学和研究领域。这些年来，为了适应中国保险业改革开放对人才的需要，国内已有超百所高校开设了风险管理与保险相关课程，近 80 所院校设立了保险、精算相关专业，在校学生接近 3 万人，已经形成了世界上规模最大的保险高等教育体系。

加入 WTO 之后，中国保险业进入了改革发展的快车道，在市场规模和经营质量方面都取得了飞速进步，正在赶上发达保险市场国家，朝着世界保险强国的目标努力，因而更加需要加快对高水平、国际化保险专业人才的培养。

呈现在读者面前的这本《风险管理与保险》，就是基于 2001 年以来作者在清华大学经管学院开设的保险相关课程的教案，从 2012 年前后开始编写，用 10 多年时间“磨”出来的一本拙著。

本书系统介绍了风险管理与保险的基本原理、方法和实务。主要内容包括：风险和风险管理的基本原理，保险的基本原理，保险定价的基本原理和方法，保险合同的基本概念、原则和内容，财产保险产品基本内容，责任保险基本原理和主要产品，人寿保险产品基本内容，健康保险产品基本内容，人寿与健康保险在家庭和企业风险管理中的运用，社会保险基本原理和主要内容，保险市场与保险监管，保险创新发展。

在编写过程中，作者特别注意所介绍的概念、理论和方法尽量与国际接轨，便于在我国金融保险业走向国际的过程中，培养出的人才在和国际同行进行交流时能有共同“语言”。此外，作者还充分注意了教材内容的与时俱进和创新，如在书中增加了“保险创新发展”一章，对保险业未来的发展进行分析展望。与此同时，在阐述某些概念或理论时，会给出一些不同的看法或观点，以鼓励读者进行思考和思辨，如在介绍强制责任保险制度、解释政府对保险市场的监管行为时，以讨论的方式从不同视角介绍了相关理论和观点。

希望这本书的出版，能为具有中国特色的高水平、国际化、现代化保险教材体系建设作出一点有益的贡献。

陈秉正

2024 年仲秋于清华园

目录 CONTENTS

第 1 章　风险和风险管理引论……1

1.1　风险……1

1.1.1　风险的定义……2

1.1.2　风险的分类……3

1.1.3　风险的成本……5

1.2　风险管理……7

1.2.1　什么是风险管理……7

1.2.2　风险管理的目标……11

1.2.3　风险管理过程的基本步骤和核心要素……12

1.2.4　风险管理策略和方法……15

1.2.5　风险管理的组织……16

第 2 章　保险的基本原理……18

2.1　什么是保险……18

2.2　保险的分类……19

2.3　保险需求的经济分析……21

2.3.1　财产与责任保险的需求分析……21

2.3.2　人寿与健康保险的需求分析……32

2.4　保险供给的经济分析……34

2.4.1　保险供给的构成要素……34

2.4.2　可保风险的理想特征……37

2.4.3　保险的供给过程……41

2.5　保险与经济发展……42

2.5.1　保险给经济发展带来的好处……42

2.5.2　保险的社会和经济代价……45

第 3 章　保险定价……48

3.1　保险定价的基本原理……48

3.1.1　保险费与保费率……48

3.1.2　期望索赔成本……50

3.1.3　投资收益、理赔支付的时间因素等对定价的影响……55

3.1.4　管理成本……56

3.1.5 利润附加……57
3.1.6 数值例子……58
3.2 人寿保险的定价……59
3.2.1 人寿保险保费的构成因素……59
3.2.2 利息……59
3.2.3 生命表……61
3.2.4 净保费的计算……62
3.3 非寿险定价……67
3.3.1 描述保险赔付的常用分布函数……67
3.3.2 净保费的计算……74

第 4 章 保险合同……81

4.1 保险合同的概念、特点和分类……81
4.1.1 保险合同的概念……81
4.1.2 保险合同的特点……82
4.1.3 保险合同的分类……83
4.2 保险合同的构成……85
4.2.1 保险合同的主体……85
4.2.2 保险合同的客体——可保利益……86
4.2.3 保险合同的形式和内容……88
4.2.4 保险合同中限定保险人责任的条款……91
4.3 保险合同的基本原则……94
4.3.1 损失补偿原则……95
4.3.2 最大诚信原则……96
4.3.3 可保利益原则……98
4.3.4 近因原则……99
4.3.5 代位原则……101
4.3.6 重复保险的损失分摊原则……102
4.4 保险合同的签订和履行……104
4.4.1 合同的订立……104
4.4.2 合同的履行……105
4.4.3 合同的变更……107
4.4.4 争议处理……108

第 5 章 财产保险……111

5.1 企业财产保险……111
5.1.1 保险标的的范围……111

5.1.2 保险责任和除外责任……112
5.1.3 保险金额和保险价值……114
5.1.4 赔偿处理……115
5.1.5 保险费率……116
5.2 家庭财产保险……118
5.2.1 普通家庭财产保险……118
5.2.2 家庭财产两全保险……121
5.3 信用保险……121
5.3.1 商业信用保险……121
5.3.2 个人信用保险……127
5.4 保证保险……129
5.4.1 确实保证……129
5.4.2 忠诚保证……132
5.5 海上保险……133
5.5.1 海上保险的定义和特点……133
5.5.2 海上保险的分类……134
5.6 货物运输保险……134
5.6.1 概述……134
5.6.2 海洋货物运输保险……135
5.6.3 陆上货物运输保险……136
5.6.4 航空货物运输保险……137
5.7 工程保险……138
5.7.1 工程保险的概念和意义……138
5.7.2 工程保险的分类……139
5.8 运输工具保险……140
5.8.1 汽车保险……140
5.8.2 飞机保险（航空保险）……151
5.8.3 船舶保险……153
5.8.4 铁路车辆保险……155
5.9 农业保险……156
5.9.1 农业保险的基本概念、分类……156
5.9.2 农作物保险……156
5.9.3 林业保险……157
5.9.4 养殖业保险……157

第 6 章 责任保险……159

6.1 责任风险及其法律基础……159

6.1.1 责任风险的重要性及其主要特征……159
6.1.2 责任风险的法律背景……160
6.1.3 侵权责任……161
6.1.4 过失责任……163
6.1.5 民事侵权法体系的经济目标……165
6.1.6 有限财富和有限责任……168
6.1.7 责任风险的管理……169
6.2 责任保险概述……170
6.2.1 责任保险的概念……170
6.2.2 责任保险的发展……170
6.2.3 责任保险的分类……171
6.2.4 责任保险的一般特征……172
6.3 公众责任保险……173
6.3.1 公众责任保险的界定……173
6.3.2 综合公众责任保险……174
6.3.3 特定公众责任保险……176
6.3.4 中国的场所公众责任保险……177
6.4 产品责任保险……178
6.4.1 产品责任和产品责任法……178
6.4.2 产品责任保险的主要内容……181
6.4.3 产品责任保险的特点……182
6.5 职业责任保险……182
6.5.1 职业责任保险概述……182
6.5.2 主要职业责任保险简介……183
6.6 雇主责任保险……190
6.6.1 雇主责任保险概述……190
6.6.2 中国的雇主责任保险……191
6.6.3 雇主责任保险和工伤保险的关系……192
第 7 章 人寿保险……195
7.1 人寿保险概述……195
7.1.1 人寿保险的概念……195
7.1.2 人寿保险事故的特点……195
7.1.3 人寿保险产品的特点……196
7.1.4 人寿保险业务的特点……197
7.2 传统型人寿保险……198
7.2.1 定期寿险……198

7.2.2 两全保险……201
7.2.3 终身寿险……202
7.3 新型人寿保险……206
7.3.1 万能寿险……206
7.3.2 变额寿险……212
7.3.3 变额万能寿险……213
7.3.4 当期假设终身寿险……215
7.4 年金保险……215
7.4.1 年金保险的定义和性质……216
7.4.2 年金的种类……216
7.4.3 主要年金产品介绍……217
7.4.4 年金保险的使用和税收激励……220

第 8 章 健康保险……223

8.1 健康保险概述……223
8.1.1 健康保险的分类……223
8.1.2 健康保险的特点……225
8.1.3 个人健康保险和团体健康保险……226
8.1.4 影响健康保险发展的主要因素……227
8.2 医疗费用保险……228
8.2.1 医疗费用保险的定义、分类和意义……228
8.2.2 医疗费用保险内容……230
8.2.3 商业医疗费用保险和社会基本医疗保险的关系……231
8.3 重大疾病保险……233
8.3.1 重大疾病保险的定义和意义……233
8.3.2 重大疾病保险的分类……234
8.3.3 重大疾病保险的内容……235
8.4 长期护理保险……236
8.4.1 长期护理保险的定义和意义……236
8.4.2 长期护理保险的内容……237
8.5 伤残收入保险……240
8.5.1 伤残收入保险的定义和意义……240
8.5.2 伤残收入保险的内容……241

第 9 章 人寿与健康保险的运用……243

9.1 人寿保险在个人资产配置中的运用……243
9.1.1 个人财务规划……243

9.1.2 人寿与健康保险计划……246
9.1.3 案例分析……259
9.2 人寿与健康保险和退休计划……264
9.2.1 退休计划及其意义……264
9.2.2 退休计划的步骤……266
9.2.3 案例分析……269
9.3 人寿与健康保险在企业员工福利计划中的运用……271
9.3.1 员工福利计划……271
9.3.2 团体保险与员工福利计划……272
9.3.3 人寿与健康保险在企业退休计划中的运用……275
9.3.4 在企业经营中的运用……278
9.4 人寿与健康保险在社会保险中的运用——来自中国的实践……283
9.4.1 商业保险机构参与社会保险计划的管理……283
9.4.2 商业保险机构作为社会保险计划的产品提供者……285

第 10 章 社会保险……288

10.1 经济保障与社会保障体系……288
10.1.1 经济保障……288
10.1.2 社会保障体系……292
10.2 社会保险的基本原理……293
10.2.1 社会保险的基本概念……293
10.2.2 社会保险的基本原则……293
10.2.3 社会保险与商业保险……296
10.2.4 社会保险与社会保障……298
10.3 主要的社会保险计划……300
10.3.1 养老保险……300
10.3.2 医疗保险……312
10.3.3 失业保险……314
10.3.4 工伤保险……318

第 11 章 保险市场与保险监管……327

11.1 保险市场及其特征……327
11.1.1 保险市场……327
11.1.2 保险市场的典型特征及市场失灵现象……331
11.2 保险监管的基本原理……336
11.2.1 保险监管的意义……336
11.2.2 保险监管的原则……336

11.2.3 保险监管的目标……339
11.2.4 保险监管的方式……340
11.2.5 保险监管体系……340
11.2.6 解释保险监管的主要经济理论……342
11.3 保险监管的内容……345
11.3.1 政府作为保险的提供者应发挥何种作用……345
11.3.2 对市场准入的监管……346
11.3.3 在促进市场竞争和保护消费者利益之间的权衡……347
11.3.4 如何发现保险人的财务问题……353
11.3.5 对陷入财务困境的保险人的处理……353
11.3.6 保险人出现无偿付能力的情况时对消费者的保护……354
11.4 中国保险监管实践……355
11.4.1 中国保险监管体系的构成……355
11.4.2 中国保险监管的主要内容……357
11.4.3 保险监管的基本手段……363

第 12 章 保险创新发展……366

12.1 创新的原理、范式及驱动因素……366
12.1.1 创新的定义……366
12.1.2 创新范式与创新理论的演变……367
12.2 保险创新的定义、内容及类型……368
12.2.1 保险创新的定义……368
12.2.2 保险创新的内容……369
12.2.3 保险创新的类型……369
12.3 保险创新实践……370
12.3.1 保险创新 1.0 时期……370
12.3.2 保险创新 2.0 时期……371
12.3.3 保险创新 3.0 时期……372
12.4 未来保险创新的发展趋势……374
12.4.1 创新将更多地以客户需求为中心……374
12.4.2 商业模式创新将成为保险创新的重要内容……377
12.4.3 渐进式创新和变革式创新的并举……378
12.4.4 保险科技推动的保险创新……378

参考文献……381

第1章 风险和风险管理引论

学习要点及目标

- 理解风险的不同含义
- 了解企业风险和个人风险的主要类型
- 了解什么是纯粹风险及其与其他类型风险的区别
- 了解风险管理的基本过程和风险管理的主要方法

核心概念

风险　纯粹风险　投机风险　风险管理　风险成本　风险识别　风险评估　风险控制

1.1 风险

风险（risk）会给人们的生命财产、日常生活，以及企业经营带来广泛而重大的影响。这里所说的风险，既包括可能发生的自然灾害、意外事故（如交通事故、火灾等）、重大疾病、人为灾祸（如恐怖袭击等）等带来的损失，也包括社会经济活动中出现的违约、破产、市场波动、投资失败、失业等带来的损失。据统计，经济合作与发展组织（Organization for Economic Co-operation and Development，OECD）国家2018年支付的用于分散财产与责任风险的保费已经占到了国内生产总值（gross domestic product，GDP）的3.44%，达到了1.87万亿美元。美国是财产保险市场最发达的国家之一，其2018年的非寿险保费已经占到GDP的4.26%，为8760亿美元①。另据调查，国际上一些大型公司的风险管理成本（包括用于风险控制和损失预防的支出、保险费支出、自留风险损失、相关管理费用等）已经占到了销售收入的0.5%以上。而一些小型公司和某些特殊行业，如医疗部门和运输部门来说，风险带来的成本还会高出平均水平许多倍。图1-1是美国风险与保险管理协会（Risk and Insurance Management Society，RIMS）②对美国和加拿大市场的调查结果，显示了风险管理成本（包括保费、自留损失、风险控制和防损费用、相关管理费用等）占销售收入的比重。图1-2给出了一个对1000家公司的调查，按不同行业列出了用于购买保险和非传统风险转移产品的成本占其销售收入的比重。

① 瑞再研究院，*Sigma*，2019年第3期。

② 美国风险与保险管理协会代表了近4000家工业和服务业企业、非营利组织、慈善机构和政府机构。

公司每年在风险管理方面的巨额成本向我们提出了这样一些问题：企业花费如此多的资源来抑制风险是否值得？风险管理能否降低风险给企业带来的成本，从而提升企业的价值？企业应如何开展风险管理？这些问题是本章要讨论的核心问题。

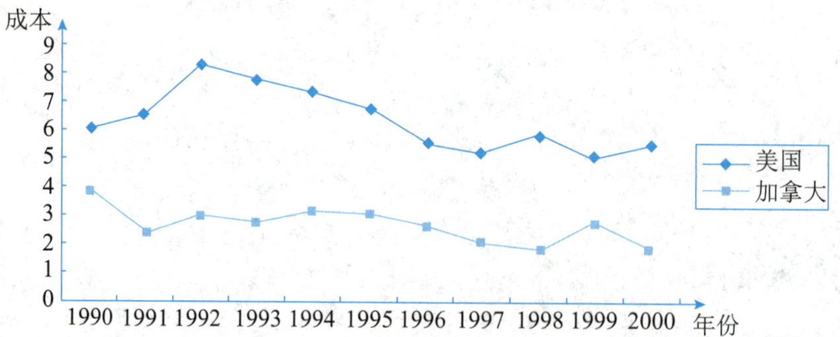

图 1-1　美国和加拿大企业每 1000 美元营业收入中用于风险管理的成本（美元）

资料来源：瑞再研究院，*Sigma*，2003 第 1 期

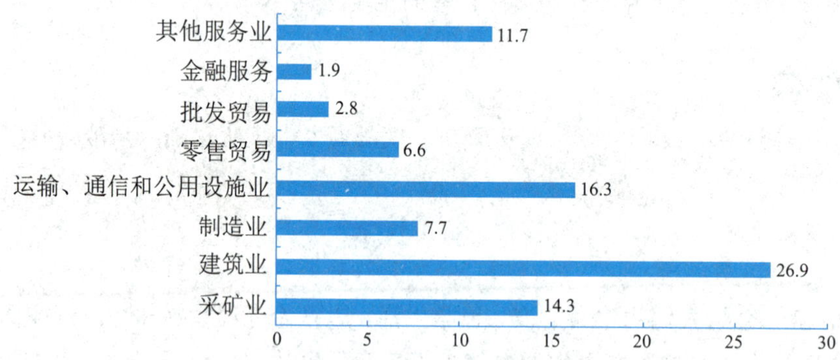

图 1-2　不同行业企业每 1000 美元收入中用于购买保险和非传统风险转移产品的平均成本（美元）

资料来源：瑞再研究院，*Sigma*，2003 第 1 期

1.1.1　风险的定义

人们在日常生活和各种经济活动中经常会用到“风险”一词。那么，究竟什么是风险呢？一般来说，在不同场合下，“风险”有着不同的含义，很难给出一个严格的、可以被普遍接受的定义。通常来看，一个较为普遍接受的理解是，**风险是指未来结果的不确定状态**。在某些领域，如概率统计、财务管理及投资管理等领域，风险通常是指未来结果相对于某个期望值可能发生的变动；而在另外一些场合，风险指的是所有可能结果的期望值，或某个特定结果出现的可能性。比如，在保险市场，当提到所谓高风险投保人时，通常是指保险公司承担损失赔付的期望值较高的投保人。再比如，人们通常会认为地震风险较高，尽管这种说法也包含了实际损失相对于期望值来说可能会发生较大变动的意思，但更实际的意思是说：与其他风险相比，地震带来的损失的期望值较高。

我们会在后面章节中进一步阐述期望值的概念，以及风险在期望值概念下的定义。现在读者只需将期望值理解为：当个人或企业在一段时间内不断面临同样风险时，所有可能的损失额的平均值。举例来看，姚明在他的NBA生涯中总共参加比赛486场，得到9247分，平均每场得到19分。因此，我们可以认为，正常情况下，姚明参加NBA比赛每场得分的期望值大约就是19分。如果将风险定义为相对期望值的变动程度，其含义就是，姚明在某一场比赛中，实际得分可能高于19分，如30分以上；也可能低于19分，如仅得10分以下。

由此看来，“风险”一词可以被广泛地用来描述具有不确定性结果的多种状态：可能是指结果相对于期望值或平均值的变动，也可能指的就是期望值本身。本书中，风险的这两种含义都会被采用，原因是这两种含义都符合风险管理实践中对风险的理解。

1.1.2　风险的分类

现实世界中，人们面临的风险是多种多样的。为了便于对风险进行分析和管理，需要从不同角度，根据不同标准和管理要求对风险进行分类。风险分类的目的和意义是，能对所有风险有一个总体把握，不至于遗漏某些相对重要的风险。下面，我们给出在风险管理和保险领域中经常用到的一些风险分类。

1. 纯粹风险和投机风险

这是一种根据风险的性质，也就是根据未来不确定的结果是否可能获利而进行的分类。

（1）**纯粹风险**（pure risk）是指只存在损失可能，无获利可能的风险，即纯粹风险导致的结果只有两种：有损失或无损失。火灾、水灾、车祸、坠机、死亡、疾病、战争等都属于纯粹风险。

（2）**投机风险**（speculative risk）是指既存在损失可能，也存在获利可能的风险，即投机风险导致的结果可能有三种：有损失、无损失、获利。股市的波动、商品价格的变动等都属于投机风险。

区分纯粹风险和投机风险非常重要，原因是对纯粹风险和投机风险的控制手段和方法有很大区别。从历史上看，传统的风险管理技术主要是针对纯粹风险的。比如，根据保险的一般原则，保险公司通常只会对个人和企业面临的纯粹风险进行承保。而对于投机风险，大多需要由企业或个人自身来承担，或者针对某些特殊的投机风险，如价格风险，也可以通过一些金融工具，如期货、期权、互换等进行对冲。

2. 基本风险和个别风险

这是根据风险所涉及或影响的范围进行的分类。

（1）**基本风险**（fundamental risk）是指由非个体或个体无法控制的因素引起的、影响范围通常非常广泛的风险，如失业、战争、通货膨胀、地震、风暴和洪水等，都属于传统意义上的基本风险。近年来，人们已经开始关注一些新型基本风险，如环境污染、核泄漏、气候变化等。

基本风险有以下几个特点。

- 影响范围广，一般会覆盖广阔的地域，影响到很多企业和家庭。
- 具有灾难性，包括自然灾害和技术灾害，均可能给人类社会带来巨大损失。

- 仅靠个人和企业的努力、利用市场机制通常难以对基本风险进行有效防控，一般需要政府等公共部门的介入，其作用体现在风险防范、损失融资和灾后救助等多方面。

（2）**个别风险**（individual risk）是指由特定因素引起的、仅限于给某一个体或小群体带来损失的风险，如一家工厂起火或发生爆炸，就属于个别风险。

对基本风险和个别风险加以区分非常必要。一方面，导致基本风险发生的原因通常不在个体控制之下，应该更多地依靠全社会的努力来应对这类风险。例如，国家通过建立社会保险制度来应对失业、老年、早逝、疾病等社会风险。另一方面，个别风险通常是由个体原因导致的，因而可以通过适当的保险、风险防范和其他风险管理手段来进行控制。

3. 人身风险、财产风险、责任风险和信用风险

这是根据风险损失的后果进行的分类，也是保险业进行风险分类的主要方式。

（1）**人身风险**（life risk）是指由人的生、老、病、死、伤、残等原因导致的经济损失风险。尽管人的生、老、病、死等事件必然会发生，但在何时发生是不确定的，而且疾病、受伤的程度也是事先难以确定的。

（2）**财产风险**（property risk）是指可能导致财产发生损害、灭失或贬值的风险。例如，建筑物因火灾、地震、暴雨等事件遭到损毁，家庭物品因被盗窃而发生损失，机械设备由于折旧、更新等原因贬值等。

（3）**责任风险**（liability risk）是指因侵权、违约、过失（有时甚至是无过失）等原因给他人造成人身伤害或财产损失，按照法律、合同、道义应承担的经济赔偿责任。例如，汽车撞伤行人，如果是由于驾驶员的过失，驾驶员就应依法对受害人给予经济赔偿；产品因质量问题给消费者造成人身伤害或财产损失，生产企业将承担相应的民事赔偿责任；医生、会计师、审计师等专业人员因工作疏忽给有关当事人造成损失，也应依法承担经济赔偿责任。

（4）**信用风险**（credit risk）是指在经济交往中，权利人与义务人之间由于一方违约而给对方造成经济损失的风险。例如，银行将贷款贷出后，就面临着借款人可能不还款或拖延还款的风险；卖方将商品发给买方而买方尚未付清货款时，卖方就面临着买方不支付或少支付货款的风险。

4. 个人风险和企业风险

这是根据风险承担主体进行的分类。

（1）**个人风险**（personal risk）是指个人或家庭在日常生活和工作中面临的人身、财产、责任等方面的风险。

（2）**企业风险**（business risk）是指企业在经营过程中面临的各种风险，包括市场风险、运营风险、财产和责任风险、政策和法律风险等。

根据风险承担主体进行划分，对研究风险管理的目标、策略、解决办法来说非常重要，因为个人和企业在面临的风险类型、风险偏好、风险管理目标、风险管理方法等方面有很多不同。

5. 自然风险和人为风险

这是根据风险起因进行的分类。

（1）**自然风险**（natural risk）是指自然原因导致的风险，如地震、洪水、风暴、低温、泥石流等带来的人员伤亡和财产损失风险。自然风险是自然界运动过程中出现的异常现象，是不以人的意志为转移且人力难以抗拒的风险。

（2）**人为风险**（human risk）是指人类的生产、生活和社会活动引发的风险，包括经济风险、政治风险、法律风险等。企业面临的经济风险可能包括某些相关经济因素发生变化导致的价格变动，或者企业决策失误导致经营目标未能实现等原因导致的损失风险。

1.1.3　风险的成本

对任何形式的风险[①]，我们自然希望知道风险带来的成本，而且首先容易想到的是风险事件的发生所带来的损失成本，这当然是对的！但风险带来的损失成本并不是风险的全部成本。试想一下，如果我们在风险防范方面投入了很多成本，如花费了大量资金用于加固房屋，自然会减少地震发生时房屋的损失。但用于房屋抗震的成本可能并不低！所以，在分析风险可能带来的成本时，不仅要关注风险损失成本，还要考虑采取风险控制措施所带来的成本：**风险成本**（cost of risk）**应该是风险损失成本和风险控制成本之和**。另外，在分析风险损失成本时，不仅要关注直接损失成本，还应特别关注间接损失成本，有时候间接损失成本可能远远高于直接损失成本。例如，一家药厂因为药品质量问题遭到法律诉讼，导致一段时间停产，其营业收入损失、客户流失带来的市场份额损失可能远远大于需要支付的法律费用和赔偿原告的成本。

图 1-3 给出了一个对风险成本进行分析的完整框架，在该框架中，我们将风险成本分成了五类：期望损失成本、损失控制成本、损失融资成本、内部风险抑制成本和残余不确定性成本。需要说明的是，虽然图 1-3 给出的风险成本分类框架是以企业风险为背景的，但也适用于家庭以及一般组织对风险成本的分类。

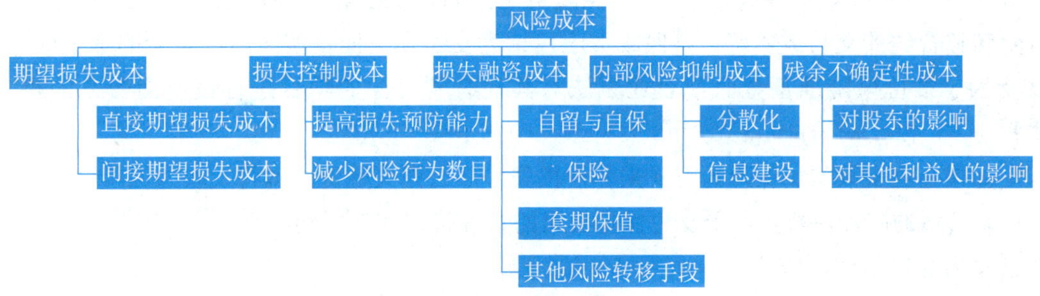

图 1-3　风险成本的构成

1. 期望损失成本

期望损失成本（expected cost of losses）包括直接期望损失成本和间接期望损失成本。直接损失包括对损毁财产进行修理或重置的成本、对遭受伤害的员工的赔偿成本、为有关

① 为方便起见，我们下面的分析仅考虑纯粹风险的情形。

法律诉讼进行辩护和赔偿的成本等。间接损失包括财产的损毁导致的经营收入或利润的减少，比如由于设备损毁造成的生产缩减或中断而带来的正常利润的减少和经常性及额外费用的支出。特别地，当发生了重大损失后，间接损失可能还要包括由于不得不放弃已计划好的投资机会而造成的损失；如果损失大到能引起公司破产的地步，间接损失还会包括与公司重组及破产清算有关的法律费用及相关成本。

以一家因产品质量问题而遭到法律诉讼的制药厂为例。该制药厂的直接损失成本包括为法律诉讼进行辩护的费用，以及相应的赔偿成本。该制药厂的间接损失成本则可能包括以下几个部分：①法律责任问题引起销售减少而带来的利润损失；②对产品进行回收而带来的成本；③如果发生了重大责任损失，造成公司内部资金紧张而增加了公司借债或发行新股的成本，以及由此使公司不得不放弃新的有价值的投资机会而带来的损失。

2. 损失控制成本

损失控制成本（cost of loss control）是指为减少风险事件发生的可能性而采取的**防损**（loss prevention）措施，以及为降低风险事件导致的损失程度而采取的**减损**（loss reduction）措施而带来的成本。以前面提到的制药厂为例，损失控制成本可能包括在正式推出某一药品前进行安全测试的成本、为减少可能承担的法律责任而对药品的使用范围加以限制而带来的利润损失等。又比如，在房屋内安装烟感器，目的是降低火灾发生的概率；在汽车内安装防盗装置，目的是降低汽车被盗的概率，这些都是典型的防损措施。在房屋内安装喷淋装置、在汽车内安装安全气囊等，主要目的是当发生火灾或碰撞时，尽量减少财产损失或对人身的伤害，属于典型的减损措施。

损失控制成本的发生主要是为了减少期望损失成本，是进行风险管理所必须支付的成本。但一般而言，人们不可能通过在损失控制方面无限地支出来换取期望损失的不发生，正确的做法应该是，**在损失控制成本和期望损失成本之间作一个适当的权衡**。

3. 损失融资成本

损失融资成本（cost of loss financing）是指为了弥补发生的损失而筹集资金或自留资金所带来的成本，包括自保成本、保险费中的附加保费、利用套期合约或其他合约化风险转移合约的交易成本等。自保成本应包括为支付损失而自留风险准备金的资金成本，以及为了维持风险准备金而使企业无法对其他有利可图的项目进行投资而带来的机会成本。

如果企业采取购买保险的方式来补偿损失，那么损失融资成本将反映为保险费中支付给保险公司的附加保费，用于支付保险公司的管理费用和期望利润[①]。

4. 内部风险抑制成本

损失控制措施和损失融资措施都可以降低损失的不确定性，也就是说，这些风险管理手段可以使损失成本变得更具有可预测性。但我们发现，企业通过分散化经营、在信息系统方面进行投入等，对风险进行更有效的预测，同样可以降低损失的不确定性。因此，**内部风险抑制成本**（cost of internal risk reduction）主要包括以下几种。

（1）与分散化经营有关的交易成本，以及管理分散化经营活动产生的相关成本。

① 保险费中用于支付保险损失期望值的部分已经包含在了企业的期望损失成本中。

（2）对数据及其他类型信息进行收集和分析以便进行更精确的损失预测所带来的成本。

在某些情况下，这类成本还可能包括为获取相关信息而向其他公司支付的费用，如上面提到的制药厂可能会聘用风险管理顾问来对公司的责任损失风险进行评估，为此需要支付一定的咨询费用。

5. 残余不确定性成本

仅通过损失控制、损失融资及内部风险抑制措施通常并不能完全消除损失的不确定性。在企业选择并实施了损失控制、损失融资及内部风险抑制措施后，仍然存在的期望损失成本之外的那部分成本，称为**残余不确定性成本**（cost of residual uncertainty）。存在这项成本的原因是，对风险规避型的企业员工和企业的投资者来说，损失的不确定性给他们带来的代价往往是很高的。因此，残余不确定性往往会影响投资者在购买公司股票时要求得到的回报率。如果投资者认为残余不确定性比较高，就可能索要较高的回报率；残余不确定性还可能影响期望净现金流，从而减少公司的股票价值。同时，残余不确定性会使客户在购买企业的产品时只愿意支付较低的价格，会使企业的经理人和员工要求得到更高的薪酬。

1.2　风险管理

既然个人和企业（组织）都会面临风险，因而都存在对风险如何进行管理的问题。本章主要讨论企业的风险管理问题，但基本分析框架、分析方法和相关结论对个人风险管理也是适用的。

1.2.1　什么是风险管理

1. 风险管理的起源和发展

风险管理作为企业的一种正式管理活动，起源于 20 世纪 50 年代。当时美国一些大公司发生了重大损失事件，使公司的决策者们开始认识到风险管理的重要性。例如，1953 年 8 月 12 日通用汽车公司在密歇根州的汽车变速箱厂因火灾损失了 5000 万美元，成为美国历史上损失最严重的 15 起重大火灾之一。这场大火与 20 世纪 50 年代其他一些偶发事件一起，推动了美国风险管理的兴起。后来，随着经济、社会和技术的迅速发展，人类开始面临越来越多、越来越严重的风险。科学技术的进步在给人类带来巨大利益的同时，也给社会带来了前所未有的风险。1979 年 3 月美国三里岛核电站的爆炸事故，1984 年 12 月 3 日美国联合碳化物公司在印度的一家农药厂发生的毒气泄漏事故，1986 年苏联切尔诺贝利核电站发生的爆炸等一系列事件，大大推动了风险管理在世界范围内的发展。同时，在美国的商学院里首先出现了一门涉及如何对企业的人员、财产、责任、财务资源等进行保护的新型管理学科——**风险管理**（risk management）。目前，风险管理已经发展成企业管理中一项具有相对独立职能的管理活动。在实现企业经营和发展目标方面，风险管理和经营管理、战略管理一样，具有十分重要的地位和意义，如图 1-4 所示。

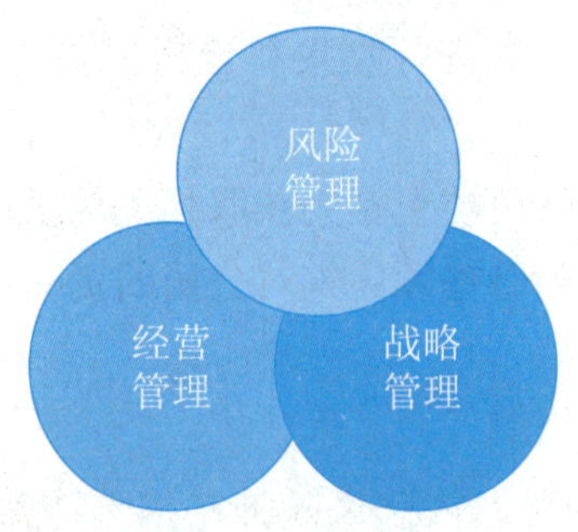

经营管理：为了创造企业今天的价值
战略管理：为了创造企业明天的价值
风险管理：通过减少风险成本，保护好企业今天和明天的价值

图 1-4　企业的经营管理、战略管理与风险管理

2. 风险管理的定义

风险管理是通过对风险进行识别、分析和控制，以尽可能低的成本将风险损失控制在最小范围内的管理活动。

需要对上述定义进行几点解释。

（1）该定义概括了风险管理的主要内容，其中包括以下几方面。

- **风险识别**（risk identification）——发现企业或组织面临的所有可能的重要风险。
- **风险分析**（risk analysis）——对风险发生的可能性和可能造成的影响进行预测，在此基础上对所有风险进行排序，对影响重大的风险应优先考虑相应管理措施的制定和实施。
- **风险控制**（risk control）——确定对不同风险的管理策略和方法，予以实施，并对实施的效果进行评估和反馈。

（2）该定义说明了风险管理的一般目标，即将风险损失降到最低[①]。

（3）该定义指出了风险管理需要控制好风险管理的成本，因为风险管理不仅需要支付实施管理措施带来的相关成本，还可能会带来由于将有限资源用于风险管理而丧失了在其他方面运用这些资源而带来的机会成本，因而需要在风险管理的成本和效果之间进行仔细而艰难的权衡。

3. 风险管理定义的演变

长期以来，风险管理关注的对象主要是那些可能带来损失的风险。20 世纪 90 年代以前，风险管理的理论、方法和实践基本上是围绕纯粹风险展开的，对可能出现的结果的整体性研究不够，相应的对策研究更加缺乏。

风险管理早期发展阶段的这一特征是与其将保险作为主要风险管理手段密切相关的。保险作为传统风险管理的主要手段，通常承保的是只可能带来损失的纯粹风险，而将既可能带来损失也可能带来收益的所谓投机风险列为不可保风险。因此长期以来，**风险管理的**

① 有些文献或教科书认为，风险管理的目标是“将风险成本控制在可接受的范围内（风险成本既包括风险损失成本，也包括风险控制成本）”。

发展被深深地打上了保险的烙印。研究风险管理的人大多来自保险学界或业界，具有实用意义的风险管理手段也通常是针对纯粹风险的，这在一定程度上限制了风险管理的发展。当然，这种现象的出现是有其客观原因的：第一，保险业只对纯粹风险进行承保；第二，在早期的风险管理活动中，纯粹风险一直是大多数个人或组织最为关心的风险①。

随着经济发展和社会进步，人们面临的风险及对风险的认识发生了巨大甚至根本性的变化，并由此带来了对风险管理概念的全新诠释和风险管理方法的推陈出新。

1996 年，Peter L. Bernstein 在《与天为敌：风险的非凡经历》一书中写道②：

一个具有革命意义的看法是，对风险的掌握程度是划分现代和过去时代的分水岭。所谓对风险的掌握就是说未来不再更多地依赖上帝的安排，人类在自然面前不再是被动的。在人们发现跨越这个分水岭的道路之前，未来只是过去的镜子，或者是属于那些垄断了对未来事件进行预测的圣贤和占卜者的黑暗领地。

风险管理有助于我们在非常广阔的领域里进行决策，从分配财富到保护公共健康，从战争到家庭计划安排，从支付保费到系安全带，从种植玉米到玉米片的市场营销。

上述第二段话为我们提供了一个超越对风险管理传统理解的新观点：风险管理不再是针对纯粹风险的，风险管理的原则应该同等地应用于对投资和保障、期望获利和希望避免损失的管理。

事实上，人类对风险的关注一直是在变化的，从船舶风险到火灾风险，再到生命和健康风险，现在又发展到使用金融工具的风险。一般来看，直到 20 世纪 60 年代，人们关心的风险大多仍然是属于人身或财产方面的。但 20 世纪 70 年代后，布雷顿森林体系（Bretton Woods System）倒塌带来的汇率风险，引起了人们对财务风险的关注。同时，原油价格攀升引发的商品价格风险也引起了人们的注意。20 世纪 70 年代早期，权益期权的上市和期权定价模型的出现，为人们提供了管理权益风险的工具。到 20 世纪 70 年代末，一些国家采取了激进的通胀策略，放松了利率管制，利率风险从此引起了经济社会的广泛关注。20 世纪 70 年代以来金融领域发生的上述变化，导致了财务风险管理需求的爆发性增长。

尽管财务风险管理应该被认为是风险管理的重要组成部分，但 20 世纪 80 年代以来财务风险管理方面出现的发展在一段时间内并没有引起风险管理和保险学界的充分重视。究其原因，一方面是因为与财务风险管理有关的机构主要是商业银行、投资银行等，并不是保险公司；另一方面是由于人们的思维惯性，仍然认为风险管理和保险所应解决的问题主要是纯粹风险的管理。

对财务风险的管理终于在 20 世纪末引起了保险学界和业界的重视。1998 年，在美国风险管理与保险协会（Association of Risk Management and Insurance，ARIA）年会上，时任协会主席 Stephen P. D’Arcy 在大会主席演说中特别指出：**风险管理与保险的研究应该从对纯粹风险的研究转向对投资风险的研究，从对人身和财产风险管理的研究转向对财务风险管理的研究**③。

① 即使在今天看来，纯粹风险仍然是大多数企业最为重视的一类风险。

② Peter L. Bernstein. Against the Gods: The Remarkable Story of Risk, New York: John Wiley and Sons, 1996.

③ Stephen P. D’Arcy. *Presidential Address*, Annual Meeting of Association of Risk Management and Insurance, 1998.

人们对风险管理认识发生转变的另一条路径是，由单一风险管理向综合风险管理、整体化风险管理的转变。这一转变大体上是从 21 世纪初开始的，人们在风险管理的实践中发现，企业面临的风险往往是多方面的，如意外事故风险、价格风险、操作风险、法律风险等，各类风险对企业的影响是不同的，负责对不同风险进行管理的部门也是不同的。如果由各个部门分别对各自负责的风险进行管理，就可能存在管理目标和使用企业共同资源方面的冲突，不利于企业统一协调资源，将总的风险损失控制在企业整体上认为是最优的范围内。因此，2000 年后，“**企业综合风险管理**（enterprises risk management）”“**整体化风险管理**（integrated risk management）”等概念相继被提出，目的是希望企业能将面临的主要风险进行综合分析和协同管理。

对风险管理认识的上述变化首先体现在美国反虚假财务报告委员会下属的发起人委员会（The Committee of Sponsoring Organizations of the Treadway Commission，COSO）于 2004 年颁布的《企业风险管理——整合框架》[①] 中：

企业风险管理是一套由企业董事会与管理层共同设立，与企业战略相结合的管理流程。它的功能是识别那些会影响企业运作的潜在事件，并将相关的风险控制到企业可接受的水平，从而帮助企业实现其目标。

COSO 的这个对风险管理的新定义体现了人们对风险管理的很多新认识。

（1）风险管理是一个过程，其本身并没有终点，只是达到某个终点的方法。

（2）风险管理要由企业内各个级别的人员实施，并应用于战略制定。

（3）风险管理应该应用于整个企业，包括每个级别和单位，以及用全面的视角来观察风险。

（4）风险管理的内容是辨识潜在的可能影响企业的事件和将风险控制在可接受的范围内。

（5）通过风险管理可以增强管理层和董事会的自信，有利于实现管理层和董事会的目标。

COSO 的《企业风险管理——整合框架》推动了企业风险管理在国际上的发展，也推动了中国企业的风险管理。2006 年，国务院国资委出台了《中央企业全面风险管理指引》[②]，其中特别提到：

全面风险管理指企业围绕总体经营目标，通过在企业管理的各个环节和经营过程中执行风险管理的基本流程，培育良好的风险管理文化，建立健全全面风险管理体系，包括风险管理策略、风险理财措施、风险管理的组织体系、风险管理信息系统和内部控制系统，从而为实现风险管理的总体目标提供合理保证的过程和方法。

从上述对全面风险管理的界定不难看出，中国的企业和政府管理部门已经认识到风险管理的重要性，以及对风险进行全面综合管理的必要性，并对风险管理的内容、目标和意义等有了更系统、更全面、更深刻的认识。

以上我们对风险管理概念的演变进行了简要回顾和分析，需要说明的是，这一演变过

① COSO 制定发布 . 企业风险管理——整合框架 [M]. 大连：东北财经大学出版社，2004.

② 《关于印发〈中央企业全面风险管理指引〉的通知（国资发改革〔2006〕108 号）》。

程仍在继续。但不论风险管理的概念如何发展，纯粹风险依然是风险管理的主要对象，保险仍将是风险管理的重要手段，并会在风险管理中发挥越来越重要的作用。

1.2.2 风险管理的目标

1. 风险管理的整体目标是实现企业价值最大化

根据 1.2.1 节对风险的界定，可以将风险理解为未来现金流相对于期望值的变动，或者是指现金流损失的期望值本身。无论是现金流的波动，还是损失的期望值，都会造成企业价值的减少。风险管理就是要通过减少风险给企业未来现金流带来的波动性或未来现金流损失的期望值而增加企业的价值。

例如，一家制药公司正在研制一种治疗可能导致瘫痪的风湿性关节炎的新处方药，这种新药可能会对人体造成某些伤害，从而使公司面临赔偿的风险。如果真的出现了人身伤害事故，公司及其责任保险人（如果该公司购买了相关责任保险的话）就必须应对法律诉讼并进行可能的赔偿，这就会增加企业的期望成本。所以，公司应该通过一些损失控制手段，如在产品研制阶段增加投入、加强安全性测试等，减少法律诉讼和伤害赔偿导致的期望成本。但显然，损失控制方面的成本很可能是相当昂贵的。如果这家公司购买了责任保险，那么在其所支付的保险费中必然要包括付给保险公司的管理费用和合理的回报。同时，没有被承保的伤害赔偿损失（如自保的损失和超过保险限额的损失）也会给公司带来具有不确定性的成本。以上这些因素就会导致公司不得不提高新药品的价格，从而使需求减少。另外，可能造成伤害的风险还会导致一些医生不愿给病人开这种药，会使医疗单位仅在病人病情十分严重的情况下才会使用这种药，甚至会使公司决定放弃这种新药的生产。因此，从公司的角度来看，伤害风险的存在会对公司生产这种新药所产生的价值造成重大影响。

由此不难理解，风险是有成本的。在存在风险成本的情况下，风险管理的总体目标到底应该是什么呢？针对企业风险及其管理而言，本书将企业风险管理的总体目标界定为使企业价值最大化。这一目标也是公司财务管理及经营管理的基本目标，公司经营的目标是使企业价值最大化，或者说是使股东价值最大化。

2. 风险管理通过将风险成本最小化实现企业价值最大化

根据前面对风险成本的分析我们不难发现，无论风险带来的是哪种形式的成本，最终都体现为公司未来净现金流的减少（由于现金流出的增加或现金流入的减少所致），从而导致公司价值的减少。而风险管理的目标是将企业的风险成本控制在最小或可接受范围内，因此可以说，**风险管理的目标和企业经营的目标是一致的，即通过使风险成本最小化而实现企业价值的最大化**。尽管风险成本的概念对所有类型风险都是适用的，但我们还是以纯粹风险的风险成本为例，说明风险成本最小化和企业价值最大化之间的关系。

下面，我们将纯粹风险成本定义为由于纯粹风险的存在而使企业价值减少的部分，即

纯粹风险成本 = 纯粹风险不存在时的企业价值 – 纯粹风险存在时的企业价值　(1.1)

或

纯粹风险存在时的企业价值 = 纯粹风险不存在时的企业价值 – 纯粹风险成本 （1.2）

实际上，“纯粹风险不存在时的企业价值”只是一个假想的情形，相当于在不耗费任何成本即可消除损失以及与损失有关的不确定性的假设下，企业的价值应该是多少。这一假想的企业价值反映了在不存在纯粹风险以及与纯粹风险相关的成本这种理想情况下，企业未来净现金流的多少和产生的时间。

为了说明纯粹风险成本，我们还是以上文提到的制药公司为例。对该公司来说，纯粹风险不存在时的企业价值是一种假想的价值，它只能在如下情况下产生：①这种新药不可能对消费者造成伤害并引起法律诉讼；②该公司不需要耗费任何成本就可以达到这种完全无风险的状况。而现实中存在的伤害风险以及进行损失控制的费用都会带来相关的风险成本，也就是会减少公司的价值。

式（1.2）表明，如果公司想实现价值最大化，途径之一就是实现纯粹风险成本最小化，也就是通过尽可能减少由风险所造成的企业价值的损失，实现价值的最大化。因此，实现纯粹风险成本最小化与实现企业价值最大化是等价的。更一般地说，如果实现了公司所有类型风险的风险成本最小化，也就实现了企业价值的最大化。

我们为什么要从风险成本的角度来探讨价值最大化问题呢？首先，风险成本的概念可以使我们对风险如何引起价值的减少予以足够的关注。其次，在实践中，这一概念已得到了广泛应用。最后，风险成本的概念也适用于与纯粹风险及其管理相关的公共政策问题，以及相应的社会管理，而且还可应用在个人风险管理方面。在这些场合下，讨论风险成本的问题要比讨论“社会稀缺资源价值”的减少问题或个人“期望效用”的减少等问题简便得多，也具体得多。

1.2.3 风险管理过程的基本步骤和核心要素

不论什么类型的风险，其管理过程一般都包括以下几个主要步骤。

（1）识别各种可能导致企业价值减少（损失）的风险，特别是那些较为重要的风险。

（2）衡量潜在损失可能发生的频率和严重程度。

（3）开发并选择适当的风险管理方案，目的是增加企业的价值。

（4）实施所选定的风险管理方案。

（5）持续地对风险管理方案的实施情况和适用性进行监督和反馈。

上述风险管理过程也适用于个人风险管理。构成风险管理过程的三个核心要素是风险评估、风险控制、风险融资。

1. 风险评估

风险评估（risk assessment）可分为两步：第一步，识别可能对企业产生负面影响的损失风险，也就是风险识别；第二步，分析这些风险对企业可能产生的财务影响，也就是风险分析。这两个步骤对整个风险管理来说非常关键，是利用风险控制和风险融资对风险进行管理的基础。

风险评估过程需要回答的问题如下。

- 企业的哪些部分（如财产、责任等）暴露在风险下？

- 企业会面临来自哪些方面的风险？
- 风险可能带来的财务后果是什么？

例如，企业拥有的建筑物就是可能发生损失的财产，火灾可能导致财产发生损失，其财务后果包括建筑物本身的价值损失，以及因建筑物无法使用而带来的其他损失。一般来说，企业的财务损失可能来自以下几方面。

（1）财产损失：包括不动产损失和动产损失。不动产是指不能移动的财产，包括土地、建筑物和其他地上附着物等；动产是指能移动的财产，包括机器、设备、工具、存货、现金、票据等。动产又可分为有形财产和无形财产，无形财产是指那些没有实物形态的财产和精神产品，包括信誉、版权、专利、商标和特许权等。上述财产都可能由于自然或人为方面的原因导致损失。

（2）净收入损失：当有形或无形财产或人力资源发生损失时，会使收入减少和支出增加，从而带来净收入的损失。

（3）责任赔偿带来的损失：当有关当事方证明他们的合法权益因某一企业的活动而受到了损害，则该企业就要承担相关责任赔偿。一个企业的活动可能会引起多种形式的责任赔偿，包括刑事责任和民事责任。例如，产品有缺陷招致的索赔、环境破坏、雇员受到伤害、违反合同、职业疏忽等事故都会带来责任赔偿。有时，即使企业的行为并未违反法律，也有发生责任赔偿的可能。而且，即使没有发生损害赔偿，有时一些没有事实根据的索赔也会给企业带来相关的法律费用和对企业商誉的损害。

（4）人力资源损失：很多原因会造成人力资源的损失，如工伤、残疾、死亡、退休、辞职等，这些生产性资源遭受的损害会导致企业收入的降低或支出的增加。

可以识别损失风险的信息来源是多方面的，如索赔记录、财务报告、现场勘查记录、核查表及操作记录等。完备的信息有利于作出更好的风险管理决策，而信息不完备会导致不确定性的增加和决策效率的下降。

那么，经过上述过程识别出的损失风险会对企业产生什么样的影响呢？回答这一问题就需要对损失可能发生的频率和严重程度进行估计。损失发生频率是指一段时期内损失发生的次数，损失程度是指损失的货币价值。对每一项损失风险，都应该进行损失频率和损失程度的估计，这种估计有助于风险管理经理比较每一种风险的相对严重性，从而采取相应的管理手段。例如，一家公司预测下一年将有 25 辆汽车发生交通事故并造成车辆的物理损失，平均损失成本为 4000 元，则年总成本预计为 10 万元。但风险管理经理估计汽车造成的责任损失的波动性更为剧烈：10 年中有 9 年的最大预期损失为 50 万元。基于这一分析，风险管理经理或许认为汽车责任损失的风险更大一些，应该进行保险；而汽车物理损失的波动性较小，可以纳入预算，进行自留。

2. 风险控制

在对损失风险进行识别和衡量后，下一步就需要考虑选择适当的风险控制和风险融资方法组合来对风险进行有效的管理。风险控制是指企业采取的旨在降低损失频率或损失程度、谋求风险损失最小化的活动，包括以下几方面。

（1）风险规避。风险规避是指通过不再参与导致风险发生的活动而避免风险，从而消除企业所面临的损失风险。尽管风险规避是一种有效的手段，但通常只有在其他管理手段无效或成本太高，并且无法自留风险损失时才会予以考虑。例如，如果一种产品的设计不能达到安全标准，那么宁可停止该产品的生产。

（2）合约化风险转移。利用合同来转移财产或经营活动的风险也是风险控制的一种手段。与风险规避不同的是，在通过合同转移风险时，风险本身依然存在，只不过通过合同，将可能发生的财务损失或法律责任转移给了其他方。例如，通过财产租赁合同将财产的损失风险转移给承租方、通过危险活动的分包而将风险进行转移等。

（3）预防损失（防损）。预防损失的措施主要是通过减少损失发生的机会而降低损失发生的频率，如通过适当的安全教育来降低工伤事故发生的概率等。

（4）减少损失（减损）。减少损失是指旨在降低损失程度的措施，通常是在损失发生前制定并加以实施，以达到控制损失的目的，如安装室内喷淋系统以减少火灾导致的损失、制订危机处理计划应对突发事件等。

（5）内部风险抑制。被广泛采用的内部风险抑制方式有分散化和信息方面的投入两种。分散化是指公司通过将经营活动进行分散的方式从内部降低风险，也就是人们常说的“不把鸡蛋放在一个篮子里”。需要注意的是，股东采取投资组合来分散风险的做法会对公司购买保险合同以及使用对冲手段转移风险的决策产生重要影响。另一种重要的内部风险抑制方式是进行信息方面的投资，目的是对期望损失进行更准确的预测。信息方面的投资带来的对未来现金流更精确的预测，可以减少实际现金流相对预测值的变动。这方面的实践例子有很多，如对纯粹风险损失发生频率和程度的估计，为降低产品价格风险而对不同产品潜在需求进行的市场调研，以及对未来商品价格或利率进行预测等。很多大中型企业都发现，信息方面的投入对降低纯粹风险是行之有效的。由于公司普遍需要了解对企业价值以及对降低风险的合约（如保险合约和金融衍生合约）的价格起决定性作用的关键参数的精准预测值，市场上已经出现了大量专门提供信息和预测服务的咨询机构。

3. 风险融资

风险融资（risk financing），亦称**损失融资**（loss financing），是指为支付或抵偿可能出现的损失而进行的筹资活动。风险融资一般有三种方式：自留、保险、套期交易。

1）自留

自留（retention）是指公司自己承担部分或全部的损失。大中型企业，特别是一些大型跨国公司，经常会制订一些利用内部资源来为损失进行融资的计划，这种自留形式称为自保（自我保险），许多大公司还成立了专业的自保公司，为公司内的风险损失进行自我保险。

公司可以用来支付自留损失的内部资源包括正常生产活动产生的现金流、一般的运营资本（即公司的流动资产超过其短期负债的部分），以及专门为损失融资而进行的流动资产投资。同时，公司还可以通过变卖其他资产来获取资金。

公司可以用来支付自留损失的外部资源包括向外借债和发行新股。但公司在遭受了重大损失后，获取这类资源的成本往往是很高的。尽管这两种方式使用了外部融资渠道，但仍属于自留损失的范畴，因为通过举债为损失融资，公司必须偿还借款；通过发行新股为损失融资，公司必须把未来的利润分配给新的股东。

2）保险

保险（insurance）合同通常都会规定保险公司为预先约定的损失支付补偿（也就是为损失进行赔偿），作为交换，在合同开始时，购买保险的一方要向保险公司支付保险费。保险合同降低了购买保险一方的风险，因为它把损失的风险转嫁给了保险公司；保险公司则通过将承保的风险损失分散化来降低自己的风险。例如，保险公司可以通过出售大量涉及同类损失的保险合同来降低自己的风险。

3）套期交易

第三种主要的风险融资手段是**套期交易**（hedging transactions），远期、期货、期权、互换等金融衍生品合约已经广泛应用于多种类型风险的管理中，特别是价格风险的管理。可以利用这些合约来对风险进行对冲，也就是对冲由于利率、价格、汇率变动而带来的损失。这类合约中的一部分目前已经开始应用于对纯粹风险的管理，相信在未来会具有更广阔的应用前景。

举一个简单例子来说明什么是套期交易。我们知道，在生产过程中要使用燃油的公司会因为燃油价格的意外上涨而遭受损失，生产燃油的公司则会因为燃油价格的意外下跌而遭受损失。于是，这两类公司就可以通过使用远期合约来对各自面临的风险进行对冲。在这个远期合约中，生产燃油的公司必须在未来某个约定的交易日按事先约定的价格（称为远期价格）向使用燃油的公司提供约定数量的燃油，不管当时市场上燃油的实际价格是多少。由于在签订合约时远期价格就已经商定了，所以使用燃油的公司与生产燃油的公司都可以借此降低自身面临的燃油价格风险。

1.2.4 风险管理策略和方法

风险管理方法是和风险管理策略相适应的。一般来说，风险管理策略大致可以分成两类：**规避型策略**和**适应型策略**。

所谓规避型策略就是从找出导致损失发生的风险事件的原因出发，采取适当的措施，尽量避免损失的发生或减少损失发生的频率，降低损失程度。相应的管理方法可以有很多，如购买保险、对价格风险进行对冲等。

所谓适应型策略是指接受一定程度的风险，而不是将风险拒之门外，然后通过组织结构或业务结构的重组来减少风险或降低风险的影响。相应的方法主要有改变企业的财务杠杆等。

如果我们把风险管理的目标界定为“企业价值最大化”的话，那么在选择风险管理方法时，还必须充分考虑风险管理的成本及其对期望损失成本和变动性的影响，对雇员、债权人、客户及供应商的影响，同时也必须考虑让股东承担风险是否能给他们带来足够的回报。

对风险管理方法的选择会形成不同风险成本之间的替代。例如，如果公司在提高预防损失能力方面增加了支出，就可以降低直接损失和间接损失的期望成本；公司通过增加保险费支出和减少自留风险，就可以降低某些间接损失的期望成本，并在降低净现金流波动性的同时，也降低了这种波动性引发的其他成本。

1.2.5 风险管理的组织

风险管理的职能应该位于整个企业组织结构中的什么位置呢？通常来说，高层管理人员对风险管理需求的认识、风险的规模和重要性，以及可能的管理效率等因素，决定了风险管理的职能在组织中的位置以及具体由什么部门和由谁来负责风险管理。许多大型公司都设立了专门部门负责管理风险，这个部门的负责人一般称为风险经理。然而，由于风险来源的多样性，理论上讲，风险管理应该由公司的所有主要部门协同开展，应包括战略计划、生产、营销、财务、法律及人力资源等部门。

公司的规模不同，风险管理部门的人员构成也会不同。典型的风险管理部门应该包括精通财产责任保险、员工赔偿、安全和环境危害、法律诉讼管理及雇员福利计划等知识领域的专门人员。许多公司还面临着原材料价格变动、利率变动或汇率变动带来的价格风险，由于这类风险管理的复杂性，公司往往还会成立独立的部门或安排专门人员来管理这些风险。

在大多数公司，风险管理部门往往隶属于财务部门，并需要向财务主管报告。这是因为保护资产免受损失、损失融资等工作与财务部门的职能有密切关系。但也有一些公司，根据其面临风险的特点，风险管理部门隶属于不同部门。如有的公司可能主要面临法律责任风险，这些公司的风险管理部门就可能需要向法律部门报告，也有公司的风险管理部门可能需要向人力资源部门报告。

公司风险管理职能的集中化程度也不尽相同，多数公司的做法还是把风险管理的职责细分到各个具体职能部门或执行单位。但我们前面已经指出，风险管理职能的集中可以在安排损失融资时带来一定的规模经济性，而且许多风险管理决策本质上是一项战略性决策，集中管理可以使风险经理与高层管理人员之间进行更有效的沟通。但风险管理职能的集中也存在弊端，其中之一就是可能会降低公司其他部门经理和雇员对风险管理的重视程度。在对风险进行总体集中管理的同时，把风险成本或损失细分到具体单位，往往能够引起这些单位的负责人对成本控制的充分重视。同时，将诸如日常安全检查与环境保护这样的风险管理活动下放到具体单位也会带来不少好处。在这种情况下，具体部门的经理就可以更加关注风险，并可以对存在的许多问题进行直接而及时的处理。

总体来看，尽管不同企业在风险管理的组织模式方面不尽相同，但对风险管理的重视程度都在不断提高，风险管理正日益成为企业管理中一个不可或缺的重要组成部分。

本 章 习 题

1. 描述下面两种情况可能给公司带来哪些直接损失和间接损失：

（1）公司厂房发生的一次破坏严重的爆炸；

（2）公司排放有毒化学物质导致环境污染引起的法律诉讼。

2. 解释公司可以采取哪些办法降低公司产品对消费者造成人身伤害而引起的法律诉讼的损失风险。

3. 描述可以采取哪些损失控制手段来降低在车祸中遭受人身伤害的风险。

4. 损失融资有哪些主要方式？损失融资与内部风险抑制有哪些区别？

5. 描述下面三种情况下的风险成本中都包括哪些部分：

（1）一家制造厂的工人遭受机器设备伤害的风险；

（2）一家跨国公司由于其投资被外国政府征收而遭受的损失风险；

（3）一家啤酒制造商由于消费者转而喜欢白酒和苏打水而遭受啤酒价格下跌的风险。

6. 为什么在考虑风险成本时不能只考虑风险损失成本，而应考虑风险带来的总成本？

7. 如果不考虑法律方面的因素，哪些激励因素可以使企业达到下列目标：

（1）生产安全性高的产品；

（2）降低工伤事故的风险；

（3）避免对环境造成污染。

8. 如果制造商追求的是实现企业价值最大化，那么请描述一下对消费者和“旁观者”造成人身伤害的风险会如何影响喷气式滑水板的设计、生产、销售及定价（假定没有这方面的安全管理规定，并且公司不承担消费者或“旁观者”遭受伤害的责任）。制造商在追求企业价值最大化时会考虑这种滑水板所发出的噪声给宁静的海滩及内陆水域带来的影响吗？

9. 你认为某公司的财产损失与责任损失之间是独立的、正相关的，还是负相关的？

10. 从风险管理的视角解释，为什么企业销售人员根据销售业绩提取的奖金可能会远高于职能部门（如人力资源部门）人员的奖金。

11. 如何科学理解风险管理的目标不应该是将风险损失降到零，而应是将风险损失控制在可接受的范围内？

12. 如何理解风险管理主要步骤之间的逻辑关系，以及风险管理应该是一个具有反馈的过程？

第 2 章 保险的基本原理

学习要点及目标

- 掌握保险的基本概念，理解保险的核心理念
- 掌握保险的基本分类，了解各类保险的主要功能和区别
- 了解影响保险供给和需求的基本因素，特别是可保风险的理想特征
- 了解保险对推动经济和社会发展的积极作用
- 了解保险给社会和经济发展带来的主要代价

核心概念

保险　保险的分类　保险需求　保险供给　可保风险　效用　期望效用　人力资本　生命价值　道德风险　逆选择

2.1 什么是保险

保险作为人类的一种重要经济活动，从一开始就是为了寻求安全和减少不确定性。从这个意义上说，人类的保险活动已经有了数千年的历史。但现代保险制度和现代保险业则形成于近代社会，特别是工业革命以后。

人们对保险的认识也经历了一个不断深化和完善的过程。国内外很多教科书都从不同角度对保险的概念进行了不同界定，这本身就表明：**随着现代经济和社会的发展与进步，保险的理论和实践在不断更新，人们对保险的认识也在不断发展**。因此，本书不打算详细介绍各种文献是如何对保险进行定义的，以及这些定义之间的区别，而是试图从几个主要视角来阐述保险的基本特征，相信读者不难从中领悟出保险的实质。

1. 从经济角度看

保险首先是人类的一种经济行为，保险关系是一种经济关系，保险活动是一种经济活动。在保险活动中，需求方是**投保人**（applicant）[①]，他们的需求是从保险市场上获得对某种风险的“保障”；供给方是**保险人**（insurer），他们根据大数法则将大量面临同样风险的个人或组织汇集到一起，通过按照等价原则和损失分摊原则向投保人收取保险费，建

① 后面会给出投保人、保险人、被保险人的定义。在保险实践中，很多场合下，投保人和被保险人通常是一个主体。

立起保险基金，用于当**被保险人**（insured）遭受损失后向其提供经济补偿。所以，保险产品和其他商品一样，是在市场上根据等价交换原则进行交易的，在这个交易过程中，投保人向保险人支付的是保费，换回的是对风险的保障，或者说是对损失的补偿。

保险活动还是一种金融活动（财务活动）。对社会而言，保险人通过收取保费聚集了大量资金，再将这些资金运用出去，实际上起到了资金融通的作用。对被保险人来说，保险可以起到平滑未来现金流波动的作用。有了保险保障，被保险人可以减少对未来现金流出现剧烈不利变动的担忧，避免发生损失后出现的资金短缺，使个人或组织的财务状况得以保持稳定。因此，保险实际上是为被保险人提供了一个稳定其财务状况的机制。

需要特别强调的是，保险活动不同于其他经济活动的一个极为重要的特征是，**对保险需求方来说，保险主要是一种损失发生时能获得经济补偿的行为，而不是为了获利的行为，这是保险的基本特征**。也就是说，被保险人通过购买保险只能得到对损失的补偿，而不能获得超出损失的利益。

2. 从法律角度看

保险是一种合同行为，保险关系也是一种法律关系。保险合同规定了保险活动当事方的权利和义务。保险人的权利是向投保人收取保费，其义务是当约定的保险事故发生后向被保险人进行赔付或给付保险金；投保人（被保险人）的权利是当约定的保险事故发生后，可以向保险人索要保险金，其义务是向保险人支付保险费并履行保险合同规定的其他义务。

3. 从社会角度看

保险是一种风险共担和转移机制。保险可以使众多的组织或个人联合起来，共同承担风险，提高整体抵御风险的能力。从这个意义上看，保险关系的背后隐含着一种社会关系：**社会中多数成员出资建立保险基金，为少数实际发生损失的成员（注意：损失可能发生在每个成员身上）提供经济补偿**。实际上，参与风险共担的每个成员都是在借助其他成员的力量为自身提供风险保障。

综上所述，我们可以对保险给出如下的定义：

保险是保险人将大量同类的偶然性损失风险汇聚起来，通过向投保人收取保险费的形式建立保险基金，当被保险人发生了约定的自然灾害或意外事故，造成财产损失或发生了人身保险事故时，由保险人根据约定进行赔偿或给付保险金的一种经济补偿制度[①]。

2.2　保险的分类

对保险可以从多个角度进行分类，本节采用以下几种常用的分类方式。

1. 人身保险与非人身保险

在保险市场上，人身保险（life insurance）和非人身保险（non-life insurance）是最重要的划分保险的方式。人身保险主要是为人的生命和身体提供保障，非人身保险主

① 美国风险管理与保险协会保险术语委员会将保险定义为：将偶然性损失风险进行汇聚并转移给保险人，保险人同意为被保险人的此类损失进行补偿，根据发生的事故提供货币形式给付，或提供与风险有关的服务。

要是为财产提供保障。人身保险主要包括死亡保险（定期寿险、终身寿险）[①]、两全保险、年金保险、健康保险、意外伤害保险等；非人身保险从广义上说是指除去人身保险的一切保险，通常又称为财产与责任保险，主要包括财产保险、责任保险、信用保证保险等。

需要指出的是，不同国家在对人身保险和非人身保险的划分方面不尽相同，主要体现在对部分健康保险、意外伤害保险的划分方面：有些国家将其列为非人身保险范畴，有些国家则将其列为人身保险范畴。

由于人身保险和非人身保险在承保技术、保险期限、准备金的投资管理、利率风险控制等方面都有很大不同，因此，大多数国家都严格禁止一家保险公司同时经营人身保险和非人身保险业务，但很多国家允许保险人通过控股公司或子公司的形式经营这两种不同类型的保险业务。

2. 个人保险与企业保险

向个人和家庭提供的保险称为**个人保险**（individual insurance），如汽车保险、家庭财产保险、人寿保险、健康保险等；向企业或组织提供的保险称为**企业保险**（commercial insurance）[②]，如企业财产保险、产品责任保险、营业中断保险、团体保险等。

一般来说，个人保险和企业保险在产品复杂程度、定价技术、销售方式、准备金的运用、投保人的需求等方面都有很大区别。因此，保险人通常是将这两类业务分别进行经营管理。政府监管部门通常也会对个人保险业务实行更为严格的监管，目的在于更好地保护在与保险公司打交道过程中，信息和知识方面通常处于弱势的个人投保人的利益。

3. 原保险与再保险

原保险（direct insurance）又称为直接保险，是由保险人为个人或企业直接提供的保险，这样的保险人称为原保险人。**再保险**（reinsurance）是指原保险人向其他保险人或再保险人购买的保险，目的是为原保险人承保的保险业务提供风险保障。经营再保险业务的可以是专门的再保险公司，也可以是一般的保险公司。也就是说，一般的保险公司既可以经营原保险业务，也可以经营再保险业务，而再保险公司只能经营再保险业务。

原保险人购买再保险通常是为了避免自身承保的风险过于集中，通过再保险可以在更广泛的保险市场上分散风险。同时，再保险人通常具有某些特殊的专业技术，资本实力比较雄厚，原保险人可以利用这些优势扩大自身的承保能力和增加自身的财务稳健性。

因此，几乎所有的原保险人都会购买再保险，并且再保险人自己也可以购买再保险，将一些风险进一步分散给其他再保险人，这样就可以将一些可能发生的巨额损失风险在全球保险市场上进行更充分的分散。

由于再保险业务专业性比较强，通常表现为企业与企业之间的交易，因此各国政府一般对再保险业务较少进行干预。很多国家都允许外资保险公司从事跨境再保险业务，监管

---

① 死亡保险即为传统意义上的人寿保险，这里所说的人身保险其实应称为人寿与健康保险。

② 在中国，目前较少采用企业保险的说法。在保险公司里，还是根据保险标的的特性来划分业务部门，有些业务部门的业务（如财产险部、车险部、责任险部等）既面向企业也面向个人，有些业务部门的业务（如团体险部、工程险部等）则主要面向企业。

环境相对宽松，再保险因此也成为所有保险业务中国际化程度较高的一类业务。

4. 商业保险与社会保险

商业保险（private insurance）是一种商业行为，指投保人根据保险合同的约定，向保险人支付保险费；保险人则对合同约定的保险事故带来的损失承担赔偿责任或支付保险金。需要特别注意的是，首先，商业保险具有自愿性和营利性，即投保人和保险人根据协商，自主决定是否订立保险合同，投保人可以选择是否购买保险，保险人可以决定是否承保；其次，保险人经营保险业务，为投保人提供承保的最终目的是要获得合理的利润，以回报保险公司的投资人。

社会保险（social insurance）是指国家通过立法等形式，由劳动者和劳动者所在单位共同筹资，帮助劳动者及其家属在遭遇年老、疾病、死亡、残疾、生育、失业等风险时，防止收入的中断、减少或丧失，以保障其基本生活需要的一种社会保障制度。

社会保险对一个国家来说是必不可少的，因为它可以解决商业保险不能或无力承担的如失业、年老、贫困等社会风险带来的经济保障问题。这类社会风险一旦失去控制，将会给经济发展和社会安定带来极大影响。因此，世界各国几乎无一例外地由政府出面，单独建立或是和其他组织共同建立相关社会保险计划。

了解商业保险与社会保险的异同具有十分重要的意义。这两类保险都是为人们提供经济保障的重要手段，在很多情况下可以互为补充，特别是在很多国家实施社会保险制度改革的过程中，为商业保险的发展提供了更广阔的空间。

2.3 保险需求的经济分析

保险需求的经济分析就是利用经济学的理论和方法，对人们为什么需要保险、影响保险需求和购买的主要因素、需要购买多少保险等问题进行分析。从最基本的方面说，人们需要保险是为了获得对风险的保障，但由于面临的风险不同、承担风险的主体不同等原因，会表现出不同的需求特征，解释不同需求特征的经济理论也会有所不同。因此，本节将从不同风险的保险需求、不同主体的保险需求等方面对保险需求进行分析。

2.3.1 财产与责任保险的需求分析

2.3.1.1 个人对保险的需求

首先，我们来分析个人为什么会购买保险。我们将从分析个人对风险的态度入手，引入效用和期望效用的概念。然后利用期望效用来分析个人为什么会产生购买保险的需求，以及附加保费、道德风险、逆选择现象等会给个人的保险需求带来哪些影响。

例 1. 假设张先生面临如下两种选择：

A. 掷硬币，如出现正面将得到 100 元，出现反面将失去 100 元；

B. 不掷硬币。

问：张先生会作出哪种选择？

我们知道，如果选择掷硬币的话，期望收益为 0 元，不会改变张先生原有财富的期望值。因此，如果张先生是个**风险规避**(risk aversion)型[①]的人的话，就没有理由选择掷硬币。因为掷硬币还可能会给他带来100元的损失，而在张先生看来，他或许认为失去100元给他带来的伤害要远大于得到100元给他带来的满足。因此，为了能使风险规避型的张先生接受掷硬币这个选择，需要给他一定的风险报酬，比如说出现正面时仍得100元，但出现反面时的损失是50元而不是100元，使张先生掷硬币的期望收益上升到了25元，这25元的期望收益就是促使张先生作出掷硬币决策的风险报酬。一般来说，风险规避程度越高的人在接受这类游戏时需要的风险报酬也越高。

另外，如果张先生是个**风险中性**（risk neutral）的人，也就是说选择掷硬币和选择不掷硬币对他来说没有区别，因为无论哪种选择都没有改变他原有财富的期望值，掷硬币结果的不确定性对他没有影响，他只关心财富的期望值。因此，风险中性的人不需要风险报酬就可以接受风险。

实证研究表明，大多数个人在面临风险进行决策时，都会表现出风险规避的倾向，也就是说大多数个人在购买保险时，会愿意向保险人支付期望损失金额以上的风险保费。

例1说明不同的个人对风险的态度可能是不同的，体现为不同的人会作出不同的选择。下面的例子将表明：即使对同一个人来说，当他所处的环境发生变化时（如手中的财富数额发生了变化），其对风险的态度（实际上是对具有风险的收益的态度）也会发生变化。

例2. 假设张先生面临如下两种选择：

A. 掷硬币，如出现正面将得到150元，出现反面将失去100元；

B. 不掷硬币。

但所处的环境却有所不同：

环境（1）：张先生目前事业顺利，财务状况良好，有10 000元的净现金流。

环境（2）：目前财务状况不好，只有100元的净现金流，而且这100元还正急等着还债用。

问：在两种不同环境下，张先生会作出怎样的选择？

显然，无论哪种环境下，张先生如果选择掷硬币的话，期望收益都是25元。但我们有理由认为，当所处的环境不同时，张先生对掷硬币带来的风险收益的态度会发生变化。一个合乎情理的判断是，在环境（1）下，张先生完全可能选择掷硬币，因为这时他手头有充足的净现金流，即便损失了100元也不会对其财务状况造成重大影响。在环境（2）下，张先生很可能选择不掷硬币，道理很简单，这时的100元损失对他的财务状况影响巨大，如果发生损失，将无法偿还债务，使自己陷入财务困境甚至遭到诉讼。因此，对张先生来说，这时候的100元比其在财务状况良好时的100元具有的价值要大得多。

为了描述不同人对风险态度的不同和变化，经济学家和风险分析专家建立了**效用**（utility）和**效用函数**（utility function）的概念，并在此基础上建立了效用理论，而效用理论正是我们分析个人保险需求的关键依据。

---

① 风险规避是指在相同的期望财富水平下，相对有风险的情形，人们表现出更喜欢具有确定性的财富量。风险规避的本质是，同样数量的损失和收益，损失带来的伤害要比收益带来的“价值”更大，这是因为当财富减少时，同样数量的财富会变得更为重要。

所谓效用，是指商品、货币收入、财富、服务等满足人的主观欲望或需求的程度。效用函数则描述了不同财富水平和与之对应的满足程度（效用值）之间的关系。对风险规避型的个人来说，其效用函数的曲线通常具有以下两个性质。

性质 1：财富数量的增加会导致效用值的增加。

性质 2：随着财富的增加，边际效用出现递减的趋势。

结合上述两个性质，可以给出风险规避型个人的效用函数曲线的一般特征：是一条单调上升的、向上凸起的曲线。

下面我们通过一个例子来说明为什么风险规避型个人的效用曲线是向上凸的。

例 3. 假设玛丽有一幢价值 150 000 美元的房屋位于地震多发的加利福尼亚州，此外还有 50 000 美元的其他资产。假设每年发生地震的概率为 10%，若地震发生会导致房屋全毁。玛丽可以在 A 保险公司投保，一旦发生损失可以获得全额赔偿。A 保险公司则根据玛丽的期望损失收取保费，若暂不考虑附加保费，则保险公司应收取的保费为

$$EV = 0.1 \times 150\,000 + 0.9 \times 0 = 5000(\text{美元})$$

问：玛丽会不会投保？

我们假设玛丽是一个风险规避型的人，她的效用函数为 $U(\cdot)$，曲线如图 2-1 所示（后面将说明曲线形状假设的合理性）。如果玛丽不购买保险，自己承担全部损失风险的话，那么她年末的财富要么是 200 000 美元（没有发生损失），要么是 50 000 美元（发生了损失），因此她的财富的期望值是

$$EW = 0.1 \times 50\,000 + 0.9 \times 200\,000 = 185\,000(\text{美元})$$

财富的**期望效用**（expected utility）（图 2-1 中的 P 点）为

$$EU_{\text{NI}} = 0.1 \times U(50\,000) + 0.9 \times U(200\,000)$$

如果玛丽购买保险，需要向 A 保险公司支付 15 000 美元的保费，则无论损失是否发生，她年末财富的期望值都是 185 000 美元，期望效用为

$$EU_{\text{I}} = 0.1 \times U(185\,000) + 0.9 \times U(185\,000) = U(185\,000)$$

问题：是否会有 $EU_{\text{I}} > EU_{\text{NI}}$？

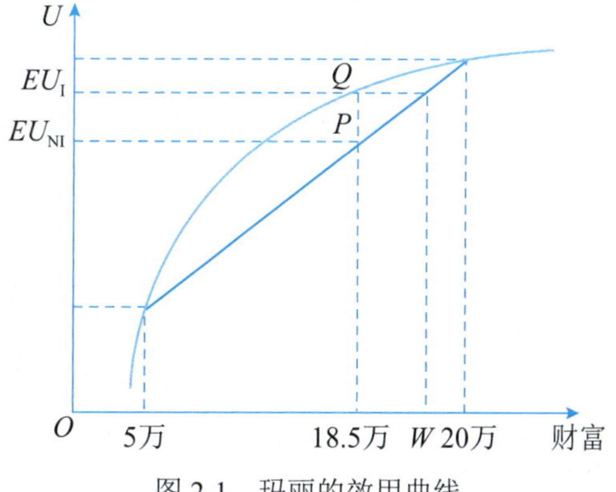

图 2-1　玛丽的效用曲线

由于玛丽是风险规避型的人，也就是说购买还是不购买保险的情况下所拥有的185 000美元的期望财富值在她看来是有区别的。

- 如果购买保险，财富值是确定的，没有风险。
- 如果不购买保险，财富值是不确定的，而且她可能认为失去150 000美元财富带来的伤害远远大于没有财富损失时给她带来的满足感。

因此，在玛丽看来，购买保险的期望效用要大于没有购买保险的期望效用，也就是说玛丽购买保险后的期望效用值要大于图2-1中的P点，比如位于Q点，对应的期望效用值为EU_I。在Q点的期望效用值相当于期望财富为W（位于185 000美元和200 000美元之间）时的效用值。显然，当玛丽是风险规避型的人时，上述分析适用于期望财富值为50 000美元到200 000美元之间的任一点，因此，玛丽的效用曲线一定是位于图2-1中直线以上的向上凸起的曲线。

以上分析是假设保险公司按公平精算保费向玛丽进行承保，然而实际保费通常会比公平精算保费高，增加的这一部分保费称为**附加保费**（premium loadings），用来支付保险人的承保费用、给代理人的佣金、经营管理费用、税收以及利润等。那么，在增加了附加保费后，会对投保人的行为产生影响吗？

我们仍以玛丽的问题为例。假设保费中包含了50%的附加保费（7500美元），即新的保费为22 500美元。如果玛丽投保，其最终财富为177 500美元，从图2-2可以看出，与该财富水平对应的效用值EU_{I2}仍高于未投保时的效用值EU_{NI}。因此，即使保费中包含了附加保费，玛丽仍然会选择投保。但如果保险公司进一步增加附加保费，使得玛丽投保后的财富水平继续下降，当下降到图2-2中的D点时，玛丽投保和不投保时的效用值相同，就是说玛丽会认为投保与否对她来说无所谓。从D点向横轴引垂线，可以得到玛丽为转移风险而愿意将其财富降至的最低水平，假设这一点为160 000美元，即玛丽愿意为转移风险而支付的保费的最大额为40 000美元，最大附加保费为25 000美元。投保人愿意为投保而支付的最大附加保费也称为**风险保费**（risk premium），本例中玛丽的风险保费就是25 000美元。

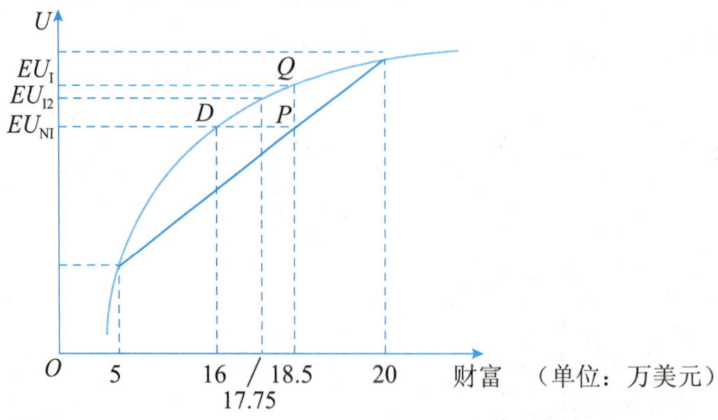

图2-2　玛丽投保的期望效用：含附加保费

1. 道德风险对保险需求的影响

道德风险（moral hazard）是指被保险人的行为由于有了保险保障而发生改变的倾向，

可分为**事前道德风险**（ex-ante moral hazard）和**事后道德风险**（ex-post moral hazard）。

1）事前道德风险

事前道德风险是指保险可能会对被保险人的防损动机产生影响，如投保了车险的人可能比没有投保车险的人开车更鲁莽、有员工赔偿保险的雇员可能比没有员工赔偿保险的雇员在工作中会更粗心等。

2）事后道德风险

事后道德风险是指损失事件发生后，保险可能会对被保险人的减损行为产生影响。例如，如果可能发生的损失在保险赔偿的范围内，被保险人可能很少采取甚至不采取适当措施减少损失；享受失业保险的人可能会因为有了失业保险金而不积极寻找再就业的机会。

为分析道德风险会给保险需求带来怎样的影响，我们来看一个例子。

例 4. 假设张某有价值 120 000 元的现金和一辆价值 40 000 元的汽车，一起车祸可能导致汽车全损。同时可以假设张某出车祸的概率与其驾驶的谨慎程度有关。如果开快车，出事的概率为 50%；如果开慢车，出事的概率为 20%。张某估计，如果开慢车的话，会因为在路上花费更多的时间而多支付 10 000 元。问题：张某是否会选择谨慎开车？

假设张某是风险规避型的人，他的效用函数为其财富的平方根；EU_{C} 和 EU_{NC} 分别表示张某谨慎和不谨慎驾驶时的期望效用，则有

$$\begin{aligned} EU_{\mathrm{C}} &= 0.8\times U(160\,000-10\,000)+0.2\times U(160\,000-10\,000-40\,000) \\ &= 0.8\times\sqrt{150\,000}+0.2\times\sqrt{110\,000}=376.17 \end{aligned} \tag{2.1}$$

$$\begin{aligned} EU_{\mathrm{NC}} &= 0.5\times U(160\,000)+0.5\times U(160\,000-40\,000) \\ &= 0.5\times\sqrt{160\,000}+0.5\times\sqrt{120\,000}=373.21 \end{aligned} \tag{2.2}$$

显然，如果张某没有购买保险，他会选择谨慎驾驶，即使他要为防范损失风险而支付 10 000 元。

现在假设张某可以按照公平精算保费购买到足额保险，保险公司会如何确定公平精算保费呢？如果保险公司认为张某投保后会选择谨慎驾车，则公平精算保费应为 8000 元（0.2×40 000 元）；如果保险公司认为张某购买保险后不会谨慎驾车，则公平精算保费应为 20 000 元（0.5×40 000 元）。保险公司会按哪种标准收费呢？要回答这个问题，需要分析张某是否会有谨慎驾驶的动机。如果张某按 8000 元的保费购买了保险，他可以得到任何损失的全额赔偿，为什么还要多支付 10 000 元让车开得更慢呢？自己为谨慎驾驶多支付了 10 000 元，受益的却是保险公司！张某当然不会这样做。保险公司自然也会分析出张某的这种心态，会认为张某出于经济上的考虑不会选择谨慎驾车，因而一定是要按 20 000 元来向张某收取保费。

那么，张某会按这个价格购买保险吗？假设张某购买保险并不谨慎驾车的期望效用为 EU_{INC}，则

$$EU_{\mathrm{INC}}=U(160\,000-20\,000)=\sqrt{140\,000}=374.17 \tag{2.3}$$

将式（2.3）和式（2.1）比较后可知：张某宁愿选择自己谨慎驾车，也不会购买保险，原因就是保险人出于对道德风险的担心，在向张某收取的保费中包含了道德风险成本。所以，保险人因担心部分被保险人存在的道德风险而在保费中增加的道德风险成本，在一定程度上制约了那些没有道德风险或道德风险水平较低的投保人的保险需求。

其实，导致道德风险出现的一个重要原因，正是保险把谨慎行事的利益从被保险人那里转移给了保险人，而承担谨慎行事成本的却是被保险人。因此，为了减少道德风险，保险公司应该采取鼓励被保险人谨慎行事的措施，使其通过谨慎行事可以获得应得的利益，即使被保险人谨慎行事的边际收益或不谨慎行事的边际成本为正。例如，保险人可以在设计保险合同时，通过免赔额和共保条款使被保险人承担至少一定程度的损失；奖励采取防损行为的被保险人，如根据实际损失来计算保险费，或按过去的索赔记录来计算费率等，这些做法都可以鼓励被保险人谨慎行事，减少损失的发生。

2. 逆选择对保险需求的影响

保险购买者往往试图利用其对自身风险损失方面的更多信息，以低于公平精算保费的价格取得保险，这种倾向称为**逆选择**（adverse selection）。出现逆选择的原因主要是保险人和投保人之间信息的不对称，投保人一般来说会比保险人更清楚自己会在哪些方面遭受损失。可能出现的逆选择行为使得保险人无法判定对每个投保人应该适用什么样的费率。保险人会认为，知道自己可能生病的人投保健康保险的可能性更大。如果保险人能够准确区分每个投保健康保险的人的风险水平，就可以分别收取相应的保费。但问题是，当保险人不能区分风险水平不同的投保人时，会发生什么呢？

假设两个人 A 和 B 具有同样的效用函数（均为财富的平方根），初始财富均为 125 元，下一年都可能遭受 100 元的损失。再假设 A 是“低风险者”，遭受损失的概率是 25%；B 是“高风险者”，遭受损失的概率是 75%。分别用 $EU_{\mathrm{I}}^{\mathrm{L}}$、$EU_{\mathrm{NI}}^{\mathrm{L}}$、$EU_{\mathrm{I}}^{\mathrm{H}}$、$EU_{\mathrm{NI}}^{\mathrm{H}}$ 表示低风险者和高风险者购买保险和不购买保险时的期望效用，则由式（2.4）和式（2.5）可知，如果保险公司能区分他们的风险类型，分别按不同的公平精算保费向他们收取保费，即向高风险的投保人收取 75 元，向低风险的投保人收取 25 元，则根据式（2.4）和式（2.5），他们二人均会投保。

低风险者 A 投保与不投保的效用比较如下。

$$
\begin{aligned}
&EU_{\mathrm{I}}^{\mathrm{L}} = U(100) = \sqrt{100} = 10\\
&EU_{\mathrm{NI}}^{\mathrm{L}} = 0.25\times U(25) + 0.75\times U(125) = 0.25\times\sqrt{25} + 0.75\times\sqrt{125} = 9.64\\
&EU_{\mathrm{I}}^{\mathrm{L}} > EU_{\mathrm{NI}}^{\mathrm{L}}
\end{aligned}
\tag{2.4}
$$

高风险者 B 投保与不投保的效用比较如下。

$$
\begin{aligned}
&EU_{\mathrm{I}}^{\mathrm{H}} = U(50) = \sqrt{50} = 7.07\\
&EU_{\mathrm{NI}}^{\mathrm{H}} = 0.75\times U(25) + 0.25\times U(125) = 0.75\times\sqrt{25} + 0.25\times\sqrt{125} = 6.54\\
&EU_{\mathrm{I}}^{\mathrm{H}} > EU_{\mathrm{NI}}^{\mathrm{H}}
\end{aligned}
\tag{2.5}
$$

问题：如果保险公司不能区分投保人的风险类型，应该收取多少保费才能使保险公司的收支均衡呢？这时，保险公司通常的做法是向每个人收取平均公平精算保费，即向每人收取 50 元的保费。现在我们来看两类投保人会如何作出反应。我们用 $EU_{\mathrm{I}}^{\mathrm{P}}$ 表示按平均公平精算保费（50 元）向两类投保者收取保费后他们的期望效用，有

$$EU_{\mathrm{I}}^{\mathrm{P}}=U(75)=\sqrt{75}=8.66 \tag{2.6}$$

由图 2-3 可知，高风险者 B 会愿意投保，因为 50 元的保费低于他的期望损失，而低风险者 A 则不愿意投保，因为他不愿意多支付保费去补贴高风险者。这种选择会给保险公司带来什么影响呢？由于保险公司是按平均保费向每人收取保费，而低风险者实际上不会投保，因此保险公司只能向高风险者售出保单，而这样的保单势必是要亏损的。因此，当保险公司知道低风险者不会投保时，便会停止销售基于平均保费的保险合同，而是假设来投保的人都是高风险的，并按高风险的费率来收取保费。于是，市场上将只剩下为高风险者提供的产品，低风险投保人将得不到保险保障。

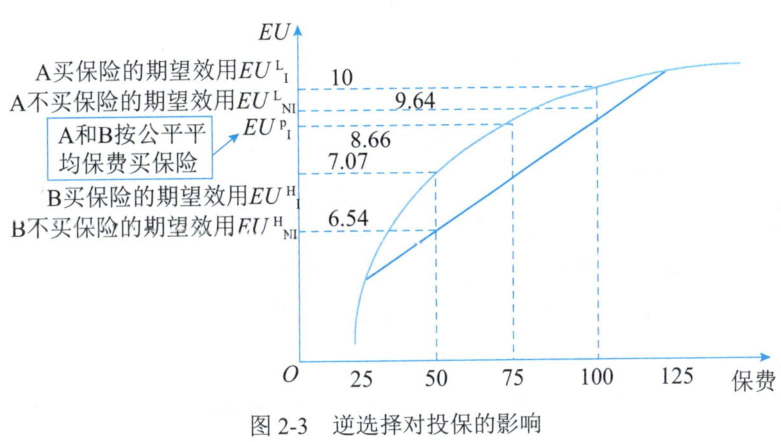

图 2-3　逆选择对投保的影响

由于出现逆选择的原因是保险人和投保人之间信息的不对称，所以解决这个问题的方法之一就是保险人要设法从投保人那里获取更多的信息，对被保险人进行更准确的风险分类，这正是保险公司核保部门的主要职责。

另一种减少逆选择的方法是保险人可以设计不同的保险合同，鼓励不同风险类型的被保险人选择适合自身风险水平的保险合同。我们再回到上面的例子。假设保险公司提供了两种合同：合同 1 是足额保险，保费为 75 元，这是适合高风险者的保费；合同 2 有 90 元的免赔额，公平精算保费为 2.5 元。根据表 2-1 列出的每个合同下高风险者和低风险者的期望效用可以看出，在合同 1 和无保险之间，高风险者会倾向于选择合同 1；在合同 1 和合同 2 之间，高风险者仍然会倾向于合同 1。而对低风险者来说，会倾向于选择合同 2。低风险者本来期望的是能够获得按公平精算保费提供的合同，但由于保险公司担心逆选择行为的存在，使低风险者的福利出现了净损失，体现为低风险者的效用值由 10 减少到 9.73，即低风险者不能得到完全的保险。但和不购买保险相比，低风险者仍然会选择购买合同 1。

表 2-1　高风险者和低风险者在不同保险合同中的期望效用

合同类型	低风险者 A 的效用	高风险者 B 的效用
无保险	9.64	6.54
合同 1 ：75 元保费，无免赔额	7.07	7.07
合同 2 ：2.5 元保费，90 元的免赔额	9.73	7.04

通过以上分析不难发现，道德风险和逆选择的存在的确干扰了保险市场中来自供给方和需求方的实际信号，增加了市场交易成本，而这些增加的成本大多体现为一些投保人多支付了保费，或一些投保人得不到适当的保险保障。因此，必须十分重视保险市场中的道德风险和逆选择问题，将其所带来的成本降至最低。

2.3.1.2　企业对保险的需求

在解释个人为什么会购买财产保险时，我们依据的是风险规避理论，即风险规避型的个人通常会有购买保险的潜在需求。但这一理论一般很难解释企业为什么需要购买保险。尽管很多企业也是由个人（或股东）所拥有的，但企业对保险的需求和个人对保险的需求还是有很大区别的，原因在于企业的组织方式使企业所有者可以通过分散化投资来分散所投资企业的风险。本节主要来分析股份制企业为什么会有保险的需求。

1. 股东投资的分散化

金融投资学理论告诉我们，分散化可以降低投资风险。也就是说，投资者可以将全部资金做一个组合，该组合中应包含适当数量的投资对象，并且每个对象的投资风险应具有相互独立性。例如，假设张先生要开办一家有限责任公司，经营初始需要投资 100 000 元，而张先生恰好有足够的积蓄来支付这笔初始资本。但张先生面临的问题是，如果把所有的钱都投入这家新公司，将面临很大的风险：可能会赚很多钱，也可能失去所有的财富。简单来说，假设张先生要开办的公司在年末有 95% 的可能会具有 150 000 元的价值，有 5% 的可能价值为 0 元（如果经营失败，后一种情况就会发生）。

对张先生来说，还有另一种获得初始资本的方式，就是发行股票。通过发行股票，许多人出一小部分钱就可以开办公司。比如，如果有 20 个投资者（包括张先生本人），每人出资 5000 元，就有了足够使公司开始运作的资金。张先生当然要和其他投资者分享企业的利润，每个投资者都将得到公司利润的 1/20。发行股票的好处在于张先生与其他 19 位投资者分担了企业的风险，如果经营失败，20 位投资者都将分担损失。

通过发行股票，张先生可以不用将其余的 95 000 元投资在自己的公司，而投资于其他企业，与将财富全部投资于一个公司相比，风险大大降低了。为什么呢？我们假设现在有 20 家新公司需要启动，每家公司需要的初始投资都是 100 000 元，同时假设每家公司未来价值的分布与张先生公司的价值分布相同，并假设每家公司的经营结果与其他公司是相互独立的。

如果张先生及其他 19 位投资者在 20 家公司中每家各投资 5000 元，这样每个人就会拥有每家公司 1/20 的股票。实际上是每个投资者都与其他投资者组成了一个汇聚安排：平分利润和损失。在这个汇聚安排中，每个人都可能遭受损失，所有成员都将分担所有损失中相等的份额。由于这 20 家公司发生的损失是相互独立的，与单独承担自己公司所有的损失相比，汇聚安排中的每个成员的风险都降低了。

这个例子说明，股票市场可以汇聚经营风险，就像保险公司可以对某类风险进行汇聚一样。一家公司通过购买保险和公司股东将其投资分散化是两种可以相互替代的分散股东面临的纯粹风险的机制，它们都能起到减少股东收益波动性的作用。更一般地说，任何降低现金流波动性的公司行为都不会必然降低股东的风险，因为股东们可能已经通过股票分散化的方式分散了他们在所投资企业上面临的风险。

既然从降低风险的角度看，股东个人投资组合的分散化和公司购买保险具有密切的互补性，就应该考虑哪种机制具有更低的预期成本。通过股票市场分散的成本是股东获得分散化投资组合的成本。利用共同基金，个人可以很容易地将数额很大的资金分散到多种股票上，而购买共同基金的成本并不比购买一只股票的交易成本高，换句话说，拥有投资组合的边际成本接近于 0。对保险机制来说，保险的价格必须包括反映保险公司管理成本和资本成本的附加保费，而且附加保费一般会占到总保费的 10% ～ 50%。既然如此，为什么在保险并不能从本质上降低企业所有者的风险的情况下，那些已经具有分散化投资组合的企业所有者们会愿意向保险公司支付附加保费呢？看来，我们还需要进一步往下分析。

2. 集中持股的企业

尽管股票市场可以使投资者投资于不同企业的风险得以分散，但需要强调的是，每个投资者个人的风险还是会取决于他在每只股票上的投资占其总财富的比例。正如上面所讨论的，如果张先生把所有的财富（100 000 元）都投资在一个公司上，他就会承受巨大的风险。如果企业的所有者们没有将自身的资产分散化，则企业购买保险就会降低所有者的风险。正如我们在讨论个人风险管理时所提到的，对风险规避型的个人来说购买保险是有好处的，公司购买保险对没有分散化资产的风险规避型的所有者来说，也是有好处的。因此，大多数小型企业和私人企业会发现，商业保险是有益的，因为这样可以降低企业所有者个人财富所面临的风险。

3. 股东分散的企业为什么要购买保险?

前面的分析指出了这样一个事实：降低现金流波动性的公司行为（如购买保险）不会必然减少股东的风险，因为股东已经通过分散化的投资组合将风险分散掉了。但我们仍注意到，公司购买保险对股东来说还是有益的，原因是购买保险对公司预期现金流的增加有间接影响。下面，我们来简要说明企业购买保险的作用。

1）以更低的成本获得保险公司提供的索赔处理和损失控制服务

任何一张保单的保费中都包含了附加保费，用于支付保险公司为保单持有人提供服务的成本，如索赔处理和损失控制方面的成本。如果一家公司没有购买保险，就必须自己承担或从别的地方购买这些服务。如果附加保费中包含的这些成本比公司以其他方式获得同样服务的成本更低的话，那么即使股东是分散化的，购买保险仍能使股东受益。在这种情况下，公司购买保险并不是为了降低股东的风险，而是为了以更低的成本获得索赔处理和损失控制等方面的服务[①]。

2）降低损失融资的期望成本

如果没有采取保险等减少风险的措施的话，一旦发生较大损失，企业要么是用自有资金来支付损失，要么是通过借贷或发行新权益证券的方式筹集资金。如果真的不得不采用借贷或发行新证券的方式融资的话，就可能会带来较高的成本[②]。这样，那些不可能利用自有资金为损失进行融资的企业就会愿意购买保险，以降低为弥补损失而借贷或发行新证券带来高额成本的可能性。

3）降低新投资机会的融资成本

购买保险的另一个原因是使企业可以拥有充足的既有资金，保证新投资项目的实施。试想一下，如果没有保险，企业的既有资金可能会用于补偿所发生的损失，也将不得不再去为新投资项目筹集新的资金。由于外部融资的成本一般会高于内部既有资金的成本，所以使用外部融资可能会降低新投资项目的盈利性。在某些情况下，外部融资带来的额外成本甚至会迫使企业不得不放弃已经计划好的新投资项目，而这些项目如能按计划利用内部资金加以实施的话，本是可以有较好盈利预期的。因此，通过购买保险来对损失进行补偿，可以减少不得不使用昂贵的外部资金的可能性，也就提高了新投资项目的盈利能力。

4）降低陷入财务困境的可能性和改善合同条件

如果一个公司没有内部既有资金对发生的损失进行弥补，同时又不能说服银行或投资者提供新资金的话，那么它就可能面临破产倒闭。当这种情况发生时，公司可能必须进行清算或重组，才能继续运营。当公司进行清算或重组时，会带来相应的法律成本。减少破产的机会，就降低了发生这些成本的可能性。因此，对企业可能遭受的重大损失进行保险，可以降低企业破产的可能性，也就减少了期望破产成本，使股东受益。

当公司陷入财务困境（如破产或接近破产）时，除了股东以外的其他利益相关方也会遭受损失。比如，曾向处于财务困境的公司提供贷款的银行，为了追偿贷款，就需要增加法律成本。于是，对陷入财务困境概率较高的公司，贷款者在发放贷款时就会要求有一定的风险补偿。如果公司可以通过保险来降低风险，贷款者就会愿意以较好的条件和公司签订借贷合约。因此，从股东角度看，降低风险的一个好处在于可以改善公司借贷的条件。

当出现财务困境时，雇员、供应商和顾客与公司的关系也会出现问题，甚至是中断，从而遭受损失。例如，被解雇的职员因失业而遭受损失、顾客因购买了产品但没有得到相应的服务而遭受损失等。另外，风险规避型的雇员、与公司业务往来紧密的供应商等还会

① 在某些情况下，将索赔处理和损失控制服务与补偿损失的财务责任联系在一起会更有效（成本会更低），因为服务的提供者会有更大的热情提供高质量服务。例如，一个提供损失控制服务同时又必须对损失进行赔付的保险公司会更有动力去发现并采取控制损失的措施；一个提供索赔处理服务同时又必须赔付损失的保险公司会有更高的积极性去辨别具有欺诈性的索赔。如果服务和财务责任不联系在一起，公司就必须花费一些资源去监督服务的提供者，或者是通过合同提供恰当的激励。当监督成本过高、合同作用无效时，将服务与赔偿损失的财务责任联系在一起就是获得服务的成本最小化方法。

② 通过发行新证券以增加资本会导致成本较高的原因有三个。第一，外在成本，如支付给与发行新证券有关的投资银行的费用。第二，填报相关文档需要的法律和监管成本。第三，如果新证券的价格低于它们的真实价值，在出售证券时还存在着隐含成本。如果投资者认为他们关于证券价值的信息比发行者要少的话，低价出售的情形是很容易发生的，因为为了保护自己不付出过高的价格，投资者会尽量将愿意购买的股票的价格压低。

因为他们在报酬方面的不确定性而向企业提出需要得到额外的补偿（风险补偿）。所以，当与一个陷入财务困境可能性较高的公司发生交易时，雇员、供应商和顾客都会要求得到相应的风险补偿。雇员会向有较大可能陷入困境的公司要求更高的工资报酬；在购买一个很可能不能为其产品提供持续服务的公司的产品时，顾客只会接受更低的价格。还有，产品价格、原材料价格等也会受到陷入财务困境可能性的影响，如果公司能降低陷入财务困境的可能性，就可以通过提高产品价格、降低原材料价格获得益处。

5）减少预期税负

和没有保险相比，保险的实施还可以减少企业的期望纳税额，从而降低成本，增加净收益。保险可以减少企业的期望纳税额，原因主要来自以下方面。

（1）公司适用的所得税率是累进制的。企业在没有发生损失因而收入较高的年份，因为支付了保费而在较高的税率水平上减少了应税收入；在发生损失因而收入较低的年份，因为获得了保险赔付而在较低的税率水平上增加了应税收入。平均来看，公司支付的纯保费应该和获得的保险赔付是相当的，这就会出现因保费支出而减少的纳税额可能会大于因获得保险赔付而增加的纳税额的情形，从而减少了净纳税额。

（2）保险公司和非保险公司出现的损失的税收待遇是不同的，这种不同可以使保险公司比非保险公司更早地从应税收入中扣除对损失的支付，从而减少了期望纳税额的现值。而这种利益必然会有一部分被传导到投保人身上，形成对购买保险的激励。

（3）对折旧财产进行投保可以获得税收优惠。首先，无论损失发生与否，保费都可以从企业应纳税收入中扣除；其次，发生损失后从保险人那里获得的赔偿金按照资本性收入纳税，税率一般会低于所得税率，因此抵扣保费获得的税盾就会超过资本性收入的期望税盾。

（4）保险可以降低风险，使公司增加举债经营，而债务利息支出是可以享受税收减免的。

由于篇幅所限，我们不准备逐一详细分析上述各个方面，只简要说明一下所得税率的累进制是如何影响公司的期望纳税额的。

公司的税收函数一般来说是一个凸函数，收入越高的部分适用的税率也就越高。收入较低时一般不需要缴纳所得税，但当收入超过一定限额后，就会根据收入的多少适用不同的边际税率。图 2-4 给出了应纳税额和公司收入的关系，可以看出，税收曲线是一条非线性的、向下凸的曲线。

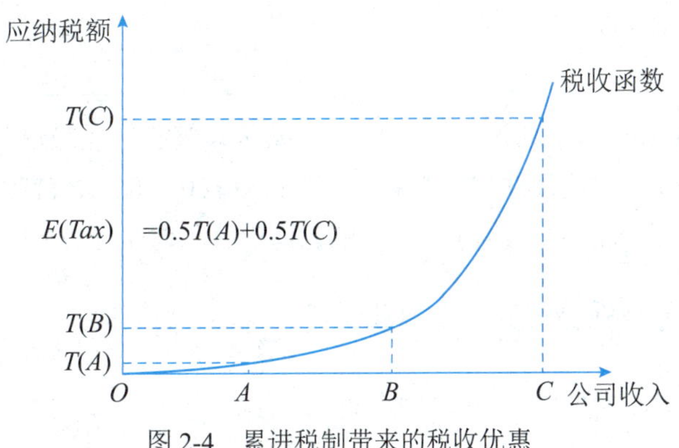

图 2-4　累进税制带来的税收优惠

税收函数的非线性性质可以用来说明风险和期望纳税额之间的关系。假设公司甲的实际收入是 B，其应纳税额为 $T(B)$；公司乙的收入由于风险的存在而具有不确定性，可能是 A 或 C，概率分别为 50%，但期望值恰好也是 B。于是，公司乙的实际纳税额要么是 $T(A)$，要么是 $T(C)$，概率均为 50%，故公司乙的期望纳税额是 $T(A)$ 和 $T(C)$ 的加权平均值，用 $E(Tax)$ 表示。请注意，图 2-4 表明，由于税收曲线是向下凸的，所以公司乙的期望纳税额要比具有确定性收入 B 的公司甲的纳税额高，尽管这两家公司收入的期望值是相同的。

下面，我们用风险管理的语言来对上述现象进行解释。我们从公司乙开始，它具有风险性收益 A 或 C：公司未投保且没有发生损失时的收益为 C；一旦发生损失，公司的收入为 A；损失发生的概率为 50%，公司的期望收益是 B。如果一家保险公司向公司乙出售了保单，对发生概率为 50% 的损失额 AC 提供保障，则应收取的保费（暂不考虑附加保费）为 $0.5AC$。公司乙在支付了保费后，使其获得了确定性收入 B，纳税额为 $T(B)$；而如果公司乙不投保，则其纳税额为 $T(C)$ 或 $T(A)$，由于税收曲线的凸性，必然有

$$E(Tax)=0.5\times T(A)+0.5\times T(C)>T(B) \tag{2.7}$$

因此，没有保险时的期望纳税额增加了，购买保险的结果使得公司乙的期望纳税额从 $E(Tax)$ 减少到 $T(B)$。

例 5. 假设一家公司的收入呈以下分布。

收入	概率
0	0.2
100	0.3
200	0.3
300	0.2
期望值 =150	

公司的边际税率是 34%，根据累进税制和采取一些避税手段（如折旧）后，收入的前 120 部分可以不计税。公司的期望税后收入如下（E 表示税前收入，S 表示可以避税的收入）。

$E-\text{MAX}\{0.34\times(E-S);0\}$	税后收入
0 – 0	=0
100 – 0	=100
200– 0.34×(200 –120)	172.8
300 – 0.34×(300 –120)	238.8
	期望值 =129.6

现在，假设这家公司可以通过风险管理规避风险，使它的风险性收入成为和期望收入等值的确定性收入 150，则该公司的税后收入变为了 150 – 0.34×(150 –120)=139.8。我们看到，在不改变税前收入期望值的情况下，税后期望收入增加了 10.2。

2.3.2 人寿与健康保险的需求分析

2.3.2.1 人力资本与生命价值理论

1. 人力资本

人力资本（human capital）是指存在于人体中的具有经济价值的知识、技能和体力（健康

状况）等质量因素之和，其主要特点在于它与人身自由联系在一起，不随产品的出售而转移。

人力资本是通过对人力的投资而形成的，其主要的投资形式是用于教育、卫生保健、劳动力迁移等方面的支出，其中最重要的是教育支出。

2. 生命价值理论

生命价值（life value）的概念很早就被引入了人寿保险，但直到20世纪20年代才成为解释人寿与健康保险需求的重要理论基础。一般而言，人的生命不是商品，是不能用金钱来衡量其价值的。但在现实中，仍然需要对生命的“经济价值”进行衡量，因而所谓生命价值一般是指由于人的死亡给家庭或企业造成的经济损失的价值，如家庭收入的减少、企业的停工损失等。

美国宾夕法尼亚大学商学院保险系主任休布纳（S. S. Huebner）教授认为：**人的生命价值可以用人的劳动能力或工资收入扣除个人生活费用后的剩余部分的资本化价值来表示**。具体来说，人的生命价值是指一个人在扣除了个人自我繁衍成本，如食品、衣物和居住成本等之后，未来净收入的现值。对家庭来说，家庭经济来源提供者的生命价值相当于其家人期望从他那里获得的收入的价值；对企业来说，一个雇员的生命价值是他可以向企业提供的服务的价值。

休布纳针对人的生命价值提出了5个重要观点。

（1）人的生命价值应当被认真评估和资本化。

（2）人的生命价值应当被看作创造财富的源泉。

（3）家庭是围绕其成员的生命价值而组成的经济单位。

（4）人的生命价值及其保护应被看作不同代人之间的主要经济联系。

（5）鉴于人的生命价值对财产价值的重要性，商业管理中与财产价值相关的科学原理可以应用于生命价值。

毫无疑问，人的生命价值会因早逝、失能、退休和失业等原因而遭受损失，而人寿与健康保险的存在，使得人们可以在其充满不确定性的一生中，用其拥有的人力资本实现他的生命价值。**人的生命价值理论构成了人寿与健康保险的经济学基础**。

2.3.2.2　消费经济理论和保险

人的生命价值理论从规范的角度建立了人寿与健康保险的经济学基础，为人们为什么需要购买人寿与健康保险提供了一个理论上的解释。但生命价值理论并不能对实际中的购买行为作出解释，解释人寿与健康保险实际购买行为的是消费经济理论，是从实证视角解释的[①]。

专栏阅读

人的生命价值

1. 消费经济理论

消费经济理论认为，一个理性的消费者会试图合理分配其终身收入，以实现一生效用的最大化。但问题是，一个人会如何在现在的消费和未来的消费之间做出安排？对此，消费经济学给出了4种基本解释（亦称为假说）。

① 解释人寿保险需求的理论有很多，除了生命价值理论、消费经济理论，还可以从风险理论、社会学、心理学等方面解释人们对人寿保险的需求。

（1）**绝对收入假说**（absolute income hypothesis）。一个人的收入越高，用于消费的比例就越低。

（2）**相对收入假说**（relative income hypothesis）。一个人的消费取决于与其同属一个阶层的人的收入，而不是自己的绝对收入水平。如果一个人的收入提高了，但相对收入水平并没有变化，那么其在消费上的比例并不会改变；如果一个人的收入并没有变化，但其同属一个阶层的其他人的收入提高了，这个人也会提高当前的消费以保持和其他人同样的消费水平。

（3）**生命周期假说**（life-cycle hypothesis）。一个人的收入会随生命周期阶段而改变：开始工作时收入较低，以后逐渐增加，退休后收入又减少。人们会根据收入的周期性变化而维持或适度改变其消费水平。

（4）**持久收入假说**（permanent income hypothesis）。一个人会通过评估自身的持久性收入，拉平一生的消费水平。持久收入假说和生命周期假说有较大的相似性，核心都是解释消费者会如何划分当前消费和未来消费。

2. 消费经济理论与保险

前述几种消费经济理论均未涉及生命的不确定性和遗赠带来的效用。Yaari 在生命周期模型中加入了关于生命不确定性的考虑后，发现了保险的作用：**个人通过购买适当的人寿保险和年金可以提高终身的期望效用**[①]。Pissarides 通过分析为退休而进行储蓄和以人寿保险的方式为后代保留遗产的双重动机，延伸了 Yaari 的研究。他的研究证明：**从理论上说，人寿保险可以吸收人在一生中的所有收支波动**。因此，人们既可以消费，也可以形成与获取收入的时间无关的遗产，而这正是通过适当地使用人寿保险而实现的。

2.4 保险供给的经济分析

2.4.1 保险供给的构成要素

个人和企业对风险保障的需要构成了对保险的潜在需求，但这并不意味着市场上就一定能得到相应的保险产品和服务的供给。如果要有保险企业愿意作为保险产品和服务的提供者，向市场提供所需要的产品和服务，还需要具备一些条件（构成保险供给的要素）。

1. 适当的保险标的

保险标的是指保险保障的对象。在财产保险中，保险标的通常是财产以及与财产有关的利益；在人身保险中，保险标的通常是人的生命和身体；在责任保险中，保险标的通常是被保险人可能需要承担的民事损害赔偿责任。

保险标的的“适当性”是指标的物面临的需要获得保险保障的风险通常应该是可保风险[②]，或者至少具有可保风险的主要特征。例如，房屋面临的火灾风险通常被认为是可保风险，房屋因此可以成为财产保险的标的物；农产品面临的价格波动风险通常不认为是可

① Yaari M E. *Uncertain Lifetime, Life Insurance and the Theory of the Consumer*，Review of Economic Studies,1965, 32,137-150.

② 下面我们将说明什么是可保风险。

保风险，所以农产品价格一般不能成为农业保险的标的物[①]。

2. 提供保险产品和服务的成本

有了适当的保险标的后，还要看保险公司提供相关保险产品和服务的成本。决定保险产品和服务成本的主要生产要素是资金、人才、技术。

首先，保险业是资金密集型行业，保险公司业务的发展高度依赖于对资金的需求，而资金都是有成本的。如果某项保险业务尽管看上去有了适当的保险标的，但提供保险的资金成本很高，也很难形成有效的供给。例如，对某些特殊责任风险的保险，由于同类型的保险标的较少，保险公司又缺少历史上的损失数据，难以对承保后的平均损失率作出较准确的估计，因而此类业务的单位承保金额可能会占用保险人较多的资本金，所以一些保险公司就会在承保此类风险标的时十分谨慎。

其次，保险业还是一个人才密集型的行业，需要大量专业人才。一家保险企业能否获得所需要的人才，会直接影响到它能提供的产品和服务。

最后，将先进的科学技术、工程技术、金融技术、管理技术引入保险企业，加以转化和利用，可以极大提高保险的供给能力和供给效率。

3. 保险经营和发展所需要的技术

前面提到保险供给的形成需要技术的支持，那么保险企业通常需要哪些方面的技术呢？

1）精算技术

精算技术就是利用数学和统计学方法，对保险、金融等行业中的风险进行评估，拥有精算技术的专业人士被称为精算师。对保险公司来说，精算师是最重要的专业人才。精算师的首要职责是在对保险标的的损失风险评估的基础上，根据不同的保险条件，给出保险产品的定价。例如，一个 30 岁的男性投保人要为自己购买一份 20 年期的定期寿险，精算师就要根据相关的生命表计算出该投保人在未来 20 年内去世的概率，据此给出为该投保人承保应收取的保费。

精算技术是保险企业不同于其他金融企业的核心优势，精算师是保险企业最重要的人力资本，好的保险产品设计离不开高质量的精算师。

近年来，精算技术也在不断创新发展，特别是大数据及相关技术的出现，已经在很大程度上给传统的精算理念和技术带来了挑战。金融业混业经营的发展趋势，也对保险产品的精算定价如何与金融定价结合提出了新的要求。所以，跟上精算技术的创新发展是保险企业获得可持续发展能力的重要保证。

2）资产负债管理技术

保险资产负债管理是指保险公司在既定的风险偏好和其他约束条件下，持续对资产和负债相关策略进行制定、执行、监控和完善的过程[②]。资产负债管理是保险企业经营管理的基本内容，是保险企业管理风险、实现价值增长的基本工具。在金融创新日新月异、各

① 但近年来随着保险业的不断创新，一些保险公司已经可以提供农作物的“价格保险”，实际上是保险公司利用期货市场为农作物的价格风险进行了对冲。

② 《保险资产负债管理监管暂行办法》，中国银保监会，2019 年 7 月。

种类型风险不断交织融合的背景下，资产负债管理的价值日渐突出，其涵盖的内容也由早期的利率风险控制逐渐演化成基于经营目标的全面管理，将保险公司经营中的诸多关键环节联系在了一起。随着保险经营日益体现出资产和负债双驱动的特点，**传统的基于负债导向的资产负债管理技术已经逐渐过时，新的基于风险导向的资产负债管理技术和方法正在发展**。

3）信息技术（互联网、云计算、大数据、区块链等）、人工智能技术

信息技术和人工智能技术与保险的结合，可以极大提升保险的经营效率和创新能力，极大改进保险的供给能力和质量，甚至改变保险业某些传统的经营理念和价值主张。

进入 21 世纪以来，科学技术的发展对保险业的影响日益凸显，保险业在科学技术的利用方面也明显加快了步伐，保险科技已经成为推动和引领保险企业创新发展的重要力量。很多传统保险企业已经在销售、核保、理赔、企业经营管理等领域全面应用保险科技，实现了经营全过程的数字化。保险企业已经越来越认识到科学技术对保险企业经营和发展的重要性，在科技投入和利用科技实现企业转型方面正在作出巨大努力。

4）风险工程技术

风险工程技术是保险公司、保险经纪公司为客户提供风险管理解决方案时采用的风险识别、风险分析、风险控制技术。基于风险工程的解决方案可以帮助企业进行损失控制、降低风险、提高安全性和减少索赔，帮助企业建立对不断变化、相互关联的风险环境的应变能力。风险工程技术也可以被认为是风险管理技术，是企业实施全面风险管理战略的关键技术。

拥有风险工程技术的保险公司（包括保险经纪公司）可以为客户提供更有针对性的保险产品和服务，更易为用户所接受。因此，很多保险公司和保险经纪公司都拥有一支人数众多的风险工程师队伍。

4. 其他保险替代品的价格

保险替代品是指企业或个人可以通过其他非保险方式获得的风险保障，如果人们获得此类保障的价格明显低于购买保险的价格，就会影响其对保险的购买，从而影响到保险的供给。常见的保险替代品主要包括：①政府提供的社会保险，包括养老保险、医疗保险、工伤保险等；②发生自然灾害或某些意外事件后政府的救济和其他方面的捐助，会影响到个人购买相关商业保险的需求；③一些企业发现建立自保机制或自保公司往往比购买保险的成本更低。

5. 政府政策的支持

政府政策的支持对保险企业提供保险产品和服务具有非常重要的作用。政府支持保险业发展的政策主要包括税收政策、产业政策、监管政策等。从国际保险市场发展的实践来看，由于商业保险具有明显正外部性，各国政府几乎都会对某些商业保险险种的发展给予政策上的鼓励和支持，尤其是在税收政策方面。比如，政府为了鼓励保险公司发展某些健康保险、养老保险、火灾保险等，会给予保费税的减免；为了鼓励再保险的发展，再保险的保费税通常会低于原保险的保费税等。

政府政策支持的一个典型例子是农业保险。为了鼓励农业保险的发展，很多国家政府都会采取补贴保费的方式，即通过由政府支付一部分保费的方式来鼓励农民购买农业保险，

从而扩大了农业保险的供给。

2.4.2 可保风险的理想特征

前面已经指出，保险主要是为纯粹风险造成的损失提供保障。那么，是不是所有的纯粹风险保险公司都可以承保呢？当然不是！在商业保险市场上，某种纯粹风险应该具有以下几个基本特征才能成为**可保风险**（insurable risk）。

（1）存在众多独立同分布的风险单位。

（2）保费应该是经济可行的。

（3）损失的分布应该是可以确定的。

（4）损失的发生应该是偶然的。

（5）损失的结果应该是容易确定的。

我们将上述特征称为可保风险的理想特征，意思是希望被承保的风险应能满足上述所有特征。但这只是一种理想状态，实际很难完全实现。事实上，我们只能希望欲投保的风险尽可能多地满足上述特征。

1. 存在众多独立同分布的风险单位

风险单位（unit of risk）是指可能遭受风险损失的人、实物或事件，相似的风险单位可以构成一个保险集合。保险集合中每个风险单位未来可能发生的损失额都是一个随机变量，在理想状态下，我们希望这些随机变量之间相互独立且满足相同的分布。这里，“独立”和“同分布”是用来描述随机变量之间关系的两个术语。例如，设 X 和 Y 为两个随机变量，它们分别代表两个风险单位 A 和 B 在保险期间内可能发生的损失额，如果风险单位 A 是否发生损失以及损失的大小和风险单位 B 是否发生损失以及损失的大小没有关系的话，则称随机变量 X 和 Y 是相互独立的；如果风险单位 A 的损失额和风险单位 B 的损失额的分布是一样的，比如都是有 95% 的可能性不发生损失，5% 的可能性损失 1000 元，则称随机变量 X 和 Y 是同分布的。引入独立性要求是因为风险单位之间的独立性在分散保险集合所汇聚的风险方面起着至关重要的作用；引入同分布的要求是保险公司可以向具有同类损失分布的投保人收取相同的保费。

下面我们来说明为什么要求在一个保险集合中应具有大量独立同分布的风险单位。假设现有 N 栋房屋组成的一个保险集合，L_j 为第 j 栋房屋在一年内可能遭受的损失额，L_j 为独立同分布的随机变量，期望值和方差分别为 μ 和 σ^2。对保险公司来说，关心的四个指标如下。

- 一年内预期赔付的总损失额。
- 损失总额的标准差，据此了解对这 N 栋房屋提供保险的风险程度。
- 每栋房屋的平均损失，据此确定应收取的保费。
- 平均损失的标准差，据此确定每栋房屋的风险程度。

设 L 为 N 栋房屋的总赔付额，即

$$L = L_1 + L_2 + \cdots + L_N = \sum_{j=1}^{N} L_j \tag{2.8}$$

设 $\bar{L}$ 为每栋房屋的平均损失，即

$$\bar{L} = \frac{L_1 + L_2 + \cdots + L_N}{N} = \frac{\sum_{j=1}^{N} L_j}{N} \tag{2.9}$$

设每栋房屋损失的均值为 μ，则总损失的均值为

$$\begin{aligned} E(L) &= E(\sum_{j=1}^{N} L_j) = E(L_1) + E(L_2) + \cdots + E(L_N) \\ &= \mu + \mu + \cdots + \mu = N\mu \end{aligned} \tag{2.10}$$

注意，上式的推导过程中利用了每个随机变量 L_j 具有相同分布这一假设（因而具有相同的期望值）。

设每栋房屋损失的方差为 σ^2，则总损失的方差为

$$\begin{aligned} \mathrm{Var}(L) &= \mathrm{Var}(\sum_{j=1}^{N} L_j) = \mathrm{Var}(L_1) + \mathrm{Var}(L_2) + \cdots + \mathrm{Var}(L_N) \\ &= \sigma^2 + \sigma^2 + \cdots + \sigma^2 = N\sigma^2 \end{aligned} \tag{2.11}$$

注意，在上式的推导中利用了随机变量 L_j 之间相互独立的假设，以及同分布的假设（因而具有相同的方差）。

平均损失的期望值为

$$\begin{aligned} E(\bar{L}) &= E\left(\frac{\sum_{j=1}^{N} L_j}{N}\right) = \frac{1}{N} E(\sum_{j=1}^{N} L_j) \\ &= \frac{1}{N}(N\mu) = \mu \end{aligned} \tag{2.12}$$

可见，平均损失的期望值就是一个风险单位的损失的期望值，也就是说，保险集合中每个风险单位在保险集合总的预期责任中所占的份额就是其期望值。

平均损失的方差为

$$\begin{aligned} \mathrm{Var}(\bar{L}) &= \mathrm{Var}\left(\frac{\sum_{j=1}^{N} L_j}{N}\right) = \frac{1}{N^2} \mathrm{Var}(\sum_{j=1}^{N} L_j) \\ &= \frac{1}{N^2}(N\sigma^2) = \frac{\sigma^2}{N} \end{aligned} \tag{2.13}$$

平均损失的标准差为

$$S(\bar{L}) = \sqrt{\mathrm{Var}(\bar{L})} = \frac{\sigma}{\sqrt{N}} \tag{2.14}$$

最后一个等式（2.14）表明，每个独立同分布的风险单位在保险集合总的风险程度中的份额并不等于单个损失的风险程度，而等于其自身单个损失的风险程度除以保险集合中

风险单位个数的平方根。不难看出，如果保险集合中的风险单位数越多，也就是 N 越大，平均损失的标准差就越接近于 0，平均损失的期望值就越接近于每个风险单位损失的真实期望值，这一结果被称为大数法则，也正是保险集合在分散风险上比每个风险单位个体进行风险管理更具优势的原因。

2. 保费应该是经济可行的

对投保人来说，所支付的保费（包括附加保费）应能和其得到的保障相对应，适当的附加保费是投保人可以接受的，但不能超出合理的范围。对保险人来说，承保某些类型风险的管理成本或资本成本可能会很高，这类情况经常发生在一些损失不严重、发生频率高（且通常并不严重）、发生频率较低（且通常比较严重）使得损失难以预测、风险单位损失之间具有相关性、损失分布具有参数不确定性等场合。

1）不严重的损失不适合投保

一些风险会由于造成的损失不严重而被认为是不可保风险，因为承保和销售保单的固定成本使附加保费和预期损失相比显得太高了。例如，不管投保人申请投保的是镶钻的劳力士金表，还是价格低廉的卡西欧手表，其申请处理程序中的文书工作基本上是相同的。这些固定的管理成本意味着具有不严重损失的风险将会得到一个与其预期索赔成本相比要高得多的附加保费，这对投保人来说显然是不经济的。

不过，具有价值低和损失严重性不高的风险如果能与其他风险捆绑在一起的话，就可能获得保险。例如，一个家庭财产保单中通常会包括很多种低价值的财产。通过捆绑，可以将管理成本分摊到多个被保险标的上。另外，科学技术的发展，特别是互联网、大数据、人工智能等技术在保险经营中的运用，可以大大降低核保、理赔、保单管理等方面的成本，从而使得传统上认为不适宜承保的小额风险损失也成为可保风险。

2）高频损失不适合投保

当某种损失发生频率很高时，保险通常也不予考虑。在保险人看来，由于损失发生频率高，期望索赔成本就会比较高，进而导致与期望索赔成本成比例的管理成本也会比较高[①]。从投保人的角度看，当损失发生频率较高时，应缴纳的公平保费也会更接近可能的损失额，在这种情况下，高昂的保费与被保险的偶然事件对自身财富造成的减少几乎是一样的。例如，假设有一个价值 10 000 元的财产，发生全损的概率是 0.75，保险的附加保费等于期望损失的 20%。这样，公平保费就是 9000 元（0.75×10 000 元 +0.2×0.75×10 000 元 =9000 元）。同时，发生频率比较高的损失通常是人们比较熟悉且损失程度不会很严重的，个人和企业可以对这类损失发生的原因及预期后果进行相对准确的把握，因而可以采取一些更节约成本的方式来对这类风险进行管理，如自留、自保等。

3）风险单位损失之间具有较高相关性时不适合承保

如果众多风险单位的潜在损失之间具有高度相关性，则平均损失的方差就会很大。损

① 虽然一些保险的管理费用是固定的，但多数保险的管理费用是随期望理赔成本以相同比例或相近比例增长的。例如，保险人通常会花更多的时间了解那些期望理赔成本高的风险。销售佣金一般是保费的一个比例，而保费也是随期望索赔成本增加而增加的。最后，索赔的调查、诉讼程度也是随索赔额的多少而改变的。由于这些原因，一家保险公司对一份具体保单的管理成本通常是会随期望索赔成本的增长而按一个大概的比例增长。

失之间具有高度相关性的例子，如地震、飓风、战争、大规模传染病等造成的损失。各风险单位损失之间的高度相关给保险带来的问题是，实际平均损失超过期望损失的可能性会大大增加，而保险人为了降低出现无偿付能力的可能性，就必须预留大量的资本，增加和持有这些资本的成本会使附加保费大大增加，从而降低了保费在经济上的可行性[①]。

3. 损失的分布应该是可以确定的

当保险人无法确定被保险对象的损失分布时，即出现了所谓的**参数不确定性**。从保险人的角度看，参数不确定性对损失的影响与正相关性是类似的。

可以用一个简单例子来说明参数不确定性的影响及其严重性。假设是否发生损失及损失的金额在被保险人之间没有相关性，而且有大量的被保险人，每人都以相同的概率损失50 000元。显然，如果保险人知道每个被保险人发生损失的概率，就可以准确地预测出平均损失额。但是，如果假设没有人（包括保险人）能了解损失发生的真实概率，只是知道每个被保险人发生损失的真实概率可能是0.02，也可能是0.04，即出现了参数的不确定性。由于所有被保险人发生损失的概率可能都是0.02或都是0.04，所以平均损失将会非常接近1000元或2000元。如果假定这两种情形发生的概率相等，则保险人对每个被保险人期望索赔成本的预测应为1500元。但平均损失的实际值并不会是1500元，而是要么接近1000元，要么接近2000元，即平均损失的分布在期望值1500元附近存在很大波动，这和损失之间的高度相关性带来的影响是相同的。参数的不确定性意味着保险人对期望损失的估计可能是错误的。例如，保险人估计每个被保险人的期望损失是1500元，而实际的期望损失是1000元或2000元，且对期望损失估计的错误会发生在所有被保险人身上，保险人的估计错误在被保险人之间具有了高度相关性。

现实当中，参数不确定性在某种程度上总是存在的，保险人实际上很难知道每个被保险人真实的损失分布或期望损失。当保险人面临较高程度的参数不确定性时，就必须持有大量资本金以降低发生无偿付能力的可能性。在上面的例子中，保险人对每个被保险人期望损失的估计是1500元，但又担心实际期望损失可能是2000元，于是保险人就必须为每个被保险人多持有500元的资本金以避免无偿付能力的发生。而持有较大数量资本的成本使得当很难估计被保险标的的期望损失时（即当存在参数不确定性时），保险人提供保险的意愿会受到限制。

4. 损失的发生应该是偶然的

风险事件造成的损失若要能获得保险人的赔付，一个重要的前提是损失的发生应该是偶然的或非故意的，原因如下。

（1）一旦被保险人能在一定程度上控制损失是否发生或损失的严重程度，就有可能

---

① 当某一类型的损失在被保险人之间高度相关时，保险人可以通过向不同行业销售或通过再保险来分散风险，而且损失在被保险人间的高度相关性有时仅发生在特定时间段内，超出该时间段后就不再相关了。例如，某年发生的一次大地震与后面几年的地震通常是不相关的。这一现象说明了通过时间来进行风险汇聚的可能性，也就是说，保险人可以通过汇聚多个时间段内的风险来实现风险的汇聚。通过时间上的风险汇聚后，相对于一个时间段内的平均损失的波动性来说，多个时间段内平均损失的波动性会有所降低。但是，在时间上汇聚风险后，就需要制定长期保险合同和融资安排，以支付在合同期间内较早发生的不确定损失，这给现行的保险会计制度带来了挑战。

产生道德风险。

（2）从社会的角度看，对被保险人故意引起损失的行为仍然给予赔偿显然有失公平。

（3）有些损失是随时间的推移而必然发生的，如汽车的自然损耗。由于这种损失必然会发生，所以由被保险人自己负担通常会比购买保险更加便宜。

当然，人寿保险很多承保的是生、老、病、死等事件，这些事件是必然会发生的，但发生的时间或影响程度仍具有偶然性，因此仍然可以认为人寿保险对风险的保障是基于偶然性的。

5. 损失的结果应该是容易确定的

一旦发生索赔，投保人和保险人就必须确认保险的细节，并就赔付金额达成一致。因此，必须能够确定损失发生的时间和地点，计算损失发生的金额，如果这些方面不确定，也就无法确定保险人的赔偿。

专栏阅读

保险科技对传统意义上“可保风险”的颠覆

2.4.3 保险的供给过程

1. 资本的作用

保险经营的前提是需要有资本金，原因是保险人实际的经营费用、赔付金额、投资收益等都可能会差于定价时的假设，资本的存在正是为可能出现的这种结果提供一个缓冲器。例如，如果保险人在定价时认为所有投保人的期望索赔额是1000元，在考虑了需要的经营费用后，附加保费为300元，因而向每个投保人收取了1300元的保费。但保险人仅靠向所有投保人收取的1300元保费就开始进行经营，无论如何都是不行的，还必须持有一定数量的资本金。设想一下，如果未来所有投保人的实际平均索赔金额不是1000元而是1100元，原因可能是发生了更多未预料到的风险事件，那么保险人就要为每个投保人平均多支付100元。而根据保险合同的约定，保险人不能再向投保人追缴保费，所以这多出的100元就只能由保险人使用自有资本来支付。因此，保险公司在成立时，监管部门通常都会要求其必须拥有最低要求的资本金①。

2. 保险的生产过程

保险产品和其他有形产品不同，不过是生产方（保险人）向购买方（投保人）提供的一个“承诺”，具体体现就是一份保险合同。保险产品生产的全过程包括三个基本环节：设计和开发、核保、理赔。不难看出，保险产品的生产过程不同于一般产品的一个显著特点是包含了“理赔”环节，只有这个环节完成了，保险产品（实际上是保险合同）的价值才真正为购买者所获得。

在保险公司里承担上述三个基本环节职能的部门如下。

- 产品开发部（或精算部）：主要职能是根据对未来损失和费用的估计以及市场竞争情况，决定保险的费率和必要的准备金。
- 核保部：主要职能是决定是否以及以什么条件向投保人签发保单。
- 理赔部：主要职能是协商并解决索赔事项。

① 根据2015年4月24日修订的《中华人民共和国保险法》第六十九条的规定：“设立保险公司，其注册资本的最低限额为人民币2亿元。”

3. 投资管理

保险公司的投资管理对决定保险产品的竞争力和公司的利润具有非常重要的作用，如果投资管理没有做好，可能会极大影响保险公司的偿付能力甚至使公司陷入破产。投资管理的职能主要是决定投资的数量和质量，根据与负债匹配的基本原则，进行分散而多样化的投资，并使投资组合的收益在风险可控的条件下实现最大化。

4. 分销

保险公司通常可以通过下列方式来销售保险产品：直接销售、通过代理人销售、通过银行等渠道销售。保险产品的特性决定了保险业是一个高度依赖分销渠道的行业，特别是针对个人的业务。从全球来看，绝大多数人寿保险保单都是通过代理人销售的。保险代理人是保险公司的代表，大致上可分为两类：一类是专属代理人，他们仅为一家保险公司销售产品；另一类是独立代理人，他们可以同时代理销售多家保险公司的产品。

另外，还有一类非常重要的保险中介叫保险经纪人，他们通常被认为是保险购买者的代表。保险经纪人通常具有比较专业的保险知识，了解保险市场，可以为保险购买者在保险产品的购买前后提供多方面的服务，如选择产品和公司，协助洽谈和签订保险合同，处理理赔事务等。保险代理人和经纪人的存在，一定程度上缓解了保险市场上买卖双方之间的信息不对称性，有利于增强保险市场产品和价格的竞争性。

银行也是保险产品销售的重要渠道。特别是 20 世纪 70 年代以来，保险公司和银行建立了内容广泛的销售联盟。通过银行柜台销售保险，可以利用银行的客户资源和营业网点的优势，降低保险销售成本，在业内已经形成了一个相对独立的业态——**银行保险**（bank insurance）。

进入 21 世纪后，互联网的发展极大拓展了传统保险的分销渠道和销售能力。很多保险公司通过自己的网站销售保险，延伸和拓展了直销渠道；或者通过与互联网企业合作，利用他们的平台进行销售。

专栏阅读

互联网引发的寿险营销渠道的变革

2.5 保险与经济发展

保险原本就是人们为抵御风险而建立的一种风险共担机制。随着经济的发展和社会的进步，人类面临的风险日益增多，使得保险业在经济发展中的作用也日益增强。联合国贸发会议早已认识到了这一点，认为：**良好的国内保险市场和再保险市场是经济增长的一个基本特征**。

2.5.1 保险给经济发展带来的好处

一般说来，保险业（这里指商业保险）可以为经济的发展提供以下好处。

1. 促进企业和家庭的财务稳定，减轻焦虑

从财务的角度看，保险实际上是一种财务安排，可以起到个人、家庭、企业财务状况稳定器的作用。当被保险人发生财产损失或责任赔偿时，保险公司支付的保险金可以缓解被保险人的财务压力，起到平滑现金流剧烈波动的作用，这对一些上市公司来说尤为重要。

因为上市公司的价值是由该公司未来期望现金流的净现值决定的，如果投资人预期未来的现金流会发生较大波动，无疑会使公司价值面临降低的风险。在人寿保险方面，很多保险计划实际上起到了为被保险人制定长期财务规划的作用，被保险人把暂时多余不急用的钱以购买保单的方式转移到未来再使用，从而使被保险人的财务状况从长期来看可以保持平稳，不会因为意外事件或年龄增加等原因造成现金收入的大幅减少。

由于保险稳定了企业和家庭未来的财务状况，提供了经济上的“安全感”，降低了企业和家庭对风险的忧虑，从而可以做出更积极、更主动的决策。例如，企业如果购买了保险，在考虑长期发展时，就不会担忧由于突发的损失会耗尽企业的自有资金而无法从事新的研发工作和投资新的有价值的项目。

2. 替代政府行使社会保障职能

人们对保险特别是人身保险产品的购买，可以相应地减少社会保障的压力。经合组织（OECD）1987 年的一份研究报告阐释了这样一个重要观点：

寿险保单的热销无疑减轻了许多国家社会福利制度的压力。从这个意义上说，寿险有益于公共财政，因而通常为政府所鼓励，很多政府给予保单持有人税收方面的减免就表明了这一点。

瑞士再保险公司 1987 年的一份研究报告也强调了类似的观点，认为购买商业寿险可以替代政府提供的福利，反之亦然。该报告发现，10 个经合组织国家的社会保障支出和寿险保费之间存在反比关系。有关研究还发现，近年来由于社会养老保险制度面临的越来越严重的财务困境，很多国家政府削减了社会养老保险的保障程度，从而促进了商业人寿保险在一些国家的发展。

在财产和责任保险方面，也可以发现一些同样的效果。例如，第三者责任险的设立，可以减少赔偿方面的民事纠纷，保障了受害方的权益，促进了社会的稳定。

3. 推动贸易和商务活动的活跃

保险不仅为企业间、国际间的贸易和商务活动提供了保障，还可以有效地促进贸易和商务的发展。在贸易活动方面，保险可以为贸易活动过程提供全方位保障，如货物运输保险、保证保险、信用保险、运输工具保险等，减轻了贸易双方对相关风险的担忧，促进了贸易业务的增长。在商务活动方面，由于在产品生产、服务、销售、投资等方面均存在大量风险，很多商务活动当事方都会选择保险的方式对风险进行转移或限定损失，并经常把是否购买保险作为建立商务活动合约的重要条件之一。例如，在风险投资方面，投资方提供资金的先决条件就是要对有形资产和企业家的生命进行妥善投保；银行和其他贷款人通常会要求为贷款抵押物投保，否则不予贷款；银行或其他贷款人还可能要求在个人贷款时要为受款人投保人身保险，商业贷款则要求为企业关键雇员的生命投保；等等。可以说，保险是现代商务活动的“润滑剂”。

4. 激活储蓄

储蓄对经济发展的重要作用不言而喻。保险公司尤其是寿险公司和其他金融中介一样，也有助于吸纳储蓄，并将储蓄资金更加有效地注入资本市场。具体来说，保险公司作为金融中介，在激活储蓄方面的作用表现在三个方面。

（1）作为金融中介，降低了资金提供者和需求者的交易成本。例如，在个人支付的寿险保费中，储蓄性质的资金占了很大一部分。保险人将汇集起来的资金以贷款、其他投资等形式投资到企业或其他活动中，避免了单个投保人从事极其浪费时间和成本的直接贷款或投资活动。

（2）保险人创造了资金的流动性。在持续经营的前提下，保险人可以不断融入短期资金，进行长期投资，这样既可以使投保人 / 被保险人能够在保险事故发生后立即得到保险赔付，也不必让保险基金的使用者马上偿还。保险人因而具有较少的资金沉淀，增加了资金的流动性。

（3）保险有助于投资的规模经济。保险公司可以汇集来自成千上万投保人的资金，满足很多大项目的融资要求，这些大项目通常具有规模经济效应，能够对整个产业发展和经济发展起到重要推动作用。

5. 促进对风险的有效管理

从风险管理的角度看，金融体系和金融中介所起的作用主要是风险定价、风险转移、风险汇聚并降低风险。

1）风险定价

价格是竞争性市场中最重要的信号，在资源配置中发挥着重要作用。保险人在风险定价方面的重要作用可从两个方面来认识：第一，保险人对可能承保的企业、个人的潜在风险损失进行评估和定价，在这个过程中，保险人可以引导被保险人对风险行为的结果进行量化和更理性地对待风险；第二，保险人在投资活动中对贷款接受人或投资接受人的风险进行评估，可以使有关当事方对企业的风险特征有更全面、更清楚的认识，做出更明智的决策。

2）风险转移

保险可以使企业和个人将财产、责任、收入损失等风险转移给保险公司，以改变自身的风险状况。通过购买人寿保险，个人或企业可以将其储蓄转化为适合自身需要的、具有变现性、安全性的其他资产形式。

3）风险汇聚并降低风险

风险汇聚并降低风险是保险机制的核心，保险在这方面的作用也可以从两个方面去认识。第一，保险人在汇聚众多风险单位的过程中，依赖大数法则对集合的总体损失作出预测。当被保险人数目很大时，这种预测就会非常准确，从而导致期望损失的波动性降低（风险减少），使得保险人可以为转移风险而投入较少的资本，进而降低附加保费。第二，保险人的投资活动也得益于汇聚风险，通过为众多企业、个人或其他实体提供资金，保险人分散化了投资组合，少数投资项目的违约或破产可以被其他众多良好的项目抵消。

6. 鼓励防损和减损

由于保险人在风险管理方面具有特殊经验和技术，使得企业和个人在通过保险得到保障的过程中，通常可以得到保险人提供的全过程服务，包括事前的风险评估，风险管理计划的制订，防损和减损措施的确定、实施、监督检查，出损后的补救，索赔处理等。因此，个人或企业在投保过程中，实际上是对自身的风险进行了一次比较专业的评估，制定了控制风险的方案，有利于被保险人减少保险损失的发生。另外，很多保险定价都和被保险人以往的出险经历有关，被保险人为了能获得长期的保险保障，也会比较注意积极防范风险，减少损失的发生。

7. 推进资本的有效配置

保险人在汇集资金、分散风险、专业化投资等方面特有的优势使其可以更有效地配置金融资本和承担风险。无论是在承保还是在发放贷款和进行投资的过程中，保险人都会收集大量信息，对企业、项目、经理人等进行评估，而这正是单一储蓄者或投资者无力胜任的。保险人在对企业进行承保、发放贷款或投资后，由于直接的利害关系，会对企业的经营进行必要的监督，以防止某些风险行为的增加。所以，正是由于保险人在融资、投资方面的独特优势，使得保险公司、保险基金已经成为很多国家资本市场上最重要的机构投资者。

2.5.2　保险的社会和经济代价

保险在带来众多经济效益和社会效益的同时，也不可避免地带来了某些负面作用，称为保险的代价。一般说来，保险的代价表现在以下三个方面。

1. 保险经营的成本

保险经营带来的销售、服务、管理等方面的费用，一般可达到保费收入的10%～40%，这一部分费用实际上是投保人在所获得的期望损失保障水平之上需要额外支付的费用，从而增加了投保人的保险成本。

2. 道德风险成本

保险的存在助长了某些道德风险，使一些人谋求通过保险获得不当利益。例如，购买汽车保险的人可能比未投保的人开车更莽撞一些，有员工赔偿保险的雇员可能比没有员工赔偿保险的雇员在工作中更粗心一些。更极端的情况是，保险的存在会诱使某些人从事**保险欺诈**（insurance fraud），故意制造事故和损失以获取保险金。保险欺诈在每个保险市场上都是一个严重的问题，每年保险人都要因为保险欺诈而支付相当高的成本。此外，保险还会带来事后道德风险，也就是保险事故发生后，一些被保险人可能会很少采取甚至不采取减损措施。例如，享受失业保险的人可能比条件相同却没有失业保险的人在找工作时付出的努力更少。

道德风险的存在一方面使保险人不得不支付相应的赔偿金，另一方面也增加了保险人用于对道德风险进行调查、监督的成本，而所有这些成本都会体现在保险人承保时出现的拒保或提高保险的费率上。

3. 逆选择导致低风险者难以获得完全保险

保险市场中的逆选择现象使低风险者得不到适当的保障。由于保险市场是一个信息不对称的市场，投保人总是比保险人更清楚自己会在哪些方面遭受损失，因而总是试图以较低的保费转移较多的风险。保险人由于不能掌握所有投保人风险方面的信息，因而几乎不可能根据投保人的风险不同而收取不同的保费，只能按一个“平均价格”收取保费。显然，高风险的投保人乐于接受这个价格，而低风险投保人将会发现这个价格实际上是自己对高风险投保人进行了“补贴”，

当然不愿意接受这个价格。其结果是低风险者选择退出保险市场，使得市场中只剩下高风险者。保险人发现这种情况后，自然只能再将保费提高，增加到适合高风险者的水平，这就更限制了低风险者的进入。最终的结果将是，市场上只剩下了高风险者，而低风险者得不到保险保障。

当然，保险人已经采取了很多措施，如进行更精细的风险分类、设置免赔额、实行共保、采用经验费率等，来减少逆选择问题，但由于投保人的风险状况千差万别，获得完全对称的信息是不现实的，所以逆选择现象在一定程度上仍是不可避免的，保险人、投保人乃至整个社会都必须为此付出代价。

本 章 习 题

1. 一个人拥有 10 000 元，存在 10% 的可能失去 5000 元，依据下面几种保险单，他的财富的期望值分别是多少？

   A. 保险金额 2500 元，保险费 250 元

   B. 保险金额 2500 元，保险费 280 元

   C. 保险金额 5000 元，保险费 500 元

   D. 保险金额 5000 元，保险费 550 元

2. 在上一个问题中，一个风险规避的人会购买保险单（C）吗？一个风险规避的人会购买保险单（D）吗？

3. 穷人通常不愿意购买责任保险，原因是什么？
4. 解释一下为什么从企业的股东非常分散化的角度讲，公司采取降低现金流波动性的措施是多余的。
5. 请说明为什么即使保险保费高于被保险标的的期望损失，人们还是会购买保险。
6. 解释一下缺少保险是如何使公司放弃好的投资项目的。假设一家公司在未来一年中没有被起诉，预期利润是 100 000 元。被起诉的概率是 0.04，如果诉讼发生，损失是 200 000 元。如果赚得正向利润，公司的税率是 30%，如果是负利润，税率是 0。

   （1）没有保险，公司的税前期望利润是多少？没有保险，公司的税后期望利润是多少？

   （2）假设公司可以购买保费为 11 000 元的全额责任保险单，从保险公司的角度来讲，这个保险单有正的保费附加吗？

   （3）如果购买了该保险（假设保险费是可以享受税收减免的），公司的税前和税后期望利润是多少？

   （4）比较在购买保险和不购买保险情况下的税后期望纳税额，并解释原因。

7. 根据可保风险的理想特征，分析环境污染责任风险是否具有可保性。
8. 保险应如何防止道德风险和逆选择的产生？
9. 保险市场是存在缺陷的，一个很重要的问题是信息问题，它对人寿和健康保险提出了很大挑战。请解释逆选择和道德风险是如何使人寿与健康保险的供给复杂化的。
10. 如果在商业人寿与健康保险市场上没有核保的话，将可能出现什么不利的结果？社会

从核保中能获得什么好处？

11. 人力资本理论为什么有助于解释人寿与健康保险的需求？

12. 本章引用的消费经济理论的主要用意在于解释一个人一生中消费和储蓄的差异。你认为以下哪种理论能更好地解释个人对人寿保险的需求？

A. 绝对收入假说

B. 相对收入假说

C. 生命周期和持久收入假说

13. 你是否认同人的生命价值理论？为什么说人的生命价值构成了人寿与健康保险的经济基础？

14 比较一下北京市和贵州省，思考一下经济、人口、社会和政治环境是如何影响当地人寿保险市场的。

（1）收集近 30 年的两地人寿保险保费收入，包括总保费和人均保费。

（2）收集两地主要经济和社会发展方面的数据，包括 GDP、人均 GDP、人均可支配收入、社会保险数据、教育数据等。

（3）进行回归分析，并将结果进行比较。

15. 试比较保险与储蓄、赌博、救济的区别。

16. 怎样认识保险业对经济发展的总体影响？

第3章 保险定价

学习要点及目标

- 掌握保险定价的基本原理
- 了解公平保费的基本构成
- 掌握生命表的基本概念和运用
- 了解描述财产保险损失的主要分布函数

核心概念

保险费　公平保费　保费率　纯保费　附加保费　风险分类　生命表　年金　现值　终值

3.1 保险定价的基本原理

3.1.1 保险费与保费率

本节将介绍保险定价的基本原理，后续小节会对人寿保险、财产保险中的某些具体定价问题进行更详细的介绍。

保险定价就是对保险人承担的风险进行“定价”，即要确定在既定的保险责任下，保险人应该向投保人收取的费用。因此，保险定价的基本原则是，保险人收取的**保险费**（premium）必须：①能够为期望索赔成本和管理成本提供充分的资金；②能够产生预期的合理利润，以补偿用于承担风险的资本成本。如果所收取的保费能够为保险人的期望成本提供充分资金，并且能够为保险公司的出资人投入的资本带来公平回报，我们就称之为**公平保费**（fair premium）。公平保费是在完全竞争的保险市场环境下应该收取的保费，其主要构成要素如图3-1所示。

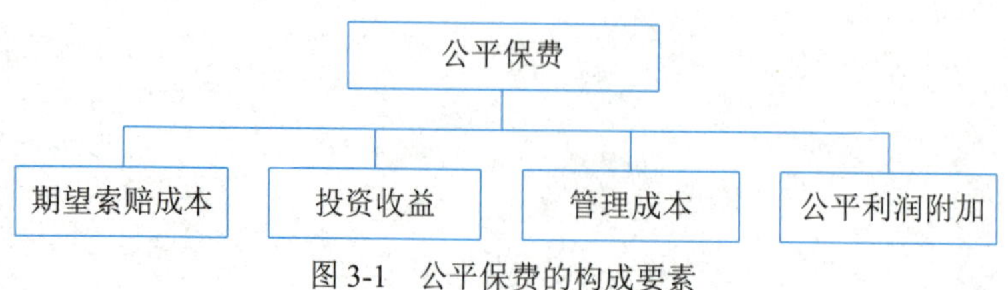

图3-1　公平保费的构成要素

1. 保险费

根据图 3-1 中的要素确定的公平保费可分成两部分：**纯保费**（net premium）（又称为公平精算保费、净保费）和**附加保费**（loading）。纯保费对应的是期望索赔成本，构成了保费的主要部分，是为了保证保险赔付的费用；附加保费是用于保险业务中各项营业成本和费用的支出，包括营业税、佣金、工资、业务管理费等，以及保险人应获得的合理盈利。

2. 保费率

保费率（premium rate）是保费与保险金额的比例，又称为保险价格。从概念上看，保费率就是每单位保险金额在保险期限内的保费。因此，在探讨有关保费问题时，在大多数情况下，保费率和保费具有同样的意义，也就是说，许多保费问题是通过保费率来表述的。保费或保费率是根据各个险种的保险标的、种类、危险程度、保险责任及保险期限等因素确定的。

同样，保费率也可分为**纯费率**（net premium rate）和**附加费率**（loading rate）。纯费率又称为净费率，是用来支付赔款或保险金的费率。财产保险纯费率的计算依据是损失发生的概率，人寿保险纯费率的计算依据是利率和生命表等。附加费率则是附加保费与保险金额的比率。

3. 实践中确定保费（率）的基本原则

（1）**充分性原则**。收取的保费应足以支付保险赔付、营业费用和合理的预期利润，其核心是保证保险人有足够的偿付能力。

（2）**公平性原则**。对保险人来说，收取的保费应与其承担的风险相称；对投保人来说，支付的保费应与其所得到的保障相称。一般来说，绝对公平是不易做到的，尤其对投保人来说。应该尽量做到对不同类型风险的投保人收取不同的保费，这样做有助于减少逆选择行为的发生。

（3）**相对稳定性原则**。在一定时期内，为保证保险经营和保险合同执行的稳定，应尽量保持费率的相对稳定。同时，又应根据风险及相关因素的变化，对费率进行适当灵活的调整。

（4）**合理性原则**。保费（率）应处在一个合理水平上，不应过高而使保险人获得超额利润。

（5）**促进减损原则**。保费（率）的制定应有利于被保险人积极采取防损和减损措施，具体来说就是，对积极采取防损减损措施的被保险人应适当降低费率；对防损减损不利的被保险人应适当提高费率。这样做有利于保险人减少赔付支出，也有利于减少社会总风险成本。

总的来说，保险定价是成本导向型的定价，是保险人在签发保单时，根据对被保险标的在未来保险期限内可能发生的赔付或给付保险金的期望值，再加上对保险经营过程中可能发生的期望成本的估计以及保险人应获得的合理利润而形成的价格。这个价格和保险市场上保险人出于实际竞争等因素而制定的实际价格可能会有所出入，但我们认为：**保单的实际价格不应长久地、过大地偏离根据成本导向原则制定的“公平保费”**，也就是说，实际的保险价格既应该保证在一个竞争性保险市场上具有良好竞争力的保险人具有充分的偿付能力和获得合理的利润，又不能使缺乏竞争力的保险人由于定价过高而获得超额利润。

3.1.2 期望索赔成本

本小节我们先来讨论如何确定**期望索赔成本**（expected claim cost）的问题。对大多数险种来说，期望索赔成本是公平保费的主要部分，它的计算也是保险定价中最重要、技术难度最大的一部分。一般来说，计算期望索赔成本的方法有分类法、增减法、观察法三种。

3.1.2.1 分类法

分类法就是先对保险标的按风险性质和程度的不同进行分类，然后再分别计算保费率，是一种最常用、最主要的厘定费率的方法，广泛用于财产保险、人寿保险、责任保险和人身意外伤害保险。例如，在财产保险中，一般是根据保险标的的使用性质，将其分为建筑物、机器设备、交通工具等不同类别，每一类别又可根据风险程度的不同分为若干等级，并将不同类别和等级的保险标的对应不同的费率。在人身保险中，一般是根据被保险人的年龄、性别、健康状况、职业等进行分类。

分类的目的是将具有同质风险的标的物归于同一类，以便充分发挥大数定律的作用。大数定律告诉我们，在同一总体中，只有当所有风险单位具有相同的损失分布时，也就是所有保险标的的风险是“同质”的时候，才能使每个保险标的的索赔成本超过平均值的风险得以在该总体内得到充分分散。

下面我们来分析一下保险人为什么需要将保险标的按照可能遭受的损失风险的不同来进行分类。

1. 同质的被保险人

假设存在一个拥有足够多被保险人的群体，其中每个人可能发生的损失金额的分布是相同的，比如损失 1000 元的概率均为 0.15，没有损失的概率均为 0.85，我们称这样的被保险人群体为“**同质的**（homogeneous）”。此外，还须假设每个被保险人是否遭受损失和其他人是否遭受损失是独立的，即各被保险人的损失之间不具有相关性。如果保险人为这样的被保险人群体承保，应该向每个人收取多少保费才能弥补可能发生的索赔成本呢？

假设保险人对被保险人的损失进行全额赔付，那么每个被保险人的期望索赔成本就等于其期望损失，应该是 150 元（$0.15\times1000+0.85\times0=150$）。由于每个被保险人的损失彼此之间不相关，且被保险人数量足够多，于是根据大数法则，保险人可以认为每个被保险人损失的平均值将会非常接近 150 元，只要向每个被保险人收取 150 元保费，就基本上可以弥补所有的索赔成本。

上述例子表明，对于数目众多的同质被保险人，只要向每个人收取的保费等于期望索赔成本，基本上就可以弥补全部索赔支出。因此，决定纯保费的一个重要因素就是期望索赔成本：如果保险人收取的保费低于期望索赔成本，就会发生保费收入不足以弥补索赔成本的情形。同时，保险市场中存在的竞争又会迫使保险人的收费不会高于期望索赔成本。所以，对于具有同质性的被保险人群体来说，保险人应该根据每个保险标的的期望损失来确定纯保费。

2. 异质的被保险人

当被保险人群体中每个人可能的损失金额的分布不同时，称这样的群体为“**异质的**（heterogeneous）”。表 3-1 给出了一个包含两种不同类型被保险人的简单例子，一类是低风险的，称为书迷类投保人；另一类是高风险的，称为滑板爱好者类投保人。对每个书迷类投保人来说，期望损失为 100 元；对每个滑板爱好者类投保人来说，期望损失为 200 元。简单来说，假设每一类投保人的数目是相等的，并且投保人的数目足以满足大数法则的要求，那么每类投保人的平均损失就等于每个投保人的期望损失。

表 3-1　书迷类投保人和滑板爱好者类投保人的损失分布

投保人类型	遭受损失的概率	不遭受损失的概率	损失程度	期望损失
书迷类	0.10	0.90	1000 元	100 元
滑板爱好者类	0.20	0.80	1000 元	200 元

现在我们来看一下，在这种情况下保险市场是如何运作的。假设某一家保险公司 A 向两类投保人卖出了同样数目的保单，并向每人收取了 150 元的保费。于是，向滑板爱好者类投保人每卖出一张保单，公司 A 的期望损失是 50 元；向书迷类投保人每卖出一张保单，公司 A 会有 50 元的期望利润，平均下来恰好盈亏持平。

但如果另一家保险公司 B 发现，可以不花任何成本地区分出哪些人是书迷类投保人，哪些人是滑板爱好者类投保人，情况会发生怎样的变化呢？假设公司 B 向书迷类投保人收取的保费低于 150 元，但不再对滑板爱好者类投保人承保，或者以 200 元甚至更高的价格承保。这样，公司 B 就可以获得很高的利润。例如，如果向每个书迷类投保人收取的保费为 130 元，而每个投保人的期望索赔成本实际上非常接近 100 元，那么公司 B 每卖出一份这样的保单，就可获得 30 元的期望利润。

对公司 A 来说，情况又会如何呢？当公司 B 向书迷类投保人收取更低的保费时，公司 A 将会失去书迷类顾客而仅剩下滑板爱好者类顾客。最终，公司 A 尝到了逆选择的滋味：在同等保费水平下，具有高期望损失的投保人与低期望损失的投保人相比，前者将会愿意购买更多的保险，本例中逆选择的出现是由于书迷类投保人转而去购买公司 B 的保单。

在逆选择的作用下，如果公司 A 对所有投保人仍收取 150 元的保费，则将出现亏损，因为这时它只能吸引那些期望索赔成本为 200 元的高风险类投保人，即滑板爱好者类投保人来投保。所以，公司 A 要么选择增加保费，要么也像公司 B 那样对投保人进行分类，并按类别收取保费。

从上面这个例子可以归纳出以下两点。

- 对于保险人来说，将投保人按照低风险和高风险进行分类可能带来较高的收益。
- 保险人如果无法根据投保人的期望损失成本收取不同保费的话，则在逆选择的作用下，将面临亏损。

根据上述两点，我们可以得到保险定价的一个基本原则：在一个竞争的市场环境中，只要下面三个条件成立，投保人彼此间不同的期望索赔成本就将会导致不同的保费水平。

（1）保险公司想赚钱或者至少是不亏损。

（2）在保障数量和质量相同的情况下，投保人一般会购买保费最低的保单。

（3）一个或多个保险人能够以足够低的成本了解到投保人之间期望索赔成本的差异。

由此可以看出，当可以识别不同投保人期望索赔成本的差异时，竞争、利润驱动，以及投保人对低保费的追求这三个因素，将会导致与每个投保人的期望索赔成本相对应的基于成本的保险价格。在实际当中，为了估计投保人之间期望索赔成本的差异，保险人往往要在收集和处理相关信息上花费相当多的成本。这些巨大的信息成本以及投保人期望索赔成本本身具有的不确定性，使得这种只在理论上有意义的运作方式，即让每个投保人根据其期望索赔成本支付保费的方式，在实际运作中难以有效实现。实际可行的运作方式是，保险人根据花费合理的成本所获得的信息来预测不同期望索赔成本之间的差异，从而对投保人的期望索赔成本进行估计。

保险人对不同投保人的期望索赔成本进行估计，并根据不同的期望索赔成本来收取不同的保费，这一过程称为**风险分类**（risk classification）。

3. 有关风险分类的争议

前面的分析表明，保险人之间的竞争导致需要对风险进行分类。那么风险分类会产生什么样的后果呢？这样做真的会对所有投保人都有利吗？会对社会整体福利产生怎样的影响呢？下面我们来探讨一个重要却颇有争议的问题：风险分类是否对社会有益？

1）风险分类的财富分配效应

当低风险（低期望索赔成本）和高风险（高期望索赔成本）的投保人都按同样费率支付保费时，低风险投保人支付了高于其期望索赔成本的费用，而高风险投保人则正好相反，于是就出现了交叉补贴。通常是高风险投保人喜欢交叉补贴，而低风险投保人则与之相反。

如果引入了风险分类，高风险投保人支付的价格就会上升，低风险投保人支付的价格就会下降，从而减少了交叉补贴。在前面的例子中，风险分类降低了书迷类投保人的保费，同时提高了滑板爱好者类投保人的保费，其结果是减少了由书迷类投保人向滑板爱好者类投保人的补贴。所以，风险分类的结果之一就是财富的重新分配：书迷类投保人获得了收益，而滑板爱好者类投保人则受到了损失。

正如前面所说，如果让每个投保人都根据其实际的但很难计算的期望索赔成本来支付保费的话，必定是成本极高的，甚至几乎是不可行的。所以，引入风险分类不可能彻底消除交叉补贴，但却可以实现一定程度的财富转移，或者说将财富在高风险投保人和低风险投保人之间进行重新分配。

需要注意的是，再分配效应本身并不能说明风险分类对社会是有益还是有害的，这是因为一部分投保人可以从风险分类中获益，而其他投保人没有获益甚至出现了损失。在对具有公共性的保险政策进行评价时，关键是要看哪类投保人应该获得较多的利益。

2）风险分类对投保人行为的影响

如果风险分类导致的保险价格变化能对投保人的行为产生影响，风险分类就能够通过降低风险成本而增加社会福利。从前面的例子可知，滑板爱好者类投保人的期望索赔成本高出书迷类投保人 100 元。如果存在风险分类，滑板爱好者类投保人将支付这笔额外的成本，结果可能是只有那些认为其行为价值高于其行为成本的人才会选择成为滑板爱好者。但如果没有风险分类（即每个人都支付 150 元时），滑板爱好者类投保人的部分成本将由书迷类的投保人来支付。既然滑板爱好者类投保人不必支付与其行为相关的全部成本，就将会有越来越多的人选择成为滑板爱好者类投保人。其结果是，**在一个没有风险分类的社会中，会出现更多的高风险者，总的社会风险成本会大大增加。**

将上面的分析用更一般性的术语来说就是，个人和企业都应根据收益和成本作出合理决策；当个人或企业决定从事某类活动时，只要此类活动的边际成本小于边际收益，则此类活动就会继续下去；只有当决策者为其活动支付了所有相关成本并获得所有相关利益时，这样的决策才会使社会风险成本达到最小。因此，如果向高风险投保人收取较高的保费，就可以激励高风险投保人通过提高风险防范能力或降低其行为的风险水平而减少风险成本；反之，如果他们缴纳的保费低于期望损失成本，将不利于激励他们去努力降低风险成本。

一般说来，虽然基于成本的保险定价方法能起到激励人们努力降低风险成本的作用，但降低的程度则依赖于保险价格在多大程度上可以对人们的行为构成影响。例如，在员工赔偿保险方面，如果对那些工伤事故发生频率很高或损失程度很严重的企业收取较高保费的话，通常可以起到减少工伤事故发生的作用。但在人寿保险方面，如果有些被保险人因遗传因素而患病概率较高，并且保险人据此向其收取了较高保费的话，这样的保险定价就会对被保险人的行为影响很小甚至没有影响。

3）风险分类的成本

我们已经看到了风险分类的必要性和某些好处，但风险分类带来的成本也是不容忽视的。保险人如果要根据期望索赔成本对被保险人进行分类的话，就需要在收集和处理相关信息方面支付必要的成本。在某些情况下，风险分类的成本甚至可能会高于风险分类带来的成本节约，使得风险分类的结果反而会使总风险成本上升。为说明这一现象，我们对前面的例子做些修改。我们已经知道，不采取风险分类的保险公司 A 向每位投保人收取的保费是 150 元。现在假设保险公司 B 进入了市场，且能识别出哪些人是书迷类投保人，在识别过程中花在每个书迷类投保人身上的信息成本是 25 元（如通过对潜在投保人文化程度、生活习惯和保险状况进行调查等）。在风险分类的基础上，公司 B 向书迷类投保人收取的保费是 135 元，而向滑板爱好者类投保人收取的保费为 200 元。显然，由于滑板爱好者类投保人能以 150 元的价格从公司 A 那里购买到同样的保险，所以只有书迷类投保人才会购买公司 B 的保单。在 135 元的价格水平下，公司 B 从每份保单中可以得到的期望利润是 10 元。由于市场竞争的存在，其他保险公司也会效仿公司 B 的做法，对投保人进行风险分类。结果是，竞争将使书迷类投保人支付的保费降到 125 元，而滑板爱好者类投保人却要支付 200 元。如果投保人行为不受影响，高风险投保人由于风险分类遭受了 50 元的损失，超过了低风险投保人 25 元的收益，这样的风险分类使得包括了风险分类成本在内的风险总成本上升了。所以，如果风险分类需要花费成本，并且分类又没有对投保人的行为构成影响的话，损失成本就不会下降并抵消掉风险分类的成本。只有在风险分类成本很小，或者保费定价能对投保人行为产生较大影响（如被保险人对风险的预防、风险行为数量的减少以及保险购买量的上升）的情况下，风险分类才有可能降低总的风险成本。

3.1.2.2 增减法

增减法又称修正法，是在分类法的基础上，再根据被保险标的的具体情况确定费率的方法。由于增减法在定价时考虑到了被保险标的的差异，所以确定的价格会更加合理，更有利于激励被保险人采取防损和减损的措施。具体说来，增减法包括以下三种形式。

1. 表定法

在基本费率的基础上，参考保险标的特定的风险因素来确定费率。由于这是一种在投保时根据保险标的特定风险确定保费的方法，所以它具有适用性强、鼓励防损减损的优点，但又具有风险识别成本高、忽视人为因素等缺点。

2. 经验法

根据被保险人过去的损失记录，对分类法计算出的费率进行增减，其计算公式为

$$M=\frac{A-E}{E}\times C \tag{3.1}$$

其中，M 为经验调整系数，A 为以往的实际平均损失，E 为被保险人适用原费率时的期望损失，C 为经验数据的可靠程度。例如，某投保人过去 3 年的实际损失的平均值为 4000 元，年期望损失为 5000 元，可靠度为 80%，则经验调整系数为

$$M=\frac{4000-5000}{5000}\times 80\%=-16\% \tag{3.2}$$

也就是说，如果按照分类法确定该投保人年应缴保费为 1000 元的话，经过经验法调整后，下一年的保费应减少 16%，为 840 元。

经验法的好处是，由于将被保险人以往的索赔记录体现在未来的保费中，有利于防止投保人事后道德风险行为的发生，也就是说会激励投保人谨慎防范，从而减少总的风险成本。目前，在很多财产和责任保险的定价中，都已普遍采用了这种方法，如汽车保险中的经验费率制度（又称奖惩制度）。

3. 追溯法

依据保险期间的损失对费率进行调整，但一般会事先规定最高和最低费率，实际收取的费率介于两者之间。这种方法一般适用于某些特殊的大客户，其好处在于通过事后确定费率的方法让投保人也承受一定的风险，从而鼓励其积极进行防损减损，避免道德风险。追溯保费的计算公式是：

$$RP=(BP+L\times VCP)\times TM \tag{3.3}$$

其中，RP 为追溯保费，BP 为基本保费，L 为实际损失额，VCP 为损失调整系数（大于 1），TM 为税收调整系数（大于 1）。基本保费是标准保费的一个百分比，通常包括两个部分，一部分用于支付与理赔有关的各种费用，另一部分用于弥补超过最大保险费的损失额。例如，如果一投保人根据其他方法计算出来的标准保费为 10 000 元，基本保费为标准保费的 20%，即 2000 元，损失调整系数和税收调整系数分别为 1.1 和 1.2，则可以分别计算出当保险期间投保人的实际损失为 1000 元或 20 000 元时期末应缴的保费。

当实际损失为 1000 元时，应缴纳的保费为

$$RP = (2000 + 1000 \times 1.1) \times 1.2 = 3720（元） \tag{3.4}$$

当实际损失为 20 000 元时，应缴纳的保费为

$$RP = (2000 + 20\,000 \times 1.1) \times 1.2 = 28\,800（元） \tag{3.5}$$

假设最低保费为标准保费的 50%，最高保费为标准保费的 150%。这样，当投保人的实际损失为 1000 元时，必须缴纳的保费是 5000 元，而不是 3720 元；而当投保人的损失为 20 000 元时，只需缴纳 15 000 元，而不是 28 800 元。

3.1.2.3　观察法

观察法又称个别法或判断法，是对每一具体保险标的单独计算费率的方法。这种方法适用于标的数量少、无法获得充足的统计资料的情形，需要用到保险人相关的专业知识、经验，甚至是主观判断来确定费率。例如，卫星发射保险、海上运输保险、高新技术保险等领域，就会经常采用观察法。

3.1.3　投资收益、理赔支付的时间因素等对定价的影响

理赔支付的时间，以及保险人在支付理赔前利用投保人投保时缴纳的保费所获得的投资收益，同样会对公平保费产生影响。在实践中，保险合同通常会规定被保险人在购买保单时支付全部或部分保费，但理赔的支付却是发生在保险事件发生后或保险合同到期时，且往往不是一次性完成的。在一些保险合同中，如企业责任保险合同中，总赔付额中有很大一部分是在保险期结束后的若干年内支付的，原因是保险人一方面需要就已经发生的索赔进行协商和解决，另一方面还需要了解保险期间发生的其他损害。所以，理赔支付需要在一段时间内逐步完成，我们把从承保到理赔支付的时间上的延迟称为**理赔延迟**（claims delay）。

责任保险和员工赔偿保险赔偿金的支付通常是长延迟型的，也就是说，赔付额中的很大一部分是在保险期结束后的若干年内支付的；而一般财产保险、医疗费用保险等通常是短延迟型的，赔付额的大部分会在保险期间或其后一年内支付完。图 3-2 表示了几类财产 / 责任保险理赔延迟的情况[①]。

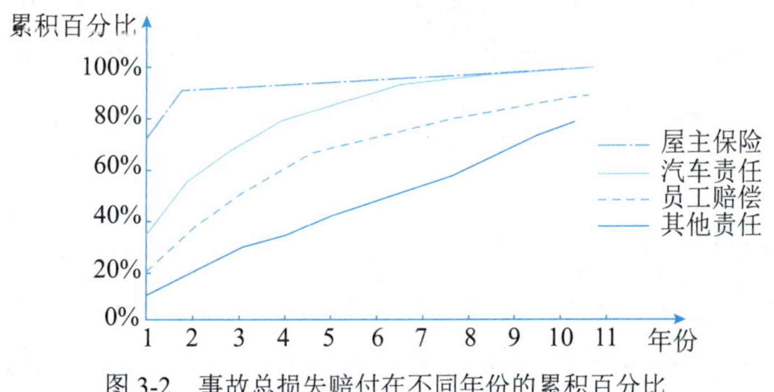

图 3-2　事故总损失赔付在不同年份的累积百分比

显然，所确定的公平保费应能反映保险人将保费收入用于投资并在理赔支付之前获得

① Scott E. Harrington, Gregory R.Niehaus. *Risk management and insurance* (2nd), McGraw-Hill/Irwin, 143.

投资收益的能力。如果投资收益率上升，保险人可以获得更多的投资收入，用于支付理赔所需要的保费就会相应减少。类似地，如果理赔延迟较长，由于可以在理赔支付之前获得更多的投资收益，所以也可以适当减少为支付理赔所筹集的保费。因此，保险定价的另一个基本原则就是，**公平保费应反映保险人将保费收入用于投资并在理赔支付前获得投资收益的能力**。换句话说，公平保费应体现货币的时间价值。下面的例子会有助于读者理解保费、投资收益（利率）和理赔支付速度之间的关系。

例 1. 所有理赔在第一年年末支付

假设某保险人卖出的保单将使其在年末时支付 100 元的赔付。暂不考虑管理成本和公平利润附加，在年初时，保险人需要筹集多少资金才能支付年末发生的 100 元的赔付呢？设 P 为需要的资金量，r 为年利率，则将 P 投资一年获得的利息收入是 rP，年末时保险人拥有的资金量为 $P+rP=P(1+r)$，它应等于年末将要支付的理赔额 100 元，即 $P(1+r)=100$ 元，于是有

$$P=\frac{100}{1+r} \tag{3.6}$$

当 $r=0.10$ 时，$P=90.91$ 元；当 $r=0.05$ 时，$P=95.24$ 元。我们看到，利率越高，年初所需要的资金 P（也就是公平保费）也就越低。

例 2. 所有理赔在第二年年末支付

进一步，假设这 100 元的赔付额是在第二年年末一次性支付。我们仍用 P 来表示保险人在出售保单时应收的保费，r 表示利率，则保险人在第一年年末时拥有的资金量为 $P(1+r)$。如果他继续用这些钱来投资，那么在第二年获得的利息收入为 $rP(1+r)$，第二年年末时保险人的资金量将为 $P(1+r)+rP(1+r)$，于是，由 $P(1+r)+rP(1+r)=100$ 元，得到

$$P=\frac{100}{(1+r)^2} \tag{3.7}$$

当 $r=0.10$ 时，$P=82.64$ 元；当 $r=0.05$ 时，$P=90.70$ 元。我们看到，由于理赔延迟的增加，进一步降低了期初应收取的保费 P。

在计算期望索赔成本时，如果考虑到保险人获得投资收益的能力，则计算得到的应该是期望索赔成本的现值，也就是将期望索赔成本乘以一个贴现因子以反映货币的时间价值。在上面的例子中，理赔在第一年年末支付的贴现因子为 $1/(1+r)$，第二年年末支付的贴现因子为 $1/(1+r)^2$。

3.1.4 管理成本

在对保单进行定价、销售、核保等业务处理时，保险人要承担很多的**管理成本**（administrative costs），这些成本通常被称为**承保费用**（underwriting expenses）；当发生保险事故和索赔后，保险人还要承担有关的查勘、定损、法律诉讼等方面的费用，这部分费用称为**理赔费用**（loss adjustment expenses）。所以，在公平保费中，还必须包括反映保险人管理成本的附加费用，以弥补承保费用和理赔费用等。

表 3-2 给出了一些财产 / 责任保险保费中总承保费用（包括付给代理人的佣金和一般

费用，一般费用包括定价、核保、营销以及自行销售保单的费用）、理赔费用所占的百分比。与财产保险相比，责任保险的理赔费用更高一些，主要是因为责任保险在进行协商处理或打官司时需要支付较高的法律成本。

表 3-2　部分险种承保费用和理赔费用占保费比例（%）：1991—2000 年

险种	承保费用		总承保费用	理赔费用
	佣金	一般费用		
屋主保险	14.6	16.1	30.7	12.1
个人汽车责任保险	8.5	14.5	23.0	13.5
个人汽车物理损害保险	8.4	14.5	22.9	9.6
员工赔偿保险	6.3	17.0	23.3	13.6
其他责任保险	10.9	17.2	28.1	27.5

来源：Best’s Aggregates & Averages, Property-Casualty, 2001 edition.

表 3-2 表明，各险种中包括承保和理赔费用在内的总的附加费用占保费的比例是不同的。在个人汽车物理损失保险的保费中的比例约为 30%，而在其他责任保险保费中的比例则超过了 50%。应该指出的是，这些附加费用中的很大一部分是用于为被保险人提供有价值的辅助性服务的，如责任保险中的抗辩成本、为商业被保险人在损失控制方面提供咨询的成本等。

3.1.5　利润附加

我们在本章开始时曾假设，保险人的平均赔付费用等于投保人的期望损失成本。但实际上来自被保险人的索赔是不确定的，而保费却是固定的，这就要求保险人必须保持一定数量的资本，即持有超过期望索赔成本的资产，以增加可以支付所有索赔的可能性。为了获得这样的资本，保险人必须为投资者提供合理的期望收益，即投资者在相似风险条件下投资于别处也能够获得的收益。

为了能给保险公司的投资者提供合理的期望收益，保险人必须找到另外的收入来源，其中最主要的来源就是保费，即收取的保费要适当高于期望索赔成本和管理成本的现值，换句话说，就是要由被保险人对保险公司的投资人因为投资在保险公司的资金会面临风险而对其进行补偿。被保险人为补偿投资者投资于保险公司的风险而额外支付的保费称为**利润附加**（profit loading），存在利润附加的根本原因是索赔成本的不确定性，所以利润附加有时也被称为**风险附加**（risk loading）。

实际索赔成本高于期望值的风险越大，保险人为维持其偿付能力所需要的资本金也就越多，所要求的利润附加也就越多。不同被保险人的索赔成本之间的相关性越高，平均索赔成本的波动性也就越高，保险人所需要的利润附加也就越高[①]。

① 注意，本节的讨论主要集中在保险定价的基本经济模型上，强调的是保险人为保持资本金而需要将资本成本转嫁给被保险人。保险定价的精算模型经常是将利润附加当作风险附加来处理的，而风险附加是索赔成本不可预测性的必然结果，不可预测性越大（标准差越大）则风险附加越高。而经济模型考虑的角度则是，标准差的增加是如何导致所需资本增加，从而导致利润附加上升的。这两种方法虽然在细节上有所不同，但含义是相同的：索赔成本的波动性越大，需要的利润附加也就越高。

3.1.6 数值例子

为了说明决定公平保费各因素之间的关联，我们举两个例子。

例 3. 假设为一组保单确定公平保费，每份保单都具有相同的损失分布：

$$损失=\begin{cases}10\,000元 & 概率为0.1\\0元 & 概率为0.9\end{cases}$$

假设所有的理赔都在第一年年末支付，利率为 10%，管理成本为期望索赔成本的 20%，利润附加为期望索赔成本的 5%。于是有

- 期望索赔额：0.1×10 000=1000（元）
- 期望索赔额现值：1000÷1.1=909.09（元）
- 附加费用：0.2×1000=200（元）
- 利润附加：0.05×1000=50（元）
- 公平保费：909.09+200+50=1159.09（元）

例 4. 假设为一组保单确定公平保费，每份保单都具有相同的损失分布：

$$损失=\begin{cases}100\,000元 & 概率为0.02\\20\,000元 & 概率为0.08\\0元 & 概率为0.90\end{cases}$$

假设保单提供全额保障（足额保险），承保费用为纯保费的 20%，索赔支付发生在期末，利率为 8%，理赔费用为 5000 元，利润附加为纯保费的 5%。根据上述假设确定公平保费如下。

- 期望索赔额：0.02×100 000+0.08×20 000=3600（元）
- 期望索赔额现值：3600÷1.08=3333.33（元）
- 承保费用 + 公平利润：(0.20+0.05)×3600=900（元）
- 期望理赔成本：5000×0.10=500（元）
- 期望理赔成本的现值：500÷1.08=462.96（元）
- 公平保费：3600÷1.08+900+500÷1.08=900+3796.29=4696.29（元）

例 5. 在例 4 的基础上，若考虑增加一个免赔额，即 20 000 元以下的小额损失由投保人自己承担，保险人只承担 20 000 元以上的损失的赔付，公平保费应为多少？

- 期望索赔额：0.02×(100 000 − 20 000)=1600（元）
- 期望索赔额的现值：1600÷1.08=1481.48（元）
- 承保费用 + 公平利润 =(0.20+0.05)×1600=400（元）
- 期望理赔成本 =5000×0.02=100（元）
- 期望理赔成本的现值 =100÷1.08=92.59（元）
- 公平保费：1600÷1.08+400+100÷1.08=400+1574.07=1974.07（元）

将例 4 和例 5 进行比较可以发现（如表 3-3 所示），两个保单价格的差别来源于免赔额的规定避免了小额索赔的理赔成本，相应减少了核保成本和利润附加。

表 3-3 具有免赔额和无免赔额的保单的保费比较（单位：元）

	足额保险（无免赔额）	有免赔额的保险（免赔额为 20 000 元）
总保费	4696	1974
期望索赔成本	3600	1600
附加保费	1096	374
附加保费占总保费比例	30.4%	23.4%

3.2 人寿保险的定价

3.2.1 人寿保险保费的构成因素

人寿保险的保费由纯保费和附加保费构成，前者用于保险金的给付，后者用于保险公司的各项营业费用和利润。一方面，和确定非寿险保费不同的是，由于人寿保险事故是和人的生存或死亡联系在一起的，所以在厘定费率时必须依赖有关的生命表（这里所说的人寿保险不包括意外伤害和健康保险，因为这类保险的费率一般和人的年龄之间的关系并不强，费率的计算方法和财产与责任保险类似）；另一方面，人寿保险合同的长期性决定了在计算费率时必须考虑货币的时间价值，如利息收入和投资收益等。所以，决定寿险费率的三个主要因素是预定死亡率、预定利率、预定费用率，此外还应该考虑退保、税收、风险附加、利润附加等因素。

在决定寿险费率的三个主要因素中，前两项是计算纯费率的依据，后一项以及其他因素合起来决定了附加费率。计算寿险产品的纯费率是寿险精算师的主要职责，是费率厘定中较为复杂的技术环节。我们下面将主要介绍纯费率的计算问题。鉴于人寿保险产品的多样性，我们这里仅介绍几种最基础、最简单的人寿保险产品的费率计算。

3.2.2 利息

利息（interest）是影响保险经营的一个重要因素，无论是在确定保险费率还是在将保险资金进行投资时，都会涉及对利息的计算。利息的计算方法分为单利和复利。

1. 单利

单利（simple interest）是只对本金计息，对利息不再计息，计算公式为

$$S = P(1+it) \tag{3.8}$$

其中，P 为本金，i 为利率，t 为计息的时间（以年为单位），S 表示期初本金 P 经过 t 年后的本利和。

2. 复利

复利（compound interest）是指不仅对本金计息，对利息也计息，计算公式为

$$S = P(1+i)^t \tag{3.9}$$

例如，一笔为期 3 年、年利率为 5% 的 10 000 元存款，到期时，如按单利计算可得本息和为

$$10\,000(1+5\%\times 3)=11\,500(\text{元})$$

如按复利计算，可得本息和为

$$10\,000(1+5\%)^3=11\,576(\text{元})$$

和单利相比，复利是更符合利息含义的计算利息的方法，在很多实际经营分析中被广泛采用。

3. 现值和终值

在人寿保险费率的厘定中，还会经常用到**现值**（present value）和**终值**（accumulated value）。现值是指未来某一时点上一定数量的现金贴现到当前的价值；终值是指现在一定数量的现金在未来某一时点上的价值。用复利的形式可以将现值和终值分别表示为：

$$\text{终值}=(1+i)^t\times\text{现值} \tag{3.10}$$

$$\text{现值}=\frac{\text{终值}}{(1+i)^t} \tag{3.11}$$

以下，记 $v=\dfrac{1}{1+i}$，称 v 为贴现因子。

4. 年金

年金（annuity）是指在规定的时间内、按一定时间间隔和约定的数额收付的资金。根据不同的收付条件，可以有各种各样的年金。例如，有确定性年金和生存年金。确定性年金是指年金的支付有确定的起止日期；生存年金的支付则没有确定的终止日期，取决于生存或死亡的发生时间。下面介绍几种最基础、最简单的年金的计算。

1）期初付确定型年金

以 n 表示年金支付的时间，i 表示利率，每期固定的支付额为 1，在期初（如年初）支付，用 $\ddot{a}_{\overline{n}|}$ 和 $\ddot{s}_{\overline{n}|}$ 分别表示年金的现值和终值，则

$$\ddot{a}_{\overline{n}|}=1+v+v^2+\cdots+v^{n-1}=\frac{1-v^n}{1-v} \tag{3.12}$$

$$\ddot{s}_{\overline{n}|}=\sum_{i=1}^{n}(1+i)^t=(1+i)+(1+i)^2+\cdots+(1+i)^{n-1}+(1+i)^n=\frac{(1+i)^n-1}{1-v} \tag{3.13}$$

2）期末付确定型年金

以 n 表示年金支付的时间，i 表示利率，每期固定的支付额为 A，在期末（如年末）支付，用 $a_{\overline{n}|}$ 和 $s_{\overline{n}|}$ 分别表示年金的现值和终值，则

$$a_{\overline{n}|}=\sum_{i=1}^{n}v^t=v^1+v^2+\cdots+v^{n-1}+v^n=\frac{v(1-v^n)}{1-v} \tag{3.14}$$

$$s_{\overline{n}|}=1+(1+i)+(1+i)^2+\cdots+(1+i)^{n-1}=\frac{(1+i)^n-1}{i} \tag{3.15}$$

显然，现值和终值之间具有如下的关系：

$$\ddot{a}_{\overline{n}|} = a_{\overline{n}|}(1+i) \qquad \ddot{s}_{\overline{n}|} = \ddot{a}_{\overline{n}|}(1+i)^n = s_{\overline{n}|}(1+i) \tag{3.16}$$

3.2.3 生命表

1. 生命表的概念和意义

生命表（mortality table）是根据对一定时期某一国家或地区的特定人群有关生存、死亡的统计资料，加以分析整理后形成的一个表格，它是人寿保险测定风险的基本工具，是寿险精算的计算基础，也是厘定寿险纯费率的基本依据。生命表中最重要的信息是给出了不同年龄段人群的死亡率。

生命表分为国民生命表和经验生命表。国民生命表是根据全体国民或某一地区全部人口的死亡资料编制而成的；经验生命表则是由保险机构根据有关人寿保险业务中被保险人群的死亡记录编制而成的。在人寿保险精算中，一般选用的是经验生命表。由于经验生命表统计的对象是被保险人，他们只有在身体合格的情况下才能参加人寿保险。因此，相对国民生命表而言，经验生命表中同等年龄段人群的死亡率会更低一些，更能实际反映被保险人群的死亡规律，对保险机构更有实际意义。

2. 生命表的内容

在生命表中，首先会给出初始年龄段的生存人数，这个数叫作基数。一般选择 0 岁为初始年龄段，基数常选择 10 万或 100 万等整数。下面，以截取的部分《中国人寿保险业经验生命表（2000—2003）》为例（见表 3-4），说明生命表的主要内容。

表 3-4 《中国人寿保险业经验生命表（2000—2003）非养老金业务男表（CL1）》节选

年龄 x	死亡率 q_x	年初生存人数 l_x	年内死亡人数 d_x	平均余寿 e_x
35	0.001 194	979 738	1170	42.9
36	0.001 275	978 568	1248	41.9
37	0.001 367	977 321	1336	41.0
38	0.001 472	975 985	1437	40.0
39	0.001 589	974 548	1549	39.1
40	0.001 715	972 999	1669	38.1

来源：《中国人寿保险业经验生命表（2000—2003）》。

表 3-4 中给出的信息如下：

x：年龄。

l_x：年初生存人数，x 岁初的生存人数，l_0=1 000 000，年龄上限以 ω 表示，约定 l_ω= 0。

d_x：年内死亡人数，指 x 岁的人在未来一年内死亡的人数。

q_x：死亡率，指 x 岁的人在未来一年内死亡的概率。

e_x：平均余寿，指 x 岁的人未来还能生存的平均年数，对 0 岁的人来说，e_0 就是其预期寿命。

由此可推导出生存率 p_x，指 x 岁的人在未来一定时间内仍然生存的概率，显然有 $p_x + q_x = 1$。

生命表中有关指标之间的几个重要关系如下。

$$l_x - d_x = l_{x+1} \tag{3.17}$$

$$p_x = \frac{l_{x+1}}{l_x} \tag{3.18}$$

$$q_x = \frac{d_x}{l_x} \tag{3.19}$$

若以 ${}_np_x$ 表示 x 岁的人存活到 $x+n$ 岁（也就是再存活 n 年）的概率，约定 ${}_1p_x=p_x$；${}_nq_x$ 表示 x 岁的人在 n 年内死亡的概率，约定 ${}_1q_x=q_x$，则有

$$ {}_np_x = \frac{l_{x+n}}{l_x} \tag{3.20}$$

$$ {}_nq_x = \frac{l_x - l_{x+n}}{l_x} \tag{3.21}$$

$$ {}_np_x + {}_nq_x = 1 \tag{3.22}$$

若以 ${}_{n|u}q_x$ 表示 x 岁的人存活到 $x+n$ 岁后在 u 年内死亡的概率，约定 ${}_{n|1}q_x={}_{n|}q_x$，则有

$$ {}_{n|u}q_x = \frac{l_{x+n} - l_{x+n+u}}{l_x} \tag{3.23}$$

例 6. 根据表 3-4，计算下列概率：

（1）35 岁的男性在未来 1 年内死亡的概率

$$q_{35}=0.001\ 194$$

（2）35 岁的男性在未来 1 年内生存（即可以活到 36 岁）的概率

$$p_{35}=1-q_{35}=1-0.001\ 194=0.998\ 806$$

（3）35 岁的男性可以生存至 40 岁的概率

$${}_5p_{35}=l40/l35=972\ 999/979\ 738=0.993\ 122$$

（4）35 岁的男性在未来 2 年内死亡的概率

$${}_2q_{35}=(l35-l37)/l35=(979\ 738-977\ 321)/979\ 738=0.002\ 467$$

（5）35 岁的男性活到 37 岁后在未来 2 年内死亡的概率

$${}_{2|2}q_{35}=(l37-l39)/l35=(977\ 321-974\ 548)/979\ 738=0.002\ 830$$

3.2.4 净保费的计算

3.2.4.1 趸交净保费

1. 定期寿险

定期寿险是指如果被保险人在保险合同约定的期限内死亡，保险人将按合同约定的金额支付保险金；如果合同约定期满时被保险人仍健在，则保险合同终止。

例 7. 计算一份保额为 10 000 元的 45 岁男性被保险人的定期寿险的趸交净保费，假设预定利率为 5%，使用《中国人寿保险业经验生命表（2000—2003）非养老金业务男表（CL1）》。

（1）1 年期定期寿险趸交净保费：

$$(10\ 000)(d_{45}/l_{45})(v)=(10\ 000)(0.002\ 413)(0.952\ 38)=22.98\text{（元）}$$

（2）5 年期定期寿险趸交净保费为 120.98 元（计算过程见表 3-5）。

表 3-5 保额 10 000 元、45 岁男性 5 年期定期寿险趸交净保费

保单年度	年龄 (x)	计算	年保险成本（元）
1	45	$10\ 000(d_{45}/l_{45})(v)=10\ 000\times0.002\ 413\times0.952\ 38$	22.984 10
2	46	$10\ 000(d_{46}/l_{45})(v^2)=10\ 000\times0.002\ 589\times0.907\ 03$	23.480 73
3	47	$10\ 000(d_{47}/l_{45})(v^3)=10\ 000\times0.002\ 791\times0.863\ 84$	24.111 01
4	48	$10\ 000(d_{48}/l_{45})(v^4)=10\ 000\times0.003\ 018\times0.822\ 70$	24.833 01
5	49	$10\ 000(d_{49}/l_{45})(v^5)=10\ 000\times0.003\ 263\times0.783\ 52$	25.569 82
		合计	120.98

2. 终身寿险

终身寿险不设定保险合同的截止日期，只要在保险合同有效期内被保险人死亡，保险人就将按合同约定的金额支付保险金。从精算角度看，终身寿险也可看成保险期限为生命表终极年龄的定期寿险。

例 8. 根据《中国人寿保险业经验生命表（2000—2003）非养老金业务男表（CL1）》，计算一份保额为 10 000 元的 45 岁男性被保险人终身寿险的趸交净保费，假定预定利率为 5%。

根据表 3-6 给出的计算过程，可得终身寿险的趸交净保费为 2221.22 元。

表 3-6 保额 10 000 元、45 岁男性终身寿险趸交净保费

保单年度	年龄 (x)	计算	年保险成本（元）
1	45	$10\ 000(d_{45}/l_{45})(v)=10\ 000\times0.002\ 413\times0.952\ 38$	22.984 10
2	46	$10\ 000(d_{46}/l_{45})(v^2)=10\ 000\times0.002\ 589\times0.907\ 03$	23.480 73
3	47	$10\ 000(d_{47}/l_{45})(v^3)=10\ 000\times0.002\ 791\times0.863\ 84$	24.111 01
…	…	…	…
59	103	$10\ 000(d_{103}/l_{45})(v^{59})=10\ 000\times0.000\ 309\times0.056\ 21$	0.173 87
60	104	$10\ 000(d_{104}/l_{45})(v^{60})=10\ 000\times0.000\ 122\times0.053\ 53$	0.065 57
61	105	$10\ 000(d_{105}/l_{45})(v^{61})=10\ 000\times0.000\ 044\times0.050\ 98$	0.022 23
		合计	2221.22

3. 两全保险

两全保险是指生死两全保险，即在约定的保险期限内，如果被保险人死亡，则保险人给付死亡保险金；如果约定的保险期满时被保险人仍生存，则保险人给付生存保险金。从功能上看，两全保险相当于具有相同期限的纯粹生存保险加上一个定期死亡保险。

1）纯粹生存保险（pure endowment insurance）。

例 9. 计算一份保额为 10 000 元的 45 岁男性 5 年期纯粹生存保险的趸交净保费，假定

利率为 5%。根据表 3-4，可得 45 岁男性生存 5 年的概率为：

$$ {}_5p_{45} = l_{50} / l_{45} = 0.985\,926 $$

于是，10 000 元纯粹生存保单的趸交净保费应为

$$ NSP = (10\,000)({}_{50}p_{45})(v^5) = 10\,000(0.985\,926)(0.783\,526) = 7724.99(\text{元}) $$

不妨将纯粹生存保险与银行定期储蓄作个比较，假设银行储蓄的利息也是 5%。若将 7724.99 元进行 5 年定期储蓄，则 5 年后可确定收回

$$ S = (7724.99)(1.05)^5 = 9859.26(\text{元}) $$

不难发现，纯粹生存保险和定期储蓄的区别是，如果选择纯粹生存保险，则当 5 年期满时，若被保险人健在，可以确定收回 10 000 元（假设银行不会倒闭，保险人也不会破产）；若被保险人不幸离世，则一分钱也拿不到，而 5 年内被保险人离世的概率为 1−0.985 925=0.014 075。但选择生存保险有可能比储蓄多得到 10 000−9859.26=140.74（元），这多得到的 140.74 元相当于为被保险人可能一分钱也得不到的风险提供的“风险报酬”。

2）两全保险（endowment insurance）

例 10. 根据前面的定期寿险和纯粹生存保险的计算结果，即可得到 45 岁男性被保险人 5 年期两全保险的趸交净保费。假设保额为 10 000 元，利率为 5%，有

趸交净保费 = 纯粹生存保险趸交净保费 + 定期寿险趸交净保费

=7724.99+120.98=7845.97（元）

4. 生存年金

1）即期生存年金

生存年金是指以被保险人生存为条件定期给付的年金，即期年金是指在缴费期结束后立即开始支付的年金，在缴费结束和年金领取之间只相距一个年金单位[①]。

例 11. 计算一个 60 岁男性被保险人购买每年领取 1000 元、共领取 20 年的即期年金需要的趸交净保费，采用《中国人寿保险业经验生命表（2000—2003）养老金业务男表（CL3）》，利率假设为 5%。计算结果如表 3-7 所示。

表 3-7　每年领取 1000 元、60 岁男性、20 年期即期生存年金趸交净保费

保单年度	年龄 (x)	计算	年度年金给付成本(元)
1	60	$1000(d_{61}/l_{60})(v)=1000\times0.993\,01\times0.952\,38$	945.724 94
2	61	$1000(d_{62}/l_{60})(v^2)=1000\times0.985\,20\times0.907\,03$	893.604 42
3	62	$1000(d_{63}/l_{60})(v^3)=1000\times0.976\,60\times0.863\,84$	843.626 54
…	…	…	…
18	77	$1000(d_{78}/l_{60})(v^{18})=1000\times0.696\,35\times0.415\,52$	289.349 83
19	78	$1000(d_{79}/l_{60})(v^{19})=1000\times0.664\,30\times0.395\,73$	262.887 16
20	79	$1000(d_{80}/l_{60})(v^{20})=1000\times0.630\,48\times0.376\,89$	237.620 10
		合计	11 004.17

① 年金单位可以是月、季、年，保险业中的年金单位通常是“年”，即期年金即指缴费期满后第二年开始支付的年金。

2）延期生存年金

延期年金是指缴费期满一定时间后开始给付的年金。

例 12. 计算一个 40 岁初的男性被保险人购买从 60 岁初开始每年领取 1000 元的终身生存年金的趸交净保费。

根据前面计算的即期生存年金的结果，在 60 岁初时，这位被保险人应该已经积累了

$$12\,450.22+1000.00=13\,450.22\text{（元）}$$

所以，在 40 岁初时应缴纳的趸交净保费为

$$A=(S)(v^{20})=(13\,450.22)(0.376\,89)=5069.25\text{（元）}$$

3.2.4.2　期缴净保费

期缴净保费是实践中经常采用的一种缴纳保费的方式，并且每期缴纳的保费通常是相同的，即为水平式的保费。下面，我们分别举例介绍水平净保费的计算方法。

1. 定期寿险

显然，不论保费是以趸交还是期缴的方式缴纳，在保单签发时点上，两者的精算现值应该是相同的。如图 3-3 所示，用 P 表示每个保单年度开始时投保人需要缴纳的水平净保费，则应有

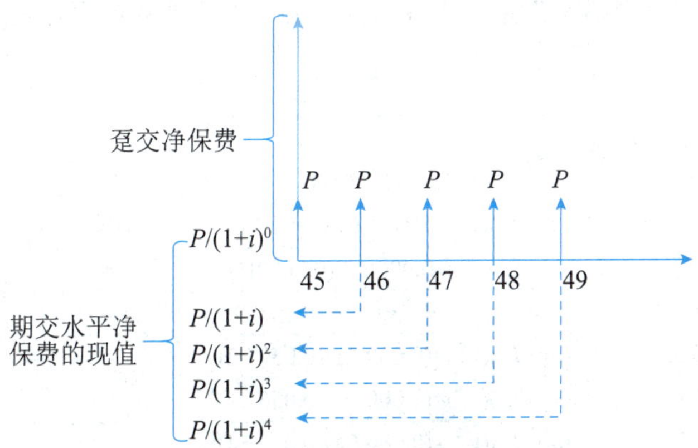

图 3-3　趸交净保费与水平净保费 P 的关系

$$\begin{aligned}\text{趸交净保费}&=P+\frac{P\times p_{45}}{1+i}+\frac{P\times{}_2p_{45}}{(1+i)^2}+\frac{P\times{}_3p_{45}}{(1+i)^3}+\frac{P\times{}_4p_{45}}{(1+i)^4}\\&=P\times\left(1+\frac{p_{45}}{1+i}+\frac{{}_2p_{45}}{(1+i)^2}+\frac{{}_3p_{45}}{(1+i)^3}+\frac{{}_4p_{45}}{(1+i)^4}\right)\\&=P\times\text{期初5年限期生存年金1的现值}\end{aligned}\tag{3.24}$$

表 3-8 给出了 45 岁男性、利率为 5% 的 5 年期期初限期生存年金的计算说明，根据《中国人寿保险业经验生命表（2000—2003）非养老金业务男表（CL1）》。一般地，可得到水平净保费的计算公式，如下所示。

$$水平净保费(NLP)=\frac{趸交净保费(NSP)}{缴费期间的期初限期生存年金1的现值(PVLAD)} \quad (3.25)$$

表 3-8　45 岁男性、5 年期期初生存年金的现值（利率：5%）

保单年度	年龄 (x)	计算		年保险成本（元）
1	45	1 立即到期给付	=	1.000 00
2	46	$(l_{46}/l_{45})(v)$=(0.997 59)(0.952 38)	=	0.950 08
3	47	$(l_{47}/l_{45})(v^2)$=(0.995 00)(0.907 03)	=	0.902 49
4	48	$(l_{48}/l_{45})(v^3)$=(0.992 21)(0.863 84)	=	0.857 11
5	49	$(l_{49}/l_{45})(v^4)$=(0.989 19)(0.822 70)	=	0.813 81
		合计		4.52

根据式（3. 25），可得 45 岁男性被保险人 5 年期定期寿险的期缴水平净保费为

$$NLP=\frac{NSP}{1的PVLAD}=\frac{120.98}{4.52}=26.77(元)$$

2. 终身寿险

1）终身缴费

例 13. 计算 45 岁男性被保险人、保额 10 000 元、利率假设为 5%，终身水平方式缴费的期缴净保费。根据《中国人寿保险业经验生命表（2000—2003）非养老金业务男表（CL1）》。

首先，需要计算终身缴费期期初生存年金 1 的现值，计算过程见表 3-9。

表 3-9　45 岁男性、终身期期初生存年金的现值（利率：5%）

保单年度	年龄 (x)	计算		年度年金给付成本(元)
1	45	1 立即到期给付	=	1.000 00
2	46	$(l_{46}/l_{45})(v)$=(0.997 59)(0.952 38)	=	0.950 08
3	47	$(l_{47}/l_{45})(v^2)$=(0.995 00)(0.907 03)	=	0.902 49
…	…	…		…
59	103	$(d_{103}/l_{45})(v^{58})$=(0.000 31)(0.059 02)	=	0.000 02
60	104	$(d_{104}/l_{45})(v^{59})$=(0.000 12)(0.056 21)	=	0.000 01
61	105	$(d_{105}/l_{45})(v^{60})$=(0.000 04)(0.053 54)	=	0.000 00
		合计		16.34

根据前面已经得到的趸交净保费，以及式（3.25）和表 3-9 的计算结果，可以得到终身缴费方式下的水平净保费为

$$NLP=\frac{NSP}{PVLAD}=\frac{2221.22}{16.34}=135.94(元)$$

2）限期缴费

例 14. 假设缴费期限为 20 年，计算 45 岁男性被保险人、保额为 10 000 元的水平净保费。

还是先计算 20 年期期初生存年金 1 的现值，计算过程见表 3-10，根据《中国人寿保险业经验生命表（2000—2003）非养老金业务男表（CL1）》，利率假设为 5%。

表 3-10 45 岁男性、20 年期期初生存年金的现值（单位：元，利率：5%）

保单年度	年龄 (x)	计算	年度年金给付
1	45	1 立即到期给付	1.000 00
2	46	$(l_{46}/l_{45})(v)$=(0.997 59)(0.952 38)	0.950 08
3	47	$(l_{47}/l_{45})(v^2)$=(0.995 00)(0.907 03)	0.902 49
…	…	…	…
18	62	$(l_{62}/l_{45})(v^{17})$=(0.915 89)(0.436 30)	0.399 60
19	63	$(l_{63}/l_{45})(v^{18})$=(0.905 13)(0.415 52)	0.376 10
20	64	$(l_{64}/l_{45})(v^{19})$=(0.893 29)(0.395 73)	0.353 50
		合计	12.68

根据前面已经得到的趸交净保费，以及公式（3.25）和表 3-10 的计算结果，可以得到缴费期限为 20 年的期缴水平净保费为

$$\text{水平净保费（}NLP\text{）}=\frac{\text{趸交净保费（}NSP\text{）}}{\text{缴费期间的期初生存年金1的现值（}PVLAD\text{）}}=\frac{2221.22}{12.68}=175.18\text{（元）}$$

3. 生存年金

例 15. 计算一位 40 岁男性被保险人、缴费期限 20 年、60 岁开始每年领取 1000 元的生存年金的水平净保费。注意，应根据《中国人寿保险业经验生命表（2000—2003）养老金业务男表（CL3）》。

根据前面的计算结果，已知 40 岁时的趸交保费为 5069.25 元，20 年期初年金 1 的现值为 12.88(11.88+1)，据此可以得到水平净保费为

$$\text{水平净保费（}NLP\text{）}=\frac{\text{趸交净保费（}NSP\text{）}}{\text{缴费期间的期初生存年金1的现值（}PVLAD\text{）}}=\frac{5069.25}{12.88}=393.58\text{（元）}$$

3.3 非寿险定价

非寿险的费率是由纯费率和附加费率两部分构成的，一般是先根据保险标的的期望损失率求出纯费率，然后再计算并加上附加费率，本节主要介绍纯费率的确定方法。

3.3.1 描述保险赔付的常用分布函数

3.3.1.1 描述赔付率的分布函数

1. 泊松分布

泊松分布（poisson distribution）是一个应用非常普遍的用于分析赔款发生规律的离散型分布，用它来拟合赔款发生的次数是较为适当的。下面给出泊松分布的定义。

如果有非负整数值的随机变量 X，且满足

$$P(X=x)=\mathrm{e}^{-q}\frac{q^x}{x!}\qquad x=0,1,2,\cdots \tag{3.26}$$

则称 X 服从参数为 q 的泊松分布，其中 $q>0$，且泊松分布的均值和方差均为 q。

例 16. 在某一年度中，1000 份保单中共发生了 140 起赔款，于是每一保单在一年中发生赔款的频率为 140/1000=0.14。通常我们有理由且有把握假定：某一保单在一定时期内发生索赔的次数服从泊松分布。因此，在本例中可以假定任一保单在一年内发生赔款的次数符合参数为 0.14 的泊松分布，于是可以得到如下数据。

（1）某一保单在 9 个月（0.75 年）内没有发生索赔的概率为

$$\frac{e^{-0.75\times0.14}(0.75\times0.14)^0}{0!}=e^{-0.105}=0.90$$

（2）某一保单在一年内发生 2 次以上索赔的概率。首先可以计算得到该保单一年内发生 0、1、2 次索赔的概率分别为

$$P(X=0)=\frac{e^{-0.14}(0.14)^0}{0!}=0.869\,36$$

$$P(X=1)=\frac{e^{-0.14}(0.14)^1}{1!}=0.121\,71$$

$$P(X=2)=\frac{e^{-0.14}(0.14)^2}{2!}=0.008\,52$$

于是，某一保单在一年内发生 2 次以上索赔的概率为

$$\begin{aligned}P(X>2)&=1-P(X=0)-P(X=1)-P(X=2)\\&=1-0.869\,36-0.121\,71-0.008\,52=0.000\,41\end{aligned}$$

泊松分布的一个重要性质是，一系列独立的服从泊松分布的随机变量的和还是泊松分布。因此，以 100 为均值的泊松随机变量可以看成由 100 个均值为 1 的泊松随机变量相加得到的。根据中心极限定理，当泊松分布的均值 q 足够大时，可以有

$$P(x_1\leqslant X\leqslant x_2)\approx\Phi(z_2)-\Phi(z_1) \tag{3.27}$$

其中

$$\begin{aligned}z_1&=\left(x_1-q-\frac{1}{2}\right)\Big/\sqrt{q}\\z_2&=\left(x_2-q+\frac{1}{2}\right)\Big/\sqrt{q}\end{aligned} \tag{3.28}$$

例 17. 对 200 份保单进行为期一年的观察，发现共发生了 26 次赔款。试估计同类的 6000 份保单在下一年中发生赔款次数小于 750 的概率。

根据观察结果，可以得到每一保险年度内发生赔款的概率为 26/200=0.13。因此，6000 份保单在一年内发生赔款的次数的期望值为 6000×0.13=780。所以，可以假定 6000 份保单在一年中发生赔款的次数符合均值为 780 的泊松随机变量。利用泊松分布可用正态分布近似的结论，可以得到赔款次数小于或等于 749 的概率的估计值为

$$\Phi\left(\frac{749.5-780}{\sqrt{780}}\right)=\Phi\,(-1.09)=0.138$$

例 18. 利用表 3-11 的数据估计下一年该保险公司的 2178 份家庭保险保单发生赔款次数小于 250 的概率。

表 3-11 某保险公司一年内赔款发生次数

风险	保单数量	观察时期	观察期内的赔款次数
火灾	1250	1 年	12
偷盗	2500	1 年	250
责任	2000	4 年	35

根据表 3-11 可以得到每张保单在火灾、偷盗、责任方面赔款的平均发生次数分别为 0.0096、0.1、0.0044。假定这三类风险是彼此独立的，则每一张保单预期发生赔款次数的估计值即为 0.0096+0.1+0.0044=0.1140。

于是，对 2178 份保单来说，预期总赔款次数为 2178×0.1140=248.3，故下一年中赔款次数少于 250 的概率估计值为

$$\Phi\left(\frac{249.5-248.3}{\sqrt{248.3}}\right)=\Phi\ (0.08)=0.53$$

2. 负二项分布

在估计保险赔款发生频次时常用的另一个重要分布是**负二项分布**（negative binomial distribution），该分布特别适合于被保险标的的风险具有异质性的情形。

称随机变量 X 服从参数为 k 和 p 的负二项分布，如果有

$$P(X=x)=C_{k+x-1}^{x}p^{x}(1-p)^{k}\qquad x=0,1,2\cdots \tag{3.29}$$

且负二项分布的均值和标准差分别为

$$\begin{aligned}&\text{均值}=k(1-p)/p\\&\text{标准差}=k(1-p)/p^{2}\end{aligned}\tag{3.30}$$

例 19. 表 3-12 显示了 100 000 份机动车保单在一年中索赔发生了 0、1、2、3、4 和 5 次的保单的数量，可以算出每一保单的平均索赔次数为 0.123 18，方差为 0.127 507。

表 3-12 用泊松分布和负二项分布对索赔发生次数进行拟合的结果比较

索赔次数	实际观察到的保单数目	拟合得到的频数	
		泊松分布	负二项分布
0	88 585	88 411	88 597
1	10 577	10 890	10 544
2	779	671	806
3	54	27	50
4	4	1	3
5	1		
6			
合计	10 000	100 000	100 000

根据泊松分布可以估计得到

$$p_0 = \mathrm{e}^{-0.12318}(0.123\,18)^0 / 0! = 0.884\,11$$
$$p_1 = p_0 \times 0.123\,18 / 1 = 0.108\,90$$
$$p_2 = p_1 \times 0.123\,18 / 2 = 0.006\,71$$
$$p_3 = p_2 \times 0.123\,18 / 3 = 0.000\,27$$
$$p_4 = p_3 \times 0.123\,18 / 4 = 0.000\,01$$

将这些概率分别乘以 100 000，即可得出根据泊松分布拟合估计出的不同索赔次数保单的期望数目。

为利用负二项分布来估计，先由

$$k(1-p)/p = 0.121\,38$$
$$k(1-p)/p^2 = 0.127\,507$$

解得 p=0.966 065，k=3.507，可得出根据负二项分布计算的概率

$$p_0 = C_{2.507}^0(0.966\,065)^{3.507}(0.339\,35)^0 = 0.885\,97$$
$$p_1 = p_0 \times 0.339\,35 \times (3.507/1) = 0.105\,44$$
$$p_2 = p_1 \times 0.339\,35 \times (4.507/2) = 0.008\,06$$
$$p_3 = p_2 \times 0.339\,35 \times (5.507/3) = 0.00\,050$$
$$p_4 = p_3 \times 0.339\,35 \times (6.507/4) = 0.000\,03$$

将这些概率乘以 100 000 即可得到根据负二项分布估计的不同索赔次数保单的期望数目。不难看出，负二项分布的估计结果要明显优于泊松分布，而且这些保单的风险看上去也是非同质的，采用负二项分布进行拟合可以得到更精确的结果。

3.3.1.2 描述赔付金额的分布函数

1. 正态分布

正态分布（normal distribution）是一个在统计学中居于核心地位的分布，在分析保险相关问题方面具有非常重要的地位。正态分布是一个连续型分布，它有两个参数：均值 μ 和标准差 σ，其概率密度函数呈钟形，且关于均值对称，概率密度函数的形式为

$$f(x) = \frac{1}{\sqrt{2\pi}\sigma}\mathrm{e}^{-\frac{1}{2\sigma^2}(x-\mu)^2} \qquad -\infty < x < +\infty \tag{3.31}$$

为了便于计算，通常是将服从参数为 μ 和 σ 的随机变量 X 进行如下变换

$$Z = \frac{X-\mu}{\sigma} \tag{3.32}$$

则 Z 服从均值为 0，标准差为 1 的**标准正态分布**（standar normal distribution），通常用 $\varphi(x)$ 和 $\Phi(x)$ 来表示标准正态分布的概率密度函数和分布函数，有

$$\varphi(x) = \frac{1}{\sqrt{2\pi}}\mathrm{e}^{-\frac{1}{2}x^2} \qquad -\infty < x < +\infty \tag{3.33}$$

$$\Phi(u)=\int_{-\hbar}^{u}\varphi(x)\mathrm{d}x \tag{3.34}$$

有了标准正态分布，即可将任意正态分布随机变量落在某一区间的概率计算转化为标准正态分布随机变量相关概率的计算，而标准正态分布的概率计算已经有了事先计算好的可以直接调用的表。具体来说，如果我们要求均值为 μ 和标准差为 σ 的正态随机变量 X 落在 a 和 b 之间的概率，则可以通过计算得到。

$$\Phi((b-\mu)/\sigma)-\Phi((a-\mu)/\sigma) \tag{3.35}$$

例 20. 某保险公司的赔款统计表明，若某笔赔款额为 X 元，则 $\ln X$ 服从正态分布，其均值为 6.012，方差为 1.792。求：

（1）赔款额大于 1200 元的概率。

（2）赔款额不超过 200 元的概率。

（3）赔款额在 200 元到 500 元之间的概率。

解：

（1）X 大于 1200 元相当于 $\ln X>\ln 1200=7.09$，又相当于标准正态分布随机变量 Z 的取值大于 $(7.09-6.012)\ /\sqrt{1.792}$，即等于

$$1-\Phi\left(\frac{7.09-6.012}{\sqrt{1.792}}\right)=1-\Phi\ (0.805)=0.210$$

（2）因为 $\ln 0=-\infty$，$\ln 200=5.298$，故 X 落在 0 到 200 之间的概率即为 $\ln X$ 落在 $-\infty$ 和 5.298 之间的概率

$$\Phi\left(\frac{5.298-6.012}{\sqrt{1.792}}\right)-\Phi\left(\frac{-\infty-6.012}{\sqrt{1.792}}\right)=\Phi(-0.533)-\Phi(-\infty)=0.297-0=0.297$$

（3）利用和上面同样的方式，可以知道某一赔款在 200 元至 500 元之间的概率为

$$\Phi\left(\frac{\ln 500-6.012}{\sqrt{1.792}}\right)-\Phi\left(\frac{\ln 200-6.012}{\sqrt{1.792}}\right)=\Phi(0.151)-\Phi(-0.533)=0.560-0.297=0.263$$

在对保险赔付的分析方面，正态分布的作用主要体现在对众多符合相同损失分布的保单的总赔付金额、平均赔付金额的估计方面。

例 21. 已知某类赔款的平均规模为 400 元，标准差为 1000 元，求 85 笔相互独立的赔款之和大于 49 000 元的概率。

利用独立随机变量的均值和方差的可加性，可知预期总赔款额的均值为 $85\times400=34\ 000$，方差为 $85\times(1000)^2$，根据大数定律，总赔款额应该近似服从均值为 34 000，方差为 $85\times(1000)^2$ 的正态分布，于是总赔款额超过 49 000 元的概率为

$$1-\Phi\left(\frac{49\ 000-34\ 000}{\sqrt{85\ 000\ 000}}\right)=0.015$$

2. 对数正态分布

对数正态分布（log-normal distribution）的随机变量的取值呈正偏斜的，而正偏斜正是财产保险赔付额分布的一个主要特征：小额赔款发生频率较高，大额赔款发生频率较低。因此，在分析财产保险的赔付时，人们经常用对数正态分布来建立赔款额分布的模型。

设 X 为一随机变量，若 $Y=\ln X$ 服从正态分布，其均值为 μ，标准差为 σ，则称 X 服从以 μ 和 σ 为参数的对数正态分布。

对数正态分布的均值和方差分别为

$$均值=\exp(\mu+\frac{1}{2}\sigma^2) \tag{3.36}$$

$$方差=\exp(\sigma^2-1)\exp(2\mu+\sigma^2) \tag{3.37}$$

例 22. 表 3-13 给出了某保险公司 100 个赔付案件的赔款情况。假设赔款额的分布服从对数正态分布，试对其参数 μ 和 σ 进行估计，并计算某一笔赔款额超过 4000 元的概率。

表 3-13　某保险公司赔款额的统计

赔款额（元）	赔款次数
0 ～ 400	2
400 ～ 800	24
800 ～ 1200	32
1200 ～ 1600	21
1600 ～ 2000	10
2000 ～ 2400	6
2400 ～ 2800	3
2800 ～ 3200	1
3200 ～ 3600	1
3600 以上	0
合计	100

根据表 3-13 的赔款额画出的直方图（见图 3-4）可以看出，赔款额的分布具有明显的偏性。可以用下式对平均赔款额和方差进行估计。

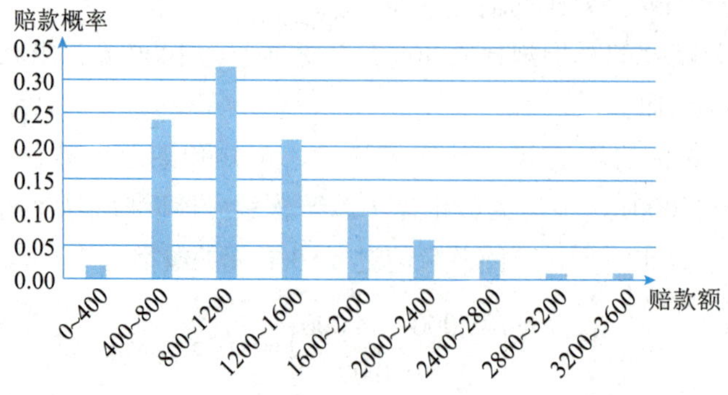

图 3-4　某保险公司赔款额的分布（单位：元）

$$平均赔款额 = 200 \times \frac{2}{100} + 600 \times \frac{24}{100} + \cdots + 3400 \times \frac{1}{100} = 1216（元）$$

$$方差 = (200^2 \times \frac{2}{100} + 600^2 \times \frac{24}{100} + \cdots + 3400^2 \times \frac{1}{100}) - 1216^2 = 362\,944$$

分别将上述估计值代入对数正态分布均值和方差的计算公式，得到

$$e^{(\mu + \frac{1}{2}\sigma^2)} = 1216$$

$$e^{(2\mu + \sigma^2)}[e^{\sigma^2} - 1] = 362\,944$$

解得 $\mu = 6.993$，$\sigma = 0.469$。某一赔款 X 大于 4000 元的概率相当于 $\ln X$ 大于 8.294 的概率，利用标准正态分布，可以得到所求概率为

$$1 - \Phi(\frac{8.294 - 6.993}{0.469}) = 1 - \Phi(2.77) = 0.002\,80$$

3. 帕累托分布

前面我们已经提到要注意赔款额分布的“尾部”，因为那里表示的是发生概率很小的高额赔款。显然，再保险人对这样的“尾部”进行较准确的估计更为关切，因为如果对发生高额损失的概率估计过低的话，无疑加大了再保险人的风险。因此，再保险人通常希望使用一种“尾部”并不很快趋近于零的概率分布。而相对于对数正态分布，用**帕累托分布**（Pareto distribution）的尾部来对大额损失发生的频率进行估计会得到更令人满意的效果。

帕累托分布呈右偏态，其概率密度函数为

$$f(x) = \frac{\alpha}{\beta}(\frac{\beta}{x})^{\alpha+1}, \qquad x > \beta \tag{3.38}$$

分布函数为

$$F(x) = 1 - (\frac{\beta}{x})^{\alpha}, \qquad x > \beta \tag{3.39}$$

均值和方差分别为

$$均值 = \frac{\alpha\beta}{\alpha - 1} \tag{3.40}$$

$$方差 = \frac{\alpha\beta^2}{\alpha - 2} - (\frac{\alpha\beta}{\alpha - 1})^2 \tag{3.41}$$

例 23. 图 3-5 给出了参数为 $\mu = 6.993$，$\sigma = 0.469$ 的对数正态分布和帕累托分布的尾部，在 x=2000 和 x=3000 处，这两个分布的概率密度函数值是相同的，但帕累托概率密度函数趋近于零的速度要比正态分布慢得多，因此用它来估计可能发生巨额赔款的再保险费，要比使用对数正态分布安全得多。

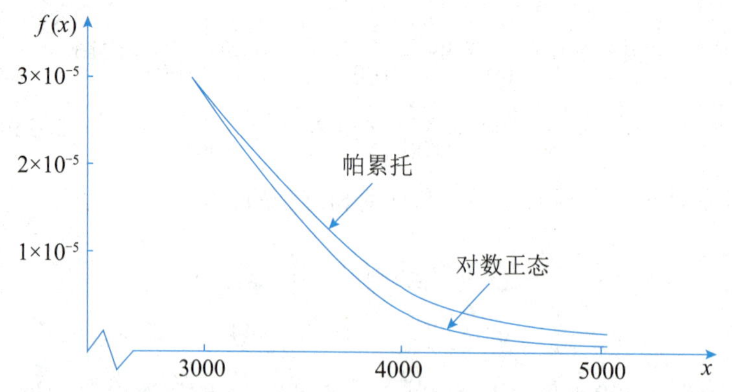

图 3-5　参数为 $\mu=6.993$，$\sigma=0.469$ 的对数正态分布和帕累托分布的尾部

3.3.2　净保费的计算

净保费是用于弥补预期承保风险成本的保费，确定净保费需要估计保险赔付发生的频率 q 和平均赔付金额 m，据此即可确定净保费 $(q)(m)$。

在对赔付频率（索赔频率、赔款频数）进行估计时，通常使用的是泊松分布，有时也使用负二项分布。在对赔付金额进行估计时，一般并不存在一个适合的通用分布，可以使用多种分布，如对数正态分布、伽马分布、帕累托分布等，每一种分布在描述可能的赔付额的分布方面都有其特色。

3.3.2.1　赔款频率

确定赔款频率的难点在于如何选择频率的分母，即所谓的“危险单位”。例如，在确定车险的赔款频率时，危险单位是选年车辆，还是选行驶公里；研究航空保险的赔款频率时，可供选择的危险单位很多，如年每架飞机、公里每架飞机、每次着陆、每乘客每公里，等等。选定危险单位后，仍需要解决好危险单位的度量问题。

例 24. 表 3-14 给出了一家小保险公司 2020 和 2021 年各季度签发的家庭财产保险单数，表 3-15 是 2020—2021 年到期的 29 张保险单的明细。在 2021 年生效的保单中，已经收到了 16 件索赔报案，根据以往的经验预期还会有 2 件赔案发生。求公司家庭财产保险赔款频率的点估计，以及 95% 置信度的置信区间。

表 3-14　2020—2021 年签发和续转的家庭财产保单数目

季度	签发或续转保单数目	
	2020	2021
1 月 1 日—3 月 31 日	74	81
4 月 1 日—6 月 30 日	89	95
7 月 1 日—9 月 30 日	82	98
10 月 1 日—12 月 31 日	69	79

表 3-15 2020—2021 年间终止的家庭财产保险单数目

终止日期	续转日期	责任扣减（天数）	终止日期	续转日期	责任扣减（天数）
2020.1.4	6.18	0	2021.1.18	7.10	173
2020.2.12	11.1	0	2021.2.13	10.30	259
2020.2.19	5.13	0	2021.3.10	1.5	296
2020.3.17	8.10	0	2021.3.17	12.17	275
2020.4.5	7.31	0	2021.4.21	11.30	223
2020.4.24	12.5	0	2021.4.30	11.17	201
2020.5.1	1.5	5	2021.5.17	10.10	146
2020.6.4	2.15	46	2021.6.6	12.10	187
2020.7.4	1.4	4	2021.7.14	9.15	63
2020.7.29	10.19	0	2021.8.20	6.7	133
2020.9.3	7.21	202	2021.9.5	4.30	117
2020.9.16	6.24	165	2021.9.30	11.5	36
2020.10.1	4.3	93	2021.10.3	5.10	89
2020.11.5	8.9	220	2021.11.18	7.18	43
2020.11.19	1.30	30			
			扣减总计（天数）		3006

暂时忽略保单的终止问题。假定 2020 年第一季度出单的 74 张保单平均在一季度中（2 月中）出单，即在全年时间的 1/8 时出单，这样，该季度出单的保单在当年的有效期只有全年时间的 7/8，其余为 2021 年的 1/8 时间。假定 2020 年第一季度签发的 74 张保单每一张都要分担 2021 年全年 1/8 的赔款责任。同理可以得到，在 2021 年中，每张保单的分担期如下。

- 2020 年第一季度承保的保单为 1/8 年。
- 2020 年第二季度承保的保单为 3/8 年。
- 2020 年第三季度承保的保单为 5/8 年。
- 2020 年第四季度承保的保单为 7/8 年。
- 2021 年第一季度承保的保单为 7/8 年。
- 2021 年第二季度承保的保单为 5/8 年。
- 2021 年第三季度承保的保单为 3/8 年。
- 2021 年第四季度承保的保单为 1/8 年。

接下来还需要考虑 2020—2021 年到期的保单，并对赔款责任进行相应的扣减。可根据表 3-14 计算出经过扣减后的 2021 年的风险责任总年数为

$$74\times\frac{1}{8}+89\times\frac{3}{8}+82\times\frac{5}{8}+69\times\frac{7}{8}+81\times\frac{7}{8}+95\times\frac{5}{8}+98\times\frac{3}{8}+79\times\frac{1}{8}-\frac{3006}{365}=322.9(\text{年})$$

因此，赔款频率的点估计是 $\frac{18}{322.9}=0.056$。

为了获得 95% 置信度的置信区间，首先注意到赔款次数 X 服从均值为 $322.9q$ 的随机

变量，则标准化后的随机变量$(X-322.9q)/\sqrt{322.9q}$近似地服从标准正态分布，所以q的95%的置信区间可以通过令X=18，使标准化后随机变量的取值分别等于标准正态分布上、下2.5%点而求得，即可得到

$$(18-322.9q)/\sqrt{322.9q}=\pm 1.96$$

将上式解出，得到95%的置信区间为[0.035，0.088]。

3.3.2.2　赔款额

在对赔款额进行估计时面临的一个主要困难是理赔延迟问题，一个赔案的持续时间可以从1年到10年以上，如雇主责任险。由于理赔延迟的存在，可能需要等待多年才能估计出某一特定时间内损失事件所产生的赔款额的分布和平均值。

例25. 一家保险公司1975年开始营业，至1978年间每年1月1日签发10 000份相同的保单，而在1979年签发的保单数增加了50%，为15 000份保单。假设赔款频率为0.1保持不变，在赔案发生当年处理了50%的保单，其余50%在第二年处理完，并且第一年和第二年处理完的赔案的平均赔款额分别为100元和500元。

表3-16给出了1975年、1976年、1977年、1978年、1979年各年的平均赔款规模的计算过程。一方面，由于1979年业务量的增加，使得该年已结案的赔款中包括了比往年更高比例的当年已决赔款，当年已决赔款金额要小于留待第二年处理的赔款金额，结果使得1979年处理的平均赔款额降为260元。另一方面，以原始案发年度计算的平均赔款额仍为300元（见表3-16中最后一列）。

表3-16　理赔年度和案发年度的平均已决赔款

案发年度	理赔年度												总计件数	金额（元）	平均赔款额（元）
	1975件数	金额（元）	1976件数	金额（元）	1977件数	金额（元）	1978件数	金额（元）	1979件数	金额（元）	1980件数	金额（元）			
1975	500	50 000	500	250 000									1000	300 000	300
1976			500	50 000	500	250 000							1000	300 000	300
1977					500	50 000	500	25 000					1000	300 000	300
1978							500	50 000	500	25 000			1000	300 000	300
1979									750	75 000	750	375 000	1500	450 000	300
总计	500	50 000	1000	300 000	1000	300 000	1000	30 000	1250	325 000			5500	1 650 000	
平均赔款额（元）				300		300		300		260					

假设保险人1975年收取的保费为30元，以后各年收取的保费是根据所观察到的以不变赔付率0.1和前几年处理完的赔案的平均赔款额计算得出的。1980年1月1日，公司签发了20 000份同类保单，并于1980年12月1日停止营业，计算以下几项内容。

（1）1977—1980年各年收取的纯保费。

（2）在整个营业期间的总保费收入。

（3）在整个营业期间的总赔付支出。

计算结果见表 3-17。表 3-17 表明，在整个营业期间保险公司承保业务出现了 80 000 元的亏损，原因是 1980 年的保费计算不妥，随着业务量的增长，公司仍然按原方式计算保费的做法是错误的，少收了保费（应按 30 元收，而实际按 26 元收取）。正确的做法是，为了确定 1980 年应收的保费，应该根据 1978 年承保的保单的赔款记录计算得出，因为 1978 年承保的保单的赔案的 1979 年都处理完了，显然应为每份保单 30 元，这样在整个经营期间的总保费收入正好等于总赔款支出。

表 3-17　保险人的保费收入和赔款支出

日历年度	应收保费（元）	保单数	保费收入（千元）	赔款支出（千元）
1975	30	10 000	300	50
1976	30	10 000	300	300
1977	30	10 000	300	300
1978	30	10 000	300	300
1979	30	15 000	450	325
1980	26	20 000	520	475
1981				500
总计		75 000	2170	2250

本章习题

1. 一保险人向具有如下损失分布的人群卖出大量保单。

$$
损失=\begin{cases}50\,000元 & 概率为0.005\\ 30\,000元 & 概率为0.010\\ 10\,000元 & 概率为0.020\\ 5000元 & 概率为0.005\\ 0元 & 概率为0.915\end{cases}
$$

（1）计算每份保单的期望索赔成本。

（2）假设保险人在收到保费的一年以后支付理赔，年利率为 8%，计算每份保单的贴现期望索赔成本。

（3）假设在处理投保人申请时只有管理成本（每份保单为 200 元），公平利润附加为 100 元，那么公平保费是多少？

2. 重新考虑第 1 题，此时要包括损失调整费用（处理理赔的成本）的期望成本。假设损失调整费用为损失的 10%，并要求在支付理赔的同期支付。

3. 在下面的条件下重新考虑第 1 题。

$$\text{损失}=\begin{cases} 1\,000\,000\text{元} & \text{概率为}0.001 \\ 500\,000\text{元} & \text{概率为}0.005 \\ 100\,000\text{元} & \text{概率为}0.010 \\ 50\,000\text{元} & \text{概率为}0.020 \\ 0\text{元} & \text{概率为}0.964 \end{cases}$$

4. 假设一保险人估计投保人发生损失的分布如下。

$$\text{损失}=\begin{cases} 500\,000\text{元} & \text{概率为}0.01 \\ 100\,000\text{元} & \text{概率为}0.02 \\ 20\,000\text{元} & \text{概率为}0.03 \\ 0\text{元} & \text{概率为}0.94 \end{cases}$$

保险人在承保第一年年末支付理赔，如果当前利率为 8%，那么贴现后的期望索赔成本是多少？

5. 在利率为 12% 时重新计算第 4 题。
6. 假设保险人在承保第二年年末支付理赔，重新计算第 4 题。
7. 根据第 4 题到第 6 题的计算结果，简述利率和理赔延迟对保费的影响。
8. 假设保险公司认为张先生损失的现值服从下面的分布。

$$\text{损失}=\begin{cases} 20\,000\text{元} & \text{概率为}0.02 \\ 5000\text{元} & \text{概率为}0.04 \\ 1000\text{元} & \text{概率为}0.10 \\ 0\text{元} & \text{概率为}0.84 \end{cases}$$

（1）如果保费附加（管理成本和资本成本）为期望索赔成本的 15%，全额保险的保险费应该是多少？

（2）假设张先生认为他遭受损失的可能性只有保险公司所认为的一半，从张先生的角度来看，保险单上的保费附加应该是多少？

9. 一个剪草机制造厂的年度产品责任成本的损失分布如下。

$$\text{损失}=\begin{cases} 750\,000\text{元} & \text{概率为}0.002 \\ 250\,000\text{元} & \text{概率为}0.004 \\ 50\,000\text{元} & \text{概率为}0.010 \\ 0\text{元} & \text{概率为}0.984 \end{cases}$$

确定以下每个保单的期望索赔成本。

（1）全额保险。

（2）免赔额为 50 000 元，保单限额为 500 000 元。

（3）没有免赔额，保单限额为 700 000 元。

10. 一家名为凯普廷·麦克的海鲜餐厅，为其员工提供了医疗费用保险。其下一年医疗费用支出的概率分布如下。

$$\text{医疗费用}=\begin{cases}0\text{元} & \text{概率为}0.9335\\ 2000\text{元} & \text{概率为}0.0500\\ 5000\text{元} & \text{概率为}0.0100\\ 10\,000\text{元} & \text{概率为}0.0050\\ 50\,000\text{元} & \text{概率为}0.0010\\ 500\,000\text{元} & \text{概率为}0.0005\end{cases}$$

按以下每种保单计算凯普廷·麦克的期望索赔成本。

（1）全额保险。

（2）免赔额为 5000 元，保单限额为 200 000 元。

（3）共保比例为 20%，保单限额为 200 000 元。

（4）免赔额为 5000 元，共保比例为 20%，保单限额为 200 000 元。

11. 假设你现在要起草一份报告来说明性别是否应该作为所有险种的评估因素，简述你支持和反对的理由。

12. 寿险保单定价时要考虑大量信息和假设，请解释下列各项内容对寿险产品定价的重要性以及重要性程度：①预期死亡率；②管理费用；③退保率；④通胀率；⑤投资回报。

13. 什么是生命表？其内容有哪些？

14. 下表为某生命表的一部分。

年龄（x）	死亡率	期初生存人数	死亡人数
50	0.003 570	949 840	3391
51	0.003 847	946 449	3641
52	0.004 132	942 808	3896

根据上表求 50 岁的人在 52 ～ 53 岁的死亡率。

15. 下表为某生命表的一部分。

年龄（x）	未来一年内死亡率（q_x）
30	0.001 33
32	0.001 37
33	0.001 42
34	0.001 50
35	0.001 59
36	0.001 70
37	0.001 83
38	0.001 97
39	0.002 13

试求：

（1）34 岁的人在 35 岁以前死亡的概率 q_{34}；

（2）34 岁的人在 35 岁仍活着的概率 p_{34}；

（3）34 岁的人在两年后仍活着的概率 ${}_2p_{34}$；

（4）34 岁的人在两年之内死亡的概率 ${}_2q_{34}$。

（5）34 岁的人在 36 ～ 37 岁死亡的概率 $_{2|}q_{34}$。

16. 已知 20 岁的生存人数为 1000，21 岁的生存人数为 998，22 岁的生存人数为 992。求 20 岁的人在 21 岁那年死亡的概率 $_{1|}q_{20}$。
17. 已知 40 岁的死亡率为 0.04，41 岁的死亡率为 0.06，而 42 岁的人生存至 43 岁的概率为 0.92。如果 40 岁时的生存人数为 100 人，求 43 岁时的生存人数 l_{43}。
18. 使用《中国人寿保险业经验生命表（2003）》，假设利率为 5%，保单面额为 10 000 元，请计算向 35 岁男性签发的 4 年期定期寿险保单的趸交净保费。
19. 使用《中国人寿保险业经验生命表（2003）》并假设利率为 5%，请计算一名男性为购买一份 70 岁时开始给付的每年 1000 元的延期终身生存年金，其在 60 岁时的趸交净保费。
20. 张先生今年 30 岁，希望投保中国某家人寿保险公司的定期寿险。假定他选择的保险期限是 30 年，保险金额为 100 万元，请计算下列情形下需要支付的保费（利率假设为 2.5%，死亡率假设采用 2000—2003 年《中国人寿保险业经验生命表》）。

（1）趸交纯保费。

（2）趸交总保费（假设附加费用率为总保费的 10%）。

（3）期缴纯保费（假设缴费期为 10 年）。

（4）期缴总保费（假设缴费期为 10 年）。

21. 寿险定价和非寿险定价的基本方法有哪些？有什么区别与联系？

第4章 保险合同

学习要点及目标

- 掌握保险合同的基本原则
- 区分保险合同和其他商业合同的不同点
- 能说明保险合同的基本原则在保险活动过程中是如何体现的
- 了解构成保险合同的基本要素和不同的保险合同形式
- 了解保险合同的解释原则

核心概念

保险合同　保险合同的构成要素　保险合同的基本原则　损失补偿原则　最大诚信原则　可保利益原则　近因原则　代位原则　重复保险的损失分摊原则　免赔额　保险合同的解释原则

4.1 保险合同的概念、特点和分类

4.1.1 保险合同的概念

1. 保险合同的定义

保险合同（insurance contract）是投保人与保险人约定保险权利义务关系的协议[①]，包括财产保险合同和人身保险合同。财产保险合同是以财产及有关利益为保险标的的保险合同，人身保险合同是以人的寿命或身体为保险标的的保险合同。保险合同属于商事合同，因而具有一般商事合同的基本特性，如平等、自愿、诚信、协商等。

2. 保险合同存在的意义

1）经济意义

保险市场由于存在信息的不对称，因而是一个不完备的市场。投保人通常是在保险事故发生前向保险人购买保险，在支付了保费后，投保人获得的是保险人对未来保险事故发生时按照保险合同的约定支付保险金的承诺。因此，投保人自然会担心保险人是否会按合同的约定履行给付保险金的责任。同时，保险人也会担心投保人存在的道德风险

① 《中华人民共和国保险法》（2015年修订）.

和逆选择问题，即担心投保人在保险合同签订前会有意隐瞒有关自身风险方面的信息或行为，签约后会采取不谨慎行为来防范风险；或者投保人的风险较高，而保险人在承保时难以识别。

鉴于以上合同双方都关注并担忧的问题，通过签订保险合同，规范和约束双方的行为，才可以保证保险活动的顺利实施，减少双方的损失并获得相应的利益。

2）法律意义

同样是出于信息问题的考虑，通过签订保险合同，使用书面文件来减少合同相关方担心的不确定性，使投保人和保险人可能面临的信息问题导致的成本最小化。一旦出现纠纷，根据合同的约定进行处理，可以尽量减少纠纷或降低处理纠纷的成本。

4.1.2 保险合同的特点

保险合同除了具有一般商务合同的基本特点，作为一种特殊的商事合同，还具有某些特殊性。

1. 最大诚信

首先，保险合同是**最大诚信**（utmost good faith）合同，即合同双方都应善意地信赖另一方的陈述，每一方都有义务不欺骗对方、不向对方隐瞒重要信息。诚然，在市场经济环境中，任何合同都应本着诚信原则而建立。但由于保险活动的特殊性，保险合同更加强调这一原则，主要原因是投保人和保险人之间的信息不对称，保险人只能根据投保人告知的信息决定是否承保以及承保的条件。因此，最大诚信就是要求投保人在投保时应将所有可能影响保险人作出承保决策的重要事实如实向保险人告知。最大诚信原则的提出最初是基于保护保险人利益的，后来逐渐拓展到要求保险人一方也要做到最大诚信。最大诚信原则是国际通行的保险合同原则，各国对违背这一原则的行为均会采取严厉的处罚措施。

2. 双务性

保险合同本质上仍是**双务合同**（bilateral contract），即保险合同当事双方都享有权利和需要承担的义务，并且权利和义务是对等的。具体来说，保险人享有收取保费的权利和承担赔偿的义务；投保人则享有当保险事故发生时根据保险合同进行索赔的权利和承担缴纳保险费以及保险合同约定的其他相关义务。但是，从法律对双方义务的约束来看，一般来说对保险人的约束力更强一些。比如，在人寿保险中，法律要求保险人作出具有强制性的给付承诺，而对投保人一方来说并未要求承诺必须缴纳保费，如果投保人选择了缴纳保费，保险人就必须接受并履行合同义务。

3. 机会性

保险合同是一种特殊的对价合同，只有当保险合同约定的保险事故发生时，保险人才会对投保人的损失承担补偿义务。也就是说，保险人是否会对投保人进行补偿是依一定机会而发生的，并不是必然的，这和很多商事合同，特别是某些购买合同是不一样的，我们将保险合同的这种性质称为**机会性**（contingency）或**射幸性**（aleatory）。也正是因为保险合同的这一特性，导致了消费者在决定是否购买保险时容易表现出迟疑、被动和消极的态度。

4. 附和性

保险合同大多是**附和性**（adhesion）合同，即格式化合同。格式化合同一般是由当事人中的一方拟定，另一方只有接受或不接受合同条款的选择，一般没有商议变更的余地。如果有必要修改或变更合同的某些内容，通常也是采用由保险人事先准备好的附加条款或附属保单，而不能完全按投保人的意愿来作出改变。显然，由于保险合同属于格式化合同，使得保险人明显处于优势地位，因此当合同双方对保险合同条款的某些词义理解有分歧时，法院或仲裁机构通常会作出有利于投保人的解释。

保险合同大多采用格式合同的原因有以下三点。第一，采用事先拟定好的合同条款可以减少合同的谈判成本，提高保险合同的签约效率；第二，在商议保险合同时，保险人在保险技术和业务经验方面具有明显优势，而投保人往往不熟悉保险业务，很难对条款的拟定或修改提出意见；第三，采用具有普遍适用性的格式合同也便于法庭或仲裁方在出现合同纠纷时进行判决或裁定，在进行解释时也有相对统一的依据。

当然，保险合同绝不必须是附和性合同，投保人和保险人如果认为有必要，完全可以专门起草一个合同，特别是在企业保险合同、某些特殊保险合同（如卫星发射保险合同、核事故保险合同、协议再保险合同等）中，经常采取双方商议的方式来订立保险合同。

5. 个人性

保险合同通常具有明显的个人性，主要体现在财产保险合同方面，其含义是被保险标的与被保险人之间具有紧密的关联。这是因为保险人在考虑是否为某一财产承保时，会同时考虑被保险人的状况。例如，在个人汽车保险中，保险人不仅需要考虑被保险车辆的状况，还会考虑主要驾驶员的情况；在家庭房屋保险中，保险人不仅会考虑房屋本身的条件，还会考虑房屋的使用者（通常即为被保险人）是谁以及如何使用这栋房屋。因为在保险人看来，被保险财产的风险是和拥有、管理或使用该财产的人密切相关的。因此，在财产保险合同中，均会同时标注清楚被保险人和保险标的，而且保险合同是根据保险人认定的被保险人和保险标的之间的关系而成立的，也就是说财产保险合同不能随着被保险标的所有权或使用权的转让而随意转让。

4.1.3 保险合同的分类

1. 财产保险合同与人身保险合同

根据保险标的的不同，可将保险合同分为财产保险合同和人身保险合同。财产保险合同是以财产（有形或无形）为保险标的的保险合同；人身保险合同是以人的生命、身体（或健康）为保险标的的保险合同。

2. 定值合同、不定值合同、重置价值合同

根据保险金额的确定方式，保险合同可分为以下几种。

（1）**定值合同**。定值合同是保险合同双方当事人事先确定保险标的的保险价值并在合同中载明，以确定保险金最高限额的保险合同。这类合同多适用于价值不易确定、事后估计损失困难的情形。其优点是，保险事故发生后不必再对保险标的重新估价，简化了理赔手续；由于赔偿金额的事先确定，避免或减少了当事人之间的纠纷。其缺点是，被保险

人容易过高地确定保险价值，以及可能由此诱发保险欺诈。

（2）**不定值合同**。不定值保险合同，又称为补偿型合同，是合同双方当事人对保险标的不预先确定其价值，而是在保险事故发生后再估算价值、确定损失的保险合同。实践中很多财产保险均采用不定值合同的形式。

（3）**重置价值合同**。重置价值合同是指在财产保险中按财产的重置价值来确定保险金额的一种保险合同。一般的财产保险均按保险标的的实际价值进行投保，因此保险标的遭受损失时，只能按损失当时的实际价值赔偿或是使受损财产恢复到出险前的状态。但当保险标的在遭受损失后必须重置或重建时，被保险人所能得到的赔款就满足不了这一要求。为适应被保险人重置财产的需要，保险人允许被保险人以超过实际价值的重置价值投保。如一台旧机器可以按同类产品的新机器的价值作为保险金额，赔偿时按新机器的价值不扣除折旧。承保重置价值保险时，为了明确责任，保险人一般都会附加“重置价值保险条款”。

例如，一栋房屋发生火灾前的实际价值（原值减去折旧）只有 50 万元，火灾发生后将房屋修缮到火灾前状态需要 70 万元。如果投保人是按重置价值投保，保险人就应该支付 70 万元的保险金（假设 70 万元没有超过合同的保险金额）。这样，投保人看上去获得了比其房屋实际价值高的保险赔偿。因此，一些人会认为重置价值保险有悖于保险的补偿原则，会增加道德风险。尽管如此，鉴于设立重置价值保险的目的主要是使被保险人遭受损失后得到充足的补偿，使标的物恢复到灾前的状态，有利于生产和生活的恢复，本质上仍属于补偿型合同。

专栏阅读

补偿型合同与定值合同

3. 单一保险合同、集合保险合同、综合保险合同

（1）单一保险合同是以一个人或单一物体为保险标的的保险合同。在保险合同中，以单一保险合同居多，如一辆汽车的保险、一幢房屋的保险、一个被保险人的人寿保险等。

（2）集合保险合同是将多个性质相似的保险标的集合在一起，对每个保险标的分别确定保险金额的保险合同。例如，在财产保险中，被保险人可以对若干辆汽车只订立一个保险合同；在人寿保险中，由两个以上的人联合成为被保险人的保险合同；同一企业的全部或部分雇员为被保险人，由保险人签发一张总保单。在集合保险合同中，保险人对每一标的物在保险金额限度内承担赔偿责任。

（3）综合保险合同是指保险人对承保的多种保险标的仅确定一个总的保险金额，而不分别规定保险金额的保险合同。这种合同可以无特定的保险标的，而是仅以一定标准限定范围，对此范围内的所有标的规定一个保险金额，保险人在保险金额的限度内承担保险责任。综合保险合同可用于财产保险、责任保险、团体健康保险和意外伤害保险。

4. 指定险合同、一切险合同

（1）指定险合同是指保险人承保一种或几种指定风险的保险合同，仅承保一种风险的保险合同为单一风险保险合同，承保多种风险的保险合同为多种风险保险合同。实践中，指定险合同居多，多种风险保险合同也在逐渐增多。

（2）一切险合同是指保险人在保险条款中不明确列举承保的风险，而是以“除外责任”条款来确定不承保的风险，任何未列入“除外责任”的风险都是承保风险。一切险合同的好处是可以为被保险人提供较为广泛的风险保障，且一旦风险事故发生便于明确责任，易于理赔，减少当事人之间的争议。其缺点是不易区分保险标的的具体风险，容易产生投保人对投保风险的费用分配不合理的情况，即可能对一些风险过度投保，而对另一些风险投保不足。

5. 原保险合同、再保险合同

原保险合同是指投保人直接与保险人订立的保险合同，保险标的如发生损失，由保险人直接向被保险人或受益人承担赔偿或给付的责任。再保险合同是指原保险人与再保险人之间订立的保险合同。

4.2 保险合同的构成

保险合同关系是一种法律关系，而任何法律关系都须包括主体、客体和内容这三个基本要素，保险合同体现的法律关系也是由这三个基本要素构成的。保险合同的主体为保险合同的当事人和关系人，保险合同的客体为可保利益，保险合同的内容是保险合同当事人和关系人的权利与义务的约定。

4.2.1 保险合同的主体

1. 保险合同的当事人

保险合同的当事人是指直接参与建立保险合同关系、确定合同权利义务的行为人，即参与订立保险合同的主体，包括投保人和保险人。

1）投保人

投保人（applicant）又称要保人，是对保险标的具有可保利益，向保险人申请订立保险合同，并负有缴纳保费义务的人。投保人通常需要具备三个条件。

（1）具有完全民事权利能力和民事行为能力。一般说来，没有法人资格的组织及无民事行为能力和限制民事行为能力的自然人均不能成为投保人。

（2）必须对保险标的具有可保利益，否则不能申请订立保险合同，后面将详细介绍什么是可保利益。

（3）必须与保险人订立保险合同，并按约定缴纳保费。无论是自然人还是法人，都只有在与保险人签订了保险合同后，才能成为投保人。投保人如不按约定缴纳保费，保险人可分情况要求其缴纳保费及利息或终止保险合同。因此，保险人履行合同是以投保人是否按合同约定缴纳保费为前提的，投保人只有在缴纳保费后，才能成为法律意义上的投保人。

2）保险人

保险人（insurer）是从事经营保险业务的保险合同的另一方当事人。保险人根据保险合同向投保人收取保费，当保险事故发生或约定的保险期限到期时，有履行赔偿的责任或给付保险金的义务。保险人必须具备以下条件。

（1）具备法定资格。各国法律通常都要求保险人具有法人资格[①]，同时还要依法定程

① 英国劳合社的承保人是个例外，经过国家批准的、具有民事行为能力、符合一定资产和信誉要求的自然人也可以经营保险业务。

序申请获得从事保险经营的许可后才能开展保险业务。在中国，允许经营保险业务的保险人必须是依法成立的保险公司。

（2）必须以自己的名义订立保险合同。

2. 保险合同的关系人

（1）**被保险人**（insured）。被保险人是指其财产、生命、身体、经济赔偿责任等受保险合同保障的人，享有保险金的求偿权。

（2）**保单所有人**（policyholder）[①]。保单所有人是指拥有合同并能实施保单项下所有权利的人。大多数情况下，保单所有人就是投保人或被保险人，但不是绝对的，如妻子是保单所有人，丈夫是被保险人。

（3）**受益人**（beneficiary）。在具有死亡保障的人身保险合同中，受益人是指当被保险人死亡时，寿险保单的死亡保险金应给付的人。因此，死亡保险的受益人通常不会是被保险人，而是由投保人、被保险人约定的其他人。保单所有人如果不是被保险人，可以成为受益人。不过，生存给付的受益人通常是被保险人或保单所有人。

4.2.2 保险合同的客体——可保利益

保险合同的客体是保险合同存在的客观基础，所有保险合同的订立都必须基于可保利益。

1. 可保利益

可保利益（insurable interest）又称保险利益，是指投保人或被保险人因保险标的损坏（或丧失）或因责任的产生而遭受经济上的损失，因保险标的的安全或免于责任而受益。如果投保人或被保险人对保险标的存在上述经济上的利害关系，则具有可保利益；如果投保人或被保险人没有这种经济上的利害关系，则对保险标的没有可保利益。具体来说，财产保险合同的可保利益是指投保人对保险标的具有的因保险事故的发生而受到经济损失，或因保险事故不发生而免受经济损失的利害关系；人身保险合同的可保利益是指投保人对被保险人具有的因被保险人伤残或死亡而遭受经济损失，或因被保险人身体健康、生命的延续而受益的利害关系；责任保险的可保利益是指被保险人与民事侵权责任相关的利害关系。例如，海上运输中的货物所有人会由于货物安全或按期运达目的地而获益，如果货物在运输途中损毁、灭失或阻留，货物所有人就会受到经济上的损失，因而对这批货物具有可保利益。

具有可保利益是订立保险合同的必要前提，也是保险合同在履行过程中应恪守的重要原则。没有可保利益的保险合同在法律上是无效的，不可强制执行（即使有合同也不必执行）。可保利益可以是现实利益，也可以是预期利益。坚持可保利益原则，可以防止将保险变成赌博，以及阻止道德风险的发生。

---

① 国际上，特别是在人寿保险方面，保单所有人是一个重要的法律概念，因为该概念明确了具有现金价值的人寿保单作为一份财产，它的所有权的归属，以及依据这个财产产生的收益的归属。在中国的保险法律中，目前没有“保单所有人”的概念，一般是将投保人理解成保单所有人。

2. 可保利益的认定

1）人身保险的可保利益

人身保险的可保利益是指投保人对于被保险人的寿命和身体所具有的利害关系，这种利害关系与财产保险中的经济利害关系是有区别的。人身保险的可保利益实际上并不直接体现为投保人对保险标的的经济关系，而更多地体现为投保人和被保险人之间的人身依附关系或信赖关系。因此，这种关系虽然有时会涉及经济上的利益，但并不单纯以金钱所能估计的利益为限。如果投保人与被保险人之间具有法律上认可的某种关系，即可视为具有可保利益。至于实际上的经济利害关系如何计算，通常并不会去考虑。实践中，下列情形通常会被认为存在可保利益。

（1）**对本人生命和身体的可保利益**。任何人都对自己的生命和身体具有无限的可保利益，这是各国法律都承认的一条原则。如果没有法律禁止，投保人可以将保险金给付他希望的任何人。

当投保人为被保险人时，法律一般不要求在保险金额和承保对象的生命价值之间存在任何特定关系。不过保险人在实践中会将保险金额限制在一个相对于被保险人财务状况和收入能力而言差异不是太大的范围内。

（2）**对他人生命和身体的可保利益**。当以他人的生命或身体投保时，投保人必须对他人的生命或身体具有可保利益，并且要求被保险人必须知晓。可保利益可以来自投保人和被保险人之间以下关系中的一种或多种。

①**家庭婚姻关系**。因为配偶之间、父母与子女之间具有法律规定的扶养、抚养或赡养义务，被保险人的死亡或伤残会造成投保人的经济损失，因而投保人对其配偶、父母、子女具有可保利益，可作为投保人为他们投保。与投保人具有抚养、赡养关系的其他家庭成员、近亲属（如兄弟姐妹）的伤亡如果可能给投保人带来经济上的损失，投保人对他们也具有可保利益。

②**债权债务关系**。债务人对于债权人有给付义务，但债权人对于债务人的财产除担保物权外，不得主张任何权利。因此，债务人死亡后，债权人的债权很可能无法实现。故不少国家的法律均规定债权人对债务人的生命具有可保利益，以使债权人能利用保险，在债务人未清偿前死亡保全其债权，但通常会要求保险金额和债务额之间应具有合理的关联性，差异不应过于悬殊。

③**商业关系**。投保人和被保险人之间存在显著的可用金钱衡量的利益关系。例如，雇主可以为雇员投保，雇员也可以为雇主投保；一个合伙人可以为另一个合伙人投保；合伙企业可以为每个合伙人投保；公司可以为每个高级管理人员投保；等等。

④**其他情形**。凡当事人之间有合同或商务关系，一方的死亡可能影响他方基于此类关系可获得的法律上认可的经济利益或预期利益的，也被认为有可保利益，可能受到损失的一方可以他方为被保险人订立保险合同。例如，在一些国家，承认下列各种人之间具有可保利益：未婚妻对于未婚夫；继承人或利害关系人对于遗嘱执行人或遗产管理人；破产债权人对于破产管理人或破产监护人；保证人对于主债务人；在以第三人生存为期的租赁合同中，承租人对于该第三人；等等。

2）财产保险的可保利益

财产保险的可保利益是指被保险人对保险标的具有的合法的、可确定的经济利益。凡因财产及其相关利益而遭受损失的被保险人，均可视为对财产及相关利益具有可保利益。因此，构成财产保险中的可保利益必须具备三个要件：法律上认可的利益、经济利益、可确定的利益。

财产保险的可保利益包括以下几点。

（1）**现有利益**。现有利益指投保人或被保险人对财产已经享有且可继续享有的利益，如已购买的汽车、现有的机器设备、已经获得的知识产权等。

（2）**预期利益**。预期利益是指基于财产的现有利益、依法或依合同在未来一定时期可获得的利益，如出租房屋可获得的预期租金收入、对设备进行维修预期可获得的修理费收入、承运人对货物安全送达后预期的运费收入等。

（3）**责任利益**。投保人或被保险人对其可能对第三方依法应承担的经济赔偿责任具有可保利益，如驾驶汽车过程中对他人人身或财产造成损害而承担的经济赔偿责任、企业的公众责任、生产厂家的产品责任、雇主责任等。

3. 可保利益的时间与延续

财产保险通常要求，在整个保险合同有效期内，投保人或被保险人都应对保险标的具有可保利益。

与财产保险不同的是，人身保险的可保利益只需要在合同订立时存在即可，保险事故发生时是否具有可保利益并不重要。也就是说，在发生索赔时，即使投保人对被保险人失去了可保利益，也不影响保险合同的效力。之所以强调必须在合同订立时存在可保利益是为了防止诱发道德风险，进而危及被保险人生命或身体的安全。另外，由于人身保险具有长期性，一旦投保人对被保险人失去可保利益而造成保险合同失效的话，就会使被保险人失去保障；而且领取保险金的受益人是由被保险人指定的，如果合同订立之后，因可保利益的消失而使受益人丧失了在保险事故发生时应获得的保险金，无疑会使该权益处于不稳定状态。因此，人身保险中可保利益是订立合同时的必要前提条件，而不是给付的前提条件。即使投保人对被保险人因离异、雇佣关系解除或其他原因而丧失了可保利益，也不会影响保险合同的效力，保险人仍要承担给付保险金的责任。

4.2.3 保险合同的形式和内容

1. 保险合同的形式

保险合同的形式是指保险合同的书面形式，主要包括以下几种。

1）投保单

投保单（application）又称要保单，是投保人向保险人提出订立保险合同的书面要约。投保单一般按照保险人准备的统一格式文本，由投保人依照所列事项填写。投保单本身不是保险合同的书面形式，而是投保人向保险人提出保险要约的书面形式，但一经保险人接受后，即构成保险合同的组成部分，是保险合同成立的重要凭证。由于保险人在很大程度上依赖投保人在投保单中提供的信息来决定是否签发保单，所以投保人应当诚信填写投保单，如果其提供的信息有误或不完整，保险人可以解除保险合同。

2）暂保单

暂保单（cover note）又称临时保单，是保险人或其代理人同意承保但不能立即出具保险单或其他保险凭证时，临时向投保人签发的保险凭证。暂保单的内容比较简单，期限一般比较短。在暂保单签发后，直至保险单作成交付投保人，暂保单与保险单具有同等法律效力。

3）保险单

保险单（insurance policy）是投保人与保险人订立保险合同的正式凭证，明确完整地记载了保险双方当事人的权利和义务，是保险合同双方履行合同的依据。一般而言，保险单多是格式化保单，由保险人制作并签章后，由保险人或其代理人交付给投保人。

4）保险凭证

保险凭证（insurance certificate）是保险合同的一种书面证明。与保险单相比，保险凭证在内容和格式上较为简化，只记载了投保人和保险人约定的主要内容，是简化了的保险单，与保险单具有同等法律效力。

5）保险条款

保险条款（insurance clause）是具体明确保险合同双方当事人权利义务的条款，是保险人对所承保的标的履行保险责任的依据。

6）批单和附属保单

（1）**批单**（endorsement）是保险人签发的同意投保人要求变更保险单内容的书面文件，是保险人对投保人提出的补充或变更保险单的内容进行审核并同意后，向投保人出具的一种凭证，注明了保险人对保险单的补充或更改内容。批单作为保险单的一部分，是保险合同变更的证明文件，保险人应按批单的内容承担责任。

（2）**附属保单**（broad form）是在保险人签发的标准保单外，以另附条款的形式出现的保单。根据投保人的要求和保险标的种类、性质、用途、面临的某些特殊风险，保险人可在标准保单所列的基本条款外，另行设计附属保单，就有关特殊事项加以规定，如某些财产保险中可以附加通货膨胀保护条款等。附属保单中的条款优先于标准保单中的基本条款，也可以对基本条款进行修改或注销。

2. 保险合同的内容

保险合同多种多样，条款也十分复杂，但无论何种保险合同，其基本条款大都会包含以下内容。

1）当事人姓名和住所

除保险人、投保人的姓名和住所外，保险合同有时还会包括被保险人、人寿保险受益人的姓名和住所。

2）保险标的

保险标的是保险合同的投保对象或保障对象，财产保险的标的是物质财产及相关利益和责任，人身保险的标的是人的生命或身体。

3）保险责任和除外责任

保险责任是指在保险合同中载明的对于保险标的在约定的保险事故发生时，保险人应承担的经济赔偿或给付保险金的责任，一般在保险条款中予以列举。保险责任约定了由于哪些风险事件的发生造成的被保险人的经济损失或人身伤害，保险人应承担赔偿或给付责任，通常包括基本责任和特约责任。

除外责任是对保险人责任的限制，约定了保险人在哪些情况下不承担赔偿或给付责任。除外责任一般分三种情况：一是规定了不承保的风险，即导致标的物发生损失的原因；二是不承担规定的损失；三是规定了不承保的标的物。

4）保险期限和保险责任开始时间

保险期限是指保险合同的有效期间，即保险人为被保险人提供保险保障的起讫时间，亦是保险合同依法存在效力的期限。保险期限一般可以按自然日期计算，也可按一个运行期、一个工程期或一个生长期计算。保险期限是计算保险费的依据，也是保险人履行保险责任的依据。

保险责任开始时间是保险合同约定的保险人开始承担保险责任的时间[①]。保险责任开始的时间有时和保险有效期开始的时间并不一致。例如，在人寿和健康保险合同中，经常有免责期方面的约定，即通常是在保单生效一段时间，如三个月或半年后，保险人才对合同约定的保险事件的发生承担赔付或给付保险金的责任。

5）保险金额

保险金额（insured amount）是保险人承担赔偿或给付保险金责任的最高限额，也是保险人计算保险费的依据。在财产保险中，保险金额一般根据保险价值来确定；在责任保险和信用保证保险中，保险金额一般由保险合同当事人依据保险标的的具体情况协商确定，在合同中通常称为责任限额；在人寿保险中，保险金额通常是根据被保险人在经济保障方面的需要以及支付保险费的能力，由保险合同当事人协商确定。需要注意的是，保险金额只是保险人负责赔偿的最高限额，实际赔偿金额在不超过保险金额的范围内视情形而定。

6）保险费及支付方式

保险费（premium）又称保费，是投保人为换取保险人承担赔偿责任而支付的对价。投保人只有在同意支付或已经支付保险费的前提下，才能换得保险人的承诺，获得索要保险赔偿或给付的权利。也就是说，缴纳保险费是投保人或被保险人的基本义务，是保险合同生效的重要条件。保险费的确定取决于保险金额和保险费率两个因素，是保险金额与保险费率的乘积，有时也会按固定金额收取。保险合同中还会约定保险费的缴付方式和时间：现金支付或转账支付；一次性支付或分期支付，若是分期支付，还应约定支付的时间和期限。

7）保险金的赔偿或给付办法

保险合同中这部分条款约定了保险人如何支付赔偿或给付保险金，一般包括保险人支

① 《中华人民共和国保险法》第十四条规定：“保险合同成立后，投保人按照约定缴付保险费，保险人按照约定的时间开始承担保险责任。”从保险法的这条规定可以看出，保险合同的成立、生效与保险责任的开始时间不是一个概念，三者既有密切联系，又有严格区别。

付赔偿的形式，如在财产保险中，以现金形式还是实物形式或修复方式；以及如何确定赔偿或给付金额的方式，如在财产保险中，如何根据标的物的损失情况确定赔付金额。

8）违约责任和争议处理

违约责任是指合同当事人一方不履行合同义务或者履行合同义务不符合约定时，基于法律规定或合同约定所必须承担的责任。当事人在签订保险合同时，应在合同中载明违约责任条款，以保证合同的顺利履行。

争议处理是指保险合同发生纠纷后的解决方式，主要有协商、仲裁和诉讼三种方式。保险合同中应明确争议的解决方式，从而有助于维护当事人的权益。

4.2.4 保险合同中限定保险人责任的条款

基于保险经营过程中存在的信息问题，保险交易双方均应特别重视通过合同来进行规范和约束。信息问题主要体现为投保人方面风险损失的不确定性、道德风险、逆选择等，因此保险人在设计保险合同时通常会对自己的责任进行必要的、清晰的限定，目的是控制信息问题可能导致的过多赔付的风险。在保险合同中，保险人限定其赔偿责任的主要条款包括以下几个方面。

1. 免赔额条款

在保险合同中规定**免赔额**（deductible）是一种限定保险人赔偿责任的通常做法，目的是减少对小额损失的赔付。例如，假设某被保险人购买了一份汽车保险，保险人对碰撞事故造成的车辆损失进行赔偿，合同中包含了一个每起事故 300 元的免赔额条款。这样，当被保险汽车每次发生事故出现损失时，被保险人自己都必须支付最多 300 元的费用。如果一次事故中的损失小于 300 元，则全部由被保险人自己承担；如果损失是 1000 元，则被保险人自己承担 300 元，保险人赔付 700 元。

保险合同中设置免赔额看上去似乎是在限定保险人的赔偿责任，实际上也符合一些投保人的需要。一些风险规避倾向较强的被保险人（通常也是风险相对较低的人）通常更愿意选择具有免赔额条款的不完全保险，即愿意自己承担一部分损失。下面，我们来分析一下设立免赔额条款的作用。

1）降低理赔处理成本

保单中设立免赔额条款的原因之一是减少发生相对频繁的小额索赔的处理成本。有些索赔处理成本与索赔金额并无关系。例如，不管损失的严重程度如何，保险人都必须雇用索赔处理员处理索赔案件并完成相关文档工作。这些固定的索赔处理成本使得保险人承保一些发生相对频繁的小额损失的成本非常昂贵（即它们有高额的附加成本）。例如，假设一个 100 元的损失的发生概率是 0.1，而处理一项索赔的固定成本是 200 元，如果损失由保险负担，则所需的附加成本即与承保 100 元损失相关的预期固定成本就是 20 元（0.1×200 元），是期望索赔成本 10 元（0.1×100 元）的两倍！这也是很多消费者不愿意为小额损失购买保险的原因，也就是说，他们宁愿选择接受免赔额条款从而承担适度的风险，也不愿意支付相对较高的附加保费去购买足额保险。

2）减少道德风险

设立免赔额条款的另一个作用是有助于减少道德风险。例如，由于存在 300 元的免赔额，被保险人可能就有了更多动机将汽车停放在安全的地方，以减少汽车遭到损害的可能性。如果没有免赔额条款，保险人将不得不向被保险人收取更高的费用，不仅是因为提供了更多的保险（包括低于 300 元的损失）和存在较高的理赔费用，而且还因为索赔发生的可能性相对提高了，保险的期望损失也会增加。也就是说，免赔额条款通过减少损失发生概率和严重性的方式改变人们的行为方式，从而降低了保费。

3）甄别逆选择

逆选择是当保险人进行准确风险分类成本较高、投保人又对其预期损失比保险人有更多了解时而出现的一种现象，在本书第 3 章中我们已对这一问题进行了讨论。我们已经知道，当市场上存在两类投保人——高风险投保人和低风险投保人时，如果保险人对所有投保人采用相同的费率，就会使低风险投保人比高风险投保人更少地购买保险。

现在，如果我们假设保险人可以通过运用免赔额条款来设计两种保单：①为高风险投保人设计的保单没有免赔额，价格反映出他们较高的期望索赔成本；②为低风险投保人设计的保单有较高的免赔额，价格反映出他们较低的期望索赔成本。这样，尽管保险人仍难以从所有投保人中分辨出谁是高风险谁是低风险的，但可以通过设计不同免赔额，让投保人对不同免赔额的合同进行选择，即可反映出投保人对自身事故发生概率的预期，也就可以对他们进行风险分类了[①]。当然，这种区分并不是没有成本的，低风险投保人会不得不接受低保障程度的保险（因为有了较高的免赔额），以使自己与高风险投保人有所区分。实际上，低风险投保人通过自身选择承担更多风险的意愿而显露了自己的风险类型。

2. 共保条款

共保条款（co-insurance clause）要求被保险人也须承担损失的一个特定比例（如 20%）。在很多财产保险保单中，通常都有共保的要求。保险合同一旦包含了共保条款，对于未承保的部分，投保人通常不得再向其他保险公司投保。采用共保条款后，保险人收取的保险费率也较低。根据共保条款：

$$\text{保险人赔付损失的最大比例}=\frac{\text{保单限额}}{\text{损失发生时财产实际价值}}\times\frac{1}{\text{共保比例}}$$

如果保单限额低于损失发生时的价值乘以共保比例时，保险人会用以下公式减少损失的赔付：

$$\text{保险人的赔偿额}=\text{实际损失}\times\frac{\text{保单限额}}{\text{共保比例}\times\text{损失发生时财产实际价值}}$$

例如，某企业财产保险的保险金额为 10 万元，一次火灾造成损失 4 万元，损失时财产的实际价值为 12 万元，合同约定的是 80% 的共保条款，则若希望所有损失都能得到赔偿，保额至少应为 9.6 万元。而该企业购买的保额是 10 万元，企业此次火灾损失的 4 万元没有超过 9.6 万元，因而可以获得全部赔偿。如果出险时财产的实际价值为 15 万元，则保

① 见本书第 2 章 2.3 节的详细举例。

额至少应为 12 万元。而该企业投保的金额只有 10 万元，所以该企业的火灾损失只能获得比例赔偿，赔偿额为

$$4\text{万元}\times\frac{10\text{万元}}{12\text{万元}}=3.3333\text{万元}$$

如果保单限额为 15 万元，财产的损失价值为 20 万元，且共保比例为 80%，则保险人赔付的最大损失比例为

$$\frac{15\text{万元}}{20\text{万元}}\times\frac{1}{80\%}=93.75\%$$

由于保险人的赔付既不会多于保单限额，也不会多于实际损失金额，所以保险人实际赔付的金额是下列三项中的较小者：①实际损失乘以赔付比例；②保单限额；③实际损失。

为什么保险人要通过共保条款对不能将投保金额和财产实际价值之比等于共保比例的被保险人进行“惩罚”呢？部分原因是保费是由保险金额（购买的保险总额）与一个不随保险金额变化的费率相乘而确定的，即保费是被保险人选择的保险金额的一个固定比例。图 4-1 中的直线说明了这一关系。但小额财产损失概率要高于大额财产损失概率（如小型火灾比大型火灾更容易发生），这意味着没有共保条款的保单的公平保费增加的比率会小于所购买的保险金额增加的比率，这一关系在图 4-1 中以曲线表示。因此，在固定比例保费结构下，如果没有以共保形式进行的“惩罚”，投保财产少于共保比例的被保险人支付的保费就会少于公平保费。共保条款的“惩罚”减少了保险的范围，使得保费更接近公平保费。

由于共保条款要求被保险人也要承担一部分损失，所以被保险人会具有更多的减损动机，因此共保条款和免赔条款在减少道德风险和逆选择方面具有相似的作用。

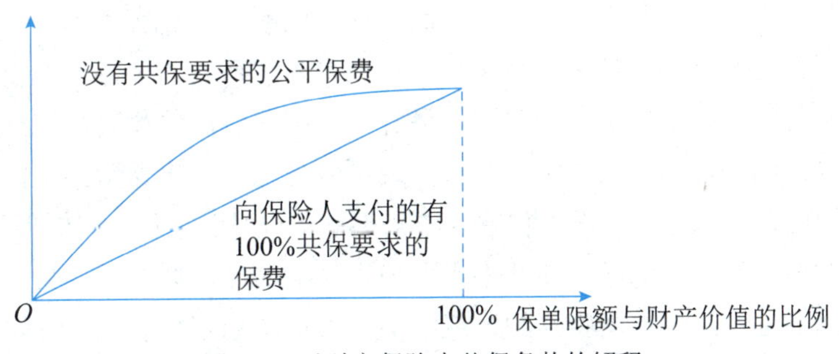

图 4-1　对财产保险中共保条款的解释

注：实际中，保费与保险金额成比例，但公平保费的增长却不是成比例的。

3. 保单限额

保单经常通过规定上限来限定保险的总额，称为**保单限额**（policy limit），即保险人对任何损失所支付的总保险金额。保单限额经常用于责任保险保单中。例如，一个汽车责任保险单会规定：保险人对给其他车辆造成物理损坏的最高赔付额为 20 000 元，给其他

车辆司机或乘客的身体造成伤害的最高赔付额为 100 000 元等。由于对责任保险的需求和一个人的财富有关，因此，对责任保单限额一般低于可能的损失的一种解释是，人们希望能免受责任诉讼的财富是有限的，几乎不存在为可能对他人造成的损失进行全额保险的动机。

财产保险的保单限额可以使人们不用支付超过他们可承受损失的保险费用。同时，当投保人拥有一些保险人很难得到的有关风险分类信息时，保单限额还可以降低保险人的分类成本。例如，假设大部分屋主拥有价值低于 2500 元的珠宝，少部分屋主拥有价值高于 2500 元的珠宝，拥有珠宝价值高的屋主发生损失的严重性显然要高一些。问题是，如果不付出一定成本（在卖出保单前对每个屋主的珠宝进行估价），保险人是无法从中辨别谁是拥有贵重珠宝的人，而每个屋主都知道自己是否拥有贵重珠宝。通过限定珠宝的最高保险金额为 2500 元，以及提供对价值高于 2500 元珠宝的特殊保障（如通过在保险单中加上变更保险范围条款或附加一个特殊保单），保险人就使拥有贵重珠宝的屋主自己显露了出来。

4. 比例分担和超额分担条款

投保人有时会购买多份保单来为同一个标的物投保，发生损失后，被保险人可以得到来自多个保单的赔付，这样就可能获得超过实际损失的赔付，不符合保险的补偿原则[①]，同时也需要支付更多的保费而且会增加道德风险。出于以上原因，保险人经常会通过**比例分摊条款**（pro rata clause）规定每一保单的赔付比例，避免支付超额损失；通过**超额分担条款**（excess clause）规定保险人只赔付超出其他保单保障范围的损失。

5. 除外责任条款

保险单中一般都包括了**除外责任**（exclusion）条款——即排除了对某些损失风险的保障。例如，企业财产保险中通常会排除自然磨损、战争等原因造成的损失；人寿保险中通常会排除购买保险后两年内出现的自杀行为。需要除外责任条款的首要原因是损失之间的相关性使得对某些类型损失承保的成本非常高，这可以解释为什么由于战争、地震、洪水等造成的损失通常列为除外责任。道德风险的存在也是解释为什么保险人会将一些事件如被保险人的自杀行为作为除外责任的原因。另外，一些非偶然的损失，如自然磨损造成的损失也会被排除，因为这类损失通常包含很少或不包含任何风险因素。设置除外责任条款的另一个重要原因是可以减少一般被保险人不需要的保险项目，从而降低保险成本。例如，一些地区的企业或家庭财产保险可能并不需要地震风险保障，如果需要某类风险的保障，企业或家庭可以通过增加保单的特殊约定或购买附加保单的方式满足自身需求。实践中，投保人可以通过多付一些费用的方式取消很多除外责任条款，特别是在企业保险保单中。

4.3 保险合同的基本原则

本节介绍保险合同在订立和履行过程中应该遵循的一些带有普遍性的基本原则，这些原则体现了保险经营过程中一些最基本、最重要的特征，是理解保险、用好保险的基础。

① 见本章“保险合同的基本原则”一节。

4.3.1 损失补偿原则

1. 损失补偿原则的定义

损失补偿原则（principle of indemnity）是指当发生保险合同责任范围内的损失时，被保险人有权按照合同的约定，获得全面、充分的赔偿；保险赔偿应弥补被保险人由于保险标的遭受损失而失去的经济利益，被保险人不能因保险赔偿而获得额外的利益。实践中损失补偿原则的运用体现在两个方面。

（1）被保险人请求损失赔偿时应满足的必要条件，包括被保险人对保险标的必须具有可保利益、被保险人遭受的损失必须是在保险责任范围之内、被保险人遭受的损失必须能用货币来衡量。

（2）保险人履行损失赔偿责任的限度应以实际损失为限、以保险金额为限、以被保险人在保险标的上的可保利益为限。

2. 损失补偿原则的意义

首先，坚持损失补偿原则，既体现了保险的损失补偿功能，也有助于维护保险双方的正当权益。对被保险人而言，保险事故造成的经济损失能得到保险人及时的补偿，其生产和生活可以得到及时恢复；对保险人而言，其权益也通过损失补偿的限额得到了保护。

其次，坚持损失补偿原则有助于防止道德风险的发生。损失补偿原则中关于“有损失则赔偿，无损失则无赔偿，且被保险人获得的补偿不能超过其损失”的规定，可以有效防止被保险人通过保险赔偿而获得额外利益，甚至是不当利益，可以防止一些被保险人在投保时故意购买超过标的物实际价值的高额保险，然后为获得赔款而制造保险事故。

尽管损失补偿原则是保险合同在订立和履行过程中应遵循的基本原则，但在一些保险业务中，损失补偿原则也存在一些例外。

（1）**人身保险方面的例外**。在人身保险特别是人寿保险中，保险人一般是当合同约定的保险事件发生或合同期满时，按合同约定的金额给付保险金，并不和被保险人或保险受益人是否发生或者发生了多少经济损失相关。另外，健康保险中的重大疾病保险也是当被保险人发生了合同约定的某种疾病时，保险人按照事先约定的金额给付保险金，也和被保险人是否产生以及产生了多少医疗费用无关。因此，损失补偿原则一般并不适用于人身保险。但在根据实际产生的医疗费用进行补偿的医疗费用保险中，仍然需要严格遵循损失补偿原则。

（2）**定值保险中的例外**。财产保险中有时会采取定值保险的方式，一旦发生保险事故，合同中约定的保险价值就成为保险人支付保险赔偿的依据。如果保险标的物全部损失，则无论其实际价值如何，保险人均应支付全部保险金额；如果保险标的物部分损失，则需要确定损失比例，并按该比例支付保险赔偿金，同样无须对保险标的实际价值进行估算。因此，在根据定值保险合同理赔时，可能发生赔偿金额和标的物实际损失不一致的情形。

（3）**重置价值保险中的例外**。财产保险中还经常采用重置价值保险合同，同样可能会发生保险赔付和实际损失不一致的情形。比如，在飞机保险中，就时常采用重置价值保险。一旦飞机发生事故完全损毁，保险人会按照重新购置一架相同的飞机所需要的价格（通常就是飞机原来的购买价格，而不考虑折旧）支付保险赔款。因此，对航空公司来说，通过保险赔款可能获得了超过其实际损失（实际损失应该是飞机的购买价格减去折旧）的收益。但从保险存在的目的是帮助被保险人通过获得对损失的及时而充分的补偿而迅速恢复生产和生活来看，重置价值保险尽管在某种程度上有悖于保险的损失补偿原则，但其对被保险人的损失进行充分补偿的核心并没有变，因而在保险实践中仍然得到了各方的认可。

3. 损失补偿原则的例子

例 1. 某幢建筑物的投保金额为 100 万元，因火灾而遭受全损，保险公司聘请房产估价人估计其重置价值为 150 万元，折旧为 60 万元，即实际价值为 90 万元。

（1）如果保险赔偿以实际价值为限，则保险人应赔偿 90 万元。

（2）如果保险赔偿以保险金额为限，则保险人最多赔偿 100 万元（即使损失的实际价值超过 100 万元时，保险人也只赔付 100 万元）。

（3）假设投保人为获得贷款而将该建筑物抵押给了银行，且损失发生时仍有 60 万元未偿还贷款，则银行作为受押人可以获得 60 万元的保险赔款。

例 2. 2003 年 9 月，原告为其子投保了某保险公司的学生、幼儿意外伤害保险，并附加了意外伤害医疗及住院医疗保险。在保险期间，其子在院中玩耍时被一辆小轿车撞伤，产生医疗费用 1 万多元，该医疗费用全部由汽车司机给予了赔偿。原告虽然已获得了赔偿，但想起其子还投保了意外伤害医疗保险，遂以其子受伤住院治疗为由，向保险公司申请理赔，但遭到了保险公司拒赔。保险公司拒赔的理由是，经调查核实，住院治疗费用已经得到了补偿，投保人并无实际损失，所以保险公司无须再承担赔偿责任。在与保险公司协商未果的情况下，原告向人民法院提起诉讼，要求保险公司依保险合同承担给付保险金的责任，赔偿原告产生的全部医疗费用。

一审法院经审理作出判决：本案所涉保险属医疗费用类保险，应当适用损失补偿原则。由于撞伤原告儿子的汽车驾驶员已经赔偿了原告发生的全部医疗费用，故原告所受损失已经获得了赔偿，保险人不应再负赔偿责任，否则将使同一保险标的损失获得双重或者多于实际损失的补偿。

4.3.2 最大诚信原则

最大诚信原则（principle of utmost good faith）是民法中的诚信原则[①]在保险活动中的体现，要求保险活动当事人要向对方充分而准确地告知和保险相关的重要事实。由于保险活动存在信息不对称问题，对当事人诚信的要求要高于一般民事活动，因而在“诚信”前面又加了“最大”两个字。在保险实践中，最大诚信原则中“最大”两字的分量体现为，对违背这一原则的当事方会给予更严厉的惩罚。

1. 最大诚信原则的基本概念

最大诚信原则是指，保险合同的双方当事人在合同的订立和履行全过程中，应向对方充分而准确地告知足以影响对方作出订约和履约决定的全部实质性重要事实，不允许存在任何虚伪、欺骗和隐瞒的行为，同时绝对信守合同中的约定与承诺；否则，受到损害的一

① 我国《民法典》第七条规定：“民事主体从事民事活动，应当遵循诚信原则，秉持诚实，恪守承诺。”

方可以以此为理由宣布合同无效或不履行合同约定的义务或责任。

最大诚信原则是现代保险法的基本原则之一，起源于海上保险，在早期主要是用来约束投保人或被保险人一方的。在海上保险中，投保人投保时作为保险标的的船舶或者货物经常已在海上或在其他港口，真实情况如何，在当时的条件下只能依赖于投保人的告知。保险人只能根据投保人的告知决定是否承保及评估保险风险，确定保险费率。因此投保人或被保险人告知的真实性对保险人来说有重大的影响，因而要求其必须遵守最大诚信原则。该原则在 1906 年英国颁布的《海上保险法》中首先得到确定。该法第 17 条规定："海上保险是建立在最大诚信原则基础上的契约，如果任何一方不遵守最大诚信原则，他方可以宣告契约无效。"此后，各国相继效仿，均在其保险法中作了相应的规定，要求保险合同的当事人不但要遵循诚实信用原则，而且还要做到最大诚信。

2. 最大诚信原则的主要内容

具体来看，最大诚信原则包含三个方面的内容。

1）如实告知

在保险合同订立前、订立时及合同有效期内，投保人要对已知或应知的危险和与标的有关的实质性重要事实向保险人作口头或书面申报；保险人也应将与投保人利害相关的实质性重要事实据实告知投保人。

2）保证

保证是指投保人或被保险人在保险期限内保证做或保证不做某事，或者保证某种状态存在或不存在。保证分为明示保证和默示保证。

（1）**明示保证**。以书面形式载明于保险合同中，是以"被保险人义务"条款表达的一类保证事项。

（2）**默示保证**。虽未以条款形式列明，但是按照行业或国际惯例、有关法规以及社会公认的准则，投保人或被保险人应作为或不作为的事项。例如，在海上保险中，船舶的适航性、不变更航程、航程具有合法性等都属于默示保证。

3）弃权和禁止反言

弃权是指保险合同一方当事人放弃其在保险合同中可以主张的权利，分为明示弃权和默示弃权，其中明示弃权可以采用书面或口头形式，通常是指保险人放弃合同解除权和抗辩权。

禁止反言是指保险人放弃某项权利后，不得再向投保人或被保险人主张此项权利，因此这一原则在实践中主要是用于约束保险人。例如，在一些健康保险保单中都有所谓"既存症"条款，即将保险人以被保险人在投保时已经存在的病症未向保险人如实告知为由解除保险合同的时间限定在保单生效后两年之内。如果保险人在两年内没有行使这一权利，即意味着保险人放弃了这一权利，日后就不能再以被保险人在投保时未向保险人如实告知为由解除合同或不履行赔付责任。

3. 理解最大诚信原则的典型案例

例 3. 某人于 1979 年在曼谷以 65 000 美元购买了 222 件古代石雕像和青铜雕像，在新加坡以估价 3000 万美元向伦敦的承保人投保了去荷兰的货运险。货物装运前，承保人对货物进行了检查，认为投保人对货物的估价过高，存在虚报事实现象，因此取消了保单。1982 年，这个人从美国的一家保险公司获得了货运保险单，货物装上了船。途中，运输货物的船触礁沉没，货物全损。投保人遂向承保人提出索赔。承保人经调查后宣布该保单无效，理由是投保人对货物的一系列事实做了错误申报，特别是隐瞒了以前保险单曾被取消一事，并要求法院作出裁决。法庭认为，最大诚信原则是海商法中的既定准则，于是作出了有利于承保人的判决。

例 4. 2000 年 5 月，某公司 42 岁的业务主管王某因患胃癌（亲属因害怕其情绪波动，未将真实病情告诉本人）住院治疗，手术后出院并正常参加工作。8 月 24 日，王某经同事推荐，与其一同到保险公司投保了人寿保险。王某在填写投保单时并没有申报身患癌症的事实，也没有对最近是否住过院及做过手术进行如实说明。2001 年 7 月，王某病情加重，经医治无效死亡。王某的妻子以指定受益人的身份，到保险公司请求给付保险金。保险公司在审查提交的有关证明时，发现王某的死亡病史上载明其曾患癌症并动过手术，于是拒绝给付保险金。王妻以丈夫不知自己患何种病并未违反告知义务为由抗辩，双方因此发生了纠纷①。

4.3.3 可保利益原则

1. 可保利益原则的概念

可保利益原则（principle of insurable interest）是指投保人必须以其具有可保利益的标的投保，否则，保险人可单方面宣布合同无效。

可保利益又称为保险利益，是指投保人或被保险人对保险标的具有的法律上承认的利益，主要是经济利益，也就是说，如果保险事故的发生使保险标的遭受损失，投保人或被保险人会因此遭受经济上的损失；如果保险事故没有发生或保险标的没有遭受损失，投保人或被保险人的经济利益也不会遭受损失。

2. 可保利益原则的意义

可保利益原则在保险实务中具有以下几方面的意义。

1）可以防止将保险变为赌博

保险不是赌博，区分保险和赌博的界限就是投保人或被保险人对投保的标的所拥有的可保利益。如果投保人或被保险人在没有可保利益的情况下与保险人签订合同，以他人的生命财产作为保险标的，这就是一种“赌博”行为了。如果法律不对利用保险合同进行赌博加以限制，任何对保险标的没有利害关系的人都可以通过保险标的的损失而获得赔偿，这不仅背离了保险的宗旨，而且也将使保险成为世界上最大的赌场。可保利益原则的确立，要求投保人或被保险人必须对保险标的具有可保利益，从根本上避免了将保险变为赌博的行为。

专栏阅读

保险与赌博

2）可以防止投保人或被保险人的道德风险

如果不规定保险必须具有可保利益，则保险可能会起到纵容投保人或被保险人的道德

① 本例主要是说明如果没有做到如实告知会引起的纠纷。最后判决结果是，法庭认为王某应该对其所患疾病及其严重性（做过手术）有所了解，并应主动告知保险人，因而没有支持王某妻子的主张。

风险行为的作用。有了可保利益原则，在保险事故发生时，保险赔款的支付会以投保人或被保险人对保险标的拥有的合法利益关系为前提，保险标的的损失或灭失只能给投保人或被保险人带来损失，不会带来好处，这样便可有效地防止道德风险行为的发生。

3）可以限定保险补偿的程度，体现保险的损失补偿原则

当保险标的发生损失时，保险人只能按照损失发生时投保人或被保险人对保险标的具有的保险利益进行赔偿，即被保险人可以获得的赔偿金，不能超过其对保险标的所具有的可保利益，否则就违背了保险的损失补偿原则，并会诱发道德风险。所以，可保利益也成为保险补偿的最高限额。

3. 理解可保利益原则的例子

例 5. 2002 年 5 月，孙某和王某共同出资购得卡车一辆，其中孙某出资 3 万元，王某出资 5 万元。孙某负责卡车驾驶，王某负责联系业务，所得利润按双方出资比例分配。保险公司业务员赵某得知孙某购车后，多次向其推销车辆保险。在赵某多次劝说下，孙某同意投保车损险和第三者责任险。随后，保险公司向孙某签发了保单，孙某为投保人和被保险人。

2002 年 10 月，孙某驾车与他人车辆相撞，卡车全部毁损，孙某当场死亡。事发后，王某从赵某处了解到孙某曾向保险公司投保，于是与孙某家人一起向保险公司提出索赔。保险公司认为，根据保单，孙某系投保人与被保险人，保险公司只能向孙某赔付。王某不是保险合同当事人，无权要求保险公司赔偿。并且，因投保车辆属孙某与王某共有，孙某仅对其出资额部分享有保险利益，故保险公司只能赔偿孙某出资额部分的赔款。王某与孙某家人均表示不能接受，遂向人民法院起诉。

例 6. 1986 年 6 月 3 日，某市职工王某将其私人住房投保了家庭财产保险，保险金额为 5000 元，保险期限为 1 年。同年 11 月 25 日，王某将该房屋卖给了李某，并把保单一起进行了转让，房屋卖价中包含了保险费一项。次年 4 月 1 日，该房屋发生火灾，损失金额为 3500 元。李某向保险公司提出索赔，被保险公司拒绝。保险公司拒赔的理由是：首先，财产保险合同的成立是以被保险人对投保财产具有可保利益为条件的。被保险人王某将房屋售出后已失去了可保利益，该保险合同自动失效。其次，除货物运输保险单以外的其他财产保险单不能随保险财产的出售而自动转让，应该先通知保险公司，经保险公司同意更改被保险人后，保险单才会继续有效。既然李某不是被保险人，他也就无权索赔。本案实质上说明了财产保险中可保利益与合同效力的关系，也说明了一些保户缺乏基本的保险知识。

4.3.4　近因原则

1. 近因原则的概念

近因是指导致保险标的损失的最直接、最有效、起决定作用的原因，而不是指时间上或空间上最接近的原因。

近因原则（principle of proximate cause）是判定损失发生原因和确定责任归属时应遵循的一项重要原则，具体内容是，若引起保险事故发生、造成保险标的损失的近因属于保险责任，则保险人就应承担赔偿（或给付）责任；若近因属于除外责任，则保险人不负赔偿（或给付）责任。

2. 近因原则在实践中的运用

近因原则从概念上说似乎没有什么难以理解和存在争议的地方，然而在实践中，由于导致标的物发生损失的原因可能是多方面的，在发生的时间上也有所不同，判断哪些原因是导致损失发生的近因实际上并不容易，下面分多个情形进行讨论。

1）单一原因造成的损失

如果造成保险标的损失的原因只有一个，那么这个原因就是近因，处理起来相对简单。如果这个近因属于保险责任，保险人就要赔付；否则，保险人可以不赔付。

2）多种原因同时发生造成的损失

多种原因同时发生且无法分清先后的情况下造成了保险标的的损失，原则上多种原因都属于近因。在确定赔付责任时，如果多种原因均属于保险责任，则保险人负责全部赔付；如果多种原因中有部分原因属于保险责任，且能够区分出每种原因造成的损失比例，则保险人按比例进行赔付；若不能区分各原因造成损失的比例，则保险人可与投保人协商确定赔付比例。

3）连续发生多种原因造成的损失

当两种以上依次发生的原因导致保险标的受到损失时，前面的原因（即诱因）是否构成“近因”应根据各原因之间是否存在因果关系及其性质来确定。

如果各原因之间不存在因果关系，则前面的原因（即诱因）不构成“近因”。例如，船舶因大雾偏离航线而搁浅受损，近因是大雾导致船舶搁浅，超载和不适航与大雾没有因果关系，因而不构成近因。

如果各原因之间存在因果关系，则应判断因果关系的性质。

（1）不存在必然因果关系的不构成“近因”。例如，保险车辆遭受暴雨浸泡导致气缸进水，强行启动导致发动机受损，近因是强行启动发动机，暴雨并不会必然导致发动机受损，因而不是近因。

（2）存在必然因果关系的构成“近因”。例如，被保险人打猎时从树上掉下来受伤，爬到公路边等待救援时因夜间气温下降而染上肺炎后死亡，肺炎是从树上掉下来这一意外事故导致的，因而从树上掉落是导致死亡的近因。

（3）是否存在必然因果关系存在争议时，取决于仲裁或法庭的裁量。例如，投保人被车辆碰擦，送往医院后不治身亡，死亡原因是心肌梗死，而车祸是否是心肌梗死的诱因进而构成死亡的近因，取决于仲裁或法庭的裁量。

3. 理解近因原则的案例

例 7. 下面是一个有助于理解近因原则在实践中应用的案例。

1）案例过程

某被保险人投保了人身意外伤害保险。一天，该被保险人因支气管发炎去医院求治。医院按照医疗操作规程，先为其进行了青霉素皮试，结果呈阴性。然后按医生规定的药物剂量为其注射了青霉素。两天后，该被保险人发生过敏反应，虽经医院全力抢救，但医治无效死亡。医院出具的死亡证明是：迟发性青霉素过敏。被保险人的受益人持医院证明及保险合同向保险人提出索赔申请。

保险人接到受益人的申请后，内部产生了两种不同意见。一种意见是被保险人是在接受疾病治疗过程中死亡的，不属于“意外伤害”的范畴。由于被保险人投保的是人身意外伤害险，并非普通人寿保险[①]，因此保险人不应承担给付保险金的责任。另一种意见是，尽管被保险人是在治疗疾病过程中死亡的，但由于迟发性青霉素过敏对于医院和被保险人来说均属意外事件，尤其对于具有过敏体质的人来说，不能认为身体仅对某种物质过敏就认定是次健康体。因此，青霉素过敏导致死亡，可以比照中毒死亡处理，而不能认为是疾病导致死亡。既然如此，排除了被保险人因疾病死亡的可能性，就只能视为意外死亡。所以保险人应按照人身意外伤害险保险合同的规定，履行给付保险金的义务。

2）案例分析

一般认为后一种意见比较合理。首先，就“意外伤害”的定义而言，是指由于外来的、突发的、非本意的、非疾病的客观事件使身体受到的伤害。对于该被保险人来说，医院按照医疗规程为其注射青霉素，可认为是外来的物质，具有“外来性”的因素。因皮试反应正常，被保险人于接受治疗两天后突发过敏反应，不仅被保险人自己难以预料，医院也是在被保险人发生过敏反应后才知道的。尽管医院方知道人群中会有部分人发生青霉素过敏反应，但究竟何人发生、何时发生，尤其是首次使用青霉素药物并产生迟发性青霉素过敏反应的人，对于医院方来说也是个未知数。因此，该事件对于被保险人来说是具有“突然性”的因素。被保险人去医院接受治疗的目的是医治支气管炎症，没有料到会因青霉素过敏反应导致身亡，显然，出现过敏和死亡是被保险人“非本意”的结果。综合上述三个方面的因素分析，被保险人的死亡应完全符合“意外伤害”的定义。

专栏阅读

莱兰航运有限公司诉诺维奇联合火灾保险协会案

其次，就“意外伤害”的因果关系而言，只有当意外伤害与死亡或残疾之间存在因果关系，即意外伤害是死亡或残疾的直接原因或近因时，才构成意外伤害保险的保险责任。本案中，如果被保险人当初使用的不是青霉素而是其他药物，很可能既医治好了支气管炎又平安无事。但由于被保险人不知道自己对青霉素过敏，而且医院方也认为可以正常使用青霉素，在这种前提下发生了悲剧。很显然，青霉素过敏反应是导致被保险人死亡的直接原因，也是意外伤害的原因。而且，中国医疗卫生部门至今并没有确认对某种物质具有过敏反应是一种疾病。既然青霉素过敏反应不是疾病，通过排除法可以得出结论：被保险人的死亡不是自杀，也不是他杀，也不属于疾病死亡，也不是医院方的医疗责任事故，更不是自然死亡，那么便只有意外死亡。因此，被保险人因青霉素过敏死亡，符合“意外伤害”的因果关系。

4.3.5 代位原则

1. 代位原则的概念

代位是指保险人取代投保人或被保险人获得追偿权或对保险标的的所有权。**代位原则**（principle of subrogation）是指保险人在依法或合同约定对被保险人所遭受的损失进行赔偿后，依法取得向对财产损失负有责任的第三方进行追偿的权利或取得保险标的的所有权。

① 因意外原因或疾病导致死亡的保险。

代位原则是从补偿原则中派生出来的，只适用于财产保险。在财产保险中，当保险事故的发生是由第三者造成并负有赔偿责任时，被保险人既可以根据法律有关规定向第三者要求赔偿损失，也可以根据保险合同要求保险人支付赔款。如果被保险人首先要求保险人给予赔偿，则保险人在支付了赔款以后，有权在保险已经赔偿的范围内向第三者追偿，而被保险人应把向第三者要求赔偿的权利转让给保险人，并协助保险人向第三者进行追偿。如果被保险人已经向第三者请求赔偿并获得了损失赔偿，就不能再向保险人索赔。

根据代位的形式，可分为代位求偿和物上代位。

1）代位求偿

当保险标的遭受保险责任事故造成的损失依法应由第三者承担赔偿责任时，保险人自支付保险赔偿金后，在赔偿金额的限度内，相应取得对第三者请求赔偿的权利。

2）物上代位（又称委付）

保险标的遭受保险责任事故，发生全损或推定全损时，保险人在全额支付了保险赔偿金后，即拥有了对保险标的的所有权。例如，当保险船舶或货物发生全损或推定全损时①，被保险人自愿放弃保险标的的所有权并将一切权益转让给保险人，由保险人按保险金额赔偿被保险人的行为即为委付。

2. 代位原则的意义

1）为被保险人提供及时的损失补偿

代位求偿可以使受到损失的被保险人及时从保险人那里获得赔偿，这对维护被保险人财务状况的稳定、及时恢复正常生产或生活状态具有重要意义，也更加体现了保险存在的价值。

2）有助于降低保险的价格

代位求偿还可以降低财产保险的价格，因为投保人不必为行使向第三方索赔的权利而支付费用。一般来说，由保险人向第三方追偿的法律成本要低于受损方直接向致害方索赔的成本。

3）有助于减少道德风险

如果造成损失的事故发生后，人们可以从不同的来源得到补偿，就可能产生道德风险问题。如果没有代位的约定，人们就有可能由于保险提供的损失赔付和另一方依法应承担的赔付而获得双倍的赔偿，而代位原则正是防止了这种情形的发生，从而有助于减少道德风险。

4.3.6 重复保险的损失分摊原则

1. 概念

重复保险的**分摊原则**（principle of contribution）是指，如果投保人为同一标的物在不同保险人那里进行了投保，当保险事故发生时，通过采用在各相关保险人之间分摊赔偿责任的方式，使被保险人既能得到充分补偿，又不会获得超过其实际损失的额外利益。

2. 重复保险的损失分摊方式

重复保险的损失分摊方式主要有以下几种。

① 推定全损是与实际全损相对而言的，当保险船舶或货物尚未达到全部灭失的程度，但已无法恢复，或者恢复费用将达到或超过保险价值时，这种损失可被视为推定全损。

（1）比例责任分摊方式：将各保险人的保险金额加总，求出每个保险人应分摊的比例，然后按该比例分摊损失金额。这是一种最常见的损失分摊方式，参与这种损失分摊方式承保的保险人，也是按照各自在全部保险金额中承担的比例来收取保险费的。

（2）限额责任分摊方式：按各保险人赔偿限额的总和确定各保险人的分摊比例，然后按该比例分摊损失金额。

（3）顺序责任分摊方式：由先出单的保险人首先负责赔偿，后面的保险人只有在前面的保险人的赔付超过了其保险金额时，才依次承担超出部分。

例 8. 某投保人分别与甲、乙、丙三家保险公司签订火灾保险合同，三家公司承保的金额分别为 50 000 元、100 000 元和 150 000 元。当某次火灾损失为 100 000 元时，各公司的赔偿额如下：

按比例责任：根据总保险金额为 50 000+100 000+150 000=300 000（元）可知，甲、乙、丙公司各自应承担的赔偿比例分别为

$$\frac{50\,000}{300\,000}=0.1667,\quad \frac{100\,000}{300\,000}=0.3333,\quad \frac{150\,000}{300\,000}=0.5$$

故甲、乙、丙公司各自应承担的赔付额分别为

$$\text{甲公司}=0.1667\times 100\,000=16\,670(\text{元})$$
$$\text{乙公司}=0.3333\times 100\,000=33\,330(\text{元})$$
$$\text{丙公司}=0.5\times 100\,000=50\,000(\text{元})$$

按限额责任：甲、乙、丙公司在该次火灾中的赔偿限额分别为 50 000 元、100 000 元、100 000 元，合计为 250 000 元。各公司赔偿限额占总赔偿限额的比例分别为

$$\frac{50\,000}{250\,000}=0.2,\quad \frac{100\,000}{250\,000}=0.4,\quad \frac{100\,000}{250\,000}=0.4$$

故甲、乙、丙公司各自应承担的赔付额分别为

$$\text{甲公司}=0.2\times 100\,000=20\,000(\text{元})$$
$$\text{乙公司}=0.4\times 100\,000=40\,000(\text{元})$$
$$\text{丙公司}=0.4\times 100\,000=40\,000(\text{元})$$

按顺序责任：假设赔偿的顺序依次为甲公司、乙公司、丙公司，故先由甲公司在其责任限额内赔付，应赔付 50 000 元；接下来由乙公司在其责任限额内赔付损失超过甲公司限额的部分，故乙公司应赔付 50 000 元。由于所有损失在甲、乙两公司的责任限额内已经获得了全额赔付，故丙公司不用再进行任何赔付。

	按比例责任	按限额责任	按顺序责任
甲公司	16 670	20 000	50 000
乙公司	33 330	40 000	50 000
丙公司	50 000	40 000	0

3. 重复保险的损失分摊原则的意义

1）可以使投保人获得更充分的保障

从投保人的角度看，由于其可以为需要保险的标的物选择多家保险人，因而可以在保险人的承保能力、价格、服务水平等方面进行选择。当某个保险人因某些原因难以为投保人提供充分保障时，投保人仍可选择其他的保险人。

2）可以减轻保险人的承保负担

从保险人角度看，可以由多个保险人为同一标的承保，因此当需要承保的金额较高时，如一个重大工程项目可能需要数百亿以上的保险金额，任何一个保险人都难以单独提供承保。此时，通常由多个保险人共同提供承保，这样就减轻了每个保险人的承保压力，更重要的是每个保险人承保责任的减少使其承保成为可能。

3）有助于减少道德风险

比例分摊条款和超额分摊条款也防止了被保险人从不同保单中得到超出损失的重复赔付。

4.4 保险合同的签订和履行

4.4.1 合同的订立

有效的保险合同必须满足以下条件。

1. 要约与承诺

保险合同必须建立在要约与承诺的基础上，即一方提出要约，另一方以相同条件接受要约。

（1）**要约**（offer）是以缔结合同为目的，希望对方当事人予以承诺的意思表示。在订立保险合同的过程中，一般先由投保人向保险人提出要约，即提出投保申请。投保人首先对自己面临的风险以及所需要的风险保障进行评估，然后结合自身的财务计划安排向保险人明确要投保的险种，并以填写投保单的方式向保险人提出投保申请。

（2）**承诺**（acceptance）是指受要约人在收到要约后，对要约的全部内容表示同意并作出愿意订立合同的意思表示。在投保人提出投保申请后，保险人通过对投保单的审核，对保险标的的查勘以及对投保人的询问，确定承保的具体条件，对投保人作出承保的承诺，保险合同正式成立。保险人作出承诺的表示方式有以下几种。

（1）在投保单上签章。

（2）向投保人出具保险费收据。

（3）向投保人出具保险单或暂保单等保险凭证。

（4）以其他书面形式表示同意承保。

2. 有价值的对价

对价（consideration）是指合同一方作为交换给予另一方的有价值物品、服务或承诺。换言之，对价是指双方承担的义务是对等的。在订立保险合同过程中，投保人的对价是支付保费和同意遵守合同的规定；保险人的对价是承诺当被保险人发生承保损失时按合同规定履行赔偿或给付义务。

3. 当事人的法定资格

保险合同的当事人必须具有订立合同的民事权利能力和民事行为能力。从投保人方面看，法人一般都具有民事行为能力；自然人中的成年人大多也具有民事行为能力，但精神病患者、限制民事行为能力人等通常不具有订约资格，未成年人一般也没有订约资格。从保险人方面看，一般是具有保险业务经营资格的法人。

4. 合同必须合法

保险合同的合法性是指保险合同必须涉及合法的保险标的。例如，承保非法获得或违禁走私物品的保险合同无效；承保责任明显违反公共利益的保险合同无效；可能产生鼓励投保人或被保险人错误行为后果的保险合同也无效。此外，保险合同的目的还应不违反公共政策，以及应与社会普遍认同的公序良俗相一致。

4.4.2 合同的履行

保险合同履行是指保险合同当事人依法完成合同约定权利与义务的行为。

1. 投保人（被保险人）权利义务的履行

1）如实告知的义务

如实告知是指投保人在订立保险合同时，应将与保险标的有关的重要事实以口头或书面形式向保险人作真实陈述。所谓重要事实是指会对保险人决定是否承保及承保条件产生影响的事实。如实告知是投保人必须履行的基本义务，也是实现其权利的必要条件。

2）缴纳保费的义务

缴纳保费是投保人基本的义务，也是保险合同生效的必要条件。

3）及时通知的义务

当保险事故发生后，投保人或被保险人应及时通知保险人，目的在于使保险人得以迅速调查事故真相，不致因拖延时日而使证据灭失，影响责任的确定；便于保险人及时采取措施，协助被保险人抢救被保险财产，处理保险事故，使损失不致扩大；使保险人有准备赔偿或给付保险金的必要时间。履行保险事故发生通知义务是被保险人或受益人获得赔偿或给付的必要程序。

通知义务还包括当保险标的的危险程度出现明显变化，特别是增加时，应及时通知保险人，以便保险人根据保险标的危险增加的程度决定是否提高保费或是否继续承保。

4）防损减损的义务

保险合同订立后，投保人或被保险人应当努力维护保险标的的安全，采取必要的防损减损措施。例如，在财产保险方面，被保险人应遵守国家有关消防、安全、生产操作、劳动保护等方面的规定，维护保险标的的安全。保险人有权对保险标的的安全状况进行检查，并建议和协助被保险人对保险标的采取安全防范措施。

当保险事故发生时，被保险人有责任尽力采取必要措施防止或减少损失。为鼓励投保人、被保险人积极履行施救义务，保险合同通常会约定被保险人为防止或减少保险标的的损失而支付的必要、合理的费用，由保险人承担。

5）提供单证的义务

保险事故发生后，向保险人提供索赔需要的相关单证是投保人、被保险人或受益人的一项法定义务。索赔需要的相关单证是指与确认保险事故的性质、原因、损失程度等有关的证明和资料，包括保险单、批单、检验报告、证明材料等。

2. 保险人权利义务的履行

1）承担保险责任的义务

承担保险责任是保险人依照法律规定和合同约定所应承担的最重要、最基本的义务。

保险人承担保险责任的范围包括以下几方面。

（1）支付保险金。财产保险合同中，支付的保险金根据保险标的的实际损失确定，但最高不得超过合同约定的保险标的的保险价值或保险金额。人身保险合同中，即为合同约定的保险金额。

（2）承担施救费用。保险事故发生后，被保险人为防止或者减少保险标的的损失所支付的必要、合理的费用，应由保险人承担，承担的数额在保险标的赔偿金额以外另行计算，但不超过约定的保险金额。

（3）承担争议处理费用。争议处理费用是指责任保险中被保险人因给第三方造成损害的保险事故而被提起仲裁或诉讼时应由被保险人支付的费用，根据有关法律规定，也由保险人承担。

2）合同条款的说明义务

保险人承担条款说明义务的原因是，保险人因其从事保险业经营而熟悉保险业务，精通保险合同条款，并且保险合同条款大多是由保险人制定的，而投保人则受专业知识限制，对保险业务和保险合同条款不甚熟悉，加之对合同条款内容的理解亦可能存在偏差、误解，均可能导致被保险人、受益人在保险事故或事件发生后，得不到预期的保险保障。

我国《保险法》第十七条规定："订立保险合同，采用保险人提供的格式条款的，保险人向投保人提供的投保单应当附格式条款，保险人应当向投保人说明合同的内容。"

保险合同中与投保人、被保险人或受益人利益相关的一类重要条款是免责条款，即保险人在什么情况下、对什么样的损失不负赔偿责任，这方面也是最容易出现纠纷的地方。因此，我国《保险法》第十七条规定："对保险合同中免除保险人责任的条款，保险人在订立合同时应当在投保单、保险单或者其他保险凭证上作出足以引起投保人注意的提示，并对该条款的内容以书面或者口头形式向投保人作出明确说明；未作提示或者明确说明的，该条款不产生效力。"

3）及时签发保单的义务

保险合同成立后，保险人应当及时向投保人签发保险单或其他保险凭证，这是保险人的法定义务。保险单证（保险单或其他保险凭证）是保险合同成立的证明，是履行保险合同的依据。

4）为投保人、被保险人保密的义务

保险人在办理保险业务中，对投保人、被保险人的业务、财产情况、个人信息等负有保密义务。

4.4.3 合同的变更

保险合同的变更是指在保险合同有效期内，投保人和保险人经协商同意，通过签发批单变更合同内容的行为。

1. 合同主体的变更

保险合同的主体包括保险当事人及保险关系人。保险当事人包括保险人和投保人；保险关系人包括被保险人和受益人。不同合同主体的变更涉及的程序会有所不同。

投保人的变更属于合同转让或保单转让，如在转移财产所有权或经营管理权的同时可以将保险合同一并转让给新的财产受让人，做法是应将保险标的的转让通知保险人，保险人同意继续承保后，即可依法变更保险合同的投保人。由于在财产保险中，投保人通常就是被保险人，所以投保人的变更也就是被保险人的变更，并且被保险人的变更只能发生在财产保险合同中。在人身保险合同中，保险标的即为被保险人的生命或身体，因而不能变更被保险人。

被保险人或投保人可以变更受益人，并书面通知保险人。投保人变更受益人时须经被保险人同意。

2. 合同客体的变更

保险合同的客体是保险利益，保险利益为投保人或被保险人所有，其变更要么是投保人或被保险人的变更所致，要么是因为投保人或被保险人对保险标的拥有的保险利益发生了变化。例如，当保险标的的所有权发生转移时，投保人或被保险人不再拥有保险利益了，因而需要更改投保人或被保险人；当与保险标的相关的某些权利，如所有权、受益权、利益分配权等发生变化时，投保人或被保险人在保险标的上的保险利益也会随之发生变化，也需要对合同作出必要的更改。

3. 合同内容的变更

保险合同内容的变更是指保险合同主体享受的权利和承担的义务的变更，表现为合同条款及事项的变更。投保人和保险人均有变更保险合同内容的权利。保险人变更保险合同内容主要是修订保险条款。但由于保险合同的保障性和附合性特征，实践中一般不允许保险人擅自对已经成立的保险合同条款作出修订。因此，保险合同内容的变更主要由投保人一方引起，具体包括以下方面。

（1）保险标的的数量、价值增减而引起的保险金额的增减。

（2）保险标的的种类、存放地点、占用性质、航程和航期等的变更引起风险程度的变化，从而导致保险费率的调整。

（3）保险期限的变更。

（4）人寿保险合同中被保险人职业、居住地点的变化等。

4. 合同效力的变更

保险合同效力的变更主要是指保险合同效力的中止及复效。合同效力中止是指，当合同约定分期支付保险费而投保人超过规定期限（如 60 日）未支付当期保险费的，合同效力中止或者由保险人按照合同约定的条件减少保险金额。合同复效是指合同效力中止后，经保险人与投保人协商并达成协议，在投保人补交保险费后，合同效力可以恢复。这类变更主要发生在人身保险合同中。

4.4.4 争议处理

4.4.4.1 争议处理方式

保险合同争议处理方式主要有三种：协商、仲裁和诉讼。

1. 协商

协商是指合同双方在自愿、互谅、实事求是的基础上，对出现的争议经过沟通、友好磋商，消除纠纷，对所争议问题达成一致意见，自行解决争议。协商解决争议不仅可以节约时间和费用，更重要的是可以在协商过程中增进相互了解，强化互相信任，并继续执行合同。

2. 仲裁

仲裁是指由纠纷双方当事人指定的没有直接利害关系的第三方仲裁机构对发生的争执、纠纷进行居中调解，并作出裁决。仲裁实行“一裁终局”制，即仲裁机构作出的裁决具有法律效力，当事人必须执行。申请仲裁必须以纠纷双方在自愿基础上达成的仲裁协议为前提。

3. 诉讼

诉讼指合同双方将争议诉至法庭，由法庭依法定程序解决争议、进行裁决的方式。我国对保险合同纠纷诉讼案件与其他诉讼案件一样，实行两审终审制，第二审判决为最终判决。一经终审判决，立即发生法律效力，当事人必须执行，否则法院有权强制执行。

4.4.4.2 保险合同的解释原则

当保险合同在履行过程中发生争议时，无论是通过协商、仲裁，还是诉讼，都会涉及对保险合同中有关条款如何进行解释的问题。

由于保险合同通常是附和性合同，包含很多专业技术术语，投保人只能选择接受或拒绝，一般没有机会也没有能力商议变更；而保险人在拟定合同条款时，对可能引起的纠纷具有丰富的经验和专业知识，因而会尽量考虑将自己可能面临的任何不愿承担的风险和责任用相关合同条款予以规避。基于上述原因，在处理保险纠纷的实践中，仲裁机构、法庭等通常会根据对投保人有利的原则去解释保险合同①。

1. 有利于投保人的原则

有利于投保人原则又称**不利于提出人原则**（doctrine of contra proferentem）。由于保险合同通常是由保险人起草的附和性合同，所以法庭和纠纷处理机构通常会把任何含糊的保单词句按有利于投保人的意思去解释。当然，这一惯例并不适用于那些保单措辞是经过保险人和被保险人共同谈判协商的大型商业保险保单。

---

① 我国《保险法》第三十条规定：“采用保险人提供的格式条款订立的保险合同，保险人与投保人、被保险人或者受益人对合同条款有争议的，应当按照通常理解予以解释。对合同条款有两种以上解释的，人民法院或者仲裁机构应当作出有利于被保险人和受益人的解释。”

2. 诚信和公平交易的原则（doctrine of good faith and fair dealing）

保险人和投保人之间有一个隐含的诚信与公平交易的“协议”，要求合同的一方应避免伤害另一方。因此，在保险人和投保人或被保险人因索赔发生争执时，应按诚信原则来进行判断，而不能按正常司法原则那样仅基于市场原则去解释合同，因为这样做不足以防止一些保险人拒绝支付索赔或仅支付部分索赔的行为。国际上，一些法庭允许投保人（或第三方）对保险人的非诚信提出指控，并且认为只要保险人的行为与理性投保人或被保险人的预期不符，就是一种非诚信行为。在一些案例中，即使保险人与投保人就有关保单有效性和保险赔付额的争辩是合理的时候，法庭也仍然经常认为保险人一方的行为是非诚信的。

3. 合理预期原则

根据**合理预期原则**（reasonable expectations doctrine），投保人、被保险人和受益人关于保险合同条款的合理预期应该得到支持，即使这样的预期和保单中那些艰涩难懂的条款不一致。也就是说，法庭会遵循理性预期假设。这一假设认为，应该根据一个未经过法律训练的人的理性预期来对保单进行解释。例如，如果一个理性的人预期保单会对某一种损失提供保障，法庭就会要求保险人支付赔偿，尽管可能在合同文字上已经清楚地排除了此类赔付。

有这样一个例子。一个酒店老板由于疏忽把酒卖给了一个后来造成交通事故的人，从而陷入了一项责任索赔案中。这个酒店老板购买了一份标准的商业责任保险合同，但合同中清楚地排除了所有由于销售酒精饮料而造成的索赔。保险人声称被保险人为获得较低的保费而专门购买了这种排除了由于销售酒精饮料而引起的责任的保险，但法院却判定保险人必须支付这项责任赔偿，因为一个酒店老板一般都会理性地预期这项保障应该包括在他购买的责任保险保单内。

例 9. 1998 年 6 月，保险公司业务员王某来到邻居徐二家推销保险，基于对保险公司和王某的信赖，徐二欣然同意为目不识丁的母亲投保了两全保险。徐母经体检合格后，投保人缴纳了保险费 8000 元，保险公司出具了保险单，其后各期保险费投保人均按期缴纳。根据保险条款规定，被保险人在保险期间死亡，保险公司应向受益人支付保险金 30 万元。2002 年 12 月，被保险人因车祸死亡，当投保人向保险公司提出索赔时，保险公司对合同进行审查后发现，被保险人签字一栏中的签名并非被保险人本人所签。依当时的《保险法》第五十六条第一款之规定：“以死亡为给付保险金条件的合同，未经被保险人书面同意并认可保险金额的，合同无效。”保险公司因此拒绝向受益人支付保险金。受益人遂将保险人诉至法院。一审、二审法院均判决原告败诉，而再审法院却进行了改判。处理此案的关键在于对法律条文如何理解。这项规定本意是保护被保险人的利益，防止投保人或受益人为骗取保险金而陷害被保险人。被保险人目不识丁，要求其必须书面同意是强其所难，体检本身就证明其同意参加保险。

专栏阅读

当事人对保险合同中格式条款发生争议的解释原则

本章习题

1. 请解释为什么保险合同被认为是最大诚信合同。
2. 简述损失补偿原则的派生原则并解释为何其为损失补偿原则的派生原则。
3. 简述代位求偿和物上代位有何不同。
4. 保险合同的当事人包括哪些？财产保险合同和人寿保险合同的被保险人在合同中的地位可能有什么不同？
5. 为什么财产保险中不能约定受益人？
6. 请分析暂保单和保险单有何区别，暂保单常用于哪些场景。
7. 保险合同的争议处理方式有哪些？
8. 为何会有“有利于投保人原则”？怎样保证该原则不被滥用？
9. 保险合同的免赔额条款对保险经营有何重要意义？
10. 小李为自己的私家车投保了车辆损失险，在保险期间，小李将车转卖给了朋友小赵，并将该车的保险单也一同转让给了小赵，在转让不久后，车子因为交通事故受损。请问小赵是否能够要求保险公司进行赔偿，为什么？
11. 财产保险与人身保险对可保利益的时效要求有何不同？为什么会有不同的要求？
12. 现在玛丽为她在山中的小屋买了一个木炭炉子。她记得当她原先为其小屋购买房屋保险时保险代理问过她有没有木炭炉子，因为木炭炉子会增加火灾的风险。当时，她据实回答说没有。现在，她必须决定是否告诉她的保险代理有关新炉子的事情。你会建议她怎样告知她的保险代理？请解释。
13. 什么是重复保险？保险人应如何分摊赔款？
14. 试分析为什么要设计共保条款。
15. 某投保人为其价值20万元的财产分别与甲、乙、丙三家保险公司签订了火灾保险合同，三家公司承保的金额分别为5万元、10万元、15万元，其中甲公司保单含有5000元的免赔额，乙公司保单含有85%的共保比例。某次火灾导致了1万元的损失，此时该财产的市值已经升为50万元。请问根据不同损失分摊方式，各公司的赔偿额为多少？
16. 某天台风导致杰克家窗户被打碎，但杰克一家没有及时处理，结果有人从窗子潜入家中偷走了很多贵重财物。请问在这种情况下，保险公司应当如何赔偿？
17. 某果品公司通过铁路运送柑橘，并投保了货物运输综合险。该货物在约定的15天期限内运抵目的地。卸货时发现车门处有明显盗窃痕迹，车门处的保温被撕开长1米、宽0.65米的裂口。清点后发现，共有63篓货物被盗，实收货物中还有170篓被冻损（经查实，该地区近期最低气温为零下18摄氏度）。经查勘，保险公司认为被盗的货物属于货物运输综合险的责任范围，应予赔偿，但冻损不属于责任范围，故拒绝赔偿。试分析保险公司的做法是否合理。

第5章 财产保险

学习要点及目标

- 了解企业财产保险的基本概念和内容
- 了解家庭财产保险的基本概念和内容
- 了解信用保险的基本概念和内容
- 了解保证保险的基本概念和内容，指出保证保险和一般担保的区别
- 了解货物运输保险的基本概念和内容
- 了解海上保险的基本概念和内容、海上货物损失的赔偿方式
- 了解工程保险的基本概念、特点和内容
- 熟悉机动车保险的基本概念和内容，理解建立强制责任保险的意义
- 了解运输工具保险的基本概念和内容
- 了解农业保险的基本概念和内容

核心概念

财产保险　企业财产保险　家庭财产保险　信用保险　保证保险　货物运输保险　海上保险　工程保险　机动车保险　运输工具保险　农业保险

广义的财产保险（property insurance）是以物质财产以及有关的经济利益和损害赔偿责任为保险标的的保险。狭义的财产保险仅指以物质财产为保险标的的保险。我国对财产保险一直采取广义的理解。本章将按保险业通常的划分标准，对财产保险的各主要分支进行简要介绍。

5.1　企业财产保险

企业财产保险是承保企事业单位、机关团体以存放在固定地点的财产为保险标的的保险业务，是财产保险的主要险种之一。

5.1.1　保险标的的范围

保险人可以接受的承保财产通常分为可保财产和特保财产。

1. 可保财产

被保险人的下列财产通常可作为保险标的向保险人投保。

（1）属于被保险人所有，或者与他人共有而由被保险人负责的财产。

（2）由被保险人经营管理或替他人保管的财产。

（3）其他具有法律上承认的与被保险人有经济利害关系的财产。

财产的类别通常包括建筑物及附属设施、室内装修、机器设备、办公用具、家具、产成品及半成品、原材料等。

2. 特保财产（特约保险财产）

有些财产在通常情况下属于不保财产，但如果投保人有保障需求，经和保险人双方约定后，可在保单中载明的保险财产称为特保财产。特保财产通常包括以下方面。

（1）金银、珠宝、钻石、玉器、首饰、古币、古玩、古书、古画、邮票、艺术品、稀有金属等珍贵财物。

（2）堤堰、水闸、铁路、道路、涵洞、桥梁、码头。

（3）矿井、矿坑内的设备和物资。

3. 不保财产

不保财产指保险人在企业财产保险中不予承保的财产，几乎所有的保险人都将下列财产列为不保财产。

（1）土地、矿藏、矿井、矿坑、森林、水产资源，以及未经收割或收割后尚未入库的农作物。

（2）货币、票证、有价证券、文件、账册、图表、技术资料、电脑资料、枪支弹药，以及无法鉴定价值的财产。

（3）违章建筑、危险建筑、非法占用的财产。

（4）在运输过程中的物资。

（5）领取执照并正常运行的机动车。

（6）牲畜、禽类和其他饲养动物。

上述财产不属于保险标的的原因一般来自下面中的一个或多个。

（1）不能用货币衡量其价值的财产或利益。

（2）不是实际的物品。

（3）不符合法律和法规以及政府的政策或行政命令。

（4）不属于企业财产保险范围，但可以通过其他保险获得保障的财产，如运输过程中的物资、机动车辆、农作物及牲畜等。

5.1.2 保险责任和除外责任

我国的保险公司提供的企业财产保险按照保险责任的范围不同，可分为**财产保险基本险、财产保险综合险、财产保险一切险**。

1. 财产保险基本险的责任范围

1）保险责任

保险人承担的赔偿责任包括以下四个方面。

（1）由于火灾、雷击、爆炸、飞行物体及其他空中运行物体坠落等原因造成的保险标的的损失。

（2）被保险人拥有财产所有权的自用的供电、供水、供气设备因保险事故遭受损坏，引起停电、停水、停气，以致造成保险标的的直接损失。

（3）在发生保险事故时，为抢救保险标的或防止灾害蔓延，采取合理的必要的措施而造成保险标的的损失。

（4）保险事故发生后，被保险人为防止或者减少保险标的的损失所支付的必要的合理的费用，由保险人承担。

2）除外责任

在除外责任的规定方面，分别包含除外的损失原因和除外的损失。在除外的损失原因方面，通常包括下列原因造成的损失，保险人不予赔偿。

（1）战争、敌对行为、军事行动、武装冲突、罢工、暴动。

（2）被保险人及其代表的故意行为或纵容所致。

（3）核反应、核辐射和放射性污染。

（4）地震、暴雨、洪水、台风、暴风、龙卷风、雪灾、雹灾、冰凌、泥石流、崖崩、滑坡、水暖管爆裂、抢劫、盗窃。

除外的损失通常包括以下方面。

（1）保险标的遭受保险事故引起的各种间接损失。

（2）保险标的本身缺陷、保管不善导致的损毁，保险标的的变质、霉烂、受潮、虫咬、自然磨损、自然损耗、自燃、烘焙所造成的损失。

（3）行政行为或执法行为所致的损失。

（4）其他不属于保险责任范围内的损失和费用。

财产保险基本险的保险责任相对较少，以承保火灾造成的损失为主，体现了火灾是造成企业财产损失的最主要风险的特点。事实上，现代企业及家庭财产保险最先就是由火灾保险起源的，以至于当今国际上很多历史悠久的财产保险公司的名称中都冠有“火灾”字样。

2. 财产保险综合险的责任范围

尽管财产保险基本险的保险责任包含最重要的火灾风险保障，但几乎不包括任何自然灾害风险给企业财产可能造成的损失。财产保险综合险的保险责任在基本险的基础上，扩展了暴雨、洪水、台风、暴风、龙卷风、雪灾、雹灾、冰凌、泥石流、崖崩、突发性滑坡、地面突然塌陷 12 种原因造成的保险标的的损失，即在基本险保险责任的基础上，扩展了对因主要自然灾害引起的损失予以赔偿的责任。

相应地，在财产保险综合险的除外责任中，将上述 12 种自然灾害风险从除外责任中剔除，其余的除外责任与基本险相同。

3. 财产保险一切险

财产保险一切险是承保财产因自然灾害或意外事故以及由于突然和不可预料的事故造成的损失，除保险条款规定的除外责任外，保险人均负责赔偿。财产保险一切险是在基本险和综合险的基础上发展起来的，最主要的特点是以除外的方式规定了保险责任。

1）保险责任

财产保险一切险的保险责任通常陈述为：在保险有效期内，保险财产在保单注明的地点由于自然灾害及任何突然和不可预料的事故（除除外责任条款规定者外）造成的损坏或灭失，保险人均负责赔偿。

2）除外责任

由于财产保险一切险的保险责任是以除外的方式约定的，因而对除外责任的明确约定就显得非常重要了。财产保险一切险的除外责任一般包括以下方面①。

（1）设计错误、原材料缺陷或工艺不善引起的损失和费用。

（2）自然磨损、内在或潜在缺陷、物质本身变化、自燃、自热、氧化、锈蚀、渗漏、鼠咬、虫蛀、大气（气候或气温）变化、正常水位变化或其他渐变原因造成的损失和费用。

（3）非外力引起机械或电气装置本身的损坏。

（4）锅炉及压力容器爆炸引起其本身的损失。

（5）被保险人及其雇员的操作过失造成机械或电气设备损失。

（6）盘点时发现的短缺。

（7）贬值、丧失市场或使用价值等其他后果损失。

（8）存放在露天或使用芦席、篷布、茅草、油毛毡、塑料膜或尼龙布等做罩棚或覆盖的保险财产因遭受风、霜、严寒、雨、雪、洪水、冰雹、尘土引起的损失。

（9）地震、海啸引起的损失和费用。

（10）固定在建筑物上的玻璃破碎。

（11）被保险人及其代表的故意行为或重大过失引起的任何损失、费用和责任，以及被保险人的亲友或雇员的偷窃。

（12）公共供电、供气及其他公共能源的中断引起的损失，但自然灾害或意外事故引起的中断不在此限。

（13）战争、类似战争行为、敌对行为、武装冲突、恐怖活动、谋反、政变、罢工、暴动、民众骚乱引起的损失、费用和责任。

（14）政府命令或任何公共当局的没收、征用、销毁或毁坏。

（15）核裂变、核聚变、核武器、核材料、核辐射以及放射性污染引起的任何损失和费用。

（16）大气、土地、水污染及其他各种污染引起的任何损失、费用和责任，但不包括由于自然灾害或意外事故造成污染引起的损失。

（17）保险单明细表或有关条款中规定的应由被保险人自行负担的免赔额。

5.1.3 保险金额和保险价值

在确定了保险标的物后，接下来需要确定的就是保险金额。保险金额是保险人对保险标的在保险期间发生的保险合同约定的损失需要承担的最高赔偿限额。一般来说，在财产

① 引自中国人民财产保险股份有限公司的“财产一切险”条款。

保险中，保险人为了限定自身在某一标的物上的最大风险，通常都会约定保险合同的保险金额。而确定保险金额的基础是需要先确定标的物的价值，即保险价值，也就是保险人认可的标的物的“价值”。根据保险的补偿原则，保险合同的保险金额可以低于但不能高于保险价值。

确定标的物保险价值的方法包括以下两种。

1. 账面计算法

这种方法适合于经营管理正常、财务制度健全的法人机构。固定资产的保险价值可以通过以下几种方式确定。

（1）出险时的重置价值。

（2）出险时的账面余额。

（3）出险时的市场价值。

（4）其他方式。

保险金额由投保人参照保险价值自行确定。流动资产的保险价值通常根据账面余额来确定，保险金额为最近 12 个月任意月份的账面余额，或由被保险人自行确定。

2. 估算法

适用于账外财产和代保管的财产，保险价值可由被保险人自行估价或按重置价值确定，并据此确定保险金额。

5.1.4 赔偿处理

1. 保险损失的赔偿

保险标的发生保险责任范围内的损失后，保险人按照保险金额与保险价值的比例承担赔偿责任，计算赔偿金额的方式如下。

1）标的物为全部损失

若保险金额超过出险时的保险价值，则赔偿金额不超过出险时的保险价值；若保险金额低于出险时的保险价值，则赔偿金额不得超过保险金额。

2）标的物为部分损失

若保险金额超过出险时的保险价值，按实际损失确定赔偿金额；若保险金额低于出险时的保险价值，按下列公式计算赔偿金额。

$$\text{赔偿金额}=\frac{\text{保险金额}}{\text{出险时保险价值}}\times\text{实际损失或恢复原状所需修复费用}$$

2. 损失处理费用的赔偿

发生保险事故时，被保险人支付的必要、合理的施救费用的赔偿，在保险标的损失以外另行计算，但最高不超过保险金额。当受损保险标的按比例赔偿时，该项费用也按与财产损失赔款相同的比例赔偿。

3. 赔偿的处理过程

被保险人向保险人申请赔偿时，应当提供保险单、财产损失清单、技术鉴定证明、事故报告书、救护费用发票，以及必要的账簿、单据和有关部门的证明，各项单证、证明必须真实、可靠，不得有任何欺诈。保险人收到单证后应当迅速审定、核实。

如果是因第三者对保险标的的损害而造成保险事故的，保险人在向被保险人赔偿保险金之后，在赔偿金额范围内代位行使被保险人对第三者请求赔偿的权利。

保险标的在遭受部分损失并经保险人赔偿后，保险合同的保险金额应相应减少。若被保险人需恢复保险金额，应补交保费，并由保险人出具批单批注。

5.1.5 保险费率

一般来说，企业财产保险费率的确定和个人财产保险费率相比具有更多的弹性，保险公司可以根据自己的专业知识和经验，在对同类行业以往风险损失数据统计分析的基础上，结合对被保险人及保险标的的风险评估结果和保险人提供的服务等因素确定保费率。

在我国的企业财产保险实践中，一直被参考使用的是1996年中国人民银行发布的《财产保险基本险》和《财产保险综合险》费率①。在企业财产保险基本险和综合险中，将年保险费率按行业和财产性质分成了三大类：工业类（下分成6个等级）、仓储类（下分成4个等级）、普通类（下分成3个等级），其中每一类中的等级根据危险程度由低到高依次排列，见表5-1至表5-5。需要说明的是，这里给出的费率表仅仅是目前行业在实践中参考使用的，各保险公司会根据这个费率表制定自己的更为具体的费率表。保险公司实际经营结果表明，我国企业财产保险的实际费率大大低于上述费率表给出的参考值。

表5-1 财产保险基本险年费率表（按保险金额每千元计算）

类别	号次	占用性质	费率
工业类	1	第一级工业	0.60
	2	第二级工业	1.00
	3	第三级工业	1.45
	4	第四级工业	2.50
	5	第五级工业	3.50
	6	第六级工业	5.00
仓储类	7	一般物资	0.60
	8	危险品	1.50
	9	特别危险品	3.00
	10	金属材料、粮食专储	0.35
普通类	11	社会团体、机关、事业单位	0.65
	12	综合商业、饮食服务业、商贸、写字楼、展览馆、体育场所、交通运输业、牧场农场、林场、科研院所、住宅、邮政、电信、供电高压线路、输电设备	1.50
	13	石油化工商店、液化石油气供应站、日用杂品商店、废旧物资收购站、修理行、文化娱乐场所、加油站	2.50

① 中国人民银行关于印发《财产保险基本险》和《财产保险综合险》条款、费率及条款解释的通知，银发〔1996〕187号。

表 5-2　财产保险综合险年费率表（按保险金额每千元计算）

类别	号次	占用性质	费率 1	费率 2
工业类	1	第一级工业	1.60	1.00
	2	第二级工业	2.00	1.50
	3	第三级工业	2.40	2.00
	4	第四级工业	4.00	3.50
	5	第五级工业	6.40	5.00
	6	第六级工业	8.00	7.00
仓储类	7	一般物资	1.50	1.00
	8	危险品	3.00	2.00
	9	特别危险品	5.00	4.00
	10	金属材料、粮食专储	1.00	0.50
普通类	11	社会团体、机关、事业单位	1.60	1.00
	12	综合商业、饮食服务业、商贸、写字楼、展览馆、体育场所、交通运输业、牧场农场、林场、科研院所、住宅、邮政、电信、供电高压线路、输电设备	2.40	2.00
	13	石油化工商店、液化石油气供应站、日用杂品商店、废旧物资收购站、修理行、文化娱乐场所、加油站	3.00	3.00

备注：费率 1 适用于华东、中南、西南地区。
　　　费率 2 适用于华北、东北、西北地区。

表 5-3　财产保险短期基本险、综合险费率表

保险期限	1 个月	2 个月	3 个月	4 个月	5 个月	6 个月	7 个月	8 个月	9 个月	10 个月	11 个月	12 个月
按年费率（%）	10	20	30	40	50	60	70	80	85	90	95	100

表 5-4　工业险级别的划分原则

鉴于工业险费率的厘定，应兼顾到保险单位使用的原材料、主要产品、工艺流程、危险程度等因素。所以，对有些单位虽使用同样的原材料或生产同样的产品，但由于工艺流程及设备现代化程度的不同，故在厘定费率时也予以区别对待；对有些单位虽然名称相同，但由于生产内容与名称并不相符，如军工机械制造改产民用消费品等，类似情况应按实际生产的内容厘定费率。划分原则如下。

一级工业险	1. 以钢铁为原材料的金属冶炼、铸造及各类重型机械、机器设备制造、钢铁制品、部分纯钢铁制品等工业 2. 耐火材料、水泥、砖厂制品等工业
二级工业险	1. 一般机械零件制造修配工业 2. 以金属为主要原材料，兼用少量塑料及非金属材料的机械零件制造、修配工业，兼有少量喷烘漆等工艺的五金零件制造修配工业
三级工业险	1. 以部分金属或一般物资为主要原材料的仪器及副仪器、轻工、塑料制品、电子、电器、电机仪表、日常生活用品等工业 2. 生产过程比较安全，危险性小的日用化学品工业

续表

四级工业险	1. 以竹、木、皮毛或一般可燃物资为原材料或以一般危险品进行化合生产并在生产过程中有一定危险性的工业 2. 棉、麻、丝及其制品；塑料、化纤、化学、医药等制造加工工业 3. 以油脂为原料的轻工业 4. 文具、纸制品工业
五级工业险	1. 以一般危险品及部分特别危险品为主要原料进行化合生产、制氧、挥发性化学试剂以及塑料、染料制造等工业 2. 大量使用竹、木、草为主要原材料的木器家具、工具、竹器、草编织品制造工业及造纸工业 3. 油布、油纸制品工业
六级工业险	1. 以特别危险品，如赛璐珞、磷、醚及其他爆炸品为主要原材料进行化合生产的工业 2. 染料工业

表 5-5　危险品与特别危险品分类表

类别	品名
危险品	二级易燃液体，二级易燃固体，二级遇水燃烧物品，二级自燃物品，二级氧化剂，助燃气体，土包装的棉花、植物纤维、破布、碎纸、毛线以及各种废料
特别危险品	爆炸品，一级易燃液体，一级遇水燃烧物品，一级自燃物品，一级氧化剂，一级易燃固体，易燃气体，散包的棉花、植物纤维、破布、碎纸、毛线以及各种废料

5.2　家庭财产保险

家庭财产保险是以城乡居民个人及家庭的自有财产、代他人保管的财产或与他人共有的财产作为保险对象的保险，是个人和家庭购买的主要保险险种。如果发生了火灾、爆炸等意外事故，或由于洪水、台风、暴雨等自然灾害导致居民个人的房屋、室内财产遭受损失，可以依据家庭财产保险获得保险人提供的经济补偿，有利于保障家庭生活的安定和社会稳定。

我国有数亿个家庭，随着经济发展和人民收入水平的提高，特别是住房制度的改革，我国居民个人和家庭积累的财产已经达到了非常可观的规模，其中固定资产，如房产及附属设施和室内装修及家具、日常生活用品等占财产的比重也非常高，很多家庭总财产中房屋已经占到了绝大部分。因此，家庭财产保险在我国有着巨大的发展潜力。

目前，我国保险公司提供的家庭财产保险大致可分为两类：一类是普通家庭财产保险，实际上是一个涵盖了财产和家庭责任风险保障的综合保险；另一类是带有储蓄或返还性质的家庭财产两全保险，是根据我国居民在购买保险时相对比较重视保险的储蓄功能这一特点而设计的。

5.2.1　普通家庭财产保险

1. 保险标的

凡是被保险人自有的、坐落于保单所载明地址内的下列家庭财产，均在保险标的范围内。

（1）房屋及其室内附属设备，如固定装置的水暖、气暖、卫生、供水、管道煤气及供电设备、厨房配套的设备等。

（2）室内装潢。

（3）室内财产，包括以下方面（被保险人可自由选择投保）。

- 家用电器和文体娱乐用品。
- 衣物和床上用品。
- 家具及其他生活用具。

（4）经被保险人与保险人特别约定，并在保单中载明，下列财产也可属于保险标的范围。

- 属于被保险人代他人保管或者与他人共有而由被保险人负责的第（1）条载明的财产。
- 存放于院内、室内的非机动农机具、农用工具及存放于室内的粮食及农副产品。
- 经保险人同意的其他财产。

2. 不保财产

下列家庭财产通常不在保险标的范围内。

（1）金银、珠宝、钻石及制品，玉器、首饰、古币、古玩、字画、邮票、艺术品、稀有金属等珍贵财物。

（2）货币、票证、有价证券、文件、书籍、账册、图表、技术资料、电脑软件及资料，以及无法鉴定价值的财产。

（3）日用消耗品、各种交通工具、养殖及种植物。

（4）用于从事工商业生产、经营活动的财产和出租用作工商业的房屋。

（5）无线通信工具、笔、打火机、手表，各种磁带、磁盘、影音激光盘。

（6）用芦席、稻草、油毛毡、麦秆、芦苇、竹竿、帆布、塑料布、纸板等为外墙、屋顶的简陋屋棚及柴房、禽畜棚；与保险房屋不成一体的厕所、围墙、无人居住的房屋以及存放在里面的财产。

（7）政府有关部门征用、占用的房屋，违章建筑、危险建筑、非法占用的财产、处于危险状态下的财产。

3. 保险责任范围

下列原因造成保险标的的损失及费用，保险人依照约定负责赔偿。

（1）火灾、爆炸。

（2）雷击、台风、龙卷风、暴风、暴雨、洪水、雪灾、雹灾、冰凌、泥石流、崖崩、突发性滑坡、地面突然下陷。

（3）飞行物体及其他空中运行物体坠落，外来不属于被保险人所有或使用的建筑物和其他固定物体的倒塌。

（4）在发生保险事故时，为抢救保险标的或防止灾害蔓延，采取合理的、必要的措施而造成保险标的的损失。

（5）保险事故发生后，被保险人为防止或者减少保险标的的损失所支付的必要的、合理的费用，由保险人承担。

4. 除外责任

下列原因造成保险标的的损失及费用，保险人不负责赔偿。

（1）战争、敌对行为、军事行动、武装冲突、罢工、暴动、盗抢。

（2）核反应、核辐射和放射性污染。

（3）被保险人及其家庭成员、寄居人、雇佣人员的违法、犯罪或故意行为。

（4）保险标的遭受保险事故引起的各种间接损失。

（5）地震及其次生灾害所造成的一切损失。

（6）家用电器因使用过度、超电压、短路、断路、漏电、自身发热、烘烤等原因所造成本身的损毁。

（7）坐落于蓄洪区、行洪区，或在江河岸边、低洼地区以及防洪堤以外，当地常年警戒水位线以下的家庭财产，由于洪水所造成的一切损失。

（8）保险标的本身缺陷、保管不善导致的损毁；保险标的的变质、霉烂、受潮、虫咬、自然磨损、自然损耗、自燃、烘烤所造成本身的损失。

（9）行政、执法行为引起的损失和费用。

（10）其他不属于保险责任范围内的损失和费用。

5. 保险金额与保险价值

房屋及室内附属设备、室内装潢的保险金额由被保险人根据购置价或市场价自行确定。房屋及室内附属设备、室内装潢的保险价值一般为出险时的重置价值。

室内财产的保险金额由被保险人根据当时实际价值分项目自行确定。不分项目的，按各大类财产在保险金额中所占比例确定，例如，室内财产中的家用电器及文体娱乐用品占40%，衣物及床上用品占30%，家具及其他生活用具占30%。特约财产的保险金额由被保险人和保险人双方约定。

6. 保险期限和保险费

保险期限分别为1年、3年、5年，保险费按照保险金额乘以保险费率计算。保险费率是根据各地区、各保险公司的具体情况制定，一般为1‰～3‰，即每年每千元保险金额收取的保险费为1～3元。

若被保险人因种种原因中途申请退保，终止保险合同，则对于被保险人在订立保险合同时缴纳的保险费一般按日平均费率计算应退还的保险费。例如，一份家庭财产保险单中载明的保险金额为10万元，保险费率2‰，保险期限1年，200元的保费在合同订立时一次缴清。被保险人在保险合同生效后3个月时要求退保，应从已缴纳的保险费中扣除保险人已承保3个月应收的保险费，即

$$\text{退还保费数额}=100\,000\times2‰-\frac{100\,000\times2‰\times90}{365}=150.68\text{元}$$

7. 赔偿处理

保险事故发生后，保险人按照下列方式计算赔偿金额。

（1）房屋及室内附属设备、室内装潢。当发生全部损失时，若保险金额等于或高于

保险价值，其赔偿金额以不超过保险价值为限；若保险金额低于保险价值，按保险金额赔偿。当发生部分损失时，若保险金额等于或高于保险价值，按实际损失计算赔偿金额；若保险金额低于保险价值，应根据实际损失或恢复原状所需修复费用乘以保险金额与保险价值的比例计算赔偿金额。

（2）室内财产。无论全部损失或部分损失，在分项保险金额内按实际损失赔付。

（3）被保险人支付的必要、合理的施救费用。按实际支出计算，最高不超过受损标的保险金额。若该保险标的按比例赔偿，则该项费用也按相同比例赔偿。

被保险人向保险人申请赔偿时，应当提供保险单、财产损失清单、发票、费用单据和有关部门的证明，各项单证、证明必须真实、可靠，不得有任何欺诈。

保险标的发生保险责任范围内的损失应由第三者负责赔偿的，被保险人应当先向第三者索赔。如果第三者不予赔偿，被保险人应提起诉讼。保险人可根据被保险人提出的书面赔偿请求，按照保险合同予以赔偿，但被保险人必须将向第三者追偿的权利转让给保险人，并协助保险人向第三者追偿。

专栏阅读

城乡居民住宅地震保险

8. 附加险

目前，我国推出的普通家庭财产保险保单大都提供了多种附加险供投保人选择，如盗抢保险，家用电器用电安全保险，管道爆裂及水渍保险，现金、首饰盗抢保险，第三者责任保险，等等。

5.2.2　家庭财产两全保险

家庭财产两全保险兼有经济补偿和到期还本的双重性质，保险人用被保险人所交保险储金的利息作为保费收入，在保险期满时将原保险储金退还给被保险人。

家庭财产两全保险的保险财产、保险责任、保险办法等与普通家庭财产保险相同，所不同的只是保险金额的确定方式。家庭财产两全保险一般采取按份数确定保险金额的方式，如 5000 元为一份，投保份数由被保险人根据家庭财产的实际价值确定。

中国很多财产保险公司都开办了此类保险，这类保险在保险期结束时，通常还会承诺被保险人除了获得退还的保险储金，还可以获得预定的投资收益。

需要指出的是，两全型财产保险中投保人缴纳的是保险储金，这与前面的普通财产保险中投保人缴纳的保费有很大不同。保险储金是储蓄性的，在保险期满时，无论被保险人在保险期间是否获得了赔偿，也不论保险合同在保险期满前是否终止，保险人均须退还全部储金。

5.3　信用保险

5.3.1　商业信用保险

5.3.1.1　概述

1. 定义

商业信用保险（business credit insurance）是保险公司和作为被保险人的工商业企业之

间的一种安排。根据这一安排，保险公司保证对被保险人企业由于其债务人不能偿还债务而遭受的非正常信用损失，以及由于和债务人之间的关系可以获得的其他辅助性服务和利益进行补偿。商业信用保险的相关主体如图5-1所示。

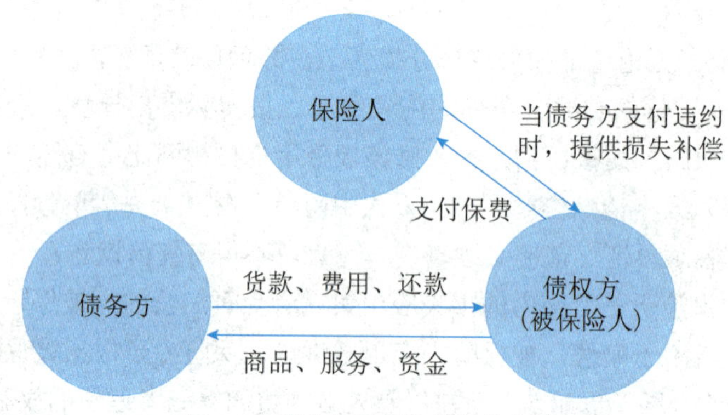

图5-1　商业信用保险的相关主体

商业信用保险不同于消费信用保险（信用人寿保险、信用意外伤害和健康保险等）。在消费信用保险中，债务人可能因死亡或残疾而无法偿还债务，从而引起债权人的损失。消费者为个人和家庭借钱时需要考虑购买消费信用保险。在商业信用保险中，被保险人从保险人那里获得补偿的是异常信用损失，被保险人自身通常还是要承担**正常信用损失**（normal loss），亦称为**初始损失**（primary loss）[①]，并且有时还要通过**共同保险条款**（co-insurance clause）来分摊信用损失。信用损失是指其他商业企业未按约定支付被保险人而引起的损失。商业信用保险的被保险人通常是与商业企业打交道的制造商、批发商、广告代理或其他服务机构等，而不是零售或消费贷款机构的商品或服务销售商。

2. 信用保险的意义

我们今天已经步入了信用经济时代，以现金为交易方式的商业活动越来越少，任何能改善信用体系的机制都将在商业活动中占有越来越重要的地位。信用保险就发挥着改善信用机制的作用，因为它降低了授信过程中的风险因素，从而改善了信用体系的运作。对失败的商务活动的研究表明，如果投保了信用保险，相当大比例的失败是可以避免的。不妨来比较一下：美国1991年非住宅火灾造成的损失总额约为102亿美元，而同年倒闭的企业却有88 140家，或者说每1万家企业中就有约107家倒闭，这些倒闭的企业造成的损失约为968.25亿美元，远远大于其他因素给企业带来的损失。保险信息研究所得出的结论是：“相当大比例的由于商业失败而造成的损失本是可以通过信用保险来弥补的。”

3. 信用保险的好处

当生产者和批发商面临来自采购方的不确定性所造成的信用损失，同时又难以控制时，为采购者提供信用保证的信用保险就成了一个非常合适的选择。信用保险可以为被保险人提供以下好处。

（1）可以使被保险人减少对债务人可能无法偿还债务而给自身带来损失的担心，特别是信用保险的保障范围可以扩大到可能降临到其债务人身上的任何灾难。

① 后面将给出“初始损失”的界定。

（2）可以使被保险人在与其银行及其他交易方的业务往来中获得更有利的地位，在许多情况下，银行和大型企业通常会建议他们的合作伙伴能提供来自信用保险这种形式的保护。

（3）根据保单上定义的可以为不同购买者提供的信用保险指南，可以使被保险人更明智地将业务扩展到不同类型的购买者。

（4）通过保险人提供的有效催收和救助服务，有助于减少坏账损失，或者即使在债务人破产的情况下，也可有效减少不必要的损失。

（5）信用保险通过减少可能给企业造成经营不稳定的非正常信用损失的不确定性，使被保险人能更积极有效地规划企业的未来。

5.3.1.2　保障范围和承保责任

提供信用保险的保险人必须对相关风险进行严格限制，以避免由于对呆账损失给予无限保障而引起不负责任的信用风险的增加。提供信用保险的目的是对那些无法预料的且不是被保险人不负责任的行为所导致的信用损失提供补偿。为了保证保险人的安全以及避免被保险人不正当地使用信用保险，通常需要在信用保险保单中包含一系列限制性条件，包括：①单一账户的赔偿限额；②保单累计赔偿限额；③初始损失的免赔；④共同保险或初始损失的分摊条款。这些限制性规定对保险人的承保责任有重要影响，是确定商业信用保险承保责任和保障范围的基本参照条件。

1. 单一账户的保障

信用保险的承保责任取决于不同企业的销售模式所产生的应收款账户的性质和规模，保单的保障范围在设定上有很大的灵活性，投保人可以投保全部信用账户，也可以为每一债务人或每一类债务人的信用账户投保。下面主要介绍单一账户的保险。单一账户保单可分为标准保单和组合式保单，每种保单的责任都可以用附加批单的方式加以调整。

1）经过信用评级的账户

通常情况下，经过信用评级的企业的信用账户涉及的金额往往较大，具有较高的信用等级，大多数被保险人会选择采用标准保单为其投保，保单对单一账户的承保责任基本上取决于有关评级机构公布的信用等级表[①]，每一账户按其在发货日所处的信用等级，可自动获得与该等级对应的保险金额（见表 5-6）。

表 5-6　信用等级和承保责任表（美元）

第 1 列			第 2 列		
级	评级	保额	级	评级	保额
1	5A1	100 000	6	5A2	25 000
	4A1	100 000		4A2	25 000
	3A1	100 000		3A2	25 000
	2A1	50 000		2A2	25 000
	1A1	50 000		1A2	25 000

① 国际上，很多投保人选择的是信用评级机构邓白氏公司（Dun & Brandstreet）按行业公布的各种工商企业信用等级标准和报告。

续表

第 1 列			第 2 列		
级	评级	保额	级	评级	保额
2	BA1	50 000	7	BA2	25 000
	BB1	50 000		BB2	25 000
	CB1	50 000		CB2	25 000
	1	50 000		2	15 000
3	CC1	30 000	8	CC2	15 000
	DC1	25 000		DC2	12 500
	DD1	20 000		DD2	10 000
	EE1	10 000		EE2	5000
4	FF1	5000	9	FF2	3000
	GG1	2500		GG2	1500
5	HH1	1500	10	HH2	750

为被保险人提供的信用等级和承保责任表规定了每一信用等级可获得的最高保险金额。表 5-6 的第 1 列表示被保险人可以对发货日属于信用等级 CB1 的债务人投保不超过 50 000 美元的信用保险，这一额度适用于发货之日属于信用等级 CB1 的所有债务人。如果被保险人希望赊销给某些债务人的金额高于信用等级和承保责任表中对应等级的承保责任，可通过增加承保责任批单的方式提高保险金额，批单中要指明具体债务人和提高后的保险金额。

2）未经过信用评级或信用等级较差的账户

如果投保人希望只为信用等级优良的账户投保，就可以使用标准保单。不过在大多数情况下，投保人也会为一些信用等级较低或未经过信用评级的账户购买保险，这时可通过在标准保单上附加批单的方式承保，使标准保单成为一个组合式保单。这类批单包括两种：有限承保责任批单和特殊承保责任批单。有限承保责任批单规定了一个不记名的单一责任限额，适用于标准保单没有承保的任何账户，即适用于每一个未经过信用评级的债务人或每一个在信用等级和承保责任表中承保责任限额较低的债务人。这一批单的累积限额由保险人和投保人共同商议确定。特殊承保责任批单用于增加具体账户的承保责任，而不管该账户债务人的信用等级如何。

2. 对损失补偿的限制

1）正常信用损失的免赔

大多数信用保险保单都会要求被保险人承担正常范围内的信用损失，或称为初始损失，保险人只对超出正常损失的部分承担赔偿责任。正常损失金额通常和被保险人以往在正常经营环境下的平均损失相当。由于正常损失是可以预期的，所以可以作为企业运营成本的一部分。这一部分损失并不适合通过保险转移，而是应该转移给企业的客户方，即债务方，如采购方，而且正常损失由被保险人自己承担可以大大节省保费。如果将可以预期的信用损失都转移给保险人，必然会导致保费的增加，特别是其中的附加保费，这样会增加不必要的经营成本。因而在实践中，信用保险的采用应该用于保护被保险人超过正常损失的部分，并允许被保险人自留实际损失和正常损失之间的任何差异。

正常信用损失可通过在后面两者中取其高的方式来确定：①以总销售额百分比计算的正常损失；②根据保险人的手册规则得出的经验费率。

简单解释一下上面的两种方式。对于第一种方式，所有被保险人的风险根据风险的性质被分为三种类型，风险是根据被保险人所从事的业务类型而不是其客户的业务类型分类的。对于每一种风险类型的被保险人，保险人的手册中都会给出正常损失应占销售额的百分比，该百分比会随销售额的增加而下降，并且组合保单的百分比会高于标准保单。此外，还规定了最小正常损失，这是因为如果业务状况恶化，往往会增加对不良债务进行催收的成本。在某些情况下，也可以利用被保险人自身的坏账损失经验，来修改保险人手册中给出的对正常损失的估计。

2）共保

过去商业信用保险主要是采用共保的方式进行承保，近些年引入的一些标准化的保单不再采用共保方式，而是采用对正常信用损失的免赔条款，只对超过正常信用损失的部分进行赔付。当然，这种承保方式的保费和共保相比也会高一些。

根据共保条款，被保险人通常要承担净损失的 10%，采用共保方式主要是为了防止过度保险，而不是像一般财产保险那样是为了防止投保不足。事实上，“共保”一词用在这里并不是令人满意的，实际的含义和海上保险中的“绝对免赔额”或“扣除的海损”是一致的。例如，如果实际的信用损失是 2000 元，根据 10% 的共保条款，被保险人只能获得 1800 元的赔付。

3）累积限额

累积限额是将一个保单中所有被保障账户下的不同最高赔偿金额累积在一起，称为保单限额或保险金额。

表 5-7 给出了一个说明如何计算保险赔付金额的例子。

表 5-7　保险赔付金额的计算（元）

账户	账户发生的违约额	保单约定的保额	扣除共保后保险赔付比例	账户可获得的赔付	被保险人承担损失的比例
A	15 000	12 500	90%	11 250	25%
B	15 000	15 000	90%	13 500	10%
C	1000	1000	90%	900	10%
D	6000	6000	80%	4800	20%
合计	37 000	345 000		30 450	
减掉初始损失免赔				5050	
应支付的保险赔付				25 400	

3. 保费

影响信用保险保费的 4 个因素是保障内容、被保险人的销售规模、保险金额、附加的收费，如根据特殊责任批单或保单附加的其他条件的收费。费率和责任限额显然会和每个被保障账户的类型关联，批单的成本通常会占到保费的 5% ～ 10%。附加的收费当然不是对所有的批单，而是对那些可能涉及保障内容、临时性损失赔付、使用可替代管理机构、采购特别商品或通过特殊过程采购商品等方面的批单。表 5-8 给出了一个计算保费的简化例子。

表 5-8　初始信用损失免赔为 5000 元的组合式保单的保费（元）

账户评级	第 1 列	每千元保额保费	保费
第 1 级	9000	3.00	27.00
第 2 级	4000	4.00	16.00
	1000	5.00	5.00
第 3 级	3000	6.00	18.00
第 4 级	2000	7.00	14.00
第 5 级	3000	10.00	30.00
第 1 列合计			110.00
账户评级	第 2 列		
第 6 级	10 000	14.00	140.00
第 7 级	6000	15.00	90.00
	1000	15.00	15.00
第 8 级	3000	20.00	60.00
第 9 级	2000	30.00	60.00
第 10 级	1000	30.00	30.00
第 2 列合计			395.00
所有评级账户合计			505.00
限额批单			
单一账户限额	1000		
累积限额	5000		
账户限额批单保费合计			375.00
特殊责任批单			
累积限额	20 000	30.00	600.00
超额保障	8000	10.00	80.00
特殊责任批单保费合计			680.00
销售规模	2 000 000	0.25	500.00
总保费			2060.00

5.3.1.3　其他形式的信用保险

1. 出口贸易信用保险

如前所述，对许多商业企业来说，信用损失风险是一类非常重要的风险，尤其是对从事出口业务的企业来说，这方面的问题更为突出。例如，一家中国销售商要出口商品到国外，除了面临正常的信用风险，还会面临诸如战争、动乱、没收资产、国家之间出于政治原因拒偿债务等风险。一些专门的机构（很多是有政府支持的）会为有出口业务的企业提供对上述风险的保障，如中国出口信用保险公司、外国信用保险协会（Foreign Credit Insurance Association）、美国的海

专栏阅读

中国的出口信用保险

外私人投资公司（Overseas Private Investment Corporation）等。

2. 抵押担保保险

这类保险的目的是为银行等贷款机构避免由于借款人无法按期还款而遭受的损失。保障范围除了贷款金额，还包括贷款人的利息损失、税金、支付的保险费、与贷款违约相关的其他支出等。为了避免未知潜在损失的大量累积，贷款人需要及时报告已经发生短期（如2～3个月）违约的贷款，如果已经连续较长时间发生违约（如6个月以上），止赎程序必须开始。

抵押担保保险提供了通过保险保护社会经济价值的一个范例。在第二次世界大战后，一些国家经济的健康发展在很大程度上依赖于住宅建设的发展，以合理的比例获得抵押资金以及抵押占财产价值的很高比例（如80%～95%）对建筑业的健康发展影响巨大。随着家庭住宅的增长和对原有低标准住房改造需求的增加，社会愈发需要一个健康的抵押市场。显然，抵押贷款担保保险有助于抵押贷款市场的积极和稳健发展。这类保险的发展是政府出于社会公共需要、鼓励商业保险积极参与并取得成功的典范。

3. 市政债券保险

市政债券保险看上去是介于投机性风险保险和纯粹风险保险之间的一类保险。债券保险可以为投资于市政债券的投资者担保至少可以获得无风险利率的收益，当然一般情形下投资者也会接受甚至更低的收益率保证。从发行者（政府机构）的角度看，发行市政债券保险意味着可以获得更低的利息成本和更佳的债务发行条件。

4. 共同基金保险

共同基金保险的目的是为投资者避免投资于某个共同基金可能出现的本金方面的损失。这种保单最早于1956年在英国出现，20世纪70年代在美国出现。共同基金保险的被保险人是投资者，但投资者不会直接获得保险单，保单签发给基金公司，投资者在选择了有保证的投资账户后将保险费付给基金公司。投资者获得的保证是，到某一期限结束时（如10年、15年），投资的价值不会低于当初的本金加上所支付的保费和付给基金公司的费用之和。

5.3.2 个人信用保险

5.3.2.1 概述

1. 定义

个人信用保险承保的是当贷款人在借款人无法偿付借款时能够继续收到付款，保障范围包括被保险人需要偿还的贷款或信用卡的还款，当被保险人因去世、伤残、失业等事件的发生而无法支付还款时，由保险人代其支付剩余的欠款。

虽然看上去信用保险和人寿保险或伤残收入保险有些类似，但它们之间是有本质区别的：信用保险不会向被保险人（或其受益人）支付任何金额，而是确保贷款方能继续收到付款，保护的是贷款方的利益，当然同时也保护了被保险人的信用。

个人信用保险是自愿购买的，通常当消费者购买房屋、汽车等需要贷款时，贷款方（如银行）会为购买者提供可以选择的信用保险。如果消费者已经拥有了人寿保险或健康保险等保单的话，有可能不必购买信用保险，这要看所拥有的保单是否能在出现问题时提供足够的保险金来偿还贷款的余额，因为购买信用保险的费用会明显高于传统人寿保险和健康保险。

2. 分类

个人信用保险主要有四种类型。

（1）信用人寿保险：如果借款人在未偿还完所有贷款之前去世，保险人将偿还部分或全部贷款余额。

（2）信用伤残保险（也称为信用意外和健康保险）：如果借款人因健康原因无法工作，保险人会向贷款方支付有限数量的贷款余额。

（3）信用非自愿失业保险：如果借款人被解雇或失去工作，保险人可以为借款人在一段时间内支付其应偿还的借款。

（4）信用财产保险：当将个人财产作为贷款抵押品时，此保险保护的是财产本身而不是被保险人需要偿还的贷款，即如果被抵押的财产发生损毁，保险人将向受押人提供补偿。

3. 谁需要信用保险

如果消费者个人希望确保其在发生伤残或死亡的情况下仍能保持良好的信用，就可以考虑利用信用保险来保护自身的信用。有了信用保险，消费者也可因获得较好的贷款条件而从中受益。

不过在很多情况下购买个人贷款信用保险可能并不合算，因为这样会显著增加额外贷款成本。此外，如果消费者已经购买了人寿保险或伤残收入保险，可能比购买信用保险更合算。

尽管如此，个人贷款信用保险在某些场合还是有其价值的，例如，如果消费者有无法延期的贷款，或者担心由于健康状况、失业或死亡而出现债务无法偿还的情况，仍可以选择信用保险。

4. 信用保险的成本

信用保险相比其他类型保险来说是较为昂贵的，保费的高低取决于贷款或信用卡业务的类型、受保障的债务金额、保单类型、选择的贷款方等因素[①]。实践中，消费者如果选择了购买信用保险，每月贷款的还款额就会增加，因为支付的金额中包含了相关的信用保险保费。

5.3.2.2 信用人寿保险

信用人寿保险的主要功能是在被保险人去世后能帮助其偿还未偿还的债务。例如，当消费者为获得某项贷款（如房屋或车辆贷款）时，贷款方可能会要求消费者提供涵盖贷款额度的信用人寿保险单。如果借款人过早死亡，此保单将会代替借款人偿还贷款方，借款人的亲人不会承担继续支付贷款的责任。

---

① 例如，在美国的威斯康星州，为 15 000 美元的分期贷款购买信用人寿保险的借款人每年将支付 301 美元。美国政府有关机构的调查发现，信用卡余额信用保险保费从每月每 100 美元未偿余额从 85 美分到 1.35 美元不等，如果有 5000 美元的余额，则每月的保险费用可能为 43 ～ 68 美元。

信用人寿保险不是人寿保险，尽管这两种产品会产生非常相似的结果。信用人寿保险是借款人为贷款人的利益而购买的保险单，而人寿保险（如终身寿险）保护的是被保险人及其家人的利益。

信用人寿保险通常需涵盖借款人贷款的未偿还余额。在典型的信用人寿保单中，由借款人支付保险费（这笔费用通常会计入每月的贷款还款额中）。如果借款人在还清贷款之前死亡，贷款人可以获得来自保险人的全部贷款余额的支付。之后，相关资产的所有权会被转移至借款人的遗产，并最终转让给遗产的受益人。

影响信用人寿保险成本的因素有很多，包括信贷类型、保单类型和贷款金额等。一般来说，信用人寿保险的费率会高于传统人寿保险，因为相关的风险更大。信用人寿保险是为担保而发行的保险产品，这意味着借款人能否获得担保的资格完全取决于其身份。与大多数人寿保险单不同的是，申请人不会被要求进行体检或披露健康细节，因为被保险的是贷款的余额，而不是借款人的生命。

由于信用人寿保险可能比普通人寿保险价格更高，并旨在使贷款方受益，因此在决定购买之前需要考虑以下因素。

（1）希望获得保险金额会随未偿还债务余额而下降的保险，这样的话，未来每期支付的保费将会越来越少。

（2）是否由于体检等原因，无法通过常规渠道购买人寿保险。

（3）是否没有资格获得足够的人寿保险来支付可能遗留的未偿债务。

5.4　保证保险

5.4.1　确实保证

1. 确实保证的定义

确实保证（surety bonds）简称为**保证**（suretyship），是指**被保证人**（warrantee）、**保证人**（surety）和**权利人**（obligee）三方当事人之间的一个协议。保证人向权利人（如政府）提供担保，保证被保证人（如企业主）会履行其义务。

当被保证人未履行与权利人约定的义务时，权利人可以要求保证人代其履行相关责任。从这个意义上讲，保证类似于保证人为被保证人增加信用的一种形式。

订立保证合同需要有三方当事人。

- 被保证人：被要求提供保证的人，保证其会履行某种承诺的责任。
- 权利人：要求被保证人提供担保的人。
- 保证人：代表被保证人向权利人提供担保，保证被保证人将履行其承诺。

2. 保证的特点

保证行为是一种历史非常悠久的社会行为，市场上已经有了专门承担保证业务的担保公司。从本质上讲，担保人签发保证书是因为相信被保证人不会违约，但事实上是一定会有一部分被保证人出现违约。也就是说，保证人是面临风险的。于是，当把这类风险汇聚起来时，就使保证业务具有了保险的属性。因此，很多保险公司也开始以保险的方式经营起保证业务，即保证保险业务[①]。

然而，保证合同也不同于一般的保险合同。首先，保证保险合同列明的是三方当事人：甲方为被保证人，保证公司为保证人，两方一起向作为乙方的权利人承诺一笔固定的保证金额。

保证和保险是有区别的。理论上讲，保证不应该产生损失，尽管在实际中一些保证合同总是会出现损失。在保证业务中，保证人努力的目标是不订立任何存在损失可能的保证合同；而在保险业务中，保险人事先就预计到一定比例的被保险人会出现索赔，保险人需要做的就是将总的赔付控制在预期合理的范围内。另外，在保证业务方面，即使发生了损失，保证人也有权依法从被保证人那里收回保证人代表被保证人支付的款项，被保证人总是要向权利人承担首要责任。因此不难得出结论：保证人是否发生损失不仅取决于被保证人是否适当地履行了其应尽的义务，还取决于被保证人返还保证人赔偿金额的能力。只要被保证人有充足的资金，即使他没有适当地履行合同义务，保证人也不会发生损失。因此，在提供保证的过程中，保证人关注的核心问题是被保证人履行承诺的能力，需要对被保证人从声誉、能力、资金实力等方面进行评估。

从被保证人的角度看，也应注意保证和保险的区别，即被保证并不等于被保险，被保证只相当于从保证人那里获得了一个“信用额度”。被保险人出现向保险人的索赔是司空见惯的，是人们特别是保险人可以预期的；但对被保证的事务而言，被保证人应采取一切可能的行动，尽量避免出现向保证人的“索赔”。因为保证人在支付了索赔后，被保证人将来就很难再次获得保证。此外，保证人还拥有向被保证人追偿的权利，在为被保证人进行偿付后，被保证人是需要向保证人偿还的。

3. 几种主要的确实保证

1）经营许可保证

经营许可保证（license and permit bonds）通常是根据政府有关主管部门的要求办理的。保证人的义务通常是保护颁发经营许可证机构（即权利人）的利益，使其在持证人（被保证人）没有遵守经营许可证的规定和要求时免受经济损失。此类保证合同中还有一种保证合同，用来保证已经持有执照的被保证人纳税和遵守与他人订立的合同。如果被保证人违背了经营许可证中规定的授权经营方式，导致权利人或其他人遭受经济损失，保证人应当承担赔偿责任。

经营许可保证可以由保险公司将其作为一类保证保险进行经营。在很多国家和地区，政府都会将提供经营许可保证保险作为颁发经营许可证的先决条件。

专栏阅读

汽车经销商保证保险

经营许可保证保险主要保证的是企业将按照国家或地方的法律法规运营，不同行业会有不同的保证内容，目的都是保护消费者和国家免受经济损失。例如，保证保险将保护政府和消费者免受被保证企业的欺诈行为造成的侵害。

2）司法保证

司法保证（court bonds）是指以被保证人履行司法活动中产生的义务为保证内容，当被保证人不履行司法义务而影响司法机关正常工作时，由保险人承担相关赔偿责任。司法

① 以下提到的“保证”均是指“保证保险”。

保证分为诉讼保证和受托保证。

在民事或经济纠纷案件审判前，为了保证判决的执行或避免财产遭受损失，法院可以应一方诉讼当事人的请求，对另一方诉讼当事人的财产或有争议的标的物采取诉讼保全等强制性措施，具体手段有查封、扣押、冻结、责令提供担保等，诉讼保证保险即为提供担保的一种途径。这种保险以被保证人（以法院决定采取诉讼保全措施为前提）不变卖、挥霍、隐匿其财产或有争议标的物为保证内容，当被保证人违反上述义务而使判决难以执行时，保险人即承担赔偿责任。

受托保证是为法庭指定的管理他人财产的人（受托人）将按法律规定履行职能提供的保证。受托人包括法庭指定的遗产管理人、监护人、破产管理人、受托管理人及其他类似身份的人，他们的职责是为向法庭提出财产保全或分配的死者、未成年人、无行为能力人或债权人的利益服务。为了受益人的利益，法律要求受托人必须订立保证合同以忠实履行法律所规定的职责。

受托保证按照受托人的职责，通常可分为两类。一类是受托人作为执行人或管理人，其主要职责是将财产进行归集，依法偿还债务，并将剩余财产依法分配。这类保证通常都是短期的，对保证人来说风险也是最低的。另一类是受托人作为未成年人或无行为能力人的监护人或一般受托人，其职责是对财产进行保全和投资，这类保证通常是长期的，保证人需要在承保和整个保证期间非常谨慎，并接受监督。

3）政府公务员保证

政府公务员如果不能履行其职责将给社会和公众带来极大损失，因此在一些国家或地区，会要求政府公务人员办理一项**公务员保证**（public official bonds），并以此作为任职资格的条件之一，保证该公务人员会忠诚并忠实地履行自己的职责，否则保证人将会在保证金额的范围内，负责赔偿由于他们未履行职责而给政府和公众带来的经济损失。

公务员保证很像忠诚保证，但也有不同的地方。公务员保证中包括了对由于公务员的不作为、失职或渎职行为造成的损失提供赔偿，而这些在忠诚保证保险中是不包含的。例如，某一政府官员负责管理政府的某项基金，他将基金存入了一家银行，而这家银行的破产导致他需要为此承担个人责任时，他的公务员保证保险就可以在保险责任限额内为其支付基金损失的赔偿。

公务员保证在有些国家或地区属于法定保证，即所有政府公务员都必须提供，保证的内容可以是政府规定的或保证人拟定的。在另外一些国家或地区，这项保证属于根据实际情况决定是否需要的保证。

公务员保证保险的保险责任还可以包括对公务员下属的保证，以及其负责的财产遭到盗窃、抢劫等带来的损失的赔偿保证。

4）合同保证

合同保证（contract bonds）是保证人最主要的保证业务，保证承包商和业主或承包商和政府机构之间订立的建筑安装、公路修建或其他承包项目能如约履行。如果被保证人（承包商）没有严格遵照承包合同条款和设计履行合同，由保证人负责完成项目合同或赔偿相关的费用，这种合同保证称为履约保证。此外，合同保证中还包括投标保证、支付保证、维修保证等。

5.4.2 忠诚保证

1. 忠诚保证的基本特征

忠诚保证（fidelity bonds）是为投保人因特定个人的欺诈行为而遭受损失提供的保险，通常是企业因为担心雇员的不诚实行为给公司造成损失而进行的投保。这种保险可以保护雇主免受雇员不诚实带来的损失，包括公司的资金、有价证券和其他财产的损失。给企业造成这些损失的雇员通常是有明显意图的，例如使公司蒙受损失、为自己或另一方获取不正当经济利益等。

1）忠诚保证是一种保险行为

忠诚保证和前面所讲的确实保证的不同之处是，忠诚保证确实属于保险，忠诚保证合同就是保险合同，原因如下：① 忠诚保证合同是两方当事人的合同，由保险人承保投保人（雇主）由于“雇员不诚实”风险引起的经济损失；②保险人可以通过代位追偿向不诚实的雇员追回赔偿的金额；③法庭在解释忠诚保险合同时持的态度与解释其他保险合同的态度相同，没有偏袒保险人；④损失肯定是可预期发生的，这一点和其他保险是一样的。

这种从保证向保险的转变是以**总括保单**（blanket forms）的出现为标志的。这种保单并不指明被保证的雇员，所有雇员都自动予以承保。过去那种要求雇员作为被保证人签订保证合同的做法已经被摒弃，交纳保费的义务也由雇员转到了雇主身上，雇主购买雇员不诚实保险就如同购买其他诸如盗窃、抢劫等犯罪保险一样。

2）损失具有隐蔽性和滞后性

由于雇员不诚实行为给雇主造成的损失不像财产损失那样在其发生时或发生后很快就会被发现，而是可能会隐藏很多年，从开始发生不诚实行为到最终发现损失可能会经过 10 ～ 20 年，其间的损失越来越大。另外，雇员忠诚保险不能依据资产记录来衡量可能发生的损失，因为损失不仅可能涉及已入账的资产，还会波及未入账的收入、虚报的费用和增加的负债等，这些损失都是在选择承保范围和保险金额时应考虑的因素。

3）承保责任及期限

忠诚保证保险承保的风险是雇员的不诚实行为造成的损失，通常只承保合同生效后一直存在并在合同持续有效期内遭受的损失；在合同终止或撤销后的一段时间内发现的损失仍然属于承保范围，这段时间通常为一年。

4）合同的撤销

忠诚保证合同可以由雇主或保证人在任何时候以书面通知对方的形式撤销。如果使用总括保证合同，保证人可以仅撤销对一个或多个雇员的保证。一旦被保险人发现任何雇员的欺诈或不诚实行为，都可以自动终止对该雇员的保证。

2. 忠诚保证的分类

1）商业忠诚保证

最初的对雇员不诚实行为的保证只采取个人逐一保证的形式，即一个保证只承保一个雇员。如果雇员离职或新增雇员，雇主必须终止原雇员的保证，并为新雇员办理新的保证。后来出现了**姓名表保证**（name schedule bonds），可以同时承保任何数量的雇员，但需要逐一列明每个承保雇员的姓名。后来又出现了**职位表保证**（position schedule bonds），该保单中列明的是各种承保雇员的职位，任何担任表中列明职位的雇员都在承保范围内。比如，保证中可能列明承保 10 名出纳员，假如一名出纳员离职同时又补充一名新的出纳员，对新出纳员的保证自动生效，无须变更保证合同。如果在损失发生时担任表中指明职位的雇员人数超过了保证合同中载明的人数，保险人的损失赔偿责任将按比例减少。例如，保单职位表中规定了 9 名出纳，而损失发生时却有 10 名出纳，则保险人只赔偿只有 9 名出纳时应负赔偿责任的 90%。目前，市场上采用最多的是总括保证，可以承保被保险人所有雇员的不诚实或欺诈行为导致的损失。除了政府和金融机构，总括保证适用于各种企业。总括保证可分为商业总括保证和职位总括保证，二者在承保风险上没有什么差别，只是在损失后保险金额的使用上有所不同。

2）金融机构忠诚保证

金融机构忠诚保证合同的承保范围比商业机构保证合同的承保范围更广，这是金融机构的业务涉及处理钱财的性质所要求的。金融机构忠诚保证总括保单一般包括以下三个基本条款：①雇员的不诚实行为；②货币、证券或其他约定的财产遭到抢劫、偷窃、非法侵占、误放、不明原因的失踪、损坏和灭失造成的营业机构的损失；③上述财产由于类似风险在运输过程中的损失。金融机构总括保单的格式根据不同类型机构的特殊要求而确定，这些机构包括商业银行、储蓄银行、储贷机构、股票经纪机构和投资银行等。如今，承保范围较宽的金融机构忠诚保险合同与早期的忠诚保证已经大不相同了，已经属于犯罪保险的一种，承保被保险人因各种内部犯罪以及外部的、营业处所内外的抢劫、盗窃、偷窃和伪造行为等产生的损失。

专栏阅读

中国保险公司开办的保证保险

5.5　海上保险

5.5.1　海上保险的定义和特点

1. 海上保险的定义

历史上，**海上保险**（marine insurance）出现的目的是赔偿有关当事人船舶、货物和运费由于海上运输中的各类危险事故而发生的意外灭失、损害或损失。现代海上保险已经可以提供范围非常广泛的保障，船舶所有者可以通过海上保险来保护自己免受船体损失、货运收入和各种法律责任的影响。现代海上保险中的“仓到仓条款”已经可以使货物从离开内陆托运人仓库的时刻起，通过水路或陆路承运人，直到安全交付到收货人的仓库为止，都可以被承保。因此，广义的海上保险也被称为**运输保险**（transportation insurance），指的是对一切形式运输过程中所涉风险的保险，包括海上、公路、铁路和航空运输，从货物装上第一种运输工具直到到达最终目的地的全过程。海上保险又可分为海洋运输保险和内陆运输保险。内陆运输保险是由海洋运输保险衍生出来的，但二者仍存在很大差别。

狭义的海上保险是指为被保险人的船舶、货物或运费等在水上运输过程中发生的各种风险而遭受的灭失、损坏和产生的费用损失提供保障的保险。海上保险合同是指保险人按照约定，对被保险人因遭受保险事故造成保险标的的损失和产生的责任负责赔偿，并由被保险人支付保险费的合同。保险事故是指保险人与被保险人约定的任何海上事故，包括与海上航行有关的发生于内河或陆上的事故。

2. 海上保险的特点

由于承保的是海上的风险，标的物活动的空间广阔、风险巨大、致损原因繁杂，因此海上保险具有许多不同于其他保险的特点。

（1）标的物面临风险的综合性和致损原因十分复杂。

（2）承保标的具有流动性以及因这种流动性导致的国际性。

（3）承保的险种具有多样性，即保险人需要为客户提供的保险种类非常多，不仅包括有形财产的损失，还包括相关利益损失和责任赔偿等。

（4）承保对象的多样性，有来自不同国家和地区的投保人、不同形式的运输工具、不同种类的运输货物等。

海上保险的上述特性，决定了其在经营管理上的高度复杂性、专业性、国际性，因而海上保险并不是一般普通财产保险公司可以经营的业务，通常是由大型、专业型保险公司来经营的，并且一般都会有再保险人的参与，很多重要的海上保险项目最终都会分保到伦敦的劳合社市场。

5.5.2 海上保险的分类

1. 海洋货物运输保险

以海上运输工具运载的货物为保险标的，保险人承担整个运输（包括内河、内陆运输）过程中保险标的因遭受自然灾害和意外事故的损失。

2. 海洋船舶保险

以船舶为保险标的，保障船只在航行、作业、停泊、修理期间遭遇意外灾害或事故造成的损失。

3. 运费保险

保障船舶所有人或租船人因船舶发生意外事故引起预期运费收入的损失。

4. 船东责任保险

保障船东由于船舶或船员对他人财产造成损失而必须承担的责任，如对船员与第三人的人身、财产损害赔偿责任，船舶泄油污染海域后的清除责任及油污引起的其他损害赔偿责任等。

专栏阅读

海上保险的起源

5.6 货物运输保险

5.6.1 概述

1. 货物运输保险的概念

货物运输保险以运输途中的货物作为保险标的，保险人对由于自然灾害和意外事故造成的货物损失负有赔偿责任的保险。按货物运输方式，货物运输保险可分为海上货物运输保险、陆上货物运输保险、航空货物运输保险、邮包保险以及联运保险等。货物运输保险的期限多以一次航程或运程计算，凡在货物运输中具有保险利益的人均可投保，如货主、发货人、托运人、承运人等。

2. 货物运输保险的保障内容

货物运输保险承保的事故一般包括：雷电、海啸、地震等自然灾害，船舶搁浅、触礁、沉没、失踪、碰撞等意外事故，火灾、偷窃、短量、破碎、船长船员恶意行为等外来危险。由于保险事故造成的损失从性质上可分为单独海损和共同海损，从程度上可分为全部损失与部分损失。根据投保险种的不同，承保损失范围也不同，有的险种对单独海损不赔，有的险种对部分损失不赔，投保人须根据需要选择投保的险种。此外，保险人除承担规定保险事故的损失，还承担事故发生后对保险标的的施救费用。货物运输保险除设有基本险外，还有附加险、特殊附加险等。

5.6.2 海洋货物运输保险

1. 基本概念

海洋货物运输保险是以海上运输的货物为保险标的，对货物在运输过程中发生自然灾害或意外事故造成的经济损失以及相关费用负赔偿责任的保险。

海上货物运输的损失又称**海损**（average），指货物在海运过程中由于海上风险而造成的损失，也包括与海运相连的陆运和内河运输过程中的货物损失。海上损失按损失程度可分为全部损失和部分损失。

1）全部损失

全部损失又称全损，指被保险货物全部遭受损失，可分为实际全损和推定全损。实际全损是指货物全部灭失或全部变质而不再有任何商业价值。推定全损是指货物遭受事故后受损，尽管未达实际全损的程度，但实际全损已不可避免，或者为避免实际全损所支付的费用和继续将货物运抵目的地的费用之和超过了保险价值。推定全损须经保险人核查后方可认定。

2）部分损失

在海洋运输途中，船舶、货物或其他财产等遭受不属于实际全损或推定全损的损失为部分损失，按照造成损失的原因可分为**共同海损**（general average）和**单独海损**（particular average）。

（1）**共同海损**。遇共同危险时，为了解除共同危险，有意采取合理施救措施所造成的特殊牺牲和支付的特殊费用称为共同海损。在船舶发生共同海损后，凡属共同海损范围内的牺牲和费用，均可通过共同海损清算，由有关获救受益方（包括船东方、货主方和承运方等）根据获救价值按比例分摊，然后再向各自的保险人索赔。共同海损的分摊涉及的因素比较复杂，一般需要由专门的海损理算机构进行理算。

（2）**单独海损**。不具有共同海损性质、未达到全损程度的损失称为单独海损。该损失仅涉及船舶或货物所有人单方面的利益损失。与共同海损相比较，单独海损的特点如下。

- 不是人为有意造成的部分损失。
- 是保险标的物本身的损失。
- 单独海损由受损失的被保险人单独承担，其可根据损失情况从保险人那里获得赔偿。

2. 我国海洋货物运输保险的主要险别

1）平安险

“平安险”（free from particular average，FPA）又称“单独海损不赔险”，是海上货物运输保险的主要险别之一，保险人承担自然灾害和意外事故造成货物的全部损失、运输工具遭受灾害事故而造成货物的部分损失以及有关费用的赔偿责任，具体保险责任包括以下几点。

（1）被保货物在运输过程中，自然灾害造成整批货物的全部损失或推定全损。

（2）运输工具遭受意外事故造成货物全部或部分损失。

（3）在运输工具已经发生意外事故的情况下，货物在此前后又在海上遭受自然灾害落海造成的全部或部分损失。

（4）在装卸或转运时，一件或数件货物落海造成的全部或部分损失。

（5）被保人对遭受承保范围内的货物采取抢救、防止或减少货损的措施而支付的合理费用。

（6）运输工具遭难后，在避难港由于卸货所引起的损失，以及在中途港、避难港由于卸货、存仓以及运送货物所产生的特别费用。

（7）共同海损的牺牲、分摊和救助费用。

（8）运输合同订有“船舶互撞责任条款”，根据该条款规定应由货方偿还船方的损失。

2）水渍险

水渍险（with average/with particular average，WA/WPA）又称为“包括单独海损险”，是海洋货物运输保险的主要险别之一，保险人除承担平安险的责任外，还负责被保险货物因恶劣气候、雷电、海啸、地震、洪水等自然灾害遭受的部分损失。

水渍险的责任范围比平安险要大，主要是多出了自然灾害造成的部分损失，且损失范围必须是水浸没货物并引起货物的损坏。

3）一切险

一切险（all risks）是指保险人除承担平安险和水渍险的保险责任外，还承担各种外来原因，如短少、短量、渗漏、碰损、钩损、雨淋、受潮、发霉、串味等造成货物的全部损失或部分损失的赔偿责任。

4）附加险

在上述 3 类基本险的基础上，保险人还提供了大量的附加险供投保人选择，主要包括一般附加险和特殊附加险。

一般附加险包括偷窃险、提货不着险、淡水雨淋险、短量险、渗漏险、混杂沾污险、碰损险、破碎险、串味险、受潮受热险、钩损险、包装破裂险、锈损险等。

特殊附加险包括交货不到险、进口关税险、舱面险、拒收险、黄曲霉素险、卖方利益险、罢工险、海运战争险等。

5.6.3 陆上货物运输保险

陆上货物运输保险是货物运输保险的一种，主要承保货物在陆上运输中的自然灾害、意外事故以及运输工具本身的损毁造成的货物的部分或全部损失。陆上运输货物保险一般采用“仓到仓”的保险责任条款，主要险别有陆运险和陆运一切险。

1. 陆运险

陆运险的责任范围如下。

（1）被保险货物在运输途中遭受暴风、雷电、洪水、地震等自然灾害，或由于运输工具遭受碰撞、倾覆、出轨，或在驳运过程中因驳运工具遭受搁浅、触礁、沉没、碰撞，或由于遭受隧道坍塌、崖崩或失火、爆炸等意外事故造成的全部损失或部分损失。

（2）被保险人对遭受承保责任内危险的货物采取抢救、防止或减少货损的措施而支付的合理费用。

2. 陆运一切险

陆运一切险的责任范围除了陆运险的保险责任，保险人还负责被保险货物在运输途中外来原因所致的全部损失或部分损失。

3. 主要除外责任

陆运险的除外责任一般包括以下几点。

（1）被保险人的故意行为或过失所造成的损失。

（2）属于发货人责任所引起的损失。

（3）在保险责任开始前，被保险货物已经存在的品质不良或数量短差所造成的损失。

（4）被保险货物的自然损耗、本质缺陷、特性以及市价跌落、运输延迟所引起的损失和费用。

（5）陆上货物运输战争险条款和货物运输罢工险条款规定的责任范围和除外责任。

4. 保险责任期限

陆上货物运输保险一般承保“仓到仓”责任，自被保险货物运离保险单所载明的起运地仓库或储存处所开始运输时生效，包括正常运输过程中的陆上和与其有关的水上驳运在内，直至该项货物运达保险单所载目的地收货人的最后仓库或储存处所，或被保险人用作分配、分派的其他储存处所为止，如被保险货物未运抵上述仓库或储存处所，则以运抵最后卸载的车站满 60 天为止。

5.6.4 航空货物运输保险

航空货物运输保险是以航空运输过程中的各类货物为保险标的，当货物在运输途中因自然灾害、意外事故或飞机事故等原因遭受全部或部分损失时，由保险人提供经济补偿的一种保险业务。航空货物运输保险一般也提供“仓到仓”式的保险责任，包括航空运输险和航空运输一切险。

1. 航空运输险

航空运输险的主要保险责任包括以下几点。

（1）被保险货物在运输途中遭受雷电、火灾、爆炸或由于飞机遭受恶劣气候或其他危难事故而被抛弃，或由于飞机遭受碰撞、倾覆、坠落或失踪意外事故所造成全部或部分损失。

（2）被保险人对遭受承保责任内危险的货物采取抢救、防止或减少货损的措施而支付合理费用。

2. 航空运输一切险

航空运输一切险除包括航空运输险的保险责任外，还负责被保险货物由于外来原因所遭受的全部或部分损失。

3. 主要除外责任

航空货物运输保险的主要除外责任包括以下几点。

（1）被保险人的故意行为或过失所造成的损失。

（2）属于发货人责任所引起的损失。

（3）保险责任开始前，被保险货物已存在的品质不良或数量短差所造成的损失。

（4）被保险货物的自然损耗、本质缺陷、特性以及市价跌落、运输延迟所引起的损失或费用。

（5）航空运输货物战争险条款和货物运输罢工险条款规定的责任范围和除外责任。

4. 保险责任期限

航空货物运输保险一般承担“仓到仓”责任，即自被保险货物运离保险单所载明的起运地仓库或储存处所时，保单即开始生效，包括正常运输过程中使用的所有运输工具，直至货物运达保险单所载明目的地收货人的最后仓库或储存处所或被保险人用作分配、分派或非正常运输的其他储存处所为止。如果被保险货物未运抵上述仓库或储存处所，则以货物在最后卸载地卸离飞机后满 30 天为止。

如果由于被保险人无法控制的原因，如运输延迟、绕道、被迫卸货等，致使被保险货物运到非保险单所载目的地，在被保险人及时通知保险人并经保险人同意后，原保险仍继续有效。如果被保险货物在 30 天期限内继续运往保险单所载原目的地或其他目的地，保险责任仍然继续并按原保单规定的情形终止。

5.7 工程保险

5.7.1 工程保险的概念和意义

工程保险是针对工程项目在建设过程中可能出现的自然灾害和意外事故造成的物质损失，以及依法应对第三方人身伤害或财产损失承担的经济赔偿责任提供保障的综合性保险，主要以各类民用、工业用和公共事业用等工程项目为承保对象。

工程保险对于管理好工程项目风险，从而保护与工程项目相关的多方利益主体的利益具有重要意义，是完善工程承包责任制并有效协调各方利益关系的必要手段。

工程保险作为一个相对独立的险种起源于 20 世纪早期，全世界第一张工程保险单是 1929 年在英国签发的承保泰晤士河上的拉姆贝斯大桥建筑工程的。所以，工程保险的历史相对于财产保险中的火灾保险来说要短得多。由于工程保险具有承保风险责任的多样化（既有财产风险，又有责任风险）、集中化（集中于一个项目的建设期内）、涉及较多的利益关系人（建设方、承包方、分包方、银行等金融机构、未来的使用方、与工程项目相关的第三方如周边单位和居民等）、不同保险险种相互交叉（建筑物保险、机器设备保险、雇主责任保险、第三方责任保险、保证保险等）、承担的风险复杂（不仅包括常规的自然灾害、意外事故、人为疏忽，还包括各类施工中包含的技术风险）等特点，工程保险有别于普通的财产保险，在财产保险的基础上有针对性地形成了独立的工程保险体系。

5.7.2　工程保险的分类

传统上，工程保险按照项目的工程特点分为建筑工程保险和安装工程保险。建筑工程可以理解为以土建为主的工程，如一座大楼从打地基到封顶并进入室内工程之前的阶段。安装工程则主要以安装、维修、更新改造等为主，如大楼内的机器设备安装、装饰装修等。后来，为了适应工程建设市场“交钥匙”承包趋势的发展，业主通常希望承包商能负责总承包，从基建开始一直到业主可以使用为止，所以保险人将上述两类保险进行了合并，推出了**建筑安装工程一切险**（contractors all risks，CAR）。

1. 建筑工程保险

建筑工程保险承保的是各种民用、工业、公共事业的建筑工程，房屋、道路、桥梁、港口、机场、水坝、娱乐场所、管道以及各类市政工程项目等的建设和维修工程，均可投保建筑工程保险。

建筑工程保险的被保险人大致包括以下几个方面。

（1）工程的业主，即建筑工程的最终所有者。

（2）工程承包人，即负责建筑工程项目的施工单位，可以分为总承包人和分承包人。

（3）技术顾问，即由工程所有者聘请的建筑师、设计师、工程师和其他专业技术顾问等。

当存在多个被保险人时，一般由一方出面投保，并负责支付保险费，提出原始索赔。

建筑工程保险的保险标的范围广泛，既有物质财产损失，也有第三者责任赔偿。其中，物质财产方面的保险责任主要有各种自然灾害和意外事故，如洪水、风暴、暴雨、地陷、冰雹、雷电、火灾、爆炸等，同时还承保盗窃、工人或技术人员过失等人为风险，并可以在基本保险责任项下附加特别保险条款，以利于被保险人全面转移自己的风险。

与一般财产保险不同的是，建筑工程保险采用的是工期保险单，即保险责任的起讫通常为建筑工程的开工到竣工。

建筑工程保险的扩展是建筑工程一切险，即将所有不属于建筑工程保险除外责任的物质财产损失和第三者责任赔偿也列为保险责任。

2. 安装工程保险

安装工程保险的标的与建筑工程险一样，也分为物质财产和第三者责任两类。其中，物质财产方面包括安装项目、附属的土木工程项目、场地清理费、所有人或承包人在工地上的其他财产；第三者责任是指在保险有效期内，因在工地发生意外事故造成工地及邻近地区的第三者人身伤害或财产损失，依法应由被保险人承担的赔偿责任和因此而支付的诉讼费及经保险人书面同意的其他费用。

安装工程保险的适用范围包括安装工程项目的所有人、承包人、分承包人、供货人、制造商等，上述各方均可成为安装工程保险的投保人。但实际情形往往是一方投保，其他各方可以通过交叉责任条款获得相应的保险保障。

和建筑工程保险相比，安装工程保险有如下特点。

（1）以安装项目为主要承保对象。

（2）风险分布具有明显的阶段性。

（3）承保风险主要是人为风险，并具有明显的技术色彩。

同样地，安装工程保险的扩展是安装工程一切险，即将不属于安装工程保险除外责任的财产损失和第三者责任赔偿也列为保险责任。

3. 建筑工程保险和安装工程保险的区别

（1）**保障范围不同**。安装工程保险是针对各种设备、装置的安装工程的保险，主要保险责任为自然灾害及意外事故；建筑工程保险承保的是各类工程项目（包括道路、水坝、桥梁、港埠、引水供水工程等）在建造过程中因自然灾害或意外事故引起的损失。

（2）**风险开始时间不同**。建筑工程保险标的物的价值会在开工后逐步增加，保险金额也逐步提高；安装工程保险的标的物一开始就存放于工地，保险人一开始就承担了全部标的物价值的风险，风险比较集中。在机器设备安装好后，试车考核带来的危险以及在试车过程中发生设备损坏的风险是相当大的，这些风险在建筑工程险部分是没有的。

（3）**风险的成因不同**。一般情况下，自然灾害造成建筑工程保险标的损失的可能性较大；安装工程保险的标的物多数是建筑物内的物品及设备，自然灾害导致其损失的可能性较小，而人为因素导致其损失的可能性较大，需要督促被保险人加强现场安全操作管理，严格执行安全操作规程。

（4）**风险损失率不同**。安装工程在交接前必须经过试车考核，而在试车期内，任何潜在的因素都可能造成损失，损失率通常可能占到安装工期内总损失的一半以上。由于风险集中，试车期的安装工程险的保费通常占整个工期保费的很大一部分。

5.8 运输工具保险

5.8.1 汽车保险

5.8.1.1 汽车损失风险与保险概述

汽车事故带来的主要损失风险包括以下几点。

（1）汽车驾驶人的过失导致他人人身受到伤害，驾驶人须依法承担赔偿责任。

（2）驾驶人本人及车上乘客受到的身体伤害。

（3）发生事故车辆的财产损失或车辆被盗。

汽车保险是指对机动车辆因自然灾害或意外事故造成的人身伤亡或财产损失由保险人承担赔偿责任的一种商业保险。汽车保险主要包括第三者责任保险和汽车物理损失保险。

可以从不同角度对汽车保险作进一步的分类，如可分为商业性保险和强制性保险，商业性保险又可分为主险和附加险等。

商业性汽车保险主要包括汽车物理损失保险、第三者责任保险[①]、车上人员责任保险、全车盗抢保险等，其中，汽车物理损失保险承保被保险车辆遭受保险范围内的自然灾害或意外事故造成的被保险车辆本身的损失，保险人依照保险合同的规定给予赔偿。第三者责任保险是对被保险人或其允许的合格驾驶人员在使用被保险车辆过程中发生意外事故，致使第三者遭受人身伤亡或财产损失，由保险人承担依法应由被保险人赔偿的损失。

商业性汽车保险的附加险主要有玻璃单独破碎险、车辆停驶损失险、自燃损失险、新增设备损失险、发动机进水险、无过失责任险、代步车费用险、车身划痕损失险、不计免赔率特约险、车上货物责任险等。

表 5-9 归纳了各类汽车损失风险及可以对相关损失提供部分或全部保障的保险险种，该表不仅显示了汽车保险可以提供的保障范围，同时还列出了其他可以对汽车事故引起的损失进行赔偿的保险，包括个人和团体医疗费用保险、伤残收入保险、人寿保险和社会保险等，这些保险均构成了与汽车事故有关的损失赔偿或补偿的来源。

表 5-9　汽车损失风险和保险

损失风险的类型	保险险种	可能适用的其他保险
被保险人过失导致的：①他人人身伤害；②他人财产损失，包括经济损失、身体与精神伤害；③相关法律费用	● 被保险人的第三者责任险	● 被保险人个人的其他责任保险（见第 6 章）
被保险人本人人身伤害导致的经济损失	● 过失方驾驶员的责任险 ● 被保险人的医疗费用保险或人身伤害保险 ● 当对方驾驶员存在过失且该驾驶员未投保或未足额投保时，被保险人的未投保或未足额投保驾驶员险	● 被保险人的团体或个人医疗 / 伤残 / 人寿保险 ● 如果是与工作相关的伤害，还可使用员工赔偿保险（工伤保险） ● 社会保险中的伤残、生存者给付、社会基本医疗保险
被保险人本人的身体和精神伤害	● 过失方驾驶员的责任险 ● 当其他驾驶员存在过失时，被保险人的未投保或未足额投保驾驶员险	● 无
被保险车辆的物理损失	● 过失方驾驶员的责任险 ● 被保险人本人的汽车物理损失险 ● 当对方驾驶员存在过失时，被保险人的未投保或未足额投保驾驶员险	● 无
被保险车辆的其他损失和被盗	● 被保险人本人的车辆附加险、盗抢险等	● 无

从国际上看，汽车保险保单按所承担的主要保险责任可分成四类。

（1）被保险人的过失导致第三方受损的“第三者责任”保险。

（2）被保险人本身的“第一方”医疗费用保险。

① 在汽车保险中，保险人是第一方，也叫第一者；被保险人是第二方，也叫第二者；除保险人与被保险人之外的，因保险车辆的意外事故而遭受人身伤害或财产损失的受害人是第三方，也叫第三者。

（3）赔偿由无责任险或责任限额较低的驾驶员对被保险人造成损失的“未投保或未足额投保驾驶员险”[①]。

（4）汽车物理损失险和盗窃险。

5.8.1.2 汽车责任保险

汽车责任保险承保被保险人在使用汽车过程中对他人人身造成伤害或财产损失时应承担的责任。汽车责任保险一般会设定“单一限额”，即一次事故中可以赔偿损失的总限额。从国际上看，多数国家和地区都设立了强制责任保险法，即要求每个汽车所有者都必须购买规定数额的汽车责任保险。下面我们以中国市场为例，介绍汽车责任保险。

1. 机动车交通事故责任强制保险（交强险）

机动车交通事故责任强制保险[②]（简称交强险）是我国首个由国家法律规定实行的强制保险制度。《机动车交通事故责任强制保险条例》[③]规定：由保险公司对被保险机动车发生道路交通事故造成本车人员、被保险人以外的受害人的人身伤亡、财产损失，在责任限额内予以赔偿的强制性责任保险。实行交强险制度是通过国家法规强制机动车所有人或管理人购买相应的责任保险，在最大程度上为交通事故受害人提供及时和基本的保障。

1）保险责任

被保险人在使用被保险机动车过程中发生交通事故，致使受害人遭受人身伤亡或者财产损失，依法应当由被保险人承担的损害赔偿责任，保险人按照交强险合同的约定对每次事故在下列赔偿限额内负责赔偿。

（1）死亡伤残赔偿限额为 180 000 元。

（2）医疗费用赔偿限额为 18 000 元。

（3）财产损失赔偿限额为 2000 元。

（4）被保险人无责任时，无责任死亡伤残赔偿限额为 18 000 元；无责任医疗费用赔偿限额为 1800 元；无责任财产损失赔偿限额为 100 元。

2）垫付与追偿

和普通商业汽车责任保险不同的是，交强险中包括了旨在为交通事故中受害方提供及时救助的条款，即当被保险机动车的驾驶人出现了某些不当甚至违法行为情况下造成的交通事故，保险公司也会在规定的条件下先行垫付受害人所需要的抢救费用，然后再去向相关致害方进行追偿。

3）责任免除

主要的免责情形有以下几种。

（1）因受害人故意造成的交通事故的损失。

（2）被保险人所有的财产及被保险机动车上的财产遭受的损失。

---

① 中国目前没有开办此类保险。

② 根据 2020 年中国保险行业协会修订的《机动车交通事故责任强制保险条款》。

③ 《机动车交通事故责任强制保险条例》由国务院 2006 年 3 月 21 日公布，2006 年 7 月 1 日开始实施，2019 年 3 月 2 日修订。

（3）被保险机动车发生交通事故，致使受害人停业、停驶、停电、停水、停气、停产、通信或者网络中断、数据丢失、电压变化等遭受的损失，以及受害人财产因市场价格变动产生的贬值、修理后因价值降低产生的损失等其他各种间接损失。

（4）因交通事故产生的仲裁或诉讼费用以及其他相关费用。

4）保险期间和费率

交强险合同的保险期间为一年。

交强险的费率实行基础费率加浮动费率的方式，其中基础费率根据不同的车型和使用用途有所不同，以最常见的家庭用 6 座以下的轿车为例，2007 年 7 月 1 日后适用的基础费率是 950 元 / 年。浮动费率方面，根据《机动车交通事故责任强制保险费率浮动暂行办法》，从 2007 年 7 月 1 日起实行交强险费率与道路交通事故相联系的制度（见表 5-10）。2020 年 9 月 9 日，中国银保监会对交强险费率浮动系数进行了调整，调整后的浮动系数各地区有所不同，其中北京、天津、河北、宁夏四个地区实行的费率调整方案见表 5-11。

表 5-10　交强险费率浮动比例（2007 年）

浮动因素			浮动比率
与道路交通事故相联系的浮动 A	A1	上一年度未发生有责任道路交通事故	-10%
	A2	上两年度未发生有责任道路交通事故	-20%
	A3	上三个及以上年度未发生有责任道路交通事故	-30%
	A4	上一个年度发生一次有责任不涉及死亡的道路交通事故	0%
	A5	上一年度发生两次及两次以上有责任道路交通事故	10%
	A6	上一年度发生有责任道路交通死亡事故	30%

资料来源：《机动车交通事故责任强制保险费率浮动暂行办法》，中国保监会，2007 年 6 月 27 日。

表 5-11　调整后的交强险费率浮动比例（2020 年）

浮动因素			浮动比率
与道路交通事故相联系的浮动 D	D1	上一年度未发生有责任道路交通事故	-15%
	D2	上两年度未发生有责任道路交通事故	-25%
	D3	上三个及以上年度未发生有责任道路交通事故	-35%
	D4	上一个年度发生一次有责任不涉及死亡的道路交通事故	0%
	D5	上一年度发生两次及两次以上有责任道路交通事故	10%
	D6	上一年度发生有责任道路交通死亡事故	30%

交强险保费的计算方法：

交强险最终保险费 = 交强险基础保险费 ×（1+ 与道路交通事故相联系的浮动比率）

2. 第三者责任保险

1）保险责任

汽车第三者责任保险承保被保险人或其允许的合格驾驶员在使用被保险车辆过程中，因发生意外事故致使第三者遭受人身伤亡或财产损失而依法或依据合同应承担的经济赔偿责任。实践中的做法通常是，第三者责任保险的赔偿会和相关强制责任保险的赔偿结合起来，一般先利用强制责任保险的赔偿额度进行赔付，当超过强制保险的赔偿限额后，再由商业的第三者责任保险在责任范围和限额内进行赔付。

第三者责任保险的保险人一般是依据被保险车辆一方在事故中所负的事故责任比例，承担相应的赔偿责任。比如，若被保险车辆一方负主要责任，则事故责任比例为70%；若被保险车辆一方负同等责任，则事故责任比例为50%；若被保险车辆一方负次要责任，则事故责任比例为30%。

2）除外责任

第三者责任保险的除外责任可以从以下几个方面来看。

（1）除外的情况，包括以下几种。

- 事故发生后，被保险人或其允许的驾驶人故意破坏、伪造现场，毁灭证据。
- 驾驶人：①事故发生后，在未依法采取措施的情况下驾驶被保险机动车或者遗弃被保险机动车离开事故现场；②饮酒、吸食或注射毒品、服用国家管制的精神药品或者麻醉药品；③无驾驶证，驾驶证被依法扣留、暂扣、吊销、注销期间；④驾驶与驾驶证载明的准驾车型不相符合的机动车；⑤实习期内驾驶公共汽车、营运客车或者执行任务的警车、载有危险物品的机动车或牵引挂车的机动车；⑥驾驶出租机动车或营业性机动车无交通运输管理部门核发的许可证书或其他必备证书；⑦学习驾驶时无合法教练员随车指导；⑧非被保险人允许的驾驶人。

- 被保险机动车：①发生保险事故时被保险机动车行驶证、号牌被注销的，或者未按规定检验或检验不合格；②被扣押、收缴、没收、政府征用期间；③在竞赛、测试期间，在营业性场所维修、保养、改装期间；④全车被盗窃、被抢劫、被抢夺、下落不明期间。

（2）除外的致损原因，包括以下几点。

- 地震及其次生灾害、战争、军事冲突、恐怖活动、暴乱、污染（含放射性污染）、核反应、核辐射。
- 第三者、被保险人或其允许的驾驶人的故意行为、犯罪行为，第三者与被保险人或其他致害人恶意串通的行为。
- 被保险机动车被转让、改装、加装或改变使用性质等，被保险人、受让人未及时通知保险人，并且因转让、改装、加装或改变使用性质等导致被保险机动车危险程度显著增加。

（3）除外的损失，包括以下几种。

- 被保险机动车发生意外事故，致使任何单位或个人停业、停驶、停电、停水、停气、停产、通信或网络中断、电压变化、数据丢失造成的损失以及其他各种间接损失。
- 第三者财产因市场价格变动造成的贬值，修理后因价值降低引起的减值损失。
- 被保险人及其家庭成员、被保险人允许的驾驶人及其家庭成员所有、承租、使用、管理、运输或代管的财产的损失，以及本车上财产的损失。

- 被保险人、被保险人允许的驾驶人、本车车上人员的人身伤亡。
- 停车费、保管费、扣车费、罚款、罚金或惩罚性赔款。
- 超出《道路交通事故受伤人员临床诊疗指南》和国家基本医疗保险同类医疗费用标准的费用部分。
- 律师费，未经保险人事先书面同意的诉讼费、仲裁费。
- 投保人、被保险人或其允许的驾驶人知道保险事故发生后，故意或者因重大过失未及时通知，致使保险事故的性质、原因、损失程度等难以确定的，保险人对无法确定的部分，不承担赔偿责任，但保险人通过其他途径已经及时知道或者应当及时知道保险事故发生的除外。
- 因被保险人违反《机动车商业保险示范条款》第二十八条约定，导致无法确定的损失。
- 精神损害抚慰金。
- 应当由机动车交通事故责任强制保险赔偿的损失和费用。

3）免赔率

保险人在依据保险合同约定计算赔款的基础上，在保险单载明的责任限额内，按照下列方式免赔。

- 被保险机动车一方负次要事故责任的，实行 5% 的事故责任免赔率。
- 负同等事故责任的，实行 10% 的事故责任免赔率。
- 负主要事故责任的，实行 15% 的事故责任免赔率。
- 负全部事故责任的，实行 20% 的事故责任免赔率。

3. 交强险和商业第三者责任保险的区别

交强险与商业第三者责任保险的区别主要有以下五点。

1）赔偿原则不同

交强险实行的是“无过错责任”原则，即无论被保险人在交通事故中是否负有责任，保险公司均将在责任限额内予以赔偿，也不设免赔率和免赔额。

2）保障范围不同

交强险的保障范围广，商业险的保障范围相对窄。发生保险事故时，交强险不仅承担被保险人有责任时依法应由被保险人承担的损害赔偿责任，还要承担被保险人无责任时其相应的损害赔偿责任。

根据商业险保障范围，在被保险人无责任或无过错的情况下，保险人不承担赔偿责任。另外，商业险条款的“责任免除”项下还列明了许多保险人不承担赔偿的情形。

3）交强险具有强制性

交强险是国家规定的强制性保险。根据《机动车交通事故责任强制保险条例》的规定，机动车的所有人或管理人都应当投保交强险，也就是说机动车的所有人或管理人每年都需要对其进行投保。同时，保险公司不能拒绝承保，不得拖延承保和不得随意解除合同。

商业三责险不具有强制性，投保人与保险公司在自愿、平等的条件下订立保险合同。

投保人可以只投保交强险，当然，这样做由于保障范围和保障程度相对有限，投保人仍会承担较大风险。

4）交强险实行统一条款和费率

交强险实行统一保险条款和基础费率，政府监管部门按照交强险业务总体上“不盈利、不亏损”的原则审批费率。

5）交强险实行分项责任限额

交强险根据人身伤害、医疗费用、财产损失等分别确定每项责任的赔偿限额。

商业三责险则采取统一的赔偿限额，可以用于人身、医疗、财产等方面的损失赔偿。

4. 实行机动车责任强制保险的原因

现实当中，很多人并不会自愿地购买汽车责任保险，许多驾驶员也没有对交通事故可能导致的自身医疗费用或收入损失购买保险。这种保险保障的缺乏一定程度上反映了一些人没有钱支付保费，或者可能是低估了损失风险，以致认为购买保险并不划算。然而，人们不购买相关保险的一个十分重要的原因是，发生事故的成本中的一部分或大部分会由其他人来承担。例如，一个没有什么财产的驾驶员通常因为可以得到法庭判决的保护而没有足够的经济激励去购买责任保险；如果一个未购买保险的人在汽车事故中受伤后会有其他人为其支付医疗费用，他也就不会有动力购买保险。

在这些现实情形下对是否需要强制保险的讨论主要是要厘清强制保险是否具有这种可能性：强制保险的实施能通过使人们在决定是否驾驶、使用什么类型汽车、怎样安全驾驶等问题时，会更多地考虑他们的行为成本，进而减少相关的风险成本。我们先简要讨论一下实施强制保险的经济原因，然后介绍一些对强制保险的批评意见，同时指出强制保险法对各相关方收益和成本的影响，并简要阐述强制保险是否公平的问题。

1）经济原因的分析

（1）对驾驶决定的影响

我们暂不考虑如果人们不为自己的责任或经济损失购买保险，他们将如何安全地驾驶，而是集中于强制保险对驾驶决定的影响。一个基本观点是，如果没有强制保险，即使驾驶的全部成本超过了从驾驶中获得的好处，一些人还是会决定驾驶；而强制保险的存在将使这些人中的一部分选择放弃驾驶，从而减少了总风险成本。

假定张某拥有并驾驶着一辆汽车，不采用其他交通方式，其每月交通成本为1500元，这一金额包括了汽车成本、汽油费用和未购买保险而发生事故时张某要承担的期望损失成本，或者是张某为避免这些损失而购买保险所要支付的保费。另外还假定，在没有汽车责任险及医疗费用险的情况下，张某驾驶汽车造成损失的期望成本是每月500元，这一金额包括由于张某的过失对他人造成伤害的预期损害赔偿金，以及由其他人承担的张某的期望医疗费用。因此，张某驾驶的实际总成本是每月2000元，但其支付的成本只有1500元。

如果张某把驾驶（相对于不驾驶）的价值定为至少2000元，则其选择驾驶汽车得到的好处超过了其支付的成本。如果张某把驾驶的价值定为1750元，则所有各方的总成本（2000元）就会超过张某的收益（250元）。但张某还是会选择驾驶，除非强迫他买保险，因为他的收益超过了由他承担的成本（1500 元）。在这种情形下，张某驾驶的风险成本没有最小化，因为驾驶的总成本（2000 元）超过了驾驶带来的收益（1750 元）。

如果现在实施了强制保险法，迫使张某在驾驶的情况下必须购买汽车责任险和医疗费用险。简单起见，假定张某能以 500 元的保费购买汽车责任险和医疗费用险，则他的驾驶总成本变为 2000 元，这时，驾驶的收益（1750 元）小于驾驶的成本（2000 元）。因此，从道理上讲，张某将会选择放弃驾驶。通过这种使一些人减少驾驶的方式，强制保险减少了总风险成本。

我们把这个关于强制保险的观点称为“要么付费，要么乘公交”原理，即要么支付保费选择驾驶，要么放弃驾驶而选择乘公交、步行等。我们认为，这一观点恰好说明了经济学家经常让人们感到迷惑的一个原因。我们可以设想一下：如果问 10 000 个随机选择的成年人，为什么汽车责任险是强制的，大概只有少数人会说让那些认为驾驶收益小于驾驶成本的人放弃驾驶是重要的。许多人或许会非常赞同的是“让未投保的驾驶员离开马路”，但实际上并不是这么回事。

我们以两个观察结果作为关于强制保险对驾驶决定影响讨论的结束：第一，大多数人模糊的观点并不意味着没有说服力，“要么付费，要么乘公交”原则在理论上是合理的；第二，如果大多数人认为驾驶的价值很大，则强制保险只会使很少一部分人放弃驾驶，即大多数人宁愿付费也不会去乘公交。

（2）安全效应

与实施强制保险相关的另一个原因是，认为它可以鼓励人们更安全地驾驶，因而能减少总风险成本。例如，未投保责任险但受法庭判决保护的驾驶员经常会没有足够的激励去谨慎驾驶以减少对其他人的伤害，强迫他购买保费与其驾驶记录挂钩的汽车责任险将能激励他更加安全地驾驶。

2）对强制责任保险的批评

强制性汽车责任保险也因为很多原因受到人们的批评，并在实践中具有一些局限性。

强制保险使收入出现了从低收入、拥有较少财产的人向高收入、拥有较多财产的人的转移。原因很简单，低收入人群最容易受强制保险的影响，他们将被迫支付更多原来由其他人（通常是具有更高收入和更多财产的人）负担的损失成本。例如，有了强制责任险后，原来参加保险的驾驶员会发现自己用于购买未投保驾驶员险的费用会有所减少，因为更多的低收入驾驶员购买了责任保险。同样，中等收入和高收入阶层的工人比低薪或失业工人拥有更多的团体医疗保险。如果强制汽车医疗险减少了可能部分转移给团体医疗险负担的医疗费用，则团体医疗险的成本就可能下降，并且这种下降会使更有可能拥有团体医疗保险的中高收入工人受益。

如果强制保险对收入分配的确具有负面影响的话，人们就会担心强制保险是否公平。如果能对保险成本进行补贴，则负面影响可被削弱，这是可以做到的，例如对低收入地区的汽车责任险价格进行管制。在实践中，被迫购买昂贵责任险的低收入人群也会施加政治压力要求给予补贴，这种政治压力可能远远超过不给予补贴的压力。

任何对强制保险的价格补贴都会减轻强制保险给低收入人群带来的负担，同时也削弱了强制保险通过使低收入人群承担其行为成本而降低风险成本的能力。原来已投保的驾驶员现在可能支付了较少的未投保驾驶员险的保费，却不得不支付较多的其他保费，为低收入人群提供补贴。在这些情况下，强制保险对不同人群和总风险成本的影响变得模糊。另外，价格补贴会导致其他扭曲现象的发生，如出现庞大的剩余市场（residual market）① 和对谨慎驾驶激励作用的削弱。

专栏阅读

强制责任保险公平吗?

5.8.1.3 汽车物理损失保险

1. 保险责任

保险期间内，被保险人或其允许的驾驶人在使用被保险机动车过程中，因下列原因造成被保险机动车的直接损失，且不属于保险人免责范围的，保险人将依照合同约定进行赔偿。

- 碰撞、倾覆、坠落。
- 火灾、爆炸。
- 外界物体坠落、倒塌。
- 雷击、暴风、暴雨、洪水、龙卷风、冰雹、台风、热带风暴。
- 地陷、崖崩、滑坡、泥石流、雪崩、冰陷、暴雪、冰凌、沙尘暴。
- 受到被保险机动车所载货物、车上人员意外撞击。
- 载运被保险机动车的渡船遭受自然灾害（只限于驾驶人随船的情形）。

发生保险事故时，被保险人或其允许的驾驶人为防止或减少被保险机动车的损失所支付的必要的、合理的施救费用，由保险人承担；施救费用数额在被保险机动车损失赔偿金额以外另行计算，最高不超过保险金额。

2. 责任免除

下列情况下，不论任何原因造成被保险机动车的任何损失和费用，保险人均不负责赔偿。

（1）事故发生后，被保险人或其允许的驾驶人故意破坏、伪造现场、毁灭证据。

（2）驾驶人有下列情形之一者。

- 交通肇事逃逸。
- 饮酒、吸食或注射毒品、服用国家管制的精神药品或者麻醉药品。
- 无驾驶证，驾驶证被依法扣留、暂扣、吊销、注销期间。
- 驾驶与驾驶证载明的准驾车型不符的机动车。
- 在实习期内驾驶公共汽车、营运客车或者执行任务的警车、载有危险物品的机动车或牵引挂车的机动车。

---

① 对费率或者风险分类进行限制的话，会使一些投保人的保费低于其期望索赔成本，无法为保险人带来利润，那么保险人将不愿意向这些人出售保险，因而会出现一个所谓的剩余市场（residual market），一些国家通过建立剩余市场制度来解决保险供给不足的问题。剩余市场制度规定，保险人在其经营地域范围内必须承保某些类型的保险，如交强险、员工赔偿保险，而且在承保时即使做不到接受全部投保申请，也必须接受其中绝大部分。如果保险人想要在自愿市场（voluntary market）上出售这些保险，那么他就必须参与剩余市场。在监管过程中，政府经常将价格定得低于保险人承保的成本（如低于公平保费），所以剩余市场的业务常常会带来经营损失。而剩余市场的设计原则是，按照保险人在自愿保险市场的份额比例，将经营损失在他们之间进行分配。

- 驾驶出租机动车或营业性机动车无交通运输管理部门核发的许可证书或其他必备证书。
- 学习驾驶时无合法教练员随车指导。
- 非被保险人允许的驾驶人。

（3）被保险机动车有下列情形之一者。

- 发生保险事故时被保险机动车行驶证、号牌被注销的，或未按规定检验或检验不合格。
- 被扣押、收缴、没收、政府征用期间。
- 在竞赛、测试期间，在营业性场所维修、保养、改装期间。
- 被保险人或其允许的驾驶人故意或重大过失，导致被保险机动车被利用从事犯罪行为。

（4）下列原因导致的被保险机动车的损失和费用，保险人不负责赔偿。

- 地震及其次生灾害。
- 战争、军事冲突、恐怖活动、暴乱、污染（含放射性污染）、核反应、核辐射。
- 人工直接供油、高温烘烤、自燃、不明原因火灾。
- 违反安全装载规定。
- 被保险机动车被转让、改装、加装或改变使用性质等，被保险人、受让人未及时通知保险人，且因转让、改装、加装或改变使用性质等导致被保险机动车危险程度显著增加。
- 被保险人或其允许的驾驶人的故意行为。

（5）下列损失和费用，保险人不负责赔偿。

- 市场价格变动造成的贬值、修理后因价值降低引起的减值损失。
- 自然磨损、朽蚀、腐蚀、故障、本身质量缺陷。
- 遭受保险责任范围内的损失后，未经必要修理并检验合格继续使用，致使损失扩大的部分。
- 投保人、被保险人或其允许的驾驶人知道保险事故发生后，故意或者因重大过失未及时通知，致使保险事故的性质、原因、损失程度等难以确定的，保险人对无法确定的部分，不承担赔偿责任，但保险人通过其他途径已经及时知道或者应当及时知道保险事故发生的除外。
- 被保险机动车全车被盗窃、被抢劫、被抢夺、下落不明，以及在此期间受到的损坏，或被盗窃、被抢劫、被抢夺未遂受到的损坏，或车上零部件、附属设备丢失。
- 车轮单独损坏，玻璃单独破碎，无明显碰撞痕迹的车身划痕，以及新增设备的损失。
- 发动机进水后导致的发动机损坏。

3. 免赔率与免赔额

保险人在依据保险合同约定计算赔款的基础上，按照下列方式免赔。

- 被保险机动车一方负次要事故责任的，实行 5% 的事故责任免赔率；负同等事故责任的，实行 10% 的事故责任免赔率；负主要事故责任的，实行 15% 的事故责任免赔率；负全部事故责任或单方肇事事故的，实行 20% 的事故责任免赔率。

- 被保险机动车的损失应当由第三方负责赔偿，无法找到第三方的，实行 30% 的绝对免赔率。
- 违反安全装载规定，但不是事故发生的直接原因的，增加 10% 的绝对免赔率。
- 对于投保人与保险人在投保时协商确定绝对免赔额的，本保险在实行免赔率的基础上增加每次事故绝对免赔额。

4. 保险金额

保险金额按投保时被保险机动车的实际价值确定。

投保时被保险机动车的实际价值由投保人与保险人根据投保时的新车购置价减去折旧金额后的价格协商确定，或根据市场公允价值协商确定；折旧金额根据保险合同列明的参考折旧系数表确定。

5.8.1.4 汽车盗抢保险

1. 保险责任

保险期间内，被保险机动车的下列损失和费用，不属于保险人免责范围的，保险人依照保险合同的约定负责赔偿。

（1）被保险机动车被盗窃、抢劫、抢夺，经出险当地县级以上公安刑侦部门立案证明，满 60 天未查明下落的全车损失。

（2）被保险机动车全车被盗窃、抢劫、抢夺后，受到损坏或车上零部件、附属设备丢失需要修复的合理费用。

（3）被保险机动车在被抢劫、抢夺过程中，受到损坏需要修复的合理费用。

2. 责任免除

下列情况下，不论任何原因造成被保险机动车的任何损失和费用，保险人均不负责赔偿。

（1）被保险人索赔时未能提供出险地县级以上公安刑侦部门出具的盗抢案件立案证明。

（2）驾驶人、被保险人、投保人故意破坏现场、伪造现场、毁灭证据。

（3）被保险机动车被扣押、罚没、查封、政府征用期间。

（4）被保险机动车在竞赛、测试期间，在营业性场所维修、保养、改装期间，被运输期间。

下列损失和费用，保险人不负责赔偿。

（1）地震及其次生灾害导致的损失和费用。

（2）战争、军事冲突、恐怖活动、暴乱导致的损失和费用。

（3）因诈骗引起的任何损失；因投保人、被保险人与他人的民事、经济纠纷导致的任何损失。

（4）被保险人或其允许的驾驶人的故意行为、犯罪行为导致的损失和费用。

（5）非全车遭盗窃，仅车上零部件或附属设备被盗窃或损坏。

（6）新增设备的损失。

（7）遭受保险责任范围内的损失后，未经必要修理并检验合格继续使用，致使损失扩大的部分。

（8）被保险机动车被转让、改装、加装或改变使用性质等，被保险人、受让人未及时通知保险人，且因转让、改装、加装或改变使用性质等导致被保险机动车危险程度显著增加而发生保险事故。

（9）投保人、被保险人或其允许的驾驶人知道保险事故发生后，故意或者因重大过失未及时通知，致使保险事故的性质、原因、损失程度等难以确定的，保险人对无法确定的部分，不承担赔偿责任，但保险人通过其他途径已经及时知道或者应当及时知道保险事故发生的除外。

3. 免赔率

保险人在依据保险合同约定计算赔款的基础上，按照下列方式免赔。

（1）发生全车损失的，绝对免赔率为 20%。

（2）发生全车损失，被保险人未能提供《机动车登记证书》、机动车来历凭证的，每缺少一项，增加 1% 的绝对免赔率。

4. 保险金额

保险金额根据投保时被保险机动车的实际价值协商确定。

投保时被保险机动车的实际价值由投保人与保险人根据投保时的新车购置价减去折旧金额后的价格协商确定，或根据市场公允价值协商确定；折旧金额可根据保险合同列明的参考折旧系数表确定。

5.8.1.5　汽车保险附加险

汽车保险的附加险不能独立投保。当附加险条款与主险条款相抵触时，以附加险条款为准；附加险条款未尽之处，以主险条款为准。常见的附加险如下。

- 玻璃单独破碎险。
- 自燃损失险。
- 新增加设备损失险。
- 车身划痕损失险。
- 发动机涉水损失险。
- 修理期间费用补偿险。
- 车上货物责任险。
- 精神损害抚慰金责任险。
- 不计免赔特约险。
- 机动车损失保险无法找到第三方特约险。
- 指定修理厂险。

5.8.2　飞机保险（航空保险）

5.8.2.1　飞机保险的概念和特点

飞机保险又称为航空保险，是为飞机提供的财产保险和责任保险，涵盖了在维护和使用飞机过程中，由航空风险造成的财产损失、人员伤害损失，可以使飞机所有者和飞机运营商免受不可预见的损失。

航空保险保单与其他运输保险保单明显不同，而且往往包括航空术语，以及航空保险特有的术语、限制和条款。

1）必须分保或共保

飞机价值昂贵，一旦发生空难，标的损失及责任赔偿总额巨大，因此必须采取分保或共保的方式承保，以转嫁保险人的风险，维持航空保险经营的稳健。

2）采用定值保险方式承保

飞机机身保险通常采用定值保险，原因是国际飞机市场改进型飞机的价格不断上涨，不定值保险的方式难以满足航空承运人的需要，而且一旦发生索赔，赔款的计算非常麻烦费时，因此保险人对飞机保险通常采用定值方式承保。

3）法定责任保险

飞机保险中的责任保险包括第三方责任保险和机上乘客责任保险，在很多国家都被列为法定责任保险，飞机的所有者或承运人必须购买，以为被保险飞机在使用过程中对第三方及机上乘客造成的人身伤害和财产损失提供赔偿。

5.8.2.2 飞机保险的类型

飞机保险包括公众责任保险、乘客责任保险、综合责任险和机身损失保险等。

1. 公众责任保险

公众责任保险通常被称为第三方责任保险，保障的是飞机所有者对第三方财产造成的损害，如房屋、汽车、农作物、机场设施和其他在碰撞中坠毁的飞机，不提供对被保险飞机本身损害的保险，也不为在被保险飞机上受害的乘客提供保险。公众责任保险在大多数国家都是强制性的，通常按每次事故的特定赔偿限额进行投保。

2. 乘客责任保险

乘客责任保险的保障对象是在飞机事故中被保险飞机上乘客的人身伤害和财产损失。在许多国家，这种保险会强制用于商用飞机，保险通常以“每个座位”为基础销售，每个座位都有规定的限额。

3. 综合责任保险

综合责任保险就是将公共责任保险和乘客责任保险合并为一个保险，规定了每次事故的单一总限额。这种保险在支付责任索赔方面拥有更大的灵活性，特别是当乘客受到了伤害但对地面上第三方造成的损害很小时。

4. 机身损失保险

1）停放时机身保险

这种保险为被保险飞机提供在地面不运动时可能面临的风险损失的保障，包括发生火灾、盗窃、破坏、洪水、泥石流、动物损坏、台风或冰雹、机库倒塌或被没有保险的车辆或飞机撞击等事件给飞机机身造成的损失。

2）飞行时机身保险

这种保险对被保险飞机在飞行和地面操作过程（包括进入停机坪或仓库的过程）中出

现的损坏提供赔偿，当然这种保险的保费也会较高。

5.8.3 船舶保险

5.8.3.1 船舶保险的概念和特点

船舶保险是以各种类型船舶为保险标的的保险。船舶保险中对船舶的定义是：能够漂浮并航行于海洋、江河、湖泊等可通航水域，且能够自由地、有控制地将货物或旅客从一个港口运往另一个港口的浮动物体。

和其他运输工具保险相比，船舶保险具有以下显著特点。

（1）保障范围广，通常包括对以下方面的保障：船壳、机器、设备、燃料、供给品、有关的利益、费用、公众责任及乘客责任等。

（2）危险相对集中，往往会发生巨额赔款。

（3）船舶所有人、使用人的经营管理水平对船舶安全有重要直接影响。

5.8.3.2 船舶保险的主要内容

1. 保障对象

（1）船舶的物质损失：凡是属于船舶本身及附属于船上并为被保险人所拥有的财产均可列入保障对象。

（2）与船舶相关的利益损失：船舶因事故发生而停航、修理等导致被保险人遭受的各种利益损失也可列为保障对象。

（3）与船舶相关的对第三方的赔偿责任：船舶发生碰撞事故后船东或租船人对第三方造成的财产损失或人身伤害依法应承担的经济赔偿责任可列入保障对象，如碰撞导致的对方的损失、油污责任、清除航道责任及打捞沉船责任等。

2. 主要保险责任

船舶保险对下列原因导致的损失承担赔偿责任。

1）以下原因导致的船舶自身的损失

（1）海上风险：包括海上自然灾害（地震、海啸、火山爆发、雷电等）和搁浅、碰撞、碰触浮动或固定物体等事故。

（2）火灾或爆炸。

（3）来自外界的暴力盗窃或海盗行为。

（4）抛弃货物：海难发生时，为了船舶安全而将船舶装载的自有货物抛弃导致船舶受损，或抛弃运载货物导致的共同海损应由船舶方分摊的损失。

（5）核装置或核反应堆发生的故障或意外事故，该核装置或核反应堆必须是船舶的动力，非核武器，非军事用途。

（6）船员的疏忽。

（7）装卸或移动货物或燃料时发生的意外事故。

（8）船舶机件或船壳存在潜在缺陷。

（9）船长、船员有意损害被保险人利益的行为。

（10）船长、船员或领航员、修理人员及租船人的疏忽行为。

（11）任何政府当局为防止或减轻因船舶事故导致污染所采取的行动。

2）第三者责任

被保险船舶因与其他船舶碰撞或与其他物体触碰引起的被保险人依法应负的赔偿责任。

3）共同海损和救助

船舶保险还可以包括负责赔偿保险船舶的共同海损、救助费用的分摊部分。被保险船舶若发生共同海损牺牲，被保险人可获得对这种损失的全部赔偿，而无须先行使向其他方索取分摊额的权利。

船舶和船上所载货物遭遇共同危险时，为共同安全而主动采取合理措施造成的特殊牺牲和支付的特殊费用称为共同海损。如果船上有关利益各方均因为此危险而遭受损失威胁，可列入共同海损分摊。船舶遭受风险袭击，凭借本身力量无法摆脱危险时，请求第三方或第三方自愿提供帮助解脱其所处危险的行为而产生的费用称为救助费用；当请求第三方救助时，国际上通行的做法（除油轮救助外）是“无效果，无报酬”，即无施救效果则不会产生施救费用。

4）施救费用

承保的风险造成船舶损失或使船舶处于危险之中时，被保险人为防止或减少损失而付出的合理费用，保险人会予以赔付。

3. 责任免除

船舶保险的主要除外责任是对下列原因导致的损失，保险人不承担赔偿责任。

（1）船舶不适航。

（2）被保险人及其代表的疏忽行为。

（3）被保险人职责范围内应发现的正常磨损、锈蚀、腐烂或保养不周、材料缺陷。

（4）战争、罢工。

（5）清除障碍物、残骸及航道费用。

4. 保险期限

船舶保险的保险期限分为定期和航次两种。定期的期限一般为三个月至一年。航次分两种情况：不装载货物的，保险期限自起锚开始到目的港抛锚结束；装载货物的自起运港装载货物开始，到目的港卸货完毕止，但规定自抛锚停泊到卸货完毕不应超出 30 天，整个保险期限不超过 90 天，超出 90 天的双方应以特约形式加费承保。

5. 保险金额、保险费率和免赔额

船舶保险的保险金额根据保险价值确定，保险费率根据多个因素确定，主要有船龄、船型、船籍、种类、航行范围、货物、级别、船舶状况、船队规模、保险金额、经营管理状况、事故损失记录等。

在免赔额方面，各国情况不同。有的国家有绝对免赔额，有的国家根据事故的类型设定或不设定免赔额，有的国家未设定免赔额。

6. 附加险

战争险、罢工险是船舶保险的主要附加险，该保险主要对以下原因导致的损失承担赔偿责任。

（1）战争、内战、革命、叛乱或由此引起的内乱或敌对行为。

（2）捕获、扣押、扣留、羁押、没收或封锁。

（3）各种战争武器，如水雷、鱼雷、炸弹。

（4）罢工、被迫停工。

（5）民变、暴动。

（6）任何怀有政治动机的恶意行为。

（7）对下列原因导致的损失、责任或费用不承担赔偿责任。

- 原子弹、氢弹或核武器的爆炸。
- 船舶的船籍国或登记国政府或地方当局采取的或命令的捕获、扣押、扣留、羁押、没收。
- 被征用或征购。
- 联合国安理会常任理事国之间爆发战争（无论是否宣战）。

5.8.4　铁路车辆保险

铁路车辆保险是以各种铁路车辆为保险标的的保险。对于所有不论行驶于准轨或窄轨上的蒸汽机车、内燃机车、电动机车、客车、货车、槽车、矿车、守车等，除了封存和长期停止行驶的，都可投保铁路车辆保险。在保险责任范围内，保险公司对保险铁路车辆本身的损失和保险铁路车辆所造成的第三者人身伤亡或财产损失负赔偿责任。

铁路车辆保险的责任范围包括车辆险、第三者责任险和施救保护费用。

1. 车辆险

被保险车辆因出轨、倾覆、碰撞、火灾、雷电、爆炸、飓风、冰雹、崖崩、洪水、地震、地陷、隧道坍塌、空中运行物体的坠落所致之损失，保险人在保险金额限度内负赔偿责任。但保险车辆因出轨、倾覆致使铁路桥梁或路基遭到损失，在连结车辆或调车过程中发生冲撞所致的损失，以及所载货物与车体或车辆本身结构之间的冲撞所致的损失，均不在保险责任范围内。

2. 第三者责任险

被保险车辆因发生碰撞或爆炸等意外事故致使第三者遭受人身伤亡或财产损毁，依法应由被保险人负责时，保险人负责赔偿。但被保险车辆上的驾驶人员、乘客遭受伤亡，以及车上所载货物遭受损毁，不论法律上是否应由被保险人承担经济赔偿责任，均不在保险责任范围内。保险人对每一次事故的赔偿金额有的采取以不超过该车辆的保险金额为限，有的采取无限额方式。

3. 施救保护费用

当发生保险责任范围内的灾害或事故时，因施救或保护被保险车辆而支出的合理费用，每次以不超过保险金额为限进行赔偿，并与车辆险、第三者责任险的赔偿分开计算。

5.9 农业保险

5.9.1 农业保险的基本概念、分类

1. 基本概念

专栏阅读

我国农业保险的发展

农业保险（agricultural insurance）是指保险机构根据农业保险合同，对被保险人在种植业、林业、畜牧业和渔业生产中因保险标的遭受约定的自然灾害、意外事故、疫病、疾病等保险事故所造成的财产损失，承担赔偿保险金责任的保险活动。这里，保险机构包括保险公司，以及依法设立的农业互助保险等保险组织[①]。

2. 分类

农业保险按农业生产的种类不同可分为农作物保险、养殖业保险；按危险性质可分为自然灾害损失保险、病虫害损失保险、疾病死亡保险、意外事故损失保险；按保险责任范围不同，可分为基本责任险、综合责任险和一切险；按赔付办法可分为种植业损失险、收入险。

3. 发展农业保险的意义

农业生产的突出特点是受自然灾害因素影响非常大，而农业保险在防范和化解由自然灾害造成的农业生产损失、稳定农民收入、灾后恢复生产、促进农业发展特别是落实国家粮食安全战略和完善农村社会保障体系等方面都具有非常重要的作用。

由于农业生产过程面临的风险具有显著系统性、周期性、区域性等特点，并不具备可保风险的理想特征，所以商业保险市场对实际上十分重要的农业保险需求难以作出充分有效的反应。因此，很多国家政府都会动用法律和行政力量来推行和支持农业保险的发展，如通过相关立法促进农业保险的发展，保护农业保险人和被保险人的利益；政府通过保费补贴、税收优惠政策、提供农业再保险等措施，鼓励农民参保和激励保险人提供农民需要的保险产品。在很多国家，包括中国，农业保险都被列为政策性保险，农业保险已经在现代农业生产方面发挥越来越重要的作用。

5.9.2 农作物保险

农作物保险是以人工种植的各种农作物为保险标的的保险，包括粮食作物保险，主要承保谷类、麦类、薯类和豆类作物；经济作物保险，主要承保棉花、麻类、油类、甘蔗等糖类、烟草和药用类作物；园艺作物保险，主要承保瓜果、蔬菜和花卉等作物。

农作物保险可只承保一项风险，也可承保多种风险或一切风险。在保险标的上，可以是农作物收获量产值的保险，例如以近三年平均常年产量的收获价值的五至七成作为保险金额，当作物的收获价值由于受灾没有达到承保金额时，差额部分由保险公司负责赔偿；也可以是农作物生产成本保险，即以种植作物的生产成本为保险标的，保险公司负责在种植成本范围内对作物遭灾后的实际成本损失给予赔偿。

① 国务院，《农业保险条例》，2013 年 3 月 1 日起施行。

按农作物的不同生长阶段，农作物保险又可分为生长期农作物保险和收获期农作物保险。

1）生长期农作物保险

生长期农作物保险是以发芽至收获前处在生长过程中的农作物为保险标的，在生长期间因自然灾害或意外事故使收获量价值或生产费用遭受损失为承保责任的保险。目前，我国开办的生长期农作物保险有小麦种植保险、水稻种植保险、玉米种植保险、棉花种植保险、烟叶种植保险、甘蔗种植保险等。

在作物生长期间，其收获量有相当部分取决于土壤环境和自然条件、作物对自然灾害的抵御能力、生产者的培育管理。因此，在以收获量价值作为保险标的时，应留给被保险人自保一定的比例，促使其精耕细作和加强作物管理。如果以生产成本为保险标的，则按照作物在不同时期、处于不同生长阶段投入的生产费用，采取定额承保。

2）收获期农作物保险

收获期农作物保险以粮食作物或经济作物收割后的初级农产品价值为承保对象，即作物处于晾晒、脱粒、烘烤等初级加工阶段时的一种短期保险。

5.9.3　林业保险

1. 森林保险

森林保险是以天然林和人工林为承保对象，以林木生长期间因自然灾害和意外事故、病虫害造成的林木价值或营林生产费用损失为承保责任的保险。

2. 经济林、园林苗圃保险

这种险种承保的对象是生长中的各种经济林种，包括这些林种提供的具有经济价值的果实、根叶、汁液、皮等产品，以及可供观赏、美化环境的商品性名贵树木、树苗。保险公司对这些树苗、林种及其产品由于自然灾害或病虫害遭受的损失进行补偿，主要有柑橘、苹果、山楂、板栗、橡胶树、茶树、核桃、枣树等。

5.9.4　养殖业保险

1. 牲畜保险

牲畜保险是以役用、乳用、肉用、种用的大牲畜，如耕牛、奶牛、菜牛、马、种马、骡、驴、骆驼等为承保对象，承保在饲养使役期间，因牲畜疾病或自然灾害和意外事故造成的死亡、伤残，以及因流行病而强制屠宰、掩埋所造成的经济损失。牲畜保险是一种死亡损失保险。

2. 家畜保险、家禽保险

以商品化生产的猪、羊等家畜和鸡、鸭等家禽为保险标的，承保在饲养期间的死亡损失。

3. 水产养殖保险

以商品性的人工养鱼、养虾、育珠等水产养殖产品为承保对象，承保在养殖过程中因疫病、中毒、盗窃和自然灾害造成的水产品收获损失或养殖成本损失。

4. 其他养殖保险

以商品性养殖的鹿、貂、狐等经济动物和养蜂、养蚕等为保险对象，承保在养殖过程中因疾病、自然灾害和意外事故造成的死亡或产品的价值损失。

本 章 习 题

1. 简述财产保险中可保利益的来源。
2. 简述企业财产保险的保险金额确定方式与赔款计算方式。
3. 简要说明财产保险基本险、财产保险综合险与财产保险一切险的主要区别与作用。
4. 简要说明家庭财产两全保险的特点与适用对象。
5. 财产保险为什么要强调被保险标的和被保险人之间的关联性？
6. 财产保险的保险价值和保险金额有什么关系？
7. 出口信用保险的特点是什么？
8. 请论述发展出口信用保险的意义。
9. 共同海损构成的要素是什么？
10. 请比较我国海运货物一切险与水渍险、平安险在承保责任上的区别。
11. 简要说明交强险和商业第三者责任保险的主要区别、作用与适用对象。
12. 为什么要实行机动车第三者责任强制保险？
13. 试比较各主要运输工具保险业务的异同。
14. 农业保险经营需要注意哪些事项？
15. 农业保险的作用以及发展农业保险的意义是什么？
16. 现在有一个粮食储运公司就其库存面粉在某一家保险公司投保了财产保险综合险，保险金额为 1 000 000 元。在一次洪水灾害中，仓库进水，底部面粉被水浸泡已经失去使用价值。上部面粉中的一部分因受潮而发热变质，只能用作饲料。已知此类面粉的市场完好价为每千克 3 元，被水浸泡的面粉的重量为 60 000 千克，因受潮而发热变质的面粉的重量为 50 000 千克，变质的面粉在市场出售价为每千克 0.5 元。请问保险公司该如何处理这一赔案？你的依据是什么？
17. 某企业投保财产综合险，厂房的保险金额为 500 万元，包装材料的保险金额为 300 万元。在保险期限内暴风致使重置价值 500 万元、实际价值 400 万元的厂房损失 100 万元，价值 100 万元的包装材料损失 20 万元，发生事故时为抢救受损财产（厂房和包装材料）共支出费用 50 万元，并造成厂房损失 20 万元。因厂房需要修复，致使企业的生产受到影响，利润损失估计为 20 万元，因不能及时履行供货合同，须向某公司支付违约金 10 万元。试分析本次事故中保险人须对哪些项目的损失承担责任，赔偿金额各是多少？

第6章 责任保险

学习要点及目标

- 了解责任风险与法律制度体系的关系
- 了解责任认定的主要法律原则及其演变规律
- 掌握责任保险的基本概念和特点
- 了解主要责任保险险种的内容和作用

核心概念

责任风险　侵权法　过失原则　无过失原则　严格责任　绝对责任　公众责任　产品责任　职业责任　雇主责任　责任保险　事件发生制　索赔发生制

6.1　责任风险及其法律基础

6.1.1　责任风险的重要性及其主要特征

责任风险（risk of liability）是指因个人或团体的疏忽或过失，甚至是无过失行为，造成他人的财产损失或人身伤害，按照法律、合同应负的法律责任或合同责任的风险。责任风险中的“责任”，少数属于合同责任，大部分属于法律责任，包括刑事责任、民事责任和行政责任。在保险实务中，保险人承保的责任风险仅限于法律责任中对民事损害的经济赔偿责任。

随着经济的发展和法律制度建设的不断完善，责任风险日益引起人们的关注。个人行为和企业的经营活动几乎在各个方面都会面临责任风险。例如，企业的责任风险可能来自雇佣活动、销售给消费者的产品、废弃物的处理和有害化学物质的使用、公司领导者的行为等。个人行为的责任风险可能来自驾驶机动车辆造成的对他人人身和财产损失时需要承担经济赔偿责任，在从事某些工作时由于过失或疏忽须承担的赔偿责任等。

责任风险之所以会受到人们越来越多的关注，主要原因有以下几点。

（1）随着社会进步和法律制度的完善，消费者的维权意识和法律观念越来越强，更善于为自身受到的伤害提出索赔。

（2）通货膨胀使得对财产损失、身体伤害方面的赔偿金额逐步上升。

（3）为了维护受害人的权益、保护弱势群体，法庭在有关责任诉讼的判决方面，逐步加大了责任方的赔偿力度。

与财产风险造成的直接或间接损失相比，责任风险损失的最大特点就是具有更大的不确定性，也就是说对潜在的责任风险损失难以估量。例如，飞机事故造成的财产损失可能比较容易估计，但给旅客造成的人身伤害方面的赔偿则可能是巨大且难以估计的。近年来，国际上对生产厂商由于产品质量问题给消费者带来的人身伤害作出巨额赔偿的判例也屡见不鲜。

正是由于责任风险本身可能给企业和个人带来巨额不确定赔偿的特征和人们日益增加的关注，更需要我们分析产生责任风险的原因，寻求对责任风险进行有效管理的方法。

6.1.2 责任风险的法律背景

一个国家的法律体系对责任风险的构成是十分重要的。众所周知，世界各国的法律制度体系并不相同，一般可分为两大类：**英美法系**（common law system），又称**普通法系**；**大陆法系**（civil law system），又称**成文法系**。大约有 150 个国家属于大陆法系，属于英美法系的国家大约有 80 个。

上述两种法律体系的主要区别在于：英美法系是依据以前法庭判决的结果，经过长期发展而形成的法律，不是由立法机构颁布的法律体系，英美法遵循的是判例原则，即法庭应该遵循先前法庭判决的逻辑和规则；大陆法系则是指经由立法机构通过，并由执行机构写入法律条文的法律体系。这些区别在今天看起来已经并不那么明确了，事实上，许多国家的法律体系已经具有英美法系和大陆法系的混合特征，尽管还是可以大致辨别其主要的法律体系特征。

了解不同国家法律体系的差异对于民事行为中责任风险的评估具有十分重要的意义。因为同样一种民事行为，在不同的法律体系框架下，可能会得出不同的责任赔偿认定。从对民事责任风险的认定实践来看，对民事赔偿责任的认定更多地还是建立在英美法系的基础之上。

如表 6-1 所示，在法律体系中，刑法（criminal law）和民商法（civil and commercial law）是主要的两类法律。刑法规范的是损害国家、社会公众利益的行为，规定了哪些行为属于犯罪、犯了什么罪、将受到怎样的处罚等。民商法规范的是给其他个体带来损失的行为，这种行为并不会直接影响国家（或大多数人）的利益。民商法还可以再分为民法和商法，其中和行为人（自然人和法人）可能承担经济赔偿责任相关的法律主要有合同法（contract law）、民事侵权法（law of torts）等。合同法的作用是解释契约条款并解决契约双方的纠纷，当合同的一方由于合同的另一方没有履行合同条款而蒙受损失时，违反合同规定的一方必须进行一定的赔偿，有时候还必须继续履行合同。民事侵权法规范的是当事人之间不存在合同关系时产生的对他人的伤害行为。根据民事侵权法，对伤害负有责任的一方必须对受害一方承担经济赔偿责任。比如，汽车撞伤了一个行人，由于司机和行人之间没有订立合同来确定事情的解决方法，所以应根据民事侵权法来决定谁应该对伤害负责。实践中，一个个体面临的绝大多数责任风险来自侵权行为，责任保险涉及的也主要是民事侵权责任，因此除非特别说明，本章中“责任”一词均指的是民事侵权责任。

表 6-1　法律的来源和分支

法律的来源	
英美法	根据法庭的判决在长时间中发展起来的
大陆法	由立法机构颁布
法律的分支	
刑法	适用于违反国家和社会公众利益的行为
民商法	适用于损害其他个人或团体利益的行为
合同法	适用于当事人之间存在合同纠纷的情况
民事侵权法	适用于当事人之间不存在合同纠纷的情况
……	

6.1.3　侵权责任

对于没有合同关系的当事人之间产生的损失赔偿责任，可以有很多方式来进行分担。比如，假设一个行人被汽车撞倒了，产生了损失，如医药费，法律可以不管事故发生的具体情况而让行人自己承担全部损失，或者不管事故发生的具体情况而让司机完全承担行人的损失。法律还可以采取一种折中的方案，就是在考察了事故发生的具体情况后，再确定哪一方应该承担医药费及承担多少医药费。同时，法律还可以或必须划分对行人的间接损失（如工资损失和精神损失）的赔偿责任。

对于一般类型的损失，法律对损失责任的认定实际上是在进行损失风险的分摊。比如，由司机承担行人全部损失的法律原则，实际上就是把在这类事故中行人的风险转移到了司机身上，司机被迫对所有行人进行了“承保”。当然，司机可以再把这种风险转移给保险公司。

6.1.3.1　侵权责任的分类

在民事侵权责任制度中，侵权行为是指民事过错行为，这种行为产生于社会关系，而非合同关系。侵权行为人若对他人的利益造成了损害，受害人可以通过诉讼获得非预定的损害赔偿金。侵权行为通常可分为四类，如表 6-2 所示。

表 6-2　侵权责任的分类

	说　明	举　例
免责	被告不必负责	某些情况下的慈善机构
过失责任	被告只要存在过失就要负责，但被告可以应用某些抗辩方法来回避责任	交通事故中的损害责任
严格责任	被告即便没有过失也要承担责任，但被告可以应用某些抗辩方法来回避责任	企业对存在缺陷的产品造成的伤害应承担的责任
绝对责任	被告总是要承担责任，如果被告造成损害，不允许应用任何抗辩方法	使用炸药造成的损害责任

1. 故意侵权

故意侵权（intentional torts）是指行为人能够预见自己的违法行为会对他人造成损害，而希望或放任这种行为的发生。

2. 过失侵权

过失侵权（tort of negligence）是指行为人应当预见或者能够预见自己的行为可能给他人造成损害，却没有预见或已经预见但轻信可以避免，从而导致了损害的发生。认定过失侵权责任的通常做法是，让因疏忽给他人造成损害的一方来承担损失。

在**过失责任**（fault liability）原则下，举证责任一般由原告承担，也就是说，原告必须证明被告是有过失的。不过，过失原则在实施过程中也经常出现例外，即采取所谓的**事实自证**（res ipsa loquitur）原则（事实本身就是证明）。在这种情况下，举证的责任应由被告承担，即应证明如果没有被告的过失，已发生的伤害原本是不会发生的（如外科医生把手术刀遗留在病人体内）。过失原则已经普遍应用于交通事故的责任认定、医疗事故的处理，以及许多商业责任，如产品责任的认定等方面。

3. 严格责任

严格责任（strict liability）是指被告即使不存在过失，也要对原告的损失承担责任。严格责任原则通常用于产品责任案件的处理中。在这类案件中，原告一般必须证明与产品相关的设计、生产或警示有瑕疵，存在不合理的危险，同时这些瑕疵导致了损害的发生；原告不需要证明产品的瑕疵与厂家的疏忽或过失有关。

4. 绝对责任

绝对责任（absolute liability）是指只要原告能够证实被告的行为导致了自身的损害，那么被告就必须对原告的损失负责，被告并不一定必须存在过失，而且被告也没有权利为自己辩护。传统上，绝对责任原则一般只适用于极其危险的行为导致的民事侵权案件。比如，普通法在审理爆破操作和使用炸药造成伤害的案件中，应用的就是绝对责任原则。所以，如果由于一个公路建筑公司在 3 千米外爆破岩石，住户家中展示柜上的玻璃雕塑从架子上掉了下来摔成碎片，住户就可以根据绝对责任原则得到合理的赔偿。住户只需证明是爆破导致了雕塑的损坏，而不是由于家里小猫的恶作剧。

6.1.3.2 对损害的赔偿

民事侵权责任的赔偿通常由两部分构成。

1. 补偿性损害赔偿

补偿性赔偿是指对受害一方的损失进行的补偿。补偿性损害赔偿又分成两种：特定损害赔偿和一般损害赔偿。

（1）**特定损害赔偿**：对原告的货币损失进行赔偿，如医药费、工资损失、身体损伤造成的机体机能丧失的价值、财产损失造成的修理或重置成本和使用价值的损失等。

（2）**一般损害赔偿**：对非货币损失的赔偿，如疼痛、配偶伤残或亡故带来的配偶权利损失，配偶或家庭成员死亡造成的精神创伤等。

对损害赔偿金的实证研究表明，一般损害赔偿金通常会占全部补偿性损害赔偿金的相当大一部分，在有些国家甚至会占 50% ～ 75%。

2. 惩罚性损害赔偿

对原告的赔偿并不限于对实际损失的补偿，还可以包括对被告的伤害行为进行惩罚，以此来威慑未来的类似行为，这种损害赔偿被称为惩罚性损害赔偿。惩罚性损害赔偿原则上适用于被告鲁莽或故意行为、毫不顾及会对原告造成伤害的行为。虽然惩罚性损害赔偿的案件只占所有案件的一小部分，但惩罚性损害赔偿的判决数额可能是惊人的，有时可能会远远超过原告的损失和补偿性损害赔偿金的数额。惩罚性损害赔偿的数额是为了体现惩罚被告的目的，因此，赔偿的多少取决于被告行为的性质和对原告造成伤害风险的严重性。

专栏阅读

美国一烟民遗孀诉烟草公司获 236 亿美元赔偿

6.1.4　过失责任

如前所述，过失侵权是构成责任风险的主要基础，也是很多责任保险人赔偿的主要依据，因此有必要专门讨论一下有关过失责任的问题。

6.1.4.1　构成过失的条件

过失（negligence）是造成他人人身伤害或财产损失的过错行为，其基本特征是，从造成伤害的角度讲，对他人权利的侵犯是粗心大意或疏忽的结果，而非故意的。过失并没有统一的定义，但在大多数情况下，要认定被告负有过失责任必须满足下面四个条件：①被告应承担的法律义务；②被告违背了义务；③过失是造成伤害的近因；④对原告造成了伤害。

专栏阅读

过失和可预见性

1）被告应承担的法律义务

如果要对过失承担责任，被告必须具有某种保护他人不受伤害的义务。比如，司机必须在看到停车信号后停车，在其他时候合理地安全行车。通常情况下，个人和企业都有保护那些按理性预期可能与之接触的其他方不受伤害的义务。

2）被告违背了义务

当被告具有某种法律义务时，如果没有采取这种法律义务所要求的足够措施来保护其他方不受伤害，就可以认为被告违反了法律义务。许多非商业性责任案件，如汽车事故中，为避免承担违背义务的责任，法律要求的足够措施通常是指一个“理性审慎的人”在类似情况下会采取的措施。在职业责任案件中，如果医生被指控失职，认定责任的标准通常是看一个理性的、在同一领域经过足够专业训练的医生在类似情况下将会采取的行为。

在商业责任案件中，法庭通常会采用特定的经济标准来判断被告是否违反了义务，即看被告是否采取了足够的具有合理谨慎成本的预防措施来避免伤害的发生。具有合理谨慎成本的预防措施是指，如果采取这项措施，减少的伤害损失的期望值会大于该项预防措施本身的成本。例如，假定有一家货物运输公司，如果公司限制每个货车司机每周驾驶的小时数，就可以减少对其他人的人身或财产造成的意外伤害，这种伤害减少的期望值为 100 万元。如果公司采取这一措施，公司就不得不多雇用货车司机，使公司多花费 80 万元。根据认定过失的经济标准，如果由于这家运输公司没有采取限制驾驶时间的措施，造成了伤害行为的发生，公司就将承担过失责任。因为这项预防措施的期望收益（损失减少的期望值为 100 万元）大于这项措施的成本（80 万元）。相反，如果缩减驾驶小时数将使公司多花费 200 万元，那么公司将对不采取这项预防措施而造成的损失不承担过失责任。过失的经济标准的应用要求法庭能对被告所采取的额外预防措施的期望收益和成本进行估计。虽然在实际中这种估计是相当复杂的，但采用过失的经济标准的确能够激励公司采取具有合理谨慎成本的预防措施。

3）过失是造成伤害的近因

认定过失责任的第三个条件是，被告的过失是造成原告受到伤害的近因。在多数案件中，近因是很容易证实的。比如，如果汽车司机在看到停车标志时没有停车而发生了与其他车辆或行人相撞的事故，并且要不是司机没有停车，损失原本是不会发生的，在这种情况下，司机的失误就是造成损失的近因。相反，如果不管被告是否采取了足够的安全措施以保护其他方，损失都会发生，那么被告的行为将不会被认为是造成损失的近因。这种判定原则即为所谓的**绝对必要条件**：要不是被告的行为，损失就不会发生，那么被告的行为就是造成损失的近因。能够解释这项原则的一个例子是多年前美国明尼苏达州最高法院的一个判例。在该案件中，一列火车在经过交叉路口时没有按规定拉响警报汽笛，并发生了一辆汽车撞上了该火车的事故。法庭判决的结果是，铁路公司不必承担过失责任。法庭指出，由于汽车是撞在了火车的第 68 节车厢，也就是说，即便当时火车拉响了警报汽笛，事故也一样会发生。

当被告的行为与最终损害之间存在其他介入事件时，要判定近因就会变得很复杂。比如，假定王先生开车出去赴约，当他离开汽车时把车钥匙遗忘在了车内。当他在朋友家约会时，汽车被小偷偷走了，而且小偷在匆忙逃离现场时撞坏了邻居家的汽车。问题是，王先生忘记带走车钥匙是否是造成邻居汽车受损的近因？如果是，那么邻居就可以成功起诉王先生并得到赔偿（当窃贼没有钱或责任保险时，这样的诉讼是极有可能发生的）；如果说汽车盗贼是造成损失的最主要原因，则王先生就不必承担过失责任。在处理这类案件时，法庭多采用的是可预见性测试。如果被告能够理性地预见到他的行为将会造成严重的损害风险，那么即使发生了非同寻常的介入事件，被告的行为也将被认定为是造成损害的近因。专栏 6-2 描述了一个更为复杂而有趣的案例，它涉及一系列复杂的介入事件。

4）对原告造成了伤害

构成过失责任的第四个条件是对原告造成了伤害，这一条件实际上是为了阻止未受伤害的人提起诉讼。

6.1.4.2 对过失的抗辩

如果上述四个条件全部满足，就可以认定被告是有过失的，但被告仍然可以通过抗辩的方式避免对原告的损失承担责任。过失原则中关键的一点是，被告的过失只是被告承担责任的必要条件，而非充分条件。在许多司法判决中，被告在过失原则（有时是在严格责任原则）下仍可以通过下面两种方法来避免或者减少自己可能承担的责任：①证明原告是自担伤害风险；②证明原告也有过失。

1）风险自担原则

在一些案件中，被告可以利用**风险自担**（at one’s own risk）原则来避免承担赔偿伤害的责任，这需要被告证明原告自愿承担已知的风险。风险自担原则潜在的逻辑是，如果原告在已知一项行为所包含的风险后，依然选择采取这一行为（如滑雪或者驾驶一辆在高速行驶时轮胎会有问题的汽车），那么原告就应该为此承担责任。在利用风险自担原则来抗辩时，要求被告证明原告对某一特定风险是有所了解的，并且自愿承担这一风险。但在实践中，法庭出于对受害方的保护，通常对证明原告已经意识到风险这一点会采取较严格的标准，以限制对此项抗辩原则的运用。

2）受害方过失和比较过失原则

被告的第二种抗辩方式是证明原告同样存在过失。

在**受害方过失**（victim's fault）原则下，如果原告也被证明存在过失，那么被告不需要对原告的任何损失承担责任。比如，如果在行人被撞的交通事故中应用受害方过失原则，当一个行人穿过十字路口时闯红灯，司机就可以避免承担责任。值得注意的是，在对受害方过失原则的严格解释中，原告任何程度的过失都将使他无法从被告处获得任何赔偿。

在**比较过失**（comparative negligence）原则下，如果法庭认为被告和原告的共同过失行为导致了损失的发生，那么被告要承担原告损失的一部分。事实上，在交通事故的处理上，大多采用的是比较过失原则来代替受害方过失原则。虽然有不同的比较过失原则，但共同的原则是，在事故中对损失负少于 50% 责任的一方可以从另一方得到赔偿，损害赔偿金将按个人应负的责任成比例地减少。比如说，如果法庭判定被告要负 60% 的责任，那么被告将赔偿原告 60% 的损失。与受害方过失原则相比，比较过失原则会增加整个民事侵权体系中损害赔偿的数目。

6.1.5 民事侵权法体系的经济目标

从经济学的角度看，民事侵权法体系的建立有两个基本目标：①提供正确的安全激励；②为事故中的受害者提供数额适当的损害赔偿。当我们试图实现上述目标时，必须考虑民事侵权法体系运作的交易成本，以及其他同样可以实现这些目标的可替代途径的成本。必须注意到，上述两个目标经常是不能同时达到的。为受害者提供数额适当的损害赔偿可能会导致过度的安全激励，反之亦然。要达到这些目标必然产生的交易成本意味着，社会应当接受在现实中无法实现在无交易成本假设下的最优安全激励和对受害者损害的最优赔偿。这样，民事侵权法体系的目标就可以简要地表述为：使社会风险总成本最小化。这里的社会风险总成本包括事故损失成本的期望值、损失控制的成本、赔偿受害者的成本和其他剩余不确定性带来的成本。

6.1.5.1 最优安全激励（最优损失控制）

正如前面所指出的，很难同时使受害者损失发生的概率和期望损失值都最小化。民事侵权法体系的正确激励应该是，使人们只有在边际收益超过边际成本时，才会为额外的安全措施进行投资，而不是试图实现一个“零风险”社会。

我们不妨来举个例子说明上述观点。假设 N 公司生产的除草机可能会对消费者造成伤害，损失金额为 10 000 元，消费者的期望损失就是事故发生的概率乘以 10 000 元。即假设消费者是风险中性的，会在保费等于期望损失时（无附加保费）购买足额保险。

如果N公司不采取任何对产品安全的控制措施，那么事故发生的概率为0.07。但如果N公司可以通过采取适当的产品安全控制措施使事故发生的概率低于0.07，自然要为此而支付额外的成本。表6-3的第1列和第2列给出了安全措施成本和事故概率的关系。为了把事故发生的概率降到0.06，N公司将为每台除草机多花费45元的成本；如果概率降到0.05，每台将多花费130元；依此类推。问题是，N公司应该花多少钱来使除草机更安全？

表6-3　损失额为10 000元时N公司的安全成本分析

安全措施成本	事故概率	消费者的期望损失	消费者的边际收益	消费者的边际成本
0	0.07	700	0	0
45	0.06	600	100	45
130	0.05	500	100	85
225	0.04	400	100	95
400	0.03	300	100	175
590	0.02	200	100	190

我们将从社会的角度，而不是从N公司利润最大化的角度来分析这一问题。这样，我们就只需回答这样一个问题：拥有充分信息的消费者愿意付多少钱来购买一台更安全的除草机？

为回答这一问题，我们从安全成本等于零、事故发生概率等于0.07这一点开始。消费者愿意多支付45元以使事故发生的概率减少到0.06吗？回答是肯定的，因为降低事故发生概率给消费者带来的收益就是使得消费者的期望损失减少了100元。换句话说，把事故发生概率降到0.06的社会边际成本等于45元，而社会边际收益为100元。接下来我们继续问，消费者是否愿意再多花费85元的安全成本（总共130元）以使事故发生的概率降到0.05呢？回答还是肯定的，因为这85元的额外费用使消费者的期望损失又降低了100元（从600元降到500元）。这样，从整个社会的角度来看，N公司应该花费130元的安全成本。按照这一思路，消费者仍然愿意额外多花费95元（225–130元）以使事故发生的概率降到0.04。因为这时的额外收益等于100元（期望损失额从500元降到了400元）。但我们发现，消费者将不会再愿意把事故发生的概率降到0.04以下，因为将事故发生概率由0.04降到0.03的成本为175元，而这样做的收益只是100元。

因此，N公司为提高除草机的安全程度，应该在每台除草机上多花费225元，使事故发生的概率降到0.04，这样会使社会总风险成本达到最小化。花费如果低于225元，则不够安全；如果高于225元，则从消费者的角度来看又“过于安全”了。有时候一些消费者会对此感到迷惑，他们认为企业应该在安全上面花很多钱。应该指出的是，在一个资源短缺的世界里，为使某一项活动更安全，一定是需要消耗额外资源的，这就意味着这些额外资源不能再用于其他活动（包括其他安全活动）。因此，从某种意义上说，额外的安全成本可能会大于它带来的收益。

上述例子可以帮助我们理解民事侵权法的目标，我们应希望民事侵权体系能够起到激励N公司花费225元安全成本的作用，如果民事侵权法体系的激励使得公司的花费低于

225 元或高于 225 元，这个体系就没有达到既定的目标。

6.1.5.2 对受害者的最优赔偿

民事侵权法体系的另一个目标是为受害者提供最优赔偿。值得注意的是，民事侵权法体系判定的赔偿在许多方面与保险的赔偿很相似。就像一家保险公司根据不同条件下发生的损失对保单持有人进行赔偿一样，民事侵权法体系也是要根据不同条件下的损失对事故受害者进行赔偿。像保单持有人支付保费购买了保险一样，人们对获得的商品或服务也支付了一个相对较高的价格，其高出部分隐含着消费者为获得民事侵权法体系提供的“保险”而支付的“保费”。如果民事侵权法体系可以系统性地提高与产品相关的损害赔偿金，那么这种产品的价格将会上升。在交通事故中，一个人既可能伤害别人，同时也可能被别人伤害，责任保险的成本就反映了交通事故中受害者所能得到的期望赔偿。如果民事侵权法体系系统地提高了交通事故中受害者能得到的赔偿，那么这种由民事侵权法体系提供的“责任保险”的“保费”就会提高，实际上是由所有可能受到侵害的个体向民事侵权法体系提供的“保险”支付了“保费”。

认识到民事侵权法体系的赔偿实质上是一种保险机制这一点具有十分重要的意义。当仅仅从赔偿角度来看（即忽略安全激励效应）时，民事侵权法体系应该通过回答如下问题来确定对受害者的赔偿：①假设受害人对事故的风险拥有充分信息；②假设保险条款已经反映了交易成本、道德风险和通过民事侵权法体系提供的保险而带来的逆选择问题，但受害人事先并不知道他是否会发生事故时，受害人愿意购买多少保险？

先根据第一个假设来分析。从一个潜在受害者的角度看，当他不知道自己是否会发生事故时，正确估计赔偿数额是十分重要的。一旦发生损失，受害者通常是希望得到尽可能多的赔偿。问题的难点在于，当受害者不知道他是否会发生事故时，他愿意购买多少可以依据民事侵权法体系而获得的赔偿（“保险”）。如果民事侵权法体系的赔偿额超过了人们愿意购买的保险数额，那么这个法律体系实际上是在强迫人们购买超额保险，人们或许更愿意把钱花在其他地方。相反，如果民事侵权法体系的赔偿额小于人们愿意购买的保险数额，那么额外的赔偿将会使人们得到额外的好处。

再来看第二个假设。如果保险条款已经反映了交易成本、道德风险和通过民事侵权法体系提供的保险所带来的逆选择问题，人们希望从民事侵权法体系获得多少赔偿？交易成本包括律师费和诉讼费；道德风险一部分是由于某些类型的损失难以度量造成的，比如说疼痛；逆选择的产生是由于即使潜在受害者的期望损失不同，为得到民事侵权法体系的赔偿而付出的价格（已经包含在商品的价格中）通常不会根据消费者的不同情况而有所区别。交易成本、道德风险和逆选择的存在使得在大多数情况下，人们并不希望购买足额保险。类似的结果在由民事侵权法体系提供“保险”时也同样成立。

实践中我们发现，一些国家，例如美国的民事侵权法体系总体上是试图为受害者的损失提供足额赔偿。此外，**其他来源原则**（other sources principle）也获得了广泛运用，即法庭无权削减原告自身的人寿、健康或财产保险提供的保险金。其他来源原则的运用意味着受害者从自身保险和损害赔偿中获得的总赔偿金将可能超过总损失。这样看起来，民事侵权体系或许是强迫许多人购买了超出他们意愿的保险。对这一问题的一个合理解释是，不足额的损害赔偿金可能导致不充分的安全激励（如降低对受害者的赔偿将可能减少对生产厂家提高产品安全性能或司机采取合理预防措施的激励作用）。在一些国家的民事侵权体系中，相对最优赔偿来说，更侧重的是最优安全方面的激励。

总之，民事侵权法体系的经济目标是使社会风险成本最小化，也就是说，民事侵权法体系应该提供最优安全激励和对受害者的最优赔偿（保险），同时还要考虑达到这两个目标所需要的成本。由于这两个目标之间存在冲突性，在制定公共政策时必须做出侧重于某一目标的选择。

6.1.6 有限财富和有限责任

如果对损害应该承担责任的一方可以逃避其应承担的责任，那么民事侵权法体系的安全激励和最优赔偿的目标都将会遭到破坏。由于某些人没有足够的财产，或者由于他们的财产受到**有限责任**（limited liability）原则的保护，他们就可以逃避赔偿损失的责任。如果受害者由于被告的有限财富或有限责任而得不到最优的赔偿金额，那么最优赔偿的目标就会遭到破坏。同样，如果有限财富或有限责任使某些人可以逃避赔偿损失，就会导致这些人在安全方面很少去投入。直观上看，如果某个人得知他可以不用全部赔偿自己对别人造成的损失，那么对这个人的安全激励肯定是不够的。在描述了哪些情况下人们可以不必赔偿全部损害后，我们将讨论强制保险是如何帮助解决由于有限财富和有限责任所带来的问题的。

6.1.6.1 可以逃避责任的情形

假设李太太是一位拥有 1 万元财产的退休者，既不能参加体力劳动，也不能参加脑力劳动（即她没有人力资本）。如果法庭裁决李太太必须对她驾驶汽车撞伤的行人赔偿 50 万元的损害赔偿金的话，显然李太太将没有能力赔偿这么多的钱。法庭可能只会让李太太赔偿 1 万元，这相当于对她的责任做了限制。由于李太太没有足够的财产来支付全部损害赔偿金，所以对超过她财产（或超过她申请破产时允许保留的财产）的损害赔偿部分得到了法庭的保护。

假设类似的事情发生在李太太的儿子张先生身上，他是一位有能力的职员，还可以工作很多年。张先生目前只有 1 万元的流动资产，但是却拥有价值 200 万元的人力资本，也就是说，他未来收入的现值等于 200 万元。虽然张先生在很长一段时间之后会有足够的资金来支付全部 50 万元的损害赔偿金，但他现在拥有的流动资产不足以支付全部损害赔偿金。法庭可能会强迫张先生用他未来一段时间内的一部分收入来赔偿受害者的全部损失（也就是法庭可能会扣发他未来工资的一部分）。但是，由于收缴未来收入的成本以及这种判决可能会给张先生未来的工作带来消极影响，法庭通常并不会扣发未来工资（除非有时被告的伤害行为是故意和不顾后果的）。于是，像他母亲一样，张先生超过流动财产的赔偿责任也能得到法庭的保护。

公司的所有者也可以对超出他们在公司全部投入的部分损害赔偿逃避责任（得到法庭的保护）。例如，如果王太太买了一家公司 5000 元的普通股，那么王太太在投资中可能失去的最多就是5000元。如果在一项对公司的判决中公司无力赔偿债权人，那么公司的所有者（包括王太太）不必用他们的私人财产来赔偿不足的部分。

6.1.6.2 强制性责任保险

为了避免逃避责任现象给受害者带来的损失，很多国家和地区都建立了强制性责任保险制度。例如，美国所有的州法律都鼓励或要求人们购买汽车责任保险，大多数州的汽车责任保险是强制性的。同时，美国各州还要求雇主购买员工赔偿保险或要求公司满足自保所需的履行财务责任的能力，某些州还强制医生购买医疗事故责任保险等。在有限财富和有限责任的情况下，实行强制性责任保险可以使民事侵权法体系的赔偿目标和安全激励目标都更好地得以实现。

在上面的例子中，如果李太太购买了限额为50万元的责任保险，那么受害者将会得到全额赔偿。而且，责任保险的保险费是根据李太太所采取的安全预防措施精确计算的，所以也会对她产生正确的安全激励。例如，如果参加驾驶员培训课程可以降低保费水平，那么就会激励李太太参加培训。因此，准确地为责任保险定价，可以使在有限财富和有限责任原则下遭到破坏的民事侵权法体系提供最优赔偿和安全激励这两个目标重新得以恢复。

同时，强制责任保险还可以鼓励个人或企业不从事收益小于成本的风险行为。例如，强制汽车责任保险可能会使那些觉得开车价值低于强制责任保险保费的人放弃开车。

在实践中，责任保险的定价不可能非常精确地反映期望损失，而且购买责任保险可能会产生道德风险问题，这将抵消保险对安全激励的正面作用。例如，一些司机一旦购买了强制性责任保险，在开车时就会变得不谨慎，因为他们在诉讼案中失去个人财产的可能性变小了。直观上看，一个贫穷的、没有购买保险的人与一个购买了巨额责任保险的人相比，会采取更小心的行为以保护其有限的财产不受损失。这种可能性的存在使得在某些情况下，强制性责任保险对安全预防措施的激励产生了模棱两可的影响。

6.1.7 责任风险的管理

潜在的责任风险可能会给个人或企业带来巨大损失，应对这种风险的策略大体分为两类：消除或减少造成责任风险的因素，消除或减少责任风险所造成的经济损失。

（1）消除或减少造成责任风险因素的方法是多种多样的，如尽量安全地驾车、为游泳池设立护栏、实施更加严格的安全生产管理等。但与规避其他风险因素同样的是，这样的努力并不能完全消除责任风险。因此，应对责任风险更为有效的方法是设法消除或减少责任风险造成的经济损失。

（2）减少责任风险造成的经济损失的方法又可以分成两类：①建立风险准备金；②将风险转移给其他方。一般来说，建立责任风险准备金并不能提供充分的保障，只适合将这类基金用于支付小额的责任风险损失；而对具有低发生频率和高潜在危害性的责任风险，通常应采用将责任风险进行转移的方式。主要的转移方式有两种：一是通过成立有限责任公司，以法律手段来限制责任损失风险；二是使用合同来转移风险。第一种途径的作用是显而易见的，即便公司的赔偿责任可能会超过其所拥有的资产，但受害方获得的赔偿不可能超过公司的资产额，也就是说将未能获得实际损失赔偿的风险转移给了受害方。在利用合同转移风险方面，责任保险合同可以发挥重要的作用。通过将责任风险转移给专业的责任风险保险人，专业的责任风险保险人再将类似的风险汇聚到一起，可以使本来不易预测的责任风险损失具有了一定的可预测性。责任风险本身所具有的低发生频率和高潜在危害性使得它是一种极好的保险标的，但主要缺陷是无法预知可能的最大损失，这也是目前在责任保险市场上责任保险人为什么不愿意签发能承担被保险人全部法律赔偿责任的保单的原因，取而代之的通常是保险人只提供一个保险限额，超过该限额的损失仍然要由被保险人自己来承担。

6.2 责任保险概述[①]

6.2.1 责任保险的概念

责任保险（liability insurance）是以被保险人对他人人身伤害或财产损失依法应承担的赔偿责任作为保险标的的保险。责任保险属于广义的财产保险范畴，是一种以经济赔偿责任为标的的财产保险。

人们在日常经济和社会活动中，会面临大量由于对他人造成损害而需要承担赔偿责任的场合。对他人造成的损害可能是有过失的，也可能是无过失的，但客观上都是给他人造成了损害，并且根据有关法律法规应当承担经济赔偿责任。例如，厂家的产品因存在缺陷而造成的对消费者的损害[②]、医生在手术时因为疏忽造成了医疗事故等，都可以通过投保相应的责任保险，将可能面临的赔偿责任风险转移给保险人。因此，投保责任保险是企业和个人对责任风险进行管理的积极有效措施之一。责任保险不仅可以使被保险人避免由于可能遭受的巨额责任索赔而使生产和生活遭到影响，也可以使受害方及时得到相应的经济补偿，有效地保障受害方的利益。同时，从社会发展和进步的角度看，责任保险有利于企业和个人转移责任风险，从而可以将有限的资本投入到更有效的经济活动中，减少了社会用于支付责任风险的总成本。

6.2.2 责任保险的发展

和普通财产保险相比，责任保险的发展历史比较短，只有 100 多年，是伴随着近代工业革命和工业现代化而发展起来的保险大家族的一个新成员。1855 年，英国铁路乘客保险公司首次向铁路部门提供铁路承运人责任保险。1875 年，英国出现了马车第三者责任保险，这是现代汽车第三者责任保险的前身。1880 年，英国颁布了《雇主责任法》，并成立了雇主责任保险公司，负责承担雇主对雇员在工作中的意外伤害应承担的赔偿责任。1890 年，英国海上事故保险公司就啤酒含砷引起的中毒，对特许销售商提供了保险，这是早期的产品责任保险。1896 年，英国北方意外保险公司开出了第一张职业责任保单——

① 本节部分内容参考了《财产保险》第 17 章，乔林、王绪瑾主编，中国人民大学出版社。

② 在很多场合，即使厂家的产品根据现有的生产质量标准没有缺陷，但事实上造成了对消费者的损害，厂家也要承担赔偿责任。

药剂师过失责任险。

进入 20 世纪后，责任保险在世界各国，尤其是西方发达国家迅速发展起来，其发展速度大大超过了其他财产保险。特别是在 20 世纪 70 年代后，随着法律制度的不断完善和人们生活水平的提高，以及索赔意识的增强，责任保险获得了空前的发展，成为保险业的主流险种之一。例如，1994 年，美国的非汽车责任险总保费（236 亿美元）加上员工赔偿保险保费（289 亿美元）共占到非寿险商业保险保费总收入（1312 亿美元）的 40%。责任保险不仅日益成为保险业的重要组成部分，更成为一个国家保险业发展水平的重要标志。

我国责任保险的发展相对较晚。除了新中国成立初期很短时间内少量的责任保险外，真正的责任保险业务还是在 20 世纪 80 年代后，随着我国保险业的恢复和发展而逐步开展起来的。目前，我国责任保险业务占整个保险业务的比重还较低，和国际平均水平相距较大，责任保险的品种也比较少，并且和国际标准有较大不同。这恰好说明，随着我国经济发展和法治建设的不断完善，责任保险市场将会有极大的发展空间。

6.2.3　责任保险的分类

责任保险是随着社会的进步、经济的发展和法律制度的完善而逐渐发展起来的，对责任保险的分类也是在不断发展变化的。从国际上来看，对责任保险的分类更多地是从承保标的的角度来划分的。例如，美国的责任保险大致分为三类。

（1）雇主责任保险和雇员赔偿保险。

（2）公众责任险，又称为一般责任保险，涵盖了除雇主责任以及因拥有或使用汽车、飞机或船舶而产生的责任之外的个人或企业面临的全部责任风险的保险。

（3）因拥有或使用汽车、飞机或船舶等产生的责任风险的保险。

我国责任保险主要分为以下几种。

（1）公众责任险：又称为普通责任保险或综合责任险，是以被保险人的公众责任为承保对象、适用范围最广泛的一类责任保险。这里，公众责任是指被保险人由于在公众活动场所的过失行为致使他人人身或财产遭受损害，依法应承担的经济赔偿责任。公众责任的构成以法律上负有经济赔偿责任为前提，其法律依据是民法及相关法规制度，特别是民事侵权法体系。此外，在一些并非公众活动的场所，如企业在自己的生产场所给他人造成了损害，也属于公众责任。

（2）雇主责任险：承保被保险人雇用的员工在从事与其职业有关的工作时，因遭受意外而致伤残或死亡，以及患有职业病，根据雇用合同或法律的规定，应由被保险人承担的医药费及经济赔偿责任。

（3）产品责任险：承保被保险人由于生产或销售有缺陷产品造成产品使用者人身伤害或财产损失而应承担的损害赔偿责任。

（4）职业责任险：是以特定行业的专业人员面临的职业责任风险为标的的保险，目的在于转移专业人员因职业上的疏忽或过失行为造成对第三方损害而应承担的赔偿责任。

（5）个人责任险：承保自然人或家庭成员因作为或不作为而造成他人人身伤害或财

产的损失，依法应由被保险人承担的经济赔偿责任，个人责任险主要集中在房屋及住宅责任、汽车责任等方面。

6.2.4 责任保险的一般特征

6.2.4.1 保险责任

责任保险的保险责任可一般描述为：被保险人在民事活动中由于疏忽、过失而致使第三人受到损害，依法应承担的民事损害赔偿责任，由保险人在约定的范围内负责赔偿。具体来说，责任保险的保险责任通常会包括以下几点。

（1）被保险人依法应承担的民事损害赔偿责任。

（2）被保险人因保险责任事故发生，为降低损害程度进行积极施救所支付的必要的，合理的费用。

（3）因保险责任事故争议引起的有关诉讼费用，以及事先经保险人同意的其他费用。

和财产保险不同的是，责任保险的保险标的不是有形的财产，而是无形的民事损害赔偿责任。此外，这种损害赔偿责任的发生还必须具有偶然性，而不是故意行为；而且被保险人应负的责任应该是依法确定的；同时，保险人的保险责任仅限于被保险人应承担的经济赔偿责任。

6.2.4.2 保险责任的归属方式

一般来说，保险损失从起因、发生、发现、索赔到获得赔付会有一个时间过程。在财产保险和人身保险中，损失的起因、发生、发现、索赔和赔付过程相对比较集中，保险人在较短的时间内就能计算出损失的数量。但是在责任保险中，从损害事故的发生到被发现往往可能会间隔很长时间。例如，在医疗责任保险中，一起医疗事故的发生到被患者发现有时可能长达数十年。由于责任保险事故的发生存在发现滞后的问题，为了明确责任，避免不必要的争议，保险人通常采用**事件发生制**（occurrence basis）或**索赔发生制**（claim-made basis）来确定保险责任的归属。归属方式不同，保险人承担的责任（风险）也就不同。

1. 事件发生制

事件发生制保单的赔偿是基于保单有效期内发生的损失，而不管索赔何时发生，只要责任事故发生在保单有效期内，保险人就要承担赔偿责任。事件发生制保单广泛应用于各种财产保险和人身保险中，其保险事故的发生与发现在时间上通常是同步的，比较容易确认。这种保单实际上为保单购买者提供了更为广泛的保障。例如，某保险人卖出的是有效期为 2014 年度的责任保单，那么在 2014 年内发生的责任损失都可以得到赔偿，即使保单持有人直到 2018 年才提出赔偿请求。

事件发生制保单实际上不利于保险人预估其可能承担的风险，因为保险人随时可能遇到保险期限早已结束但因为损害结果新近才发现并被确认是原有保险单责任而提出的索赔案件。例如，美国著名的石棉纤维尘肺案，由于采用的是事件发生制保单，其保险责任长达几十年，直到今天一些保险人还在为几十年前签发的保单承担赔偿责任。

2. 索赔发生制

索赔发生制保单以对损害事故提出索赔的时间为基础，计算责任的有效期。不论损害事故发生的具体时间，只要首次正式索赔提出的时间在保单有效期内，保险人就会承担赔偿责任。在采用索赔发生制保单时，可以在保单中约定对保单生效以前的一定追溯期内发生的责任损失承担赔偿责任。采用此类保单的保险人可以有效地抑制索赔发生制保单带来的“长尾责任”问题，有利于保险业务的稳定，目前在某些职业责任保险方面已经被广泛采用。

决定一张责任保险保单到底应采用事件发生制还是索赔发生制的基本原则是：凡保险事故发生后能够很快得知或被发现的损失，适宜采用事件发生制；保险事故发生后不能够立即得知或发现的损失，适宜采用索赔发生制。

6.2.4.3　赔偿金额的确定

1. 免赔额和赔偿限额

责任保险与其他类型保险的一个不同点是，一般都会有免赔额的规定，这样做是为了更有利于被保险人防范责任风险，也有利于减少小额赔款和降低保险成本。

责任保险在赔偿金额设定方面的另一特点是，在保单中没有规定保险金额，而是约定了保险限额，这是由责任保险标的物的无形性所决定的。被保险人未来可能发生的赔偿责任是无法确定保险价值的，因而也就失去了确定保险金额的基础。然而，为了限定保险人可能承担的最大风险，在责任保险保单中就会约定一个最高赔偿限额。

2. 赔偿金额的裁定

鉴于责任保险人为被保险人承担的是被保险人依法应承担的对他人人身或财产造成的损失的经济赔偿责任，因此应该赔偿多少金额通常不是由保险人说了算，更不是由被保险人和保险人协商决定，而是要依法裁定，或者说要由法庭来判决。

3. 赔偿类型

责任保险的赔偿类型包括财产损害赔偿金和人身伤害赔偿金。在人身伤害赔偿金中，通常包括医疗费用、丧葬费用、收入损失等直接或间接损失。需要指出的是，从我国的保险实践来看，一般的责任保险赔偿金中尚不包括对精神损失的赔偿，但在机动车交通事故强制责任保险中可以对依法裁定的精神损失进行赔偿。

6.3　公众责任保险

6.3.1　公众责任保险的界定

国际上，**公共责任**（public liability）一词指个人或企业除了对雇员，或因拥有或使用汽车、飞机或船舶而产生的责任之外的所有责任。在保险业中，这部分责任保险通常被称为**一般责任保险**或**普通责任保险**（general liability insurance）。历史上，这类保险是基于不同领域的责任保险逐渐发展起来的，这从公众保险的名称也可看出。早期的**公众责任保险**（public liability insurance）来自英国，当时主要是指保险人对被保险人在公共场所或企业经营场所发生的对第三方的赔偿责任进行补偿。后来，保险业开始越来越多地关注被保险人面临的总体责任风险，而不是关注特定领域的细分责任。从被保险人的角度来看，根据责任索赔的特定性质或来源单独确定责任保险限额也是不经济的，更应该关心的是对责任风险的整体保障，而无论可能的索赔来源是什么。因此，现代的公众责任保险在国际上一般被认为和一般责任保险是等同的，泛指对除雇主责任以及因使用汽车、飞机或船舶而产生的责任之外的企业或个人所面临的全部责任风险的保险，公众责任保险或一般责任保险已成为适用范围非常广泛的一种商业责任保险。如果说公众责任保险和一般责任保险还有一点区别的话，可以理解为：公众责任保险更强调的是企业、个人在其生产经营场所出现的责任，而一般责任保险则涵盖了所有生产经营活动中产生的责任，公众责任保险可以看成一般责任保险的一部分。

在中国，早期的公众责任保险是从场所公众责任险发展起来的，保险人提供的公众责任险保单大都是针对企业在其生产经营场所产生的责任风险，但也有些在中国的保险人现在已经可以提供保障内容广泛的，且与国际上通行的一般责任保险更为接近的综合公众责任保险。

根据对公众责任保险的广义理解（实际上就是一般责任保险），可将公众责任保险按照保障的内容大致分成两类。

（1）作为一般责任保险的综合公众责任险，旨在为大多数商业企业提供所需要的大部分一般责任保障。

（2）旨在涵盖单一责任风险的特定公众责任保险。

6.3.2 综合公众责任保险[①]

1. 定义

责任保险一般包括机动车责任险、员工赔偿保险、雇主责任险、医疗事故责任险、各种职业责任险、综合公众责任保险（商业一般责任保险）等，其中综合公众责任险包含的是不属于其他责任保险保障范围的责任，比如在企业建筑物内受到的伤害、由于销售产品和完成服务所承担的责任损失，以及企业根据合同可能承担的各种形式的责任。

综合公众责任保单（commercial general liability，CGL 保单）是工商企业使用非常广泛的一类主导保单，并且还可以附加很多根据被保险人需要而定制的附属保单。CGL 保单承保除了合同中明确规定的除外责任以外的所有责任风险，因此这种保单与财产一切险保单非常类似。当然，被保险人还可以通过购买批单或附属保单的方式获得对某些除外风险的保障。

2. CGL 保单的保险责任

CGL 保单提供的保险责任包括为被保险人依法应承担的对第三方遭受的人身伤害及财产损失（包括使用损失）的赔偿、诉讼和调解费用提供保险。此外，投保人还可以选择以下保险。

① 这里我们采用了国内读者习惯的称呼，实际上就是指“一般责任保险”或“普通责任保险”（general liability insurance）。

（1）被保险人对第三方造成的个人侵害（如诽谤）或广告侵权（如侵犯了他人的版权或商标权）应承担的损失赔偿责任。

（2）在没有过失的情况下对第三方造成伤害后需要支付的医疗费用。

CGL 保单中一般都会规定保险人总的责任限额，该限额可以是根据每一事件的累计限额，也可以是每年的总损失限额。

3. CGL 保单的除外责任

由于 CGL 保单中包括了对所有除外责任之外的人身伤害和财产损失的赔付，所以除外责任的确定就显得十分重要了。实践中，如果投保人仍然感到面临来自除外责任的巨大风险，可以购买另外的保单或附加批单来获得保障。

标准的 CGL 保单中一般不包括由以下原因引起的人身伤害或财产损失：

- 投保人可以预见或者故意造成的伤害。
- 被保险人的雇员受到的伤害，包括根据员工赔偿保险的索赔。
- 含酒精产品的零售或批发。
- 大多数的污染行为（对环境造成的损害）。
- 拥有或使用飞机、机动车、轮船和某些特定类型的机动运输工具。
- 战争。
- 被保险人拥有的、租借的，或照看的、托管的、控制的财产所遭受的损失。
- 被保险人的产品、工作或财产遭受的损失。
- 被保险人的产品、工作引起的财产损害而导致的损失，除非被损害财产遭到了物理损害或者是损害来自对被保险人的产品或工作的突然的事故性物理损害。
- 产品召回。
- 第三方个人所受的诽谤或者是来自广告造成的损失（不过，标准的 CGL 保单可以提供获得这种保障的选择）。

规定这些除外责任的一些原因是显然的。例如，员工受到的伤害通常可以由员工赔偿险和雇主责任险来获得赔偿，或者有时这种风险可以通过一些特定的雇主责任保险进行保障。机动车等运输工具的使用带来的责任风险可以通过交通工具保险获得。对于租借的财产遭受的损失以及被保险人托管、控制的财产所面临的风险通常可以由投保人购买的财产保单得到保障。很多公司并没有涉及含酒精物品的批发零售业务，那些涉及这方面的企业所面临的特殊风险可以通过特定的保单或 CGL 保单的批单来获得保障。

将关于被保险人的产品、工作和被损害的财产所导致的损失列为除外责任的条款被称为**商业风险除外条款**（business risk exclusions）。设立该条款的目的是使 CGL 保单不致成为被保险人的产品和工作的担保。例如，如果空调承包者没有正确安装设备，导致设备不能运行从而需要修理或置换，则该承包商的 CGL 保险人并不会对给设备买方造成的损失负责，包括在该设备被修复之前无法使用所造成的任何损失；而如果是该设备发生火灾并导致了建筑物的损失，CGL 保单将对财产损失提供赔偿，包括使用的损失（以及任何人身伤害）。

6.3.3 特定公众责任保险

由于特定领域的公众责任保险产品非常多，分类和汇集所有产品是很困难的，这里简要介绍几类特定公众责任保险。

1. 场所责任保险

场所责任保险是公众责任保险中最主要的一类保险，尤其在中国，很多保险人提供的所谓公众责任保险其实就是场所责任保险。

场所责任保险主要承保被保险人在其经营的地域范围内从事生产、经营或其他活动时，因发生意外事故而造成他人（第三者）人身伤害或财产损失，依法应由被保险人承担的经济赔偿责任。企事业单位、社会团体、个体工商户、其他经济组织及自然人等均可为其经营的工厂、办公楼、旅馆、住宅、商店、医院、学校、影剧院、展览馆等场所投保该险种。

场所责任保险可根据场所的不同，形成一些特定场所的公众责任保险，承保特定场所因存在结构缺陷、管理不善，或被保险人在被保险场所进行生产经营活动时因疏忽发生意外事故，造成他人人身伤害或财产损失，依法应由被保险人承担的经济赔偿责任，如宾馆责任保险、展览会责任保险、电梯责任保险、车库责任保险、机场责任保险、校园责任保险、娱乐场所责任保险、工厂责任保险等。

2. 环境污染责任保险

环境污染责任保险被保险人在生产经营活动中，由于非故意原因，造成污染，导致第三方人身伤害、财产损失或对环境的破坏，保险人根据保险合同的约定，对被保险人依法应承担的赔偿责任进行补偿。

3. 个人责任保险

个人责任保险承保个人住宅及个人在日常生活中对他人人身及财产造成损害应承担的经济赔偿责任，此类保险产品很多，如个人综合责任保险、居家责任保险、家庭雇佣责任保险、动物饲养责任保险、监护人责任保险、电动车责任保险等。

4. 职业责任保险

职业责任保险承保具有专业资格的专业技术人员因工作疏忽或过失，造成他人人身伤害或财产损失而应承担的经济赔偿责任的一种保险。职业责任保险也可作为一类公众责任保险，本章后面会专门介绍职业责任保险，此类保险包括药剂师职业责任、律师职业责任、会计师职业责任、医生职业责任、保险代理和经纪人职业责任、其他职业责任等。

5. 核责任保险

重视核责任保险的首要原因是核事故可能给责任方带来的巨大损失。尽管半个多世纪以来人类在和平利用核能和控制核泄漏风险方面取得了重大进步，但控制核泄漏风险仍然是十分严峻的挑战。由于核风险可能带来的潜在巨大损失，保险保障是不可或缺的。世界上一些国家已经通过立法，强制性要求拥有、经营或使用核设施的机构购买保险或证明其有承担损失的财务能力。

由于核风险具有系统性危害，难以通过大数法则对核风险损失进行有效分散，因此在一般财产和责任保险业务中，保险人都将核事故导致的损失列为除外责任。因此，在有需要的情况下，投保人可以通过投保专门的核责任保险来获得相关保障。

核责任保险可分为核设施经营者责任保险和核材料供货商和运输人责任保险两种。

（1）**核设施经营者责任保险**。核设施责任保单仅涵盖核能危险造成的损失（包括人身和财产损失）的赔偿责任，不能取代任何其他责任保险。核能危险定义为“核材料的放射性、毒性、爆炸性或其他危险性”。

（2）**供货人和运输人责任保险**。供货人和运输人保险承保为核设施提供服务、材料或部件的公司或为核设施运输核材料的公司的责任，主要目的是向供应商或运输商提供额外的保险保障，特别是额外的公共责任风险。

6. 其他公众责任保险

还有很多责任保险也可属于公众责任保险的范畴，如供电责任保险、旅行社责任保险、物业管理责任保险、停车场责任保险、董事和高管责任保险等。

6.3.4 中国的场所公众责任保险

1. 适用对象

各种公共设施场所、工厂、办公楼、学校、医院、商店、展览馆、动物园、宾馆、旅店、影剧院、运动场所、工程建设工地等均存在公众责任事故风险，这些场所的所有者、经营者等均可通过投保公众责任保险来转移其责任风险。

2. 保险标的

固定场所和规定区域内，因生产经营活动或日常生活中对社会公众造成损害事故依法应承担的赔偿责任。

3. 责任范围

保险责任通常包括两部分。

（1）被保险人依法应承担对第三者人身伤害或财产损失的经济赔偿责任。

（2）被保险人因发生损害事故应支付的诉讼等法律费用，以及保险人事先同意支付的费用。

保险的责任期限一般为一年，也可以有不足一年的短期保险。

4. 除外责任

除外责任包括两类：

（1）不能承保的风险。主要指责任保险中通常不承保的风险，如被保险人故意行为引起的损害事故，战争、内战、叛乱、暴动、骚乱、罢工或封闭工厂引起的任何损害事故，人力不可抗拒的原因引起的损害事故，等等。

（2）不在公众责任保险中承保的风险。这些风险虽然不在公众责任险中承保，但可以由其他保险承保，如被保险人可以为自己的雇员投保雇主责任保险，被保险人及其雇员、家属所有或照管、控制的财产损失可投保普通财产保险等。

5. 赔偿限额和免赔额

1）赔偿限额

确定公众责任保险赔偿限额的方法有三种。

（1）规定每次事故的混合限额。无分项限额，也无累计限额，只控制每次事故的财产损失和人身伤害两项损失之和的最高限额，对整个保险期内的赔偿总额无影响。

（2）规定每次事故的分项限额和累计限额，即既确定每次事故人身伤害和财产损失各自的赔偿限额，又确定保险期内累计赔偿限额。

（3）规定每次事故的混合限额和累计限额。

现行公众责任保险一般采用的是第一种方法，但也可以根据具体情况采用第二种或第三种方法确定赔偿限额。

2）免赔额

公众责任保险对他人的人身伤害一般无免赔额规定，但对他人的财产损失一般会规定每次事故的绝对免赔额。

6. 保费率

公众责任保险一般无固定费率表，而是根据每笔业务被保险人的风险情况逐笔议定费率，从而保证费率与保险人所承担的风险相适应。公众责任保险的费率按照保险期限不同，一般分为1年期费率和短期费率。如果赔偿限额和免赔额增减，费率也会适当增减。

6.4 产品责任保险

6.4.1 产品责任和产品责任法

6.4.1.1 产品责任及其特点

产品责任（product liability）是指产品在使用过程中，因其缺陷而造成用户、消费者或公众的人身伤害或财产损失时，依法应由产品供给方（包括制造者、销售者、修理者等）承担的民事损害赔偿责任。

产品责任和其他责任相比，具有以下几个明显特点。

1. 分布广

由于一些产品会在相当广泛的区域，甚至是在世界范围内销售，且各国或地区的法律制度也不尽相同，使得产品的制造者、销售者面临的产品责任风险存在于所有产品的销售地区，而且面临的诉讼内容以及最终依法应承担的赔偿责任会有非常大的差异。

2. 发生频率高

随着商品流通的增加、消费者维权意识的提升及相关法律制度的不断完善，有关产品责任的诉讼案件数量不断攀升。

3. 索赔金额大

随着人们收入水平的增加、法律保护意识的增强，以及政府行政主管部门对商家不合格产品及服务的惩罚力度的提升，产品生产者面临的产品质量或侵权方面问题导致的索赔金额越来越高。

专栏阅读

天价并购后陷十万余诉讼，拜耳花百亿美元脱困

6.4.1.2 产品责任法

产品责任法是调整产品制造商、销售商等与因使用其产品遭受损害的消费者或用户之间的权利和义务关系的各种法律规范的总称。产品责任法不调整合同关系中的产品责任，即产品制造者、销售者履行合同时，所提供产品不符合法律或合同规定的质量标准，或有隐蔽瑕疵应负的民事责任，而仅限于因产品瑕疵造成他人损害时所负的侵权损害赔偿责任。

在产品责任法中，认定产品责任的法律原则一般有以下几点。

1. 合同关系原则

早期产品问题的归责主要依赖的是**合同关系原则**（principle of contractual relations），即产品造成的伤害和疾病是由合同法规范的，而不是民事侵权法。一个制造商不会被认为对其销售的有缺陷产品负有责任，除非受害者和制造商之间有直接的合同关系。例如，如果一位制造商向一个零售商卖出一件产品，零售商又把产品转销给顾客，那么制造商通常不会对顾客的损失负有责任。

2. 疏忽原则 / 过失原则

1916 年，美国加利福尼亚州法院受理的麦克弗森诉别克汽车制造公司一案，突破了认定产品责任的合同关系原则，第一次使得被有缺陷产品伤害的消费者能够依据民事侵权法得到损害赔偿。本案中，一个车轮上的木制轮辐突然断裂，麦克弗森从他的别克轿车中摔了出来并受了伤。尽管别克汽车公司把车轮的生产授权给了另一家公司，并把小轿车卖给了一个零售商，由零售商卖给了麦克弗森，但法庭认为别克公司应对其造成的损害负有责任。这个判例的重要意义是，受到伤害的一方要求从制造商那里获得损害赔偿时不需要有合同关系，即制造商对其产品对消费者造成的损害负有责任。然而，这个案例也说明，当时的民事侵权法仍然遵循的是**过失原则**（principle of negligence），即除非证明制造商有过失，否则消费者不能获得损害赔偿。在 20 世纪上半叶，过失原则一直在产品责任民事侵权案例中被广泛运用。

3. 严格责任原则

20 世纪中叶以后，民事侵权法体系下对制造商产品责任的认定开始逐渐转向**无过失原则**（principle of no fault），也就是说即使制造商没有过失，也要承担责任，产品责任的认定开始向严格责任标准倾斜。一个典型的案例是，1944 年的埃斯克拉诉可口可乐公司。本案中，当埃斯克拉正把一些可乐瓶放入冰箱时，其中一个瓶子发生了爆炸，使她的手受了伤。加利福尼亚州最高法院判决可口可乐公司应对埃斯克拉的受伤负责，尽管可口可乐公司方面没有被发现有什么过失，但法庭的判决清楚地表明，过失原则应该被这样一个标准替代：无论制造商的产品是否有缺陷，都要对其造成的伤害负责。美国 1965 年颁布的《第二次民事侵权修订法案》在产品责任的认定方面规定：如果消费者由于使用了一件具有“不合理危险”和“有缺陷”的产品而受到伤害，制造商便负有责任。更重要的是，在这一准则下，法庭不再集中注意力于制造商的行为（像在过失原则下那样）以确定制造商是否有责任，取而代之的是，法庭将注意力集中于产品是否有不合理的危险和缺陷。

那么，如何理解产品的缺陷呢？常见的产品缺陷有三种形式：制造缺陷、设计缺陷和提示缺陷。

1）制造缺陷

如果某一产品的制造与制造商的希望出现了偏离，称为存在**制造缺陷**（manufacturing defect）。如果一个产品与正常生产过程生产出来的产品不同，而且消费者由于产品的制造缺陷受到了伤害，则制造商就要承担责任，制造商不能抗辩，法庭也不会考虑消除这种制造缺陷所需要的成本和收益之间的比较。在埃斯克拉诉可口可乐公司瓶子爆炸的案例中，一个瓶子爆炸说明这个瓶子与正常产品不同，因而是有制造缺陷的。

2）设计缺陷

如果产品带来的可预见的伤害风险可以通过采取合理的、更为安全的设计而减少或通过更彻底的产品检测而被发现并改正，就称为存在**设计缺陷**（design defect）。为了确定一件产品是否具有不合理的危险，一般采用的是成本－收益分析方式。制造商是否应承担责任取决于法庭对以下问题的看法：这种缺陷能否以合理的成本得到改正？为回答这个问题，原告和被告通常要雇用工程专家来测试某种更安全的设计的可行性和成本。因此，当确定是否存在设计缺陷时，法庭考虑的问题类似于过失标准下的问题。由于一旦发现一个产品的设计有缺陷，意味着根据这种设计生产的所有产品都有缺陷，所以在和设计缺陷有关的案例中，败诉方要付出的成本往往比损害赔偿金高得多。

3）提示缺陷

如果产品没有被正确标识或是没有正确解释与使用产品有关的风险，称为存在**提示缺陷**（indicating defect）。如果产品在使用中存在的危险是可预见的，且制造商没有提供可以减少伤害的警示，法庭将会认为制造商负有责任。可预见性要求实际上意味着法庭考虑问题的标准类似于过失标准。制造商的提示缺陷责任在很大程度上解释了我们在日常生活中见到大量贴在产品上的提示标签和使用手册的原因。

专栏阅读

设计缺陷的例子

4. 保证原则

在产品责任的认定时，除了适用民事侵权法，通常还要求制造商根据合同法的规定，对将产品和服务销售给顾客时做出的保证承担责任。制造商的保证可分成**明示保证**（express warranty）和**默示保证**（implied warranty）。明示保证是一种明确地表明产品或服务符合某种标准的说明（承诺）；默示保证是一种含蓄的、通常伴随着产品或服务销售的保证，如产品应该合理地适用于它本来的用途。消费者如果被没有按照明示或默示保证运作的产品所伤害，就可以起诉，要求卖方进行赔偿。

一个违反明示保证的例子是：马先生买了一个梯子，梯子的标签说明它可以支撑一个重量大约为 150 千克的人，如果梯子因未能承受马先生的重量（少于 150 千克）而折断，导致马先生受伤，马先生就可以起诉制造商，因为梯子的表现不像公司所明确说明的那样。

再看一个违反默示保证的例子：张先生买了一块手机电池，用了两天后就不能正常使用了（如充满电后待机时间很短），尽管电池说明书上没有标明使用寿命，但仅使用两天就不能正常使用显然和人们预期使用时间有明显差距，张先生因此可以起诉电池制造商要求赔偿。

6.4.2 产品责任保险的主要内容

产品责任保险主要承保制造商、销售商、修理商等生产、销售有缺陷的产品造成他人人身伤害或财产损失的赔偿责任。对产品责任的认定以相关的产品责任法律制度为依据。在美国，产品责任保险是普通责任险的一部分。在中国，产品责任险是一个独立的险种，需要单独进行投保。

1. 投保人 / 被保险人

产品责任保险的标的是产品责任，该险种的投保人应当是与产品有密切关系、可能因产品事故而负责的人。在我国，投保人 / 被保险人一般指产品的生产者、销售者，有时也包括维修者。

2. 保险责任

我国产品责任保险的责任范围主要包括两项。

（1）在保险有效期内，由于被保险人所生产、出售的产品或商品在承保区域内发生事故，造成使用、消费或操作该产品或商品的人或其他任何人的人身伤害、疾病、死亡或财产损失，依法应由被保险人承担的赔偿责任。

（2）对被保险人应付索赔人的诉讼费用以及经保险人书面同意负责的诉讼及其他费用。

3. 除外责任

产品责任险的除外责任除了责任保险的一般除外责任，通常还会列明一些典型的属于产品责任保险的除外责任。

（1）被保险人根据与他人的协议应承担的责任。

（2）不属于产品责任范围的其他法律责任，例如，雇主对其雇员应负的工伤责任，可由雇主责任险赔偿。

（3）属于被保险人所有、保管或控制的财产的损失。

（4）被保险人未按有关法律、法规生产或销售的产品发生事故导致的责任和费用。

（5）产品本身的损失以及回收有缺陷的产品所需的费用等，这种损失可由产品保证保险负责赔偿。

4. 赔偿限额

产品责任保险一般都有赔偿限额的约定，包括每次事故限额和累计限额。需要特别注意的是，由于产品的销售可能涉及广泛的区域，而不同国家或地区由于法律体系的不同，对产品问题的归责有较大差异。因此，产品责任保险人通常会要求具体指定保单承保的区域，不同区域适用的赔偿限额、费率等均会有所不同。

5. 保险期限与索赔时效

产品责任保险的保险期限与一般财产保险的保险期限相同，通常为一年。为了使被保险人的保险单持续有效，获得连续不断的保险保障，保险人也提供期限较长的保险单。我国保险公司对某些出口产品可以提供年限在 3 ～ 5 年或更长时间的责任保险。产品责任保险的索赔时效主要以保险合同的有关规定以及保险事故发生地的法律为依据而确定，一般为 2 ～ 3 年。

6.4.3 产品责任保险的特点

1. “长尾”责任

通常，产品责任保险采用“事件发生制”保单，使得多年前发生的事故在多年后提出索赔。保险责任的这种“长尾”性使得保险人难以精确预测最终的赔偿金额，从而影响了保险定价的准确性。由于一些无法预见的索赔可能几年甚至几十年后才提出，那时的法律环境的变化和通货膨胀都可能导致赔偿金额大幅提高，导致当初制定的保费无法满足赔偿的要求。

2. 严格责任

被保险人在生产、销售和分销产品的过程中，如果存在违反保证、疏忽、侵权和欺诈等行为，都可能构成产品责任。并且，当今大多数产品责任诉讼都以严格责任原则为基础，因而增加了被保险人承担责任的风险。严格责任关注的是产品本身是否存在不合理的危险，即使厂家在生产时已经行使了谨慎之责，但产品如果存在不合理的危险，法庭仍然会判厂家承担责任。

3. 赔付以各国法律为依据，差异较大

产品责任保险的赔偿处理以责任发生地当地的法律为依据。不同国家产品责任法的赔偿制度和消费者的索赔意识不同，决定了不同地区产品责任保险的赔付情况各异。从赔偿案件数量上看，最多的是美国，其次是西欧国家和日本。

6.5 职业责任保险

6.5.1 职业责任保险概述

1. 定义

职业责任保险（professional liability insurance）是承保具有专业资格的专业技术人员因工作上的疏忽或过失，造成对他人人身伤亡和财产损失应承担的经济赔偿责任的一种保险。

职业责任保险发展的历史并不长，但随着人们法律意识的日益提高，对各类专业人士的索赔越来越多，使得职业责任保险得到了快速发展，已成为责任保险的一个重要险种。目前，已经出现的职业责任保险从开始时的医疗失职保险，发展到了包括医生、护士、律师、会计师、建筑师、工程师、保险经纪人和代理人、公司董事和高级管理人员等不同职业的责任保险。

2. 分类

职业责任保险的保单可分为两类：一类适用于工作中要与人的身体发生接触的专业人士，如医生、护士等，保单中一般用**“失职”**（malpractice）这一术语；另一类适用于工作中不与人体发生接触的专业人士，如律师、会计师、建筑师等，保单中一般使用**“错误

和疏忽”（errors and omission）这一术语。

3. 保险责任范围

职业责任保险的责任范围因职业间的差异而有很大不同，但归结起来，职业责任保险的保险人主要负责以下两个方面的赔偿。

（1）对专业人员职业上的疏忽、错误或失职造成的损失的赔偿，且无论损失是否发生在保险合同有效期内，只要受到损害的第三方在合同有效期内提起索赔，应由被保险人承担的赔偿都在此列。

（2）事先经保险人同意支付的各项费用，一般包括诉讼费用及律师费等。

4. 除外责任

职业责任保险中保险人的除外责任根据所承保职业的类别不同存在较大差异，除了责任保险的一般除外责任，通常还规定保险人对下列事项不负责赔偿。

（1）被保险人与未取得相关专业技术任职资格的人员发生的业务往来导致的损失。

（2）超越代理权的行为导致的损失。

（3）泄露个人隐私或商业秘密等造成的损失。

5. 特点

职业责任保险与其他责任保险相比，有两点不同。

（1）并非所有的职业都能成为职业责任保险的承保对象。职业责任保险的保险标的是专业技术人员的职业责任，只有具备一定专业技术含量，并以特定的专业技术为他人提供服务的职业才能成为职业责任保险承保的对象。

（2）职业责任保险的投保人不一定是被保险人本人。当提供专业技术服务的人员隶属于某个单位时，一般由其所在单位作为投保人投保，如律师事务所、医院、会计师事务所、建筑设计公司等；当提供专业技术服务的人员以个体方式经营时，则投保人即是被保险人本人。

6.5.2　主要职业责任保险简介

6.5.2.1　律师职业责任保险

1. 定义

律师职业责任保险（lawyers' liability insurance）承保被保险人以执业律师身份从事诉讼或非诉讼律师业务时，由于疏忽或过失造成委托人的经济损失，依法应由被保险人承担的经济赔偿责任。在我国，律师职业责任保险是一个较新的险种。

2. 保险责任

我国律师职业责任保险的赔偿责任主要包括三项。

（1）在保险单规定期间，被保险人在境内从事诉讼或非诉讼业务时，由于疏忽或过失给委托人造成经济损失，依法应承担的经济赔偿责任。

（2）保险事故发生后，律师事务所和委托人双方不能通过协商解决，可能引起诉讼，如果在诉讼前律师事务所征得了保险人书面同意，那么产生的有关费用由保险人承担，包括案件受理费、鉴定费、律师费等。

（3）发生保险责任事故后，被保险人为缩小或减少赔偿责任所支付的必要的、合理的费用，如抢救费等，保险人负责赔偿。

但对于因战争、自然灾害等不可抗力因素造成的损害，因被保险人无效执业证书或故意行为所造成的责任事故，保险人不负责赔偿。此外，精神损害也不属于保险责任范围。

3. 发展律师责任保险的意义

律师行业是一个高风险行业，随着国家对律师事务所的责任追究逐步由行政处罚向民事赔偿责任过渡，律师事务所要独立承担法律责任和经济责任。

律师面临的职业责任风险主要是法律上的职业过失。例如，房地产交易有误影响了房东的经济利益，不当地处理无行为能力者的事务影响了其亲属的利益，遗嘱的法律缺陷影响了死者继承人的利益等。我国的《律师法》不仅明确规定了律师应当履行的义务和应当遵循的执业纪律，还确立了律师责任赔偿制度，即律师违法执业或因过错（如丢失证据、耽误诉讼时效等）给当事人造成损失的，由其所在的律师事务所承担赔偿责任；律师事务所赔偿后，可以向有故意或重大过失的律师追偿。

发展律师职业责任保险，是按照国际惯例化解律师责任风险的有效途径。

首先，有利于提高律师事务所抵御风险的能力，加速与国际接轨。我国的律师事务所在完成了从“国办”向“合作”“合伙”的转变后，无疑加大了律师事务所及其律师的执业风险。只有参加保险才能有效提高律师事务所的抗风险能力。事实上，在发达国家，投保充分的职业责任保险是律师事务所的一项极为重要的保护措施。

其次，有利于律师行业走向成熟、健康发展。律师执业过程中存在巨大风险，个人过失或过错行为造成委托人经济损失在所难免。通过建立律师职业责任保险机制，有利于律师事务所从“人和办所”走向“制度办所”，有利于合作制、合伙制律师事务所的稳健发展。

最后，有利于提高律师的社会公信力。通过律师职业责任保险，可以进一步落实律师事务所及律师对当事人应负的经济责任，提高律师的社会公信力。例如，当某律师由于过失造成当事人经济损失后，如果能得到来自保险人的及时赔付，显然有助于公众对该律师的信任，这个信任实质上是来自公众对给该律师提供职业责任保险的保险公司的信任，因为保险公司在给该律师提供承保之前显然会对其专业能力、职业道德等进行认真考察，并在承保后仍会对其可能面临的职业风险提供防损服务。因此，一个职业律师或律师事务所能够获得保险公司提供的责任保险保单，本身就是一个值得信任的标志。因此，在发达国家，律师事务所或律师每年都会花很多钱购买职业责任保险就不足为奇了。

6.5.2.2 会计师职业责任保险

1. 定义

会计师职业责任保险（accountants' liability insurance）是指会计师因执业活动造成委托人或其他利害关系人经济损失，依法应当承担赔偿责任的保险。我国的会计师职业责任保险是新开办的险种，投保人（被保险人）应该是依法设立的会计师事务所[①]。

① 财政部、中国保监会 2015 年 6 月 30 日发布的《会计师事务所职业责任保险暂行办法》第二条规定：“会计师事务所职业责任保险是指会计师事务所及其合伙人、股东和其他执业人员因执业活动造成委托人或其他利害关系人经济损失，依法应当承担赔偿责任的保险。”

2. 保险责任

我国的会计师职业责任保险的保险责任主要包括两项。

（1）在保险期间或保险合同载明的追溯期内，被保险人在境内承办审计业务时，因被保险人的注册会计师在承办过程中的过失造成委托人或其他利害关系人的经济损失，由委托人或者其他利害关系方在保险期间（被保险人购买扩展报告期的，包括扩展报告期）内首次向被保险人提出损害赔偿请求，依照法律应由被保险人承担的经济赔偿责任，保险人按照保险合同约定负责赔偿。

（2）保险事故发生后，被保险人因保险事故而被提起仲裁或诉讼的，对应由被保险人支付的仲裁或诉讼费用以及事先经保险人书面同意支付的其他必要的、合理的费用，保险人按照保险合同约定负责赔偿。

会计师职业责任保险一般以索赔发生制为承保基础，只要委托人或其他利害关系人首次向被保险人提出的赔偿要求及就该赔偿事宜由被保险人向保险人提出的索赔是在保险期限内，保险人负责赔偿，但保险事故须发生在保险期限或追溯期内。

3. 发展会计师职业责任保险的意义

1）会计师的职业责任风险

注册会计师（certified public accountant，CPA）无论作为会计师还是审计师在提供服务时，都必须对客户和可预见依赖会计师工作的第三方负有注意义务（duty of care），而会计师可能因在履行职责时疏忽、欺诈而被起诉。

注册会计师可能承担的法律责任来源于他们的意见和判断会影响其客户，还可能进一步影响投资者、股东、公司债权人，甚至其他合伙人。大型会计师事务所每年会进行数千次的审计。最终，他们会发现未经修改的财务报表可能具有误导性，如果注册会计师没有修改有关财务报表的审计报告，投资者和公司债权人可能遭受重大损失。根据不同地区的法律制度，注册会计师可能依据普通法、成文法承担损害赔偿责任。普通法认定责任时源于疏忽、违约和欺诈；成文法认定责任则是某一法令或法律中适用的社会义务。在认定会计师职业责任时，通常会遵循以下原则或“理论”。

（1）合同约定：注册会计师和其客户会签订合同，同意履行某些服务，责任发生在违约时。这一原则适用于注册会计师未履行委托书中陈述的职责并使客户遭受损害的情形。

（2）职业过失：过失可被视为“未能尽到应有的职业注意”。客户和第三方都可以起诉注册会计师的过失侵权。过失可分为普通过失和重大过失。普通过失是指未根据适用的标准履行义务，而重大过失是指没有注意到可能造成的损害。

（3）欺诈：欺诈被定义为一个明知自己行为的人对重大事实的虚假陈述，其意图是误导另一方且该另一方因此受到了伤害。

（4）法定责任：注册会计师根据当地的相关法律应履行的责任。

由于上述责任风险的存在，注册会计师和会计师事务所应通过购买职业责任保险，提供一些免受法律索赔和诉讼的保护。

2）会计师职业责任保险在中国的发展

我国《注册会计师法》规定，会计师事务所违反《注册会计师法》规定（如出具虚假的审计报告、验资报告）给委托人、其他利害关系人造成损失的，应当依法承担赔偿责任。因此，会计师存在职业责任风险，这是开办会计师职业责任保险的基础。

在过去较长一段时间内，我国注册会计师行业主要实行以职业风险基金为主的风险抵御模式。但随着会计师事务所主要业务范围和规模的迅速扩大，职业风险基金易被挪用、易引发分配争议、资金占用成本高、无法放大保障效应等缺陷不断暴露出来，由职业风险基金制度向职业责任保险制度转变是大势所趋。

2015年6月30日，财政部、中国保监会发布了《会计师事务所职业责任保险暂行办法》，标志着会计师职业责任保险进入了规范、快速发展的新阶段。

6.5.2.3 建筑师和工程师职业责任保险

1. 定义

建设工程设计职业责任保险（construction engineering design liability insurance）是指以建设工程设计人因设计上的疏忽或过失而引发工程质量事故造成损失或费用应承担的经济赔偿责任为保险标的的职业责任保险，是我国开办最早的职业责任保险之一。

建设工程设计职业责任保险的被保险人是依法成立的建设工程设计单位，也可以是依法独立从事建设工程设计的个人。

2. 保险责任

（1）由于设计的疏忽或过失引发的工程质量事故造成被保险人承担经济赔偿责任的损失，包括建设工程本身的物质损失以及第三者的人身伤亡和财产损失。

（2）事先经保险人书面同意的诉讼费用，包括被保险人（和工程的建设人）在法院进行诉讼或抗辩而支出的费用，被保险人向有关责任方进行追偿而产生的诉讼费用等，但此项费用与经济赔偿的每次索赔赔偿总金额之和不得超过保险单明细表中列明的每次索赔赔偿限额。

（3）必要的合理费用，包括为减少委托人（工程的建设人）因遭受经济损失所承担的赔偿责任而支出的费用。

建设工程设计职业责任保险一般采用索赔发生制，即只要工程建设人首次向被保险人提出的赔偿要求及就该赔偿事宜由被保险人向保险人提出的索赔是在保险期限内，保险人就负责赔偿，而不管被保险人的设计是在保险期限内还是在保险追溯期内引起的工程质量事故。对于发生在保险期内但保险期满后才被发现并提出索赔的事故，保险人不负责赔偿。

3. 发展建筑师和工程师职业责任保险的意义

工程设计人（包括单位或个人）从事建设工程设计工作，为工程建设人提供设计成果，如果由于其疏忽或过失使设计本身存在瑕疵，就可能导致工程毁损或报废，给工程建设人造成经济损失，并可能造成其他人的人身伤亡或财产损失。在这种情况下，工程设计人就负有经济赔偿责任。可见，工程设计人从事设计工作是有风险的，而且工程设计责任事故的损失巨大，超出其经济承受能力。因此，工程设计人可以通过建设工程设计职业责任保险，将这种责任风险转移给保险人。

6.5.2.4　董事和高管职业责任保险

1. 定义

董事和高管职业责任保险（directors and officers liability insurance，D&O）是对作为公司董事和高管的被保险人，因为被认为的不法行为而被起诉所遭受的损失进行补偿或预付抗辩费用的一种责任保险，补偿可以付给董事和高管本人，也可以付给公司。

董事和高管职业责任保险的实质是公司对董事和高管的补偿，即公司对由于调解、判决和罚款给董事和高管带来的损失以及法律费用进行补偿。

2. 保险的内容

董事和高管职业责任保险一般分为两类或两部分（可以在一个保单中）。第一种称为“由于董事和高管责任对公司的补偿”，保险人承诺赔偿公司因董事和高管的不当行为而遭受的损失。当公司承诺董事和高管的官方行为不会给自身带来损害时，就需要这种保险。第二种保险通常以“董事和高管责任”冠名，保险人承诺将代表董事或高管支付他们可能需要承担的赔偿责任。在这两种情况下，保障范围是非常相似的。第一种保险将由公司获得补偿并由公司支付保费，第二种可以由个人支付保费，也可以由公司支付保费。

保单中一般都会包含约定的免赔额，不但有每个董事和高管的免赔额，还包括了累计免赔额；免赔额之上的部分通常也会要求董事和高管承担一定比例的赔偿。

保险责任一般是因不当行为引起的损失或索赔，如描述为“高管、董事以高管或董事身份出现的错误、虚假陈述、误导、不当行为、疏忽或违反义务”。

承保范围也可扩大到刑事和监管调查或审判所产生的辩护费用。事实上，对董事和高管往往可能同时提起民事和刑事诉讼。

董事和高管职业责任保单一般都有免责条款。一个普遍采用的免责条款是不承保董事和高管个人非法收入的损失。所以保险人可能拒绝赔偿董事和高管违反忠诚义务时遭受的损失。另一个重要免责条款是不承保“法律上不可保的”损害赔偿，即不能为故意的错误行为造成的损害承保，以及对违法行为造成的损失承保。

3. 发展董事及高管职业责任保险的意义

1）法律背景

公司董事和高管具有维护股东权益的法律责任，如果他们违背了这一责任，就可能以个人名义对股东遭受的损失承担责任。

根据《公司法》的规定，公司董事和高管对股东负有谨慎义务和忠诚义务。谨慎义务通常解释为要求董事和高管作出有根据的决策。也就是说，董事和高管必须寻找信息，并考虑决策的正面和反面。一般地，发生基于违背谨慎原则的起诉时，举证的责任由原告承担，而且法庭采用的是**商业判断原则**（business judgment rule），该原则就是不得对有根据的决策进行质疑。因此，即使一项企业决策产生的结果很差（如减少了股东财富、给股东造成了损失），但只要决策是有根据的，法庭就不会判董事和高管负有责任。**忠诚义务**（duty of loyalty)适用于当公司的决策会使股东和董事及高管之间的潜在利益产生冲突时。

例如，当建议收购某其他企业时，作为收购小组成员的董事和高管会希望收购价格尽可能低，但作为股东的代理人，董事和高管又应该希望价格尽可能高。面对这种情况，就要求董事和高管必须以股东的利益为准则，法庭对董事和高管要求的标准大大超过了谨慎义务中的情形：董事和高管不仅必须作出有根据的决策，还要采取所有可能的步骤以保证作出的决策使股东利益最大化。

此外，上市公司的董事和高管还要为违反证券法承担责任。各国的证券法一般都会对公司董事和高管提出一些要求。例如，公司要定期公开披露与投资者有关的信息，如果公司没有这样做，董事和高管会和公司一起受到股东的起诉。

股东对董事和高管的起诉可分为间接起诉和直接起诉。间接起诉是由股东代表公司提出的，法庭判决的任何赔偿金都由公司接收。直接起诉是由原告提出的诉讼，原告获得赔偿金。对董事和高管的直接诉讼可以是个人行为，也可以是团体行为。

股东指控董事和高管违反了勤勉义务或诚实义务的诉讼通常与公司的活动相联系，如收购或破产。所以，股东起诉的案件数量在 20 世纪 80 年代后急剧增加，同一时期的兼并活动和金融机构破产也异常活跃。股东起诉董事和高管违反证券法通常与证券的首次公开发行及二次发行有关。在这些案例中，新的证券购买者起诉董事和高管没有披露真实信息，而且近年来还出现很多股东共同起诉上市公司董事和高管，指控他们没有定期披露信息，或像安然公司（Enron Corporation）和世通公司（WorldCom）的案例那样，通过做假账和其他欺骗行为误导投资者。

2）发展董事和高管职业责任保险的意义

近年来，出现了越来越多的股东以受到财务损害为由对公司的董事和高管提起的诉讼，而这类风险并没有涵盖在企业的一般责任保险中。这里列举一些诉讼的简要原因：①低效或缺乏诚信给公司造成的不必要损失；②超出了章程或制度授予的权力；③未向股东披露重大事实；④利益冲突；⑤价格操纵；⑥过高的报酬；⑦无保证的股息支付。而法院判决的倾向是让公司的董事和高管承担更多的受托责任。因此，越来越多的个人在没有得到保证防止个人资产损失的情况下，不愿以高管的身份到公司任职。商业机构越来越发现，为了吸引董事和高管，有必要达成协议，使他们不受到伤害，并补偿他们在以公司指定的身份行事时可能承担的任何责任。

4. 我国的董事和高管职业责任保险

我国 2002 年颁布了《上市公司治理准则》，明确规定了上市公司高管的民事赔偿责任后，中国保险公司开始为上市公司提供董事和高管职业责任保险。对于上市公司而言，董事和高管职业责任保险是一个非常必要且有针对性的保险计划，特别是对境外上市的中国企业而言，该险种是应对境外证券市场法律环境的必备措施。

我国的董事和高管责任保险是由公司或者公司与董事、高管共同出资购买的，对被保险的董事及高管在履行公司管理职责过程中，因被指控工作疏忽或行为不当（但不包括恶意、违背忠诚义务、信息披露中的故意虚假或误导性陈述、违反法律的行为）而被追究其个人赔偿责任时，由保险人负责赔偿该董事或高管进行责任抗辩所支出的有关法律费用并代为偿付其应当承担的民事赔偿责任的保险。

董事责任险虽然在我国发展的时间不长，但已经引起了上市公司的关注，特别是那些有独立董事的上市公司，以及有“涉外”基因的上市公司，如有外资股份、高管有国外背景或有国际业务往来的公司。随着我国证券市场监管日趋规范和严格，以及涉诉案件数量、金额日益增长，董事和高管职业责任保险将成为公司管理层规避履职风险的有效途径，它的运用将有利于提高管理层的风险承担水平和管理效率。

6.5.2.5 医疗职业责任保险

1. 医疗职业责任风险与保险的意义

医疗职业责任保险（medical malpractice insurance）是一种专门的职业责任保险，是向医生和其他医疗专业人员提供的因提供医疗服务出现的事故而导致病人伤亡的责任保险。这种保险对医务人员来说非常重要，很多国家和地区的政府医疗管理部门都会要求医务人员必须投保医疗职业责任保险。除了一般的医生，牙医、心理医生、药剂师、验光师、护士和理疗师等都需要这种保险。医疗责任保险之所以对医疗服务机构和医务人员来说如此重要，主要原因就是他们在执业过程中面临较高的责任风险。

有关研究显示，美国的一些相对高风险领域的医生，如外科医生，在其职业生涯中至少会面临一次来自患者的医疗事故诉讼，即使低风险领域的医生也有 75% 的比例在职业生涯中遭受过医疗事故的索赔，美国人每年提起的医疗事故诉讼约有 17 000 起。

中国的医疗机构和医生也同样面临着非常高的责任风险。图 6-1 显示了 2004 年至 2016 年我国法院受理的医疗纠纷案件的数量。需要说明的是，现实中我国的绝大部分医疗纠纷不会选择用诉讼方式来解决，而是通过患者和医院方面协商解决的，因此实际发生的医疗纠纷数量是巨大的。

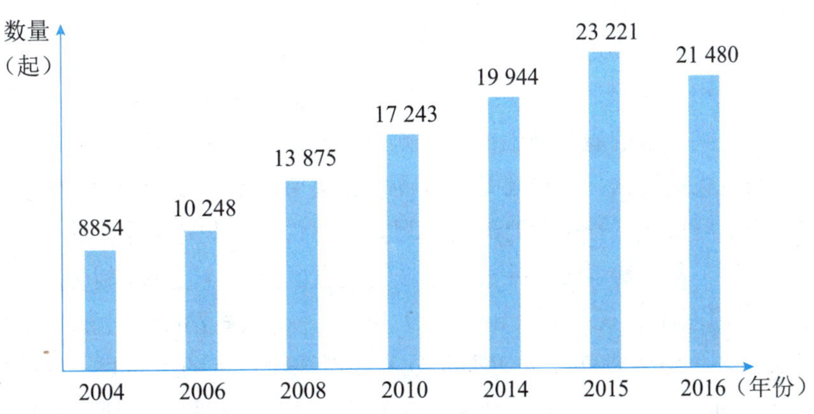

图 6-1 2004 年至 2016 年我国法院受理的医疗纠纷案件数量

当发生医院或医生的过失引起的医疗事故导致患者人身伤害时，患者方面的核心诉求通常是要求经济赔偿。这时，医疗责任保险人可以为医疗机构或医生承担经济赔偿责任，既起到了及时满足患者方面核心诉求、减少医患纠纷的作用，也大大减轻了医疗机构和医生因可能面临的巨额赔偿而带来的财务困难，有利于医疗机构的稳定运行。

2. 中国的医疗职业责任保险

我国的医疗职业责任保险试点是从 2006 年开始的，当时推出这一保险的主要动机是缓解医患矛盾，完善医疗纠纷调解机制。随后，医疗职业责任保险在我国得到了较快发展，大多数医疗机构都已购买了相关的医疗职业责任保险。

医疗职业责任保险是指由保险公司向被保险的医疗机构收取一定的保险费，同时承担对被保险人所发生的医疗事故给付赔偿金的责任。目前，我国的医疗责任保险主要是通过医疗机构投保，保险公司承担医疗机构的医护人员在从事与其资格相符的诊疗护理工作中，因过失发生医疗事故造成的依法应由机构或其医护人员承担的经济赔偿责任。经济赔偿一般包括对患者身体上的伤残、疾病、死亡所需要的损害赔偿，还包括部分依法认定的精神损害赔偿。此外，保险人的责任通常还包括支付医疗事故纠纷产生的相关法律费用，如事故鉴定费、查勘费、取证费、仲裁或诉讼费、案件受理费、律师费等。

中国医疗职业责任保险发展的实践使社会各界感受到了它的重要意义。首先，对医疗机构和医生来说，医疗职业责任保险分散了医疗执业过程中的责任风险，减轻了因可能出现的不利医疗结果而不愿为患者积极治疗的担忧，有利于新疗法、新技术、新药品的推出，促进了医学科学和医疗水平的整体发展。其次，对社会而言，医疗职业责任保险保障了广大患者的正当权益，有利于医疗纠纷的化解，维护了社会的稳定。

6.6 雇主责任保险

6.6.1 雇主责任保险概述

从国际上来看，**雇主责任保险**（employers' liability insurance）的发展要早于社会保险体系下的**员工赔偿保险**（workers' compensation）[①]。19 世纪到 20 世纪初，一些国家开始实施雇主责任法，相对加强了对雇主抗辩的约束，提高了对受伤雇员的保护程度。尽管有了一些进步，但受到伤害的雇员面临的基本问题依然没有解决，即仍然必须先起诉雇主，并提供雇主存在过失的证据；雇员还是必须面临失去劳动能力期间的收入损失和支付医疗费用的问题；在法庭诉讼过程中长时间的延迟、高诉讼费和裁定结果不确定等问题也依然存在。于是，出现了员工赔偿法，并根据该法律建立了员工赔偿保险制度。

员工赔偿法的基础是**无过错**（no fault）原则：无论雇员有无过错，雇主都要对雇员受到的职业伤害负绝对责任，受伤害雇员可根据法律规定的给付目录获得赔偿，不必为获得给付而向雇主起诉。员工赔偿保险的保险人可以向受伤害雇员（不管其有无过错）提供迅速的、法律程序上最简单的给付。作为获得这些法定给付的交换条件，受伤害雇员一般需要放弃获得法律规定之外的附加给付和以过失责任为由向雇主提出起诉的权利。

然而人们发现，员工赔偿保险的保障范围和程度是有限的，比如只包括规定标准内的医疗费用和误工损失，不包括如精神损失等其他形式的赔偿。另外，在某些和工作有关的

① 在中国称为工伤保险。

伤害事故中，雇主具有明显的过失，如果雇员提出起诉的话，尽管结果不确定，但还是可能获得更高额的赔付。所以，很多雇主即使参加了法定的员工赔偿保险，仍然可能面临因自身过失被雇员起诉而承担巨额赔偿的风险。于是，雇主在参加了政府要求的具有社会保险性质的员工赔偿保险后，还可以选择购买商业性的雇主责任保险。

雇主责任保险可以保护雇主当雇员发生的工伤或疾病不包括在员工赔偿保险或工伤保险赔偿范围内时，免遭经济损失。在美国，雇主责任保险通常和员工赔偿保险一起销售，以进一步保护企业免受与工作场所的伤害、疾病和死亡所带来的相关费用。因此，雇主责任保险也被称为员工赔偿保险的“第二部分”，但并不是强制性的。在英国，雇主责任保险也称为员工赔偿保险，属于强制性的社会保险体系的一部分，绝大多数企业都必须依法向政府规定的保险机构购买最低限额的雇主责任保险。

可以将雇主责任保险理解为员工赔偿保险的一个“补充”，这个补充是针对雇主来说的，而不是针对雇员的，即不意味着雇员在发生与工作有关的伤害并获得工伤保险赔偿后，还可以再向雇主索赔以获得雇主责任保险的赔偿。因此，当员工发生与工作相关的伤害后，他其实面临两个选择。

（1）通过员工赔偿保险获得赔偿，好处是不用追责，无须证明是雇主或雇员本人的过失，都可获得及时的赔偿；缺点是获得的赔偿范围和额度都比较有限，特别是如果的确可以证明事故中雇主有过失的话，员工本可能获得更多的赔偿。

（2）如果认为雇主在事故的发生中存在过失，可以选择通过雇主责任保险获得赔偿。但必须放弃员工赔偿保险索赔，这一选择的好处是可能获得更多的赔偿；缺点是费时、费力，需要支付一定的诉讼费用，并且存在官司打不赢的可能，以及法庭最后判决的赔偿金的不确定性。

从雇主责任保险的赔偿范围来看，一般都会包括律师费、诉讼费、法庭判决的赔偿金，当然总的赔偿额度会限制在保险合同中约定的赔偿限额内。

6.6.2　中国的雇主责任保险

雇主责任保险是以被保险人即雇主的雇员在受雇期间从事业务时因遭受意外导致伤、残、死亡或患有与职业有关的职业性疾病而依法或根据雇佣合同应由被保险人承担的经济赔偿责任为保险标的的一种责任保险。需要再明确强调的一点是，从我国雇主责任保险的多数实践来看，保险人认定的雇主责任通常是雇主对其雇员依法应承担的法律责任，往往表现为雇主由于疏忽而未履行法定义务的行为。所以，雇员如果希望通过雇主责任保险获得赔偿，仍然需要证明雇主是存在过失的。此外，雇主责任限于对雇员人身伤害的赔偿，不包括财产损失。

1. 保险对象

雇主责任保险适用于各行业的雇主，各行业的雇主均可以投保雇主责任保险并成为被保险人。雇主必须将法律规定范围内的全体雇员，包括短期工、临时工、季节工和学徒工全部予以投保并成为被保险人，而不能仅为其中一部分人投保。对于不属于法律规定范围内的工作人员，如不在本国或承保地区内的工作人员，经特别约定后保险人才予以承保。

2. 责任范围

雇主责任保险的保险责任，一般包括下列两项。

（1）赔偿金，即凡是被保险人雇佣的员工，在保险有效期内，在受雇过程中，从事与被保险人业务有关的工作时，遭受意外而致受伤、死亡，或患与业务有关的职业性疾病所致伤残或死亡，被保险人依法或根据雇佣合同应承担的医疗费及经济赔偿。

（2）诉讼费用，雇佣双方因赔偿纠纷诉至法院，被保险人合理支出的法律费用。

3. 赔偿限额

赔偿限额是雇主责任保险人承担赔偿责任的最高限额，它以雇员工资收入为依据，由保险双方当事人在签订保险合同时确定并载入合同。雇主责任保险的赔偿限额按雇员若干个月的工资数计算，但具体赔付金额则要通过计算每个雇员的月均工资收入及伤害程度后才能确定。

4. 保险期限

雇主责任保险的期限通常为1年，也可投保1年以上的长期保险或不足1年的短期保险。

6.6.3 雇主责任保险和工伤保险的关系

自2003年《工伤保险条例》颁布后，我国建立了社会保险体系下的具有强制性的工伤保险制度，要求企事业单位必须参加工伤保险。但这同时也带来了一个问题，就是如何处理与商业性的雇主责任保险的关系。

从我国工伤保险的实践看，被认定为工伤因而可以获得赔偿的范围在不断扩大，主要包括以下方面。

- 在工作时间和工作场所内，因工作原因受到事故伤害的。
- 工作时间前后在工作场所内，从事与工作有关的预备性或者收尾性工作受到事故伤害的。
- 在工作时间和工作场所内，因履行工作职责受到暴力等意外伤害的。
- 患职业病的。
- 因工外出期间，由于工作原因受到伤害或者发生事故下落不明的。
- 在上下班途中，受到非本人主要责任的交通事故或者城市轨道交通、客运轮渡、火车事故伤害的。
- 法律、行政法规规定应当认定为工伤的其他情形。

工伤保险待遇通常包括医疗支出和工资福利两部分。

工伤保险制度的实施带来了两个问题：①企业是否还需要投保雇主责任保险？②如果投保了雇主责任保险，发生了工伤时，如何进行赔付？从雇主责任保险和工伤保险的性质、归责等方面看，这是两类有较大差异的保险，但本质上又都是雇主自己缴费用于转移责任风险的保险，并且两类保险都是以“工伤”为赔付依据，且赔偿目录也大同小异，因此传统的雇主责任保险对企业的吸引力在降低。

第二个问题是我国在实践中一直没有解决好的一个问题，相关法律或司法解释始终没有给出较为清晰的界定。实践中的普遍做法是，如果企业参加了工伤保险，就按照工伤保险的标准赔偿，员工本人基本没有选择要求雇主责任保险赔偿的权利；当工伤保险的赔偿低于雇主责任保险的赔偿标准时，可以向雇主责任保险人进行索赔。

由此可见，我国的雇主责任险是受伤害雇员在获得了工伤保险提供的赔偿且赔偿标准低于实际伤害损失时，如能证明雇主仍须承担赔偿责任的，保险公司才会负责理赔；雇主不负赔偿责任的，保险公司也不会赔付。所以，对用人单位来说，在已参加了工伤保险的情况下，雇主责任险只能起到一种补充作用，特别是2011年新的《工伤保险条例》扩大了工伤保险的适用范围，使得雇主责任险对用人单位防范用工风险的意义更加有限了。

为了扩大雇主责任保险的使用，中国的保险公司可借鉴国际经验，扩大雇主责任保险的保障范围，包括一些工伤保险不涵盖的内容，如雇主由于对雇员的歧视（包括性别、年龄、种族、身体残疾等方面的歧视）、不当解雇、骚扰等应承担的赔偿责任，使得雇主责任保险真正成为工伤保险的有效补充，帮助企业控制用工风险。

本章习题

1. 侵权责任包括哪些？它们相互之间有什么区别？
2. 什么是责任保险？责任保险有哪些特点？
3. 简述个人和家庭所承担的责任风险种类及其来源。
4. 责任保险为什么没有保险金额？
5. 如何确定责任保险中的赔偿限额？
6. 请简述责任保险的保险责任和相应的归属方式。
7. 保证保险和一般责任保险有哪些主要区别？
8. 简述责任保险种类和责任保险合同的共同规定。
9. 试比较公众责任保险、产品责任保险、职业责任保险和雇主责任保险的异同。
10. 简述产品责任保险与产品保证保险的区别。
11. 请结合理论和实践论述发展董事和高管职业责任保险的意义。
12. 为什么现在我国董责险的规模快速增长？
13. 你认为如果保险公司要开展环境污染责任保险的话，可能存在的主要问题或困难是什么？
14. 你觉得有必要推行环境污染强制责任保险吗？请给出你的理由。
15. 某一天，三辆汽车相撞，经交通管理部门裁定，甲车承担30%责任，乙车承担40%责任，丙车承担30%责任。由于三车均投保了机动车辆保险，保险公司决定按照条款予以赔付。三车有关损失及保险数据如下：甲车车辆损失8万元，车损险保额12万元，医疗费5万元，第三者责任限额10万元；乙车车辆损失12万元，车损险保额16万元，车载货物损失5万元，医疗费8万元，第三者责任限额20万元；丙车车辆损失4万元，未投保车损险，医疗费12万元，第三者责任限额5万元。请计算在不计免赔额的情况下，保险公司应向甲、乙、丙三车支付的赔款各是多少。

16. 某一天，6 岁的小明随妈妈到某商城购物，不慎摔下电梯，后经抢救无效死亡。因该商场已在某保险公司投保了顾客团体意外伤害保险，在事故发生后，保险公司按合同规定赔付给小明的父母 10 万元人民币。保险公司赔付后，小明的父母又向商场索赔。该商场认为，商场投保团体意外伤害保险目的就是维护消费者的利益，也减少自身风险，保险公司赔付的保险金就是商家对顾客承担的责任，因此不同意在保险公司赔偿之后再承担任何赔偿责任。而小明的父母则认为，意外伤害保险仅承保顾客的人身风险，与商场责任没有什么关系。请分析，商场在保险公司赔偿之后是否还需要向小明的父母承担赔偿责任，原因是什么。

第 7 章 人寿保险

学习要点及目标

- 了解人寿保险产品的概念和特点
- 了解传统人寿保险产品的功能、适用对象、存在的问题
- 了解创新型寿险产品的主要类型、基本功能、出现的时代背景
- 了解年金保险的概念和主要功能

核心概念

定期寿险　两全保险　终身寿险　分红保险　万能险　变额寿险　年金保险

7.1 人寿保险概述

7.1.1 人寿保险的概念

人寿保险（life insurance）是以被保险人的生命为保险标的的一种保险，投保人根据合同的约定，向保险人支付保费，当被保险人在保险期限内发生死亡或达到合同约定的年龄、期限时仍然生存，由保险人按约定承担给付保险金的责任。

人寿保险的保险标的既不是物质财富，也不是与物质财富有联系的责任、信用、保证等形式，而是人的生命，由此决定了人寿保险有着区别于其他类型保险的显著特征。

7.1.2 人寿保险事故的特点

人寿保险的保险事故是被保险人的死亡或生存，其特点表现为以下几点。

1. 保险事故发生的必然性和发生时间的不确定性

由于人寿保险的保险事故是被保险人的生存或死亡事件，所以从每个被保险标的个体上看，这类事故的发生是必然的，但在什么时间点上发生却是不确定的。例如，一个人的寿命有多长是不确定的，未来生存的时间也是不确定的。所以，人寿保险仍然是依据人生命的不确定性而建立的一种保险制度，利用所有被保险人生命的不确定性来进行风险的分担。

2. 保险事故的发生概率与被保险人年龄相关

常识告诉我们，随着年龄的增长，人在未来一段时间内的死亡概率会不断增加。因此，

在人寿保险特别是以死亡为保险事故的保险中，被保险人的死亡危险会随年龄的增长而逐年增加，不同年龄人的死亡率是不相同的。除了年龄因素，死亡率还会受很多其他因素的影响，如性别、职业、健康状况、生活习惯等；而且随着经济的发展、医疗卫生条件和生活水平的提高，人的死亡率呈现出逐渐降低的趋势。但从整体上看，和导致非寿险保险事故发生的风险因素相比，死亡率的波动性对人寿保险赔付的影响是相对比较稳定的。

7.1.3 人寿保险产品的特点

人寿保险在保险标的、保险事故等方面的特点，决定了人寿保险产品的以下特点。

1. 保险金额由合同双方约定

人寿保险的保险标的是人的生命，而生命的价值通常难以用货币衡量。然而，根据本书第一章中关于人寿保险的需求源自生命价值的理论，又需要通过人寿保险的形式对生存或死亡而带来的“生命价值损失”进行补偿，而补偿的多少则只能由投保人和保险人在保险合同中进行约定。投保人通常是根据对补偿的需求以及投保时的支付能力来约定相应的保险金额。

2. 保险给付的非补偿性

和财产保险、责任保险的一个显著不同点是，人寿保险是非补偿性保险。当保险事故发生后，保险人只按合同约定的金额进行给付，而不会考虑保险事故带来的实际经济损失。此外，人寿保险也不存在重复保险的问题，即如果被保险人同时拥有若干张有效保单，当保险事故发生时，可以从所有保单上获得约定的保险金。

3. 人寿保险的保险利益

人寿保险的保险利益依据的是投保人和被保险人之间具有的各种经济利害关系。具体来说，投保人对自己的生命和身体具有当然的保险利益，对具有亲属、雇佣、债权债务关系的人也具有保险利益，或与投保人之间虽没有利害关系但经过被保险人同意的也被认为具有保险利益。

4. 保险保单的长期性

人寿保险的保险期限一般都是长期的，投保人的主要目的是当被保险人过早死亡时能为其遗属提供经济保障，或为被保险人年老后提供经济保障等。不言而喻，这种对保障的需要是长期的。因此，人寿保险合同通常是长期合同，可以长达几十年，合同的缴费期、保险金的领取期也都可以长达几十年。

5. 保险产品的储蓄性

由于保险业务具有先缴纳保费的要求，而且期缴保费大多采用水平缴费的方式，以及保险人需要为尚未履行的保险责任预留责任准备金，因此，预缴的保费加上累积的利息收益在扣除了已经发生的各种费用后，就会形成一张保单的现金价值。随着时间的推移，保单的现金价值会不断增加。最终，当保险事故发生或保单到期时，被保险人或其受益人会以领取保险金的形式获得保单的全部现金价值。因此，寿险保单不仅具有提供经济保障的作用，而且还兼有储蓄的性质，支撑这一性质的是寿险保单具有的现金价值。由于寿险保单具有现金价值，投保人可以享有诸如保单质押贷款、退保等方面的权利。

6. 在家庭理财规划中的运用

除了经济保障功能，人寿保险保单还可以用于家庭理财规划和家庭资产配置。例如，一些创新型寿险产品除了具有保障功能，还有较强的投资功能，可以使投保人在获得经济保障的同时得到来自保险人提供的资产管理服务，并使保单（作为家庭金融资产的一部分）的现金价值得到保值和增值。还比如，由于寿险保单的保险金在支付给受益人时不需要纳税，因此购买人寿保险也成为很多家庭进行合理避税的一个选择。

7.1.4 人寿保险业务的特点

保险机构在经营人寿保险业务时，也具有很多和经营财产保险业务不同的特点。

1. 产品的销售更多地依赖代理人渠道

人寿保险产品，特别是相对比较复杂的人寿保险产品，通常是由保险公司通过代理人或经纪人销售的，很少由保险公司自己去销售。人寿保险产品主要通过代理渠道销售的原因来自两个方面。

（1）保险市场存在的信息不对称问题。信息的不对称一方面体现为投保人对保险产品和保险公司的经营能力缺乏了解，即不清楚都有哪些保险产品适合自己的需求，保险产品的性价比好不好，哪家保险公司的服务好，哪家保险公司的偿付能力令人放心等；另一方面体现为保险公司对投保人及被保险人可保条件的难以把握，即保险人对被保险人生命的不确定性难以评估，对投保人的财务状况、信用记录以及可能引发道德风险或逆选择的其他可能行为难以判断。因此，保险的需求方和供给方事实上都需要一个中间方来充当减少双方信息不对称的媒介，即通过保险代理人或经纪人来减少信息的不对称性。

（2）人寿保险产品的复杂性。购买人寿保险对很多家庭来说是一个重要的、长期的、专业的财务安排，因而需要对不同人寿保险产品的保障功能、储蓄功能和家庭财务风险管理的契合性、主要合同约定等有深入的了解和分析。做到这一点需要较专业的保险和理财方面的知识，这对一般保险购买者来说是难以胜任的。因而非常需要一个中间方，能站在维护投保人利益的立场，以专业的视角为投保人制定保险方案和选择适当的保险产品。

2. 人寿保险通常按年均衡计收保险费

由于人的死亡风险会随年龄逐年增加，在人寿保险中如果以当年死亡率为依据计收保费，就会出现被保险人年轻时缴费负担较轻，年老时缴费负担较重的情况。而年老时正是最需要保险保障的时期，如果由于费率负担过重，投保人可能会放弃投保，不利于保险业务的开展。因此在实践中，长期人寿保险通常采取按年均衡计收保费的方式，即保险人每年收取的保费不随被保险人死亡率的逐年上升而增加，而是每年收取相同数量的保费，在整个缴费期内保持不变。保险人用前期多收的保费弥补后期收费的不足，既可以使投保人均衡其经济负担，又能保证被保险人高龄后享受到保险保障。

3. 业务的经营更需要做好资产负债管理

人寿保险的保险人会对每份保单逐年提存责任准备金，这是因为采取了按年均衡计收保费，使得保险人在前期收取的保费会大大超过当年实际用于承保的费用，其差额部分应被视为保险人需要对被保险人未来发生保险事故时进行给付而形成的负债，以责任准备金的形式进行提存。由于每份保单的具体情况不同，每年应提取的责任准备金也会不同，需要对每份保单在保险期间内各年所需的责任准备金进行精确计算，并进行提取。

保险人提留的各类准备金构成了其资产负债表中负债端的主要部分，而且其中很多是不同期限的长期负债，这就需要保险人根据负债端对履行各类保险责任的承诺，在资产端做好资产的匹配管理。也就是说，资产管理的首要目标是必须满足保险人在负债端承诺的给付金额和给付时间要求；其次是在风险可控的前提下，尽量提升资产管理的效益，为投保人和股东带来更多的收益。

4. 人寿保险的经营结果较多地依赖于投资收益

和经营结果主要依赖于承保业务的财产与责任保险不同的是，人寿保险的经营结果在更大程度上依赖于保险人在资金运用方面的收益，原因是人寿保险产品通常具有长期性，定价时采用的利率假设对产品价格影响较大，而保险人出于相互竞争特别是和其他金融产品竞争的需要，通常会采取适当激进的预定利率假设[①]，这就对资产端的资金运用提出了较高要求。人寿保险业长期经营的实践表明，在可能为保险经营带来盈利的三个主要来源中，投资业务带来的盈利通常会远大于承保业务和费用控制可能带来的盈利。

5. 人寿保险业务的长期性

人寿保险合同大多是长期性合同，在合同履行过程中，更容易受到利率、通货膨胀、预测偏差等因素的影响。而保单上载明的费率、应缴保费以及保险金额等都是在订立合同时规定好的，因而可能存在不再适应新情况的问题，而对原保单进行调整会对投保人和保险人均产生较大影响。因此，长期性人寿保险合同对于客观情况可能发生的变化，一般来说缺乏灵活性和适应性，这就对保险人在产品管理和创新方面提出了更高要求。

7.2 传统型人寿保险

现代人寿保险业是随着股份制保险公司的产生、概率论和生命表的使用而发展起来的，距今已有 300 多年的历史。尽管今天人们的生产和生活方式已经发生了巨大变化，对人寿保险的需求也发生了很多变化，但人寿保险业经营的产品的基本类型并没有发生本质变化。即使我们看到近代人寿保险业在产品创新方面出现了很多新形式，但究其本质，仍然保持着传统人寿保险产品的基本功能。一些传统人寿保险产品经历了数百年的发展，仍然活跃在当今世界很多地区的保险市场上。

从历史上看，传统人寿保险的典型形式是定期寿险、两全保险、终身寿险和年金保险，这些产品主要是为被保险人由于过早死亡或退休所带来的经济问题提供保障。

7.2.1 定期寿险

7.2.1.1 定期寿险的定义和性质

定期寿险（term life insurance）提供被保险人在固定期限内死亡的保障，期限可以是

① 即使某些分红产品的预定利率假设本身较为保守，但为了能创造更多的红利以吸引消费者和与同业竞争，实际经营中仍然会要求较高的投资收益。

1 年、5 年、10 年、20 年，或被保险人达到某个年龄，如 60 岁为止。被保险人只有在保单约定的期限内死亡，受益人才可获得保险金；如果被保险人在期满时仍然生存，保险人就没有给付保险金的责任。

定期寿险是人寿保险中最具代表性、历史最悠久的险种，至今仍然是全球人寿保险市场上的主流产品。

定期寿险通常具有以下两个性质。

1. 可续保性

几乎所有的定期寿险保单都具有**可续保性**（renewability），即在保单到期时可以按约定的保费进行续保，且在达到一定年龄（如 65 或 70 岁）之前不必提供可保性证明（如进行体检）。例如，假设某人购买了死亡保险金为 10 万元的每年可续保定期寿险保单，则到年末时，不必提供可保性证明，即可按约定的保费再续保一年死亡保险金仍为 10 万元的保单。

定期寿险保单保证续保的规定是为了保护被保险人的利益，避免他们在保险期满时因健康状况不佳或其他原因而不能再继续获得保险。定期寿险的费率在一定时期内会保持不变，但在每次续保时会根据被保险人的年龄而增加费率。经验死亡率表明，被保险人的逆选择会导致续保后的死亡率上升。因此，续保后的费率也应相应提高，但这又会加剧被保险人的逆选择。为解决这一问题，保险人可以调整定价结构或采取其他方式，如调整红利、限制可续保年龄、通过产品设计鼓励（或强制）投保人转换险种等。

相对于具有现金价值的其他人寿保险保单，相同保险金额的定期寿险的保费要低得多，使得人们在给定保费支出情况下可以购买到更多的保障，因而特别适合收入不高、对死亡经济保障需求较高的年轻人选择。

2. 可转换性

很多定期寿险都包含了**可转换性**（convertibility），即允许投保人将定期保单转换为具有现金价值的保单，而无须提供可保性证明。可转换权的规定增加了定期寿险的灵活性，可使投保人在认为对其有利的情况下，选择将定期寿险保单转换为具有现金价值的保单。例如，投保人最初可能出于预算方面的约束，没有选择可能更适合自己的具有现金价值的保单，而选择了价格相对低廉的定期寿险。但在定期寿险的有效期内，情况出现了好转，投保人有条件购买所需要的足够数量的其他保险；或者是投保人的需求发生变化，由以前的纯粹保障需求转变为兼具储蓄性的需求。此时，由于定期寿险无法很好地平衡当前和未来的保险需求，投保人希望更换保单以适合自己的需求。然而，随着时间的推移，很多被保险人可能不再符合可保条件，或者必须以更高的费率投保。在这种情况下，在定期寿险到期后，被保险人可能无法再获得其所需要的保障。这时，如果已有的定期寿险保单中包含了可转换条款，被保险人就可以通过行使这一权利使自己继续获得保障。

如果被保险人符合标准费率的可保条件，使用保单中的可转换权与在市场上重新购买保险就没什么两样了。但如果保险人提供了“转换优惠”——在转换为新保单时可以享受价格优惠，那么转换权就具有价值了。例如，优惠的方式可以是在新保单价格基础上打一定折扣，或者每 1 万元保额优惠一定的保费数额等。

7.2.1.2 定期寿险的类型

定期寿险保单的死亡给付通常分为水平式和递减式，也有一些可以通过附加条款增加死亡给付。

1. 水平保额保单

目前，在全球销售的定期寿险保单中，绝大部分都是**水平保额保单**（level face amount policies），即在保险期间内提供的死亡给付不变，保费或随年龄的增长而增加或保持不变。

（1）**保费递增型保单**（increasing-premium policies）。水平死亡给付中的保费递增型保单通常属于可续保保单，这类保单的给付金额在整个保险期间保持不变，但保费会随着被保险人年龄的增加逐渐增加。

（2）**水平保费保单**（level-premium policies）。水平保费保单在保险期限内的所有期缴保费均为相同的，但如果需要更新保单，则需要按被保险人的实际年龄增加保费。这类保单又可分为两类。

- **平均余命定期寿险**（life-expectancy term）。提供保障期间等于生命表中与目标被保险人的性别、年龄相同的人的平均余命的定期寿险。随着保费的缴纳，若干年后保单会产生现金价值，但到达某一时间点后现金价值开始下降，到保单满期时现金价值为零。
- **65 岁或 70 岁到期定期寿险**（term-to-age 65 or 70）。由于保障期间比平均余命定期寿险要短，所以保费相对较低，主要为人们在工作期间提供死亡保障。与平均余命定期寿险一样，该保单也会具有现金价值，积累到某一时间后逐渐下降。

2. 非水平保额的保单

在定期寿险保单中有相当一部分是**非水平保额保单**（non-level face amount policies），即保险金额会随时间递减或递增。

（1）**保额递减型保单**。该保单的死亡给付金额随着时间的推移而逐年递减，例如，5 年期递减式定期寿险的初始保额为 10 000 元，如果被保险人在第一保险年度内死亡则给付 10 000 元，在第二保险年度内死亡则给付 8000 元，第三、第四、第五保险年度则依次递减为 6000 元、4000 元和 2000 元。这种保险一般用于偿还作为债务人的被保险人在死亡时未能偿还的债务，通常会与某一抵押贷款、商业贷款或私人贷款相关联，如**抵押贷款保证定期寿险保单**（mortgage protection term）。还有一种通常作为未成年人寿险保单的附加保险的保额递减型定期寿险，称为**缴费者给付**（payor benefit）的保额递减型保险。该保单规定，如果保费缴纳者死亡，保险公司将代缴剩余未缴的保费，其递减的保额刚好可以补偿从保费缴纳人死亡到被保险人成年（如年满 21 岁）期间的应缴保费。还有一种称为**家庭收入保险**（family income policy）的保额递减型定期寿险，主要适用于年轻夫妇或有正在抚养子女的家庭，保险期限通常为保单生效后的 10 年或 20 年，被保险人通常担负着每月交给家庭一定经济收入的责任，家庭收入保险正是为这类人群设计的。

（2）**保额递增型保单**。这类保单的死亡给付金额会随着时间推移而逐年增加，实际上通常作为附加条款出现，如生活费用调整附加条款。根据该条款，保单会随通货膨胀的上升而自动增加死亡给付。当然，保险公司也会通知投保人缴纳因保额增加而需要相应增加的保费。此外，还有一种保额递增型保单具有保费返还的特性。该种保单规定，如果被保险人在保险期间死亡，死亡给付不仅包括基本保额，还包括截至该时间点所缴纳的全部保费。

7.2.1.3 定期寿险的适用性

定期寿险是一种非储蓄性的纯保障型产品，保单一般不具有现金价值，定义简单，意思清晰，相比相同保额的其他具有现金价值的寿险产品，价格要低得多，即花同样的钱获得的保障程度是最高的。正因为定期寿险的上述特点，在实践中该险种的适用性表现为以下几点。

1. 适用于收入相对不高但却是家庭经济来源的主要或唯一提供者

定期寿险对收入较低而保险需求（通常来自家庭责任）较高的人群来说是非常必要的。风险管理的一个基本原则就是要对可能给家庭造成巨大损失（而不是所有损失）的风险，事前安排好补偿措施。显然，家庭经济来源主要提供者在其还有未尽财务责任（抵押贷款尚未付清、子女教育尚未完成、尚有需要赡养的亲人、未偿还的分期付款等）时，因意外或疾病而过早去世就是这样一种风险，而最好的转移此类风险的方式就是购买保险。但考虑到如果目前家庭收入有限，没有能力购买保费较高的终身寿险或其他具有现金价值的保险时，可以选择定期寿险，以保证在遭遇不测时能获得足够的经济保障。

2. 适用于事业刚刚起步但收入有限的年轻人

对于事业发展初期的年轻人，有限的资金应更多用于事业发展方面的需要，而购买定期寿险不需要占用太多的资金，所以在事业发展的初期，应优先考虑定期寿险。

3. 适用于需要将更多资金用于发展的企业

一些企业也会以团体的方式为其关键员工提供定期寿险，因为关键人员的死亡会给企业造成巨大的投资损失，所以定期寿险是企业的一个非常有用的避险工具，并且保费低廉。

4. 适用于确保抵押贷款或其他贷款在债务人死亡后能继续偿付

一些债权人担心因债务人的意外离世而无法履行偿债义务，因而有时会要求债务人投保期限和债务期限相当的定期寿险，这种做法有利于保证债权人的利益，也有助于促成贷款交易的实现。

7.2.2 两全保险

7.2.2.1 两全保险的定义和性质

两全保险（endowment insurance）又称“生死两全保险”，其定义是：在约定的保险期限内，若被保险人死亡，则保险人支付约定的死亡保险金；若被保险人活至保险期满，则保险人支付约定的生存保险金。

在定期寿险中，仅当被保险人在保险期间死亡时，保险人才给付保险金。而在两全保险中，保险人不仅在被保险人在保险期限内死亡时向其受益人给付死亡保险金，还会在被保险人期满仍生存时，向其本人给付生存保险金。两全保险不仅保障了保单受益人的利益，同时也使生存超过了保险期限的被保险人可以获得保险金。因此，两全保险是死亡保险和生存保险的综合，它的费率因此也比终身寿险和定期寿险高很多。

1. 从数理角度看两全保险

在两全保险合同中，保险人实际上作了两个承诺：①如果被保险人在保险期限内死亡，保险人将给付约定的保险金（称为死亡保险金），这与相同金额和期限的定期寿险的承诺是相同的；②如果在保单期满时被保险人仍然生存，保险人也将给付约定的保险金（称为生存保险金），即相当于纯生存保险的承诺。由此可见，两全保险实际上是由一个纯生存保险加上一个相同期限的定期寿险构成的，即

两全保险＝定期寿险＋纯生存保险

2. 从经济角度看两全保险

从经济角度看，两全保险也可以分为两个部分：

两全保险＝保额递减的定期寿险＋保额递增的储蓄性保险

投保人可以通过退保和保单贷款的方式获得储蓄性部分的价值，递增的储蓄性部分与递减的定期寿险部分相加，恰好等于保单约定的保额。

7.2.2.2 两全保险的类型和适用性

两全保险的期限可以是 5、10、15、20、25、30 年或者更长时期，或者是被保险人达到某一年龄，如 60 岁、65 岁、70 岁等，保费通常可以趸交或者期缴。除了标准形式的两全保险，两全保险还有其他一些形态。

（1）**退休收入保险**（retirement income policy）：可以在退休期间按期支付保险金额一定比例的金额给被保险人。保单生效一定时间后，这种保单的现金价值将超过保险金额，目的是提供较高的死亡保障或充足的退休收入。这种保单可用于个人养老金计划，其死亡给付是保险金额和保单现金价值中的较大者。

（2）**半两全保险**（semi-endowment insurance）：对被保险人生存给付的金额只相当于死亡给付金额的一部分。

（3）**修正的两全保险**（modified endowment insurance）：除了期满保险金，还在保险期间内分期给付保险金额的一定比例，这种保险在中国市场上比较常见。

从两全保险设立的初衷看，主要是为了满足具有未来生存保障需求的投保人的需要。投保人选择这种保险主要是考虑到被保险人如果能生存至某一时间（如退休时），会需要获得未来收入的保障，两全保险便可起到这个作用。

由于两全保险的保费比同等保额的定期寿险或终身寿险都要高，所以比较适合收入相对较高的人。他们会在一定期间内（如到退休前）担心遭遇不测而需要死亡保障，更有一旦生存至期满后（如退休后），对生存收入保障的需求。因此，收入相对不高的年轻人一般不大适合购买两全保险。

7.2.3 终身寿险

7.2.3.1 终身寿险的定义和性质

终身寿险（whole life insurance）可以为被保险人的一生提供保险保障，其基本含义是：

在保单有效期内，无论被保险人何时死亡，保险人都将支付约定的死亡保险金。对于终身寿险保单来说，死亡保险金的给付是必然发生的，只是给付的时间不确定，因此它是一种不定期的死亡保险。

1. 作为生死两全保险或定期寿险的终身寿险

几乎所有终身寿险保单都是基于生命表中假设的被保险人的终极年龄（如100岁）而定价的[①]，即假定所有被保险人都会在终极年龄以前死亡（实际情况当然并非如此，只不过是保险人定价时需要的一个假设而已）。如果被保险人真的生存至终极年龄，保险人会视同其死亡而给付保险金。因此，终身寿险又可以看作一个保险期限到终极年龄的两全保险，尽管其并非传统意义上的两全保险。

从另一个角度看，终身寿险也可视为一个保险期限到被保险人终极年龄的定期寿险。当被保险人生存至终极年龄时，从保险人的角度看相当于定期寿险到期，被保险人被视为死亡，保险公司给付全部保险金。

2. 终身寿险的现金价值

所有终身寿险保险人都会预先积累起未来需要支付的死亡保险金，因而这类保单就拥有了现金价值，价值的多少和保费的缴费方式及期限有关。一张保单下积累的现金价值通常会不断增加，最终（如到终极年龄时）应恰好等于保单的保额。投保人在任何时候退保或解除保险合同时，都可以获得和该保单当时的现金价值相当的“退保金”。同时，保单的现金价值也可以作为贷款担保，投保人可以其为抵押，向相关机构借款。

7.2.3.2 终身寿险的类型

早期的终身寿险有两种类型，一种是终身以水平方式缴费的普通终身寿险，另一种是限期缴费的终身寿险。目前，终身寿险在缴费方式、保单选择权及给付形式上都发生了许多变化。

1. 普通终身寿险

普通终身寿险（ordinary life insurance）又称为终身缴费的终身寿险，指投保人一直缴费至被保险人死亡为止的终身寿险。

1）产品设计

普通终身寿险提供的是永久性保障。由于死亡成本被分摊到整个保险期间里，所以每年支付的保费相对较低，保单的现金价值几乎按固定比例增长。不过，由于要支付较高的展业成本，保单初期的现金价值通常很低；当被保险人达到终极年龄（如100岁）时，现金价值正好达到保险金额。

近年来，随着新一代现金价值型产品（如万能寿险）的兴起，传统终身寿险的市场份额逐渐萎缩。万能寿险和很多新型终身寿险产品都采用新的利率机制，在高利率环境下，根据新的利率机制预估保单现金价值的产品更吸引消费者。此外，为了应对竞争，保险公司除了采用新的利率机制，还使新推出的产品更具弹性。例如，许多保险公司允许投保人

① 中国的生命表中假设被保险人的终极年龄一般是105岁。

在一定范围内选择未来的缴费水平和模式，但须满足在公司规定的最低保费和税法规定的最高保费范围内。为使投保人可以支付较一般保费水平更低的保费，一些保险公司推出了低附加保费的定期寿险附加条款，这种附加定期寿险的保额最多可达主险保额的 10 倍之多。例如，假设一名 35 岁的男性购买一份 10 万元的普通寿险，每年要支付保费 1400 元。而普通寿险和附加定期寿险的组合可以使保费降低，比如只有 400 元[①]。就是说，如果投保人将普通寿险和定期寿险进行不同组合，可以使保费确定在 400 元到 1400 元之间的任意水平上。此外，还可以将一份保额递减的定期寿险和一份红利自动购买增额缴清保费的终身寿险相结合，可以使该组合产生水平的死亡给付，而保费的支出比普通寿险会低一些。

2）产品特点

终身寿险保单具有下列特点。

（1）提供终身保障。

（2）以适量的保费支出获得终身保障，原因是终身缴费方式可以使均衡保费相对较低，适合中等收入者购买。

（3）可以获得退保金。

（4）具有一定的灵活性。普通终身寿险保单通常允许将该保单转换为减额缴清保单。如果是分红保单，投保人还可以选择将红利留在保险人那里，待积累到一定金额时，将该保单变为等额的保费缴清保单。投保人还可以用普通终身寿险的现金价值作为一次缴清的保费，将该保单转换为定期寿险保单，或者在退休时将该保单转换为年金保单。

3）普通终身寿险的运用

对于有较长期保障需求（超过 10 年、15 年，甚至更长时间）的投保人或是希望以购买人寿保险方式进行储蓄的投保人来说，普通终身寿险是一个不错的选择。由于保费的支付涵盖了整个保险期间，所以每次支付的保费较为有限；而且很多国家还对由积累的保单现金价值带来的利息收入（投资收益）给予税收优惠的待遇，因此终身寿险保单成为颇受人们青睐的储蓄工具之一，一直是人寿保险市场上的主流产品。

对于保障需求期较短（如不超过 15 年）的人来说，购买普通终身寿险有些过于浪费。因为保费中包含的昂贵前期费用，降低了保单在短期或中期内形成的现金价值。那些需要短期或中期保险的人应根据自己的储蓄习惯，可以采用“购买定期寿险，用余额另行投资”的安排，也可以有效地提供长期经济保障。但对某些人而言，普通终身寿险以及其他类型的终身寿险可以看成一种具有某种“强迫性”的储蓄方式，可以有效地保证储蓄计划的实现。

对于事业刚刚起步的年轻人来说，一份保障充分的终身寿险可能会花费过多，或许并不太适合选择。若想不降低保障又可以减少保费负担，应遵循“重大风险重点保障”的风险管理原则选择保险产品，定期寿险可能是更应考虑的选择。

2. 限期缴费终身寿险

限期缴费终身寿险（limited-payment whole life insurance）的缴费期为一个确定期间，在这段缴费期内，全部保费均应缴清。缴费期限通常用年来表示，从 1 年到 30 年不等，

① 具体保费取决于附加定期寿险的保额、期限和缴费期限。

甚至更长。例如，规定所有保费在20年内缴清的终身寿险被称为“20年缴费终身寿险”。缴费期限越长的终身寿险，越接近普通终身寿险。当然，缴费期限也可以用被保险人达到某一年龄来确定，如65岁、70岁或更高年龄，其目的是让保单所有人可以仅在工作期间缴纳保费。例如，一份缴费期限至65岁的终身寿险，又称65岁限期缴费终身寿险。限期缴费终身寿险的缴费期间比保险期间要短，因此其每年的水平保费肯定大于普通终身缴费的年水平保费，但缴费总额与按终身缴费方式缴费的总额在精算意义上一定是相等的。

每年缴费水平相对较高，因此限期缴费终身寿险不适合收入较低且保障需求较高的年轻人。而且即使这些人付得起保费，他们也可以选择缴费方式相对灵活的普通终身寿险，或者购买价格低廉的定期保险，从而将节省的保费支出用于其他投资，以获得更大的收益。当然，高保费必将伴随着高保单价值。在同等条件下，保费越高，现金价值也越高，所以限期缴费保单的现金价值会高于普通终身寿险保单。此外，它也具备与普通终身寿险相同的灵活性，同样可以提供不丧失价值、红利以及给付选择权等。

限期缴费终身寿险的一个极端形式是**趸缴保费终身寿险**（single premium whole life insurance）。这种保险要求在保单签发之时一次性付清全部应缴保费，短期内会产生大量现金价值。终身寿险的另一种极端形式是普通终身寿险，限期缴费终身寿险则正处于这两个极端情形之间。所以，5年和10年期限期缴费保单更接近于趸缴保费保单；而至85岁或更高年龄的限期缴费保单则更近似于普通终身寿险。在同等条件下，保费缴纳次数越多，每次应缴保费就越少，保单现金价值的积累速度也就越慢。

图7-1显示的是一个投保人购买的不同缴费方式的终身寿险所对应的现金价值。可以看出，现金价值的规模与保费的支付期限成反比。所以，在同一时点，终身缴费的普通寿险保单的现金价值最低，而趸缴保费保单的现金价值最高，限期缴费保单则介于两者之间。同时，10年和20年限缴保单在保费缴清之后，其现金价值等于趸缴保费保单的现金价值。因为在交费期满后，保险公司便无任何保费收入，未来的死亡费用只能由已缴保费及其利息收入来弥补。

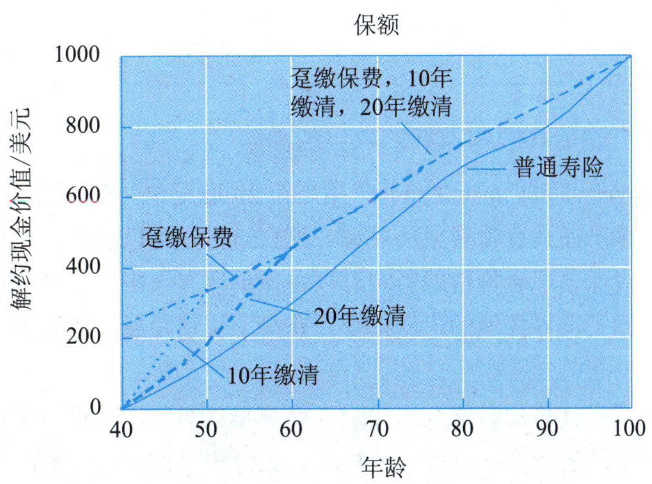

图7-1 不同缴费方式下终身寿险保单的现金价值变化

3. 具有分红功能的终身寿险

从目前保险市场的实践看，销售中的终身寿险大多属于分红保险。分红保险是指保险人会将每期盈利的一部分分配给投保人。对投保人来说，具有分红功能的保单可以起到抵御利率变化风险的作用。这是因为终身寿险的保险期限通常较长，在签订保单时保险人和投保人对未来利率的变化都很难估计准确，而分红产品实际上是将利率变化的风险由投保人和保险人共同承担，因而这种设计得到了投保人和保险人的共同认可。

分红保险的红利来源主要是保险公司在经营中产生的死差益、利差益、费差益以及解约收益等。在终身寿险业务的经营中，一般认为利差益在全部盈利中的占比通常是最大的。在红利的分配上，保险公司每年会将分红保险业务的可分配盈余中的一部分用于分配。只要被保险人生存，自保险合同生效之日起的每一保险年度末，若保险合同有效且所有到期保险费都已缴纳，就能得到根据保险公司分红保险业务的经营状况所分配到的红利。

7.3 新型人寿保险

尽管传统寿险保单的某些特征适应了市场环境的变化，满足了消费者不断变化的保险需求，如不丧失价值条款、保单贷款条款、分红保险的红利选择权以及定期保险的可续保性和可转换性等。但整体上看，传统寿险产品仍然不够灵活和方便，通常只有当保单到期或采取撤销原保单而重新签订新保单的方式，否则传统寿险保单中规定的保险金额、保费水平等都很难随消费者需求的变化而改变。

创新型人寿保险又称非传统寿险或投资连接型保险、投资理财型保险等，是保险公司为适应消费者需求的变化、增加产品竞争力而开发的一系列新型保险产品，如万能寿险、变额寿险、变额万能寿险等。这些产品与传统寿险产品的主要区别在于其具有投资功能，保费、保额可变等。在投保人购买了这类保险产品时，保险公司会为投保人设立一个单独的账户，保费缴纳方式及数额、保险金额等都可以变动，并记录在相应的独立账户中。

7.3.1 万能寿险

7.3.1.1 万能寿险的起源和发展

万能寿险（universal life insurance）产品是在 20 世纪 70 年代末、80 年代初首先在美国市场上出现的。该产品具有保费灵活可调、死亡给付金可以调整、保单相关的各项费用支出、投资收益等对保单现金价值的影响可以在保单所有人账户中分别清晰列出等特点，因此一经问世便得到了世界各地的广泛接受，获得了快速发展，成为人寿保险市场的主流产品。

万能寿险产品的设计思想有悠久历史，人们很早就对其设计思想中计算现金价值（和准备金）的积累所采用的回溯法进行过分析和讨论。将目前万能寿险的一些显著特征应用于保险产品设计的想法最初是由雷登（H. L. Riedn，1946）和阿尔弗雷德 • 哥廷（Alfred N.

Guertin，1964）提出的[①]。1974年，肯•伯克（Ken E. Polk）在《精算学会学报》上给出了设计万能寿险产品所需要的全部精算公式，并将他提出的这一假想保单命名为变额保费寿险[②]。

然而，万能寿险作为一项产品推出则是由加拿大的Great-West人寿保险公司的乔治•迪尼（George Dinney）完成的[③]。他在1962年就有此设想，但直到1971年他的万能寿险计划才正式以书面形式公开，并受到了广泛关注[④]。

后来，时任通能•尼尔森•沃尔精算咨询公司（Tillinghast, Nelson and Warren, Inc.）总裁的詹姆斯•安德生（James C. H. Anderson）将万能寿险逐步推广，并引发了人们对该产品需求和开发的思考。在1975年召开的第七届太平洋地区保险研讨会上，他作了名为“万能寿险保单”的专题发言，被人们认为是万能寿险发展道路上迈出的最重要的一步[⑤]。安德生认为，万能寿险保单的代理人佣金要大大低于其他传统产品，从而可以节省大量费用，易于销售。

1976年，美国代理人寿保险公司（American Agency Life）按照安德生的设想，正式推出了万能寿险保单。但由于税收方面的不利影响，公司很快停止了该产品的销售。我们现在使用的万能寿险产品的真正推出和广泛销售，是由哈顿人寿（E. F. Hutton Life）以及加利福尼亚人寿（Life of California）于1979年完成的。

万能寿险的概念起初并没有得到北美保险业的广泛认可，它被认为是对传统保险发展模式的一种威胁，而且不符合消费者或代理人的最佳利益。而在今天，大多数人已经把万能寿险看作一种可供消费者选择的重要寿险产品。

1979年万能寿险正式推出后，其在美国市场的份额迅速攀升，1985年的市场占有率达到巅峰的38%，此后虽然有所下降，但仍在寿险保费总额中占很大比重。

万能寿险初期的高速成长受到美国20世纪80年代早期到中期高利率环境的影响。在这一时期，新投资的收益率（即万能寿险产品所依赖的利率）要高于原有保险产品投资组合的收益率。因此，以新利率计算的万能寿险产品就比以其他传统投资组合为基础的现金价值产品（如传统分红型终身寿险）更具竞争力。后来，当利率水平达到峰值并逐渐下降后，以新利率为基础的万能寿险产品丧失了部分竞争优势，造成了万能寿险产品在之后一个时期的销售下降。

7.3.1.2　万能寿险产品的设计

1. 死亡给付方式

万能寿险保单一般有两种死亡给付方式供投保人选择。保单所有人可以随时改变死亡给付方式，但在没有提出变更要求时，初始选择的给付方式将在保险期间内保持不变。

---

① Stuart J. Kingston, “On Universal Life”, *The National Underwriter*, Life/Health ed., January 2, 1982, 25.

② Ken E. Polk, “Variable Premium Life Insurance”, *Transactions of the Society of Actuaries*, Vol.XXVI (1974), 449-465; and discussion, 467-478.

③ George R. Dinney, “Universal Life”, *The Actuary*, Vol. XV, supplement (September 1981), p.l; and J.Timothy Lynch, “Universal Life Insurance: A Primer”, *The Journal of the American Society of Chartered Life Underwriters*, Vol. XXXVI (July 1982).

④ 论文题目：“A Descent into the Maelstrom of the Insurance Future”，1971年在加拿大精算师协会(the Canadian Institute of Actuaries)上报告。

⑤ 该论文发表在Emphasis (November 1975)。

可供选择的两种死亡给付方式通常记为**A 方式**和**B 方式**。A 方式为水平死亡给付，与传统的具有现金价值的终身寿险相似，净风险金会在每个保险期间进行调整以保证现金价值与净风险金之和保持一个水平的死亡给付。如果现金价值随时间增加，则净风险金就会等额减少；反之则相反。而 B 方式的死亡给付则是不固定的，在任何时点上，死亡给付等于水平净风险金与当时现金价值的总和。现金价值的变化会直接影响到死亡给付的多少，现金价值的增加会使死亡给付等额增加，但对净风险金没有影响，即

A 方式：死亡保险金 = 保险金额

净风险金 = 死亡保险金 − 现金价值

B 方式：死亡保险金 = 保险金额 = 现金价值

净风险金 = 保险金额

图 7-2 是两种死亡给付方式的比较，两种方式都假定现金价值随时间不断增加。可以看出，在 A 方式下，净风险金会逐渐减少；而在 B 方式中，净风险金维持不变。图 7-3 还说明，如果现金价值相对于净风险金而言过高，各种死亡给付方式都要提供风险净额通道，即要保证保额与保单现金价值之间维持一定的差额[①]。

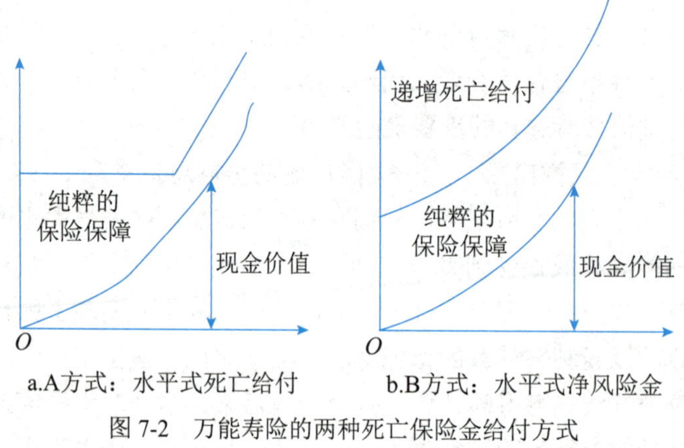

a.A方式：水平式死亡给付　　b.B方式：水平式净风险金

图 7-2　万能寿险的两种死亡保险金给付方式

显然，净风险金越大，每期的死亡保障费用就越高，因此，在其他条件相同的情况下，B 方式中的死亡保障费用更高。

保单所有人可以根据需要来改变保险金额，且在增加保险金额时需要提供可保性证明，这是为了避免逆选择。因为如果不要求提供可保性证明，身体不健康的被保险人将会更愿意提高保额。减少保险金额则不需要提供可保证明，但保单会规定最低保险金额。

2. 保费支付

万能寿险的保费缴纳方式比较灵活。大多数万能寿险保单一般都会规定第一年应缴的最低保费金额，但在以后，保单所有人可以在任何时间支付他们所希望缴纳的保费。有些保险公司会规定每次可以缴纳的最低和最高保费金额。之所以有这样的规定，是因为如果

① 图 7-3 中的 A 方式可以说明这一情形。如果没有足够的差额，保单实际上就是生死两全险，因而不符合税收优惠的要求。因为如果保单现金价值增长明显超过未来所需的死亡保险金，则很难认定此时的保险人仍然从事的是“保险”业务，因而就不能享受政府为保险业务提供的税收优惠。

没有一定的保费要求，保单所有人可能会轻易退保。

保险公司通常会采取一些措施来督促保单所有人定期缴纳保险费。首先，规定一个目标保费，如每年1000元。定期缴纳保险费能积累高额现金价值，使保单可以始终有效（实际上提供了一种不失效保证：只要保单所有人缴纳了规定的最低保费，即使保单已没有现金价值，保单也不会失效）；其次，按时寄送缴纳目标保费的催单，也可以要求保单所有人授权保险公司从其银行账户中定期划拨目标保费。

图7-3显示了万能寿险保单的弹性保费特征。如图所示，张女士是一名35岁的保单所有人，她希望为其万能寿险保单每年支付保费1000元。这样支付了5年之后，由于要供儿子上大学，她希望缩减每年的保费支出。此时，张女士可以在以后的5年中不缴付保费，但现金价值在扣除了死亡保障费用和其他费用后，仍然按照当期利率不断积累。又经过5年之后，她可以恢复缴纳保费。但为了其事业的发展，她希望支付较少的保费，如每年500元。当她55岁时，为了给未来的养老进行更多的储蓄，张女士决定将保费支出增加到每年1500元。

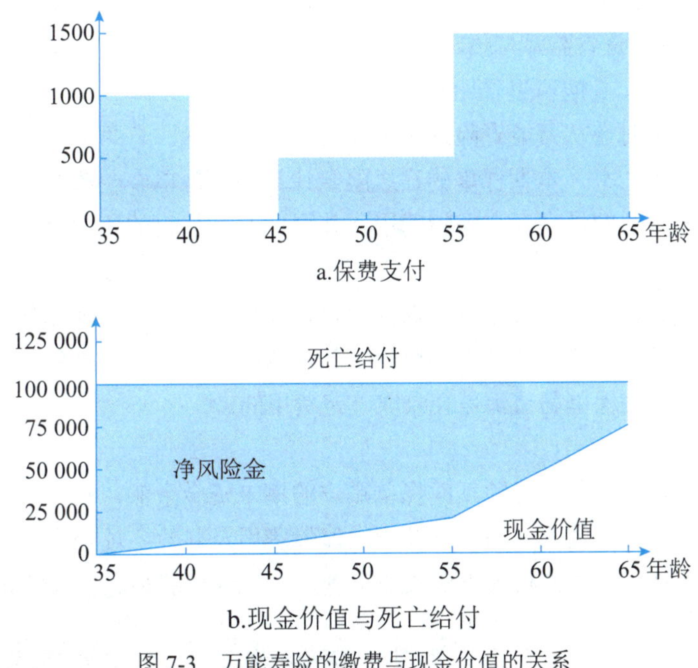

图7-3 万能寿险的缴费与现金价值的关系

如果张女士保单的死亡给付采用的是A方式，利率、费率以及死亡率均假定不变，则在上述保费缴纳方式下，第一个5年内每年支付的1000元保费可以使现金价值迅速上升，如在40岁时积累到约5000元。在接下来无保费支付的5年里，现金价值持续积累，但增长率明显下降。假设45岁时，现金价值的积累已经低于6000元。在每年保费支出为500元的下一个5年中，现金价值连同利息积累已足够涵盖未来10年的死亡保障费用和其他费用，所以在张女士55岁时，保单的现金价值达到了约20 000元。此后，由于每年缴纳保费高达1500元，现金价值迅速积累，在她65岁时达到约75 000元。

3. 保单费用

万能寿险保单中可以确认的各种费用，如管理费用、销售费用、退保费用、投资管理费用等可分为**前端费用**（front-end loads）和**后端费用**（back-end loads）。所谓前端费用是在缴纳保费时（或期初）扣取的费用，后端费用是指退保、申请保单贷款等时需要支付的费用。在早期的万能寿险中，前端费用更为常见，但新一代万能寿险产品出于竞争的需要，更多的或全部表现为后端费用。还有一些万能寿险保单既有前端费用，又有后端费用。收取前端费用的保单通常有以下一些形式。

- 按新缴纳保费的一个比例收取，如 5% 的新缴保费。
- 每月或每年收取一个统一金额，如每份保单每年收取 0.25 元的保单管理费。
- 在签发保单的第 1 年收取一个较高的金额，如每份保单 250 元，以后不收。

如果前端费用很低或无前端费用，后端费用就会较高，但政府监管机构会通过法律对保险公司的某些后端费用进行限额。例如，规定退保费用是首年保费的一定比例，或是一个固定费用，或等于第一年的展业费用，等等。退保费用一般是逐年递减的，如第 1 年为 500 元，以后每年减少 50 元，10 年后全部取消。

一些不计收前端费用和退保费用的保险公司，他们的费用开支是通过实际死亡率与预定死亡率的差异、实际投资收益率与预定投资收益率的差异（即用死差益和利差益）来弥补的。

4. 死亡保障费用和其他可选择给付的费用

死亡保障费用每月会从万能寿险保单的现金价值中扣除。每月的死亡保障费用是根据适用生命表的本期死亡率 × 本期保单的净风险金计算的。保单中一般会规定所有年龄的每单位保额（如 1 万元）的最高死亡保障费用，并保证实际征收的死亡保障费用不会高于这一限额。

除此以外，如果保单提供了某些可选择给付，如生活费用调整附加条款、未来投保选择权等，也会征收相应的费用；有些保单的附加条款中提供了保费豁免、提前死亡给付、增额保险等，所有这些保单利益都是会收取一定费用的。

5. 现金价值

保单的现金价值等于每一保险期间保单账户的期末资金余额，它等于上一期期末现金价值余额加上本期的保费收入，减去本期死亡保障费用及其他各项费用，再加上根据当期“利率（称为结算利率，根据相关投资收益率确定）”计算的利息收入，如图 7-4 所示。

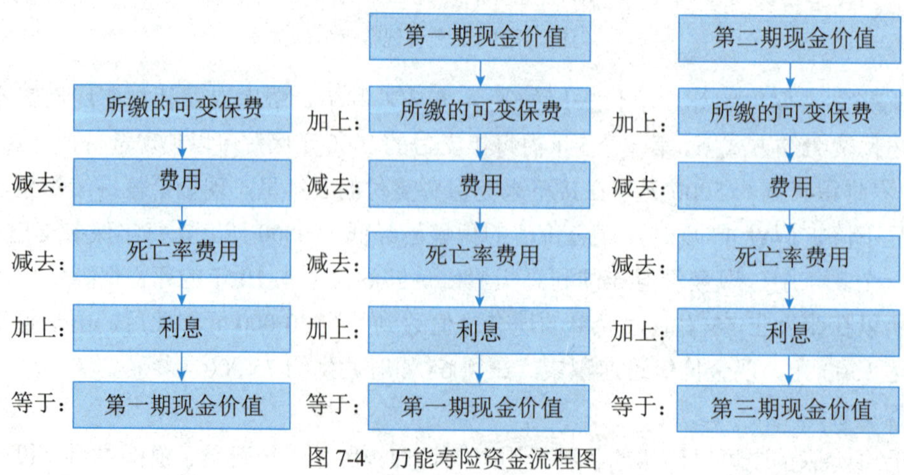

图 7-4　万能寿险资金流程图

万能寿险保单通常会规定最低的现金价值结算利率（如中国很多保险公司采用的是1.5%），这个有保证的利率通常不会太高，以避免未来可能出现的低利率给保险公司经营带来的影响。但保证利率过低又会影响到产品的竞争力。所以有些保险公司提供滚动式利率保证，如承诺其最低利率不低于某一浮动平均利率（如5年期国债利率）水平。实践中，保险公司在计算保单现金价值时使用的当期利率通常会高于保证利率，并大都用当期利率计算累积的全部现金价值。

一般的万能寿险保单都规定由保险公司确定当期利率水平，也有保单则是规定当期利率水平随某一指数浮动，如当期利率略低于某种外部公认的货币工具的利率、某一股票指数等。在由保险公司确定当期利率时，很多保险公司使用全部资产组合或某类保单资产组合的收益率作为确定当期利率的基础。

与其他具有现金价值保单一样，万能寿险保单也允许保单持有人以保单现金价值为担保进行贷款。但同时大多数保单会有这样的规定，即当期利率只适用于总现金价值扣除贷款后的那部分现金价值，而用来担保贷款的那部分现金价值只能按保单中规定的利率积累，或低于保单贷款利率一到两个百分点的利率进行积累。这样，保险公司就不会因保单贷款而蒙受损失。

很多万能寿险保单都会允许退保部分现金价值，但退保部分的现金价值至少要满足一定金额，如至少500元，并要收取一定的手续费。部分退保后，保额也要等额减少，这是为了避免逆选择。

7.3.1.3　万能寿险产品的应用

万能寿险产品设计上的灵活性，使得该产品理论上可以满足一个潜在的投保人用一张万能寿险保单即可满足其在不同生命周期阶段上的寿险保障需要。这类保单十分适合作为个人/家庭在整体生命周期内的保险保障安排。

图7-5简要说明了生命周期保单的运作方法。25岁的张先生研究生毕业后进入职场，决定购买一份保额为50 000元的万能寿险，选择的死亡给付为A方式（水平给付），目标保费为每年500元。张先生购买该保单的目的是偿还为取得学位而担负的教育贷款，见图7-5中的起点A。

2年后（B点），张先生与相识已久的女友王女士结婚。由于家庭责任的增加，张先生希望将保额增加到75 000元，同时每年的保费增加到1000元。如图7-5所示，此后的保单现金价值缓慢增长。

张先生30岁时（C点），与王女士有了一个孩子。孩子的出生使得张先生夫妇认为有必要将保额增加到20万元，但他们希望暂时不增加保费支出。

两年后（D点），张先生夫妇从保单中提取了3000元来支付新房屋的首期付款。这种部分退保将导致死亡给付的等额下降，但所剩保额仍高于初始保额。从这一点开始，他们停止缴纳保费以节省资金来偿还抵押贷款。

两年后（E点），他们恢复缴纳保费，每年500元。又过了两年，他们开始增加保费支出到每年1000元。就这样，张先生一家一直非常快乐地生活着。在张先生48岁时，

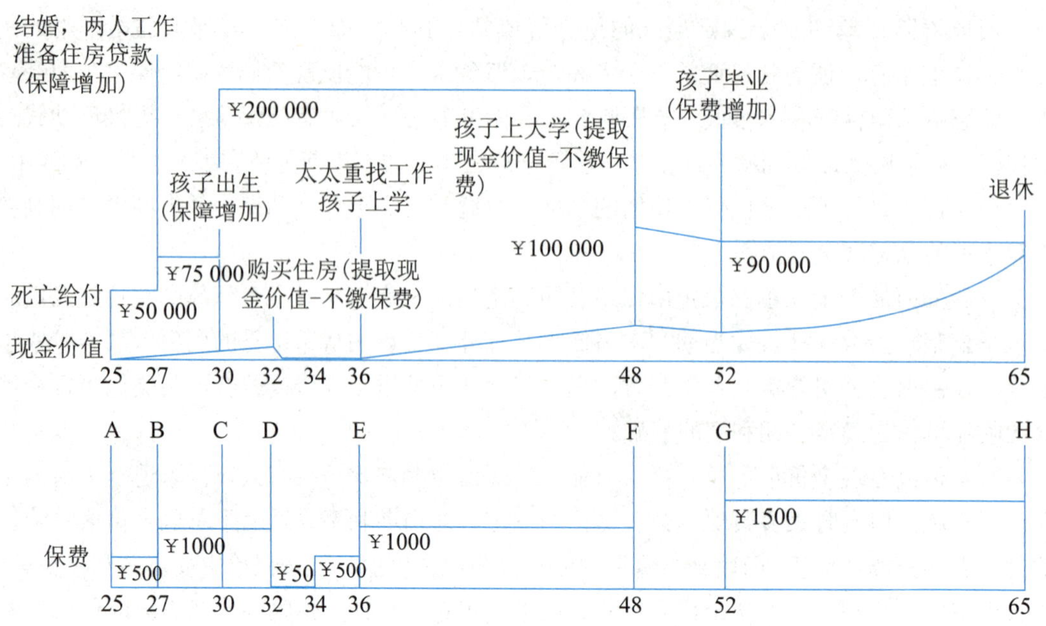

图 7-5 万能寿险保单的使用说明（未考虑通货膨胀影响）

孩子开始上大学（F 点）。于是，张先生夫妇决定，连续四年每年提取 2500 元以支付孩子的教育费用，同时在这期间停止缴纳保费。在这四年中，保额每年减少 2500 元。

四年后（G 点），孩子大学毕业并开始工作，可以独立生活了。至此，张先生夫妇认为孩子的教育责任已经基本完成，所以将保额降低为 10 万元，恢复缴纳保费并着手建立退休金。直到张先生 65 岁前，他们每年缴纳保费 1500 元（H 点）。从 H 点起，他们停止缴纳保费，并开始有计划地从保单中提取现金价值。

从上面的分析中不难看出，一份万能寿险保单可以满足一个人生命周期中个人以及家庭的各种需求，而且保单的保额可以随时调整以适应环境的变化。保费支出的金额也可以灵活掌握，以适应不同时期个人及家庭的财务状况。在整个生命周期内，保单的现金价值就成为保单灵活性的来源和保障。

7.3.2 变额寿险

变额寿险（variable life insurance）也称投连险，是一种**投资连接型保险**（unit-linked life insurance），其保单价值随一组投资组合的绩效而变化。该产品于 1976 年在美国首次推出，其后不断发展，并在很多市场上取得了成功。变额寿险推出的初衷是抵御通货膨胀对保单价值的负面影响。因为从长期看，普通股票的投资收益与通货膨胀呈同方向变化，且长期收益率会高于通货膨胀增长率。所以，如果将构成保单现金价值的资金用于股票市场的投资，长期来看就有可能抵消通货膨胀对保单现金价值实际购买力的侵蚀，这也正是实践中保险公司会将来自变额寿险业务“保费”（其中相当部分进入了投保人的独立投资账户）中的大部分投资于权益类资产的原因。

7.3.2.1 变额寿险的性质

1. 投资账户的设立

变额寿险的保费缴纳与传统寿险相同，通常按固定的形式缴纳，但保额在保证一个最低限额的条件下，是可以变动的。应缴保费在扣除保单费用和死亡保障费用后，剩余的资金被转入与保险公司分离的、为投保人单独设立的投资账户。最初的变额寿险只提供一种普通股票投资账户，现在则可提供多种投资账户，如货币市场基金、债券和股票的组合、低风险普通股、高风险普通股等，供投保人选择。投保人可以把所有资金投入一种账户，也可以分散到多个账户上，保险人通常会对投保人每年改变账户的次数进行一定限制。

2. 死亡保险金的给付

变额寿险的死亡给付由两部分组成：一部分是保单约定的固定的最低死亡给付金额，另一部分是投资账户中的累积额。在签发保单时，保险人通常会约定一个最低死亡给付金额，并设定一个能够提供最低给付金额和保持最低现金水平的投资收益率。如果实际投资收益率超过了假定的投资收益率，则可以用来增加保单的现金价值，而增加的现金价值可以用来增加死亡给付金额；如果实际投资收益率低于假定的投资收益率，则会减少现金价值，从而减少死亡给付金额，但不会低于最低死亡给付金额。

3. 变额寿险保单的“证券”属性

变额寿险保单在很多国家的法律中被视为一种证券，因而要同时受到证券监管部门和保险监管部门的管理。在美国，投保变额寿险之前保险公司先要提供一份说明书，向投保人解释其所承担的投资风险并举例说明。例如，如果投资收益率在2%、4%、8%等情况下，死亡给付金额和现金价值各有多少等。此外，说明书还要提供费用、退保费用、投资选择、保单所有人权利等信息。同时，因为变额寿险保单被视为一种证券，所以其销售代理人还必须同时具有人寿保险代理人和证券销售代理人的双重资格。

7.3.2.2 变额寿险的应用

变额寿险适用于那些愿意支付固定水平保费，并希望获得证券投资收益（当然也愿意承受风险损失）的人。显然，变额寿险比传统寿险、万能寿险等更具有风险性，因此，政府监管部门要求变额寿险的经营要具有更高的透明度。一份理想的财务计划应在满足储蓄需求的同时，还应具有良好的流动性和较低的风险来看，变额寿险显然无法满足这些要求，它更像是一种相对长期的投资计划，通过这样一个计划来实现保单价值的保值和增值。

7.3.3 变额万能寿险

变额万能寿险是针对那些将寿险保单的现金价值视为投资的保单所有人设计的，它将万能寿险的灵活性与变额寿险的投资性进行了结合。

7.3.3.1 变额万能寿险的性质

与万能寿险相同的是，变额万能寿险的保单所有人可以在允许的范围内自行决定缴费时间和缴费金额，还可以自由增加或减少死亡给付，但必须满足最低保额要求，并在增加死亡给付时提供必要的可保证明。

1. 现金价值

变额万能寿险保单现金价值的构成方式与万能寿险相同，个人账户中的资金在扣除了死亡保障费用、销售费用、管理费用、投资管理费用和其他费用之后的所有资金即为保单的现金价值。保单的投资收益通常可以延期纳税，甚至可以免税。可以说，变额万能寿险相当于建立了一个储蓄账户，储蓄利息可以延期纳税，并可用来购买寿险和支付保单费用。

变额万能寿险在投资方面与变额寿险类似，保单所有人可以选择各种不同的投资方式，且需要承担投资账户中的全部投资风险。保单所有人也可以在一定时期内将账户中的资金转移到另一个账户。

2. 死亡给付

与变额寿险不同的是，变额万能寿险通常没有最低死亡给付保证，但大多数变额万能寿险保单的死亡给付方式沿用了万能寿险的方法，可由投保人选择。如果选择 B 方式，则死亡给付随保单价值的变化而变化；如果选择 A 方式，则为水平死亡给付，投资收益的大小只反映在保单的现金价值上。

与万能寿险相同的是，变额万能寿险的死亡保障费用按期分摊到基金账户中。死亡保障费用由每单位保额（如 10 000 元）的保险成本乘以保单的风险净额计算得出。保单一般会预定一个最高的死亡保障成本，保险公司有权收取低于最高死亡保障成本的死亡保障费用。

3. 附加费用

变额万能寿险通常既收取前端费用，又收取后端费用（退保费用）。此外，还会收取管理费用，第一年一般比较高，以后每年会降至较低水平。收取后端费用主要是为了弥补保险公司尚未收回的销售费用。退保费用等于目标保费的某一百分比，几年后会逐渐下降为零。

除了保单的直接附加费用，分离账户的运作还需要投资管理费用，将直接从投资账户的收益中扣除。从长期看，分离账户管理费用的高低对整体投资收益水平影响很大，可能会使投资收益下降 0.5% ～ 1%。所以，上述各种费用如何进行扣除都需要在保单说明书中详细说明。

有的变额万能寿险保单中，保险公司还会提供各种保证，如终身服务保证、最高管理费用保证、最高保险成本保证和年金领取期限保证等，这些保证都是要收费的，会直接从分离账户中扣除。

7.3.3.2 变额万能寿险的应用

与万能寿险一样，变额万能寿险在使用方面也有一定的规律，更适合于那些愿意把保单现金价值看作一种投资而不是储蓄的消费者。在变额万能寿险中，保单所有人要承担投资风险。如果分离账户中的投资业绩欠佳，保单现金价值可能大幅度减少，此时保单所有人需要缴纳大量保费。因此，消费者应慎重考虑变额万能寿险中潜在的投资风险，然后再作决定是否购买。当市场处于上升期时，似乎没有人意识到风险的存在；而当市场萧条时，对消费者就可能很不利。比如，20 世纪 90 年代初日本经济出现危机期间，许多购买了变额万能寿险的消费者蒙受了重大损失。

当然，因为保单持有人分离账户中的资金被指定用于支持其所对应的保单，并与保险公司的普通账户严格分开，使得当保险公司遇到财务困难时，分离账户可成为变额万能寿险保单所有人的一个安全屏障。

7.3.4 当期假设终身寿险

当期假设终身寿险（current assumption whole life insurance，CAWL）是一种非传统的、透明的、保费支付不确定的非分红终身寿险，保单的现金价值通常根据最新利率水平和生命表来确定，因而又称为利率敏感性终身寿险或固定保费型万能寿险。

传统的终身寿险通过分红将利率风险及死亡率风险的一部分转嫁给投保人，而当期假设终身寿险可以通过现金价值和保费两方面的变化来弥补实际经营结果和预期经营结果的差异。该产品可以将保费和利息收入清楚地分配于保单费用、死亡费用和现金价值之间，使保单所有人可以更清楚地看到保费和利息的实际去向。

当新的假设与保单签发时的预定假设或过去经验相同时，下一期的保费和死亡给付则维持不变；反之，如果新假设改变了过去的假设或经验，则新制定的保费可能低于也可能高于先前的保费。

如果调整后的保费低于前期保费，保单持有人可以选择下列三种方式之一：①按新的标准缴纳保费，保额保持不变；②按原有标准缴纳保费，保额保持不变，保费差额存入累积基金，增大保单的现金价值；③按原有标准缴纳保费，若被保险人仍具有可保性，保费之差用于增加死亡保险金。

如果调整后的保费高于前期保费，保单持有人可以选择下列三种方式之一：①按新的标准交付保费，保额保持不变；②按原有标准交付保费，相应降低保险金额；③按原有标准交付保费，保额保持不变，但要用保单现金价值弥补新旧保费的差额。

由于通常采用水平保费的方式，与万能寿险相比，当期假设终身寿险保单更易于保险公司和保单所有人进行管理。同时，水平保费还有利于保险公司更好地控制现金价值的积累，可以说，当期假设寿险保单是一种创新产品与传统产品的混合体。

此外，与万能寿险弹性缴费方式不同，在当期假设寿险中，如果没有缴纳必要的保费，保单就会失效，这样可以督促投保人定期缴纳保费。

7.4 年金保险

在人寿保险中，**年金**（annuity）保险是一种非常受消费者欢迎的、为养老而进行储蓄的方式，在很多成熟保险市场上占有重要地位。特别是在人口老龄化的背景下，人们出于对政府提供的社会基本养老保险保障不足的担忧，再加上很多国家政府通过税收优惠的方式鼓励个人通过购买商业养老年金为自身提供退休后的经济保障，因而近年来年金保险在很多国家都获得了较快发展，未来对年金保险的需求会进一步增长。

7.4.1 年金保险的定义和性质

年金的一般性定义是指一系列定期发生的、有规律的支付。年金保险是年金的一种形式，指在被保险人生存期间，保险人按照年金保险合同约定的方式和金额，在约定的期限内，定期向被保险人给付保险金的保险。

从某种意义上可以认为，终身年金和提供死亡风险保证的人寿保险的作用刚好相反：人寿保险是为被保险人因过早死亡而丧失的收入提供经济保障，而年金保险则是为被保险人的长寿提供终身收入保障。尽管两者在功能上有差别，但它们都是根据相同的保险原理，都使用了集合基金的方法，采用相关生命表上的死亡和生存概率以及复利来计算保险费。

从风险管理的角度看，年金保险的主要功能是为财务来源枯竭而仍然存活的人提供收入保障。例如，职工在退休时向保险公司支付一定数量的资金（这笔资金或许来自该职工退休储蓄计划的积累），与保险公司签订一份年金保险合同，约定退休后只要他存活，就可以从保险公司那里按月（或按年、按季，但通常是按月）获得一笔给付，这就是一个趸缴即期生存年金的例子。相反，一个人如果不通过年金而试图为其余生所需进行储蓄，将会面临储蓄资金在去世前被耗尽的风险，比如他的寿命可能比预期寿命要长，或是因为发生了健康方面的问题需要支付较多的医疗保健费用，等等。当然，这个人也可能在达到平均预期寿命之前就去世了，把没有花完的钱剩在了银行里，让陌生人或非意愿继承人受益。

年金产品的运用可以减少储蓄在年金领取人死亡前被耗尽或相反的风险。实际上，去世相对早的年金领取人“剩余的储蓄”被保险公司用来支付给那些去世相对较晚的年金领取人。也就是说，年金保险仍然遵循的是保险的基本原理——风险分摊：所有担心有“长寿风险”的被保险人，在签订年金保险合同时共同建立了一个风险共担机制：每人都按平均预期寿命向保险公司支付保费，但他们当中一定是有人的寿命相对短，没有达到平均预期寿命就去世了，有人的寿命相对长，结果是寿命短的人（实际上每个人的寿命都可能长，也都可能短）“补贴”了寿命长的人。

理解年金保险的一个关键点是要弄清和年金相关的两个期间：投保人向保险公司缴纳保费的期间，称为**累积期间**（accumulation period）；保险公司向年金领取人给付的期间，称为**给付期间**（liquidation period）。在累积期间和给付期间，可以采取多种支付方式，因而形成了不同的年金保险产品。

7.4.2 年金的种类

1. 按被保险人的人数

年金可分为**单人年金**（single life annuity）和**多人年金**（multiple life annuity）。单人年金是指向一个人支付年金，向两个或更多的人支付的年金称为多人年金。多人年金有两种重要形式：**联合生存年金**（joint-life annuity）、**联合及最后生存者年金**（joint and last survivor annuity）。

目前市场销售的年金产品主要为单人年金。但多人年金尤其是夫妻联合年金已经越来越流行。联合生存年金会对指定的两个或多个年金领取人给付年金，当其中一人死亡时，即停止对所有人的给付。这种年金价格较便宜，但难以满足市场需求。联合及最后生存者年金是以一张保单承保两个或两个以上的被保险人，只要仍有被保险人生存，就会向生存者给付原有的全部年金，直到被保险人全部死亡为止。实践中，很多联合及最后生存者年金会采取修正的形式，即当一位被保险人去世后，年金的总给付金额会适当减少，如减少到原来的一半或三分之二。这样既保证了生存者的收入，也降低了购买年金的成本。

2. 按保险费交付方式

年金可分为趸缴年金和分期缴纳年金。趸缴年金是指投保人一次性缴清全部保费，然后从约定的年金给付开始日起，按期领取年金。分期缴纳年金是指在年金给付开始日之前，分期缴纳保险费，在约定的年金给付开始日起按期由领取人领取年金。

3. 按年金给付的起始日期

年金可分为**即期年金**（immediate annuity）和**延期年金**（deferred annuity）。即期年金是指从购买日起后的一个给付间隔期后开始给付第一次年金，必须用趸缴保费方式购买。延期年金是在隔了一段时期后开始给付的年金，这个时期必须比一个给付间隔期长。

4. 按有无返还特征

年金分为无返还式年金和返还式年金。一般无返还式年金是指，只要年金领取人存活就继续给付的年金，一旦年金领取人离世，就停止给付，不管该年金领取人实际领取了多少。返还式年金是指保证给付一定次数或一定金额的年金，保险人承诺在年金领取人死亡后会继续向其受益人给付剩余的年金（如果有的话），可分为保证分期给付次数终身年金、保证分期给付金额终身年金，如保证给付20年的终身年金、保证给付所有已交保费的年金等。

5. 按年金给付金额是否可变

年金分为定额年金与**变额年金**（variable annuity）。定额年金的给付金额是固定的，变额年金的给付金额则是按照投资收益调整的，以保持年金的实际购买力，可用来降低通货膨胀的影响。

7.4.3 主要年金产品介绍

7.4.3.1 延期年金

最常见的一种年金是延期给付年金，占目前年金市场份额的绝大部分。该年金产品实际上是在一个合同中将退休前的储蓄积累和退休后的储蓄分配结合起来。将这两个阶段结合起来的主要原因是，购买延期年金可以获得政府给予的税收优惠——在储蓄积累期产生的投资收益[①]通常不用在当期纳税，直到将来领取时才纳税。所以，延期年金也成为很多消费者希望递延纳税的一个工具。

尽管延期年金和具有现金价值的寿险保单在投资收入延期纳税方面有相似的作用，但一般来说年金合同的收费要低一些。所以，年金仍然是经常被首选的储蓄方式。如果还需要死亡保障和（或）更高的流动性时，购买具有现金价值的寿险保单也许比年金保险更有益，或可作为年金保险的补充。

① 甚至是符合要求的保费也可以从应纳税收入中扣除。

延期年金按缴费方式的不同可分为以下几种。

1. 趸缴保费延期年金

趸缴保费延期年金（single-premium deferred annuity，SPDA）是用一次缴清保费的方式购买，随着时间的推移可以购买多份，金额也可以不同。此类年金保险合同的实际利率视保险公司的盈利情况及公司希望的市场竞争地位而定；保险公司会有最低保证利率，但保证利率是可以变动的，例如保险公司可以保证在 1 年、3 年或更长时间内的利率不低于当前利率。通常，保证利率期间越长，利率就越低。

2. 浮动保费延期年金

浮动保费延期年金（flexible-premium deferred annuity，FPDA）使购买者在缴费时间和数额上具有一定的灵活性，是一种非常流行的年金合同，它允许保单所有人按自己的意愿选择缴费的时间和数额，对缴费金额和时间间隔没有硬性规定，但不得低于保险人规定的最低限额。

在一些国家，如美国和加拿大，个人年金保单价值所产生的利息只要留在保险公司就不必纳税。到给付时，年金给付会被视为一般应纳税收入，但显然以年金方式积累的收益可以享受延期纳税的好处，这样可以鼓励消费者建立养老储蓄，并且政府可以规定在年金到达领取期前严格限制提取年金的现金价值，目的就在于避免一些人利用年金的税收优惠而过度避税。

SPDA 和 FPDA 的区别在于，保险公司对储蓄累积期的保证利率是不同的。SPDA 一般会保证在几年之内以当前的约定利率为储蓄累积计息，而 FPDA 通常不提供这种保证。

7.4.3.2 趸缴保费即期年金

趸缴保费即期年金（single-premium immediate annuity）是指保险人收到趸缴保费之后，立即开始支付年金给年金领取人，适合那些拥有一大笔资金而又希望马上获得退休收入的人。这种情形通常发生在退休者在退休时用一部分退休前储蓄购买一个趸缴即期年金，实质上是用自己在工作时积累的储蓄，或者是来自企业养老金或其他雇主资助的退休计划提供的一次性给付[①]，通过购买年金保险的方式，将这笔资金分散到整个退休期间去使用。还可能的情形是，一些人在退休前购买了具有现金价值的人寿保险（如终身寿险），该保单在退休时已经积累了一定的现金价值。退休后，死亡保险的意义已经不大了，因为这时被保险人已经退休，没有赚取收入的能力了，财务责任也大都履行完了，高额的死亡保障不仅经济意义不大，而且还需要支付未来越来越高的死亡保障费用。因此，人们或许希望的是，在退休时点以所持有的人寿保险保单的现金价值作为趸缴保费，将人寿保险保单转换成一个终身年金保险，从而可以将原有保单的现金价值变现，在有生之年分期领取出来。

7.4.3.3 变额年金

变额年金的现金价值和每期的给付不是固定的，而是取决于年金资产的投资收益。设计变额年金的主要目的是防止长期固定的年金收入会因通货膨胀而贬值，希望借助投资股

① 例如在中国，可以是来自企业年金计划、职业年金计划，甚至是住房公积金计划中属于个人的资金。

票或其他金融产品的长期投资收益来抵消通货膨胀的影响。因此，与变额寿险保单相同的是，变额年金的资产也被置于一个分离账户中，年金给付额会随分离账户中的资产收益变化而不同。变额年金实际上是一种增加了类似于共同基金式投资的年金保险。

和变额寿险类似，多数变额年金不提供保证利率，投资风险要由年金所有人来承担。因此，变额年金也不保证最低现金价值。保险公司在投资时对分离账户的投资限制也较少，通常是按照年金所有人指定的投资范围及组合进行具体投资运作，分离账户中的一切收入或损失都和保险公司的一般账户严格分离，年金所有人承担全部投资后果。

例 1. 假设张先生今年 65 岁，他 40 岁时购买了一份变额年金保单，经过 25 年的缴费，目前他一共拥有了 6000 个累积单位。已知在积累期向给付期的转换日，每个累积单位的价值为 15 元，所以张先生个人账户的积累额为 90 000 元。假设在转换日保险公司对于一份 65 岁男性趸缴即期纯粹生存年金每 1000 元保费可以获得的年金给付为每月 6.08 元（可理解为年金的价格），因而张先生每个月可以获得 (90 000/1000)× 6.08=547.20（元）。

又假设，在转换日变额年金的每个给付单位的价值为 54 元[①]，则在转换日张先生可以获得的年金单位数为

547.20/54=10.133（个）

这 10.133 个年金单位数在整个给付期内保持不变，随投资绩效变化的是每个给付单位的价值（在转换日时是 54 元，以后会定期进行评估）。因此，张先生在退休后第一个月可以获得的年金给付为

第一月：10.133×54=547.20（元）

如果第二个月和第三个月由于投资绩效的影响，每个年金单位的价值分别为 60 元和 50 元，则张先生在第二个月和第三个月可以得到的给付分别为

第二月：10.133×60=607.98（元）

第三月：10.133×50=506.65（元）

7.4.3.4　权益指数年金

权益指数年金（equity-indexed annuity，EIA）兼具定额年金和变额年金的要素，却不属于两者中的任何一种，它的利率与某个外部指数密切相关，如标准普尔 500 指数。权益指数年金可以提供最低利率保证，如 3%；同时，它又将年金的当期利率与股票市场的收益水平——某个权益类指数相联系，从而使购买者可以获得投资收益增加带来的好处。权益指数年金多以趸缴保费延期年金的形式发售，但也可以灵活缴费。

权益指数年金的累积利率是根据所关联的权益指数增长的某一百分比或从增长的指数中减去某一基数（如 200 个基点），然后将差额作为年金合同的累积利率。由于权益指数年金向下有保证收益底线，向上可以提供升值空间，因此对消费者来说十分具有吸引力，也是近年来市场逐渐扩大的重要原因。

① 变额年金在转换日的给付单位的价值（又称为年金单位价值）一般是根据给付期间期初生存年金的现值以及转换日年金的积累额等因素确定的。

7.4.4 年金保险的使用和税收激励

年金保险是帮助人们管理自身长寿风险的一个非常有用的金融工具。同时，年金购买者还可以享受到保险公司提供的投资管理服务，这对于年金购买者中的老年人来说尤其重要。一般来说，保险公司都会将年金保险的准备金投资于一定比例的权益类资产，因此只要谨慎投资，年金产品的收益率相对于其他储蓄型金融产品来说，具有一定的竞争力。尤其是再考虑到购买年金产品可能获得的税收优惠，年金产品的净收益率将会超过其他储蓄方式。

由于未来收入有了保证，年金领取人不必因为寿命可能过长而担心失去收入来源。倘若没有年金保险，无论是过度消费还是消费不足都可能给老年人的福利带来损失；有了年金保险，不仅可以使老年人敢于增加消费，而且还增加了消费水平的确定性。

由于养老年金保险常被人们用来作为退休保障计划的一部分，因此许多国家政府为了鼓励企业和个人能积极为退休进行筹资和储蓄，纷纷推出了税收方面的优惠政策。

1. 税优型年金（EET 模式）

税收优惠的“EET 模式”是指，个人或企业向年金计划的缴费可以从税前扣除，年金计划在积累期间产生的投资收益也不在当期征税，而是在年金领取时再根据当时的征税要求缴纳个人所得税。也就是说，向年金计划的缴费和积累期间产生的投资收益都可以递延到领取时再征税。目前，很多国家包括中国的企业年金、职业年金计划大多实行这种模式，在部分国家，政府对商业养老年金产品也给予了这种税收优惠。

专栏阅读

中国的税收递延型商业养老保险

2. 半税优型年金

半税优型年金是指，企业或个人向年金计划的缴费没有税收优惠，即只能用税后收入来缴费，但在计划的积累期间产生的投资收益当时不用缴税，而是到将来领取时再缴税，税收优惠体现为投资收益的递延纳税。目前，很多国家政府对商业型养老年金保险都给予了这样的税收优惠。和前面提到的“EET 模式”不同的是，半税优型年金对购买的数量一般没有上限，而“EET 模式”对购买的年金最高数量通常是有限制的。

3. 税优型与非税优型年金的比较

假设某人现在有 1000 元，可以选择：①一般储蓄投资，年收益率 5%，由于无税收优惠，本金和投资收益都要在当期纳税，假设本金和投资收益适用的税率均为 20%；②购买半税优型年金，年收益率 5%，本金税率为 20%，投资收益可以递延纳税；③购买税优型年金，本金和投资收益均可以递延纳税。

（1）（无税收优惠时）1000 元的税前收入，投资 30 年后的累积值为

$$
\begin{aligned}
&1000(1-\tau)[1+r(1-\tau)]^n \\
&=1000(1-0.2)[1+0.05(1-0.2)]^{30}=2594.72(\text{元})
\end{aligned}
$$

（2）（半税优年金）1000 元税前收入投资 30 年后的累积值为

$$
\begin{aligned}
&1000(1-\tau)\{(1+r)^n-\tau[(1+r)^n-1]\} \\
&=1000\ (1-0.2)\{(1+0.05)^{30}-0.2[(1+0.05)^n-1]\}=2926.04(\text{元})
\end{aligned}
$$

（3）（税优年金）1000 元税前收入投资 30 年后的累积值为

$$1000(1+r)^n(1-\tau)$$
$$=1000\ (1+0.05)^{30}(1-0.2)=3457.55\text{（元）}$$

1000 元本金在不同税优政策下 30 年内可获得的收益如图 7-6 所示。

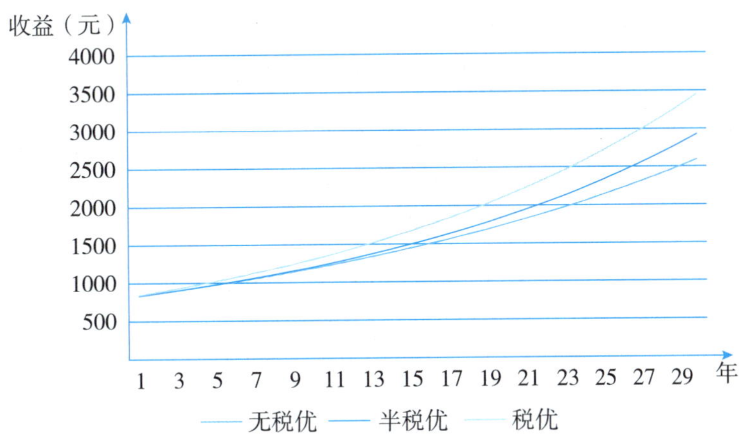

图 7-6　1000 元本金在不同税优政策下 30 年内可获得的收益（投资收益率 5%，所得税率 20%）

虽然年金给付不能完全免税，但是延期纳税意味着保单所有人仍可以使用这些资金获得投资收益。税前收入的复利效应是相当可观的，即使这部分收入最后仍然需要一次性缴税，仍能显示出延期纳税的巨大优势。

本 章 习 题

1. 什么是人寿保险？与财产保险相比，人寿保险有哪些特征？
2. 定期寿险和生死两全保险是两种不同的保险形式，请比较两种产品的特点和用途。
3. “人固有一死”，既然死亡是确定性事件，那么人寿保险是否符合可保风险的理想特征？
4. 简述定期寿险保单的可续保性和可转换性。
5. 什么是分红保险？与普通终身寿险相比，分红保险的优势是什么？
6. 简述变额寿险和万能寿险产生的经济背景。
7. 概述万能寿险的主要特征和运作方式。
8. 试比较万能寿险、变额寿险和变额万能寿险的异同。
9. 详述变额年金的具体运作过程。
10. 什么是人身保险合同的现金价值？投保人是否有权支配保单中的现金价值？
11. 请比较在普通寿险和变额寿险中，保险公司和个人分别承担哪些风险？
12. 一年轻女子来到你所在的保险代理处，想要购买一份人寿保险。为了帮助她在定期寿险、终身寿险、万能寿险、变额寿险以及生死两全保险中选择最适合她及她家庭的保险，你应该向她了解哪些问题？

13. 你认为在什么情况下适合购买以下年金：

a. 灵活保费延期年金

b. 趸缴保费延期年金

c. 趸缴保费即期年金

d. 变额年金

14. 简述年金保险的税收优惠政策。

15. 试述我国发展税收递延型商业养老保险的意义与可能面临的挑战。

第8章 健康保险

学习要点及目标

- 了解健康保险的特点和主要内容
- 了解商业健康保险和社会健康保险的差异及相互关系
- 了解团体保险的特点及其与个人保险的区别
- 了解重大疾病保险及其在中国的意义
- 了解发展长期护理保险的意义

核心概念

健康风险　医疗费用保险　伤残收入保险　长期护理保险　重大疾病保险　社会医疗保险

8.1 健康保险概述

健康保险（health insurance）是指对因健康原因（疾病、意外伤害等）引起的费用支出或收入损失提供补偿或给付的保险。我国一般不把人身意外伤害保险包括在健康保险内，而把它单独列为人身保险的一个种类。在国外，有时会把健康保险和人身意外伤害保险归为一类。例如，美国的健康保险就承保被保险人因遭受意外伤害和患病所产生的医疗费用，以及由此造成的收入损失，即把人身意外伤害保险也包括在健康保险范围内。

8.1.1 健康保险的分类

1. 按照保障范围划分

1）医疗费用保险

医疗费用保险（medical expenses insurance）又称医疗保险，保障范围包括被保险人及其受保障的家庭成员由于住院、门诊或享受其他相关医疗服务所发生的医疗费用。医疗费用保险可以仅限于对某种医疗服务的基本医疗费用提供保障，也可以为重大伤害或长期疾病治疗中发生的多种医疗费用提供综合医疗费用保障。

2）重大疾病保险

重大疾病保险（critical illness insurance）指以保险合同约定的疾病的发生为给付保险

金条件的保险，这类保险主要是为了当被保险人罹患某种重大疾病时，能够为其提供一笔较大金额的保险金，用于补偿医疗费用支出、工作收入损失及其他相关经济损失。

3）长期护理保险

长期护理保险（long-term care insurance）指当被保险人由于丧失工作能力、日常生活无法自理而需长期护理时，可以为由此发生的护理费用提供经济补偿。

4）伤残收入保险

伤残收入保险（disability income insurance）指当被保险人因为健康问题（生理的或精神的）引起的失能而无法工作时，需要由保险人支付保险金补偿其工作收入损失的保险。

2. 按照保险性质划分

1）社会医疗保险

社会医疗保险通常是国家通过立法形式建立的一种保险制度。有的国家的社会医疗保险是针对全体国民的；有的国家只针对劳动者及其家属，政府通过向劳动者及其雇主征收保险费的方式，建立社会医疗保险基金，用于支付劳动者及其家属的医疗费用。

社会医疗保险是社会保险的重要组成部分，一般由政府承办，政府会借助法律、行政、经济等手段强制实施并进行组织管理。

2）商业健康保险

商业健康保险是由商业保险机构经营的保险业务，个人和组织可以根据自身对健康风险保障的需要，在自愿的原则下，选择保险机构和保险产品。

商业健康保险的保障范围通常会大于社会医疗保险，在很多场合可以起到社会医疗保险的重要补充作用。

本章介绍的主要是商业健康保险。

3. 按照投保方式划分

1）团体健康保险

团体健康保险指以团体为投保人的健康保险，在一个团体保单下可以有很多被保险人，是健康保险的一种重要投保方式。相比其他保险种类，以团体方式投保健康保险的情形更为普遍。

2）个人健康保险

个人健康保险指以个人为投保人的健康保险，其与团体健康保险的区别主要在投保方式上，以及由此引发的在核保、定价等方面的不同，但就保险产品的保障功能来看，两者几乎没有区别。

4. 按照给付方式划分

1）定额给付型

伤残收入保险、重大疾病保险、意外伤害保险、住院保险中的某些保障项目，如每天的住院费用补偿等，通常都采用定额给付，即在保单中规定好当约定的保险事件发生时支付事先约定的保险金，而不论实际产生的费用或损失是多少。

2）费用补偿型

这是一种较为普遍的给付方式，通常用于医疗费用保险方面。保险合同事先规定好可以补偿的医疗费用项目及可以补偿的最高限额，在该限额内根据被保险人实际发生的医疗费用，按约定的范围和比例予以补偿。

8.1.2　健康保险的特点

和其他类型保险相比，健康保险具有一些显著特点，导致健康保险经营的特殊性和复杂性。

1. 在保单有效期内，保险事故可能发生多次

健康保险保单的有效期通常是短期的，较为常见的是一年期。但由于很多健康保险合同都有一定条件下的**保证续保条款**（guaranteed renewable provisions），使得这类健康保险产品实际上可以提供有效期相对较长的保障。这就会导致健康保险保单中规定的“保险事件”在保单有效期内可能发生多次。例如，在医疗费用保险中，被保险人在保单有效期内可能发生多次门诊、住院、手术等医疗行为，从而给健康保险的定价和保单管理带来了一定困难。

2. 损失类型和程度的多样性

和人寿保险相比，健康保险合同中涵盖的“保险事件”造成的损失类型和程度更为多样和复杂。从损失类型上看，健康保险涉及多种医疗行为（门诊、检查、手术、住院、用药等）产生的费用、重大疾病的给付、长期护理费用、伤残收入补偿等。从损失程度上看，情况就更为复杂了，同样的医疗行为对不同患者、在不同地区、不同医疗机构来说，费用都可能不同，并且不同患者需要护理的时间差异也很大，同时，失能收入补偿要和失能前收入及失能的时间相关。上述特点使得健康保险的经营非常复杂，更需要保险机构采取相对专业化的经营管理模式。

3. 需要更多医学方面的技术性定义

由于健康保险的对象是人的身体，保障的事件通常是各类疾病、身体的失能，需要支付的保险金取决于所发生的医疗行为，特别是一些相对复杂的医疗行为，如手术、检查、用药等，这使得对保险标的的风险评估、保险事件发生后的损失评估会更多地依赖于医学方面的技术性定义，因此健康保险业务的经营需要较多拥有医学背景的专业人才。

4. 涉及保险人、被保险人和医疗服务提供者等三方利益主体

和其他类型保险显著的区别是，一般的保险活动主要涉及两方利益主体——保险人和被保险人（或投保人），而健康保险通常会涉及三方利益主体——保险人、被保险人、医疗服务提供者。被保险人向医疗服务提供者支付的医疗费用最终是由保险人支付的，而确定向被保险人提供何种服务、收取多少费用往往是由医疗服务提供方拥有主要决定权，被保险人和保险人只能被动接受。当然，还存在另一种较为普遍的情形，就是被保险人（通常是需要获得医疗服务的患者）通常存在希望获得较好甚至过度医疗服务的倾向，在医疗服务费用可以由保险人“买单”的情况下，更容易扩大这种倾向。如果保险人对此无法进行适当约束和有效管理的话，就会造成保险人的赔付费用难以控制，最终导致保险人不愿经营相关健康保险业务。

正因为健康保险的上述特点，解决好健康保险“控费难”问题的核心是要解决好健康

保险的经营机制问题，即要找到某种适当的机制，协调并约束相关利益主体的行为。

8.1.3 个人健康保险和团体健康保险

在健康保险，特别是医疗费用保险方面，企事业单位以团体的方式为其职工投保团体保险是一种常见的形式，特别是在很多发达国家，雇主通常会为职工提供某种形式的团体健康保险①。因此，和人寿保险市场显著不同的是，健康保险市场中团体健康保险的需求占有重要地位，从事健康保险经营的保险公司一般都设有专门的团险部，专门负责团体保险的销售、核保和理赔工作。

1. 个人健康保险

在个人健康保险中，保单只签发给个人，只为个人提供保障，被保险人在保单签发前必须向保险人出具可保证明。保险公司按照一份保单对应一名被保险人的原则，对保单实行单独管理。

2. 团体健康保险

和个人健康保险相比，团体健康保险具有以下特点。

1）团体保单

保险公司和团体保单的持有人订立一份总合同，保单持有人可以是雇主、组织、工会、托管机构或其他不以购买保险为目的而组成的合法实体。

2）团体核保

用团体核保代替个人核保，这是团体保险的重要特征。在团体保险中，一般不需要提供被保险人的个人可保证明，核保时通常也不会考虑任何被保险人的个人健康和其他可保性问题，而主要是控制团体中的个人可能存在的逆选择，因此团体核保一般有以下特征。

- 保险是附带于团体之上的，即团体的组成并不是以获得保险为目的的。
- 团体成员具有稳定的流动性，必须不断有年轻人加入该团体，以及老弱者离开该团体。
- 建立保险给付的自动确定机制，即通常会要求在确定每个被保险人的保险金额时，要依赖一个雇主或员工不能控制的自动基准，不允许每个被保险人自由选择。
- 对团体中参加保险的最低人数要求，包括两个方面：一是对参加保险的总人数要求，如中国目前的最低要求是 10 人；二是对参加保险人数比例要求，如可以要求有 75% 甚至 100% 的合格员工都要参加。

3）更低的经营成本

由于减少了营销、核保和管理费用，团体健康保险的成本一般低于同等条件下的个人健康保险。

4）灵活性

与普通个人保险保单不同，团体保单并非完全格式化的、不能更改的。较大规模的团体在团体保险合同的设计和制定方面一般拥有较大的选择余地。在大多数情况下，对于投

① 在美国，由于政府没有为劳动者建立社会基本医疗保险，广大劳动者只能依靠雇主同私营保险机构签订的团体健康保险合同获得健康保险。

保人一方提出的要求，只要不会使管理手续过于复杂化，不致引起逆选择问题，不违反法律相关要求，保险人一般是允许修订的。

5）经验费率

团体保险一般根据团体的给付经验数据制定费率，把一个团体的经验数据与其他规模相似的团体的经验数据进行平均，对规模较大的团体的经验数据会分配较高的权重，由此计算出对团体应收的保费。

8.1.4　影响健康保险发展的主要因素

一个国家或地区的商业健康保险的发展取决于多种因素，下面列出一些对健康保险发展有重要影响的因素。

1. 个人收入水平

一般认为，人均收入水平的提高会增加人们对商业健康保险的需求，从而促进健康保险的发展，对这一观点可以从以下几个方面理解。

（1）随着收入水平的提高，人们会对自身健康状况及健康风险保障更加关注，增加了对健康保险的潜在需求。

（2）收入水平的提高使人们提升了支付商业健康保险的能力，从而将对健康保险的潜在需求变成现实需求。

（3）随着收入水平的提高，政府提供的社会基本医疗保险的保障程度和保障范围往往难以满足部分高收入人群的健康和医疗保障需求，需要商业健康保险加以适当的补充。

2. 人口年龄结构

由于老年人的健康状况一般不如年轻人，所以老年人对医疗保健的需求会明显高于年轻人。因此，随着人口年龄结构的老化，老年人占比会不断增加，社会整体上对健康保险的需求就会增加，由此促进健康保险的发展。

3. 医疗技术进步

医疗技术的进步一方面极大地提高了疾病的治愈率，改善了人们的治疗体验；另一方面也大大增加了人们接受治疗和服务的费用。即便如此，人们也通常愿意享受更好也更昂贵的医疗服务。为了减轻由此产生的不断攀升的医疗费用负担，购买商业健康保险成为一项重要选择。因此可以认为，医疗技术的进步也是推动商业健康保险发展的一个重要因素。

4. 社会医疗保险

从理论上看，一个人如果已经拥有了政府提供的社会医疗保险，应该会减少其对商业健康保险的需求，即社会医疗保险对商业健康保险具有“挤出”效应。但从一些国家，特别是中国商业健康保险发展的实践看，并没有看到社会医疗保险对商业健康保险的抑制作用，反而看到的是在社会保险迅速发展的同时，商业健康保险也在快速发展。所以，对于社会医疗保险和商业健康保险存在怎样的相互影响关系，很难下一个武断的结论。

5. 医疗服务机构的运作方式

商业健康保险由于涉及保险人、被保险人、医疗服务提供者三个方面，其中医疗服务提供者的角色非常重要，因为在保险事故认定、保险给付额度等方面，医疗服务提供者起着重要，甚至是决定性作用。因此，保险人能否对医疗服务提供者进行必要且有效的监督，能否参与医疗服务的决策过程，能否和医疗服务提供方建立共同的利益关系等，直接关系到需要由保险人提供补偿的医疗服务费用，进而影响到保险人提供健康保险的意愿。

6. 保险人的承保与风险控制能力

由于健康保险在核保、理赔等技术上的复杂性，以及面临的疾病风险、道德风险、新医疗技术风险等多方面问题，需要健康保险人具有非常专业的承保能力和较强的风险控制能力。实践中，很多保险人由于难以掌握复杂的承保技术和风险控制能力，因而制约了他们进入健康保险领域，这也正是我们看到的在一些国家和地区，商业健康保险机构一般不太愿意开展经营管理较为复杂、道德风险较高的医疗费用保险的原因。

8.2 医疗费用保险

8.2.1 医疗费用保险的定义、分类和意义

1. 医疗费用保险的定义

医疗费用保险是指以保险合同约定的医疗行为的发生为给付保险金条件，为被保险人接受诊疗期间的医疗费用支出提供补偿的保险，补偿的费用包括医疗费、手术费、药费、门诊费、护理费、检查费、住院费等。

商业医疗费用保险是国家医疗保障体系的重要组成部分，一般是个人或单位自愿选择参加，政府会鼓励个人或单位在已参加社会基本医疗保险的情况下，选择适当的商业医疗保险作为社会基本医疗保险的补充。

医疗费用保险通常分为个人保险和团体保险，并且在很多场合，团体医疗费用保险是经常被采用的方式。

2. 医疗费用保险的分类

根据保障的医疗费用范围，医疗费用保险大致可分为以下几种。

（1）普通医疗保险。普通医疗保险是指保险人对被保险人因意外事故或疾病所致的一般性医疗费用承担给付责任的医疗保险。保险人的给付以在医院的医疗费为主，同时也可以包括因病在家疗养或在私人诊所治疗的费用，主要包括门诊费用、医药费用、检查费用等。由于医药费用和检查费用的支出难以控制，因此，此类保单中常有免赔额和共保比例方面的规定。

（2）住院医疗保险。保险人承担被保险人因住院而产生的各项费用的医疗保险，主要包括床位费、医疗费、手术费、药费等。由于住院时间的长短直接影响费用的高低，一般此险种都对每次住院的时间作了限制，并且有每日给付限额以及共保比例等方面的规定。

（3）手术费用保险。该险种属于单项医疗保险，只负责被保险人因施行手术而支出的医疗费，包括门诊手术和住院手术。手术费用保险可以单独承保，也可以作为附加险承保。可以采用补偿式给付方式，仅规定作为累计最高给付限额的保险金额；也可以采取定额给付的方式，对保单中规定的手术种类定额给付保险金。

（4）综合医疗费用保险。综合医疗保险是保险人为被保险人提供的范围广泛的医疗费用保险，包括普通医疗保险、住院医疗保险、手术费用保险等的保障范围。因此，该险种的费率较高，通常也有免赔额、比例给付方面的规定。

3. 医疗费用保险的意义

健康风险是每个人都面临的一类重要风险，特别是健康问题可能导致的巨额医疗费用为很多个人和家庭带来了沉重经济负担，如果解决不好此问题，会给社会和经济发展带来严重影响。因此我们看到，在世界上大多数国家，政府都建立了社会基本医疗保险制度，为个人的医疗支出提供基本保障。那么，在已经普遍建立了社会基本医疗保险的条件下，是否还有提供商业医疗保险的需要呢？回答是肯定的，可以从两个方面去解释。

（1）社会基本医疗保险不能覆盖所有人群，部分人群仍需要依靠商业医疗保险获得健康保障。

尽管大部分国家都建立了社会基本医疗保险制度，但很多国家的社会基本医疗保险并不是面向所有公民的普惠式医疗保险制度。比如，美国没有建立全民健康保险制度，它的社会医疗保险只针对65岁以上老年人，一般劳动者只能通过参加雇主提供的私营健康保险来获得本人及家人的医疗保障，也就是说，在美国为广大劳动者及其家人提供医疗保险的是商业医疗保险体系。劳动者及其家人能否拥有商业医疗保险，和劳动者与其雇主之间是否具有雇佣关系是联系在一起的。劳动者一旦失去了工作，或者有些雇主并没有为员工提供健康保险，这些劳动者就无法得到保障，从而面临很大风险。

又比如，我国1998年开始建立了社会基本医疗保险制度，当时主要是针对城镇职工的。后来又建立了针对农民的新型农村合作医疗，但保障程度和职工的社会基本医疗保险有一定差距。接下来又建立了针对城镇居民的基本医疗保险，但不是强制的，导致很多居民事实上没有参保，且该医疗保险的保障程度也和职工基本医疗保险有一定差距。另外，参加了社会基本医疗保险的人还需要满足一些资格条件才能够获得保障，如果条件没有得到满足，参保人也无法获得保障。比如，在中国的某些省份，就有参加社会基本医疗保险且缴费满20年（甚至更长时间）以上，退休后才可以享受社会基本医疗保险待遇等规定。

因此，即使建立了社会基本医疗保险，社会上仍然会有部分人群由于种种原因无法获得社会基本医疗保险提供的保障，对这部分人群来说，商业医疗保险就成为他们主要的健康保障选择。

（2）社会基本医疗保险提供的保障程度和范围不能满足某些参保人群的需求。

社会基本医疗保险一般都会规定严格且明确的保障目录，并规定了可以报销的医疗费用种类和金额。比如，我国的社会基本医疗保险规定了可以就诊的医院、可以报销的检查项目和药品等，并且还规定了可以报销的最高限额。应该说，这些规定的保障范围和额度可以满足大多数人的基本医疗保障需求，但对一些有着更高和更特殊需求的人群来说，社会基本医疗保险就难以满足了。而商业医疗保险则可以根据这部分人群的需求，提供更广泛的费用补偿范围和更高的给付限额。比如，商业医疗保险可以为社会基本医疗保险目录中不包含的药品、检查、医疗服务费用提供补偿，还可以提供体检、康复、全球救援、国际医疗、特殊门诊、牙科、眼科等方面费用的补偿，而且给付限额可以高达百万元以上，从而满足了部分人群更高的医疗和健康保障需求。

8.2.2 医疗费用保险内容

1. 保险期限和责任期限

保险期限是指保险人对保险合同约定的保险事故所造成的损失给予补偿或给付保险金的期限，对于发生在保险期限以外的任何事故，保险人不负责任。

责任期限是指保险人对医疗费用负责的期间，常见的有 90 天、180 天及 360 天等。实践中，界定责任期的开始有两种方式：一是将疾病的诊断之日作为责任期的起始日；二是疾病的诊断应发生在保险期限内，责任期起始于规定的治疗日，如住院手术保险中规定责任期从住院日开始计算。

2. 保障项目

医疗费用保险既要为被保险人提供充分的费用补偿，同时又要考虑保险人的经营成本，防止因医疗费用控制不力致使给付过多而发生亏损。因此，保险人通常会在保险合同中对哪些费用提供补偿及补偿的标准作出明确规定。通常，保单都会对产生的直接费用，如检查费、手术费、药费、住院费等予以补偿；对其他间接费用，如膳食费、护理费、误工费、康复费等，不同保险人签发的保单会有不同的约定，相互差异很大。

3. 给付方式

医疗费用保险的保险金有两种给付方式：费用补偿型和定额给付型。

费用补偿型是根据被保险人实际发生的医疗费用支出，按照约定的标准予以补偿。根据保险的补偿原则，费用补偿型医疗保险的给付金额不得超过被保险人实际发生的医疗费用金额。例如，如果被保险人从社会医疗保险或其商业医疗保险获得了部分费用补偿，则保险人仅给付根据保险合同应补偿的剩余部分费用。

定额给付型是当发生了保单约定的医疗行为时，按照约定的数额给付保险金，和实际发生的医疗费用的多少无关，也和被保险人是否获得了来自社会基本医疗保险及其他商业医疗保险的给付无关，这种给付方式通常发生在住院保险、手术保险等情形。

4. 医疗费用分摊方式

几乎所有的医疗费用保单都会约定下列三种费用分摊方式。

1）免赔额

免赔额又称自负额，是指在产生的医疗费用中由被保险人自己承担的数额，超出部分由保险人补偿。免赔额的形式可以是以下几种。

- 每次医疗行为固定金额免赔。
- 每次医疗行为固定比例免赔。
- 日历年度固定金额免赔。
- 日历年度固定比例免赔。

实践中，上述各种形式的免赔额都有使用。例如，按天数给付的住院保险会规定免赔天数为 5 天，即保险人按超过 5 天的住院天数支付保险金；还比如，有些门诊医疗费用保险会规定每次专家挂号费的免赔额为 100 元，全年门诊医疗费用的免赔额为 2000 元等。

设置免赔额的好处是显而易见的。第一，可以减少平均赔付水平，降低保费；第二，免去大量小额理赔，节省理赔费用；第三，为投保人提供了防损、减损的经济激励；第四，不同风险的投保人可根据自身状况选择具有不同免赔额的保单，获得更适合自己的保险。

2）比例给付

对超过免赔额部分的费用，保险人通常是按照某一固定比例进行补偿的，例如，保险人承担 80%，被保险人承担 20%；也有的保险人采取累进比例进行补偿，即随着医疗费用的增加，保险人承担的比例递增，被保险人自付的比例递减。

3）给付限额

给付限额是指保险人承担的最高补偿限额，一般采用累计给付限额的情形较多，即不论被保险人在保险期限内是一次患病还是多次患病，保险人都会对保单给付限额内的医疗费用予以补偿。当实际医疗费用超过规定的给付限额后，超额部分不予补偿。规定给付限额主要是为了使保险人能对总给付水平加以控制。

8.2.3　商业医疗费用保险和社会基本医疗保险的关系

1. 主要区别

商业医疗费用保险和社会基本医疗保险相比，存在诸多区别。

1）性质不同

商业医疗费用保险是保险人和投保人基于保险基本原则和市场运行机制，通过自愿签订保险合同而实现的一种经济活动，保险人具有合理盈利的需求。

社会基本医疗保险是政府根据有关法律，为广大劳动者或所有国民设立的一种健康保障制度，具有强制性，所有满足条件的劳动者或国民均须参加，具有非营利性质。

2）保险对象和作用不同

商业医疗费用保险的对象可以是任何自然人，其作用在于当被保险人产生了保险合同约定范围内的医疗费用支出后，可获得一定的经济补偿以减轻负担。

社会基本医疗保险主要以劳动者为保障对象，当劳动者产生规定范围内的医疗费用支出时，由社会医疗保险基金进行补偿，目的是通过让所有劳动者都能获得基本医疗保障而维持广大劳动者的经济保障水平，防止劳动者及其家庭因病陷入经济无保障甚至贫困状态。

3）权利与义务的对应关系不同

商业医疗费用保险的权利与义务是建立在合同关系上的。任何一个有完全行为能力的自然人或法人，只要与保险公司签订了医疗保险合同并按合同规定缴纳了保险费，即拥有了获得保险金的请求权。保险金的多少取决于合同约定以及投保人缴纳的保险费。保险人与投保人之间的权利与义务关系实质是一种等价交换关系。

社会医疗保险的权利与义务关系是建立在劳动关系基础上的。劳动者依法参加社会医疗保险并履行了缴费义务后，就可以享受社会医疗保险待遇。其可以获得的给付是根据社会医疗保险制度的规定和实际发生的医疗费用确定，一般和劳动者本人的缴费不构成比例关系，即权利与义务的关系从价值角度看并不对等，体现了社会保险的社会公平性，而不是对个人的公平性。由于事实上低收入劳动者的缴费相对较少[①]，而获得补偿的权利是平等的，因而高收入的职工适当补贴了低收入职工，年轻职工适当补贴了年长职工。从这个意义上说，社会医疗保险通过社会公平性的体现，使其具有了一定的收入再分配功能。

4）保障范围和程度不同

商业医疗费用保险的保障范围通常十分广泛，除常见的医疗费用，如门诊（包括检查和药品）、住院、手术等费用外，还可以包括很多特殊或辅助性医疗行为发生的费用以及保险公司提供的其他增值服务，如牙科和眼科方面的治疗费用、高端医疗费用[②]、护理费用、误工费用、康复费用、全球救援费用等。同时，商业医疗费用保险还可涵盖健康管理、定期体检、专家咨询、预约挂号等服务。

在保障程度方面，社会医疗保险一般都有起付线、共付比例、给付限额等方面的规定[③]，因此对于一些患有大病、慢病的职工来说，个人负担还是比较重的。商业医疗保险可以根据被保险人的需要，提供更为充分的费用补偿。从我国的情况来看，如果一个职工已经参加了社会医疗保险，再选择参加相关商业医疗保险后，保险公司可以支付该职工的费用，一般可以包括社会医疗保险报销后需要由个人承担的大部分费用。

2. 商业医疗保险和社会医疗保险的相互关系

1）商业医疗保险可作为社会医疗保险的重要补充

对商业医疗保险的意义及其与社会医疗的区别的分析不难看出，即使政府已经建立了保障范围较为广泛的社会医疗保险制度，仍然可能有相当数量的个人及家庭无法享有；并且对参加了社会医疗保险的部分劳动者来说，他们可能希望享有社会医疗保险无法给予的更为充分且更个性化的医疗保障，这时就需要商业医疗保险作为社会医疗保险的重要补充，来满足社会医疗保险无法满足的需求。因此，商业医疗保险是一个国家多层次医疗保障体系的重要组成部分，特别是在人们对医疗保障需求不断增长，以及政府的社会医疗保障体系压力不断加大的趋势下，大力发展商业医疗保险更具有十分重要的意义。

2）商业保险机构可为社会医疗保险提供管理服务

从一些国家，特别是中国的实践看，政府有时会委托商业保险机构为社会医疗保险计划提供管理服务，发挥商业保险机构在理赔、诊疗、风险管理等方面的专业优势，提高社会医疗保险计划的运行效率。比如，我国以前的新型农村合作医疗在很多地方就是委托保险公司来管理的，一些地方的城乡居民基本医疗保险也采取的是政府委托商业保险机构经办的方式[④]。

---

① 各国社会医疗保险通常规定个人缴费是本人缴费工资的一个比例，例如中国是个人缴费工资的 2%，因此收入越高的人缴费也就越多。

② 主要指社会医疗保险不能补偿的门诊、药品、检查、手术、住院等方面的费用，而保险公司可以对专家门诊、高价药品、采用高新设备的检查、价格昂贵的手术方案、高级病房等方面的费用予以补偿。

③ 中国的社会基本医疗保险的年度起付线一般不超过当地职工社会平均月工资；职工个人负担比例一般为 20%，退休职工适当低一些；年度给付限额一般不超过当地职工社会年平均工资的 6 倍。

④ 《国务院关于整合城乡居民基本医疗保险制度的意见（2016）》中规定：城乡居民基本医疗保险要“完善管理运行机制，改进服务手段和管理办法，优化经办流程，提高管理效率和服务水平。鼓励有条件的地区创新经办服务模式，推进管办分开，引入竞争机制，在确保基金安全和有效监管的前提下，以政府购买服务的方式委托具有资质的商业保险机构等社会力量参与基本医保的经办服务，激发经办活力”。

（3）商业保险机构可以为政府的医疗保障计划提供保险产品

很多国家或地方政府还会以政府指定或购买的方式，将属于社会保障范畴的保险计划交由商业保险机构根据商业化原则运作。例如，美国的**员工赔偿保险**[①]（相当于我国的**工伤保险**），就是由政府通过立法要求企业必须参加，企业只能向政府指定的保险机构购买，并且对费率、赔偿条件和标准等都作出了相关规定。另外，政府也可以采取向商业保险机构购买的方式，为社会保险计划提供保险产品。例如，我国城乡居民大病保险就是采取由政府向保险公司进行采购的方式而运行的[②]。

8.3　重大疾病保险

8.3.1　重大疾病保险的定义和意义

1. 重大疾病保险的定义

专栏阅读

中国保险行业协会规定的重大疾病保险应该涵盖的25种重大疾病

重大疾病保险是专门针对人们容易发生的多种重大疾病而设计的，如癌症、心血管疾病、脑卒中等，这些疾病的发生往往会给病人及其家属带来沉重的经济负担。重大疾病保险通常采用定额给付的方式，当被保险人在保险期内确诊患有合同中所规定的重大疾病后，保险人就会一次或多次支付约定的保险金额，而无论是否产生或产生了多少医疗费用。

重大疾病保险是健康保险的重要分支，它是一种定额给付型保险，和医疗费用保险有显著不同。

2. 发展重大疾病保险的意义

1）重大疾病风险是个人和家庭面临的重要健康风险

重大疾病是人一生中面临的一类重要健康风险。一般来说，一个人在一生当中患上某种重大疾病的概率高达70%以上，这个概率是非常高的。然而，疾病在什么时间发生、程度有多严重、治疗费用需要多少，这些方面都有很多不确定性。和一般性疾病相比，重大疾病具有三个特点：一是病情比较严重，会在较长一段时间内严重影响患者及其家人的正常生活和工作；二是治疗费用可能非常高昂，很多重大疾病的治疗需要专门药物或手术，费用普遍较高；三是一般不易治愈，会持续较长时间甚至终身。

重大疾病保险就是为了使人们可以从容应对一生中罹患重大疾病风险的一种保险安排。当发生重大疾病后，重大疾病保险金可以起到两方面作用：一是为被保险人支付相关的治疗费用，另一个作用就是为被保险人在患病后提供经济保障，尽可能避免被保险人及其家庭在经济上陷入困境。

2）社会基本医疗保险的保障程度和范围相对有限

虽然很多人已经拥有了社会基本医疗保险，但由于社会基本医疗保险本身并不是为重大疾病而设计的，它的基本原则是保基本、广覆盖，因此很多重大疾病的治疗费用并不在

① 见本书第10章“社会保险”。

② 《关于开展城乡居民大病保险工作的指导意见（2012）》中规定：城乡居民大病保险“采取向商业保险机构购买大病保险的方式”。

社会基本医疗保险的保障范围内。例如，治疗一些癌症类疾病需要的手术、放疗、化疗费用，一些较先进的治疗技术，如生物疗法、靶向治疗等方面的费用，很多都不在社会基本医疗保险的保障范围内。

3）患者希望获得更好的治疗

随着生活水平的提高，人们对健康保障方面的需求大大提升，希望患病后能获得更好的治疗，如采用更先进的技术、使用更好的药物等，这些都决定了医疗费用支出会不断攀升。

4）医疗技术的进步增加了人们的医疗保健支出

已经有越来越多的新技术被用于重大疾病的治疗，新技术的使用显著地提高了疗效，减轻了痛苦，提升了患者生存质量，但同时也带来了更加高昂的费用。

5）重大疾病保险金可以弥补患者的收入损失

重大疾病保险金不仅可以补偿医疗费用的支出，同时还可补偿患者因疾病导致的收入方面的损失。当被保险人身患重疾后，其工作收入往往会减少或中断，而同时又面临巨额的医疗费用支出。这个时候，如果能获得一笔保险金，就能避免家庭因病致贫甚至破产。

8.3.2 重大疾病保险的分类

1. 按保险期限划分

1）定期重大疾病保险

定期重大疾病保险是指在约定的期限内，如果被保险人罹患了保险合同中规定的重大疾病，保险人将按照合同约定的金额给付保险金。这类保险的期限通常是 10 年、20 年、30 年等，缴费一般采用水平方式。这种保险是典型的“消费型”保险，不具有储蓄性，到期没有发生理赔也不会返还保费。

2）终身重大疾病保险

终身重大疾病保险为被保险人提供了终身保障。终身保障保险责任通常有两种形式：一种是为被保险人提供重大疾病保障，直到被保险人身故；另一种是当被保险人生存至合同约定的终极年龄（如 100 周岁）时，保险人给付与重大疾病保险金额相等的保险金，保险合同终止。同时，一般终身重大疾病保险都会包含身故保险责任。显然，这类保险的赔付风险较高，费率也相对较高。

2. 按给付方式划分

1）提前给付型重大疾病保险

这类保险通常以终身寿险的附加险形式体现，即在终身寿险保单中增加了重大疾病提前给付的附加条款。根据这个附加条款，如果被保险人罹患了保单所列重大疾病，保险人可以将身故保险金中的一定比例作为重大疾病保险金提前给付给被保险人，用于医疗或手术费用等开支，剩余部分在被保险人身故后由受益人领取。如果被保险人没有发生重大疾病，则全部身故保险金由受益人领取。

2）附加给付型重大疾病保险

这类保险通常作为主险的终身寿险的附加险形式出现，保险责任包含重大疾病和高度残疾两类。该类产品会规定一个确定的生存期间。生存期间是指被保险人身患合同约定范围内的重大疾病开始（正式确诊时间）至保险人规定的某一时刻止的时间，通常有 30 天、60 天、90 天、120 天不等。如果被保险人罹患重大疾病且在生存期内死亡，则保险人给付死亡保险金；如果被保险人罹患重大疾病且存活至生存期间满，则保险人给付重大疾病保险金，且当被保险人身故时再给付死亡保险金。这类产品的优势是，死亡保障始终存在，不会因重大疾病的给付而减少死亡保险金。

3）独立给付型重大疾病保险

这类保险通常是以主险的形式单独承保，保险责任一般包括重大疾病保险金和死亡保险金，且二者有独立的保额。如果被保险人罹患重大疾病，保险人给付重大疾病保险金，不再支付死亡保险金，保险合同终止；如果被保险人去世前未患重大疾病，则保险人给付死亡保险金。此类产品对重大疾病的描述要求较为严格。

4）比例给付型重大疾病保险

此类保险是针对不同重大疾病种类而设计的，主要考虑了某些种类重大疾病的发生率、死亡率、治疗费用等因素，来确定在重大疾病保险总金额中的给付比例。当被保险人罹患某一种重大疾病时按合同约定的比例进行给付。

5）回购式选择型重大疾病保险

这类保险是针对提前给付型产品存在的因领取重大疾病保险金而导致死亡保障降低的不足而设计的。该类产品规定保险人在给付重大疾病保险金后，若被保险人在某一特定时间内仍存活，可以按照某些固定费率买回原保险金额的一定比例（如 25%），从而使死亡保障有所增加；如果被保险人经过一定时期仍存活，可再次买回原保险金额的一定比例，最终使死亡保障达到购买之初的保额。回购式选择显然容易带来逆选择问题，且作为曾经患过重大疾病的被保险人仍然按照原有的费率购买死亡保险也有失公平。因此，保险人在“回购”前提和条件的设计方面至关重要，需要防范经营风险。

8.3.3　重大疾病保险的内容

1. 适用对象

主要为成年人（18 周岁以上）阶段的重大疾病。

2. 保障范围

所有重大疾病保险均应包括对以下 6 种疾病的保障。

- 严重恶性肿瘤。
- 较重急性心肌梗死。
- 严重脑卒中后遗症。
- 重大器官移植术或造血干细胞移植术。
- 冠状动脉搭桥术（或称冠状动脉旁路移植术）。
- 严重慢性肾脏病。

另外还有 19 种疾病保险人可以选择提供保障。

3. 重大疾病保险的除外责任

因下列情形之一导致被保险人发生疾病、达到疾病状态或进行手术的，保险人不承担保险责任。

- 投保人对被保险人的故意杀害、故意伤害。
- 被保险人故意犯罪或抗拒依法采取的刑事强制措施。
- 被保险人故意自伤，或者自合同成立或合同效力恢复之日起 2 年内自杀，但被保险人自杀时为无民事行为能力人的除外。
- 被保险人服用、吸食或注射毒品。
- 被保险人酒后驾驶、无合法有效驾驶证驾驶，或驾驶无有效行驶证的机动车。
- 被保险人感染艾滋病病毒或患艾滋病。
- 战争、军事冲突、暴乱或武装叛乱。
- 核爆炸、核辐射或核污染。
- 遗传性疾病，先天性畸形、变形或染色体异常。

8.4 长期护理保险

8.4.1 长期护理保险的定义和意义

1. 长期护理保险的定义

长期护理保险是 20 世纪 70 年代后，在社会老龄化背景下，为应对人们对长期护理需求的不断攀升而出现的一种商业保险产品，用于支付与长期护理相关的费用。

需要长期护理的人通常不一定患有传统意义上的疾病，但无法自主完成一些日常生活活动。国际上通常将日常生活活动，如穿衣、洗澡、进食、如厕、自理、移动、服药和步行等中的两项不能独立完成时，界定为生活无法自理。长期护理保险就是在被保险人生活无法自理，无法安全从事日常生活基本活动时，由保险人按合同约定给付保险金的保险。

2. 发展长期护理保险的意义

目前，许多国家都面临着人口老龄化带来的老年人护理问题。我们知道，上了年纪的人很多会逐渐丧失照料自己生活的能力。在美国约有 40% 的老年人有家庭护理的需要，而 75 岁以上的老年人中有 60% 的人会产生长期护理的需要①。在中国，患有慢性病的老年人超过 1.9 亿，失能和部分失能老年人约 4000 万②。事实上，除老年人外，一部分中青年人由于发生意外或疾病也需要长期护理。在接受长期护理的人中，大约有 40% 的人年龄在 18 ～ 64 岁。

传统上，护理工作主要由家人来承担。如今，随着经济发展和社会变化，很多因素导致以家庭为主提供长期护理的模式已经难以为继，对社会化、专业化长期护理服务的需求不断增加，这些因素包括以下几点。

- 世界范围内家族式生活方式的逐渐消失。
- 单亲家庭的逐渐增加。

---

① 肯尼思·布莱克，哈罗德·斯基博．人寿与健康保险（13 版）[M]．北京：经济科学出版社，2003：145.

② 《国务院关于加强和推进老龄工作进展情况的报告》（2022 年 8 月 30 日第十三届全国人民代表大会常务委员会第三十六次会议），国家卫生健康委员会主任马晓伟。

- 越来越多的妇女外出工作，不再承担家庭护理工作。
- 很多家庭需要夫妇同时工作来维持生活，很难有一方能专门照料年迈的双亲。
- 前所未有的庞大老龄人口。
- 预期寿命不断延长，导致高龄人群中失能人数增加。
- 随着社会流动性的增加，子女已不太可能生活在父母身边。
- 出生率的降低意味着将有更少的子女照料老人的生活。
- 现代医学水平的提高可以延续病危患者的生命，但无法使其恢复正常生活能力。
- 不断发展的服务业可以满足长期护理的需求。

上述这些原因使得对长期护理服务的需求在不断增长，未来这一趋势仍会持续下去。同时，长期护理的费用也会快速增长，主要原因是提供长期护理服务的人工成本的增加。因此，未来可能发生的越来越多的长期失能状况以及由此而带来的高额护理费用，已成为每个人、每个家庭难以规避的风险。

8.4.2　长期护理保险的内容

1. 投保

长期护理保险可以以个人或团体的方式投保。以团体方式投保的重要性正在日益增加，很多企业已经开始为员工购买此类保险，作为员工福利计划的组成部分。

个人申请投保需要进行必要的核保，内容主要是对健康状况进行了解，如通过体检，根据被保险人的健康状况进行风险等级划分。

2. 保障范围

经过多年发展，长期护理保险产品已经由单一产品模式发展成综合产品模式，保障范围在逐渐扩大。目前，国际上商业长期护理保险的保障范围包含两大类。

1）疗养院护理

疗养院护理保险通常可以为三种不同等级的护理服务发生的费用提供补偿。

专业护理：是护理的最高级别，也是专业性最强的护理服务。专业护理要求 24 小时全天护理，护理人员必须是有从业执照和经验的护士，或有从业执照的临床医师。

中级护理：与专业护理相似，不同的是，中级护理的患者不需要 24 小时全天护理，而是一种非连续的专业护理。

基本护理：是一种最基础的护理，一般限于为患者提供日常基本活动的帮助，从事这种非医疗性护理的服务人员一般不是专业医务工作者，但这种护理一定是遵照医生的要求，并在护士的指导下进行的。

2）社区及家庭护理

从大多数国家的实际情况看，许多老年人仍然喜欢选择居家养老的方式，即使生活自理能力下降后，也仍然不希望离开居所去养老院。因此，很多长期护理保险对那些需要护理，但是仍然希望在家中或社区接受护理的被保险人也提供保险给付。在这种情况下，社区护理的给付金额通常相当于疗养院护理给付的一个百分比（如 50%）。属于社区护理给付范围的内容有很多，主要包括以下几点。

（1）**家庭护理**：包括专业护理、理疗及相关专业医疗护理、日常生活帮助等。这种护理一般不是全天的，也可以是由家庭成员提供的（即保险给付可以看作给家庭成员的报酬）。

（2）**成人全天护理**：可以通过长期护理服务中心或社区项目来提供，个人不仅可以得到日常生活的帮助，还可以增加社会交往。

（3）**暂时性护理**：暂时代替家庭成员为患者或老年人提供护理服务，可以让需要照料的人暂时居住在长期护理中心，或者护理中心派出护理人员到家中陪护一段时间。

（4）**临终护理**：是为确诊为绝症的病人提供特殊护理和精神支持，可以在护理院，也可以在家中进行。

（5）**医疗设备**：患者使用医疗设备的费用（通常是租赁费用）可以由保险公司支付，尤其是那些能够让患者留在社区内接受治疗的医疗设备。

3. 长期护理保险产品的分类

1）传统型产品和组合型产品

传统型产品是最常见的，其保费通常是每年连续缴纳，如果在当年未被使用，则保费不予退还。但也有产品具有“保费返还”的附加条款，如果被保险人死亡时根据保险合同领取的保险金少于已经缴纳的保险费，则会向受益人支付死亡给付，其数额等于所付保费超过已领取保险金的部分。

组合型保单是将寿险保障或年金保障与长期护理保险组合起来的产品。

2）税优型产品和非税优型产品

税优型产品是最常见的，该类保单要求：①被保险人在没有实质性帮助（手工或器具）的情况下无法从事2项以上日常生活活动（吃饭、穿衣、洗澡、转移、如厕、自制），需要至少90天的护理；②被保险人由于严重认知障碍需要实质性的帮助至少90天。无论哪种情况，都需要有医生提供的护理计划。税优型保单的给付是免税的。

非税优型产品以前被称为传统型长期护理保险，通常有一个称为“医疗必要性”的“触发器”，即只有当被保险人的医生，或医生和保险公司共同认为该被保险人因为医疗原因需要护理时，才会支付保险金。对这种保单是否需要纳税，政府没有明确规定，这意味着此类长期护理保险的给付可能面临需要缴税的问题。不过非税优型保单在领取时的限制要比税优型保单宽松一些，在日常生活活动中增加了步行一项，并且只要有一项以上日常活动需要帮助即可认为达到需要护理的状态。

4. 保险金给付方式

大多数长期护理保单的给付是基于报销制的，也有一些是津贴制的。

在实际支付保险金前一般都会有一个免责期（等待期），免责期0～365天不等。同等条件下，等待期越长，保费就越低。

投保人在购买时可以选择每日的给付额和给付期限，如每日给付100元、200元等；给付期限为2年、3年、5年，乃至终身等。有些保单也可以按月支付保险金，如每月5000元，而不管实际费用是多少，当然会有最长支付期限的规定。

和疗养院护理相比，社区护理的费用更低，因此社区护理保险金的给付通常会低一些，当然购买时的保费也会低一些。

考虑到护理成本主要是人工成本，受通货膨胀的影响比较大，大部分长期护理保单都包含了通货膨胀保护条款，以保证给付金额随生活费用的增长而提高。具体做法可以是约定每年增加保险给付的一个固定百分比，如5%；或者是每年按照物价指数调整保险金的给付。当然，不同的保护措施意味着不同的保费，特别是随物价指数变动的保单的价格相对要贵得多。

5. 合同条款

1）保费

长期护理保险的保费取决于被保险人的年龄、性别、健康状况和病史等，当然还取决于所选择的给付方式。保险人一般会对被保险人的年龄有要求，如不超过75岁、80岁、85岁等。

从精算的角度看，影响长期护理保险定价的很多因素尚难以精确估计，再加上销售费用比较高，使得长期护理保险的定价一直较高。但随着该产品进入市场的时间越来越长，积累的数据会不断增加，以及营销方式的改进，长期护理保险的价格会不断下降。

长期护理保险期缴保费通常采取水平方式，也有保险公司会随被保险人年龄的增长而逐年加收保费。各保险公司销售的保单的费率相差也较大，取决于被保险人年龄、等待期、保险金的给付等，如表8-1给出了几家保险公司出售的长期护理保单的保费。

表8-1　长期护理保险保费示例

保险公司	每日给付100元		不同投保年龄的保费（元）		
	给付期限（年）	等待期（天）	60岁	65岁	70岁
A	3	100	910	1530	2120
B	3	90	1080	1500	2160
C	3	90	856	1168	1696
D	3	100	1090	1480	2210
E	4	100	1320	1740	2590
F	3	90	1875	2495	3207

资料来源：肯尼思•布莱克，哈罗德•斯基博．人寿与健康保险（13版）[M]. 北京：经济科学出版社，2003.

2）可续保性

几乎所有的长期护理保单都有保证续保条款，即保险合同赋予被保险人续保至某一年龄的权利，如79岁。但保险人仍会保留变更某一类被保险人保费的权利。也就是说保险人有权改变保费，但这种改变必须是基于同类保单的全部被保险人。除非被保险人没有缴费，否则保险人不能在保单期满前终止保单或停止续保，有些保单还可以保证终身续保。

3）不丧失利益选择权

政府监管部门有时会要求保险公司的长期护理保单必须含有不丧失利益选择权，也称为不丧失权，其含义是如果被保险人停止缴费，则保单被视为减额缴清，保险人可以缩短给付期间，或者返还部分保费。

4）保单限制

所有长期护理保险保单都有除外责任条款和限制保险金给付的条款。普遍的除外责任包括由于战争、自伤，以及对药品或酒精依赖引发的长期护理。另外，大多数长期护理保单都规定了既存症状——保单签发前的疾病或伤害导致的护理状态的除外责任期，如 6 个月、12 个月或 24 个月。

8.5 伤残收入保险

8.5.1 伤残收入保险的定义和意义

伤残收入保险是指当被保险人因疾病或伤害而丧失劳动能力时，保险人会根据保险合同的约定，按期给付相当于被保险人伤残前收入一定比例的保险金。

对一个人来说，一生中出现伤残的风险是比较高的，尤其是对还有收入能力的人来说，一旦发生伤残，除了要支付可能的巨额医疗费用，还意味着失去了收入来源，从而给个人及家庭带来巨大的经济负担。图 8-1 给出了不同年龄段的人在 65 岁前发生连续 90 天以上失能的概率，我们看到，25 岁左右年轻人在 65 岁前发生较长时间失能（90 天以上）的概率高达 54%。图 8-2 说明，一旦发生了 90 天以上的失能，平均持续期将高达数年，这意味着失能者的工作岗位、工资收入都将会面临巨大的丧失风险。在这种情形下，伤残收入保险就可以提供必要的经济保障，发挥重要的作用。

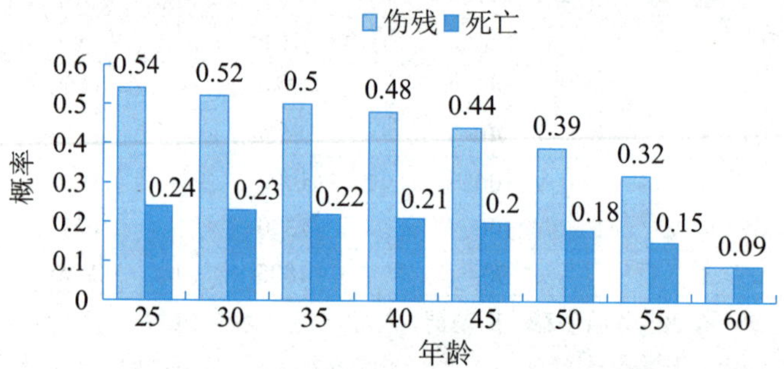

图 8-1　65 岁之前发生伤残（90 天以上）和死亡的概率①

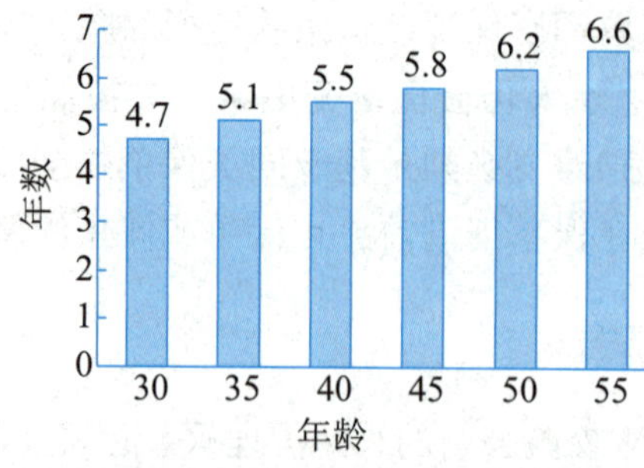

图 8-2　90 天以上残疾的平均持续时间②

① 肯尼思•布莱克，哈罗德•斯基博．人寿与健康保险 [M]. 北京：经济科学出版社，2003：153.

② 肯尼思•布莱克，哈罗德•斯基博．人寿与健康保险 [M]. 北京：经济科学出版社，2003：154.

8.5.2 伤残收入保险的内容

1. 伤残的定义

在伤残收入保险中，对“伤残”的定义一般有两种：“全残”和“推定全残”。

（1）**全残**（total disability）。“全残”有两种方式来定义：一是“**原本职业**（own occupation）全残”，二是“**任意职业**（any gainful occupation）全残”。原本职业全残是指，当被保险人无法从事原本职业的大部分工作时，即被视为全残。任意职业全残是指，当被保险人无法从事任何与其教育、技能和经验相称的有酬工作时，即被视为全残。显然，任意职业全残的要求更为严格，因为一个被视为“原本职业全残”的人不一定是“任意职业全残”。比如，一个软件工程师在一次事故中导致视力严重损伤，无法继续从事原来的职业，但还可以从事其他一些辅助性工作，所以不能认为是任意职业全残。在实践中，保险人一般更倾向于限制使用更为宽松的原本职业全残。

（2）**推定全残**（presumably total disability）。推定全残是指，如果被保险人由于疾病或事故导致双目失明、双耳失聪、失语、双肢失能等，那么即使被保险人还能从事某种职业的工作，仍可推定为全残，保险人会从发生推定全残之日起给付保险金，无论其是否从事任何工作，都将给付全部保险金，直到给付期结束。

2. 给付条款

（1）**免责期**（elimination period）：亦称“等待期”，是指伤残发生后、给付开始前的天数，某种程度上类似于医疗费用保险和财产保险中的“免赔额”，通常从 30 天至 1 年不等，较常见的是 3 个月。

（2）**给付期**（benefit period）：伤残收入保单中规定的保险金给付的最长期限，通常是 2 ～ 5 年，或至 65 岁等，有时甚至可以是终身给付。

（3）**给付额**（benefit amount）：一般是按期和按固定金额给付，多是按月给付，也有按周给付的。给付额相当于被保险人原先收入的一个比例，一般为 65% ～ 85%。如果原先工资高，比例会低一些；原先工资低的，比例会高一些。设置比例限制的目的是降低道德风险。

3. 给付内容

（1）**基本给付**（basic benefits）：一般伤残收入保险都会包含的给付，主要包括全残给付、保费豁免给付，以及其他给付，如器官移植保险金给付、康复保险金给付等。

（2）**补充给付**（supplemental benefits）：一些保单可以选择的附加给付，主要有后遗症伤残给付、部分伤残给付、社会保险补充给付、通货膨胀保障给付等。

例 1.（部分伤残给付）：当被保险人没有达到全残标准时，如果选择了具有部分伤残给付条款的保单，则可以获得部分伤残给付，给付的计算公式为：

$$\text{部分伤残收入保险金}=\frac{\text{残前收入}-\text{残后收入}}{\text{残前收入}}\times\text{全残收入保险金}$$

假设张先生伤残前的工资收入为每月 2000 元，遭受部分伤残后不得不从事更简单的工作，月收入下降了一半。假设保单规定的全残给付比例为 70%，并假设张先生没有其他收入来源，他可以领到多少伤残收入保险金呢？

如果张先生全残，每月可获得的伤残收入保险金为 1400 元。但张先生属于部分伤残，根据部分伤残收入保险金的计算公式，张先生可以获得的部分伤残收入保险金为

$$\text{部分伤残收入保险金}=\frac{2000-1000}{2000}\times 1400=700\ （元）$$

因此，张先生伤残后的总收入为 1700 元，低于伤残前的收入，但高于全残收入保险金，这会有利于鼓励被保险人积极康复和返回工作岗位。

本 章 习 题

1. 简述健康保险的特点。
2. 简述健康保险的主要险种。
3. 小李投保了人身意外伤害保险，在保险期间，小李在出差途中因突发心脏病身亡。请问人身意外伤害保险的保险公司是否需要向小李赔付？
4. 简述商业医疗保险和社会医疗保险的区别与关系。
5. 既然已经有了医疗费用保险，我国为何还要发展重大疾病保险？
6. 相较于没有医疗保险，一些拥有医疗保险的人会更频繁地使用医疗资源，你认为这是一种道德风险吗？
7. 什么是团体健康保险？简述团体健康保险与个人健康保险的区别。
8. 什么是伤残收入保险的免责期？为何要设置该条款？
9. 请解释人口变化、社会习俗、医疗技术如何影响人们对长期护理保险的需求？
10. 试论我国发展长期护理保险的意义和可能面临的困难。

第 9 章
人寿与健康保险的运用

学习要点及目标

- 了解个人财务规划的基本概念和步骤
- 掌握人寿与健康保险计划的制订方法
- 掌握退休计划的基本概念和制订方法
- 了解人寿与健康保险计划在企业员工福利计划中的应用
- 了解人寿与健康保险计划在企业经营中的应用
- 了解商业保险在社会保险中可以发挥的作用

核心概念

个人财务规划　资产配置　退休计划　员工福利　团体保险　DB 计划　DC 计划

9.1　人寿保险在个人资产配置中的运用

9.1.1　个人财务规划

9.1.1.1　个人财务规划概述

个人财务规划（personal financial planning）是指为保证个人或家庭近期或远期财务目标的实现而制订和实施的相关计划，通常包括预算、储蓄、保险、抵押贷款、投资、退休、税务、遗产等方面的计划。由于个人或家庭未来会面临来自很多方面的不确定、不稳定因素，建立可以应对不确定、不稳定因素不利影响的财务规划的重要性正日益凸显。

在各类财务规划中，人们可以使用多种金融工具来实现既定的财务目标，如人寿与健康保险、财产与责任保险、共同基金、股票、债券、年金、储蓄、信托、房产等，均可成为个人财务规划中的基本金融工具，而人寿与健康保险由于其独特的功能和价值，是其他金融工具难以替代的。

9.1.1.2　个人财务规划过程

个人财务规划过程是指确定财务目标并制定实现目标的方案的全过程，该过程需要汇集计划制订者掌握投资、保险、税收等相关领域的知识，最终目的是要达到预定的理财目标，整个过程一般可分为相互关联的 6 个步骤，如图 9-1 所示。

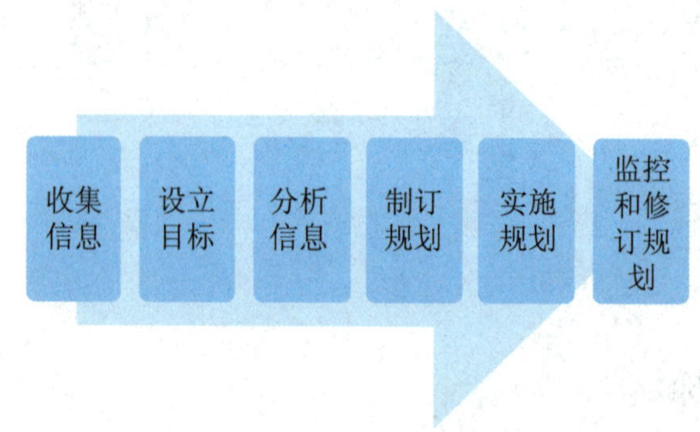

图 9-1　个人财务规划的步骤

1. 收集信息

这是进行财务规划的第一步，需要收集个人 / 家庭的资产和负债，以及收支方面的相关信息。此外，通常还需要收集个人 / 家庭在投资、人寿与健康保险及其他保险保障、员工福利、税收、遗嘱、信托计划等方面的信息，了解个人在财产继承等方面的需求，以及个人兴趣、家庭状况等方面的信息。

2. 设立目标

目标是制订财务规划的指南，因而设立目标是整个规划过程中最重要也是最具挑战性的一步。如果没有很好地构思并表述清楚个人 / 家庭实施财务规划的目标，任何根据此目标制订的财务规划都可能失败。

3. 分析信息

不同的理财活动对信息的种类、范围、内容等的要求都可能不同，因此要根据目标分析所收集到的定量和定性信息，发现已有财务安排存在的问题和不足。这一阶段通常也将确定对人寿和健康保险的需求。

4. 制订规划

根据对信息的分析，结合理财规划师的专业意见，建立各类具体财务规划。

5. 实施规划

具体实施各类财务规划，如购买相关保险产品，进行储蓄、投资等方面的安排。

6. 监控和修订规划

对规划实施的情况进行监控，以保证规划实施的结果与最初的预期一致。如果出现不一致的情况，就需要进行修订。此外，如果税收等其他外部环境因素、个人财富、家庭情况、生活和理财目标等发生了变化，也需要对相关财务规划进行修订。

9.1.1.3　个人财务规划构成

虽然个人财务规划因人而异，但一般都会包括五个共同的组成部分，如图 9-2 所示。

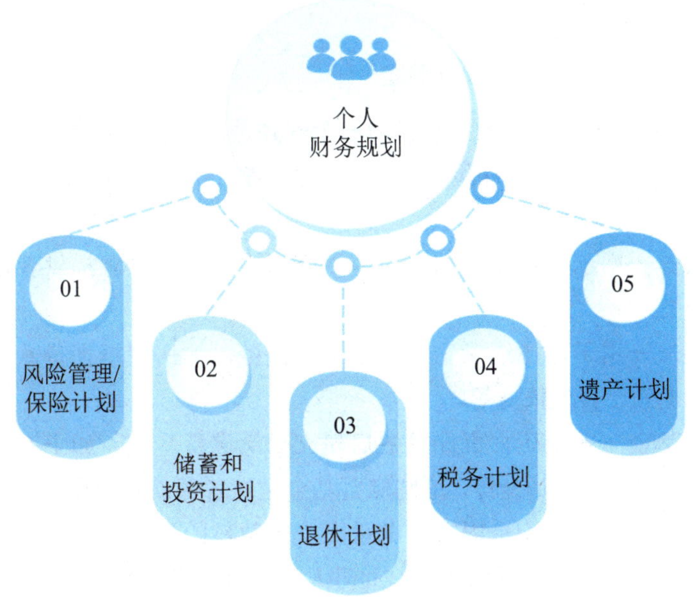

图 9-2 个人财务规划的构成

1. 风险管理 / 保险计划

风险管理计划，也称保险计划，是个人财务规划最基本的组成部分。个人或家庭需要考虑的风险主要包括财产损失风险、责任损失风险和人身损失风险。在对这些风险进行充分评估的基础上，确定风险管理或保险计划，其步骤与一般个人财务规划类似，包括收集信息、设立风险管理或保险目标、分析信息、制订风险管理或保险计划、实施计划、监控和修订计划等。

2. 储蓄和投资计划

对于家庭发生的一些潜在损失可以有不同应对方案。一些有规律性的损失或支出可以列入预算，同时需要建立一些专门的基金，如应急基金、教育基金、投资基金、退休基金等，这就需要建立相应的储蓄和投资计划。

3. 退休计划

退休计划主要指在退休前需要积累起退休后生活所需要的资金，即为退休后生活作好财务计划和资金准备。

4. 税务计划

税务是财务规划中需要考虑的一个重要因素，这是因为大多数家庭都要缴纳各种税收，而且不论是保险还是投资决策都会受到税收制度的影响，因而需要将如何最小化税务支出作为个人财务规划的一部分。

5. 遗产计划

每个人都会面临在死亡时如何分配自己财产的问题。一个完善的个人财务规划不应该让遗产的分配以不确定的方式进行或由法律作出决定。个人应该制订周密的遗产计划，并保证该计划的可行性，以便在个人离世时能根据生前意愿分配遗产。

9.1.2 人寿与健康保险计划

9.1.2.1 人寿与健康保险计划的用途

在制订一个保险计划前，首先要回答的一个问题是，为什么需要购买保险，即购买某种保险产品的原因是什么？人寿保险业长期发展的实践表明，人们购买人寿保险通常是出于下列原因中的一个或几个。

- 收入替代——用于部分或全部替代由于家庭主要收入来源提供者过早死亡而带来的收入损失。
- 债务偿还——用于偿还逝者生前未还清的债务，如房屋抵押贷款、汽车贷款、信用卡的透支额、其他债务等。
- 建立储蓄基金——在死亡事件发生后建立一笔储蓄基金，如子女教育基金、家庭应急基金、配偶养老基金等，这些储蓄基金是逝者生前希望用其未来收入建立的。
- 财富替代——逝者可能希望留给继承人一定数额的资产，但是已经在死亡之前将这笔资产用于消费或赠送他人了，此时人寿保险金可以起到替代作用。
- 支付死亡时的相关税收——支付由死亡引起的遗产税或其他税收。
- 商业目的——为特定的企业需求提供融资，如企业收购、关键雇员保障、对关键雇员或企业管理人员的报酬等。
- 作为个人或家庭金融资产配置的重要选择。

在健康保险的购买方面，原因通常更为特定，如医疗费用保险和长期护理保险是为了对可能发生的医疗费用、护理费用提供补偿，失能收入保险是为了部分替代由于失去工作能力而损失的收入。

专栏阅读

人寿保险在个人/家庭金融资产配置中的作用

9.1.2.2 人寿与健康保险计划的步骤

1. 收集信息

制订人寿与健康保险计划的第一步是收集相关信息，其目的是对个人或家庭因死亡和健康问题引发的财务风险进行识别和评估，采用的方法可以是利用事先制定好的调查问卷，或者进行当面访谈等。需要收集的信息一般应包括以下几点。

1）资产方面信息

资产一般分为流动资产和非流动资产。流动资产指可以迅速以合理价格转化为现金的资产，这类资产在个人死亡、健康状况恶化或失能时，可以用来满足收入或其他货币型支出需求，如银行存款、股票、债券、基金、养老金、企业退休计划个人账户中可以提取的金额等，均可作为流动资产。所有资产的价值均应基于市场价值进行评估。如果有不动产即将被出售，也可列为流动资产。

非流动资产是指不能或不易变现的资产，不能用于满足收入或其他货币型支出需求的资产，如家庭的房屋、汽车、衣服、珠宝等个人物品及家庭日常生活用品。这些资产通常会转移给继承人。当然，在死亡发生时，可能会出售某些非流动资产，则其中可以变现的价值也应计入流动资产。

从制订人寿保险计划的角度看，个人或家庭已有的人寿保险保单可提供的死亡保险金应该被计入流动资产。至于人寿保单本身的现金价值，从人寿保险计划的角度看，一般不应列入流动资产，因为现金价值已经包含在死亡保险金中；但如果保单现金价值作为个人储蓄计划的组成部分，将现金价值作为死亡时可使用的资产可能更有助于反映实际情况。如果这样看待保单现金价值的话，为了完成人寿保险计划，只需要了解人寿保险保单的风险净额。

2）负债方面信息

了解个人 / 家庭的负债信息是为了弄清哪些债务需要在死亡时还清，哪些会转移给继承人。很多债务是必须在死亡时还清的，如信用卡的透支额、未缴纳的税款、未还清的住房抵押贷款、汽车贷款等。当然，在死亡或失能发生时不需要马上还清的住房抵押贷款（时常会有这样的情况）的未偿还余额，就不必包含在负债内，但未来每期的偿还额应视为未来的收入需求而加以考虑。

3）收入方面信息

个人和家庭当期收入以及未来可能的收入是衡量未来可用资源和需求的重要尺度，但对不同类型家庭来说，未来收入的重要性和安全性或许是不同的。

单亲家庭。家庭收入通常主要来自家长的工资。相对双亲家庭，单亲家庭更可能获得来自家庭外的收入，如离婚者可能会获得赡养费或子女抚养费，来自父母的资助，寡（鳏）居者可能会从已故配偶的投资、雇主、保险公司或政府那里获得某些收入。

由于家长的工资收入往往是单亲家庭最主要的收入来源，所以家长的死亡或伤残将给依赖其生活的家人带来毁灭性的经济打击。

双亲单收入家庭。只有一方家长有收入的双亲单收入家庭很难承受由于主要收入者的死亡或伤残而带来的经济损失，这一点与单亲家庭十分相似。另外，即使没有收入的一方发生死亡，也可能带来非常重要的经济影响。因为没有收入的一方家长通常主要从事家务劳动，而这些劳动也是具有相当价值的，如果家庭还经营企业，那么一方家长还会以各种方式协助家庭企业的运作。这些服务可能不会得到货币性报酬，但提供这些服务的家长一旦死亡或伤残，将导致家庭支出的大幅增加。

双亲双收入家庭。双亲双收入的家庭也会因为一方家长的去世而受到严重经济影响，尽管这种影响没有单收入家庭那么严重。如果双收入家庭在财务上非常依赖于双方收入之和，那么就必须考虑一方的死亡可能带来的严重影响。例如，有些年轻家庭通常会有住房抵押贷款需要偿还，且每期的偿还金额占到双方收入之和的相当一部分。在这种情况下，考虑购买适当的人寿与健康保险很可能就成为必须。

单身家庭。单身家庭正变得越来越普遍。通常情况下，这类家庭面临的最大人身风险应该不是死亡风险，而是健康风险或伤残风险。

4）已有的储蓄和投资计划

家庭为了未来的某些需要，如购房、子女教育等都可能已经制订了一些储蓄和投资计划，家庭经济来源主要提供者的死亡或伤残，会导致这些储蓄计划的中断，因而需要认真关注这类计划可能中断的风险。

5）终寿费用

死亡本身也会引起相关费用和税收。在费用方面，主要是遗嘱检验费、遗嘱执行人的报酬、临终医疗费用、丧葬费等。在有些国家，这些方面的费用还是比较高的，如在美国，遗嘱检验费一般会占到全部遗产价值的 2% ～ 5%，丧葬费平均在 5 万美元左右。

对拥有巨额财富的人来说，与死亡相关的税收是终寿费用的主要部分。这些税收可能会占到遗产总价值的 50% 以上。因此，在制定财务规划时，应该对可能引致的税收进行合理的估计，并将其作为终寿费用的一部分安排好融资计划。

2. 确定目标

在制订人寿保险计划时，通常希望实现的目标是，当家庭主要成员发生死亡或伤残时仍能维持当前的生活水平。具体目标可能是，如果发生死亡，生存者所需收入应大致相当于死亡发生前家庭收入的 60%；如果发生伤残，家庭收入需要相当于事故前收入的 75% 或以上等。

对所需收入的预估一般是建立在对生命价值评估基础上的。基本思路是：首先，估计主要收入者的死亡或伤残会导致依赖其收入生活的人遭受多大的经济损失；其次，为了替代损失的收入，需要安排一个新的收入来源从经济上替代发生了死亡或伤残的主要收入者，并且尽量维持原有的生活水平。根据这一思路确定的目标收入可能和主要收入者的生命价值并不一致。例如，如果主要收入者的收入相当高的话，那么理性的目标可能是能够维持家庭较舒适的生活水平，而不是让家庭继续享受高品质的生活。

在设立收入目标时，还须考虑的其他因素包括以下几点。

- 需要在死亡或伤残时还清的债务。
- 支付终寿费用所需要的资金。
- 支付长期护理的费用。
- 建立家庭应急基金所需要的资金（如果有必要）。
- 建立教育基金所需要的资金（如果有必要）。
- 希望实现的遗赠。

在确立上述目标时，不仅需要确定各类收入的资金数额，还要确定获得收入的来源和时间。例如，如果需要建立一笔教育基金，就要考虑以什么方式积累，是一次性投入，还是用定期储蓄的方式投入。

在制订计划开始时确立的目标只是一个初步的暂定目标，未来应随着计划制订和实施过程中出现的新变化，特别是相关支出成本和费用方面的变化，需要对原有目标进行必要的调整。

3. 分析信息

这一步骤的工作内容是，在考虑已经确立的目标的基础上，对收集到的信息和损失风险进行分析，核心是对风险可能造成的财务损失进行衡量。对风险可能造成的损失的分析应包含两个方面：损失发生的频率和损失的严重性。

在制订保险计划时，通常是假定潜在的风险损失将会发生，即假定生存、死亡、疾病等事件未来一定会发生。所以，这一部分的分析实际上主要是对风险损失的严重性，即风险事件可能造成的财务后果进行衡量。

对风险损失的分析不能过于简单，但也不必（也不可能）过于精确，因为该阶段对损失的分析很多是基于当前假设的，而未来的实际情况很可能和当前的假设出入很大。

对损失进行估计的基本方法是，保险事件（如保险标的死亡）发生后，家庭需要多少收入才能维持未来的正常生活，并实现既定的财务目标。在分析未来的收入需求时，需要分别考虑特定的现金需求和一般性收入需求。

（1）**特定的现金需求**。这部分需求是指一些具体、明确的需求，包括清偿债务（抵押贷款、汽车贷款、信用卡透支等）、建立应急基金和教育基金，支付相关医疗费用等方面的需求。

（2）**一般性收入需求**。这部分需求是指根据可能的收入来源、不断变化的家庭责任、通货膨胀等因素，综合确定维持家庭每年正常生活的净收入需求，并根据适当的利率假设转化为现值。

在具体确定死亡发生后的收入需求时，根据家庭生活状态和收入的变化，通常应分成两个阶段。

- 第一阶段：退休前，通过适当的人寿保险和其他储蓄投资获得所需要的收入。
- 第二阶段：退休后，通过购买终身年金获得终身收入。也可设定一个最高年龄（如90岁），通过购买确定期限年金，获得固定期限内的收入（这样计划将会面临长寿风险）。

在确定具体需要多少收入时，可基于**本金清偿法**或**本金留存法**。本金清偿法是指本金和利息（投资）收益都会用于所需要的收入。本金留存法是指需要的收入全部来自本金的利息（投资）收益，而不会使用本金。

这两种方法各有其优势与不足。在既定的收入需求水平下，本金清偿法所需的本金总额会低于本金留存法所需的本金总额。而本金留存法可以将本金转移给下一代（或指定的任何人），这种方法较为保守，一旦有紧急情况发生，还可以动用本金。

在使用本金清偿法来确定收入需求时，若考虑到终生都能获得一定的收入，可以使用两种方式。第一种方式是购买一个终身年金，获得终身所需的收入。使用这种方式，年金领取人不会面临有生之年没有了收入来源的风险，但应注意不应该在退休（或65岁、70岁）之前购买，在此之前所需的收入可以选择人寿保险或其他收入来源。第二种方式是设定一个收入领取者的最高年龄，如90岁，同时估计出所需要的本金，使得本金和所积累的利息收入足够满足从现在开始到最高年龄之间的收入需求。

这两种方式同样各有优势和不足。其中第二种方式的一个十分重要的假定是，收入领取人在达到最高年龄之后将不再存活。如果收入领取人的最高寿命一旦超过假定的“最高年龄”，将面临收入的中断（至少是减少），这将是一个灾难性的结果。如果最高年龄设定得越高，需要的本金就会越多。

在预测未来收入时，需要考虑以下两个重要因素。

（1）**通货膨胀假设**。考虑未来收入需求时，必须考虑通货膨胀的影响，即为了保证未来收入的实际购买力，需要假设每年名义收入的增长率等于假设的通货膨胀率。此外，必要时还需要进行通货膨胀率敏感性分析，即观察当通货膨胀率假设不同时，对未来收入需求的影响。

（2）**利率假设**。从长期来看，利率假设对未来收入的贴现结果的影响非常大，必须予以考虑。分析时假设的利率不仅会影响对需求的估计，还会影响对资金来源的要求。分析中假定的利率应该是在当前经济环境下具有合理流动性的安全投资所能获得的税后收益率，也就是说是一种较为保守的利率，并且一般是指名义利率，会受到人们对通货膨胀预期的影响。

1）通货膨胀和利率的相互作用

接下来需要考察通货膨胀率假设和贴现率（利率）假设共同作用的结果。例如，假定每年的收入需求为 10 000 元，持续 5 年，同时假设适当的税后贴现（利息）率为 8%。如果忽略通货膨胀，并假设首次支付在第一年初立即进行，那么在 8% 的利率水平下，5 年内每年年初给付额为 10 000 元的现金流的现值为：

$$PV = 10\,000 \times \left[\sum_{t=1}^{5}\left(\frac{1}{1+0.08}\right)^{t-1}\right] = 10\,000 \times 4.3121 = 43\,121(\text{元})$$

如果假设年通货膨胀率为 5%，希望每年的给付能提供的购买力相当于目前 10 000 元的购买力水平，那么这样一个现金流的现值应为 47 298 元，见表 9-1。

表 9-1　5 年内每年初给付 10 000 元的现值（通胀率为 5%）

年度	以即期货币表示的年度给付（元）	通胀调整（5%）后的年度给付（元）	通胀调整后给付在 8% 利率水平下的现值（元）
0（现在）	10 000	10 000	10 000
1	10 000	10 500	9722
2	10 000	11 025	9452
3	10 000	11 576	9190
4	10 000	12 155	8934
合计			47 298

如果计划主体希望能在有生之年获得持续性收入，可以分两个阶段来考虑：第一阶段，计算持续到未来某一较高年龄的收入给付的现值；第二阶段，计算在到达该较高年龄时购买终身生存年金价格的现值。例如，假定某 35 岁的人希望能在以后的生命中每年获得 10 000 元的税后收入，假设合理的税后利息（投资）收益率为 8%，通胀率为 5%，则

第一阶段：购买一个到 70 岁前的定期年金，所需资金为 [令 e=(1+0.05)/(1+0.08)=0.9722]：

$$PV = 10\,000 \times \frac{1-e^{35}}{1-e} = 10\,000 \times 22.5694 = 225\,694(\text{元})$$

第二阶段：建立一个专门基金用于在 70 岁时购买一个终身年金。不难算出，在 5% 通胀率假设下，35 年后的 52 533 元的购买力相当于今天的 10 000 元，因而需要考虑购买 70 岁后每年可以提供 52 533 元给付的终身年金的价格的现值。根据年金市场上年金产品的价格（例如 70 岁后年给付 100 元的终身年金的价格大约 600 ～ 900 元），假设每 100 元终身给付年金的价格为 900 元，如果每年支付 52 533 元的话，需要支付的年金价格为 52 533×900=472 797(元)。将这个价格以 8% 进行贴现，现值为 34 535.6 元。

$$PV = 472\,797 \times \left[\sum_{t=1}^{35} \left(\frac{1}{1+0.08} \right)^t \right] = 472\,797 \times 0.0676 = 34\,535.6(\text{元})$$

因此，这个 35 岁的人如果希望在有生之年，以不变购买力衡量的年收入需求为 10 000 元的话，则预计现在需要的总金额为：

225 694+34 535.6=260 229.6（元）

2）确定目标与可提供资源之间的缺口

上面已经估计了死亡对家庭造成的财务影响的净值是 260 229.6 元，这时需要考虑是否有其他的收入来源，如储蓄投资、人寿保险、家庭专项基金等，据此便可以测算可能的资金缺口。

3）缺口的静态分析与动态分析

（1）**静态分析**。如果上面数值例子得出的衡量死亡发生对家庭造成的财务影响只是在分析的当年有效，也就是说假设死亡是在当年发生，即进行的是所谓静态分析。

（2）**动态分析**。如果死亡发生在未来（实际上这才是现实的情形）的某一年，对家庭财务状况的影响会怎样呢？是会增加还是减少呢？也就是说更符合实际的是应该进行动态分析。

静态分析只能回答“如果收入提供者今天（或今年）死亡会怎样？”的问题。但如果需要回答“如果收入提供者 2 年后死亡会怎样？”的问题，就需要估计未来不同时间点的收入来源和收入需求，即进行所谓动态分析。

如果动态分析的结果表明对收入的净需求会随着时间的推移而下降，那么为弥补缺口而需要购买的人寿保险保单的死亡给付就应该随着时间的推移不断减少。

4. 制订计划

制订计划阶段的工作就是在对死亡和伤残可能造成的财务影响进行分析的基础上，制订相应的风险管理和保险计划，以保证既定目标的实现。

可以分别从短期和长期角度来考虑可能的保险方案。一般来说，在短期内可使用的方案比较有限，通常没有太大的选择空间。而长期来看，有较大的选择空间，因为可以有较多时间来实施保险、储蓄和投资计划，以实现财务上的目标。事实上，人们可以选择通过人寿保险保单具有的现金价值、年金产品或其他非保险产品来进行储蓄，而且相对于其他储蓄方式来说，通过保险进行储蓄可以获得很多好处。具有储蓄性的保险产品除了具有风险保障功能，在收益和风险的平衡方面具有明显优势。

制订保险计划时要充分利用上面动态分析的结果，了解未来需求可能发生的变化，据此选择可以满足需求变化的保险产品。另外，由于未来的环境变化很可能和现在的假设不一致，因此制订的保险计划应该具有足够的灵活性，以便能适应未预期到的变化。

5. 实施计划

一旦确定了保险计划，即可开始实施。实施方面要做的事情是：完成所有必要的保单申请手续，筹集缴纳首期保费的资金，直到所需要的保单得到签发，且保单的内容与先前设立的目标一致，实施工作才算完成。

6. 计划的监督与修订

在保险计划的实施过程中，由于个人和环境因素可能发生变化，需要对保险计划进行必要的监督、评估和修订。

一般来看，个人因素方面可能出现的变化包括结婚、离婚、房屋购买、生子、子女获得经济独立、就业状况等；环境因素方面可能的变化包括政府的社会保障计划、通货膨胀、利率、企业的员工福利计划、税收政策、新的保险和其他金融产品的出现等。上述这些变化都可能导致对原有的保险计划进行修订。

如果原本的保险计划具有较好的灵活性，可以适应未来的变化，就会给可能的修订带来便利。因此在开始时应选择具有足够灵活性的保险产品，如分红型保单、具有可以调整保险金额和购买新保单权利的保单、万能寿险保单等。例如，分红型保单就带有一种自动调节机制，至少可以部分地顺应经济环境的变化。保证个人可以在无须提供可保证明的条件下增加现有保单的保额或购买新保单以获得额外保障的权利，也是一种保单具有灵活性的体现。万能寿险保单允许投保人灵活选择保费缴纳方式，调整死亡保险金，使得这种保单特别适合用来满足生命周期不同阶段不断变化的收入需求。

9.1.2.3 人寿与健康保险计划示例

1. 相关信息和目标

丈夫张先生是一家服装店的经理，妻子王女士是一位初中教师，夫妇二人今年均35岁，有两个孩子，儿子7岁，女儿2岁。目前，家庭年税前收入为100 000元，税后净收入70 000元，其中张先生年收入63 000元，税后45 000元；王女士年收入37 000元，税后25 000元。表9-2列出了张先生一家目前的财务状况。

表9-2 张先生的家庭财务状况（单位：元）

	假设丈夫先死亡	假设妻子先死亡
非流动资产		
房屋	130 000	130 000
汽车	13 000	13 000
日常用品	37 000	37 000
	180 000	180 000
死亡时可以使用的流动资产		
个人人寿保险	50 000	0
团体人寿保险	25 000	50 000
养老金计划的死亡保险金	10 000	0
储蓄 / 投资	20 000	20 000
支票账户余额	2000	2000
	107 000	72 000
基于目标的现金需求		
抵押贷款余额	110 000	110 000
汽车贷款余额	10 000	10 000
建立应急基金	20 000	20 000

续表

	假设丈夫先死亡	假设妻子先死亡
建立教育基金	50 000	50 000
信用卡透支额	3000	3000
丧葬费	5000	5000
遗嘱检验 / 管理费用	3000	3000
	201 000	201 000
年度收入目标 / 来源		
死亡发生后希望家庭可以获得的税后收入		
两个孩子都需要家庭抚养 / 在校	45 000	45 000
一个孩子需要家庭抚养 / 在校	43 000	43 000
没有孩子需要家庭抚养 / 在校	40 000	40 000
社会保障遗属津贴		
子女都未满 18 岁，或者有一位或两位是不满 22 岁的全日制在校生	13 050	9360
有一个孩子未满 18 岁，或者是不满 22 岁的全日制在校生	6525	4680
遗属年满 65 岁	8700	6420

根据与寿险代理人的交流，张先生一家确定的风险管理目标是，如果夫妇一方死亡，另一方能够维持正常的生活水平。为实现这一目标，年税后收入应该分别为：当两个孩子都还没有从经济上脱离家庭时，每年的收入需求为 45 000 元；当只有女儿需要家庭抚养时，年收入需求为 43 000 元；如果两个孩子经济上都独立了，年收入需求为 40 000 元。在确定上述目标时，已经考虑了需要偿还的抵押贷款和其他负债。此外，张先生夫妇还打算设立 50 000 元的教育基金和 20 000 元的家庭应急基金。

2. 静态分析

在进行静态分析时，需要对一些关键参数作出假设。

- 合理的税后收益（贴现）率为 7%。
- 平均年度通货膨胀率为 4%。
- 工资年平均增长率为 5%。

此外还假设，夫妇二人在年满 70 岁时会购买一份生存年金，以满足 70 岁后的收入需求，且每年的收入和来自社会保险的养老金均会随通货膨胀率增长。

以丈夫在 35 岁死亡为例，作静态分析。

表 9-3 对假设丈夫死亡的情况下如何计算净收入需求进行了说明。计算结果表明，在妻子 70 岁之前，家庭收入需求与可供资源之间缺口的现值之和是 193 144 元。

资金缺口 = 妻子 70 岁前收入流的现值 + 妻子 70 岁后购买生存年金的现值 + 现金需求目标 − 现有资源

=193 144+694 11+201 000−107 000

=356 555（元）

下面考虑王女士 70 岁及以后的收入需求。基于 4% 的通胀率假设，现在 40 000 元的收入需求相当于王女士 70 岁时需要获得 157 844 元的名义收入。而王女士预计 70 岁时可获得的社会保险养老金为 34 331 元。于是，王女士在 70 岁当年的收支缺口为 123 513 元。

若假设王女士 70 岁时打算购买一个终身年金，为当时和将来的缺口（假设未来的缺口不变）进行融资；再假设每年给付 100 元终身年金的购买价格为 600 元，则可以估计当王女士 70 岁时，需要支付 741 078 元来购买所需要的年金，这一金额的现值大约为 69 411 元。

至此我们可以得到，目前需要以张先生为保险标的购买的人寿保险金额如下。

表 9-3　净收入需求的现值（单位：元）

年度	妻子的年龄	年收入目标	年收入目标（以4%增长）	社会保障津贴	妻子年收入（以5%增长）	年收入缺口	收入缺口的现值
1	35	45 000	45 000	13 050	25 000	6950	6950
2	36	45 000	46 800	13 572	26 250	6978	6521
3	37	45 000	48 672	14 115	27 563	6995	6109
4	38	45 000	50 619	14 679	28 941	6999	5713
5	39	45 000	52 644	15 267	30 388	6989	5332
6	40	45 000	54 749	15 877	31 907	6965	4966
7	41	45 000	46 939	16 512	33 502	6925	4614
8	42	45 000	59 217	17 173	35 178	6867	4276
9	43	45 000	61 586	17 860	36 936	6789	3951
10	44	45 000	64 049	18 574	38 783	6692	3640
11	45	45 000	66 611	19 317	40 722	6571	3341
12	46	45 000	69 275	20 090	42 758	6427	3053
13	47	45 000	72 046	20 893	44 896	6257	2778
14	48	45 000	74 928	21 729	474 141	6058	2514
15	49	45 000	77 925	22 598	49 498	5829	2260
16	50	43 000	77 441	11 751	51 973	13 716	4971
17	51	43 000	80 538	12 221	54 572	13 745	4656
18	52	43 000	83 760	12 710	57 300	13 749	4353
19	53	43 000	87 110	13 218	60 165	13 726	4061
20	54	43 000	90 595	13 747	63 174	13 674	3781
21	55	40 000	87 645	0	66 332	21 312	5508
22	56	40 000	91 151	0	69 649	21 502	5193
23	57	40 000	94 797	0	73 132	21 665	4890
24	58	40 000	98 589	0	76 788	21 801	4599
25	59	40 000	102 532	0	80 627	21 905	4318
26	60	40 000	106 633	0	84 659	21 975	4049
27	61	40 000	110 899	0	88 892	22 007	3790
28	62	40 000	115 335	0	93 336	21 998	3540
29	63	40 000	119 948	0	98 003	21 945	3301
30	64	40 000	124 746	0	102 903	21 843	3070

续表

年度	妻子的年龄	年收入目标	年收入目标（以4%增长）	社会保障津贴	妻子年收入（以5%增长）	年收入缺口	收入缺口的现值
31	65	40 000	129 736	28 218	0	101 518	13 336
32	66	40 000	134 925	29 346	0	105 579	12 962
33	67	40 000	140 322	30 520	0	109 802	12 599
34	68	40 000	145 935	31 741	0	114 194	12 246
35	69	40 000	151 773	33 011	0	118 762	11 902
							193 144

上述分析会受到通胀率假设和利率假设的影响，因而有必要进行敏感性分析，如表 9-4 所示。

表 9-4　通胀率假设和利率假设的改变引起的缺口的变化（单位：元）

利率假设（%）	通货膨胀假设（%）				
	0	2	4	6	8
0	1 184 000	1 399 000	1 772 000	2 414 000	3 522 000
1	896 000	1 059 000	1 339 000	1 819 000	2 643 000
3	543 000	639 000	800 000	1 073 000	1 536 000
5	360 000	418 000	513 000	672 000	938 000
7	261 000	298 000	357 000	451 000	608 000
9	207 000	231 000	268 000	327 000	421 000
11	176 000	192 000	216 000	254 000	313 000

3. 动态分析

假设丈夫张先生可能在未来任何一年死亡，结果又会怎样呢？按照静态分析的结果，如果张先生只是在 35 岁时购买了保额为 357 000 元的人寿保险，在以后的年份中，这个额度是高了还是低了呢？为了回答这些问题，需要进行动态分析，为此需要对未来的流动资产和现金需求进行动态预测。

为方便说明，进行以下假设：

- 雇主养老金计划提供的死亡给付每年按 15% 增长。
- 储蓄和投资价值的年增长率为 10%。
- 支票账户余额、信用卡透支额、终寿费用、建立应急基金所需金额都按通货膨胀率 4% 增长。
- 建立教育基金所需金额按 7% 增长。
- 为了在 70 岁时购买年金而在死亡年度需要的现金按 7% 增长。

根据上述假设，估算出的未来死亡发生时可以提供的流动资产的价值。根据表 9-5 可知，如果张先生在第 7 年去世，流动资产的总价值预计是 136 092 元，其中包括张先生所在企业的养老金计划提供的死亡给付 23 131 元、储蓄和投资账户的余额 35 431 元、支票账户余额 2531 元，以及人寿保险金 75 000 元。

表 9-5　预计未来每年可以使用的流动资产价值（单位：元）

假定死亡发生的年份	妻子的年龄	养老金计划的死亡给付	储蓄和投资账户余额	支票账户余额	人寿保险给付	预计流动资产的价值
1	35	10 000	20 000	2000	75 000	107 000
2	36	11 500	22 000	2080	75 000	110 580
3	37	13 225	24 200	2163	75 000	114 588
4	38	15 209	26 620	2250	75 000	119 078
5	39	17 490	29 282	2340	75 000	124 112
6	40	20 114	32 210	2433	75 000	129 757
7	41	23 131	35 431	2531	75 000	136 092
8	42	26 600	38 974	2632	75 000	143 206
9	43	30 590	42 872	2737	75 000	151 199
10	44	35 179	447 159	2847	75 000	160 184
11	45	40 456	51 875	2960	75 000	170 291
12	46	46 524	57 062	3079	75 000	181 665
13	47	53 503	62 769	3202	75 000	194 473
14	48	61 528	69 045	3330	75 000	208 903
15	49	70 757	75 950	3463	75 000	225 170
16	50	81 371	83 545	3602	75 000	243 517
17	51	93 576	91 899	3746	75 000	264 222
18	52	107 613	101 089	3896	75 000	287 598
19	53	123 755	111 198	4052	75 000	314 005
20	54	142 318	122 318	4214	75 000	343 850
21	55	163 665	134 550	4382	75 000	377 598
22	56	188 215	148 005	4558	75 000	415 778
23	57	216 447	162 805	4740	75 000	458 993
24	58	248 915	179 086	4929	75 000	507 930
25	59	2 286 252	196 995	5127	75 000	563 373
26	60	329 190	216 694	5332	75 000	626 215
27	61	378 568	238 364	5545	75 000	697 476
28	62	435 353	262 200	5767	75 000	778 320
29	63	500 656	288 420	5997	75 000	870 073
30	64	575 755	317 262	6237	75 000	974 254
31	65	662 118	348 988	6487	75 000	1 092 593
32	66	761 435	383 887	6746	75 000	1 227 068
33	67	875 651	422 276	7016	75 000	1 379 942
34	68	1 006 998	464 503	7297	75 000	1 553 798
35	69	1 158 048	510 953	7589	75 000	1 751 590

表 9-6 是对假定张先生在未来 35 年（70 岁之前）任何一年去世，预计了当时所有收入、需要清偿的所有债务和必要的支出，以及据此估计出的收入和需求之间的缺口，也就是需要额外购买的人寿保险保额。例如，假设张先生在第 7 年去世，那时抵押贷款的余额

为 104 764 元，信用卡透支额和个人贷款余额（目前是 13 000 元）为 16 449 元，建立相当于目前 20 000 元的应急基金需要 25 306 元，建立相当于目前 50 000 元的教育基金需要 75 037 元。需要说明一下，张先生夫妇希望他们之中任何一方死亡的情况下都能建立一笔相当于现值 50 000 元的教育基金。假定基金的收益率为 7%，那么这一目标意味着他们在第 11 年（儿子 17 岁时）需要一笔 98 358 元的资金。为简单起见，假设当儿子满 18 岁时需要提取教育基金余额的一半，其余的部分继续累积生息，并在 5 年后女儿满 18 岁时使用。表 9-6 的第 7 列表明，为了能够在 70 岁时购买到前面提到的终身生存年金，预计在第 7 年时需要的现金总额为 105 051 元（目前是 70 000 元）。第 8 列给出了张先生去世当年所有现金需求的总额，估计需要 336 730 元。

表 9-6　动态需求分析

死亡发生年份	抵押贷款余额	其他债务余额（4%增长）	所需应急基金（4%增长）	所需教育基金（7%增长）	终寿费（4%增长）	70 岁时购买年金价格的现值	现金需求合计	70 岁前收入缺口年的现值	预计可获得的总资源	死亡当年需要的额外人寿保险保额
1	110 000	13 000	20 000	50 000	8000	69 412	270 412	193 144	107 000	356 556
2	109 336	13 520	20 800	53 500	8320	74 270	279 746	199 228	110 580	368 394
3	108 651	14 061	21 632	57 245	8653	79 469	289 711	205 707	114 588	380 830
4	107 846	14 623	22 497	61 252	8999	85 032	300 250	212 622	119 078	393 793
5	106 939	15 208	23 397	65 540	9359	90 984	311 427	220 017	124 112	407 333
6	105 916	15 816	24 333	70 128	9733	97 353	323 280	227 940	129 757	421 463
7	104 764	16 449	25 306	75 037	10 123	104 168	335 847	236 443	136 092	436 197
8	103 466	17 107	26 319	80 289	10 527	111 460	349 168	245 585	143 206	451 547
9	102 003	17 791	27 371	85 909	10 949	119 262	363 286	255 429	151 199	467 515
10	100 355	18 503	28 466	91 923	11 386	127 610	378 244	266 044	160 184	484 104
11	98 498	19 243	29 605	98 358	11 842	136 543	394 089	277 507	170 291	501 305
12	96 405	20 013	30 789	52 621	12 316	146 101	358 245	289 901	181 665	466 481
13	94 047	20 813	32 021	56 305	12 808	156 328	372 322	303 317	194 473	48 116
14	91 389	21 646	33 301	60 246	13 321	167 271	387 174	317 855	208 903	496 126
15	88 395	22 512	34 634	64 463	13 853	178 980	402 837	333 623	225 170	511 290
16	85 020	23 412	36 019	68 976	14 408	191 509	419 343	350 740	243 517	526 566
17	81 218	24 349	37 460	0	14 984	204 914	362 924	360 615	264 222	459 318
18	76 934	25 323	38 958	0	15 583	219 258	376 056	371 151	287 598	459 609
19	72 106	26 336	40 516	0	16 207	234 606	379 771	382 420	314 005	458 186
20	66 666	27 389	42 137	0	16 855	251 029	404 076	394 502	343 850	454 728
21	60 536	28 485	43 822	0	17 529	268 601	418 973	407 487	377 598	448 862
22	53 629	29 624	45 575	0	18 230	287 403	434 461	413 206	415 778	431 890
23	45 845	30 809	47 398	0	18 959	307 521	450 533	419 124	458 993	410 664
24	30 075	32 041	49 294	0	19 718	329 047	460 176	425 281	507 930	377 527
25	27 192	33 323	51 266	0	20 506	352 081	484 368	431 724	563 373	352 719
26	16 056	34 656	53 317	0	21 327	376 726	502 082	438 507	626 215	314 373
27	3507	36 042	55 449	0	22 180	403 097	520 276	445 689	697 476	268 488

续表

死亡发生年份	抵押贷款余额	其他债务余额（4%增长）	所需应急基金（4%增长）	所需教育基金（7%增长）	终寿费（4%增长）	70岁时购买年金价格的现值	现金需求合计	70岁前收入缺口年的现值	预计可获得的总资源	死亡当年需要的额外人寿保险保额
28	0	37 484	57 667	0	23 067	431 314	549 532	453 340	778 320	224 552
29	0	38 983	59 974	0	23 990	461 506	584 453	461 535	870 073	175 915
30	0	40 542	62 373	0	24 949	493 812	621 676	470 362	974 254	117 785
31	0	42 164	64 868	0	25 947	528 378	661 358	479 915	1 092 593	48 680
32	0	43 851	67 463	0	26 985	565 365	703 663	404 885	1 227 068	-118 520
33	0	45 605	70 161	0	28 064	604 940	748 771	320 257	1 379 942	-310 915
34	0	47 429	72 968	0	29 187	647 286	796 870	225 187	1 553 798	-531 741
35	0	49 326	75 886	0	30 355	692 596	848 163	118 762	1 751 590	-784 665

接下来，需要测算的是张先生70岁前的收入缺口在死亡当年的现值，方法参照表9-3，该表已经给出了假设死亡发生在35岁时的收入缺口的现值为193 144元。表9-6中的第9列给出了70岁前收入缺口在任一年去世时的现值，例如张先生在第7年（42岁）去世，预计届时需要236 443元来弥补从第7年到王女士70岁间的收入缺口。

然后，用对现金的需求总额（第8列）与收入缺口的现值之和，减去该年可以获得资金来源（表9-6第10列，来自表9-5中的最后一列）可以得到总的资金需求与可获得资金之间的缺口，也就是需要额外购买的人寿保险金额（第11列）。

从图9-3可以看出，所需的人寿保险在第11年前是逐年增加的，然后由于儿子长大成人不再需要家庭经济支持，所以需要的人寿保险保额有所下降。到第17年时，女儿长大成人，人寿保险的保额又趋于下降。最后，由于预期的资源总量达到较高水平，对人寿保险保额的需求急剧下降。如果所有的假设与后来的事实一致的话，那么大约到王女士65岁时，已经不再需要以张先生的生命为标的的人寿保险保障。

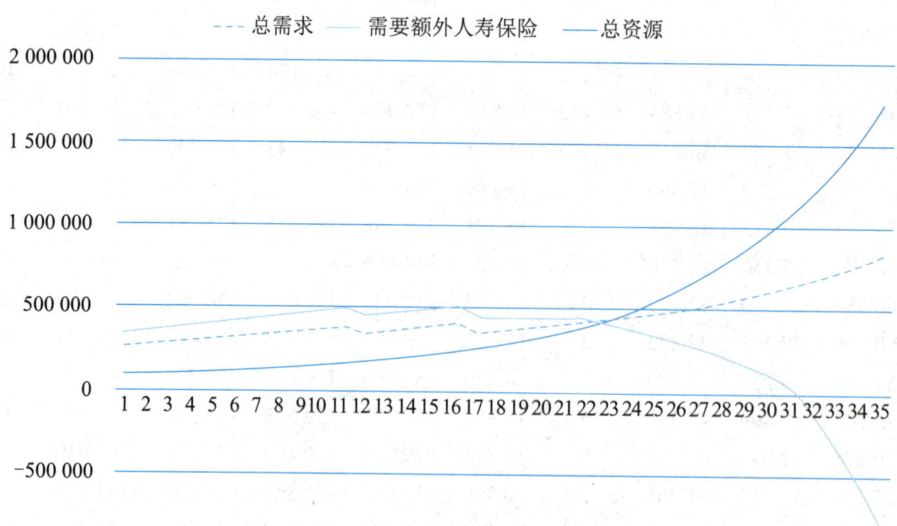

图9-3　人寿保险需求动态预测

必须注意的是，上述分析看上去让人感到似乎很合乎逻辑，测算严谨，但实际上并不能保证这些结果的真实性，只能说是一个合理的推测。一般说来，这些推测在短期（5 年或 10 年）内的可信性相对高一些，但更长期里只能从结果中对未来的变化趋势作出预测。这里给出的例子及其数值测算结果只是为了说明死亡造成的影响应该如何估计，并强调了选择能适合未来变化的保单的重要性。

9.1.3 案例分析

1. 案例一

A 先生是一位 60 岁的企业家，最近退休了。他结过两次婚，共有 7 个孩子（第一次结婚 4 个，第二次结婚 3 个）。

A 先生已经积累了大约 2000 万美元的财产，并希望将其中一部分转移给第一次婚姻时的子女。他目前正考虑将人寿保险作为一种在不引起任何家庭纠纷的情况下转移财富的手段，因此他考虑为 4 个孩子每人买一份 100 万美元的万能寿险，总计 400 万美元。

A 先生最关心的问题是在财富转移中是否能获得实际的税收优惠。他还是不相信万能寿险能比信托和遗嘱等更为基本的方式具有优势，于是他联系了在新加坡的关系经理和相关保险经纪人。

来自亚洲私人银行的专家也受邀观察了 A 先生和他的保险经纪人之间的交谈。交谈是通过电话会议进行的。在两次交谈中，保险经纪人都致力于说服 A 先生相信人寿保险作为财富传承计划工具所能提供的税收优势，最终通过介绍人寿保险保单的投资优势和保险费可融资的流动性优势最终说服了 A 先生。更重要的是，通过对 A 先生所在国的继承税和赠与税的比较分析，说明人寿保险保单在税收负担方面更具有优势。

2. 案例二

B 先生是一位来自香港的超高净值人士，60 岁左右，希望将他 2500 万美元财富大部分传承下去。但到目前为止，还没有一个财富传承计划，他有妻子和 3 个未成年的孩子。

针对这一案例，B 先生的保险经纪人建议他购买一家信用等级为 AA 的人寿保险公司的保险产品。

保险经纪人指出，如表 9-7 所示，这个选择比其他选择有多种优势，包括仍然可以使用自己的现金或房地产资产。这样做的效率相当高，只需留出 1700 万美元（支付人寿保险的保费），就可以产生 2500 万美元有保证的遗产（来自人寿保险金）。更重要的是，客户还可以从可流动资产带来的收益中获益，且面临的风险是有限和可计算的，因为保险公司会受到政府较严格的监管。

事实上，选择人寿保险并不会损害客户希望的流动性，因为保单中包含了向私人银行贷款的选择权，借款额可高达保单现金价值的 90%，并且只需偿还贷款的利息。其他好处还包括可以将保单资产与 B 先生的其他财产进行隔离，这意味着只有 B 先生的妻子和孩子才能从保险单中受益。此外，对于支付的保险费或部分撤销或退保的情况，不存在纳税义务。

保险经纪人为客户给出了三种支付保费选择：全额支付、通过私人银行融资购买保单，或者选择 10 年期的期缴。

表 9-7 利用保险和其他方式的比较

使用现金、金融资产、房地产等	利用保险
低效 ● 要生成 2500 万美元遗产，必须实实在在拥有 2500 万美元资产	高效 ● 用 1700 万美元可生成 2500 万美元遗产 如果通过银行融资，获益会更高
面临风险和市场波动 ● 现金、房地产、投资等会受到通货膨胀、流动性、估值等风险，以及市场波动性 ● 难于确定遗产何时转移	有限和可计算的风险 ● 一个可以在整个保单有效期带来现金价值回报的流动性资产 ● 会受到严格的监管 ● 银行可以提供相当于保单现金价值 90% 的贷款 ● 仅由全球主要私人银行为超高净值人群提供
遗产中没有资产隔离 ● 可能引起日后的遗产争执	和全部遗产的隔离 ● 保单的收益人是配偶和 3 个子女，和客户本人无关

3. 案例三

程先生，46 岁，是一家家族企业的老板；妻子王女士，36 岁，全职太太，没有收入。女儿现年 12 岁，大儿子 8 岁，小儿子 6 岁。夫妇二人希望孩子长大后能有机会去海外读书。

程先生目前经营着自己独资的机械加工企业，每年盈利超过 600 万元人民币，他每年会将企业盈利中的一半，约 300 万元人民币提取出来，用作家庭开支与资金储备。

由于之前程先生一直将精力投注在经营事业上，每年提取的盈余资金多是放在银行作大额存款和购买银行理财产品。在家庭成员的保险方面，夫妻俩已经购买了 100 万元人民币保额的重大疾病保险和与社保搭配使用的商业医疗保险，为三个子女购买了少儿医保。

1）家庭收入支出情况

程先生目前的收入约为每月 25 万元，每月的支出包括：生活一般必须开支 5 万元，3 个子女的教育费用 1.5 万元，私人应酬费用 1 万元，旅游娱乐花费 5000 元，个人护理 6000 元，杂项 5000 元，其余进行银行储蓄投资。由此，每月共计结余 1.24 万元。

2）家庭资产与负债情况

程先生的家庭财产包括一套价值 1200 万元的别墅，持有自家企业 90% 的股权，其余 10% 股权为他妻子王女士拥有。企业名下还有两块工业用地，估值 1500 万元；三栋厂房，估价 200 万元。在银行有大额存款 2500 万元，还有 500 万元借贷给程先生的一个开工厂的亲戚，但没有抵押物在手。另外，程先生还将一块工业用地抵押给了银行，获得贷款 500 万元作为企业的运营资金。此外，再没有其他负债。

3）主要目标

程先生的保险经纪人经过与其交谈，了解程先生关于未来事业和家庭生活方面的一些想法和希望实现的目标。

鉴于经济发展环境出现的一些新变化，传统机械加工行业的发展开始面临瓶颈，企业经营风险加大，前景不甚乐观。程先生希望能将已有的资金储备进行安全稳健的投资，以获得稳定的现金流回报，满足孩子们未来教育和他们夫妻俩退休后能持续获取足够养老金的需求。

在事业的可持续性方面，程先生也面临着众多改革开放后第一代创业者普遍需要面对的问题：接班问题和财富传承问题。程先生并不指望子女未来能接手自己的企业继续经营，因而重点关注的是财富如何传承的问题。程先生的主要担心是，子女成年后不愿自食其力而坐享其成，因此他希望开始考虑如何将家庭与企业资产平稳、有效地传承下去。

4）风险分析

程先生眼下正处于个人财务生命周期的巩固期，其所在家庭处于生命周期中的成熟期。

程先生作为企业主和家庭的经济支柱，拥有5000多万元的资产，500万元贷款的负债占比虽然不高，但每年仍须支付银行较高的利息，高于银行定期存款的利率。500万元借给亲戚的资金面临较大的信用风险，原因是经济发展环境出现了变化，传统企业经营风险越来越大。另外，程先生手上留存有大量现金，目前只是存放在银行做定存，长期看面临一定的贬值风险。

保险经纪人还注意到，程先生目前尚没有充足的人寿保险，如若遭遇人身风险、健康风险，或者企业遭受经营风险、信用风险、破产风险等事件，对于他及其家人缺少一笔充足的、不会用于抵债的、不存在争议的、可合理免税的资金。

5）资产配置及保险建议

根据对程先生目前家庭资产负债及相关风险的分析，结合程先生未来的事业和家庭生活目标，保险经纪人提出了如下建议，并制订了相关保险计划。

（1）建议程先生把借给亲戚的500万元资金收回，用于偿还银行贷款。这样既可以防止亲戚一旦经营不善而不能归还借款，又可以节省贷款利息支出。虽然没有了利息收益，但避免了可能发生的资金损失风险。

（2）鉴于程先生2500万元人民币的银行存款面临贬值风险，可以考虑将其中的700万元兑换成美元，在境外私人银行（要求起存资金100万美元）购买全球范围内的A级债券组合，再将该A级债券组合抵押给私人银行进行融资（最高融资比例可达80%）。将融资得到的747 320美元作为首期保费，购买一份保额为1000万美元、趸缴保费2 662 440美元的万能寿险保单。同时，将该保单抵押给私人银行，私人银行可以提供约占趸缴保费70%的贷款，替程先生代缴趸缴保费中其余的1 915 120美元（2 662 440美元−747 320美元）。如此，实际上程先生只在私人银行存入了105万美元，通过债券质押和保费融资方式，可以在保险公司投保1000万美元的大额保单，融资杠杆超过13倍！105万美元投资倍增达10倍！每年的债券投资回报与债券和保单融资成本相冲抵，还有盈余（见图9-4）。

显而易见，这增长10倍的保单资产就是程先生家庭与企业的保护伞，一旦程先生发生不测或终老，他的家人都可以从人寿保险公司获得千万级美元现金去支付因他的死亡而带来的各种损失与费用。同时，程先生所拥有的90%股权的企业也不会因为他的突然离去而面临可能的债权债务纠纷、供应商和合作伙伴的货款拖欠或合作责任风险等。

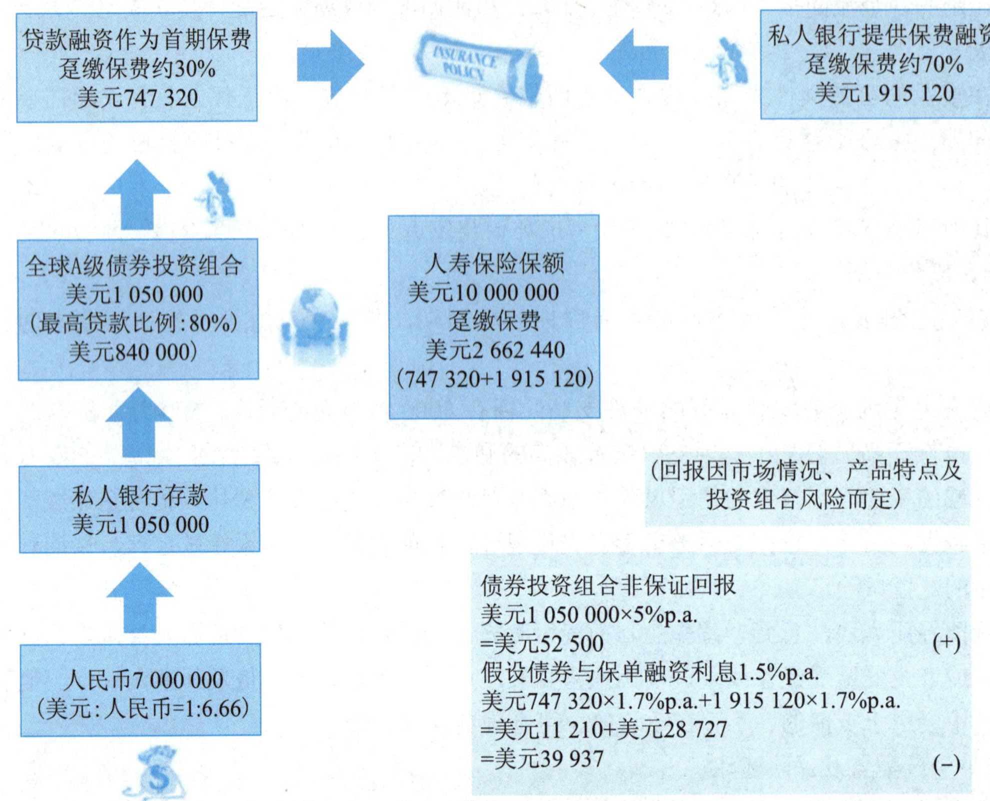

图 9-4　程先生的保费融资流程

未来，程先生可随时将该大额保单的权益转让给他自己委托成立的私人信托，在信托合同中规定未来保单赔付的给付方式、保单现金价值的支取条件等。也就是说，程先生在有生之年就可以从该信托持有的大额保单中定期获得免税收入用于养老，且在其终老后，保单的赔付金将按信托约定条件持续或一次性给付予他的家人（受益人），或他想照顾的其他人。

（3）鉴于程先生期望能有稳定的现金流为孩子们未来教育和他们夫妻俩退休后持续提供充足的资金，保险经纪人建议程先生将人民币存款中的 1510 万元兑换成美元，折合约 243 万美元（按当时的汇率）。其中，229 万美元用于购买一个趸缴即期年金，该年金从购买之日起第二年开始连续派发 20 年，每年提供有保证地给付 15.77 万美元。用此现金流支付程先生和王女士夫妻俩的养老年金保险的保费，缴费期 20 年。同时，该笔现金流还可用于支付三名子女的教育年金保险，缴费期 10 年。由于趸缴年金保险要在第二年才开始派发，所以需要从 243 万美元中留出 14 万美元作为程先生夫妻养老年金保险和三名子女教育金保险的首年保费。

程先生和王女士夫妻俩购买的养老年金保险各自的保额为 65 万美元，且都有家庭保护伞功能。三个子女的教育年金保险，每人的保额为 25 万美元，未来他们长大成人，这个保额还可成为他们家庭的保护伞（见图 9-5）。

美元资产配置方案

采用安全可靠、规定期限、保证支取的年金保险计划作为资金池，一次性付清，第二年开始，保证派发20年，现金流持续稳定。程王夫妻俩都配置高额保障与保证现金的人寿保险计划，供款20年后，正值退休年龄，即获派发丰厚保证现金，可享受高品质退休生活。

三名子女，同样配置保障与保证现金兼备的人寿保险计划，供款10年后，正值老大大学毕业，老二和老三即将先后上大学，他们可同时获得保证现金，以作学业深造或创业的资金。

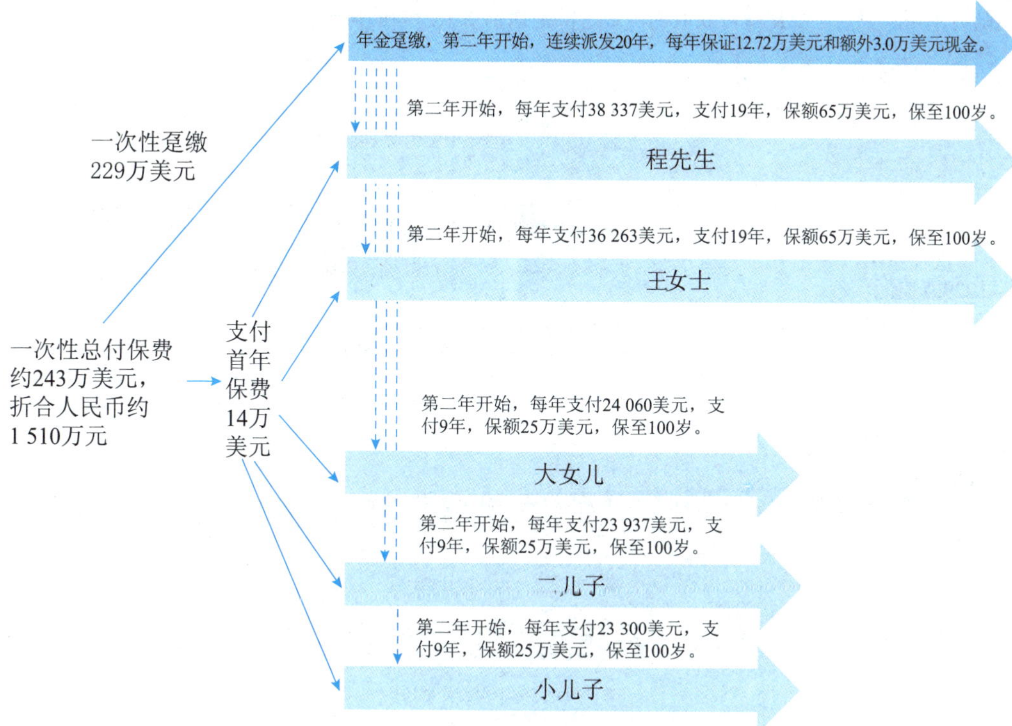

图 9-5　程先生的保险方案

6）保险方案可获得的利益

如图 9-6 所示用趸缴保费 229 万美元购买的即期年金，每年派发 15.77 万元，共派发 20 年，合计可获得 315.4 万美元。

程先生和王女士向养老年金保险缴费 20 年，程先生合计缴费 76.6 万美元，王女士合计缴费 72.5 万美元。20 年后，程先生 65 周岁，王女士 55 周岁，每人可以连续 5 年获得有保证的现金派发 9.75 万美元，夫妻合计获得派发 97.5 万美元，已超过供款总额的 65%。保单余下现金价值继续复利滚存，可随时供他们取用。

三名子女的教育年金保险各缴费 10 年，合计缴费 71.2 万美元。10 年后大女儿 22 岁大学毕业，二儿子 18 岁即将上大学，三儿子 16 岁正值高中期间。此时可开始连续 5 年获得有保证的现金派发，三名子女每年可各自获得 3.75 万美元，合计共获得派发 56.25 万美元，占供款额的 79%。三份保单中余下的现金价值继续复利滚存，可随时供他们一生使用。

263

资产配置利益说明

年金保险计划一次性趸缴229万美元，第二年开始，分20年，每年15.7万美元，合计派发315万美元；程王夫妻俩分别供款20年，程先生共付76.6万美元，王女士共付72.5万美元，第20年开始，连续5年，每年各自账户保证派发9.75万美元，夫妻合计共获发97.5万美元，超过供款总额的65%，余下资金复利滚存，供他们随时取用。程王夫妻俩终身可获取的资金总额是他们供款总额的至少5倍。

三名子女，各自供款10年，三人总付71.2万美元，第10年开始，连续5年，每年各自账户保证派发3.75万美元，三名子女合计共获发56.25万美元，占供款总额的79%，余下资金复利滚存，供他们一生随时享用。三名子女终身可获取的资金总额是他们供款总额的14至18倍。

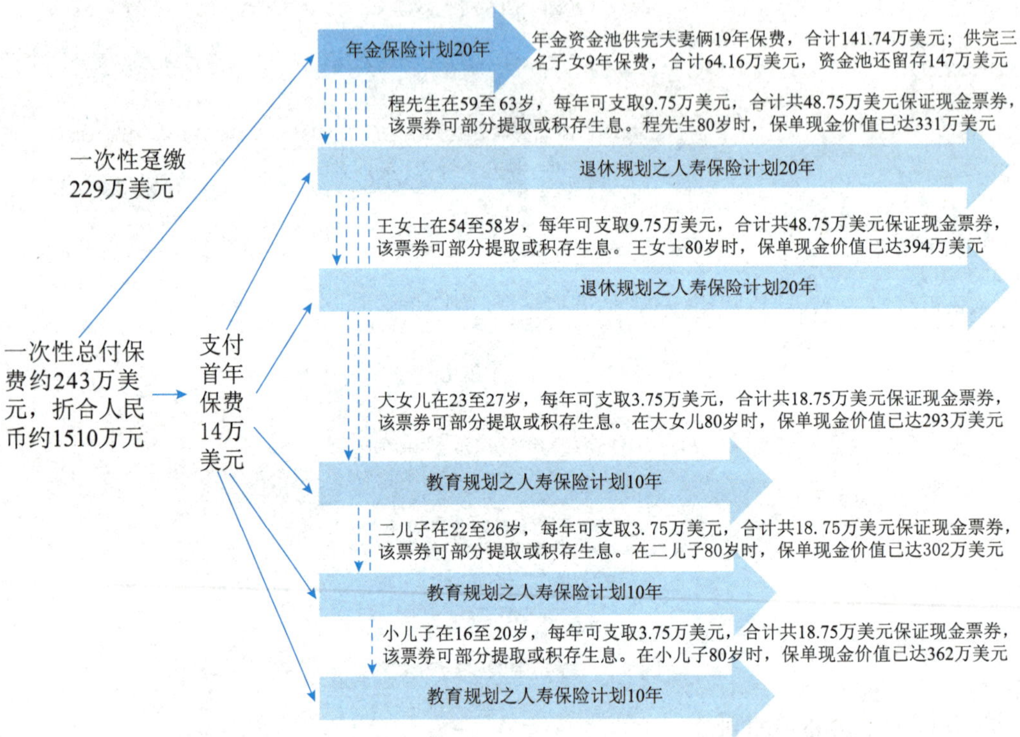

图 9-6　程先生保险方案的收益分析

程先生可以随时将他们夫妻俩保单和三名子女保单的权益人转给他委托的信托公司（家族信托），这样，程先生的家庭成员都可以各自从该信托公司持有的保单中定期获得稳定的现金流。程先生与王女士还可根据他们的意愿，订立各种规定和条件，比如夫妻婚姻状况、子女教育程度奖励制度、子女婚姻状况资助条件、儿媳妇或女婿权益、企业续存基金、慈善捐赠等。

9.2　人寿与健康保险和退休计划

9.2.1　退休计划及其意义

1. 退休计划的定义

退休计划可以从广义和狭义这两个方面来定义。

广义的退休计划是指一个家庭要提前做好全面的退休后生活计划，涉及“养老金从哪来”“住房问题怎么解决”“医疗保障怎么解决”“日常生活”“娱乐、旅游、学习”等方面的计划，都属于退休计划的内容。

狭义的退休计划主要指在退休前需要积累起退休后生活所需要的资金，即为退休后生活做好财务计划和资金准备。本章所指退休计划主要是从狭义的角度界定的。

2. 制订退休计划的必要性

可以从以下几个方面理解制订退休计划的必要性。

1）应对好长寿风险

现代人比过去任何时期的人都长寿。特别需要指出的是，随着人均寿命的不断延长，劳动者退休后生存的时间也越来越长，这就对人们在工作期间就要为退休后的收入需求做好财务上的准备提出了更高的要求。例如，在美国至少受过 9 年教育的 65 岁女性的预期寿命是 90 岁，男性是 82 岁。2000 年时，65 岁美国女性和男性中已有超过 1/4 的人预计可以生存到 90 岁，而在 1960 年，这个比例只有 14%。鉴于这些实际变化，现在的人们必须增加大量的资金用来提供退休经济保障。同时，鉴于寿命的延长、男性与女性死亡率之间的差别，更有必要为退休后可能更长的生存期做好财务上的准备，制订好退休计划的需求也应运而生。

2）长期通货膨胀的影响

通货膨胀是影响人们退休后收入实际购买力水平的首要因素。图 9-7 说明了通货膨胀对退休收入的长期影响，它显示了在不同通货膨胀率水平下，为了在将来保持 10 000 元的实际年收入水平而在该年度所需要的名义收入。例如，若通货膨胀率年平均值为 6% 的话，则在第 20 年退休者的名义收入需要有 32 071 元，才能保持相当于目前 10 000 元的购买力。因此，如果希望有一份不会因通货膨胀而减少实际购买力的退休收入，名义收入就必须持续增长，这使得退休计划的过程更为复杂。

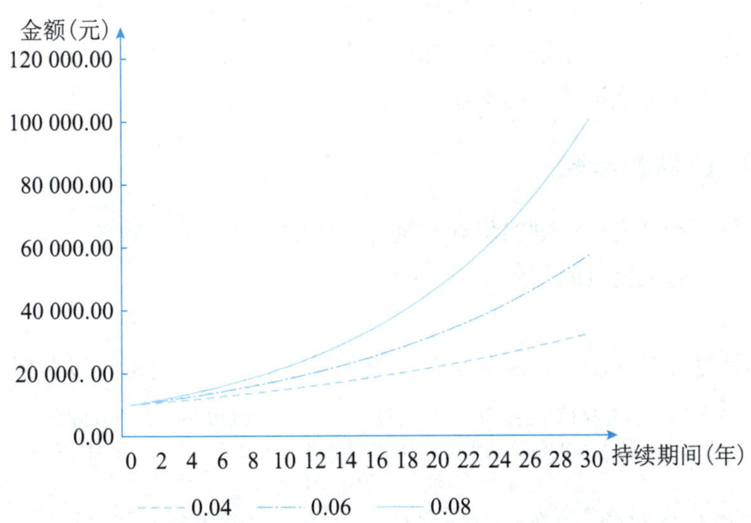

图 9-7 不同持续期间（年）和通货膨胀率假设下，保持 10 000 元实际购买力所必需的金额

3）健康风险的增加

随着人的年龄的增加，即使他是健康的，日常起居活动也可能需要越来越多的帮助，无论是从支付护理人员的报酬，还是从占用家人的时间来衡量，护理成本都是非常昂贵的。因此，与退休者健康有关的最昂贵的费用往往是长期护理费用，它有可能破坏一个原本设计比较完善的退休计划。

4）社会保险给付的不足

人口结构的老龄化导致了劳动人口老年抚养比的攀升。目前，中国城镇职工社会基本养老保险的缴费职工和退休人员的比例大约为 2.65∶1[①]，而 2011 年时这个比例为 3.16∶1[②]。劳动人口相对退休人口比例的降低，会极大增加以现收现付制为基础的社会基本养老保险计划未来的给付压力。如果现行的社会保险制度不做改变，并且社会基本养老保险金的给付水平又不能降低的话，将只能极大提高未来在职职工的缴费水平，从而引起代际间的不公平，也会影响未来经济的发展。而要解决这一矛盾，较为现实的预期是未来的社会养老保险只能提供相对减少的养老金[③]。退休者若希望仍然保持退休前的生活水平，自然不能完全或大部分依赖社会养老金，需要自己在退休前积累起一定的储蓄资金，用于保障未来的退休生活。

5）企业退休计划的不足

从国际上看，很多国家，特别是发达国家的很多企业都会为其雇员提供来自企业退休计划的保障。美国约有一半的雇员可以享受雇主提供的退休计划保障，在德国这个比例在 80% 以上。但雇主提供退休计划的基础是雇主认为自己未来能负担得起的计划所需要的资金数额，而不是雇员退休后实际需要的资金数额。因此，大多数雇员会发现，雇主提供的退休计划将来可能提供的给付仍处于相对较低的水平。

此外，现代人比上一代人在工作期间往往会更加频繁地转换工作。据估计，更换五次以上工作的人能得到的企业养老金只相当于不换工作的人可以获得的养老金的一半。

一般来说，不能对雇主提供的退休计划过于乐观。从中国的实际情况来看，能享有雇主提供的退休计划保障的职工仍然是全部职工中的一小部分，更多的职工还是需要自己为未来退休后的收入保障承担较多的责任。

9.2.2 退休计划的步骤

从概念上说，制订退休计划的步骤和制订一般财务计划的步骤是一致的，且退休计划也是个人财务计划的重要组成部分。

1. 确定目标

制订退休计划的第一步就是要确定个人或家庭的退休生活目标，以及保障生活目标得

① 根据中华人民共和国人力资源和社会保障部发布的《2021 年度人力资源和社会保障事业发展统计公报》，2021 年末全国参加城镇职工基本养老保险的人数为 48 074 万人，其中参保职工 34 917 万人，参保离退休人员 13 157 万人。

② 2011 年末全国参加城镇基本养老保险的人数为 28 391 万人，其中参保职工 21 565 万人，参保离退休人员 6826 万人，引自《2011 年度人力资源和社会保障事业发展统计公报》。

③ 例如，使得退休者从政府领取的基本养老金相当于其退休前收入的比例可能为目前的 60%（目前的国际平均水平），减少到 50% 甚至 40%。

以实现的财务目标。

退休生活目标是指对退休以后生活内容和水准方面的一些要求，通常可以分为以下几个方面（当然不一定局限在这些方面）。

- 日常生活方面，如希望有一个高品质的日常生活，生活水平不能太低。
- 旅游、文化、娱乐等方面。
- 医疗保健方面，如希望身体健康，有完善和方便的医疗服务。
- 有些家庭可能还会有遗赠方面的需要，如给子女留一些遗产。

接下来，就是根据退休生活目标，来确定相应的财务目标。财务目标是实现生活目标的财务保障。具体来说，财务目标就是希望退休后的收入是多少，因此财务目标其实主要就是收入目标。

在确定收入目标时，首先是收入的充足性，即所得收入能够保证生活目标的实现，其次是收入的安全性、可持续性和流动性。

（1）**充足性**。体现收入充足性的主要指标是个人退休收入替代率，指退休后收入相当于退休前收入的百分比。对一般工薪阶层来说，退休前收入主要靠工资，退休后收入则以退休金为主，收入替代率在70%～80%是一个较为理想的水平。也就是说，收入替代率不能太低，太低的话会使充足性不够，不能保证退休后生活水平不会出现明显下降；但收入替代率也不可能很高，因为毕竟不工作了，所以收入也会相应减少。因此，我们可以将退休后的收入替代率达到70%～80%作为制订退休计划时确定退休后收入的目标。

除了保证收入的充足性，还要注意保证当发生一些意外事件时，比如说家里有人突然得了大病，或者突然出现了意外事故等，能及时获得所需要的收入。

（2）**安全性**。有些收入可能并不安全，比如来自投资股票、房产的收入。有些收入来源可能就相对比较安全，比如来自社会保险的养老金、国债的收益、银行存款的收益、商业人寿保险的收益等。

（3）**可持续性**。应该注意到，有些收入来源的可持续性较强，如政府负责提供的社会养老金。有些收入来源的可持续性相对较弱，比如有些人计划用出租房屋的收入来养老，但房租收入的可持续性较差，时多时少，有时可能还会没有。另外，买卖股票的价差收入、股票的红利收入等，可持续性都不够好。

（4）**流动性**。流动性是指能比较方便且以很低成本便可获得所需要的收入，特别是在有临时需要的时候，能拿到这笔钱。例如，如果将在银行的定期存款作为收入来源，或将拥有的房产作为未来需要时的收入来源，在流动性方面可能就会存在问题。

因此，在分析收入的时候要注意到收入的充足性、安全性、可持续性和流动性。在制订计划时，要将收入设定在那些相对安全、有保证的来源上，如社会保险的收入，以及其他安全性和收益性相对较好的金融资产，如商业保险、某些基金、银行理财、储蓄存款等。

2. 分析退休后的支出需求及其变化

这一步是要全面分析退休后的支出水平和变化，除了要分析和实现生活目标相关的各类支出需求及其可能的变化，还要特别注意可能出现的意外性支出。

在对退休后生活支出进行预计时，根据既定的退休生活目标，可将支出分为日常生活、旅游文化娱乐、健康保健等方面的支出，并将不同类型的支出按年列出来。

常识告诉我们，退休后处于不同年龄阶段的人的生活需求可能是不一样的。比如，刚退休不久时，可能在旅游、交友、培养新的兴趣爱好等方面有较多的需求，相关的支出也会比较多。到了高龄以后，上述支出会明显减少，但在保健、护理、医疗等方面的支出会显著增加。所以，应尽量按年列出所需要的各类支出，以反映不同年龄阶段在支出内容和水平上的不同。

因此，在估计上面提到的几大类支出时，要特别注意以下几点。

（1）可能发生的意外支出。

（2）通货膨胀的影响。

（3）生命周期阶段的变化。因为在不同生命周期阶段里，人们的生活内容、特点会有所不同，支出重点也会随之变化。

3. 分析退休后的收入水平和变化

一般来说，退休人员的收入来源包括以下几方面。

- 社会保险。
- 企业年金或职业年金。
- 商业保险公司提供的养老年金。
- 个人储蓄投资收入，如股票、债券、基金、银行理财、银行储蓄等。
- 其他，如租金收入、工作性收入、子女提供的赡养费等。

在这一步，应尽量梳理所有可能的收入来源，测算不同来源的收入，以及预测未来会发生哪些变化。

4. 测算退休后可能发生的收支缺口

测算收支缺口可以从两个角度展开：一是测算每年的收支缺口；二是测算总收支缺口，即将退休后每年可能出现的缺口贴现到退休时点，计算总收入和总支出的缺口。实际上，有了年度的收支缺口，也就可以得出总的收支缺口了。

为了测算年度收支缺口，需要分别列出可能的收入和需要的支出。收入方面的预估由步骤 3 给出。而对支出的估计理论上应该根据步骤 2 中对不同支出项目的预测进行汇总，但这样做通常较为复杂。为了便于测算，通常可以将假定的支出需求用收入替代率来体现，即认为退休后需要的生活支出相当于退休前收入的一个百分比。例如，可以假设退休后的生活支出需求大致相当于退休前收入的 70% ～ 80%。当然，这个比例仅限于退休后的第一年，以后的比例应该建立在支出需求会随通货膨胀指数而增长的假设上。

5. 根据对缺口的测算制订退休储蓄投资计划

如果根据步骤 4 测算的收支缺口较大，则可能需要调整原定的退休生活目标，减少支出需求，比如将原来希望的收入替代率从 80% 降到 70%。另一个办法就是从现在开始为退休养老进行储蓄投资，可以选择的金融产品包括养老年金保险、养老目标基金、银行储蓄等。在安排了储蓄投资计划后，再来看退休后收支缺口的减少情况。可能需要对可选择的金融产品进行多次调整，直到所选择的产品可带来的收入，以及其他既定的收入来源可以基本弥补现有的收支缺口为止。

6. 计划的实施

在充分考虑了各种可选择的储蓄投资方案后，就应该开始实施退休计划。实施阶段要做的事情可能是需要申请购买一份养老年金保险，或是购买一份长期护理保险，或是购买一只养老目标基金，并在专业人员的指导帮助下和相关金融机构签订有关合约。

计划实施阶段的关键在于以下两点。

（1）个人应能保证定期缴存必要的资金，因此需要同时制订一个完备的缴费计划，以及采取必要保证措施。

（2）可能需要根据个人或外部环境的变化对原有计划进行必要的调整。

9.2.3　案例分析

1. 案例描述

2019 年年初，张先生、王女士夫妇二人希望制订一个退休计划。当时，张先生 40 岁，月收入 10 000 元，属当地平均水平；王女士 38 岁，月收入 8000 元。夫妇二人均在 22 岁时参加工作（当时张先生的收入为当地平均水平，王女士的收入相当于平均水平的 80%），同时参加了社会保险，并计划分别在 60 岁和 55 岁时退休。假设未来二人的工资收入年增长率为 5%，社会保险个人账户缴费比例为 8%，个人账户记账利率为 6%。经查询，张先生 2019 年年初时社保个人账户余额为 80 000 元，王女士个人账户余额为 57 000 元。另外，张先生的工作单位于 2019 年年初开始建立企业年金计划。

下面，我们根据上述基本假设和他们夫妇二人对退休后生活的愿景，帮助他们制订一个家庭退休计划。

2. 制订退休计划

步骤一：了解张先生一家的退休生活目标

经过对张先生夫妇二人的了解，知道他们希望退休后能够去旅游，每年一次境内、一次境外（当然是在身体比较好的时候，如 70 岁之前）；还希望培养新的爱好，如书法和摄影；希望能够有良好的医疗和保健条件；希望能够有品质地、健康地生活 30 年以上。

步骤二：分析退休后的支出水平和变化

接下来，需要大致估计张先生夫妇二人在日常生活、旅游文化娱乐、健康保健等方面的支出水平。简单起见，我们将退休后的支出水平目标用退休收入替代率来表示，假设张先生一家希望的收入替代率能达到 80%。

步骤三：估计退休后可能的收入

首先来看社会基本养老保险可以提供多少养老金。经计算可知：

$$\text{张先生基础养老金} = 25\,269.5 \times 0.38 = 9602.41（\text{元}）$$

$$\text{张先生个人账户养老金} = \frac{934\,311}{139} = 6721.66（\text{元}）$$

$$王女士基础养老金=\frac{21828.75+17\,463.00}{2}\times 0.33=6483.14（元）$$

$$王女士个人账户养老金=\frac{53\,6201.97}{170}=3154.13（元）$$

所以，张先生 2039 年年满 60 岁退休时，可以领取的社会基本养老金为 16 324.07 元；王女士 2036 年年满 55 岁退休时，可以领取的社会基本养老金为 9637.27 元。

张先生夫妇的个人收入替代率分别为：

$$张先生收入替代率=\frac{16\,324.07}{25\,269.5}=0.646$$

$$王女士收入替代率=\frac{9637.27}{17\,463.00}=0.552$$

此外，张先生退休时其企业年金个人账户中的累计额约为 76.4 万元[①]。

步骤四：测算退休后的收支缺口

经计算可知，从张先生 60 岁至 85 岁，家庭社会基本养老保险金总收入为 1207.34 万元，总支出需求（按 80% 替代率计算）为 1581.6 万元，故总收支缺口为 374.23 万元，如图 9-8 所示。

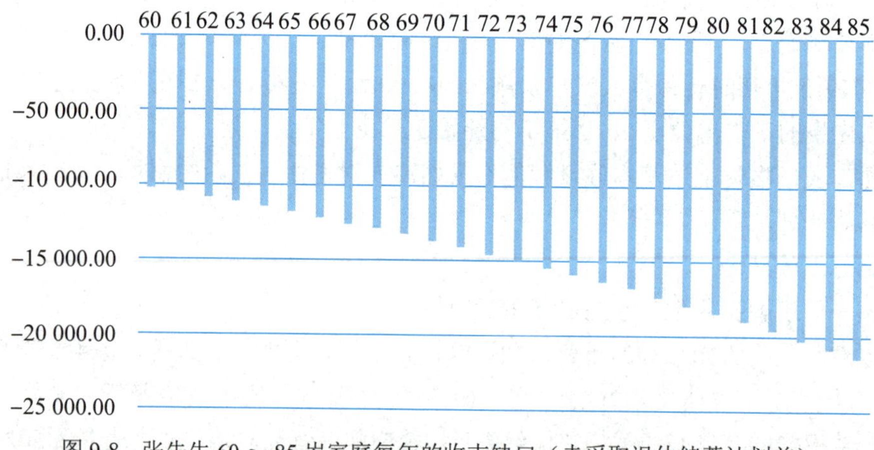

图 9-8　张先生 60 ～ 85 岁家庭每年的收支缺口（未采取退休储蓄计划前）

步骤五：根据对缺口的测算制订退休储蓄投资计划

首先，可以考虑调整退休生活目标，例如，将收入替代率调整为 70%，这样，总支出需求可减少为 1383.88 万元，收支缺口为 176.54 万元。

其次，可以考虑建立相应的养老储蓄投资计划如下。

- 将张先生的企业年金账户中的余额 76.4 万元转为商业养老年金保险，保证领取 20 年，80 岁后终身领取，每年可以领取 38 945 元[②]。
- 从 40 岁开始，第一个 10 年每年储蓄 10 000 元，第二个 10 年每年 20 000 元，利息（复利）假设为 3%，60 岁时累计额可达 394 842 元。60 岁之后，每年将利息收入取

① 张先生所在单位从 2019 年开始建立企业年金，每年按照规定由单位和个人共同向张先生的个人账户缴纳个人工资的 12%，假设企业年金年投资收益率为 5%，到 2039 年时个人账户的累计额将为 76.4149 万元。

② 根据作者撰写本书时市场上可购买到的某具有代表性养老年金产品可提供的给付，仅供参考。

出补贴家庭生活，每年可收入 11 845 元。

- 张先生 45 岁开始购买一份商业养老年金保险，缴费 5 年，每年 13.2 万元（共缴费 66 万元）；60 岁后每年可领取 6 万元，保证 20 年，80 岁后终身领取[①]。
- 张先生 40 岁开始购买养老目标基金，每月定投 2000 元（首月 12 000 元）到 60 岁，共交 49 万元；60 岁后每年可以领取 117 924 元，领取至 80 岁[②]。

在考虑了如上财务安排后，张先生退休后，从 60 岁至 85 岁，家庭每年总收入累计可增加到 1743.03 万元，总收入大于总支出 161.5 万元，如图 9-9 所示，弥补了退休后的总收支缺口，还略有余额。

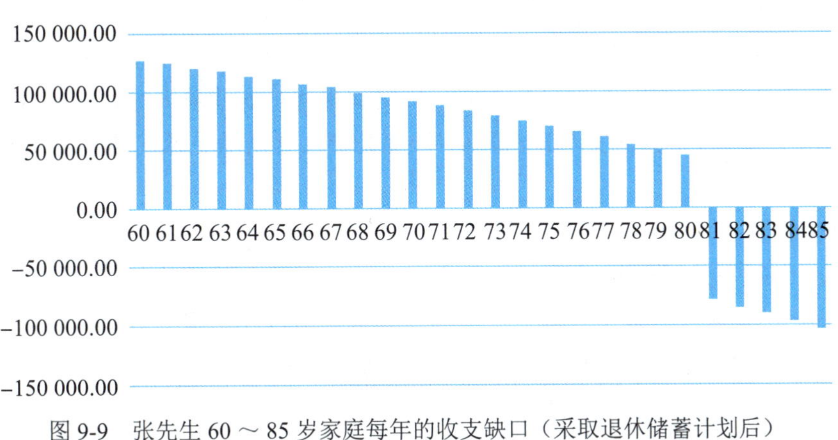

图 9-9　张先生 60 ～ 85 岁家庭每年的收支缺口（采取退休储蓄计划后）

9.3　人寿与健康保险在企业员工福利计划中的运用

9.3.1　员工福利计划

1. 员工福利计划的定义

员工福利计划（employee benefits plan）是由雇主出资设立的，该计划向员工提供的福利是员工所能获得总薪酬中除工资以外的部分，包括保险、退休金计划、带薪休假、产假、实物、旅游、培训等多种形式。

2. 设立员工福利计划的一般原因

企业设立员工福利计划的原因是多方面的，不同企业设立该计划的原因也不尽相同，但一般都包括以下方面。

1）竞争的需要

企业设立员工福利计划的一个重要现实原因是为了满足人才竞争的需要。企业的薪酬是由薪金和福利计划共同组成的。一个企业要有竞争力就必须能提供比其竞争对手对员工更具吸引力的薪金和福利计划组合。这在吸引和留住高级管理和技术人员时尤其重要，特别是在劳动力相对稀缺的市场。向员工提供福利的边际效用在提高企业竞争力方面至关重要。

① 根据作者撰写本书时市场上可购买到的某具有代表性养老年金产品计算，仅供参考。
② 根据作者撰写本书时市场上可购买到的某养老目标基金预期收益计算，仅供参考。

2）享受税收优惠

政府通常会对企业设立养老金或其他福利计划给予税收优惠，以鼓励企业建立养老金计划和相关福利计划。税收优惠已经成为很多国家，特别是发达国家企业建立员工福利计划的一个重要因素。

3）提高劳动生产率

员工福利计划的建立还可以起到提升劳动生产率的作用。例如，福利计划中的健康保健计划可以减少健康问题导致的人员更替，与企业缴资或盈利状况关联的利润分享计划、退休计划可以起到激励员工更加努力工作的作用。

4）团体机制具有的效率

一些员工福利计划的内容是以企业组织或购买的方式提供员工所需要的服务或产品（有时可能需要员工也要负担部分成本），如健康保险、职业培训等。这种以团体的形式组织或购买的方式通常具有更高的效率，即员工个人可以以更低的成本获得相关服务或产品。

5）来自外部的压力

解释员工福利得以存在的另一个原因是雇主受到的来自外部的压力，包括来自政府和社会日益提高的要求——雇主应该在关心职工长远利益方面承担更多责任的要求和呼声，以及来自工会的对雇主应关心和提升职工权益的要求。

9.3.2 团体保险与员工福利计划

9.3.2.1 团体保险的基本原理

1. 团体保险的定义

团体保险（group insurance）是指以团体为投保人，通过一份保险合同向团体内大部分成员（称为团体被保险人）提供保险保障。保险人只与团体保单的所有人具有合同关系，而不与团体内的个人具有合同关系。保险人向保单所有人收取保险费，当发生保险事故或到达保险合同约定的期限时，由保险人向保单所有人或被保险人（或其受益人）支付保险金。

团体保险可分为团体人身保险和团体财产保险。团体人身保险包括团体人寿保险、团体健康保险、团体意外伤害保险。在团体人寿保险中，又可以分成团体定期寿险、团体终身寿险、团体年金保险等。总之，几乎所有以个人方式可以购买的人身保险，也都可以通过团体的方式购买。

2. 团体保险的特征

1）团体核保

用团体核保代替个人核保，这是团体保险的显著特征。在团体保险中，一般不需要提供个人可保性证明，核保时通常也不会考虑任何具体个人健康和其他可保性问题，这样做的目的主要是控制团体中可能出现的逆选择。因此，团体核保一般会有以下特征。

- 要求保险是附带于团体的，即团体的成员之所以会组合到一起，并不是以获得保险为目的的。

- 团体中的成员具有流动性，即要求团体必须有稳定的人员流动，不断有年轻人加入和老弱病残离开该团体。
- 给付的自动决定。团体保险的承保通常会要求在确定每个人的保险金额时应该依赖一个雇主或员工不能控制的自动基准，不允许每一个被保险人自由选择。
- 团体中最少参加人数要求。团体参保人数的限制包括两种形式：一是对参保总人数的要求，如不少于 10 人；二是对团体中参加保险人数比例的要求，如要求 75% 以上的合格员工均参加。

2）团体保单

保险公司和团体保单持有人会订立一份合同，团体保单的持有人通常是企业或雇主，每个被保险人均持有保险凭证。

3）低成本

团体保险采用集中销售和集中管理的方法，因而减少了营销费用和管理费用，使得团体保险的费率一般显著低于个人保险的费率。

4）灵活性

与普通个人保险保单不同，团体保单并非制式保单，一般是可以更改的。较大规模的团体在团体保险合同设计和制定方面一般有较大的选择余地。在大多数情况下，对于投保人方面的要求，只要不使管理手续复杂化，不致引起逆选择，不违反法律要求，保险人一般都允许对既有的保险合同内容进行修订。

5）经验费率

团体保险一般根据保险人在团体给付方面的经验数据制定费率，还会把对一个团体的给付经验数据与其他规模、性质相似的团体的经验数据进行比较或合并，对规模较大的团体的经验数据会分配较高的权数，由此计算对每个投保团体应收的保费。

3. 团体保险的优势和局限性

1）优势

相比个人保险和企业的其他福利计划，团体保险具有以下明显优势。

- 团体保险可以为没有或拥有较少人寿与健康保险的员工提供保险保障。
- 团体保险可以使保险人在相对较短时间内、以较低成本为更多的人提供保险保障。
- 可能使原来不可保的人获得保险保障。
- 团体保险通常是由雇主支付大部分保险费，因而降低了员工个人的保险成本。
- 很多国家政府会对雇主建立的保险计划的缴费提供税收减免，个人在获得保险给付时，也可以享受税收减免。
- 企业的团体保险计划可作为政府社会保险的重要补充。

2）局限性

团体保险也存在一些明显的局限性。

- 团体保险的被保险人通常是企业职工，而职工能获得团体保险保障的一个基本前提是其和雇主之间存在的雇佣关系。因此，职工获得的保障可能具有暂时性，例如，团体健康保险一般都会要求被保险人是单位的正式职工，员工一旦和单位解除了雇佣关系，原有的保险保障也就无法继续了。

- 会使职工容易忽略潜在的风险和问题。由于有了团体保险，一些职工可能会忽视对自身仍存在风险的关注。例如，美国的很多企业都为员工投保了团体人寿保险，但平均保险金额并不高，一些职工因为有了团体医疗保险而忽略了对其他保障来源的需要。
- 团体保险合同的灵活性没有体现在职工个人身上。一般来说，团体保险合同可以根据团体的需求灵活确定，但这种灵活性只反映了不同团体的不同需求，难以反映团体中每个成员的不同需求。比如，有的职工可能需要较多保障，有的职工可能只需要较少的保障。
- 不提供对职工个人的财务分析。人身保险方案一般应对投保人、被保险人的财务状况进行分析，并在此基础上制定方案，用于约定的风险事件发生时提供经济补偿，但团体保险提供的保险给付并不会针对每个被保险人的财务状况而设计，因而并不一定能为被保险职工提供其真正需要的经济保障。

9.3.2.2　团体人寿保险

团体人寿保险是员工福利计划中最常见的一类保险，主要有年可续定期寿险和团体养老保险。

1. 年可续定期寿险

年可续定期寿险是一种最基本的团体人寿保险计划，其主要优点是价格低廉，可用来补充个人人寿保险的不足，也可成为团体为员工提供遗属补偿的筹资来源。

团体年可续定期寿险的费率通常在一年内保持不变，按照统一费率缴纳，而不考虑员工年龄差异，雇主一般也会支付一定比例的保费。

保险金额可以是固定金额，也可以根据工作职位进行调整，或是收入的一定百分比。一般情况下，雇员可以自由指定受益人。同时，年可续定期寿险在给付方面也有多种选择，可以一次性支付，也可以采用生存年金或限期内支付的方式。

2. 团体养老保险

团体养老保险是以某团体（如企业、机关事业单位、社会团体等）的成员为被保险人，有时还可包括成员的配偶、子女和父母。保险人用一份保险合同承保，在被保险人生存至国家规定的退休年龄后，保险人按照保险合同约定给付养老金的人寿保险。

9.3.2.3　团体健康保险

团体健康保险是指保险人向团体保险合同的所有者签发一份主保单，这份保单能为团体中的所有成员提供健康保险。这里，合同的所有者可以是雇主、组织、工会、信托或其他任何不以购买保险为目的而组成的合法实体。人数较多时，通常不需要提供可保证明；人数较少（如少于 10 人）时，则可能需要个人提供可保证明。团体健康保险的被保险人通常不仅包括团体中的成员，还可能包括成员的配偶及未成年子女。

团体健康保险的一个显著优点是，在其他条件相同的情况下，团体健康保险的费率会明显低于个人健康保险，原因是营销成本和管理成本都会降低，因此很多职工对以团体方式参与健康保险具有较高的积极性。

团体健康保险的内容一般包括团体医疗费用保险、团体失能收入损失保险、团体长期护理保险等。

在社会基本医疗保险不充分的国家，如美国，团体健康保险成为大多数劳动者及其家人获得医疗保险的主要途径。在大多数劳动者或国民已经拥有了社会基本医疗保险的国家或地区，商业性团体健康保险可以成为社会医疗保险的重要补充，可以弥补社会医疗保险在保障范围和保障程度等方面的不足。

9.3.3　人寿与健康保险在企业退休计划中的运用

9.3.3.1　企业退休计划简介[①]

个人面临的风险之一是人力资本（生存能力）的递减。生产力，尤其是体力劳动生产力通常在某年龄之后逐渐递减，这部分解释了人们为什么要在某一时刻选择停止工作而退休。退休后，人们通常可以利用三种途径——社会保险、企业退休计划、个人储蓄为自己提供退休后的收入。

企业退休计划的最重要部分是企业养老金计划，企业通过建立养老金计划为职工退休后提供一定的货币收入。通过企业退休计划为退休进行储蓄和个人储蓄存在重要差别。首先，企业退休计划通常可以享受税收优惠，这些优惠使得它成为一种较优的退休储蓄途径。其次，企业退休计划的建立能够激励职工劳动的积极性，特别是能够提高职工的生产力和降低流动性。

企业退休计划可分为两种基本类型：**确定给付型计划**（defined benefit plan，DB 计划）和**确定缴费型计划**（defined contribution plan，DC 计划）。传统上，国际上很多大中型企业建立的退休计划大都是 DB 计划，但随着企业经营环境的变化，DB 计划在风险控制和可持续性等方面面临越来越多的问题，因而近 30 多年来，企业，特别是中小型企业建立的退休计划基本上是 DC 计划。

1. 确定给付型计划（DB 计划）

在 DB 计划中，雇主保证雇员每月的退休给付，其数额由一个给付公式得出。经常使用的一个公式是基于职工在企业的工作时间，给付金额为一个固定常数乘以其在企业的工作年限。例如，每月可领取的退休给付等于 50 元乘以工作年限，根据这个公式，一个工作了 20 年的职工退休后每月可以从企业退休计划中得到的给付是 50×20=1000（元）。当然，这个给付公式没有考虑职工工作期间的通货膨胀因素，因此给付公式还会根据通货膨胀的影响进行调整。

另一种常用的计算给付的方式是基于职工的薪酬，给付金额的计算通常是基于该职工的工作年限及最后几个服务年限内的薪金。例如，职工每月退休给付可能等于 2% 乘以工作年限，再乘以该职工最后 5 年的平均月薪。假设一个职工在企业工作了 20 年，且受雇的最后 5 年的平均月薪为 3000 元。那么，他每月的退休给付是 0.02×20×3000=1200（元）。这种基于职工最后薪金（或工作期间最后几年平均薪金）的给付计算方式的

① 这里所说的企业退休计划泛指雇主提供的退休计划，包括机关事业单位为其职工提供的退休计划，如公务员退休计划、事业单位的职业年金计划等。

重要特征是考虑了通货膨胀因素对退休前薪金的影响。

职工退休给付占其最后薪金的百分比称为**替代率**（replacement rate）。例如，如果一个职工的每月退休给付为 1200 元，退休前最后期间的薪水为每月 3000 元，那么替代率就是 1200/3000=40%。在 DB 计划中，很难明确反映退休之后通货膨胀因素对退休给付的影响。因此，如果在退休后出现通货膨胀，替代率可能高估退休人员的实际购买能力。

当给付公式依赖于职工的最后薪金时，如果职工变更了工作单位，退休给付将显著减少。假设张先生在其职业生涯中曾为两个雇主工作过，并且每个雇主都建立了 DB 计划，每月的退休给付为工作年限乘以最后薪金的 2%。如果张先生为第一个雇主工作了 15 年，其最后月薪为 4000 元；为第二个雇主工作了 10 年，最后月薪为 6000 元，则退休给付应为：0.02×15×4000+0.02×10×6000=1200+1200=2400（元），收入替代率为：2400/6000=40%。相比之下，如果张先生在职业生涯的 25 年中只为同一个雇主工作，那么其退休给付将是 0.02×25×6000=3000（元），替代率为 50%。因此，当薪金和退休给付公式保持不变时，变更雇主将导致更低的退休给付。

由于采用 DB 计划的雇主承诺在将来向其雇员给付退休金，这就存在一个问题：雇主能否履行其承诺。例如，有些雇员退休之后，可能已找不到雇主了，或是雇主没有足够的资金来兑现所承诺的退休金。因此，法律通常会要求雇主建立一个退休基金，并为之缴费，这样可以减少雇员对雇主不履行承诺的顾虑。雇主向退休基金的缴费取决于对雇员未来给付的现值，因而通常需要有精算师的支持。

退休基金可以由信托机构或人寿保险公司进行管理，如果退休基金的运作带来了高于预期的投资收益，将会使雇主受益，不必将多余的收益支付给雇员；如果低于预期的投资收益将使雇主受损，因为雇主还要提供额外的资金，以保证未来对退休职工给付的承诺。

归纳起来，DB 计划的基本内容如下。

（1）雇主按照既定的给付公式向雇员给付确定的退休金。

（2）主要是雇主（有时也包括雇员）向根据退休计划建立的退休基金缴资，以保证累积足够的资金支付所承诺的退休金。

（3）雇主承担了与死亡率、投资收益相关的绝大部分风险。

2. 确定缴费型计划（DC 计划）

在 DC 计划中，通常是由雇主和雇员共同向退休计划缴纳约定的（固定的）金额，即雇主（代表雇员）和雇员共同进行投资，未来雇员获得的退休给付将依赖于该计划下形成的基金的投资回报，投资回报越多，雇员可获得的退休给付也就越多。因此，在 DC 计划中，雇员承担了投资风险。

假设王女士的年薪为 50 000 元，参加了所在企业的 DC 计划，并约定了向计划的缴费：个人缴费为其薪金的 5%，雇主缴费为其薪金的 10%，即每年向王女士的退休基金的缴资为 7500 元（王女士缴纳 2500 元，雇主缴纳 5000 元）。假设这种缴资约定一直持续下去，直到王女士退休。雇员本人通常可以在退休基金的投资方向上进行选择，如可以在股票基金、债券基金、房地产基金、货币市场基金中进行选择。工作每满一年，王女士和其雇主将再次向退休基金缴资，并可以再次进行投资选择。退休之后，王女士将得到退休基金的累积额及其投资收益。这些资金可以一次性提取，也可以用于购买一个养老年金，为王女士提供退休之后每月的固定给付，直至死亡。雇员在退休之前一般不能从退休基金中领取，除非有特殊原因，如发生了永久残疾、死亡或家庭医疗费用过高等。

DB 计划锁定了雇员在退休期间的给付金额，DC 计划锁定了雇主对计划的缴资额。雇员的退休给付和替代率都依赖于退休基金在退休前的投资收益。由此可知，DB 计划和 DC 计划的重要差别是，在 DC 计划下，雇员承担了投资风险，投资收益的不确定性使得雇员在退休计划的安排上，比在 DB 计划中更加困难。

3. 混合型计划（现金余额计划）

在 20 世纪 90 年代，兼具 DB 计划和 DC 计划功能的混合型计划变得越来越流行，最常见的混合型计划被称为现金余额计划（cash balance plan）。这种计划的运作从发起的角度看类似于 DB 计划，从政府监管的角度也被视为 DB 计划；但从雇员角度看，现金余额计划类似于 DC 计划。

根据现金余额计划，退休给付会根据雇员离开企业时的账户余额来确定。在受雇期间，账户余额的增长取决于向账户缴纳的资金和投资收益，缴纳的资金通常是个人薪资收入的一个百分比，并随着服务年限而变化。例如，某公司的现金余额计划的规则是，如果服务年限少于 20 年，则按薪水的 3% 记入雇员个人账户；如果服务年限满 20 年，则按薪水的 9% 记入个人账户；账户中的资金按保证的年利率 5% 计息。如果某雇员的年薪为 50 000 元，服务年限为 10 年，其账户年初资金余额为 10 000 元，年末将增加到 12 000 元（新的缴资 3%×50 000=1500 元，加上利息 5%×10 000=500 元）。如果该雇员的服务年限为 25 年，则其账户余额将增加到 15 000 元（新的缴资 9%×50 000=4500 元，加上利息 0.05×10 000=500 元）。

虽然每个参加者都有自己的个人账户，但对基金的管理仍然类似于传统的 DB 计划，缴资额与投资收益实际上并未分配到每个账户上。事实上，所有缴资额都存入了一个公共信托基金，所有退休给付都由该基金支付，参加者不必指定自己的账户余额如何投资。退休计划的受托人负责基金资产的投资，而出现的任何亏损都要由计划的发起人（企业和员工）负责。如果信托基金投资的回报率超过保证的利息，超额的部分可用于增加基金的资产，从而减少雇主未来的缴资额。因此，从发起人角度看，现金余额计划的运作像传统的 DB 计划，其所受到的监管也与 DB 计划相同。

但从雇员角度看，雇主的缴资额与保证的回报率使现金余额计划更像 DC 计划。在任何时候，雇员可以知道自己的账户余额，而且账户的余额在退休前是可携带的，即雇员可以将账户中的资金转存到其他退休计划。

9.3.3.2　保险在企业退休计划中的运用

企业为员工提供的退休计划分为**合格计划**(qualified)和**非合格计划**(nonqualified)两类。合格计划通常是指企业根据国家有关法律、政府的政策和规定建立的退休计划，一般可以享受税收优惠，即企业向计划的缴资可以从企业的应纳税收入中扣除（当然会有一定的限制条件）。前面介绍的 DB 计划、DC 计划（如中国的企业年金计划）都属于合格计划。但一些企业出于各种原因，需要建立非合格退休计划，如一些中小企业不可能按照政府的要求为所有雇员建立退休计划，只能为部分关键雇员建立；一些企业出于可持续性方面的考虑，暂无法建立 DB 计划或 DC 计划。下面就来介绍一下在企业制订和实施某些非合格退休计划方面，保险可以发挥的作用。

1. 趸缴保费的团体年金

企业确定最终需要支付给雇员的养老金数额，然后一次性购买养老保险合同，保险公司承诺为退休雇员支付养老金。这类合同通常用于某个基于信托模式的企业退休计划失效的情况，用该计划中剩余的资金以团体保险的方式为已退休雇员购买。

2. 水平保费的年金

企业估算出雇员退休后应付给他们的养老金数额，然后由保险公司据此金额计算出需要雇主定期缴纳的水平保费。如果雇主按时为在职雇员缴纳了水平保费，那么雇员在退休后就能从保险公司那里领取养老金，这种做法通常适用于非合格退休计划的筹资。

3. 趸缴保费延期年金

雇主根据雇员每年积累的年金额，为雇员（通常以团体延期年金的方式）购买趸缴保费延期年金。雇员积累的年金额可以由不同方式确定，例如，按照雇员每年薪水的 2% 来累积，或者按一个固定数额（如每月 50 元）按月来累积。

4. 储蓄管理合同

根据储蓄管理合同，保险公司只有在雇员退休后才开始承担风险和提供服务。如果雇员在退休前就离职了，保险公司对该雇员就不直接承担养老金的给付责任。对于雇主而言，先由精算师协助测算出为达到未来养老金给付的预期水平需要每年积累的资金。雇主将这些资金交由保险公司管理和投资，保险公司向雇主承诺一个投资的最低回报率。当雇员退休后，雇主再用积累的资金为雇员购买一个退休保险，保险公司向雇主事先承诺一个购买退休保险的价格结构。

在储蓄管理合同中，保险公司设定了积累资金的年金购买率和利率表（通常会根据保守假设），并在合同签订的最初几年保持不变，此后会随着投资结果的不确定性而进行调整。

9.3.4 在企业经营中的运用

9.3.4.1 对关键雇员的保障

1. 基本理论和定义

有些员工在企业中具有重要地位，因为他们的技能、知识和商业关系是非常重要的资源。这些重要雇员的去世或伤残可能导致企业销售额下降、成本上升或信用度降低，进而造成损失。正如保险能够保障公司其他资产的潜在损失一样，它也可以用来对企业提供保障。公司可以购买关键雇员保险或称关键人员保险，以关键雇员的生命作为保险标的，指定企业本身为保单所有人和受益人，以此预防关键雇员的死亡或伤残而导致的经济损失和经营的不稳定性。当关键雇员死亡或伤残发生时，企业可以迅速就死亡或伤残雇员所提供的服务得到补偿，而且这笔保险金可以帮助企业平稳度过一段必要的过渡期。企业可以利用这段时期寻找适当的继任者或替代者，或者为企业的一般性稳定作出必要的安排。

2. 损失的估计

精确确定关键雇员的死亡或伤残对企业造成的经济损失是相当困难的。在应用关键雇员保险时，必须考虑的是应该如何估计关键雇员的死亡或伤残对公司财务造成的实际冲击，这种损失是暂时的还是永久的，应该使用多大的贴现率才是适当的等问题。当然，这些用来估算关键雇员的死亡或伤残造成的经济损失价值大小的因素的准确性，会随着企业类型、关键雇员的特殊作用的不同而变化。

专栏阅读

关键雇员的保险金额如何确定

3. 保险的步骤

从实质上看，企业不仅是关键雇员保单的投保人，而且还是保单所有人和受益人。因此，应根据企业需要关键雇员贡献的延续时间以及需要将现金价值用于其他目的的可能性来选择保单的类型，终身寿险保单和万能寿险保单是最常用的保单类型。当然，如果需要的持续期较短或资金有更好的运用渠道，也可以选择定期寿险保单。一旦关键雇员发生死亡或伤残，保险公司就会向企业进行给付，图 9-10 描述了保险的步骤。

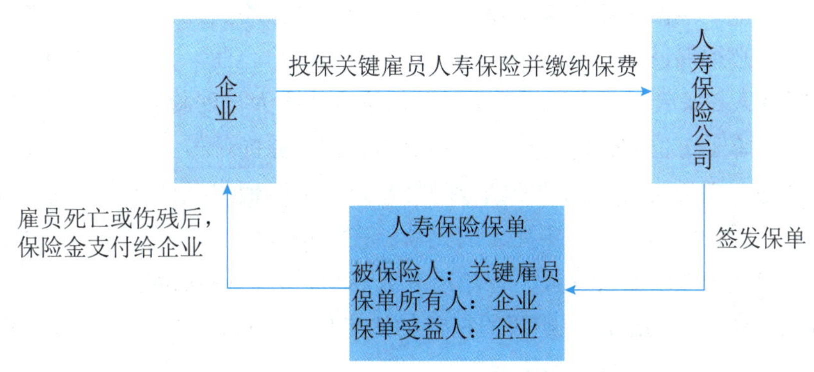

图 9-10　关键雇员人寿保险

9.3.4.2　维持企业的持续运营

如果单一所有权企业、合伙制企业，或者所有权有严格限制的企业的某位所有者去世或伤残，那么企业的营业就可能中断。如果所有者在企业经营管理中还发挥着重要作用，那么他的去世或伤残就会严重影响企业的生存或其他所有者的利益。这种情况下，人寿和健康保险能够起到十分重要的作用。

1. 独资企业

独资企业是由单个人所有的非公司制企业，该企业的所有人通常又是管理人。独资企业是一种相对比较脆弱的企业形式，如果所有者死亡，其个人代表通常不得不对企业进行清算。因此，业主的继承人可能失去企业持续经营带来的价值。如果事先安排一个适当的融资协议，约定在业主死亡或伤残后将企业权益出售给另一方，而且对方也同意购买该权益，就可以保持企业持续经营的价值。

企业权益的潜在购买者包括善意的竞争者、企业的一位或多位关键雇员。独资业主可以和潜在的购买者经过协商，签订一个具有约束力的**买卖协议**（buy-and-sell agreement），并由潜在购买者以独资企业业主为被保险人购买一份人寿保险来为买卖协议进行融资，就可以保证这份买卖协议的顺利实施。当然，也可以建立一个信托，并指定保单所有人和受益人，由该信托收取保险金并监督买卖协议的执行。

2. 合伙企业

合伙企业是由两个或两个以上的个人出于经营企业、获取利润的目的自愿组成的联合体，这些个人是企业共同的所有人。

一个合伙人去世以后，他的继承人可能并不想继续作为合伙人，也可能其他健在的合伙人不愿意接受该继承人作为合伙人。如果继承人和其他健在的合伙人继续经营共同的资产，最后往往不会成功，因而可能需要其他健在合伙人买下去世合伙人拥有的资产，以便企业的持续经营。健在合伙人想买下去世合伙人的权益，可能会遇到一系列困难，而且在实际中往往行不通。首先，难以筹措足够的资金；其次，即使有足够的现金，具有受托人地位的健在合伙人也很难证明为该权益所支付的价格是公平的。同样，一位普通合伙人的伤残也会引起一系列问题：合伙企业可能再也不能使用他的特殊才能、知识和能力；相反，伤残者成为企业的经济负担。

为了解决这些困难，越来越多的合伙企业制定了买卖协议，包括实体买卖协议和交叉买卖协议两种类型。根据**实体买卖协议**，企业本身有义务购买死亡或伤残者的全部权益，且每一位合伙人必须保证在自己死亡或伤残时将权益卖给企业。在该协议的安排下，合伙企业会作为投保人、保单所有人和受益人，以每位合伙人为被保险人购买人寿和健康保险，保单的面额通常等于每位被保险合伙人所拥有的合伙权益的价值。而根据**交叉买卖协议**，每一位合伙人都有义务在自己死亡或伤残时将权益卖给其他生存合伙人，而每一位生存合伙人都有义务按照合同的规定购买死者的权益。在该协议的安排下，每一位合伙人都是其他合伙人人寿和健康保险的投保人、保单所有人和受益人，每张保单的面额通常等于生存合伙人会从死亡合伙人的遗产中购买的权益的约定价值。图 9-11 和图 9-12 分别说明了实体买卖协议和交叉买卖协议的操作方式。

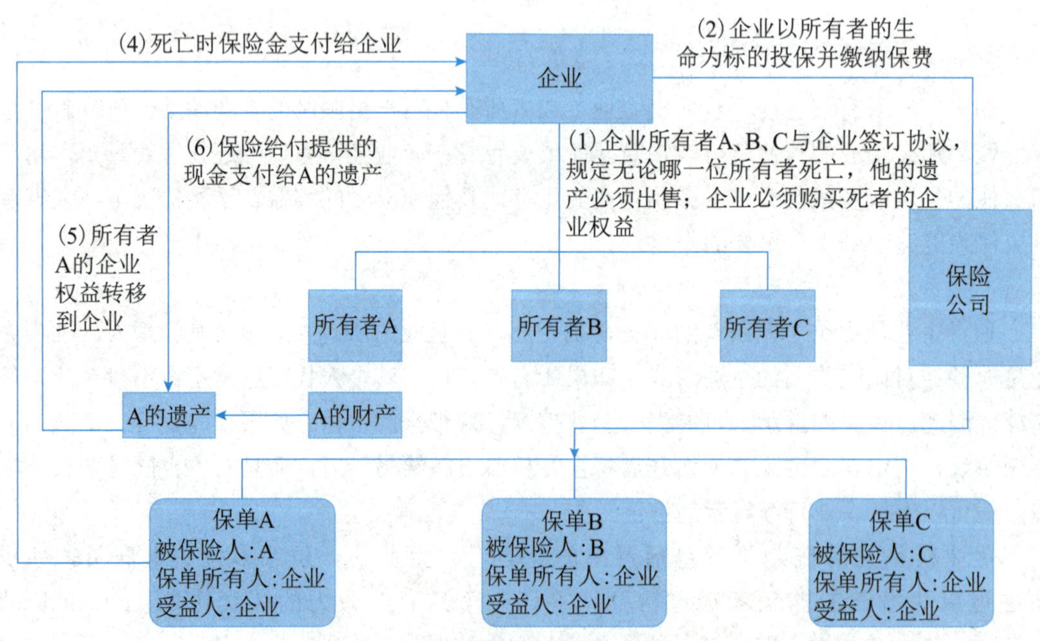

图 9-11　实体买卖协议：假设所有者 A 死亡

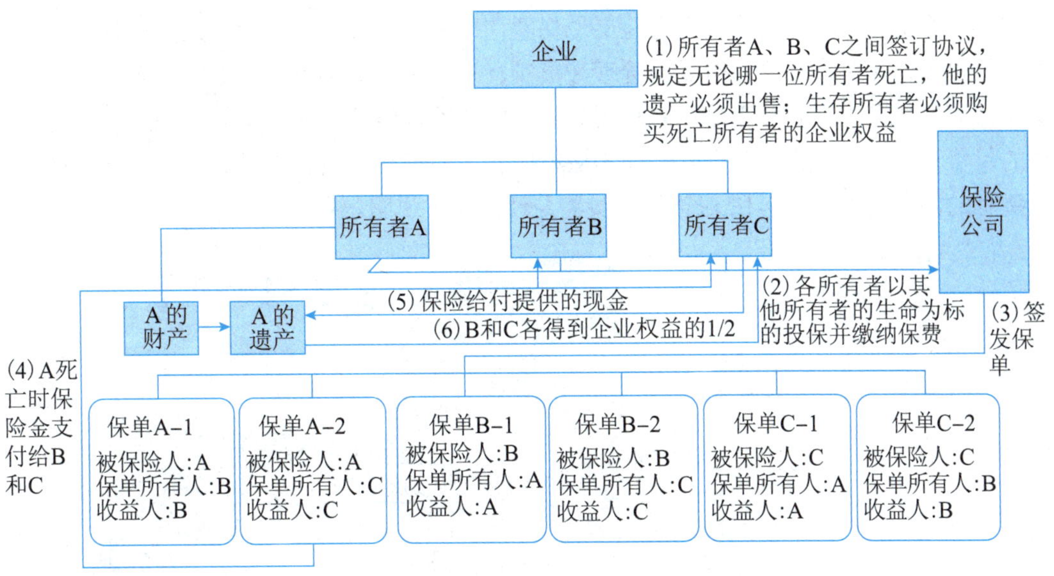

图 9-12 交叉买卖协议：假设所有者 A 死亡

3. 封闭型公司

封闭公司是一种股权结构封闭的公司形式。这种公司的股东人数一般较少，而且这些人同时也是公司的管理人员。公司的股票不在任何股票交易所上市，且很少出售，即使有出售的情形发生，一般也是由于死亡、伤残、退休或公司的大规模重组。

尽管股东的死亡不会从法律上导致公司的解散，但封闭型公司的特点会导致一些实际问题的产生，这往往会要求死者的公司权益能及时退出。例如，当封闭型公司的股东死亡或伤残时，健在的股东将不得不接受去世的股东的继承人，如果该继承人是一个大股东，他可能在经营的过程中损害小股东的利益；如果该继承人是一个小股东，他会对大股东构成挑战。有时，大股东的继承人虽然拥有企业的大部分股份，但他可能没有足够的能力经营企业，真正的管理权被小股东掌握，这种情况会使继承人的财产受损。在以上各种情况下，即使不发生财务损失，继承人和其他健在股东也会不欢而散。

如果订立了恰当的买卖协议，上述困难则可以避免。这种协议可采取实体或交叉购买的形式，其最常用的融资工具就是寿险保单。每位股东都是寿险保单的被保险人，保单总面额等于其拥有的股票权益价值，保单所有人则是公司或其他股东。其具体的操作方式与合伙企业权益购买的方式类似。如果股东中有人最先死亡，将视情况由公司或生存股东用保险金从死亡股东的遗产那里购买公司股票。对于生存股东而言，企业的前景有了保障，而死亡股东的遗产受益人也可以得到现金，而不是不确定的企业权益。

9.3.4.3 管理人员的福利

人寿保险和健康保险还常用于对特定雇员提供补充福利，这些雇员往往拥有对企业具有特殊价值的资源、技术或经验。

1. 奖金计划

企业为了通过提供额外的寿险保障吸引或留住特定雇员，可以根据管理人员奖金计划的安排，为特定管理人员的个人寿险支付保费，即雇主同意为特定管理人员作为保单所有人的保单支付保费，且可以对受益管理人员实行差别待遇而不受任何限制。企业为管理人员支付的保费可被视为员工薪金而从应税收入中扣除，但管理人员个人必须把雇主为其缴纳的保费计入其应税收入。同时，作为保单所有人，管理人员可以指定受益人，并行使其他所有的保单权利。图 9-13 对管理人员奖金计划作了说明。

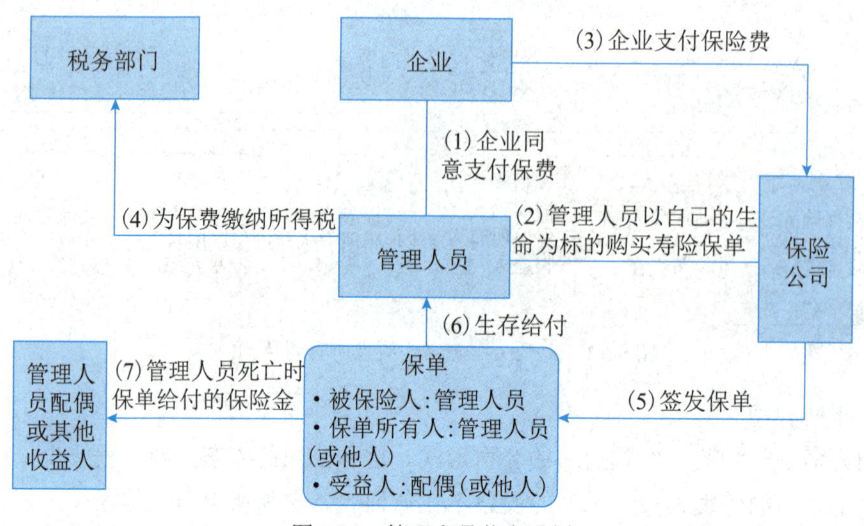

图 9-13　管理人员奖金计划

2. 金额分割寿险计划

企业也可以采用金额分割寿险计划，通过提供金额分割基础上的额外寿险吸引或留住特定雇员。在标准的金额分割计划下，雇主和雇员会以雇员的生命为保险标的共同购买一份具有现金价值的保险合同。雇主会缴纳部分年度的保费，其金额等于年度现金价值的增加额，雇员支付其余部分。雇主有权得到死亡给付中相当于保单现金价值的部分，或者至少可以得到足以弥补其缴纳全部保费的金额。雇员有权将保险金给付余额部分支付给其指定的受益人。在最初几年内，雇员缴纳的年度保费负担会比较沉重，但随着保单年度现金价值增加额的增加，雇员需要缴纳的保费逐年减少。

实践中的金额分割寿险计划有批单制度和担保转让制度两种。在批单制度下，雇主是以雇员为被保险人的寿险保单的投保人和保单所有人，负有主要的保费缴纳义务，雇员缴纳的是年度保费超过年度现金价值增加额的部分。相应地，雇主是相当于现金价值的那部分保险金的指定受益人，雇员也会指定剩余保险金的受益人。在担保转让制度下，被保险的雇员是保单投保人和所有人，可以自行指定受益人，同时负有保费缴纳的主要义务。雇主和雇员会签订一个协议，规定雇主有义务向雇员提供贷款（通常是无息的），其金额等于年度现金价值的增加额。这样雇员实际需要自行支付的成本仅限于超过年度现金价值的增加额的保费。为了保护雇主的权利，雇员将该保单转让给雇主，作为贷款金额的保障。当被保险雇员死亡时，雇主作为担保受让人从死亡保险金中收回贷款金额。

9.4　人寿与健康保险在社会保险中的运用——来自中国的实践

9.4.1　商业保险机构参与社会保险计划的管理

9.4.1.1　经办城乡居民基本医疗保险

城乡居民基本医疗保险（简称“城乡居民医保”）是整合了原城镇居民基本医疗保险和原新型农村合作医疗两项制度后，于 2016 年建立的[①]。

城乡居民医保在实施中，采取了政府购买服务的方式，委托商业保险机构负责具体经办。《国务院关于整合城乡居民基本医疗保险制度的意见》（国发〔2016〕3 号）指出：“城乡居民基本医疗保险要完善管理运行机制，改进服务手段和管理办法，优化经办流程，提高管理效率和服务水平。鼓励有条件的地区创新经办服务模式，推进管办分开，引入竞争机制，在确保基金安全和有效监管的前提下，以政府购买服务的方式委托具有资质的商业保险机构等社会力量参与基本医保的经办服务，激发经办活力。”

1. 商业保险机构参与经办的好处

在传统的由政府医保机构（医保中心）提供经办服务的模式下，政府既是政策制定者，又是政策实施者，集管理、承办、监督职能于一身，这就使政府面临两个相互冲突的目标：一方面，作为公共权力所有者，要保证医疗保障和服务的公平性；另一方面，作为医保机构的所有者，又要保证医保机构的利益不受侵害。这种双重身份决定的目标冲突，使得政府自办模式难免存在行政管理人员专业能力不足导致的效率低下的问题；对医疗机构监督不力导致的费用难以控制的问题；业务经办和监督方面专业能力不足使得医疗机构和参保人过度医疗，从而导致的医保基金超支的问题（当然，一些医疗机构的过度医疗服务也会导致参保人自身医疗负担增加）。

在商业保险机构参与经办的模式下，保险公司是一个独立的利益主体，其与政府的关系是一种契约关系。在这种关系下，双方的权利义务通过合同明文规定，保险公司的收益与其工作绩效挂钩。保险公司的经办绩效，如医保基金的盈亏、参保人的报销时效、医疗风险的监控、参保人的满意度等，都会事先在合同中列明。

在商业保险机构参与经办的模式下，利益主体由过去的三方变成了四方：政府、商业保险机构、医疗机构、参保人。商业保险机构作为经办方，可以利用其相对独立的角色定位和专业能力，对医疗机构的服务过程、参保人的就医行为进行更有效的监督。从政府的角度看，通过引入商业保险机构，将医疗费用审查、医疗费用报销等职能分离出去，政府医保部门将主要负责处理商业保险机构审查出来的问题，以及制定、调整完善相关政策，从具体经办事务中抽离出来，实现了“管办分离”，改变了医保经办机构力量薄弱的状况，强化了医疗费用控制机制，提高了行政效率。

2. 主要做法

从商业保险机构参与城乡居民医保的实践看，由于中央政府并未规定统一的经办方式，因而各地区（通常以省为单位）可以自主决定是否需要，以及如何让商业保险机构参与城

① 见本书第 10 章“社会保险”。

乡居民医保的经办。

从商业保险机构已经参与经办业务的地区看，主要做法如下。

（1）自愿开展商保经办。各地区根据实际情况，本着自愿原则，开展商保经办医保业务工作。有些地方还将商业保险机构经办的方式扩大到了城镇职工医保、城乡居民大病保险等业务。

（2）推行独立经办模式。将政府的医保经办业务和监管业务适度分离，商保经办机构组建专业结构合理的经办团队，建立完善的管理体系和运行机制，独立经办。

（3）实行经办协议管理。在确定商保经办机构时，通常是依法通过政府采购程序，并由医保经办机构与商保经办机构签订委托经办服务合同，定期考核，合格的机构可以续签合同，但有最长期限。协议中明确了双方的责任、权利、义务以及保密要求等。

（4）商保经办的主要职责。商保经办机构本着非营利性原则经办基本医保业务，并按照既有规定承办大病保险等业务，审核医药机构服务和收费，联合医保经办机构与医药机构签订定点服务协议，定期开展医保基金收支分析，协助医保经办机构开展政策宣传，协助医保经办机构开展监督检查，向参保群众提供政策咨询，接受医保经办机构和公众监督。

（5）经办费用的确定。支付给商保经办机构的费用一般根据当地医保基金规模、参保人数、经办医保类别、服务内容等因素，确定经办费用标准，由当地政府财政统筹安排。

（6）建立激励约束机制。各地区都建立并不断完善评估机制，医保行政主管部门联合相关部门安排医保经办机构或委托第三方机构开展对商保经办业务的评估工作，并把评估结果作为安排商保经办费用的重要因素。

（7）加强对医药机构的监管。由医保经办机构、商保经办机构和医药机构三方签订医药机构医保定点服务协议，建立由医保经办机构组织、商保经办机构参与的医药机构监督管理机制。商保经办机构主动开展病历评审、病历检查、数据分析、违规线索提供等工作，参与对医药机构的监督管理工作。

9.4.1.2　经办长期护理保险

长期护理保险是妥善解决我国失能老人护理问题、积极应对人口老龄化的重要制度安排。2016 年，我国人力资源和社会保障部印发了《关于开展长期护理保险制度试点的指导意见》（下称《指导意见》），将河北省承德市等 15 个城市作为长期护理保险制度的试点城市。截至 2019 年 8 月，在 15 个试点城市中的 13 个城市，均有商业保险公司参与长期护理保险的经办。

根据《指导意见》，社会保险经办机构可以与商业保险公司、评定和护理服务机构等多方合作推进相关业务，即在开展长期护理保险的过程中，由经办机构、承办机构，以及评定和护理机构共同推进。这三方的关系、责任和功能是否明确，直接决定了长期护理保险制度能否有效运行。从推动长期护理保险制度运营的角度看，积极发挥具有资质的商业保险公司等各类社会力量的作用，可以提高该项制度的经办管理能力。

从国内已有的试点经验看，在推行长期护理保险的过程中，政府社保经办机构的主要职责包括顶层规划、制度设计、资金筹集、基金管理、监督检查、筛选服务对象等，以确保长期护理保险制度的健康有序运行。同时，政府社保经办机构还会采取委托管理或政府购买服务的方式，委托商业保险公司具体承办长期护理保险业务。采取委托管理模式至少有两个方面的好处：一是可以减轻政府负担，节约政府成本，政府无须像经营其他社会保险那样投入大量人力、物力和财力；二是可以充分发挥专业机构的专业技能，核保核赔、报销支付、政策宣传以及日常管理等工作交由商业保险公司负责，可有效提高经办效率。

近年来，随着拥有精算技术、专业服务和风险管理等方面优势的商业保险公司参与经办，长期护理保险的运营效率大幅提升，很多地方政府都明确规定委托商业保险公司承办长期护理保险业务，包括政策宣传、申报受理、等级评定、费用审核、结算支付、稽核调查、服务管理、信息系统建设与维护等业务。

9.4.2　商业保险机构作为社会保险计划的产品提供者

9.4.2.1　承办城乡居民大病保险

1. 城乡居民大病保险

2012年8月24日，国家发展和改革委、卫生部、财政部、人社部、民政部、保险监督管理委员会六部委《关于开展城乡居民大病保险工作的指导意见》发布，明确针对城镇居民医保、新农合参保（合）人大病负担重的情况，引入市场机制，建立城乡居民大病保险（简称“大病保险”）制度，减轻城乡居民的大病负担，大病医保报销比例不低于50%。

2015年7月，国务院又下发了《国务院办公厅关于全面实施城乡居民大病保险的意见》，提出：“2015年年底前，大病保险覆盖所有城镇居民基本医疗保险、新型农村合作医疗参保人群，大病患者看病就医负担有效减轻。到2017年，建立起比较完善的大病保险制度，与医疗救助等制度紧密衔接，共同发挥托底保障功能，有效防止发生家庭灾难性医疗支出，城乡居民医疗保障的公平性得到显著提升。”

在该意见中进一步明确了大病保险的经办方式，支持商业保险机构承办大病保险，要求地方政府与人力资源和社会保障、卫生计生、财政、保险监管部门共同制定大病保险的筹资、支付范围、最低支付比例以及就医、结算管理等基本政策，并通过适当方式征求意见。原则上通过政府招标选定商业保险机构承办大病保险业务，在正常招投标不能确定承办机构的情况下，由地方政府明确承办机构的产生办法。对商业保险机构承办大病保险的保费收入，按现行规定免征营业税，免征保险业务监管费，2015—2018年还试行了免征保险保障基金。

2. 保障对象和范围

大病保险保障对象为城乡居民医保的参保人，保障范围与城乡居民医保相衔接。城乡居民医保应按政策规定提供基本医疗保障，在此基础上，大病保险主要是在参保人患大病发生高额医疗费用的情况下，对城乡居民医保补偿后需个人负担的合规医疗费用给予保障。高额医疗费用可以个人年度累计负担的合规医疗费用超过当地统计部门公布的上一年度城镇居民年人均可支配收入、农村居民年人均纯收入为判定标准，具体金额由地方政府确定。合规医疗费用是指实际发生的、合理的医疗费用（可规定不予支付的事项），具体由地方政府确定。各地也可以从个人负担较重的疾病病种起步，开展大病保险。

3. 保障水平

以力争避免城乡居民家庭发生灾难性医疗支出为目标，合理确定大病保险补偿政策，实际支付比例不低于 50%；按医疗费用高低分段制定支付比例，原则上医疗费用越高支付比例越高。随着筹资、管理和保障水平的不断提高，逐步提高大病报销比例，最大限度地减轻个人医疗费用负担。

4. 承办方式

专栏阅读

城乡居民大病保险的“厦门模式”

（1）采取向商业保险机构购买大病保险的方式。地方政府制定大病保险的筹资、报销范围、最低补偿比例，以及就医、结算管理等基本政策要求，并通过招标选定承办大病保险的商业保险机构。中标的保险机构以保险合同形式承办大病保险，承担经营风险，自负盈亏。

（2）规范大病保险招标投标与合同管理。根据公开、公平、公正和诚实信用的原则，建立健全招标机制，规范招标程序。招标人应与中标商业保险机构签署保险合同，明确双方的责任、权利和义务，合作期限原则上不低于 3 年。要遵循收支平衡、保本微利的原则，合理控制商业保险机构盈利率，建立以保障水平和参保人满意度为核心的考核办法。

（3）严格商业保险机构基本准入条件。承办机构须具备以下条件：符合政府监管部门规定的经营健康保险的必备条件；在中国境内经营健康保险专项业务 5 年以上，具有良好市场信誉；具备完善的服务网络和较强的医疗保险专业能力；配备医学等专业背景的专职工作人员；商业保险机构总部同意分支机构参与当地大病保险业务，并提供业务、财务、信息技术等支持；能够实现大病保险业务的单独核算。

（4）不断提升大病保险管理服务能力和水平。承办大病保险获得的保费实行单独核算，确保资金安全，保证偿付能力。发挥商业保险机构全国网络等优势，为参保人提供异地结算等服务。与基本医疗保险协同推进支付方式改革，按照诊疗规范和临床路径，规范医疗行为，控制医疗费用。

9.4.2.2 参与各地政府的“惠民保”计划

1. 何为“惠民保”

“惠民保”是指我国一些地方政府联合商业保险公司推出的城市定制型商业医疗保险项目，作为社会基本医疗保险的补充，报销一些大额或大病医疗费用。作为具有普惠性质的“惠民保”，具有以下几个显著特点。

- 价格便宜：保费从每人每年几十元到上百元不等，在开始的几年大都不超过 200 元。
- 投保门槛低：几乎所有“惠民保”都具有非常低的投保门槛，不限年龄、职业、既往症、有无疾病。
- 免赔额高、报销比例较低：各地“惠民保”的免赔额一般定在经过社会基本医疗保险报销后个人负担部分超过 1 万～2 万元，且报销比例平均是 80%。
- 保障责任范围有所扩大：“惠民保”保险责任一般参照社会基本医疗保险报销范围内的住院医疗费用，即由基本医疗保险和大病医疗保险等支付后剩余的个人自付部分，加上一些重特大疾病和特效药。

“惠民保”凭借其上述特点，一经推出便得到了各地政府的大力支持，获得了快速发展。截至2021年年底，全国已有28个省、244个地级市推出了“惠民保”项目，产品共计177款，参保人数达1.4亿人次，保费收入约140亿元。

2. 商业保险公司的参与方式

“惠民保”实际上是由保险公司提供的商业医疗保险，是保险企业、地方政府、第三方服务平台共同运营的一种新型商业模式。通常是由政府有关部门通过招标确定参与的商业保险机构，保险机构通过第三方服务平台或自身销售渠道推广销售根据当地情况定制的医疗保险产品，独立经营，自负盈亏。

相比于社会基本医疗保险和商业健康保险，“惠民保”的参与主体包括政府部门、保险企业和第三方服务平台。政府部门主要是当地政府医保局、金融办等，职责是根据当地实际情况，对“惠民保”项目的推出和运营提供不同程度的支持，并对项目的运营承担监督职责。保险企业主要是以单独承保或共保联合体的形式参与，共同承担赔付，通过自有销售渠道进行联合推广销售，并借助线下网点提供服务。第三方服务平台主要包括健康服务平台、互联网平台和保险代理/经纪公司，其中健康服务平台主要负责依托医疗资源为客户提供健康管理服务并向保险公司提供技术服务支持；互联网平台主要负责线上营销推广及向保险公司提供数据分析等；保险代理/经纪公司主要是为健康服务平台和互联网平台构建保险产品销售渠道。

根据政府部门对“惠民保”项目的支持力度，“惠民保”的运营模式可分为纯商业运营、非医保部门支持、医保部门浅指导、医保部门适度指导、政府与医保部门强指导等不同类型。政府指导力度越高，民众对产品的信赖度就越高，平均参保率也就越高。

从保险企业的参与方式来看，主要分单独承保、共同承保和联合承保三种模式。近年来，共保模式逐渐成为主流，至2021年，共保模式已经基本取代了单独承保模式。

本章习题

1. 简述个人财务规划的基本概念和步骤。
2. 假如你是一名保险经纪人，现在你要为客户制订一套人寿与健康保险计划，你需要提前收集哪些信息？
3. 简述家庭收入来源主要提供者在其一生中拥有人寿保险保单的不同动机。
4. 有人认为越早进行退休计划越好，你同意该观点吗？为什么？
5. 试分析长寿风险会对人们的养老生活产生哪些影响，以及人们应该如何应对长寿风险。
6. 为了避免逆选择，团体保险应遵循哪些原则？
7. 与个人保险相比，团体保险有哪些优势和局限性？
8. 简述人寿与健康保险计划在企业员工福利计划中的应用。
9. 请分析确定缴费型计划的优缺点。
10. 简述公司养老金计划和社会保障计划的结合方法。
11. 什么是关键雇员保险？你认为什么样的企业会需要这种保险？
12. 试论商业保险如何更好地在社会保险中发挥作用。

第 10 章 社会保险

学习要点及目标

- 了解社会保险的基本概念和原理
- 了解社会保险在社会保障体系中的地位和作用
- 了解社会保险和商业保险的差异和相互关系
- 了解社会保险的基本原则和主要内容
- 掌握社会基本养老保险、社会基本医疗保险的主要内容

核心概念

经济保障　社会保障体系　社会风险　社会保险　社会基本养老保险　社会基本医疗保险　工伤保险　失业保险

10.1 经济保障与社会保障体系

10.1.1 经济保障

人类在其安全受到某种力量威胁时，总是需要寻求某种保障，包括社会的、政治的、人身安全的、经济的等多方面的保障。本章中我们将主要介绍国家如何通过建立社会保障体系，特别是社会保险制度来为国民提供经济保障。

1. 经济保障的定义

经济保障（economic security）可定义为：个体可以感觉到的其基本需要及欲望在现在和将来可以得到满足的程度。这里，“基本需要及欲望”是指人们对衣食住行及基本医疗等生活必需品的需求。如果一个人感到他现在和将来的基本需要和欲望可以得到满足的话，那么就具有了经济保障。显然，人的需要和欲望得到满足的感觉是和经济物品及服务相关的，经济保障是和经济收入水平及持续性密切相关的，一个人的收入越多，他可能得到的经济保障水平也就越高。

在理解经济保障概念时，需要注意以下几点。

（1）收入是获得经济保障的关键因素，并且我们所说的收入必须是连续的。一个人只有对其未来可获得收入的连续性感到放心，才会认为他未来的需求及欲望可以得到满足。

（2）收入应该是实际收入而非名义收入，即要看能实际购买到的商品和服务对应的收入，只有实际收入增加了，经济保障才可能得到改善。例如，如果消费价格增加了20%，而名义收入只增加了 10%，则实际收入不仅没有增加，反而减少了。

（3）对大多数人来说，经济保障水平应高于贫困线或最低生活水平线。贫困是指维持生活基本需要的物品和服务得不到满足，政府通常会根据经济发展和人们收入水平规定一个地区的贫困线或最低生活水平标准。生活在贫困线以下的人被认为是没有经济保障的。

（4）一个人在经济保障程度方面的感觉是和他周边人的生活水平相关的。

由于人的生活水准会随着时间变化，对经济保障的感觉也会随之变化。社会道德观念、文化背景、教育水平和经济发展程度都会对经济保障概念产生影响，因此我们需要从动态的、全面的视角理解经济保障的内容和程度。

2. 经济无保障

经济无保障是和经济有保障相对的，也就是个体缺乏对现在和未来的需要及欲望可以得到满足的感觉，对眼前或未来的需要及欲望能否得到满足感到焦虑、恐惧、着急。经济无保障突出的一个表现是，眼前及未来的收入不足，而收入不足的表现形式大致可分为以下 4 种。

（1）**失去了收入**。劳动者可能由于退休、失业、健康等方面的原因失去或减少了原有的收入，如果没有其他收入来源的话，就可能陷入经济无保障的困境。

（2）**增加了花费**。个人或家庭临时增加了大额花费，如因为疾病或意外事故，如果没有充足的保险进行补偿的话，往往会导致个人或家庭陷入经济无保障的困境。

（3）**收入不充足**。如果劳动者的收入比较低，难以维持本人及其家庭成员的最低生活水平的话，也会出现经济无保障的情况，即使这个劳动者可能有着稳定的工作和收入。

（4）**收入不确定**。如果劳动者对其收入在未来的持续性不能确定时，也会感到经济无保障。例如，一个即使当前收入很高的工程师在没有收到来自公司的长期工作合同时，仍然会感到担心和忧虑。在很多国家，对失业的担心给人们带来了难以想象的忧虑，原因就在于失业会使人感到经济无保障。当然，未来收入的相对确定并不意味着经济有保障了，还要看实际得到的收入能否满足其基本需要和欲望。例如，假设一个退休职工每月可以从政府那里领到一份较低的退休金，并可以基本确定这笔养老金在其有生之年可以一直获得，但他仍然不会感到经济有保障，因为他的收入是不充足的。简而言之，不能仅从未来收入的相对确定性来考虑经济保障程度，因为收入可能是不充足的。只有持续的、充足的收入才会使人感到获得了经济保障。

3. 导致经济无保障的原因

很多原因可以导致经济无保障，我们这里列举一些较为重要的原因。列出这些原因的目的在于帮助我们理解社会保障体系在制度建设、计划制订和实施过程中，应如何确定被保障对象，以及如何从源头做起，尽量减少经济无保障现象的发生。

1）家庭经济来源主要提供者的早逝

早逝（premature death）的含义是，家庭经济来源主要提供者在未履行完其财务责任就过早地去世，财务责任包括对家庭成员的抚养、抵押贷款的支付、子女的教育等。早逝往往会使一个家庭丧失主要收入来源，从而陷入经济无保障的困境。早逝对很多家庭来说，都是一个非常值得关注的风险，因为每个家庭的经济来源主要提供者在其还有挣得收入能力时（如退休前），都有可能因为疾病、意外事故等原因去世。根据有关国家国民生命表给出的数据，一个人在60岁或65岁之前去世的概率并不是很低①，因此我们切不可低估早逝的风险。

2）老龄

大多数老年人退休后丧失了工作收入，如果在工作期间没有为退休后生活积累起足够的资金或退休后没有其他收入来源（如来自政府的养老金等），就极易陷入经济无保障的困境。

此外，健康原因导致的医疗、保健和护理支出，也是使老年人经济保障水平下降的重要原因，特别是一些高龄病人可能需要长期护理，由此带来的财务负担是惊人的。

3）健康不良

严重的疾病或伤害对患者来说会带来重大财务问题。

首先，需要支付高昂的医疗费用以及可能的健康护理费用。例如，虽然很多国家已经几乎为所有国民建立了基本医疗保险制度，但由于保障水平不足，患者在发生高额医疗费用时个人仍然需要支付一定比例及超过报销限额部分的费用。同时，由于基本医疗保险对某些人群是非强制的，使得一些人，如无业者或非正规就业者并未拥有政府提供的医疗保险。

其次，严重的疾病或伤害还可能导致劳动者收入的丧失或减少，特别是当劳动者长期不能工作时，一方面工作收入丧失了，另一方面还要负担不断产生的医疗护理费用。如果在此期间没有来自其他方面的替代性收入，劳动者及其家庭也会陷入经济无保障的困境。

4）失业

失业是导致经济陷入无保障的另一个重要原因。引起失业的原因有许多，如总需求不足、经济中技术或产业结构的变化、季节性因素、劳动力市场的摩擦等。不管因为何种原因，失业都至少会从四个方面导致经济无保障。

（1）劳动者由于失业失去了应得的收入，除非可以从其他来源获得替代性收入（如失业保险）或拥有个人储蓄，否则劳动者本人及其家庭将陷入经济无保障的困境。

（2）由于某些经济原因，劳动者只能在部分时间里工作，因而收入有所减少，不能维持本人及家庭的需要。

（3）失业使劳动者的收入出现不确定性，从而导致经济无保障。例如，由于季节性原因，建筑工人、旅行社的导游在一年当中的某些季节可能没有工作。

（4）某些劳动者群体失业后找工作更困难，如老年工人、残疾人、知识和技能与时代需求脱节的人、长期失业者。这类人群将面临更加严重的经济无保障问题。

5）收入不充足

收入不充足可能源于收入水平低或不能充分就业。收入水平低是指劳动者获得的工资

① 根据美国1980年的CSO生命表，25岁的人在65岁（正常退休年龄）前去世的概率为24%（引自《人寿与健康保险》（第13版），第153页，经济科学出版社）。

标准比较低，甚至低于最低工资标准。特别是当一个劳动者需要抚养多位家庭成员时，即使能获得最低标准的工资，也难以满足其基本需要和欲望。导致收入不充足的另一个原因还可能是季节性失业、健康不良、精神或身体方面的缺陷等导致的不能充分就业等。

6）通货膨胀

我们知道，如果消费价格的增长比工资收入的增长更快的话，劳动者的实际收入就会减少，经济保障水平就会下降。物价上涨会给那些工资滞后于物价上涨的劳动者带来伤害，特别是对低收入劳动者来说，高通货膨胀对他们的伤害更大，因为食品和某些生活必需品价格的增长幅度通常是更高的，而低收入劳动者通常必须将有限收入中相对更多的部分用于购买生活必需的食品和日用品，结果自然是更容易陷入经济无保障的境地。

7）自然灾害

洪水、台风、地震等自然灾害可以导致巨大的财产损失和人员伤亡。自然灾害的发生会给人们的生活造成巨大困难：一方面带来巨大人员伤亡及受害人家庭收入的损失，另一方面还会引发大量的后续附加支出。

8）人为因素

在某些情况下，人类自身的行为也需要对出现的经济无保障承担责任。比如，一些人缺乏劳动和工作积极性，没有改变自身经济状况的动力；一些人过于挥霍浪费，缺乏必要的财务计划，造成生活上的入不敷出。还有很多人对可能导致经济无保障的潜在风险缺乏预见和保护知识，并缺少相应的防范措施。

下列人的行为所带来的社会问题，与一些家庭出现经济无保障问题有着特别重要的关系。

（1）**离婚**。离婚对许多妇女来说是造成经济无保障的一个重要原因。美国斯坦福大学的社会学家利奥诺·魏特曼认为，离婚导致生活水平下降的原因有：①根据当地的财产等额分割法律，双方离婚时通常要将房屋出售，以满足等额分割的要求，这对一个家庭的稳定会造成破坏性的影响。在实施无过错离婚法之前，离异的妇女和孩子通常可以获得房屋，而如今却不是这样了。②法庭在对离婚进行判决时通常不太注意所谓新形式“财产”，这类财产一般是指所谓的“职业资产”，比如由于具有的教育和技能可能使未来的收入增加，以及健康保险和养老金等。③大量离异妇女还得不到赡养费，男方提供的子女抚养费通常不充足，还有相当一部分父亲不履行支付这笔费用的责任。

研究还表明，离婚和分居会给孩子的生活带来非常不利的财务影响。美国国家统计局的一项研究表明，父母离异后，子女跟随母亲生活的家庭的生活水平平均下降了37%，这类家庭的贫困率由18.8%激增到35.5%。因此，离异或分居家庭的孩子比在双亲家庭中生活的孩子更容易陷入经济无保障。

（2）**酗酒和吸毒**。对酒精的沉溺或吸毒也是引起经济无保障问题加剧的又一个人为原因。酗酒已成为严重的公共卫生问题之一，每年会有数以万计的人死于和酒精有关的车祸。

此外，吸毒也会导致严重的健康问题乃至死亡，吸毒者除了需要耗费大量的金钱购买毒品，还要为给健康、职业和个人生活方面带来的损害支付额外的费用。

对酒精或毒品的依赖所带来的健康不良、无力工作、家庭分裂、虐待子女、犯罪等后果，使很多家庭陷入了严重的经济无保障。

（3）**赌博**。赌博是造成经济无保障的又一个人为原因。赌博成性的人经常会陷入沉重的债务，出现无规律的失眠、沮丧以及其他和压力有关的疾病；一些人还会因为赌博而发生欺诈、盗窃或抢劫等行为；沉溺于赌博，还可能导致失去工作或改变职业。工作的丢失、与赌博有关的高额债务、非法的行为等给个人及其家庭带来了巨大的经济无保障。

10.1.2 社会保障体系

社会保障（social security）体系是一个国家经济保障体系的重要组成部分。关于社会保障的含义并没有一致的约定，但一些被普遍接受的社会保障计划的特点如下。

（1）社会保障计划是根据政府的法令而建立的。

（2）社会保障计划一般是以向个人提供现金的形式来弥补由于老年、残疾和死亡、疾病和生育、失业，以及职业伤害等原因造成的收入方面的损失。

社会保障体系通常包括以下部分。

1. 社会保险

社会保险（social insurance）是社会保障体系的重要组成部分。社会保险计划的资金一般不主要来自政府的财政收入，而是全部或大部分来自雇主、雇员，或者是雇主和雇员共同的缴资，这些缴资一般独立于政府的普通财政账户，被放入一个专项基金单独进行管理，所有的给付也都从该专项基金中支出。社会保险计划的参保人获得的给付一般应来自其以往的缴资，或者是和以往的缴资有关，或者是和规定的保障程度有关。根据收入的不同，不同参保人的缴费和获得的给付通常是不同的。大多数社会保险计划都是强制性的，企业和职工按照有关法律，必须参加社会保险计划并向社会保险计划缴资。加入社会保险的条件和获得给付的权利一般是由相关法律法规事先严格而明确规定的，管理机构不能随意改变。

2. 社会救助

社会救助（social assistance）又称为**公共救助**（public assistance），是社会保障的另一种形式，通常可以为个人提供现金及其他形式的给付。社会救助计划的共同特点包括以下四点。

（1）给付对象通常限于低收入者或贫困者。

（2）通常须对申请救助者本人及其家庭的财务收入来源和需要进行调查，再决定是否进行给付。

（3）给付的数额会随着领取人财务来源和需要的变化而改变。

（4）给付的资金来源通常是政府的一般性财政收入。

社会救助计划主要是向不能得到社会保险的低收入者或贫困者提供现金和其他形式的给付，因此，社会救助也可看作社会保险的一个补充，为一些其他财务来源较少、社会保险给付不足的人群或一些有特殊需要的人群提供帮助。

3. 社会福利

社会福利（social welfare）制度通常是国家面向所有国民的、带有普惠性的保障制度，可以从不同角度理解社会福利。

（1）**宽尺度**。这是从整个社会制度层面的理解，包括国家所做的旨在维持、改善、提高人民物质和文化生活的所有制度措施，其外延除一般的社会保障外，通常还包括税收政策、消费品分配、医疗保障、公共卫生、义务教育、文体设施等。

（2）**中尺度**。这是从一般社会保障制度层面的理解，是指国家和社会为制度范围内的公民提供的保证一定生活水平和提高生活质量的社会保障制度。

（3）**窄尺度**。这是从具体社会保障政策层面的理解，专指为社会弱势群体提供的服务，包括儿童福利、老年人福利、残疾人福利等。

从社会保障体系的建立主要是为全体国民提供经济保障的角度来看，我们认为，从窄尺度到中尺度之间的视角来理解社会福利计划比较好，即将提供社会福利的对象界定为有特定需要的国民。

10.2 社会保险的基本原理

社会保险是一国政府为全体劳动者及其家属提供基本经济保障的一项重要社会保障制度，是社会保障体系中最重要的组成部分。社会保险一方面为广大劳动者提供了经济上的安全，另一方面也是政府用来管理社会风险、调节人民收入、稳定社会和保持经济增长的重要社会政策。

由于在社会制度、文化背景、政府执政理念等方面的不同，不同国家对社会保险的认识并不完全一致。但是在将近200年的社会保险实践中，人们还是对社会保险形成了一些基本共识，本节关于社会保险基本原则的阐述，就是基于这些已经形成的共识，但仍要强调的是，不同国家在社会保险实践方面仍然存在一定差异。

10.2.1 社会保险的基本概念

社会保险是由政府建立的，要求所有劳动者及其雇主依法必须参加的保险制度，该制度通过向劳动者本人及其雇主征收社会保险费建立保险基金，当劳动者因为死亡、退休、疾病、失能、失业等事件的发生而收入减少或支出增加时，为其本人和家属提供货币性给付，以维持其基本生活水平。社会保险通常包括养老保险、医疗保险、失业保险、工伤保险。

专栏阅读

美国“风险和保险学会”对社会保险的定义

10.2.2 社会保险的基本原则

各国的社会保险计划尽管在保障内容、保障程度等方面有所不同，但在计划制订和实施过程中，大都遵循了以下基本原则。

1. 强制性原则

除极少数例外，社会保险通常都是强制性的，即国家通过立法，一方面要求政府必须建立适当的社会保险计划；另一方面，要求劳动者及其雇主必须参加政府设立的社会保险计划。

强制性的计划可以使公众在面临某些社会风险时比较容易得到保护，如家庭主要成员的早逝、退休后收入的不充分、长期的伤残等。通过强制性计划，所有人群都可以较容易地获得基本收入保障，无论是健康人群还是不健康人群。如果一项社会保险计划仅面向非健康人群，将会使运行成本极其高昂，从而难以实施。社会保险计划之所以能成为一个巨大的社会保险系统，也正是因为它的强制性。与小系统相比，大系统所具有的一个优点就是，随机和偶然性波动带来的影响会更少，需要提供的边际意外准备金也会随之减少。

2. 满足基本收入保障的原则

很多国家的传统观念认为，个人应该对其自身的经济保障负主要责任，当需要救助时，政府仅应支付基本的或最低的给付。人们不应该完全依赖政府的经济保障，而只应将政府的经济保障看作个人储蓄、投资收入、保险给付的补充。但总体来说，较为一致的观点是，社会保险计划应该提供针对主要风险的、满足基本生活需要的基本收入保障。

那么，什么是基本收入保障水平呢？这个概念很难准确定义，一直存在着争论。一种较为极端的观点认为，应将基本收入保障标准规定到使其事实上不存在的水平；另一种较为极端的观点认为，基本收入保障标准应高到足以达到人们较舒适生活的水准，人们可以不再需要商业保险、商业养老金等其他收入来源。第三种介于上述两种极端观点之间的理解是，基本收入保障水平应能使大多数人结合自身的其他收入以及拥有的金融资产，可以维持合理的生活水准；其余少数人则可以通过补充性的公共救助计划等满足自身的需求。实践中，各国大多是按照第三种理解来确定社会保险计划的给付标准，即实施社会保险计划的目标是为多数劳动者在需要的时候提供基本经济保障，不使其陷入贫困。

3. 强调社会公平性的原则

社会保险计划在确定给付标准时会更多地考虑社会公平性，而不是个人公平性，这点和商业保险有显著区别。社会公平性的意思是，所提供的给付应该能为所有参保人提供相同的生活水准；个人公平性的意思是，参保人获得的给付应直接和他们的缴资有关，更确切地说就是，给付的实际价值应和缴资的实际价值严格相关。实践中，社会保险计划提供的给付介于完全社会公平性和完全个人公平性之间，但会更强调社会公平性。

对社会公平性的强调导致一些社会保险计划的给付会向某些群体严重倾斜，如低收入群体、人口多的家庭、新进入社会保险计划但已接近退休年龄的职工等，这些人群获得的给付的实际价值会超过他们缴资的实际价值，意味着和其他人群相比，他们获得了相对较多的给付。

强调社会公平性原则的目的是向所有人群提供基本收入保障。如果让各类人群获得的给付完全和他们的缴资对等（尊重了个人公平性），则一定会有一些人群得到的给付很少（如低收入人群），这样就难以实现为每个人提供基本收入保障的目标。

社会保险计划对社会公平性原则的强调会导致收入的再分配。如前所述，某些人群得到的给付实际上会超过他们缴资的价值。事实上，对上述人群的给付往往会超过他们的缴资；而对其他一些人群（如高收入者、年轻劳动者）来说，则会出现超额征收缴资的问题。

这样，通过将一些人的收入转移给另一些人的方式，实现了收入的再分配。

4. 给付与收入适当挂钩的原则

社会保险的给付也会适当地和收入挂钩，也就是说，会在个人公平性和社会公平性之间保持一个平衡。一般来说，劳动者的收入越高，获得的给付也会越高，但它们之间的关系是不严格、不成比例的。

为什么对高收入劳动者的给付要更高一些呢？首先，由于竞争性劳动力市场的存在，应根据个人的才能和主动性给予经济回报，这一原则在社会保险计划中也应得到体现，一个劳动者的努力工作应该通过获得更高的社会保险给付的形式得到回报。其次，给付和收入挂钩考虑到了生活标准的不同。一般来说，工作时挣得的收入决定了劳动者的生活水准和退休时的收入水平。如果每个退休者的给付是一样的，则某些人的给付就会等于或超过其退休前的收入，而对那些退休前收入较高的人来说，减少了的给付会使他们感到经济保障程度大大降低。最后，给付应该和收入挂钩是因为社会保险给付不过是一种“延迟支付的工资”，给付的支付仅仅是工资合同的延续。从雇主的角度来看，向社会保险计划的缴资已经包含在劳动力成本中，这些缴资可以被看作雇员未来获得的延迟性工资。从雇员的角度看，对社会保险的缴资是暂时保留的应挣得收入，这笔收入可以在未来其退休、伤残或失业时获得。因此，根据上述分析，向高收入的职工支付相对较高的社会保险给付也是符合逻辑的。

5. 法定权利原则

获得社会保险给付是一种权利，不需要进行**需求测试**（means test），也就是说不需要社会保险给付的申领者提供需求性证明或收入方面的测定。需求测试仅在公共救助计划中被采用。在公共救助计划中，救助金的申请者必须证明他们的收入和资产不能维持自身及家庭的最低生活水平。但在社会保险计划下，申领者只要具备了获得给付的资格，就有权获得给付而无须提供需求性证明。

个人依法获得社会保险给付的权利是一项具有强制力的权利，政府相关管理部门必须按照法律规定的给付额向具有资格的申领者进行支付，不能根据管理人员的判断而拒付或减少支付。

6. 给付以发生了事先假定的需要为前提的原则

社会保险的给付应该以发生了事先假定的需要为前提，也就是说社会保险的给付不会是自动发生的，只有当特定事件发生且所有获得给付的资格要求都得到满足后，才会进行支付。例如，退休给付不会在劳动者60岁或65岁时自动支付，而是一定要事实上发生了退休，即劳动者办理了退休手续。因此，一个有收入、正在工作的职工，即使已经达到了退休年龄，也被认为不需要获得社会保险的退休给付，因为他并没有失去工资性收入。而对一个已经退休的职工来说，他失去了工作收入，根据事先假定的需要的确发生了，就可以得到退休给付。

7. 财务上自我维持的原则

社会保险计划在财务上一般应该是自我维持的，这一原则被很多国家认可并采用至今。社会保险计划的资金来源主要有三方面：①雇主和雇员向社会保险计划的缴资；②社会保险基金的投资收益；③社会保险给付中应纳税部分带来的税收收入[①]。

通过让参加社会保险计划的职工及其所在企业向社会保险计划缴资而形成社会保险计划的主要融资来源，具有以下几点合理性：首先，由于雇主和雇员要向计划缴资，所以他们会意识到未来可以得到的给付和缴资之间的关系，并且缴得多将可能获得更多。其次，鼓励得到保障的劳动者采取更负责任的态度，他们会认识到自己及家庭得到的给付是由于缴资才有可能，这样的认识会使他们感到计划的稳固性，以及与他们的个人利益具有密切关系。最后，如果几乎所有正在工作的劳动者都在向社会保险计划缴资，就会带来一种心理上的影响，会导致对该计划的广泛接受性，人们会得到更多心理上的安全感，同时，保险计划也会因为参加人数众多而不易受某些不稳定因素的影响。

8. 部分基金式原则

与私人养老金计划强调基金的充分性不同的是，社会保险计划一般不需要基金的充分性，社会保险基金的积累一般坚持的是部分基金式原则。具有充分性基金的计划是指，计划下累积资产的价值应该能完全偿付所有到期时应履行的给付责任。对社会保险计划来说，接受这一概念本身就是困难的，因为在如何定义计划的到期给付权利方面就存在问题。

社会保险不需要建立充分性基金的理由有四点。第一，社会保险计划的运行是长期的，通常没有一个可以预见的终止期，因此很难从精算的角度定义所谓的“到期责任”。第二，由于计划是强制性的，总会有新的参加者加入计划并缴资来支撑该计划的运转。第三，如果计划的运行出现了财务方面的问题，政府有通过增加缴费标准筹集新资金的能力。第四，从经济学的观点来看，充分性基金也不是人们所希望的，因为建立充分性基金需要在未来许多年里征收足够的社会保险费，这可能导致通货紧缩和更高的劳动力成本。

10.2.3 社会保险与商业保险

尽管社会保险和商业保险具有很多相似之处，并且都是某种形式的保险，但它们在特点、内容和目标上是十分不同的，不应该用相同的标准去评判它们。对商业保险来说是对的东西，对社会保险可能就是不对的。例如，商业保险强调个人公平性（或称为个人权益性、精算公平性等），而社会保险强调的则是社会公平性。

1. 相似点

（1）都依据风险转移和给定风险的广泛汇聚。

（2）都制定了有关保障、给付和融资方面的具体而完善的条件。

（3）都需要对领取给付的资格和数额进行精确的数学计算。

（4）都要求缴资和支付的保费能充分保证计划的估计成本的需要。

（5）从整体上来说都是通过向社会提供保险给付而提供经济保障。

2. 不同点

社会保险和商业保险的主要不同点如表 10-1 所示。

---

① 部分国家对社会保险给付也要征收所得税。

表 10-1　社会保险与商业保险的不同点

社会保险	商业保险
● 强制性 ● 最低收入保障 ● 强调社会公平性（福利性因素） ● 给付是由法律事先确定的（法律权力） ● 政府垄断 ● 成本预测困难 ● 不是充分性基金，因为可以强制新的进入者缴资和假设该计划不定期地持续下去 ● 不需要核保 ● 对目标和结果的判断方面的广泛差异性 ● 投资一般是政府的责任 ● 征缴能力较容易克服通货膨胀的影响	● 自愿性 ● 更多数量的保障，根据个人意愿和支付能力 ● 强调个人公平性（保险性因素） ● 由合法的合同规定给付（合同性权力） ● 竞争 ● 成本更容易预测 ● 必须建立充分性基金而不依赖新加入者的缴资 ● 需要进行个人或团体核保 ● 对目标和结果的评价标准更为一致 ● 投资主要通过私人渠道 ● 更容易受通货膨胀的影响

表 10-1 中的前三项前面已经进行了解释。就第 4 项来看，我们知道，社会保险的给付是事先由法律规定的，并从法律上保护了劳动者获得给付的权利。商业保险的给付是由保险合同条款规定的，获得给付的权利来自合同条款；社会保险是不需要合同的，“条款”根据的是法律和对法律的司法解释。同时，商业保险是竞争性的，人们不需要被强迫去购买，商业保险合同是可注销的，条款是可更改的，保费是可增加的。归根结底，由商业保险合同提供的经济保障依赖于保险人的持续经营和偿付能力，如果保险人陷入破产，具有法律效力的合同所提供的经济保障也会丧失。

在社会保险中，政府处于垄断地位，而商业保险公司则普遍面临着来自其他保险公司的竞争。政府垄断的工具就是强有力的公共政策。社会保险通常是强制性的，所以可以利用垄断工具来消除或减少竞争带来的销售成本，而且公众也普遍认为既然强制性的计划可以通过政府来实行，就没有必要让商业保险公司去盈利。

社会保险中对成本的预测比商业保险中对成本的预测更困难，这是社会保险和商业保险的另一个区别。社会保险需要对某些在商业保险看来属于不可保的风险（如失业风险）计算费率和准备金，而且还必须考虑到经济、人口、社会方面的变量，如出生率、死亡率、婚姻状况、就业、失业、伤残、退休、平均工资水平、给付水平、利率及其他很多给成本预测带来困难的因素。

在计划的管理方面，社会保险基金不是充分性基金，而商业保险和商业养老金计划则必须建立充分性基金。劳动者在参加社会保险计划时一般不需要核保，而商业保险人在承保前通常必须进行核保。社会保险不适宜进行核保是因为社会保险的目标是为所有人提供基本的经济保障，也就是说要能为绝大多数人提供保障；商业保险由于其目标是为可营利的风险承保，所以必须进行核保。

在社会保险方面，人们会在融资方法、给付水平、获得给付的资格、保障期限、政府的作用等方面存在广泛而激烈的争论；而在商业保险经营目标方面，人们的看法则比较一致。

社会保险基金的投资一般是政府的责任，而商业保险主要是由私人机构从事投资管理（在某些国家，社会保险的投资也可以委托私人机构）。

政府在征收缴资方面的能力可以更加容易地克服通货膨胀对社会保险计划的影响。在通货膨胀时期，政府会通过增加社会保险给付，为领取者减轻高物价的压力。而商业保险的给付则是固定的，因而容易受到通货膨胀的影响。

10.2.4　社会保险与社会保障

除了社会保险，社会保障体系通常还包括社会救助和社会福利。下面简单分析一下社会保险与社会救助及社会福利的区别。

10.2.4.1　社会保险与社会救助

社会救助又称公共救助，是指由国家和社会在公民不能维持最低生活水平时，按照有关规定向其提供的各种形式的援助。

在需要的时候要求获得救助是国民的一项基本权利，而提供救助是国家和社会应承担的责任。社会救助只能在国民因各种原因不能维持最低生活水平时才能获得，因此申请救助者必须向有关机关证明自己的收入、财产不能维持个人及家庭的最低生活水平时才能获得给付，所以需要进行生活状况（包括资产）调查。社会救助的另一特点是其救助方式的多样性，传统上是以物质帮助为主，包括现金、衣物、食品等，现在还包括提供信息、技术、培训等方面的帮助，帮助申请者提高生存能力。

社会救助计划在制订和实施过程中遵循以下基本原则。

（1）**选择性原则**：并不是所有申请者都能得到救助，需要对申请者及其家庭进行生活状况和资产状况调查，根据调查结果作出是否提供救助以及救助多少的决定。

（2）**提供最低生活保障原则**：以维持最基本的物质生活为原则，作为社会保险的补充。

（3）**无差别待遇原则**：在确定了“贫困线”后，根据申请者的收入水平进行差额救助，使所有获得救助者都处于同一水平线上。

根据以上对社会救助概念和基本原则的介绍，不难梳理出社会救助与社会保险的主要区别。

1）对象与功能不同

社会保险的对象是有固定职业与正常收入的工薪阶层和其他劳动者，其基本功能是通过强制他们缴纳保险费，使其能在面临某些风险事件后获得给付，维持基本生活水平。因此，社会保险的基本功能在于“防贫”。

社会救助的对象是老弱病残、无力自谋生路的国民，以及虽有工作能力但因遭受意外事故导致正常收入中断而无法维持最低生活的国民。因此，社会救助的基本功能在于“济贫”。

2）基金来源与给付方式不同

社会保险计划的资金来源是参加保险的职工及其所在单位的缴资，政府只是在必要的时候给予补助。社会保险的给付是依据有关法律规定的条件、标准执行的，不需要经过生活状况和财产调查。

社会救助所需资金和物资主要来源于政府的财政拨款和社会捐助，需要对申领者进行严格的生活状况及财产调查，只有证明申领者的收入及财产不足以维持最低生活水平时才会给予给付。

3）权利与义务关系不同

社会保险是一种建立在缴费基础上的制度，强调权利与义务的对等，参加者只有履行了缴费义务，才有获得给付的权利。

社会救助不要求申领者的权利与义务对等，强调的是国家和社会对国民的责任和义务，申领者有接受救助的权利而无须履行缴费的义务。

4）保障水平与给付标准不同

社会保险一般根据被保险人的收入水平、缴费多少及国家的财力而确定保障水平，保障被保险人的基本生活需要。

社会救助则是根据被救助对象的实际情况制定出最低生活水平线（贫困线），以此作为保障水平，给付额度不受以往收入水平的影响，而主要依据收入及财产调查的结果。

5）保障期限不同

社会保险的各种给付一般都规定享领期，如果被保险人在享领期内仍面临无力摆脱风险事件所带来的收入影响的话，将会改领社会救助。例如，失业保险金的领取通常都会规定一个最长期限，如果超过这个期限，失业者仍然没有找到工作，将不能继续领取失业保险金，而可以按规定领取社会救助金。

社会救助金的发放可以是无限期的，前提是只要申领者的生活水平一直处于最低生活水平（贫困线）以下。

6）给付的触发和心理感受不同

在法定范围内的风险发生后，有关机构就会按照相关法律法规规定自动履行社会保险的给付，领取人在精神上一般不会受到损害。

对社会救助来说，需要经过个人申请、收入及财产调查、批准等工作程序，否则不能得到救助。在很多人看来，进行财产调查是一件有损形象和身份的事，因此一部分人即使符合条件也宁愿放弃申请社会救助的机会。

10.2.4.2　社会保险与社会福利

社会福利是国家依法为所有国民普遍提供的旨在保证一定生活水平和尽可能提高生活质量的资金和服务的社会保障制度。

社会福利制度一般具有以下几个特点。

（1）**覆盖对象的普遍性**：社会福利是为所有国民提供的，目的在于普遍提高所有人的生活水平和生活质量。

（2）**福利给付的单向性**：社会福利提供的资金或服务完全来自政府财政，不依赖受惠者的缴资。

（3）**特殊人群的针对性**：很多社会福利制度是针对残疾人、孤寡老人、儿童等人群的。

（4）**利益平衡的调节器**：一些社会福利制度的制定是出于平衡社会不同群体的利益，如退伍军人的福利制度、我国为所有 60 岁以上的农业人口发放由财政支付的养老金制度等。

不难看出，社会福利及社会救助在保障对象、资金来源、保障水平、给付标准、经办主体、保障手段等方面都和社会保险有显著的不同，它们之间应该是互为补充的关系（见表 10-2）。

表 10-2 社会保险、社会救助与社会福利的比较

比较维度	社会保险	社会救助	社会福利
保障对象	工薪阶层，其他劳动者	生活在贫困线下的公民	全体公民
资金来源	个人和企业缴资为主，支付给予一定支持	政府财政拨款和社会捐款，个人不缴费	财政拨款、企业利润分成、社区自筹、社会捐款，个人不缴费
保障水平	基本生活水平	最低生活水平	提高生活质量
给付标准	被保险人原有收入水平，缴费额的多少	根据资产调查情况	以平均分配为主
经办主体	政府专门机构	政府有关部门、社会团体	政府、社会组织、基层单位、各行业主管机构
保障手段	提供保险津贴为主，相关服务为辅	资金、物资并重	以提供服务和服务设施为主，货币为辅

10.3 主要的社会保险计划

10.3.1 养老保险

10.3.1.1 老年问题的主要表征

1. 老年人口在总人口中的占比不断增长

由于预期寿命的增加，老年人在总人口中的比例快速增长，老龄化问题日益严峻。根据我国国家统计局的数据，2022 年年末我国 60 岁及以上人口 28 004 万人，占全国人口的 19.8%，其中 65 岁及以上人口 20 978 万人，占全国人口的 14.9%。这两个比例均已大大超过了国际上公认的老龄化社会的标准[①]。根据世界银行 2018 年的预测，到 2050 年，我国 65 岁及以上老年人口占总人口比例将会达到 26%，80 岁及以上的老年人口占比将达到 8%[②]。

2. 退休导致的收入损失

退休后收入的减少是导致老年人出现经济无保障的重要原因。职工退休后失去了工作收入，如果没有来自社会基本养老保险计划、企业退休计划或个人退休前购买的商业养老保险的收入，或者这些收入并不充足的话，将可能使部分退休老年人陷入经济无保障的困境。

3. 更长的退休生活期

由于寿命的延长，人们退休后将面临更长的退休生活期，从而带来了经济保障问题。由于一个人将有相对更长的时间在退休后度过，工作的时间就相对更短了，可以获取工作性收入的时间相对更短了，人们会更加难以在相对更短的工作期内储蓄起足够的资金来维持相对更长的退休期内希望的生活水平。

除了寿命延长的原因，退休生活期相对更长而工作期相对更短的原因还来自一些人选择提前退休，以及接受正式教育的时间相对更长。

1）提前退休

劳动者选择提前退休的原因是多种多样的，如健康原因、对工作的厌恶、企业的原因、

① 国际上衡量老龄化社会的标准是 60 岁以上人口占比超过 10%，或 65 岁以上人口占比超过 7%。

② 《中国养老服务的政策选择：建设高效可持续的中国养老服务体系》（2018），世界银行。

个人希望更多的闲暇、拥有了满足退休生活需要的收入来源等，因而我们看到总有相当一部分劳动者愿意选择提前退休。特别是世界上很多国家并没有法定退休年龄的规定，人们可以自由选择自己的退休时间。

2）寿命的延长

尽管预期寿命的增加大部分发生在较年轻人群身上，但年龄较大人群的预期余寿也有了较快增加。例如，美国65岁男性的预期余寿从1970年的13.1岁增加到2010年的17.5岁，65岁女性预期余寿从1970年的17.1岁增加到2010年的19.9岁。由于许多退休职工的储蓄有限，退休后生活时间的延长加大了退休职工在去世前耗尽储蓄的风险，加剧了退休职工陷入经济无保障的风险。

3）更长的接受教育期

更长的接受教育期是使退休期相对变长的另一个原因。现代经济的发展需要更高技术的劳动力，这使得劳动者需要接受正式教育的时间更长了。更长的教育期推迟了个人成为劳动者的时间，提高了个人进入劳动力群体的平均年龄，缩短了可获得收入的时间，相对增加了退休后的时间。因此，平均来看，**未来的劳动者需要用相对更短的工作期为相对更长的退休期做好财务准备**。

4. 收入和资产的不足

整体上看，人们退休后的收入会明显低于退休前，一些老年人的收入常常不足以维持基本生活需要，拥有的金融资产数量也较为有限。

1）收入水平

如果认为所有退休的人都很富足肯定是错误的，同样，如果认为所有老年人都是贫困的也是不对的。一般来看，老年人是一个经济状况差异很大的群体，收入水平非常不平均。图10-1表示的是2008年65岁以上美国老年人的收入分布。我们发现，中位数仅为24 857美元，并且实际收入水平存在很大差异，约有13%的老年人总收入低于10 000美元，而同时有约23%的老年人收入在50 000美元以上。因此，会有部分老年人面临较为严重的经济无保障问题，而同时也有相当一部分老年人可以达到合理的生活水平。

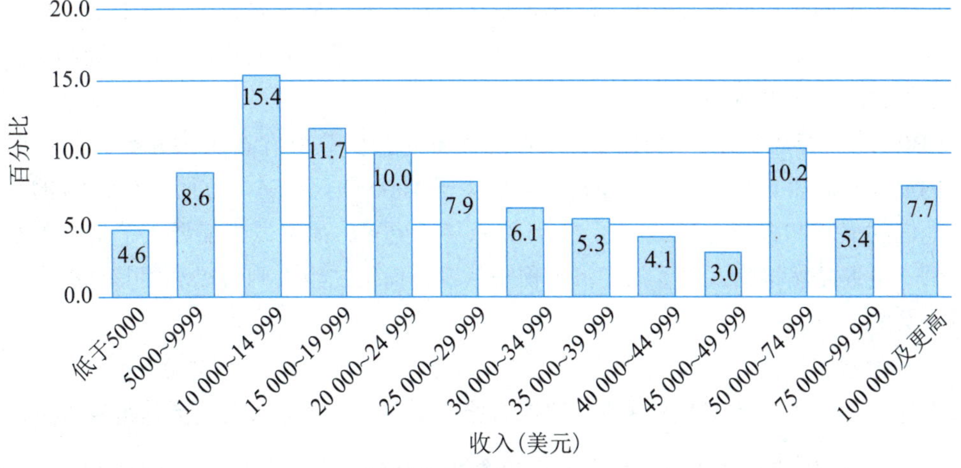

图10-1 美国老年人的收入分布（2008年）

2）收入来源

通过分析老年人获得的各种收入来源，从而确定它们的相对重要性是很重要的。图 10-2 显示了 2008 年美国老年人收入的 4 个主要来源：社会保障、工作收入、公共和私人养老金、资产收益。该图表明，社会保障为 65 岁及以上人口提供了最大部分的收入份额，社会保障提供了大多数老年人总收入的至少一半。因此，如果没有社会保障，大多数老年人将面临严重的经济无保障问题。

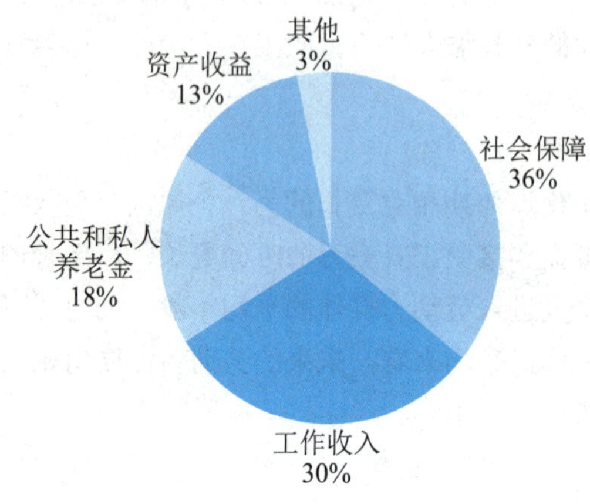

图 10-2　美国老年人的收入来源（2008 年）

3）老年人的金融资产

对老年人财务状况的分析还应考虑到他们拥有的金融资产。尽管工作性收入在退休后会终止或减少，但来自股息、利息和其他金融资产的收入可以部分或全部抵消工作收入的损失。金融资产还可为退休期间可能发生的意外事件提供缓冲，如可以用来负担社会医疗保险和商业医疗保险中未包括或除外的未预计到的医疗费用，以及向专业护理机构支付长期护理费用等。

但相关的调查研究表明，大部分退休职工并没有足够的储蓄来享受舒适的退休生活。雇员福利研究所（Employee Benefit Research Institute，EBRI）2010 年的一项调查发现[①]：在对调查作出回应的退休人员中，有 56% 受访者报告的储蓄总额和投资少于 25 000 美元，其中并不包括其主要居所或来自企业的确定给付型养老金计划的价值，这一数额当然不足以保证舒适的退休生活。

EBRI 的调查还显示，退休人员报告的储蓄和投资数额存在很大差异。一方面，有 27% 的退休人员报告说他们的总储蓄和投资少于 1000 美元；另一方面，有 12% 的受访者表示他们的储蓄和投资总额达到了 25 万美元甚至更多。如果发生需要大笔资金支出的事件，第一组人显然将陷入严重的经济无保障状况，而第二组人则可以利用其金融资产获得更好的保护。

5. 健康状况不佳

作为一个群体，老年人的健康状况比一般人群更差。老年人会更频繁地看医生，更容

① Employee Benefit Retirement Institute. *The 2010 Retirement Confidence Survey: Confidence Stabilizing, But Preparation Continue to Erode*. Issue Brief, no. 240, March 2010, 17.

易出现失能，而且住院时间普遍更长。尽管社会医疗保险可以覆盖老年人医疗费用的大部分，但老年人在医疗保健方面的支出相对年轻人来说仍然占据了全部支出的更大比例。老年人的健康问题可分为两类：慢性病和长期护理。

1）慢性病

老年人通常患有一种或多种需要持续医疗的慢性病，如关节炎、听力障碍、心脏病、糖尿病、白内障、高血压、脊椎问题、髋关节和膝关节置换等。尽管大部分老年人都享有社会医疗保险，但有些人仍然难以支付医疗费用，原因如下：社会医疗保险支付的费用低于全部医疗费用；社会保险计划核准支付的数额大大低于医疗保险提供者要求支付的费用；被保险人必须接受社会保险计划规定的年度免赔额和共保比例方面的要求；社会医疗保险不包括某些保健器械，如助听器、眼镜等许多方面的费用。因此，一些人会购买商业医疗保险提供额外的补充保障，但更多的人会因为成本问题而没有购买补充的商业保险。因此，一些社会保险参加者仍然要因为长期性健康问题自己支付相当可观的费用。

2）长期护理

许多老年人在生命的最后几年都会经历需要有人护理的阶段。根据第四次中国城乡老年人生活状况抽样调查，我国失能半失能老年人约 4063 万人，占老年人口 18.3%[①]。在中国，老年人的护理主要是在家中由家庭成员或聘请的护理人员完成，也有一小部分老年人会在专门的养老院获得护理。在美国，很多老年人都会在养老院度过一段时间。美国卫生与公众服务部的一项研究发现，65 岁以上的老年人可能有 40% 的机会进入养老院，在进入养老院的人中，约有 10% 会在那里待五年以上。

长期护理的成本是惊人的。以北京为例，2022 年退休职工的月平均养老金收入为 4500 ～ 5000 元，而聘请一个居家照顾可以完全自理老人的护理人员的月工资为 6000 ～ 7000 元，如果是老人不能自理，费用将达 10 000 元左右。如果是去专业的养老机构，护理费用则更高。护理费用的支出远远超过了一般老年人的全部养老金收入。在美国，提供长期护理的机构的年收费在 21 世纪初就已经达到 7 万～ 10 万美元，有的甚至更多。

面对高额的护理费用，政府的医疗保险计划在支付长期护理费用方面只能提供有限的帮助。中国已经在若干城市开展了纳入社会保险范畴的长期护理保险试点，对需要护理的失能老人提供有限的资金补偿。从国际上看，将护理费用全部纳入社会保险补贴的国家很少，多数发达国家的社会医疗保险都只能为失能老人提供较为有限且给付条件苛刻的护理费用补偿。

在商业性长期护理保险方面，由于价格和一般劳动者收入水平的限制，大多数退休劳动者都没有购买商业长期护理保险。因此，一旦出现需要长期护理的状态，通常会给个人及家庭带来沉重的财务、精神负担，甚至会瓦解家庭的正常生活状态。

6. 通货膨胀

通货膨胀也会对老年退休人员造成相当大的负面经济影响。随着时间的推移，食品、住房、衣着、医疗、公用事业和汽油的成本通常会不断增长。由于收入有限，与一般人群相比，老年人在食品、医疗方面的支出往往会占到收入的很大比例。虽然社会保险的给付

① 《中国城乡老年人生活状况调查报告（2018）》，社会科学文献出版社。

每年会根据消费者价格指数的变化进行调整，但这类给付只提供基本收入保障，并不会满足人们的所有收入需求。

7. 其他财务问题

老年人还会受到其他财务问题的困扰，这些问题加剧了他们的经济无保障状态。很多地区缺乏低成本的住房；很多老人负担不起私家汽车，而公共交通又不充足，特别是在较小社区和边远地区。此外，老年人还会经常受到不道德的销售人员的欺诈，这些人常向他们推销投机性投资产品、不适当的人寿保险、复杂且不适合的年金产品、欺骗性的房屋维修，以及利用电信及互联网进行欺诈等。

8. 对老年人的虐待

对老年人的虐待也是老年问题的一个重要方面。虐待的形式是多种多样的，如被照护者忽视或遗弃、身体虐待、情感虐待、医疗护理机构的欺诈和虐待、财务上的盘剥等。大部分施虐者是成年子女或其他亲属、配偶、服务提供者、朋友和邻居。在很多情况下，施虐者存在严重的个人问题，如吸毒、酗酒、缺少金钱、精神疾病或失业等。

10.3.1.2 解决老年人经济保障问题的主要措施

为了应对退休给老年人带来的经济保障问题，社会各方面已经采取了大量的私人性和公共性措施，其中最重要的一些措施包括以下几点。

- 持续就业。
- 企业退休计划。
- 建立社会基本养老保险制度。
- 建立社会基本医疗保险制度。
- 建立个人退休账户制度，鼓励个人为退休进行储蓄。
- 企业年金、职业年金和商业养老年金保险。
- 建立长期护理保险制度。
- 建立最低生活保障制度。
- 反向抵押贷款。
- 老年人保护方面的立法。

1. 持续就业

1）兼职工作

兼职工作是减少退休后经济无保障的有效途径。兼职工作可以使一些老年人通过工作收入补贴有限的退休收入。健康欠佳或渴望更多的休闲可能使全职工作对年长的劳动者没有吸引力，但许多年长劳动者愿意兼职工作，继续为社会和经济发展做出自己的贡献。

2）逐步退休

兼职工作的一种变化形式是逐步退休，也称为渐进式退休，这是很多发达国家针对年长员工的一种较为普遍的安排。在这种安排下，工作不会在退休时突然终止，取而代之的是部分工作和部分退休相结合，使得年长员工既获得了继续就业的好处，仍然可以获得工作的收入；又可以获得退休的好处，减轻了工作压力，有更多的闲暇时间。

逐步退休的方式包括以下几种。①年长的员工可以在退休前的一段时间，如1～3年里获得更长的假期，或在退休前每年给予他们更多的空闲时间。②允许年长员工调换到要求较低的工作岗位或从事兼职工作。③许多用人单位还通过不为年长员工设定正式工作负荷，或降低绩效考核标准等措施，帮助他们实现逐步退休。④对于专业人员和高管人员，可以采取先退休后返聘的方式，让他们临时性地从事适合其才能的工作。

逐步退休无疑可以使年长员工从中受益，因为他们可以从事适合他们的工作，并维持一定的收入和个人自我实现方面的需求。同时，这样做对雇主在管理方面也有好处，既可以使年轻员工得到更多的提拔机会，也仍然保留了有价值的老员工的服务和技能。

3）推进延迟退休的改革

从20世纪末以来，很多国家，特别是发达国家，迫于人口老龄化的压力，推行了延迟退休的改革，即将法定退休年龄或正常退休年龄在原有基础上进行了适当推迟。例如，美国从2000年开始，将可以领取全额养老金的正常退休年龄从65岁逐渐提高到67岁；中国政府也已经在部分省市开始了延迟退休制度的试点。

2. 企业退休计划

为了帮助员工为退休做好准备，很多企业也会为即将退休的员工提供不同形式的退休前培训项目或建议。这些项目为即将退休的员工提供了有用的信息，涵盖的主题包括如何将放在企业年金、401（k）计划或其他退休计划中的资金进行投资，如何选择健康保险，如何进行理财，身体衰老的表现，晚年精神健康，居家养老和保健问题，晚年生活安排，闲暇时间利用，从事志愿工作，等等。

员工退休后的调整过程往往与退休前的培训密切相关。许多年长的员工几乎意识不到退休后将会发生怎样的变化。退休的决定可能带来很多不确定性，如果这些不确定性得以消除，员工退休所需的调整过程就会更容易些。

3. 建立社会基本养老保险制度

政府建立的社会基本养老保险制度是大多数劳动者退休后主要的、基本的收入来源，通常可以满足大多数劳动者退休后的基本生活需要。在中国，城镇企事业单位的退休职工只要满足退休前向社会基本养老计划缴费满15年，基本上都可以获得政府提供的社会基本养老金。2021年，我国基本养老金的平均水平是3000元/月。在美国，2010年时约90%的65岁及以上人口可以获得政府提供的养老金，根据2007年1月的统计，支付给退休人员的月平均养老金为1045美元[①]。来自社会保险的养老金在减少老年人的贫困方面非常有效。根据美国的统计数据，2010年美国65岁及以上的贫困率为9%，如果没有社会保险的给付，将有1400万老年人陷入贫困，贫困率将大幅上升到45%左右[②]。

4. 建立社会基本医疗保险制度

老年人更容易在健康方面出现问题，医疗保健和护理方面的支出在老年人全部支出中通常占有很高的比例，很多老年人往往由于健康问题导致的巨额支出而使个人及家庭陷入

① National Academy of Social Insurance. *Social Security:An Essential Asset and Insurance Protection for All*. Social Security Brief, no. 26, February 2008.

② U.S.Census Bureau. *Income, Poverty,and Health Insurance Coverage in the united states:2010*. Table 4, 15,12.

经济无保障的境地。因此，相对于劳动人群来说，老年人对医疗保险有着更强烈的需求和依赖。正因如此，很多国家都建立了社会基本医疗保险制度，并且在制度设计方面着重适应并满足老年人的需要。比如，中国的城镇退休职工无须缴纳基本医疗保险费用，且报销比例高于在职职工。在美国，几乎所有 65 岁以上的老年人都被纳入了医疗保险计划，该计划可以为慢性疾病支付大部分医疗费用。社会医疗保险的存在减轻了老年人医疗费用中很大一部分负担，减少了老年人经济上的不安全感。

5. 建立个人退休账户制度，鼓励个人为退休进行储蓄

个人退休账户（individual retirement account，IRA）是由个人指定开立的、归集具有税收优惠的退休准备资金，用于向银行储蓄、银行理财、商业养老保险、养老目标基金等金融产品缴资、累积收益以及资金领取的个人专用账户。该账户在个人达到退休年龄前通常是封闭运行的，不能提取资金。个人退休账户的设立，为劳动者乃至普通国民为其养老进行资金储蓄和积累提供了一个基本渠道，成为个人养老金的一个重要载体。

政府通常通过税收方面的优惠政策，鼓励个人建立退休账户并向该账户中缴资，优惠的主要形式是**递延纳税**（tax-defer），即个人每期（通常按年计算）在规定数额内向账户的缴资可从其个人应纳税基数中扣除，进入账户的资金投资于金融产品获得的收益无须在当期纳税，账户中所有余额只有到退休后领取时，才根据当时的税率缴纳所得税。也就是说，个人向个人退休账户缴纳的资金及其产生的投资收益，都可以递延到将来领取时再缴纳个人所得税。

目前，主要发达国家都已经建立了个人退休账户制度，美国的个人退休账户制度是 20 世纪 70 年代建立的，已成为个人积累养老储蓄的重要方式。我国于 2022 年 4 月也建立了个人养老金制度，属于个人退休账户制度。

6. 企业年金、职业年金和商业养老年金保险

政府的社会基本养老保险计划提供的养老金通常称为**公共养老金**，由企事业单位的退休计划和商业保险机构提供的养老金统称为**私人养老金**。私人养老金对于减少退休后的经济无保障状况非常重要，特别是对处于平均收入或高于平均水平的员工而言，由于社会保险一般只提供最低程度的保障，私人养老金则可以提供额外的收入保障。

目前，大多数雇主提供的退休计划都是**确定缴费型**（defined contribution，DC）计划。该计划只规定了缴费率，但实际的退休给付将根据进入计划的年龄、投资回报和退休年龄不同而有所不同。例如，在一个计划中，可以规定相当于工资 6% 的缴费率，由雇员和雇主共同支付。该账户为每个参与者设立一个个人账户，缴费存入每个参与者的账户。当员工退休时，账户中的价值将被用于提供退休给付。

确定给付型（defined benefit，DB）养老金计划对于减少退休后的经济无保障也是很重要的。尽管随着时间的推移，DB 型计划重要性相对已经下降，但在国际上，仍然有相当多的大型传统企业实行 DB 型的企业养老金计划。DB 型养老金计划的退休给付是事先计划好的，而雇主为员工的缴资将会根据为兑现所承诺的给付所需要筹集的资金进行调整。退休给付的标准通常是在加上了社会保障计划提供的退休给付的情况下，员工的总收入能相当于退休前收入的 50% ～ 60%。确定给付金额的主要因素通常包括员工的工资收入、

工龄和退休年龄。

私人养老金计划会对经济发展产生重要影响。首先，向养老金计划的缴资是私人储蓄的重要来源，会直接影响经济的增长和发展；其次，养老基金投资对金融市场有巨大影响；最后，养老金计划对收入再分配、劳动力流动、提前退休以及老年人就业机会也会产生重大影响。

7. 建立长期护理保险制度

从发达国家情况看，许多高龄老人会在养老院度过一段时间。如前所述，在美国65岁以上的老年人中，40%会进入养老院，而养老院收取的护理费用是惊人的，每年收取的费用高达7万～10万美元，甚至更多。因此，许多美国老年人会购买长期护理保险，以应对长期留在护理机构所带来的经济负担。

长期护理保险的主要优点是可以减轻或消除长期住在养老院带来的沉重经济负担。然而，长期护理保险作为减少老年人经济无保障问题的方式也有两大缺点。

（1）长期护理保险的价格非常贵。根据每日的给付金额和申请人的年龄，每年的保费通常高于3000美元，许多收入有限的老年人因无法支付高额保费而无法获得长期护理。

（2）如果保费不断提高，老年人将面临相当大的财务风险。由于大多数长期护理保单是保证续保的，这使得保险人需要增加保费，而且在许多保单中，被保险人有权根据消费价格指数的增长每年增加日津贴金额。然而，如果被保险人行使其增加日津贴的权利，每年的总保费就会增加。因此，许多年长的保单持有人会面临保单价格随时间大幅增长的可能，这使保单的持有愈发困难。

8. 建立最低生活保障制度

一些低收入和财产有限的老年人还可以根据国家建立的最低生活保障制度，以现金津贴的形式获得给付。世界上很多国家都建立了此类制度。在美国，提供最低生活保障的计划被称为**补充保障收入计划**（supplemental security income program，SSI），针对老年人、盲人和残疾人，是一个需要经过严格需求测试的公共救助计划，既可以向参加了社会保险但收入不足的人，也可以向没有参加社会保险且收入不足的人提供补充性给付。中国于1999年建立了城市居民的最低生活保障制度，之后，各地陆续推出了针对农村居民的最低生活保障计划。

9. 反向抵押贷款

住房反向抵押贷款的出现为老年人通过将房产变现来改善经济状况提供了新路径，它是一种与传统的房屋抵押贷款相反的融资模式：老年人以已取得产权的住房作为抵押物，从债权人处获得一次性或按期终身发放的贷款（类似向老年人支付养老年金）。当老年人去世时，贷款合约终止，债权人获得对老年人房屋的处置权，以出售房屋的收入弥补发放贷款的本息。住房反向抵押贷款作为一种以获得养老金为目的的融资工具，可以提高老年人财富的流动性、改善其退休生活，是社会基本养老保险制度的补充。目前，在美国、加拿大、澳大利亚、新加坡、中国等国家，已经出现了一些由政府、金融机构等设立的住房反向抵押计划。

10. 老年人保护方面的立法

除上述方法之外，政府还通过立法保护老年人的权益，以减少可能出现的经济无保障问题。一些国家出台了就业中反对年龄歧视方面的法律，禁止雇主因年龄原因解雇员工或减少员工的福利。例如，美国 1967 年颁布的联邦《反年龄歧视就业法》中，禁止雇主、职业介绍所和工会在雇用、解雇、补偿和其他雇用条件方面歧视老年员工，并将就业中的年龄歧视保护延伸至 70 岁以下的员工，且对大多数联邦政府雇员取消了年龄上限。中国 1999 年就颁布了《老年人权益保障法》，之后又进行过多次修订。该法律集中规定了老年人享有的基本权益，包括从国家和社会获得物质帮助、享受社会服务和社会优待、参与社会发展和共享发展成果等。

10.3.1.3 中国的社会养老保险制度

中国的社会养老保险分为基本养老保险和补充养老保险，基本养老保险又分为城镇职工基本养老保险和城乡居民基本养老保险。

1. 城镇职工基本养老保险

我国城镇职工社会基本养老保险是根据国务院 1997 年《关于建立统一的企业职工基本养老保险制度的决定》建立的第一个全国性社会保险制度。在此之前，我国实行的是退休金制度，即企业职工退休后由原单位负责发放退休金。这种制度已经不能适应我国改革开放和建立社会主义市场经济的要求。因此，从 20 世纪末开始，我国政府开始加快推进在全国范围内建立社会保障制度，特别是社会保险制度体系的建设，建立全国企业职工统一的社会基本养老保险就是这一努力的开端[①]。

我国社会基本养老保险实行社会统筹和个人账户相结合的模式，其中社会统筹部分属于现收现付式模式，个人账户部分属于完全积累式模式。该保险制度目前已经覆盖了城镇各类企业职工，所有企业及其职工必须依法履行缴纳基本养老保险费的义务。缴费按月缴纳，单位缴费一般不超过职工工资总额的 20%，全部进入统筹账户；个人缴费为本人缴费工资[②]的 8%，进入个人账户。缴费累计满 15 年的职工在达到法定退休年龄并办理了退休手续后，可以依法获得规定的社会基本养老保险金。

根据 1997 年建立社会基本养老保险制度时职工的工作状态，将当时的所有职工分成三类，分别确定他们的养老金给付标准。

（1）“老人”（1997 年以前退休的职工）：根据原来的退休金标准发放养老金。

（2）“中人”（1997 年前参加工作、1997 年后退休的职工）：根据下式确定应发放的养老金。

基本养老金 = 基础养老金 + 过渡性养老金 + 个人账户养老金

（3）“新人”（1997 年后参加工作的职工）：根据下式确定应发放的养老金。

基本养老金 = 基础养老金 + 个人账户养老金

其中，

---

① 2015 年，根据国务院《关于机关事业单位工作人员养老保险制度改革的决定》（国发〔2015〕2 号），将原有的机关事业单位职工的退休制度改为养老保险制度，实现了事业单位职工的养老保险和企业职工的并轨。

② 职工个人工资收入低于当地上年度职工平均工资 60% 的，以 60% 为基数缴纳；职工个人工资收入高于当地上年度职工平均工资 300% 的，以当地上年度职工平均工资的 300% 为基数缴纳。

$$基础养老金=\frac{退休前一年社会平均工资+本人指数化平均工资}{2}\times缴费年限\times1\%$$

$$个人账户养老金=\frac{个人账户累计额}{计发月数}$$

➢ 缴费年限中包含视同缴费年限。

➢ 指数化平均工资的计算周期从 1997 年开始。

➢ 计发月数根据职工退休年龄和地区有所不同。以北京为例，2020 年时 60 岁退休职工的计发月数为 139。

$$过渡性养老金=退休前一年社会平均工资\times历年缴费工资平均指数\times计发系数\times建立个人账户前缴费年限$$

➢ 缴费年限中含视同缴费年限，从参加工作开始计算。

➢ 缴费工资平均指数的计算周期从参加工作开始到建立个人账户前。

➢ 计发系数由各地自己决定，一般为 1.0% ～ 1.5%。

➢ 各地也会制定计算过渡性养老金的简便公式。

例 1. 王先生的基本养老金

2020 年，25 岁的王先生在北京参加工作，工资收入为 15 万元 / 年，当地社会平均工资为 10 万元 / 年。假设王先生的工资每年增长 5%，社会平均工资每年也增长 5%，直到退休；再假设王先生社会保险个人账户的记账利率为 6%，直到退休。我们来计算一下：

（1）王先生 60 岁退休时可以领到的社会基本养老金；

（2）王先生社会基本养老金的个人收入替代率。

2055 年，王先生年满 60 岁时退休，其退休前一年 2054 年的工资收入为 78.8 万元 / 年，当时的社会平均工资为 52.53 万元 / 年。

王先生向社会保险的缴费为 35 年，年平均缴费指数 1.5。另外可知，王先生 59 岁末时个人账户中积累的资金为 276 万元；确定个人养老账户养老金的计发月数根据目前的规定为 139。据此可得到：

$$\begin{aligned}&王先生的社会基本养老金=基础养老金+个人账户养老金\\&=\frac{前一年社会平均工资+个人指数化工资}{2}\times缴费年数\times1\%+\frac{个人账户养老金累计}{计发月数}\\&=\frac{525\,300+1.5\times525\,300}{2}\times35\%+\frac{2\,760\,000}{139}\\&=229\,818.75（元）+19\,858.5（元）=249\,677.25（元）\end{aligned}$$

$$个人收入替代率=\frac{249\,677.25}{788\,000/12}=0.594=59.4\%$$

社会基本养老保险制度的建立主要有三大优点。第一个优点是，为退休职工提供了终身的基本经济保障。第二个优点是，社会基本养老保险的给付会随在职职工的工资收入和物价上涨水平而不断提高，这是很多私人养老金，如商业养老保险年金所不具备的。第三个优点是体现了社会公平性，也就是说对一些低收入的职工来说，相对于退休前的缴费，可以得到更多的退休收入。

当然，我国的社会基本养老保险制度也存在不足。第一，相对保障水平还比较低。由于我国社会养老保险强调的是广覆盖，要求所有职工都要参加，同时又要注重社会公平性，所以一部分中高收入职工的退休**收入替代率**比较低，而且退休前收入越高的职工退休后的收入替代率可能越低。第二，绝对保障水平还比较低。从全国来看，2022 年全国职工的平均月养老金是 3000 多元。第三，地区间差异非常大，经济发达和职工收入水平较高地区退休职工的收入大大高于经济欠发达地区的退休职工。

总体来说，社会基本养老保险制度的建立为退休职工提供了基本收入来源保障，是目前我国广大退休职工，特别是低收入职工退休后的主要收入来源，甚至是他们生活的基本经济来源。但我国的社会基本养老保险保障水平有待提高，而且未来随着社会老龄化程度的加剧，面临的给付压力会越来越大，这就意味着企业和职工个人应该为未来退休后的经济保障承担更多的责任。

2. 城乡居民基本养老保险

城乡居民基本养老保险是我国政府于 2014 年在已有的新型农村社会养老保险（简称“**新农保**”）和城镇居民社会养老保险（简称“**城居保**”）试点经验的基础上，将两项制度合并后在全国范围内建立的统一的城乡居民基本养老保险（简称“**城乡居民养老保险**”）制度。参保范围为所有年满 16 周岁（不含在校学生）的非国家机关和事业单位工作人员，以及不属于职工基本养老保险制度覆盖范围的城乡居民。

城乡居民养老保险的保费由个人缴费、集体补助、政府补贴构成。个人缴费标准从每年 100 元到 2000 元共分为 12 个档次，由参保人自主选择缴费档次。集体补助主要由参保人所在社区或村委会通过民主商议确定。政府补贴的方式体现为以下两点。①对符合领取城乡居民养老保险待遇条件的参保人全额支付基础养老金，其中，中央财政对中西部地区按中央确定的基础养老金标准给予全额补助，对东部地区给予 50% 的补助。②地方政府对参保人缴费根据缴费的多少给予补贴，对缴费困难的群体，政府为其代缴部分或全部最低标准保险费。

城乡居民养老保险也建立个人账户，个人缴费、地方政府补贴、集体补助等全部记入个人账户，并按国家规定计息。

参加城乡居民养老保险的个人年满 60 周岁、累计缴费满 15 年，即可按月领取城乡居民养老保险金。养老金由基础养老金和个人账户养老金构成，终身支付。

（1）基础养老金：国家确定基础养老金的最低标准，并建立基础养老金最低标准调整机制，根据经济发展和物价变动等情况，适时调整全国基础养老金最低标准[①]。地方政府也可以根据实际情况适当提高基础养老金标准。

① 根据《人力资源社会保障部 财政部〈关于 2018 年提高全国城乡居民基本养老保险基础养老金最低标准的通知〉》（人社部规〔2018〕3 号），自 2018 年 1 月 1 日起，全国城乡居民基本养老保险基础养老金最低标准提高至每人每月 88 元，即在原每人每月 70 元的基础上增加 18 元。提高标准所需资金，中央财政对中西部地区给予全额补助，对东部地区给予 50% 的补助。

（2）个人账户养老金：2020 年个人账户养老金的月计发标准为个人账户全部储存额除以 139（与现行职工基本养老保险个人账户养老金计发系数相同）。若参保人死亡，个人账户资金余额可依法继承。

3. 补充养老保险

补充养老保险是用人单位在国家统一规定的社会基本养老保险之外，根据自身经济实力，在履行了缴纳基本养老保险费义务后，专门为本单位职工建立的补充养老保险。补充养老保险在多层次养老保险体系中属于“第二支柱”，是对社会基本养老保险的重要补充。我国目前的补充养老保险主要是针对企业职工的**企业年金**（enterprise annuity）制度和针对机关事业单位职工的**职业年金**（occupational annuity）制度，这两种制度的内容大致相似，主要是对象不同，并且职业年金具有某种“强制性”，即政府要求机关事业单位职工必须参加[①]。

下面我们以企业年金为例，介绍我国的补充养老保险。

企业年金是指企业及其职工在依法参加基本养老保险的基础上，自主建立的补充养老保险制度。企业年金的费用由企业和职工个人共同缴纳，其中企业缴费不超过本企业职工工资总额的 8%，企业和职工个人缴费合计不超过本企业职工工资总额的 12%。企业为每个参加企业年金计划的职工建立个人账户，所有缴费全部进入个人账户，实行完全积累制。企业年金计划的管理可以采用委托的方式，形成的基金按照国家有关规定投资运营，收益仍回到企业年金基金。

国家为鼓励企业和职工建立企业年金，会给予一定的税收优惠，即企业和个人的缴费均不计入应税收入，并且企业年金运营中产生的投资收益在计入个人账户时也不计税，只有当从个人账户中支取时，再根据当时的计税标准征收所得税。也就是说，税收优惠体现在向企业年金计划缴费的本金和投资收益都可以递延到领取时再缴税。

企业年金采用的是受托管理的方式，由企业代表委托人（委托人是企业和职工）与受托人签订受托管理合同。受托人可以是法人受托机构，也可以是企业自行成立的企业年金理事会。受托人再委托具有企业年金管理资格的账户管理人、投资管理人和托管人，负责企业年金基金的账户管理、投资运营和托管等事宜。

当职工达到法定退休年龄或完全丧失劳动能力时，可以从本人企业年金个人账户中按月、分次或一次性领取企业年金，也可以将本人企业年金个人账户资金全部或者部分用于购买商业养老保险产品，依据保险合同领取待遇并享受相应的继承权。

我国从 2004 年开始建立了企业年金制度，到 2023 年年末全国有 14 万余户企业建立了企业年金计划，参加职工 3144 万人[②]。应该说，作为社会基本养老保险的补充，企业年金、职业年金等可以在增加退休职工收入、提高经济保障水平、缓解社会基本养老保险给付压力方面发挥非常重要的作用，是我国建立多层次养老保障体系中需要加大力度发展的重要领域。

① 国务院《关于机关事业单位工作人员养老保险制度改革的决定》（国发〔2015〕2 号）中规定，机关事业单位在参加基本养老保险的基础上，应当为其工作人员建立职业年金。单位按本单位工资总额的 8% 缴费，个人按本人缴费工资的 4% 缴费。工作人员退休后，按月领取职业年金待遇。

② 《2019 年度人力资源和社会保障事业发展统计公报》，人力资源和社会保障部。

10.3.2 医疗保险

10.3.2.1 社会医疗保险概念及意义

健康风险是每个家庭和个人生活中面临的最重要的一类风险。每个人在一生当中可能患有各种疾病，但在什么时间患病？患什么样的病？得了病后需要花多少钱去治疗？除了医疗费用，还会带来哪些其他方面的支出，如护理、康复支出，以及误工损失？这些都是不确定的。不确定就意味着风险。健康风险关系到每个人及其背后的家庭，因而是一种社会风险，如果管理不当，会给整个社会带来巨大负担。因此，政府有责任出面来帮助广大家庭应对健康风险，社会医疗保险制度就是一种帮助个人及其家庭应对健康风险的制度设计。

社会医疗保险是政府为国民建立的一种保险制度[①]，当一个人由于疾病或者因意外事故的发生而需要支付医疗费用时，可以由医疗保险为其支付部分甚至大部分费用。世界上很多国家都建立了社会医疗保险制度。

10.3.2.2 中国的社会医疗保险制度

自 1949 年中华人民共和国成立，政府就一直非常重视人民群众的健康和医疗保障问题。在城市，建立机关事业单位职工及家属的公费医疗制度、国有企业职工的劳保医疗制度；在农村，建立合作医疗制度，解决了大部分国民的基本医疗保障问题。

改革开放后的一段时间里，计划经济时代的医疗保障制度因难以适应新时代发展的需要而中断，导致城市和农村部分居民的医疗保障出现了空白。1998 年国务院发布了《关于建立城镇职工基本医疗保险制度的决定》，首先为全国城镇职工建立了基本医疗保险制度，同时鼓励企业建立补充医疗保险，解决基本医疗保险难以负担大额医疗费用的问题。2003 年，我国开始在农村试行推广新型农村合作医疗（简称**“新农合”**），经过 20 多年的发展，覆盖了绝大多数农村地区和 95% 以上的农民。借鉴“新农合”的模式，2007 年我国开始试行城镇居民基本医疗保险（简称**“城镇居民医保”**）。2012 年，我国又建立了城乡居民大病保险，用来解决“新农合”和城镇居民基本医疗保险难以负担的若干种大病的医疗费用保障问题。2016 年，我国将“新农合”和“城镇居民医保”进行整合，合并为城乡居民基本医疗保险（简称**“城乡居民医保”**）。至此，从 1998 年开始，我国用了不到 20 年的时间，建立了覆盖中国人口 95% 以上、有 13.34 亿人参加的世界上规模最大的社会医疗保险体系。

1. 城镇职工基本医疗保险

城镇职工基本医疗保险制度是 1998 年正式建立的，覆盖范围包括城镇所有用人单位和职工，包括机关、事业单位、各种类型企业、社会团体和民办非企业单位的职工和退休人员、灵活就业人员等。到 2023 年年底，参加职工基本医疗保险的人数已经达到 3.70 亿。

基本医疗保险费由用人单位和职工双方共同负担，其中单位缴费为职工工资总额的 6%

① 在有些国家，例如美国，并不是所有的国民都能享有政府提供的社会医疗保险，只有 65 岁以上的老年人才拥有政府提供的医疗保险。但在其他许多国家包括中国，所有国民基本都可以不同程度地享有政府提供的医疗保险。

左右，个人缴费为本人工资的 2%，退休人员个人不缴费。基本医疗保险基金实行社会统筹和个人账户相结合，个人缴费全部划入个人账户，单位缴费按 30% 左右划入个人账户，其余 70% 左右进入统筹基金①。

参加基本医疗保险的职工的医疗费用，由医疗保险基金和个人共同分担。门诊（小额）医疗费用主要由个人账户支付；住院（大额）医疗费用主要由统筹基金支付。无论是门诊还是住院费用，都有一个起付标准：在起付标准以下的费用由个人支付；超过起付线的部分，主要由医疗保险统筹基金按比例（如 80%）予以报销。各地区根据当地职工平均工资水平自行决定起付标准，一般不超过年平均工资的 10%。除了起付标准，医疗保险基金支付还规定年最高限额，一般为当地职工年平均工资的 6 倍左右。

2. 城镇职工补充医疗保险

为了弥补基本医疗保险在保障程度方面的不足，政府鼓励已按规定参加各项社会保险并按时足额缴纳社会保险费的单位，可自主决定是否建立补充医疗保险，用于对基本医疗保险支付待遇以外、由职工个人负担的医疗费用进行补助，减轻参保职工的负担。具体来说，以下费用可根据补充医疗保险的筹资能力按不同比例给予报销。

（1）基本医疗保险统筹基金起付线以下完全由个人支付的部分。

（2）基本医疗保险统筹基金起付线以上、最高支付限额以下个人按比例支付的部分。

（3）基本医疗保险统筹基金最高限额以上、大额医疗费用补助保险最高支付限额以下个人按比例支付的部分。

补充医疗保险的保费由单位支付，在工资总额 4% 以内的部分，可直接从成本中列支。补充医疗保险保障范围与当地基本医疗保险制度相衔接，即在基本医疗保险的保障范围内对个人支付的医疗费用进行补助。

补充医疗保险的运作可以采取多种形式：①商业保险机构为单位定制的补充医疗保险计划；②委托社会医疗保险机构经办；③单位自办。

3. 城乡居民基本医疗保险

城乡居民基本医疗保险是在原有的新型农村合作医疗制度和城镇居民基本医疗保险制度基础上，于 2016 年整合而成，覆盖范围包括除职工基本医疗保险应参保人员以外的其他所有城乡居民②。2022 年，参加城乡居民医保的人数已经达到 96 293 万人，其中成年人、中小学生儿童、大学生分别为 72 056 万人、24 359 万人、1935 万人③。

城乡居民医保的筹资主要采取个人缴费与政府补助相结合的方式，鼓励集体、单位或其他社会经济组织给予扶持或资助。在坚持精算平衡的基础上，逐步建立与经济社会发展水平、各方承受能力相适应的稳定筹资机制，个人缴费标准与城乡居民人均可支配收入相衔接的机制，在提高政府补助标准的同时，适当提高个人缴费比重。

2023 年，城乡居民医保的人均财政补助标准为每人每年不低于 640 元，个人缴费标

① 根据国务院办公厅《关于建立健全职工基本医疗保险门诊共济保障机制的指导意见（国办发〔2021〕14 号）》，2023 年起各地已经开始陆续改变了医保个人账户计入办法，单位缴费一般不再进入个人账户。

② 农民工和灵活就业人员依法参加职工基本医疗保险，有困难的可按照当地规定参加居民医保。

③ 《2022 年全国医疗保障事业发展统计公报》，国家医疗保障局，2023 年 7 月。

准为每人每年 380 元[①]。各地区根据当地实际情况，特别是地方财政可以补贴的额度，在筹资标准和个人缴费金额方面做出相应调整。

居民医保基金主要用于支付参保人员产生的住院和门诊医药费用，规定范围内住院费用的报销比例在 75% 左右。报销范围根据政府主管部门制定的统一医保目录，包括医保药品目录和医疗服务项目目录。对居民医保机构进行定点管理，由地方政府相关管理机构负责医保机构的准入、退出和监管。

在居民医保的经办管理方面，除了依靠政府设立的专门机构，很多地方还以政府购买服务的方式，委托具有资质的商业保险机构等社会力量参与经办服务，发挥商业保险机构在医疗费用报销管理方面的专业优势和效率优势。

4. 城乡居民大病保险

城乡居民大病保险是在基本医疗保障的基础上，对大病患者发生的高额医疗费用给予进一步保障的一项制度性安排，是基本医疗保障制度的拓展和延伸，是对基本医疗保障的补充。2012 年 8 月，国家发展改革委等六部委下发了《关于开展城乡居民大病保险工作的指导意见》[②]，要求各地通过商业保险机构承保的方式开展城乡居民大病保险业务。

城乡居民大病保险的保障对象为所有城乡居民基本医疗保险的参保人，保障范围与城乡居民医保相衔接。城乡居民医保按规定提供基本医疗保障，在此基础上，大病保险主要是在参保人因罹患大病[③]产生高额医疗费用的情况下，对城乡居民医保补偿后仍需个人负担的合规医疗费用给予补助。高额医疗费用，可以个人年度累计负担的合规医疗费用，超过当地统计部门公布的上一年度城镇居民年人均可支配收入、农村居民年人均纯收入为判定标准，具体金额由地方政府确定。合规医疗费用是指实际发生的、合理的医疗费用（可规定不予支付的事项），具体由地方政府确定。

大病保险的保障水平以力争避免城乡居民家庭产生灾难性医疗支出为目标，由各地区确定大病保险的具体补偿政策，实际补偿比例不低于 50%，且原则上医疗费用越高补偿比例越高。

大病保险的筹资暂时来自城乡居民医保基金的结余，承办方式采取向商业保险机构购买的方式，通过政府招标选定承办大病保险的商业保险机构。符合基本准入条件的商业保险机构自愿参加投标，中标后以保险合同形式承办大病保险，承担经营风险，自负盈亏。

10.3.3 失业保险

10.3.3.1 失业问题及应对

1. 失业问题

维持收入水平是实现经济保障的关键，而大多数人的收入来源主要是工资收入。但由

① 《关于做好 2023 年城乡居民基本医疗保障工作的通知（医保发〔2023〕24 号）》。

② 《关于开展城乡居民大病保险工作的指导意见（发改社会〔2012〕2605 号）》。

③ 大病保险对疾病未作具体规定，可由各地根据实际情况自行决定。但纳入原“新农合”保障的下列 20 种大病可作为参照，包括儿童白血病、先心病、末期肾病、乳腺癌、宫颈癌、重性精神疾病、耐药肺结核、艾滋病机会性感染、血友病、慢性粒细胞白血病、唇腭裂、肺癌、食道癌、胃癌、1 型糖尿病、甲亢、急性心肌梗死、脑梗死、结肠癌、直肠癌。

于经济环境、产业结构和技术变化、季节性因素、劳动力市场摩擦等因素，许多劳动者暂时甚至长期性失业。

失业自然会造成工资收入的中断，进而影响失业职工及其家庭的经济保障。具体来看，失业或就业不足的劳动者会因为四方面原因陷入经济困难。

（1）丧失了工资性收入，如果没有其他收入来源（如失业保险金）或储蓄，将使其及其家庭陷入经济无保障状态。

（2）如果劳动者只能从事部分或兼职工作的话，收入也会减少，无法维持正常生活水平。

（3）收入的不确定性也可能导致经济无保障，如由于季节性因素，劳动者可能在一年中的某个时期失业。

（4）某些失业者很难再找到新工作，如老年职工、无特殊技能者、长期失业者等。

2. 失业带来的成本

失业会给个人、家庭以及社会带来很高的成本，这些成本包括经济性成本和非经济性成本。

1）经济性成本

失业会给经济带来直接的、现实的成本。首先，由于不能使用所有的经济资源，国内生产总值会减少。这是因为当失业率较高时，劳动力没有得到充分利用，国民经济不能充分发挥出生产潜力，从而导致国内生产总值的下降。其次，持续的失业会造成大量劳动力损失，而劳动力是不能储存的，一旦失去就是永久性的损失。最后，持续的失业会阻碍经济增长。强劲的经济增长需要充分就业和高标准的生活水平，如果劳动力资源没有得到充分利用，经济就不能实现真实的增长。

2）非经济性成本

失业还会给个人、家庭和社会带来许多其他非经济性的影响。当失业持续一段时间后，一些劳动者的技能会退化，有些人会变得抑郁和消极，可能会造成自卑、家庭矛盾、酗酒、吸毒、离婚、家庭暴力等问题的增加，还会导致健康出现问题、家庭生活退化等。

3. 如何应对失业问题

1）促进经济发展

根据宏观经济学的基本原理，政府通过积极的货币政策和财政政策，刺激总需求的增加，拉动经济增长，从而实现充分就业。扩大总需求对减少失业尤为重要，原因如下。首先，成功的就业训练需要高水平的需求，如果经济一直处于衰退期，工人训练结束后仍难以获得足够的工作机会。其次，高失业率会对许多人产生影响，因为他们不得不在有限的工作机会中激烈竞争。最后，扩大总需求意味着劳动力市场供给紧张，这样可以改善工人的就业机会，原来因经济原因只能从事兼职工作的人可以获得全职工作的机会，低收入者的工资会提高，有助于他们摆脱贫困。

2）利用经济系统中的自平衡机制

经济系统中存在的自平衡机制也会有助于降低失业带来的影响。经济系统中的**自平衡机制**（automatic stabilizers）是指经济系统中存在的能自动抵消经济活动中负面影响（或平滑波动）的内在因素。当经济下滑时，自平衡机制倾向于维持或增加家庭和企业的收入；当经济增长时，它会限制收入的增长。经济系统中的自平衡机制主要包括以下几点。

（1）个人所得税和企业所得税。

（2）失业保险。

（3）社会福利计划。

（4）个人和企业的储蓄。

个人所得税和企业所得税可以以一种逆周期的方式发挥作用。当经济下滑时，企业和个人收入减少或增长缓慢，所得税也同比例下降。同时，社会总需求萎缩，失业保险也可以以逆周期的方式发挥作用：失业工人通过领取到的失业保险金维持生活，从而有助于维持社会总消费水平。社会福利（包括食品券和最低生活保障制度等）能帮助失业工人在经济下滑期维持他们的消费。另外，个人储蓄也能维持失业工人的消费，公司储蓄能保持企业利润分配的连续性。

3）改善劳动力市场的信息

通过向有求职意愿的失业人员提供更多的劳动力市场及工作机会信息，可以有效减少摩擦性失业。政府可以通过设立相关就业促进机构，在失业者和就业机会之间牵线搭桥。失业者为了申请失业保险，也必须向当地政府的就业促进机构登记求职，就业促进机构可以向求职者提供咨询服务。

4）建立就业培训计划

尽管货币政策和财政政策能扩大总需求，促进经济增长，但不同劳动者群体并不能平等地分享这种增长，因此需要制订一定的就业培训计划来帮助结构性失业者。就业培训计划的根本目的是通过提供基本职业教育和培训，提高失业者的就业能力。很多职工之所以失业，是因为他们缺乏工作技能、基本教育不足、缺乏劳动力市场信息、存在社会心理障碍等，建立就业培训计划的目的就是帮助职工减少这些就业方面的障碍。

5）实行税收减免

为了鼓励企业雇用弱势工人，政府会给予企业一定的所得税减免。弱势工人通常包括再就业人员、有不良记录人员、缺少工作经验的人、享受最低收入保障的人等。

10.3.3.2 失业保险的定义和目标

1. 失业保险的定义

失业保险（unemployment insurance）是指国家通过立法，由企业和职工共同缴费，建立失业保险基金，对因失业而暂时中断生活来源的职工提供保障其基本生活需要的失业保险金，并通过工作机会介绍、职业技能培训等手段为其再就业创造条件的社会保险制度。

2. 建立失业保险的目标

失业风险是每个劳动者在其职业生涯中都可能面临的重要风险，特别是当经济处于萧条期时，会出现较大规模的失业。因此，失业是一种需要由政府出面，通过建立相应的保险制度加以有效应对的社会风险。

一般来说，政府建立失业保险的目标可分为基本目标和辅助目标。基本目标是通过建立失业保险，向处于非自愿失业期的劳动者提供基本经济保障，降低他们经济无保障的程度；辅助目标是希望失业保险制度能起到保持经济系统稳定，以及提高经济效率的作用。

1）基本目标

（1）**向非自愿失业者提供货币型给付，弥补失业带来的部分收入损失**。建立失业保险制度的最重要目标是能够向非自愿失业者提供货币型给付，弥补失业者的部分收入损失。对大多数劳动者来说，工作中最重要的风险之一是被临时解雇，所以失业保险金的给付通常是较短时期的[①]，不包括长期失业救济。政府将采取其他措施帮助长期失业者，这些措施包括就业培训计划、改行工人的再培训、就业咨询和重新定位等。

（2）**维持劳动者适当的生活水准**。维持劳动者适当的生活水准也是失业保险的重要目标之一，为此，失业保险计划给付的金额应适当充足，且有适当的持续期。

（3）**提供寻找工作的时间**。由于有了失业保险金收入，失业者可以有更充裕的时间寻找一份与自己的工作技能和工作经历相匹配的工作。

（4）**帮助失业者寻找工作**。当失业者在就业促进机构申领失业保险金时，可以获得工作机会信息，特别是被原雇主永久性解雇的劳动者，还可以获得一些再培训项目的信息，通过再培训项目提高自己的职业技能，从而有利于找到新工作。

2）辅助目标

（1）**在经济衰退时保持经济的稳定**。失业保险是经济系统中的一个重要自平衡机制。在经济衰退时，申领失业保险金的人数会增加，使得失业者可以维持他们的个人收入和消费支出。无论是发生地区性还是全国性经济衰退，失业保险都能发挥这 作用。

（2）**改善失业造成的社会成本的分摊**。企业承担的失业社会成本将和他们解雇职工的记录有关。如果企业裁员多，就要承担相应的失业成本，这些成本将反映在企业的生产成本中，最终体现在企业产品的价格上。这样，资源的配置就会得到改善。从某种程度上说，造成失业社会成本的企业最终也将承担这一成本。

（3）**促进劳动力更好地利用，从而提高经济效率**。因为失业保险鼓励失业者寻找工作，并且如果需要的话，就业促进机构还会帮助失业者提高工作技能。失业保险的某些方面还间接地促进了劳动力的有效利用。由于失业保险金比正常的工资水平低，这样可以减少主动失业等现象，保持工人的工作积极性。而且领取失业保险金的失业者还必须在就业办公室登记找工作，这就使他们能迅速再就业。

（4）**鼓励雇主稳定就业**。通过在失业保险缴费方面实行经验费率，失业保险能鼓励某些雇主采取稳定就业的政策。当然，一般雇主在稳定就业方面能做的很少，但对一些雇主来说，节省的失业保险缴费或许能在一定程度上鼓励他们减少解雇工人。有证据表明，在同一行业中不同企业之间失业保险费的差别反映了他们在解雇工人方面的差别。

（5）**帮助雇主维持技术工人队伍**。当企业生产临时中断时，失业保险能帮助企业稳定劳动力供给，从而维持其技术工人队伍。因为在这段时间，从临时中断生产的企业失业

① 在美国，最长是26周；在中国，最长是2年。

的工人可以获得失业保险金收入，他们不必急于寻找新的工作，便于企业召回他们时能自由返回。

10.3.3.3 中国的失业保险制度

中华人民共和国成立初期，我国实行过短暂的失业救济制度，后来随着计划经济体制的建立，我国的企事业单位实行的是统包统配的就业制度，失业救济制度也逐步被取消。也就是说，在计划经济时代，我国没有使用“失业”这个概念，自然也就没有失业救济或失业保险了。

改革开放后，为适应企业经营机制的转换，劳动制度开始进行重大改革。自 1986 年开始，我国政府就开始逐步推进建立失业保险方面的试点，为失业职工提供基本生活保障。

1999 年，我国政府颁布了《失业保险条例》，将失业保险覆盖范围扩大到城镇所有企事业单位职工。

根据《失业保险条例》，所有企事业单位及其职工都必须参加失业保险，同时缴纳失业保险费，其中单位的缴费比例为工资总额的 2%，个人缴费比例为本人工资的 1%。

享受失业保险待遇需要满足三个条件：①缴纳失业保险费满一年；②非因本人意愿中断就业；③已经办理了失业登记并有求职要求。

失业保险待遇主要是失业保险金。失业保险金按月发放，标准低于当地最低工资标准，高于当地城镇居民最低生活保障标准。领取失业保险金的期限根据缴费年限确定，最长为 24 个月。失业者在领取失业保险金期间如果患病，还可领取医疗补助金；失业者在领取失业保险金期间死亡，其遗属可领取丧葬补助金和遗属抚恤金。此外，失业者在领取失业保险金期间，还可接受职业培训和享受职业介绍补贴。

在保障失业人员基本生活的同时，我国政府还积极探索失业保险对促进再就业的办法，包括加强失业保险服务和就业服务的有机衔接；及时进行失业登记，积极提供就业信息，全面开展就业指导和职业介绍，帮助失业人员在技能、心理方面提高竞争就业的能力；增加失业保险基金对职业介绍、职业培训的投入；通过直接组织培训和政府购买的形式，开展技能培训，增强失业人员再就业能力。

10.3.4 工伤保险

10.3.4.1 工伤和职业病问题及应对

1. 工伤问题

工伤是指职工在工作时间和工作场所内，因工作原因受到的事故伤害。工伤是导致职工陷入经济无保障的一个重要原因，特别是如果伤害导致职工出现完全和永久性残疾。

工作场所的事故每年都会造成相当数量的工人死亡。在美国，初步数据显示 2009 年因工伤发生的死亡人数为 4340 人，每 10 万名全职工作人员中就有 3.3 人死亡。其中，高速公路事故是所有工作场所死亡的主要原因，也是运输和物料搬运行业工人的主要工伤死亡原因；高处跌落是导致所有工作场所死亡的第二大原因，也是建筑行业个人的主要工伤死亡原因；袭击和暴力行为是第三大工伤死亡原因，也是零售行业的重要工伤死亡原因[①]。

① George E. Rejda. *Social Insurance and Economic Security* (7th Edition), 246.

工伤在我国也是一个不容忽视的问题，特别是改革开放以来，我国经济快速发展，采矿、基础设施建设等领域发展迅速，加之部分企业在生产安全管理方面的欠缺，使得工伤事故多发。例如，国家安全生产监督管理总局的数据显示，2017年，全国各类生产安全事故共造成3.8万人死亡。考虑到事故中受伤人数通常是死亡人数的500倍以上（国际上的统计，中国可能要低一些），受伤人数更是相当可观。

2. 职业病问题

职业病是因从事的工作而引发的疾病，是引起职业伤残的原因，其重要性比工伤可能要大得多，是关系到职业安全和职工健康的重要方面。当某种疾病在一类特定职业的劳动者群体中比在一般人群或其他劳动者群体中更普遍发生时，通常会被认定为职业病。

1）职业病分布的广泛性

职业病的类型和行业分布十分广泛。例如，在工厂或其他暴露在粉尘工作环境中的工人可能患有矽肺病；一些煤矿工人可能患有黑肺病，这是因为吸入了细小煤尘，并可能导致慢性咳嗽和哮喘；棉纤维吸入性肺炎和矽肺病是另外两种影响纺织工人和棉花工人的致残性疾病，也可导致慢性咳嗽和哮喘。其他一些行业的工人因为恶劣的工作条件也会患有严重的呼吸系统疾病。一些工人可能因为化学中毒和重金属中毒而患病或伤残，如铅中毒。暴露在杀虫剂、除草剂和杀菌剂下的农场工人，可能患上严重疾病。总之，很多种职业性疾病都能使劳动者失去劳动能力，因此而陷入经济无保障。

除了传统职业疾病，随着新技术的采用、新行业和新工种的涌现、新一代工人群体对职业安全和健康问题的关注不断提升等，很多国家和地区对职业病的划定范围已经出现了扩充，例如，将腕管综合征、职场压力导致的精神系统疾病等也界定为职业性疾病[①]。

2）导致新型职业病的原因

（1）**新技术**。新技术的使用会带来一些健康问题，因为某些新技术可能使用有害化学物质，这些化学物质能导致职业性疾病，如致癌化学物质、砷、铬、镍、苯、甲醛、环氧树脂、树脂、松脂、杀虫剂和其他可能危害工人健康的物质。另外，一些新的工艺流程和新能源的使用，也有很大的健康风险；放射性物质和放射性设备会使工人暴露在放射线下，使其可能患上疾病。

（2）**与工作相关的压力**。现代社会中有很多行业中的某些工作岗位会给员工带来很大的压力，如消防员、警察、飞行器驾驶员等，时常会因为与工作相关的压力而患上生理或心理疾病。另外，职工还会因为降职、裁员、工作变动或上司指责带来的压力而患病。由于难以界定因果关系和不具有可测量性，职工因工作压力而提出的伤害赔偿要求通常很难进行评判和得到解决。如果受到伤害的员工想根据《工伤保险条例》获得对职业性疾病的赔偿，就必须证明伤害是由工作中的压力所导致，而证明这一点是非常困难的。

（3）**腕管综合征**。腕管综合征是由于手腕中腕骨之间的肌腱的重复性弯曲所引起的伤害。高度重复的动作会引起神经的损伤，并可能使手、前臂和腕部伤残。从事某些行政工作、肉类包装、食品加工、产品组装、建筑、采掘等工作的员工，发生此类损伤的频率较高。

① 当然，并不是所有，特别是新型职业性疾病都可以得到来自社会保险中的工伤和职业病保险的补偿。

（4）**工作场所的暴力行为**。工作场所的暴力行为也是一个重要问题。每年都会有成千上万的员工在工作时遭到袭击或被杀害。导致员工伤害或死亡的工作场所暴力行为可分为四类：抢劫和其他犯罪、雇员对雇主的不满、带到工作场所的家庭争吵、恐怖主义和报复行为。有可能被伤害或受到袭击的员工包括出租车司机、警察、快餐店雇员、酒店店员、加油站雇员、饭店和汽车旅馆雇员、酒吧侍者、护士、教师等。

（5）**腰椎病**。腰椎病也是很多行业及工种容易引发的疾病，如教师、外科医生等需要长期站立或久坐的员工。腰椎病的索赔额度通常较高，且使员工重返工作岗位的治疗效果难以评估。

（6）**工作中某些物质的滥用**。在工作中使用药物和酒精是一个重要的职业安全和健康问题。根据有关研究，相当高比例的工伤和职业伤害与饮酒和酗酒有关，在高速公路交通事故中死亡的三分之一的司机饮过酒或服用过其他药物。在工作时服用药物或饮酒增加了与工作相关的事故，进而增加了医疗费用和保险费，减少了出勤率，同时降低了员工的生产率。根据《工伤保险条例》的相关规定，因服用药物或饮酒引起的与工作有关的伤害一般不能得到赔偿，结果使得当受到严重伤害的员工因服用药物或酗酒而不能得到赔偿时，他们就会面临经济无保障的境地。

3. 工伤与职业病的影响

工伤事故和职业病带来的身体、财务、心理和社会方面的成本是巨大的，给受到伤害的职工、雇主和整个经济带来了沉重负担。

1）给职工带来的成本

职工和他们的家庭会因与工作相关的伤害和职业病而背负沉重的负担。职工会因伤害和患有职业病而损失工资收入，大多数职工获得的保险赔偿只是暂时性的，且在许多情况下获得的给付还不到工资损失的一半。此外，在获得现金给付前还必须等待一段时间。

家庭成员同样因为职业性伤害或疾病而背上沉重的负担。除了遭受心理上的痛苦，家庭成员还可能要面对未来收入减少的事实，如果是家庭经济来源主要提供者因工伤或职业病而死亡，情况会更加严重。

2）给雇主带来的成本

雇主也会因工伤事故和职业病蒙受巨大损失。这些损失可分成两类：间接损失和直接损失。直接损失是公司为工伤保险支付的净保险费，或者是当公司自保时，根据有关法律支付给伤残雇员及其家属的实际赔偿金、医疗费及所发生的管理费用。直接损失还包括安全生产方面的投入和其他降低伤害的预防性措施的费用。

工伤和职业病给公司造成的间接损失包括以下几方面。

（1）事故发生后给正常生产造成的损失。

（2）加班带来的额外成本。

（3）支付处理事故的管理者的工资。

（4）雇员重返工作岗位后生产率的下降。

（5）新雇用员工培训期间的费用。

与工作相关的事故的间接损失可能大于直接损失，所以在综合考虑了直接损失、间接损失和利润损失后，雇主一般都会有较强大的动力去预防工伤和职业病的发生。

3）给社会带来的成本

工伤和职业病还会给社会造成沉重的负担。2022 年，我国工伤保险支出 1025 亿元人民币[①]。1996 年美国的工伤和职业病带来的损失是 1210 亿美元，这个数字包括了工资和生产力损失、医疗费用、管理费用、工伤事故中对交通工具的损坏和火灾损失，以及对国内生产总值造成的损失。1996 年，美国就因工伤失去了 1.25 亿个工作日[②]，而损失掉的产出是不能被储存的，受伤雇员能生产的商品和服务永远地失去了。

4. 工伤与职业病的应对

1）损失预防

损失预防可以降低工伤事故和职业病发生的频率和伤害程度，是解决职业安全和健康问题的最有效措施。基本做法就是试图找出导致工伤事故和职业病的原因，然后采取相关措施尽量减少工伤和职业病的发生。

生产安全方面的专家在考虑减少工伤事故发生的措施时通常有两种思路：工程化的方式和行为化的方式。工程化方式强调的是环境因素对工伤事故的影响，因而建议通过设计、建造安全的工作环境，包括厂房和设备来预防和减少事故的发生；行为化方式强调的是人的因素，如不安全的工作习惯、疲劳、厌倦、感觉迟钝、酗酒和缺乏动力等因素对工伤事故的影响。这两类方式都是预防工伤事故的有效方式。

采取各种损失预防措施的两大基本目标是人道主义关怀和降低生产成本。人道主义关怀的目标是防止工人遭受伤痛和死亡，通过有效的安全生产程序减少疼痛、痛苦和永久性生理损伤，以及预防因工伤引起的收入损失。此外，如前所述，由于工伤事故的间接损失常常超过直接损失，所以通过减少工伤事故而减少生产损失也非常重要。通常来说，通过降低直接损失和间接损失，可以增加公司的利润，所以公司管理层大都有动力去实施安全生产计划，降低工伤事故的发生频率和伤害程度。

2）劳动保护、安全生产方面的立法

通过立法来对安全生产进行规范和保护劳动者的安全与健康，是各国和地区在应对工伤和职业性疾病方面的重要措施。在中国，2002 年国家就颁布了《中华人民共和国安全生产法》和《中华人民共和国职业病防治法》；在美国，目前使用的是《1970 年职业安全和健康法案》（OSHA）。

立法的基本目的是通过降低员工在工作场所受到伤害的风险，为每个职工提供安全健康的工作条件。为达到这一目的，法案的内容通常涉及以下几点：制定具有强制性的安全和健康标准，要求开展职业安全和健康方面的研究，披露行业事故和疾病的原因及预防等方面信息，对雇主和雇员开展职业安全和健康教育，开展职业安全和健康方面专业人员的培训，帮助和鼓励企业建立有效的职业安全和健康计划。

3）建立工伤保险制度

应对工伤和职业病的最后一道防线就是建立相关的保险制度，使得因工伤和职业病而

① 《2022 年度人力资源和社会保障事业发展统计公报》，人力资源和社会保障部。

② George E. Rejda. *Social Insurance and Economic Security* (6th Edition), 252

失去劳动能力的工人可以得到保险计划的赔偿，工伤保险制度已成为各个国家和地区社会保险制度的重要组成部分。

10.3.4.2 工伤保险的概念、目的和基本原则

1. 工伤保险的概念

工伤保险（employment injury insurance）是社会保险制度中的重要组成部分，是指国家通过立法，以社会统筹方式建立基金，对在工作过程中遭受事故伤害，或因从事有损健康的工作患职业病而丧失劳动能力的职工，以及对因工死亡的职工遗属提供物质帮助的制度。

国际上，通常使用的是“**员工赔偿**（workers，compensation）”一词，要求雇主和雇员根据相关法律法规的要求，建立相应的员工赔偿制度和具体计划，如保险计划。保险计划可以通过向具有资质的保险机构购买而建立，也可以是企业建立的自保计划。在中国，根据《社会保险法》《工伤保险条例》，用人单位应当参加政府建立的工伤保险。

工伤保险的基础是无过错责任原则：**无论雇员有无过错，雇主都要对雇员受到的职业伤害负绝对责任**。受到伤害的雇员可以根据法律规定的给付目录获得相应的赔偿，不必为获得给付而起诉雇主。法律向受到伤害的雇员（不管其有无过错）提供迅速的、法律形式上最简单的给付。作为获得这些法定给付的交换条件，受伤害雇员一般会失去获得法律规定之外的附加给付，以及以过失责任为由向雇主提出起诉的权利。

2. 工伤保险的目的

一般来说，政府建立工伤保险制度主要是为了实现以下目的。

1）为职工提供广泛的工伤和职业病保障

建立工伤保险制度是为了能向大多数职工提供所有工伤和职业病的保障。所有的用人单位和劳动者均应包括在内，不论风险高低。工伤保险通过它的强制性，使没有与雇主谈判能力的大多数雇员，在几乎不可能准确知道工伤发生的可能性和经济损失程度的情况下，获得来自工伤保险的保护，使他们免于陷入可能出现的贫困。

2）对职工的经济损失提供实质性补偿

职工的经济损失主要是因工伤或职业病导致的终身薪酬的减少。根据以下两方面的考虑，受伤害员工获得的赔偿数额应该能补偿其大部分薪酬损失。第一，工伤保险属于社会保险，不是公共救助，因而获得的赔偿应该和员工当前和未来的收入损失紧密相关，应该比维持最低生活水平的收入高出相当部分。第二，受到伤害的职工为能得到来自工伤保险的赔偿，通常被要求放弃他们可以依法因经济损失、精神损失而要求雇主给予补偿的权利，而其他社会保险计划一般并不要求为得到给付而放弃某些具有价值的法律权利。

不过，在实践中，工伤保险仍然会规定每月（或每周）现金给付的最低额和最高额。规定最低给付金额是为了保证受伤害职工在不需要社会救助的情况下仍能维持正常生活水准；规定最高给付金额是因为当工伤保险赔偿金额不足时，高收入员工还可以通过自己的商业性伤残收入保险得到部分补偿。设置最高给付金额的另一个原因是，可以防止劳动者失去重新工作的动力。

3）能够提供足够的医疗服务和重新就业服务

职业咨询、辅导、重新就业培训，以及其他重新就业服务也是应该向受伤害职工提供的服务，以帮助他们重新找到工作。重返工作岗位能使受伤害职工体验到幸福和人生价值，充分和及时地重新就业还可以降低工伤保险计划的成本。

4）有助于鼓励用人单位和职工个人采取更安全的行为

用人单位可以通过两种方式改善工作环境的安全性。第一，在保险人的要求和帮助下，通过实施损失控制和安全工程计划，降低工伤事故发生的频率和损失的严重程度。第二，因为有较低事故记录的公司可以支付相对较低的工伤保险费，所以保险人会通过采用经验费率的方式，鼓励公司注重职业安全，降低事故发生率，这样会使有较好安全记录的公司和行业能在竞争中处于更有利的地位。根据法律规定，对行业事故和职业病有责任的公司和行业要自行承担行业事故和职业病带来的损失，所以有不良安全记录的公司和行业，将不得不通过提高自身产品和服务的价格来弥补所出现的损失，因而会失去顾客，把市场让给那些有较低工伤和职业病发生率的公司。一般来说，有不良安全记录的公司的成本也较高，利润较低，从而削弱了公司的竞争力。

3. 工伤保险的基本原则

工伤保险经过一个多世纪的发展完善，已形成一些被世界上大多数国家普遍认可的基本原则，主要包括以下几点。

1）强制性原则

国家通过立法的形式强制雇主对雇员遭受的工伤事故和职业病负责，所有雇主都应当为雇员参加工伤保险，并由雇主缴纳工伤保险费。目前，凡是实行了工伤保险制度的国家，都是通过颁布法律的形式实施的。

2）职工个人不缴费的原则

工伤保险费由雇主缴纳，职工个人不缴纳任何费用。在雇主依法缴费的情况下，发生工伤事故后的补偿就由工伤保险基金承担，这是工伤保险与养老、医疗、失业等保险的主要区别。这一特点是由工伤保险产生的历史过程决定的。最早的工伤保险制度是从雇主无过错赔偿责任制度演化而来的。在雇主无过错工伤赔偿制度中，当雇员在工作过程中受到伤害时，无论雇主是否有过错，都应对雇员进行补偿，雇员不用承担责任。

3）无过错原则

工伤保险实行无过错责任原则，即无论工伤事故的责任归于雇主、职工个人，还是第三方，工伤保险基金均应承担保险责任。

4）实行行业差别费率和企业浮动费率的原则

工伤保险的重要功能之一是促进工伤预防，减少工伤事故的发生，这一点主要通过行业差别费率和企业浮动费率来实现，即企业缴纳的实际费率与所处行业或职工的职业风险程度，以及企业在上一缴费周期内实际发生的工伤保险赔偿相关。为了使雇主的缴费与所属行业风险挂钩，会根据不同行业的工伤发生率等因素，确定不同类别行业的缴费率，并在同一行业内设定不同的费率档次。

5）工伤补偿与工伤预防、工伤康复相结合的原则

工伤保险的首要目标是实现工伤补偿，但这不是唯一目标。社会保险的根本目标是既要保障职工生活，保护职工健康，又要有利于促进社会安定和经济发展。从这个根本目标出发，工伤保险计划在制订和实施过程中不仅注重提供工伤补偿，还鼓励工伤预防和工伤康复。

10.3.4.3 中国的工伤保险制度

1. 历史沿革

中华人民共和国成立初期，政务院就颁布了《劳动保险条例》，建立了企业职工工伤保险制度，对职工因工伤残后的补偿和休养康复等作出了规定。20 世纪 80 年代末，为适应改革开放和发展市场经济的需要，我国政府开始了工伤保险制度的改革。1994 年颁布的《中华人民共和国劳动法》对工伤保险作了原则性规定。1996 年，劳动部在总结各地试点经验的基础上，发布了《企业职工工伤保险试行办法》，开始在部分地区建立工伤保险制度，对沿用了 40 多年的以企业自我保障为主的工伤福利制度进行了改革。同年，政府有关部门还制定了《职工工伤与职业病致残程度鉴定标准》，为鉴定工伤和职业病致残程度提供了依据。2003 年，国务院颁布了《工伤保险条例》，进一步改革了工伤保险制度，对现行工伤保险制度做出全面规定，丰富和完善了相关政策。

2. 适用范围

按照《工伤保险条例》的规定，我国工伤保险的适用范围有三类。

- 在中华人民共和国境内注册的各种形式的企业，包括国有企业、集体企业、私营企业、外资企业等。
- 有雇工的个体工商户。
- 事业单位、社会团体和民办非企业单位，依照公务员制度管理的事业单位除外。

3. 保障范围（工伤认定）

根据《工伤保险条例》，职工有下列情形之一的，可以认定为工伤。

- 在工作时间和工作场所内，因工作原因受到事故伤害。
- 工作时间前后在工作场所内，从事与工作有关的预备性或者收尾性工作受到事故伤害。
- 在工作时间和工作场所内，因履行工作职责受到暴力等意外伤害。
- 患职业病。
- 因工外出期间，由于工作原因受到伤害或者发生事故下落不明。
- 在上下班途中，受到非本人主要责任的交通事故或者城市轨道交通、客运轮渡、火车事故伤害。
- 法律、行政法规规定应当认定为工伤的其他情形。

下列情形之一的可视同为工伤。

- 在工作时间和工作岗位，突发疾病死亡或者在 48 小时之内经抢救无效死亡。
- 在抢险救灾等维护国家利益、公共利益活动中受到伤害。
- 职工原在军队服役，因战、因公负伤致残，已取得革命伤残军人证，到用人单位后旧伤复发。

4. 缴费

工伤保险的缴费由雇主承担，职工不用缴费。缴费为单位职工工资总额的一个比例，行业不同，缴费率也不一样，为 0.5% ～ 2%。一般来看，可以将行业分为三类，工伤保险费率大致如下。

- 风险较低行业，缴费率为工资总额的 0.5%，如证券业、银行业、保险业等。
- 中等风险行业，缴费率为工资总额的 1.0%，如房地产业、娱乐业、农副食品加工业等。
- 风险较高行业，缴费率为工资总额的 2.0%，如炼焦及核燃料加工业、石油加工、化学原料及化学制品制造业等。

5. 工伤保险待遇

工伤保险待遇包括以下几类。

- 医疗康复待遇：包括工伤治疗及相关补助，康复性治疗，人工器官、矫形器等辅助器具的安装、配置等。
- 停工留薪期待遇：在停工留薪期内，工伤职工原工资福利待遇不变，由所在单位按月支付。
- 伤残待遇：工伤职工根据不同的伤残等级，享受一次性伤残补助金、伤残津贴、伤残就业补助金以及生活护理费等待遇，既有一次性待遇，也有长期待遇。
- 工亡待遇：职工因工死亡，其直系亲属可以领取丧葬补助金、供养亲属抚恤金和一次性工亡补助金。

本章习题

1. 社会保险的概念及基本原则是什么？
2. 简述可能导致个人经济无保障的原因。
3. 简述社会保险在社会保障体系中的地位和作用。
4. 试论社会保险计划在确定给付标准时，强调社会公平性而非个人公平性的原因。
5. 试论社会保险计划一般不需要基金的充分性的原因。
6. 简述社会保险与社会救助的区别。
7. 我国现行的社会医疗保险制度面临什么问题，以及建议的改革措施是什么？
8. 什么是失业保险？失业保险的存在会不会导致一些人主动失业？
9. 社会保险和商业保险有哪些区别和联系？二者如何实现协调发展？
10. 工伤保险为什么采取绝对责任制和立法强制？
11. 2019 年，张先生 40 岁，他 22 岁时参加工作，且在单位参加了社会保险。其单位于 2019 年开始建立了企业年金计划，企业和个人每年分别按个人工资的 8% 和 4% 缴费，张先生 2019 年时月工资是 10 000 元，属于北京市职工的平均水平。张先生计划 60 岁退休。张先生 2019 年时社会保险个人账户的余额为 126 400 元。假设，张先生未来工资每年增长 5%，社会保险个人账户的记账利率为 7%，企业年金个人账户的收益率为 6%。

在上述假设下，计算张先生60岁退休时可以获得的社会基本养老保险金及个人收入替代率。

（说明：根据我国目前社会基本养老保险金给付规定，1997年后参加工作的退休职工的基本养老金由两部分组成：基础养老金、个人账户养老金，具体计算公式如下。

$$\text{退休职工应得月社会基本养老金}=\frac{\text{上年地方月平均工资}+\text{本人指数化月平均缴费工资}}{2}\times\text{缴费年数}\times 1\%+\frac{\text{个人账户积累额}}{\text{计发月数}}$$

本题中，张先生的工资水平就是社会平均工资水平，指数化月平均缴费工资也是平均工资，个人账户养老金计发月数为139。）

12. 探讨我国深化社会保险制度改革的约束条件和可能的路径选择。

第 11 章 保险市场与保险监管

学习要点及目标

- 了解保险市场的基本概念
- 了解保险市场的运行机制及特点
- 了解保险市场的三个基本功能
- 了解保险市场的主要缺陷
- 掌握保险监管的基本概念、原则、目标、方式
- 了解保险监管的主要经济理论
- 了解保险监管的主要内容
- 了解中国保险监管的基本实践

核心概念

保险市场　保险市场机制　保险的功能　信息问题　保险监管

11.1　保险市场及其特征

11.1.1　保险市场

11.1.1.1　保险市场的概念

保险市场（insurance market）既可以指固定的交易场所，如保险交易所，也可以是所有实现保险商品让渡的交换关系的总和。保险市场的交易对象是保险人为投保人提供的保险保障，即各类保险产品和服务。

11.1.1.2　保险市场的构成

保险市场的构成首先需要有为保险交易活动提供保险产品的卖方，即供给方；其次需要有保险交易活动中各类保险产品的买方，即需求方；最后就是需要有具体的交易对象，即各类保险产品；保险中介也是构成保险市场不可或缺的一部分。因此，构成保险市场的基本要素包括：保险市场主体、保险市场客体、连接保险主体和客体之间的各种保险关系。

1. 保险市场主体

1）保险供给方

保险供给方是指在保险市场上提供各类保险产品，承担、分散和转移他人风险的保险人，他们以不同类型保险组织的形式出现在保险市场上，如国有形式、私营形式、股份制形式、相互制形式等。

2）保险需求方

保险需求方是指在一定时间、地点等条件下，为寻求风险保障而对保险产品具有购买意愿和购买能力的消费者的集合，在保险营销学中称为“保险需求市场”，由有保险需求的消费者、有满足保险需求的缴费能力和有投保意愿这三个要素构成。

3）保险中介方

保险中介方既包括活动于保险人与投保人之间，充当保险供需双方的媒介，把保险人和投保人联系起来并建立保险合同关系的人，如保险代理人和保险经纪人；也包括独立于保险人和投保人之外，以第三者身份处理保险合同当事人委托办理的有关保险业务的公证、鉴定、理算等事项的人，如保险公证人、公估人、律师、精算师等。

2. 保险市场客体

保险市场客体是指保险市场上供求双方交易的对象——保险产品，保险产品是一种特殊形态的商品。

3. 保险关系

图 11-1 表示了保险市场中主要主体之间的基本关系。

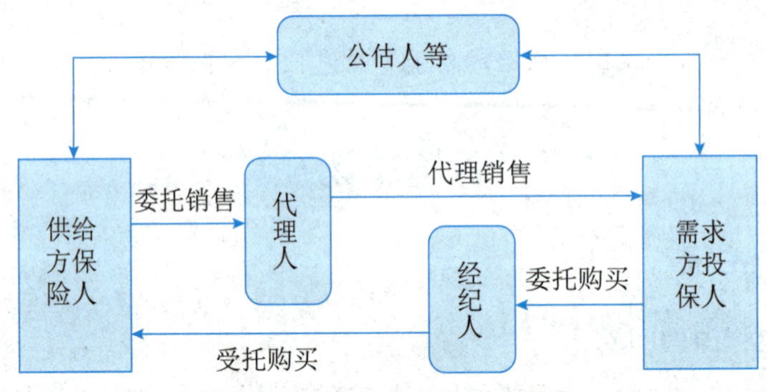

图 11-1 保险市场中的基本关系

11.1.1.3 保险市场的运行机制

一般市场的运行机制由价格机制、供求机制、竞争机制、风险机制等构成。保险市场作为一个具有某些特殊性质的市场，在上述各类机制的功能实现及相互作用关系方面，具有显著特点。

1. 价格机制

价格机制（price mechanism）包括价格形成机制和价格调节机制，是指竞争过程中价格变动与供求关系变动之间的相互联系和相互制约作用，是市场机制中的基本机制。价格机制的作用是通过市场价格反映供求关系，调节生产和流通，从而实现资源的有效配置。

保险市场中的价格机制具有其显著特点。

（1）从构成保险价格的要素看，保险产品的价值是由凝结在保险产品生产中的社会平均必要劳动时间决定的，因而主要体现在附加保费部分。而由于保险购买者通常具有的风险规避倾向，对附加保费的变动并不敏感，也就是说价格对需求的影响并不敏感，使得价值规律、供求规律对保险价格的影响作用受到一定限制。

（2）保险价格的形成还会受政府监管的影响，有时是直接的影响，如监管者会限定某些保险产品的价格；有时是间接的影响，如监管者会规定保险产品在定价时必须采用的某些基本假设，如死亡率假设、利率假设、费用率假设等。

（3）由于保险需求方对保险产品价格中附加保费变动的不敏感，保险产品的价格调节机制作用发挥有限。

总的来看，**价格机制在保险市场运行中发挥的作用不像在其他市场中那样充分**。

2. 供求机制

供求机制（supply and demand mechanism）是指通过商品、劳务和其他各种社会资源的供给和需求的矛盾运动影响生产要素组合的一种机制，它通过供给与需求在不平衡状态时形成的商品市场价格、供给量和需求量等信号来调节生产和需求，最终实现供求间的基本平衡。

在保险市场中，影响消费者对保险产品需求的主要因素并不是保险产品的价格，而是消费者对风险的感知和规避风险的倾向、获得保险保障的安全感，以及保险人提供的某些附加服务所带来的价值（如投资管理服务带来的投资收益）。所以，**在保险市场的供给和需求矛盾中，供给会时常成为矛盾的主要方面，即供给可以创造、引导和促进需求**。

3. 竞争机制

竞争机制（competition mechanism）是指各市场主体为自身利益而展开竞争，通过价格竞争或非价格竞争的方式，按照优胜劣汰法则调节市场运行。

总体上看，**保险市场是一个竞争机制作用发挥较为充分的市场**，但寡头垄断现象仍较为普遍，政府设置的市场准入、退出壁垒仍然在一定程度上限制了自由竞争[①]。

4. 风险机制

风险机制（risk mechanism）是指市场主体的活动和盈利、亏损之间相互联系和作用的机制，在产权清晰的条件下，风险机制对约束市场主体的活动起着至关重要的作用。

保险业务本身就是在“经营”风险，所以风险机制在维护保险市场运行方面具有更为重要的作用，**保险市场主体（主要指保险企业）的经营会更具风险导向的特点，且在风险偏好方面表现出更为审慎的倾向**，即使有与风险对等的收益，也会选择放弃收益而规避风险。

11.1.1.4　保险市场的功能

保险市场具有经济补偿、资金融通和社会管理等功能，这三大功能是一个有机整体。经济补偿功能是保险市场的基本功能，也是保险区别于其他行业的最鲜明的特征；资金融

① 参见本节后续小节的介绍。

通功能是在经济补偿功能基础上衍生出来的；社会管理功能是保险业发展到一定程度，并深入社会生活诸多层面后产生的一项重要功能，是在经济补偿功能和资金融通功能得以实现后体现出的作用。

1. 经济补偿功能

经济补偿功能是保险的立业之本，最能体现保险业的特色和核心优势，具体包括两个方面。

1）财产损失的补偿

当特定灾害事故发生后，保险人会在保险合同约定的责任范围内，根据被保险人的实际损失对其进行补偿。通过补偿，社会财富因灾害事故所导致的损失在价值上能得到补偿，在使用价值上能得到恢复，从而使社会再生产过程得以连续。这种补偿既包括对被保险人因自然灾害或意外事故造成的损失的补偿，也包括对被保险人依法应对第三方承担的经济赔偿责任的补偿，还包括对商业活动中违约行为造成的经济损失的补偿等。

2）人身保险的给付

人身保险的给付是由投保人根据被保险人对人身经济保障的需要程度和投保人的缴费能力，在签订保险合同时与保险人协商后确定的。尽管所确定的给付金额并未和被保险人发生人身保险事故后可能导致的经济损失直接相关，并且部分人身保险产品还具有储蓄和投资等方面的功能，但从设立人身保险的初衷是弥补被保险人的生命价值可能出现的损失这一点来看，仍然具有浓厚的损失补偿色彩。例如，购买两全寿险、养老年金保险是为了给被保险人提供未来收入的保障，购买终身寿险是为了给受益人提供未来生活的保障等。

2. 资金融通功能

资金融通功能是保险人通过将汇集起来的保险基金中暂时闲置的部分投入社会生产过程中而实现的。保险人为了使保险经营稳健，必须保证保险基金的保值和增值，这就要求保险人对保险基金实现有效的运用。保险基金的运用不仅必要，而且也是可能的。一方面是因为保费的收取与赔付之间存在时间差；另一方面是因为保险事故的发生不都是同时的，保险人收取的保费也不可能一次全部赔付出去，也就是说保险人收取的保费与赔付之间还存在数量差。这些都为保险基金的运用提供了可能。

3. 社会管理功能

社会管理是指对社会及其各个环节进行调节和控制的过程，目的在于正常发挥各系统、各部门、各环节的功能，从而实现社会关系和谐、社会良性运行和有效管理。具体来看，保险市场的存在有助于下列社会管理功能的改善和补充。

1）社会保障管理

一般来说，国家社会保障体系建设是政府的一项重要职责，而商业保险可以在国家社会保障体系建设中发挥许多重要作用。首先，商业保险市场可以为没有参加社会保险，或者参加了社会保险但仍有更多保障需求的人群提供保险保障，成为社会保险有益补充。其次，政府的社会保险计划有时需要通过商业保险市场提供的保险产品才可以实现，如美国的员工赔偿保险、中国的城乡居民大病保险等。最后，商业保险机构可以参与政府设立或支持的保险计划、保险基金的管理等，提升社会保险计划的运行效率。例如，我国的城乡居民基本医疗保险、长期护理保险、企业年金计划等都采取了市场化运作方式，由商业保险机构参与管理。

2）社会风险管理

社会风险管理功能可以通过两个方面来体现。一是保险可以对某些具有灾难性的损失提供及时补偿，使受灾主体的生活、生产活动得以迅速恢复；二是保险通过为广大家庭、企业和单位提供保险保障，降低了社会个体的风险忧虑，稳定了生活和生产预期，进而促进了社会的稳定发展。

3）社会关系管理

保险机构通过对保险事故的处理，参与社会关系的管理，有助于改变社会个体的行为模式，减少社会摩擦，为维护政府、企业和个人之间正常、有序、和谐的关系创造了条件，起到了社会润滑剂的作用。

4）社会信用管理

保险以最大诚信原则为其经营之本，保险产品实质上是一种以信用为基础的承诺。对保险双方当事人而言，信用至关重要。保险合同的履行过程实际上为社会信用体系的建立和管理提供了大量重要的信息来源，实现了社会信用信息资源的共享。

11.1.2　保险市场的典型特征及市场失灵现象

11.1.2.1　保险市场是一个具有较严重信息问题的市场

完全竞争市场的一个重要假设是，生产者和消费者都可以获得充分的信息。事实上，这个条件是很难绝对满足的。在很多情况下，实际市场信息与完全市场信息之间会有很大的差距，因而降低了市场效率，并使整体社会福利受到损害。

信息问题是造成保险市场失灵最常见、最重要的原因，这是因为保险产品是一类较为复杂的产品，无论买方还是卖方，都难以获得所需要的全部信息。保险市场中的信息问题可分成两类：**不对称信息**（asymmetric information）和**不存在信息**（nonexistent information）。

1. 不对称信息

不对称信息是指交易双方中一方拥有而另一方缺少的信息，可分为四种类型，如表 11-1 所示。

表 11-1　不对称信息问题的分类

类　型	买方问题	卖方问题
隐藏信息（hidden information）	“二手车问题”	逆选择问题
隐藏行为（hidden action）	委托代理问题	道德风险问题

1）“二手车问题”

“二手车问题（lemons problem）**”**是指市场中的买方对于产品的了解少于卖方，可能会导致所谓的“劣币驱逐良币”现象的发生，这一理论最早由 Akerlof 在 1970 年提出。

保险市场中的“二手车问题”体现为，投保人因不能获取保险人的财务状况，或者不能完全理解保单条款（保险合同往往是复杂难懂的文件，非专业人士往往很难全部理解）而买到较差的产品。

卖方信息多于买方信息所带来的“二手车问题”是最严重的保险市场失灵现象之一。除了投保人通常无法对保险人的产品和财务状况进行正确评估和监督，保险人还可能有意隐瞒自己的财务困难和某些对投保人不利的保险条件，从而进一步加剧了和投保人之间信息不对称的问题。由于保险产品是关系到公共利益的金融产品，所以通常需要政府出面来评估这种信息的不对等性，以保证保险人的经营和偿付能力处在监督之下，从而保护公众利益，特别是信息不灵的保险购买者的利益。

信息问题也可以在一定程度上通过市场机制加以解决。评级机构可以通过对保险人财务状况的评级，反映保险人经营的稳健性。保险中介机构如独立代理人和经纪人，也可以提供对保险人资信情况的评估，特别是大型专业保险经纪公司可以帮助投保人选择资信良好的保险人，监督保险人的财务状况。

保险产品本身也会带来信息不对称问题，这是因为保险合同是复杂的、专业的法律文件，非业内人士很难理解其中的专业术语和法律词汇，一般消费者很难区分“好”保单与“不好”的保单。在解决这类信息不对称问题方面，政府监管可以发挥很多作用，比如禁止使用误导性的保单措辞，或者要求用简单的语言来书写保单，甚至直接规定保单使用的用语。

2）逆选择问题

逆选择问题（adverse selection problems）和**道德风险问题**（moral hazard problems）是保险经济学中有关信息问题的最重要的两个方面，这两方面问题主要是由被保险人的行为带来的。因此，保险人对这两种行为更为关心，希望能通过一些方法解决这些问题。

逆选择是指潜在的投保人总是比保险人更清楚自己的风险水平。这一问题可能导致的结果是，保险人只会提供高于平均保费的保险，使只有高风险的投保人愿意购买保险，而低风险的人不愿意购买保险，或只购买不足额保险，因而会带来整体社会福利的损失。

3）道德风险问题

道德风险是保险市场上另一个备受关注的问题。在购买了保险后，投保人（被保险人）的行为会因为获得了保障而发生变化，防损动机和减损努力都可能减弱，这就是所谓的道德风险。

关于道德风险的研究已经有很多，比较经典的模型是：假设投保人的努力可以影响出险概率或出险程度，并且这种努力可以度量并体现在投保人的效用函数中；根据投保人的这种努力能否被观察到，以及保险人观察投保人行为的成本等因素，研究给出投保人在不同情况下的保险需求，以及保险人相应的最优保单机制设计。

从监管方面来看，道德风险问题本身是一种没有效率的现象，因此保险人所采取的任何试图降低道德风险的行动应该都是有利于提高市场效率的。

4）委托代理问题

委托代理问题（principal-agent problems）是保险经济学研究的重要问题，广义的委托代理问题包含道德风险问题。从本质上说，委托人（principal）不能够完全监督**代理人**（agent）的行为，因而导致代理人工作可能不努力的问题。

在保险市场中，委托代理问题第一类表现是，保险公司的经理（代理人）可能不会始终维护公司股东（委托人）的利益。经理们可能更专注于销售更多的保单，让自己获得更多的收入，而这一目标可能与公司股东利益最大化的目标并不相符。另一类表现是，由于很多保险产品是通过代理人销售的，而代理人的主要目的就是把保单卖出去，卖得越多获得的佣金也就越多。因此，一些代理人可能采取不正当的方式诱导消费者购买对他们来说并不需要的产品，或者将保单推销给一些不适当的投保人。

前面列举了由保险市场中信息的不对称带来的问题。那么，应如何解决这些问题呢？一个看上去很直接的回答应该是，有关各方应设法获得更多的所需要的信息，减轻信息不对称的程度。但事实上人们很难完全做到这一点，因为在现实市场中，信息不是免费的，要获取更加完全的信息，必然将增加投保人或保险人的成本，人们不得不在为了获取更多的信息付出更多成本和在信息不充分条件下做出的选择而支付额外的成本之间进行权衡。

2. 不存在信息

不存在信息是指保险市场中无论是卖方还是买方都无法获得的信息，因为有些信息根本就不存在。比如，在对未来利率长期走势的判断方面，投保人和保险人（甚至任何人）可能都难以作出准确判断；在对某一地区未来某时间内发生破坏性地震的可能性估计方面，即使是有经验的保险人也难以给出准确答案。不存在的信息给投保人和保险人双方的选择和决策都带来了不利影响。对投保人来说，由于保险合同承诺的是未来的支付，保费是建立在逆向定价基础上的，即保险合同的价格是在不知道未来实际索赔和经营成本的情况下确定的，使投保人无法了解当前选择的结果，从而影响到他们的最优决策。从保险人的角度看，由于无法确切知道未来保险赔付可能的分布和某些重要参数，所以在定价方面会面临由于参数的确定所带来的系统性风险，因而不敢轻易涉足此类风险的保险业务，或者即使经营了，也将面临巨大风险。

总之，无论是不对称信息，还是不完全信息，都会导致消费者无法了解自身的最大利益所在，导致出现保险市场的失灵现象。社会保险计划的理论依据之一就是当个人不愿意或无力安排自身财务安全计划，或者保险市场由于信息问题而无法对现实的保险需求作出充分反应时，就必须由政府出面，建立具有强制性的社会保险制度。例如，很多国家和地区通过立法建立的机动车责任强制保险制度，也是建立在这一逻辑基础上的。

11.1.2.2 保险市场中的市场支配力现象

市场支配力（market power）是指市场参与者具备了支配市场的力量。在一个完全竞争的市场中，所有生产者或消费者都应该是价格的接受者，都无力影响商品或服务的价格，即不具备市场支配力。如果市场中存在某种支配力量的话，就会降低通过市场配置资源的效率。市场支配力的主要表现形式有以下几种。

1. 市场进入壁垒或退出壁垒

市场进入壁垒（barrier to entry）是指打算进入某一市场（或产业）的企业必须承担的额外成本。进入壁垒的高低，既反映了市场内已有企业优势的大小，也反映了新进入企业所遇到的障碍。进入壁垒的高低是影响市场垄断和竞争关系的一个重要因素，是市场结构的直接反映。

事实上，任何市场都会存在一定的进入壁垒，只是高低不同，保险市场也是如此。总体上看，保险市场作为金融市场的一部分，关系到国家和社会的经济安全，因此从政府的角度看，会非常重视对保险市场准入的监管，会对希望进入该市场的企业设置一定的壁垒，其主要形式就是发放营业许可，只有获得政府颁发的营业许可，才可以经营保险业务。政府在颁发营业许可时，通常会对申请进入保险市场的企业进行严格审核，包括资本金要求、董事和高管任职资格等。

但总体而言，保险市场的进入壁垒并不特别高，特别是技术壁垒、资金壁垒都不是特别高。这一点可以从保险市场上现存的庞大数量的保险公司即可看出，如美国有近 5000 家保险公司，英国有 900 多家保险公司，我国保险市场经过 40 多年的发展，目前已经有 200 多家保险公司。

观察市场的竞争程度不能仅看进入壁垒，还应关注**退出壁垒**（barrier to exit），也就是说一个充分竞争的市场应该是可以自由进出的。但相比其他市场，保险市场不仅进入壁垒相对高，退出壁垒也是相对高的，也就是说，不能让一家保险企业很容易地退出市场，无论是主动退出还是被动退出。这样做的目的是保护保险消费者的利益，同时维持市场的正常竞争秩序。

2. 规模经济或范围经济

规模经济（economy of scale）是指企业的平均生产成本随产量的上升而下降。如果某些企业具有规模经济，就会以相对更低的成本生产出和竞争对手一样的产品，就可能将竞争对手挤出市场，自身形成对市场的垄断。事实上，很多行业都存在着规模经济现象，以至于政府为了维持市场竞争环境，不得不限制一些“巨无霸”级企业的进一步扩张，甚至对此类企业进行分拆。

有关保险业是否存在规模经济现象的研究发现：中小规模保险公司的效益通常会随着规模的增加而上升，但大公司的效益可能不随规模而改变，既可能随规模增加而上升，也可能随规模增加而下降（即大型保险公司可能存在规模不经济的现象）。因此，对规模经济是否会导致保险市场出现市场支配力的回答是不确定的，或者说可以认为保险业出现规模经济的可能性比较小。

范围经济（economy of scope）是指一家公司能够以比其他公司更低的成本生产多种产品或提供多种服务。对保险业的研究表明，某些保险公司的确存在范围经济。例如，一些保险集团公司可以将财产保险、人寿保险、健康保险等产品实行联合销售，降低了销售成本；一些保险公司和银行合作，利用银行网点销售保险，扩大了客源，降低了销售费用。从发展趋势看，为了能为消费者提供更好的服务，保险企业和其他行业企业会加强合作，涌现出更多的新型商业模式，通过提升范围经济效应来增强企业的竞争力。

3. 产品差异性

产品差异性（product differentiation）是指消费者可以将一家公司的产品与其竞争对手的产品区分开来。产品具有差异性将会增加消费者的选择，有利于产品的改进和创新。但如果市场中所有产品均存在明显差异性的话，就容易导致市场支配力的出现。这是因为当产品之间存在明显差异时，消费者就可以将某厂商的产品与其竞争对手的产品区分开来，且当消费者恰好需要该厂商的产品所具有的功能的话，就只能接受该厂商的定价，此时该生产商就具有了市场支配力。

从整体上看，保险市场是产品差异性不大的市场，或者说保险产品的同质性是相当高的。比如，我国有 80 多家财产保险公司，大多都在销售机动车辆保险，且各家公司使用的保单和定价都依据的是行业协会的标准条款，所以基本上是完全相同的，消费者很难区分。这就导致各家保险公司在车险市场的竞争异常激烈，只能从提供更好的服务、给消费者更好的消费体验出发，提高自身的竞争力。其他险种，如人寿保险、健康保险、养老保险等，各保险公司提供的产品的核心功能也基本上相同，由此决定了保险市场是竞争非常激烈的市场，要想在产品高度同质性的市场中胜人一筹，就必须在销售、服务、风险管理等方面超越竞争对手。

4. 价格歧视

价格歧视（price discrimination）是指厂商在同一时期将同一产品以不同价格卖给不同的消费者。一般说来，在一个完全竞争的市场中，所有的购买者对相同的产品应支付相同的价格。不过，市场中存在一定的价格歧视现象是不可避免的，而且有时会有利于市场效率的提升和整体社会福利的改善。

保险市场也存在一定程度的价格歧视，如出于竞争的需要，保险人会对不同目标市场的消费者收取不同的价格，对利用不同渠道销售的保险产品收取不同的保费等。

11.1.2.3 保险市场具有明显外部性

外部性（externality）是指一个厂商的生产行为或一个消费者的消费行为对其他人产生的直接的、未予补偿的正面或负面影响。负面外部性的典型例子如某些企业的生产过程造成空气或水污染，正面外部性的例子如某公司的先进营销理念和方式被其他公司学习和掌握。

保险业是一个既存在正外部性，也存在负外部性的市场。负外部性的明显例子是保险的存在引发的保险欺诈现象，即一些人为了获取保险赔付而谎报损失甚至故意损害被保险标的。在欧洲和北美保险市场上，据估计有 5% ～ 15% 的非寿险索赔涉及欺诈。保险带来的负外部性的另一种表现是，一些需要购买保险的人没有购买保险，因而在发生损失时无法获得赔偿，从而导致社会福利的损失，这也成为政府建立某些强制保险制度的理论依据。

保险市场的另一种负外部性是保险公司破产带来的不利影响，甚至由此会引发系统性风险。这种风险可分为两类。①“台阶式破产”：一家保险公司破产会直接引起其他金融机构的破产。这种风险会通过风险的集中和再保险在保险市场中传递。②“挤兑”：许多投保人、债权人同时要求提取现金。历史上，人寿保险行业就曾发生过挤兑的情况，导致一些寿险公司破产。

保险市场也具有非常明显且重要的正外部性。商业保险机构通过提供各类保险产品和风险管理服务，为个人、家庭、企业单位提供风险保障，提升了他们的风险应对能力，促进了经济和社会的安全和发展。正是因为看到了保险市场的这种明显正外部性，各国政府都会对保险业的发展给予积极的支持。

11.1.2.4 保险市场中的免费搭车现象

当某些具有公共品性质的产品和服务可以以很低的成本甚至零成本获得时，就产生了**“免费搭车**（free ride）”问题。一般认为，公共品应该由政府来提供，一个竞争性市场不应该也不可能提供社会所需要的公共品。

保险市场上也存在“免费搭车”现象。比如，当人们相信政府会在灾难发生后提供救济时，购买保障相同潜在风险损失的商业保险的愿望就会减弱。还比如，作为保险公司最主要产品的保险合同，其条款实际上也是一种“公共产品”：一家保险公司设计出保险合同条款之后，其他保险公司都可以采用，因而使得保险公司在产品开发和创新方面缺少动力。再比如，保险监管本身也会引发“免费搭车”问题，因为政府通常会从行业的平均利益、平均发展水平角度制定有关监管政策，使一些相对落后的企业得到“照顾”。

11.2 保险监管的基本原理

11.2.1 保险监管的意义

保险监管（insurance regulation）是指一个国家或地区政府对本国或本地区保险业的监督管理。保险监管的形式可分为法律监管和行政监管。法律监管是指国家通过制定相关的保险法律法规，对保险机构的经营行为及个人的购买行为进行规范和约束；行政监管是指国家成立或委托专门的保险监管机构依法对保险业进行监督管理，以保证保险法律法规的执行[①]。

保险监管的内容一般包括市场准入、保险公司治理、保险公司偿付能力充足性、保险合同条款和价格、保险资金运用、保险公司陷入财务困境后对投保人的保护等。

保险业作为金融业的重要组成部分，由于其经营风险的特殊性，对国民经济稳定和人民生活安定具有重要意义。因此，政府通常会对保险业实行较严格监管，这是出于保障社会和经济安全的需要，也是政府对市场进行必要监督和管理的重要内容。

政府对保险业的监管有助于保险市场的规范和发展。由于保险市场存在较严重的信息不对称问题，市场机制的发挥会受到一定抑制。政府适当的干预将有助于维护公平竞争环境，防止盲目和无序竞争，保证保险市场的健康发展。

此外，由于保险经营具有较强的专业性和技术性，对参与经营的保险机构和从业人员有较高要求，这一特点也决定了政府需要对保险业进行较严格的监管。

11.2.2 保险监管的原则

1. 保险监管的一般原则——审慎监管原则

从世界各国对保险市场的监管实践来看，无论是采取相对宽松，还是相对严格的监管，也无论是统一监管，还是分散监管，几乎都遵循了一个共同原则——**审慎监管原则**，这一

① 英文中，“监管”通常对应着两个词：“regulation”和“supervision”。“regulation”指制定金融机构的可接受行为的书面规则，“supervision”则是指对这些规则的执行进行监督。

原则也被称为保险监管的一般原则。

审慎监管（prudent regulation）是指通过监管能促使各类保险机构提高风险防范意识，谨慎管理，稳健经营，降低乃至杜绝破产的可能性，从而保护保单持有人、投资人的利益不受损害。

保险公司的经营主要是为被保险标的提供相关风险损失的保障，在其经营过程中自身也面临着各种风险，包括市场风险、信用风险、经营风险、政治风险等。正是由于保险公司面临的上述风险，政府需要通过立法、制定相关行政规章等方式，要求保险公司根据适当审慎原则，开展保险经营活动。

为了达到上述目的，各国保险监管机构通常采取的做法包括以下几种：①完善保险立法；②设立保险机构进入市场的最低标准；③为保证保险机构健康稳健经营，要求其维持足够的偿付能力；④为维护市场有效和有序竞争，建立相应的市场退出机制；⑤要求保险机构建立完善的公司治理体系；⑥要求保险机构根据有关规定披露必要的信息，定期向监管机构报送规定的财务报表；等等。

2. 保险监管的具体原则

除了审慎监管这一具有普遍性的原则，还有一些在监管过程中需要遵循的具体原则。不过，由于各国在监管法规、监管架构、监管指导思想上存在差异，在具体监管原则的采用上，可能会选择以下全部或部分原则。保险监管的具体原则一般包括以下几点。

1）分业与混业监管的原则

到底是采取分业监管方式还是混业监管方式，各国会根据自己国情决定，或是在不同市场发展阶段进行相应的调整。这里所说的分业与混业监管，狭义上指的是对财产保险、人寿保险、再保险的分业与混业监管；广义上指的是对包括银行、证券、保险、资产管理等行业的分业与混业监管。例如，美国在20世纪30年代经济大萧条发生前，实行的是金融混业经营与混业监管；在经济危机爆发后，美国通过了“格拉斯-斯蒂格尔法案”（Glass Steagall Act），对金融业开始实行分业经营和分业监管；21世纪末，美国又采取了准许金融业混业经营的政策[①]。

2）偿付能力监管与市场行为监管相结合的原则

在对保险公司的监管方面，各国监管者的一个普遍共识是，偿付能力监管是核心。为此，各国保险监管机构均通过立法或公布专门规章等形式，对保险公司应保持足够的偿付能力制定了一系列标准，以保证其正常经营和不损害投保人的利益。不过人们有时也会误认为，对保险公司的监管就是偿付能力监管，特别是认为发达国家的保险监管就是偿付能力监管。实际上，各国的保险监管一般都会包括市场行为监管等内容。很多国家或通过出台相关行政规章的形式，或通过行业自律的方式，对保险机构的市场行为加以规范。比如，美国的寿险行业协会就专门制定了“市场行为与合规服务”方面的规定；英国也有关于保险从业人员行为准则方面的规定，并要求各保险公司必须配有专门人员从事公司合规情况

① 这里说的混业经营，并不是指允许一个保险公司同时经营财产险、人寿险、再保险业务，或是允许一家金融机构同时从事银行、证券、保险等业务，而是指准许其所属的不同法人机构经营上述部分或全部业务。说到底，具体经营机构在财务、资金、业务、产品、管理等方面还是分离的，只不过是名义上使用一家公司的牌子。

的检查，而且这些人员专门对保险监管机构负责。在发达国家保险市场，市场行为方面的问题之所以不够突出，主要是因为这些国家法律体系比较完善，对违规行为处罚较为严厉，同时保险公司及从业人员守法意识较强。此外，这些国家往往有比较健全的投诉体系，有利于规范保险公司的经营行为。所以，强调偿付能力监管是必要的，但并不是说可以忽视或者认为不需要市场行为监管。

3）依法遵规进行监管的原则

加强监管的前提是要建立完善的保险监管法律法规体系，并严格按照法规实施监管，这是对保险监管机构的最基本要求。世界各国保险监管部门大都作为政府的组成部门行使监管职能，而履行职责的基础就是要做到有法可依、有法必依、执法必严、违法必究。只有如此，才能体现监管的严肃性、权威性、公正性。严格地讲，依法遵规进行监管是市场经济的基本原则，也是法治社会的重要标志。

4）他律与自律相结合的原则

由于保险公司的经营既涉及保险人的利益，也牵涉投保人的利益，而为了充分保护投保人的利益，对保险公司等保险机构实行严格有效的监管是十分必要的。为此，很多国家都建立了比较完善的他律制度。所谓他律（heteronomy），就是运用外在的、来自监管机构的力量，对保险机构依法进行监管。很多国家在运用监管机构职能的同时，也会充分发挥保险自律组织的作用，以增强保险公司遵规守法的自觉性和自我约束性。例如，英国过去实行的就是公示自由主义制度，淡化政府的监管作用，突出自律组织的作用。但是，**自律**（self-discipline）毕竟不能替代监管，两者有着本质的区别。自律是保险机构间利用制定公约或守则等形式，对其经营行为进行自我约束的做法；他律是保险监管机构代表政府对保险机构的偿付能力和业务经营等进行依法监督管理的行为，两者的作用互相补充，以达到更好的效果。

5）稳健经营与适度竞争相结合的原则

加强监管的目的是保证保险公司的稳健经营，而保险公司的稳健经营需要良好的外部环境和健全的内部制度。这里所说的良好的外部环境主要指良好的竞争环境，而良好的竞争环境需要完善的法律制度和健全的监管制度作保障。健全的内部制度是指依法建立的公司法人治理结构、完善的内控制度、稳健的经营管理制度等。实践表明，没有竞争的保险市场是缺乏效率的市场，良好的外部竞争环境可以促使保险公司加强管理，改善经营，提高服务，讲求效益，推动整个保险市场健康、有序、稳定和可持续的发展。

6）保护被保险人合法权益与不干预保险机构正常经营相结合的原则

保险合同属于格式合同，通常是由保险人拟定，投保人或被保险人多是被动接受。由于保险人对于风险的认知程度、保险业务的了解深度、合同的内容等都比投保人更为深刻和专业，所以投保人或被保险人在签订保险合同时可能处于相对不利的地位。为此，无论是相关的保险法规，还是监管部门，乃至司法和仲裁机构，都会更为注重保护被保险人的利益，即便在保险人和被保险人各有责任或责任难以区分时，也会做出更有利于被保险人的规定、裁定或判决。

当然，加强对被保险人利益的保护并不等于要干涉保险机构的正常经营。在市场经济环境中，任何企业，包括保险公司都是自主经营的市场主体，它们有权按照国家法律及有关规定合法经营，其正常经营行为应当受到法律的保护。政府及保险监管机构的主要职责是创造完善的市场环境和法律环境、规范保险公司的经营行为、保证保险公司的偿付能力、保护被保险人的合法权益，而不是以行政干预代替对保险公司的正常监管。

11.2.3　保险监管的目标

1. 保险监管的一般目标

各国保险监管机构几乎都认同的一个监管目标就是，**要求保险公司的偿付能力（solvency）充足，以达到保护被保险人利益的目的**。所谓偿付能力，是指保险公司具有的对被保险人承担赔偿或给付的能力。我们知道，保险公司在收取了保费后，即承担了保险事故而引发的赔偿或给付责任。而要履行这样的责任，保险公司就必须保证具备充足的偿付能力。只有这样，才能保证保险公司的正常经营，确保被保险人的利益，促进保险市场的良性发展。正因为如此，国家一般会以法律形式要求保险监管机构在监管中，首先要注重保险公司的偿付能力和保护被保险人利益。尽管各国保险监管在具体做法、规定、标准上会有所差别，但最终目标都是要保证保险公司的偿付能力，从而保护好被保险人利益。

2. 保险监管的具体目标

由于各国在国情、保险市场状况、所处发展阶段上不尽相同，保险监管的具体目标也会有所不同，归纳起来主要包括以下一些目标：加强保险法治建设、完善监管体制、规范市场行为、促进市场发展、加强保险公司内控制度、改善市场竞争环境等。在实现上述监管目标的实践中，各国保险监管机构会根据其市场发达程度和不同时期的监管要求，根据多重目标实施保险监管。

3. 国际保险监督官协会（IAIS）关于保险监管目标的描述

国际保险监督官协会（International Association of Insurance Supervisors，IAIS）在其制定的《保险核心原则》（insurance core principles，ICPs）中，对保险监管的目标作了如下阐述[①]。

监管的主要目标是促进建立一个公平、安全、稳健的保险行业，以保证保单持有人的利益并对其进行保护。

对上述保险监管目标，IAIS 还特别给出了如下解释。

尽管各国的具体监管目标可以有所不同，但重要的是所有保险监管者都应该对保护保单持有人利益这一目标负起责任。

由此不难看出，虽然各个国家社会制度不同，经济和保险市场发展程度不同，但在对保险监管基本目标的认识方面却是一致的，那就是**保护保单持有人的利益**。

① INSURANCE CORE PRINCIPLES, STANDARDS, GUIDANCE AND ASSESSMENT METHODOLOGY，ICP 22 amended 19 October 2013.

11.2.4 保险监管的方式

政府对保险市场监管主要是通过立法监管、司法监管和行政监管来实现的。一般来说，任何一个国家对保险市场的监管都包括这三种方式，所不同的是，不同国家在监管方式的采用方面有所侧重。

1. 立法监管

国家对保险市场监管的最高形式是由立法部门制定约束范围广泛的保险法律体系，其中与保险监管有关的条款通常涉及以下几方面。

- 保险公司、再保险公司的设立和经营许可。
- 保险代理人和经纪人的经营许可。
- 保险费率的备案和批准。
- 保险合同条款的备案和批准。
- 对不公平交易行为的约束。
- 对保险人财务报告、财务审查以及其他财务方面的要求。
- 保险公司的整顿和清算。
- 保险保障基金的设立和运用。
- 对保险产品和保险公司的税收。

立法监管是保险监管的最高层次，是司法监管和行政监管的依据。保险法规的落实和执行，需要司法部门和行政监管部门的努力。

2. 司法监管

司法部门在保险监管方面也发挥着重要作用，主要体现在三个方面。

- 解决保险人和保单持有人之间的纠纷。
- 通过对违反保险法律行为的民事或刑事责任的判罚，保证保险法律的实施。
- 保险人、保险中介机构可以对监管部门颁布的规章和命令中违背保险法律的部分向法院提起诉讼。

3. 行政监管

行政监管是由政府行政机构实施的，通常是由经立法机构授权的行政部门来具体实施对保险业的行政监管，它是负责执行保险法律的专门机构，享有十分广泛的行政权、准立法权和准司法权。

在不同国家，负责实施保险法律的部门可以是不同的。在中国，原由中国银行保险监督管理委员会负责，现由国家金融监督管理总局负责。在美国，主要是由各州的保险署和保险监督官负责，联邦政府不承担保险监管的职责。

11.2.5 保险监管体系

保险监管体系是一个监管者、被监管者、其他相关者之间相互作用的体系，其中政府监管部门、行业自律组织、信用评级机构、独立审计机构和社会媒体等作为保险监管的主体，实施监督和管理。当然，这些主体中，有的具有监督权和管理权，有的只拥有监督权，他们对保险市场的约束力是不同的。与此同时，各保险公司、保险中介机构（保险代理人、经纪人、公估人）、投保人、被保险人、受益人等作为保险监管的客体，需要接受各方面的监督管理。

从另一角度看，一个完整的保险监管体系应该是外部监管和内部控制的统一。外部监管指国家监管、行业自律和社会监督，其中社会监督来自评级机构、独立审计机构、新闻媒体等方面。

1. 国家监管

作为外部监管的最重要形式，国家监管分为立法监管、司法监管和行政监管三个层面，我们在上一小节已简要介绍过，这里不再赘述。

2. 行业自律

保险行业协会是保险人或保险中介机构（代理人、经纪人、公估人）自己的组织，在规范保险市场方面发挥着政府监管部门无法替代的作用。行业协会的存在既可以避免政府的过度干预，又可以加强各保险机构之间的沟通与合作，维护正常的市场竞争秩序。各国都成立了保险行业协会，如英国的火灾保险协会、中国的保险行业协会等。行业协会在参与保险市场的监督与管理方面的作用体现在以下方面。

（1）代表协会会员对政府有关保险立法与管理措施发表意见、反映情况，可以对政府决策产生直接或间接的影响。

（2）协调会员在市场竞争中的行为。协会制定的协议或规定虽然没有法律效力，但会员都有遵守的义务，具有一定约束力。

（3）在业务方面，制定统一的保险条款格式、协调最低保险费率、统一回扣或佣金标准，为政府保险监管部门的决策提供专业依据。

中国保险行业协会是由中国人民银行批准设立的，由各具有法人资格的国有保险公司、股份制保险公司和中外合资保险公司组成。协会设理事会，采取会员制，经费来源于会员公司缴纳的会费，每年召开一到两次会员代表大会，大会形成的决议要由2/3以上的理事参加表决，并由参加会议的2/3以上的理事通过方能生效。

3. 社会监督

社会监督主要来自三个方面。

1）信用评级机构

独立的信用评级机构通过对保险公司的评级，把保险公司复杂的业务与财务信息转变为容易理解的、反映其经济实力的不同信用等级，供社会各界参考。信用评级机构的评级结果不具有强制力，其可信度取决于评级机构自身的公信力。国际著名的保险机构评级机构有A. M. Best、标准普尔（Standard & Poor's）、穆迪（Moody's）等。尽管各评级机构对保险公司信用评级的具体方式有所差异，但其核心都是围绕保险公司的偿付能力。评级结果是对保险公司承担赔偿或给付责任的整体财务能力的综合评价，并不意味着某类或某份保单能否获得偿付。在评级过程中，评级机构首先从保险公司那里获得报告资料，并对其进行严格的交叉检验以确保数据的准确性。然后，利用定性分析和定量分析的方法，对保险公司的经营状况和发展趋势做出客观评价。应该说，评级结果仅仅是评级机构根据自己的标准提出的独立意见，是保险交易中的“第三方意见”，但一些信誉卓著的评级机构的评级结果的确可以成为保险交易的重要参考。

国际上最主要的保险评级机构是 A.M.Best，一些国家政府监管部门都把它的评级结果作为是否对保险公司实施监管的重要考虑因素。除了上面提到过的 3 个评级机构，还有其他一些评级机构。一般来说，这些评级机构的评估结果会在很大程度上相互吻合。因此，如果一家保险公司被这些主要评级机构中的任何一家降低了信用等级，都会引起舆论的高度关注，其业务自然就会受到影响。

评级机构的结果之所以会受到社会公众如此关注，是因为评级的结果基本上客观地反映了保险公司的信用程度。A.M.Best 的一项调查显示，1969—1990 年，在 247 家保险公司中共有 45 家在丧失偿付能力的前三年被评为“A”级，仅有 6 家在丧失偿付能力的前一年被评为“A”级。从以上评级结果来看，A.M.Best 的评级结果的准确率是相当高的。

总之，在当今社会分工日趋细化的时代，评级机构为保险客户提供了非常有用的信息服务，将保险公司复杂的经营活动、财务报表转化为公众容易理解的信用等级符号，作为消费者决策时的参考，大大减少了信息不对称的影响。评级机构通过其提供的评级信息，可以影响监管部门、消费者和保险机构，在行使社会监督职能方面发挥着不可替代的作用。

2）独立审计机构

独立审计机构是指依法接受委托，对保险公司的会计报表及相关资料进行独立审计并发表审计意见的会计师事务所和审计师事务所。独立审计的目的是对被审计保险公司的会计报表的合法性、公允性和会计处理方法的一贯性发表审计意见。合法性是指被审计保险公司会计报表的编制是否符合会计准则和其他有关财务会计规定；公允性是指被审计保险公司会计报表是否在所有重大方面公允地反映了其财务状况、经营状况和现金流量状况；一贯性是指被审计保险公司的会计处理方法是否保持了前后各期的一致性。由于其客观公正性，各国在保险监管时都比较重视独立审计机构的意见。

3）新闻媒体

在社会监督方面，各类新闻媒体也发挥着重要作用，尤其是在互联网时代，更是出现了一些新型媒体，如自媒体等。各类媒体也会对保险经营主体的不规范行为、消费者的不良行为，甚至政府监管的不到位之处起到非常重要的舆论监督作用，激励保险市场参与者加强对自身行为的约束。

11.2.6 解释保险监管的主要经济理论

11.2.6.1 公共利益理论

规范经济学和实证经济学都提出了一些理论论述政府监管存在的原因。规范经济学中的“公共利益理论（public interest theory）”认为，监管是为了服务于公共利益而存在的，监管的目标是实现经济效率最大化，防止和纠正市场失灵引起的对消费者利益的损害。纵观世界各国保险监管的发展，几乎所有国家都把保护消费者利益作为保险监管的最重要目标之一。不过我们仍然想强调的是，政府监管目标的完整阐述应该是寻求社会福利的最大化。社会福利是生产者剩余和消费者剩余之和，政府监管是通过使社会福利最大化而实现保护消费者剩余的目标。

为了说明监管是如何使社会福利最大化的，我们先来回顾一下经济学中关于完全竞争市场的条件。

- 有足够数量的消费者和生产者，从而任何一个或一群消费者或生产者都无法影响市场。
- 生产者可以自由进出市场。
- 生产者的产品是同质的。
- 关于产品的信息是免费且完全可以获得的。

显然，任何一个保险市场都不能完全满足上述条件，所有保险市场都不可能处于完全竞争状态。市场的实际状态与这种“理想状态”的偏差越大，竞争就越不完全，资源配置就会越无效，消费者的利益就越会受到抑制。

市场不能有效配置资源意味着有些商品和服务是不可获得的，或者只能以次优的方式获得，如以高于完全竞争市场的价格获得商品和服务。我们称这种资源的无效配置为“市场失灵”。在经济社会中，市场失灵的存在会引起整体社会福利的减少。在这里，“社会福利”指生产者剩余和消费者剩余之和。生产者剩余是指生产者能够售出其产品和服务的价格（即市场价格）与生产者希望索取的价格之间的差额；消费者剩余指消费者愿意为某项产品和服务支付的价格与实际支付的价格（即市场价格）之间的差额（见图 11-2）。市场监管的目标就是应当使社会福利最大化。

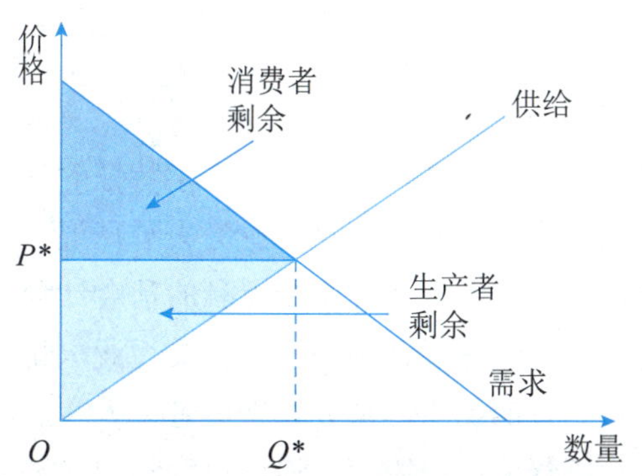

图 11-2　保险市场中的消费者剩余和生产者剩余

下面来看如何使保险市场的社会福利得以增加。在生产者，即保险人剩余不变的情况下，社会福利的增加可以通过以下三种方式：①消费者以更低的价格购买保险；②在价格一定的情况下，消费者从保险产品中得到更多的利益（即质量更高的保险）；③前两种方式的组合。同样，在消费者剩余不变的情况下，保险人也可以通过三种方式来增加社会福利：①提高价格；②降低成本；③前两种方式的组合。

图 11-2 对此进行了说明。该图表示在某一保险市场中，如在家庭财产保险市场中的消费者剩余和生产者剩余。P^* 是保险产品数量为 Q^* 时的市场均衡价格，P^* 以上和需求曲线以下的区域代表消费者剩余，供给曲线之上和 P^* 以下的区域代表生产者剩余。

如图 11-3 所示，假设保险人由于采用了新的营销技术，降低了销售保险产品的成本，从而增加了供给，使供给曲线从 S^1 移到了 S^2。我们看到，需求曲线以下和新的均衡价格以上的区域变大了，因而增加了消费者剩余。另外，在新的供给曲线和需求曲线的组合下，生产者剩余也增加了，即位于供给曲线以上和均衡价格以下的区域变大了。由于生产者剩余和消费者剩余同时增加了，整体社会福利得到了增加。也就是说，由于引进了新的保险营销技术，在没有损害其他方利益的前提下，至少使一方获得了新的利益。类似地，我们可以通过需求曲线向右移动得到相同的结果，即生产者剩余和消费者剩余都可能同时增加。

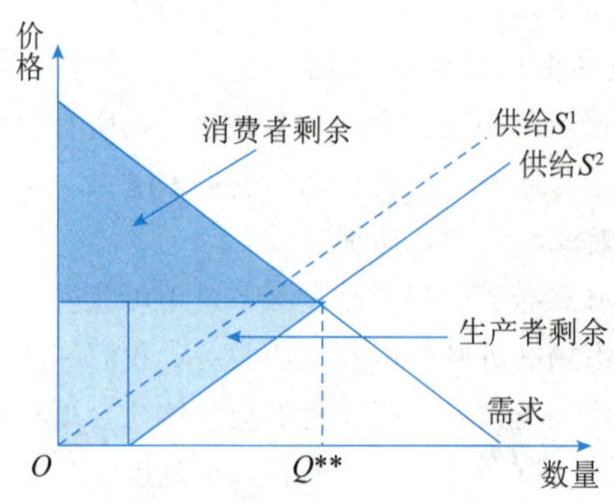

图 11-3　供给增加对消费者剩余和生产者剩余产生的影响

如前所述，监管的目标是使社会福利最大化。政府在实际实现这一目标的过程中，通常是在保持生产者剩余不变的前提下，实现消费者剩余最大化。这是很多国家实施政府监管的基本理论依据。

11.2.6.2　私人利益理论

如果说监管的公共利益理论主要体现了规范经济学特征的话，近代以来西方发达国家盛行的实证经济学则更多地是根据“私人利益理论”去解释现实中为什么会存在监管。基于实证分析的私人利益理论认为，监管者并不是无私的社会计划者，监管政策的制定会受到某些特定因素的影响。保险业作为经济中的一个重要行业，相关监管政策也体现出了受私人利益影响的特点，监管的目的至少一部分在于促进私人利益，即监管者是出于自身利益或某些群体的利益而进行监管活动，监管与追求自身利益或某些群体利益最大化具有一致性。根据这一理论，监管者为了获得来自行业的支持，通常会表现出偏向行业的倾向。

最著名的“私人利益理论（private interest theory）”是所谓“监管占据理论（capture theory of regulation）”，该理论认为，监管实际上已经被监管的行业所占据并为其利益服务，而并没有真正代表广大消费者的利益。国外的一些研究发现，行业中以及与行业有关的一些方面组成的特殊利益集团可以左右立法和监管为他们的利益服务。保险行业中的特殊利益集团包括保险人、再保险人、保险代理人、银行、证券公司、保险经纪人以及其他为保险业提供服务的企业。这些特殊利益集团通常可以为了自身利益而联合起来共同影响立法部门和监管者；消费者一方则组织松散，对某些专业问题的熟悉程度也远不如特殊利益集团，因而对立法和监管部门的影响力十分有限。这使得被“占据”的保险监管者在原有的社会福利等式上，会给予生产者剩余更多的权重，而减少了消费者剩余的权重，这种对公平市场权重的人为调整，实际上损害了整体社会福利。

私人利益理论对监管问题的分析主要依赖的是实证分析方法，因此其研究会在很大程度上受到数据的限制，且研究结论仅限于说明监管受到了哪些因素的影响，缺乏更为根本的理论探究。因此，依据私人利益理论对保险监管的实证研究并没有出现太多有影响力的工作。

11.2.6.3 政治监管理论

政治监管理论（theory of regulatory politics）认为，现行的监管制度实际上是在现有政治和行政管理体制内，通过不同利益集团之间的讨价还价而确立的，体现了不同利益集团之间的利益分配。这些利益集团包括消费者、监管者及政府有关部门、立法和司法部门、被监管的行业。不同利益集团对监管产生的影响取决于他们的政治能量、经济地位及监管事项的重要性和复杂性等。

11.3 保险监管的内容

为了实现保险监管的目标，保险监管者需要从哪些方面对保险市场进行监管呢？为了回答这个问题，我们不妨从保险监管者需要回答的一些重要问题来梳理一下保险监管应包括的内容。

一般来说，一个国家的保险监管者通常需要回答这样一些问题。

（1）政府作为保险供应者，其主要作用应当是什么？

（2）谁可以获准进入市场？

（3）如何平衡竞争的作用和好处与对消费者的保护？

（4）采取何种方法监督保险人的偿付能力？

（5）当保险人面临财务困境时应采取什么适当措施？

（6）当保险人无偿付能力时，对被保险人应采取何种保护措施？

根据对上述问题的回答，我们来阐述一下保险监管应包含的主要内容。

11.3.1 政府作为保险的提供者应发挥何种作用

每一个政府都会面临一个基本问题：如何定位私营部门和公共部门在提供经济保障方面的作用。如果答案是政府应当成为唯一的保险供应者，那么对监管问题的探讨自然就丧失了现实意义。

目前，大多数国家政府普遍接受的观点是，**只有当某种重要社会问题提出了特定风险保障需求时，或者是市场未能对某种被认为是重要的风险保障需求作出充分反应，而且没有可行的市场解决方案的情况下，政府才应当作为直接的保险提供者**。这一观点已经成为大多数国家建立社会保险制度的理论基础。社会保险通常在劳动者出现退休、伤残、失业等情况时，为劳动者本人及其家人提供基本的经济保障，有些国家的社会保险还可以提供包括职业性和非职业性原因引起的健康问题的经济保障。

此外，当政府认为商业保险机制不能对社会上出现的经济保障需求作出充分反应时，也可以直接提供社会所需要的保险产品。例如，商业保险市场往往不能为某些不易分散的风险提供保险。所谓“不易分散的风险”是指大数法则中要求的独立性准则不适用的情形，如农作物保险、地震保险、洪水保险、核责任保险等，都属于这类保险。

尽管从世界范围来看，应该更多地依靠具有竞争性的商业保险市场已成为一种趋势，但我们仍看到，在某些市场中政府仍占据重要甚至是主导地位，政府会垄断某些保险的供应，而在其他一些国家这些保险可能是由商业保险机构提供的。

11.3.2　对市场准入的监管

在回答了政府作为保险的供应者应该发挥哪些作用的问题后，下一个需要回答的问题是：谁可以进入保险市场？获准进入的条件是什么？一般来说，一个保险人要进入某一保险市场需要满足以下要求。

1. 获得营业执照

保险营业执照的发放是政府控制保险市场准入的重要手段。如果没有营业执照制度，保险购买者就很难得到充分的保护。各国监管部门都制定了保险人要获得保险营业执照所必须具备的最低要求。这些最低要求通常包括最低资本金、高级管理人员职业资格等方面的要求。例如，我国《保险法》第六十七条规定：“设立保险公司应当经国务院保险监督管理机构批准。”第六十八条规定：“设立保险公司，应当具备下列条件：（一）主要股东具有持续盈利能力，信誉良好，最近三年内无重大违法违规记录，净资产不低于人民币二亿元；（二）有符合本法和《中华人民共和国公司法》规定的章程；（三）有符合本法规定的注册资本；（四）有具备任职专业知识和业务工作经验的董事、监事和高级管理人员；（五）有健全的组织机构和管理制度；（六）有符合要求的营业场所和与经营业务有关的其他设施；（七）法律、行政法规和国务院保险监督管理机构规定的其他条件。”

几乎在所有国家，投保人都只能向拥有保险营业执照的保险人购买保险，并且基本上都禁止未获营业执照的直接保险人在其境内销售保险。因此，以营业执照为代表的市场准入标志制度在很多国家就成为政府限制某些保险公司，特别是外资保险公司进入本国市场的主要手段。随着经济全球化和一体化的进程，保险市场的进入壁垒开始逐步降低。政府试图沿用传统的市场准入方式来限制市场竞争的做法正在日益减少，通过市场准入方面的限制来对保险人进行约束的作用在不断减弱。

2. 采取允许的组织形式

各国的保险法通常都规定了保险人可以采取的组织形式。股份制和相互制是世界范围内最常见的两种保险公司的组织形式。例如，在我国，保险公司应当采取的组织形式是股份有限公司和国有独资公司。此外，国际上还存在其他形式的保险人组织，如非公司相互制、劳合社、互惠制等，还有一些非营利性保险组织，如美国的健康维护组织（Health Maintenance Organization）。

3. 满足所有权归属的限制

政府还可以通过对保险公司股权比例方面的限制性规定来对保险公司进行限制。例如，政府可以规定在合资保险公司中限定外资占有的股份，或者规定本国企业所有权的最低限额。制定这类限制性规定在一定程度上是为了保证保险公司的经营安全，保护本国消费者的利益。例如，我国目前在对合资人寿保险公司的股权比例方面就有中资不得低于 50% 的规定。当然，从发展趋势看，在对国家安全和其他重要公共利益不造成重大影响的前提下，一个竞争性的保险市场应逐步减少对保险公司所有权归属的限制。

4. 对经营非保险业务的限制

出于谨慎性方面的考虑，各国政府一般都不允许保险公司经营非保险业务，但新的发展趋势是允许保险人以控股公司的方式拥有非保险类的企业。

5. 分业经营的限制

世界上很多国家的保险业都是分业经营的，即寿险业和非寿险业分业经营。人寿保险公司不能经营非寿险业务，反之亦然，比如，美国、中国等国的保险公司都是分业经营的。分业经营的限制主要是出于谨慎性考虑，因为寿险和非寿险的风险组合有很大不同，分业经营有利于保险人控制风险和简化监管。但也有一些国家的保险公司可以混业经营，即同时经营寿险和非寿险业务。

11.3.3　在促进市场竞争和保护消费者利益之间的权衡

如何在促进市场竞争即提高效率的同时保护消费者利益，这是保险监管要解决的核心难题，两方面之间的权衡通常涉及以下几个方面：

- 对费率和保单条款的监管。
- 对保险人财务状况的监管。
- 对保险中介的监管。
- 对保险机构竞争策略和市场行为的监管。

11.3.3.1　对费率和保单条款的监管

对费率和保单条款进行监管是各国保险监管的普遍做法，问题是应该对哪些保险产品的费率和保单条款进行监管？监管到何种程度？对费率监管的目的是确保费率不能过高，不能具有歧视性，必须是充分的，即不能过低；对保单条款监管的目的在于减少保险人通过保险合同对被保险人进行不正当影响和侵犯其权益的可能性。

费率监管的做法大致可分为两类。第一类是实行所谓的“统一的市场费率”，即由政府监管部门或政府认可的费率厘定机构确定费率标准或范围，或者规定费率的计算依据。在很多发展中国家保险市场，以及发达国家保险市场的某些保险产品的定价方面，这种做法是相当普遍的。这样做的目的在于防止价格竞争导致破坏性的“费率大战”，或者防止价格过高而使消费者无力购买某些必需的保险产品，如某些责任保险。第二类是所谓的“自由竞争的市场费率”，这在很多保险市场和再保险市场中普遍被使用。但即使如此，也仍然会在一定程度上存在某些不同形式的事先批准式和事后否决式的费率监管制度。在事先批准制度下，保险人只有在事先获得监管部门批准的情况下，才可以使用其所建议的费率；在事后否决制度下，保险人可以在向监管部门备案后使用其所建议的费率，监管机构可以事后否决该费率，如果监管部门没有否决，则该费率就被视为可接受的。

一般来说，不同险种适用的费率监管方式会有所不同。与政府社会政策联系密切的险种，如强制性汽车责任保险、员工赔偿保险等，都会受到比较严格的费率监管；对某些企业保险和再保险的费率监管通常比较宽松。

从世界范围看，对寿险业务直接实施费率监管的情形比较少见，但通过强制性的准备金计算方面的要求，寿险保险人实际上受到了间接的费率控制。此外，很多国家寿险定价的构成因素，如死亡率、利率和有关费用率等，也都会受到政府的控制，从而在一定程度上排除了具有实际意义的价格竞争。

11.3.3.2 对保险人财务状况的监管

出于保护消费者的考虑，政府通常会要求保险人必须保持良好的财务状况，并授权保险监管机构根据财务监管制度对保险人的财务状况进行监督。

通常来讲，财务监管制度越严格，越能保证保险人经营的安全和稳健。历史上一直采取较严格财务监管的国家，如法国、瑞士、德国和日本等，较少发生国内保险人出现财务困境的现象。但从另一个角度讲，**对保险人无处不在的限制会抑制竞争和创新，从而减少消费者的福利和选择**。因此，政府必须在这些互相冲突的公共利益之间进行仔细且艰难的权衡。

应该指出的是，市场竞争性越强，对保险公司财务状况的审慎监管的重要性就越突出。在一个被高度限制的保险市场中，价格及其他市场因素都被严格控制，出现无偿付能力的可能性相对较小。而在一个竞争比较充分的市场中，如果放松监管，一些保险人为了扩大市场份额，可能不惜把保费降至不合理的程度。所以，监管宽松的保险市场中的监管者与监管严格的保险市场中的监管者相比，面临的监管课题更加复杂，**竞争性市场的监管者要比限制性市场的监管者更加重视对保险人偿付能力的严格监督**。

1. 偿付能力要求（资本要求）

偿付能力监管中最重要的内容是对保险人资产净值或资本状况的监管。这里所说的"资本"是指资产减去负债，因此若要知道保险人的资本，首先必须恰当地评估保险人的"资产"和"负债"[①]。

传统上，监管部门对保险机构最低资本和盈余方面的要求，通常表现为资本、保费收入、已发生的索赔、数理准备金等之间的比率关系，这类比率关系的最低要求被称为"**偿付能力边际**（solvency margin）"。在第二代偿付能力标准（Solvency Ⅱ，简称"偿二代"）实施前，欧盟规定了各种保险业务的偿付能力边际。例如，非寿险保险人的最低资本不得低于总承保保费收入的18%（经过再保险调整），或者是过去3～7年平均支付的赔款净额的26%（经过再保险调整），两者取其高。这一要求明确规定了保险人的资本应当随其承保业务量的增加而增加，但并没有考虑保险人面临的所有其他风险因素。2001年后，欧盟启动了新的第二代偿付能力标准的制定——"偿二代"。"偿二代"是一套以风险为基础的偿付能力监管体制，采用了包括定量要求、定性要求和信息披露要求的"三支柱"架构。

① 关于不同会计准则对"资产"和"负债"评估方面的影响，见本节后面关于"会计标准"的论述。

美国全国保险监督官协会（NAIC）则是通过**基于风险的资本**（risk-based capital，RBC）体系中关于**风险资本比率**（RBC ratio）来评估资本盈余的充足性，实现对保险公司偿付能力的早期预警和监管。这套体系借鉴了《巴塞尔协议》对商业银行资本充足性的要求，对保险公司按其面临的不同风险分别计算所需要的风险资本，在保守估计资产与负债面临的各种风险的基础上，根据业务规模和风险程度设定对资本金的要求。

$$风险资本比率=\frac{调整后的总资本}{认可的基于风险的资本(RBC)} \tag{11.1}$$

以人寿保险为例，风险资本比率的计算方式为：

$$调整后的总资本=法定资本和盈余+资产评估准备金(AVR)+0.5\times 保单分红责任 \tag{11.2}$$

$$认可的基于风险的资本(RBC)=0.5\times 风险资本总额 \tag{11.3}$$

其中

$$风险资本总额=C_0+C_{4a}+\sqrt{(C_{10}+C_{3a})^2+(C_{1cs}+C_{3c})^2+C_{3b}^2+C_2^2+C_{4b}^2} \tag{11.4}$$

公式（11.4）中符号含义为：

式中，C_0 表示关联资产风险，C_{1cs} 表示非关联普通股资产风险，C_{10} 表示其他资产风险，C_2 表示保险风险，C_{3a} 表示市场风险中的利率风险（含变额年金及类似产品的利率风险部分），C_{3b} 表示市场风险中的健康信用风险，C_{3c} 表示市场风险中的变额年金及类似产品的市场风险（除去利率风险部分），C_{4a} 表示保证资金估值及独立账户风险，C_{4b} 表示健康险管理费用风险。

2. 资产配置限制和估值

为了确保保险人稳定的财务状况和投资的分散化，政府通常会制定定性或定量的投资标准，并可能禁止或不鼓励保险人的某些不谨慎投资活动。不同国家对保险人在资产配置方面的要求是不同的。有些国家会采取较为严格和详尽的监管规定，对保险人和再保险人可以投资的资产类别做出非常具体的规定，如中国和印度；有些国家则采取相对较灵活的监管方式，在设定一些指导性原则的前提下，给予保险人和再保险人较多自主性。但不论具体监管细节如何，对保险人资产配置方面进行监管的一些基本元素是共通的，一般包括以下几点。

1）允许（认可）的投资渠道

通常允许保险公司投资的资产类型包括政府支持的证券（如国债、地方政府债）、企业债券、抵押贷款、普通股或优先股、存款或不动产等。对投资渠道的限制可能同时存在于资产的质量和比例两个方面。对于境外证券和境外资产的投资往往会受到严格监管。目前一种越来越受欢迎的监管原则是，在给定允许的资产种类前提下，引导保险公司尽可能分散化投资。

2）投资组合的分散

保险市场监管的法规通常要求保险人的投资尽可能分散化，这种分散化的要求有可能是一般性要求，但更多的情形是要服从给定的量化标准。量化标准避免了保险人在某一特定资产类别上的投资比重过高。例如，欧盟限制保险公司在不受监管市场上交易的资产中的投资不得超过 10%、在无担保贷款上的配置比例不得超过 5% 等。同时，欧盟还会规定保险公司持有单一机构的股票、债券、贷款不能超过某一比例。大部分国家对于寿险和财险公司采取同样的投资监管标准，但也有一些国家和地区会制定不同的标准，如加拿大、爱尔兰、日本和美国的某些州。

3）币种的匹配

保险公司通常被要求将资产配置到与负债货币类型相同或可变现的资产上。

4）地域的匹配

保险监管者通常要求保险公司将资产配置到保险公司所在的国家或地区，这一规定可以降低当保险人陷入财务困境时其资产无法被监管者和保单持有人追偿的可能性。

3. 负债评估和监管

寿险公司的准备金往往是通过严格的数学公式计算出来的，而非寿险公司的准备金计算相对不那么精确。一些国家（如中国、美国等）的保险监管者会给出非常具体的计算寿险公司准备金的公式，以及必须采用的基本假设等。对于非寿险公司准备金的计算要求往往比较一般，通常是要求提取一部分负债准备金，称为“未赚保费准备金”，以对应那部分尚未提供保障的保费收入。

4. 会计准则

为使对保险人资产价值和负债价值的评估具有实际意义，保险人必须遵循相应的会计准则，因为“资产”和“负债”等概念只有与一定的会计准则相联系时才具有确切含义。作为建立可接受的保险人财务状况标准的先决条件，政府必须首先确定允许或要求保险人以什么样的会计准则为基础来对资产和负债进行估价。在有些国家或地区，监管机构会亲自建立评估标准，并要求所有保险人遵照执行。该评估标准会由会计专业人士和监管机构共同编制，并在监管机构的监督下，由会计行业实施。不过，各国在保险财务会计制度方面的差异非常大，往往受到传统、文化、保险交易方式，以及会计报表用途等因素的影响。

会计准则不仅适用于保险公司的资产负债表（对资产及负债的估值），还适用于保险公司的利润表（损益表）及其他财务报表。会计准则的不同会体现在记录承保和投资业绩时，对已实现及未实现收益或损失的确认等方面。

虽然国际上存在各种各样的会计准则和制度，但大多数都是基于以下两个会计原则中的一个或两个。

（1）**法定会计准则**（Statutory Accounting Principles，SAP）。法定会计准则是保险公司在提供监管机构要求的财务报表时必须遵循的会计准则，其重点是保证保险公司的偿付能力，因此法定会计准则一般是相对较为保守的。

（2）**通用会计准则**（Generally Accepted Accounting Princlples，GAAP）。通用会计准则相对来说规定得不是特别具体，旨在反映公司的持续经营价值，意味着资产和负债的价值应该是它们当前市场价值的更准确反映。与法定会计准则相反，通用会计准则通常会导致公司的经营不够保守。

从 20 世纪 90 年代末开始，一些国际组织和主要经济体的会计准则制定机构已经与国际会计准则理事会（International Accounting Standards Board，IASB）一起，着手制定一套保险行业以及所有其他金融机构可以接受的国际会计准则[①]，其目的是让不同国家的金融机构之间财务报表的比较能够更有意义，也减轻这些金融机构在编制报表上的负担[②]。国际会计准则理事会的目标是希望财务报表更能反映企业的真实经济价值，通过对保险企业的整体市值评估，减少企业的资产负债表上显示的净资产和市场上所反映的经济价值之间的差距。

11.3.3.3　对保险中介的监管

保险中介包括保险代理人和保险经纪人，存在于几乎任何一个保险市场，全世界大多数的保单都是通过保险中介销售的。由于个人和企业需要依靠中介提供风险管理意见，以及保险方面的专业服务，所以保险中介应该是具有专业知识、值得信赖的保险顾问。特别是随着保险市场的竞争日趋激烈，保险产品的内容、定价和相关服务变得越来越复杂，使得中介服务的重要性日益凸显。

对保险中介的监管主要体现在以下几个方面。

（1）市场准入方面：大多数国家政府都禁止没有获得保险中介服务执照的个人或机构推销保险产品，也就是说，无论是保险经纪人还是保险代理人，一般都要向保险监管部门申请营业执照，获得批准后才能开业。

（2）职业资格认证方面：提供保险中介服务的个人和机构一般应具有必要的专业和商业知识，这方面通常通过建立资格考试制度来保证。例如，我国和世界上其他许多国家一样，都建立了保险经纪人和保险代理人资格考试制度，只有通过资格考试的个人，才有资格申请从事保险代理或保险经纪业务。

（3）行为方面：在中介人获得营业资格后，一般由保险监管机构或保险中介自律组织实施持续性的行为监管，如规定保险中介人的行为规范、限定中介人的手续费等。

（4）惩罚措施方面：当保险中介人出现虚假陈述等不正当职业行为时，需要根据有关规定对其进行惩罚，包括注销其从业资格等。

11.3.3.4　对保险机构竞争策略和市场行为的监管

政府需要制定保险人在市场竞争中应遵循的基本规则。随着金融服务的日趋全球化，对企业竞争策略和市场行为进行监管的重要性更加突出。竞争监管也被称为反垄断监管，通过法律和规章的形式来规制厂商的行为和市场内竞争者之间的相互作用。竞争监管不仅限制单个企业的反竞争行为，还给出了政府推动竞争性市场建立的方法，包括实行私有化和放松管制等内容。

现代形式的限制垄断的法案（亦称竞争法案）起源于北美，最初是为了对具有巨大市场支配力的商业组织作出限制。20 世纪后半叶以来，在很多市场经济国家中都相继出台

① 国际会计准则理事会从 2002 年开始，将国际会计准则更名为国际财务报告准则（IFRS）。

② 2007 年国际会计准则理事会发布了《保险合同（讨论稿）》，2010 年发布了征求意见稿，2013 年又发布了新版的征求意见稿。

了限制垄断和保护竞争的法案。一般来说，这些法律和法规主要通过以下规则来限制和消除反竞争性行为。

- 禁止价格共谋行为的规则。
- 禁止限制竞争的兼并和收购的规则。
- 禁止滥用统治地位的规则。

1. 禁止价格共谋行为

共谋行为可分为三种形式：水平型、垂直型、联合企业型。

水平型共谋行为是指两个或两个以上的企业在同一市场进行削弱竞争的活动。从国际范围来看，保险市场的水平型共谋行为主要存在于定价环节。卡特尔（Cartel）定价是最明显的价格共谋行为，但也存在其他形式的共谋行为，如使用所谓的“建议费率”——由评级机构或行业协会推荐的费率，使其成为市场费率。某些共谋行为由于还允许存在一定的竞争空间，因而相对是可以接受的。还有一些较为“微妙”的共谋行为，如联合体（consortium）、辛迪加（syndicate）、合作社（cooperative）、合资企业（joint venture）、战略联盟（strategic alliance）等，在这些“合作性”安排中，很多是为了满足合理市场需求而设立的，并没有限制竞争；而有些则是专门为了消除竞争而组建的，监管者面临的挑战就是要将两者区分开来。

垂直型共谋行为是指不同功能层次上的两个或两个以上的企业共同采取削弱竞争的活动。从国际范围看，保险市场的垂直型共谋主要出现在分销安排和保险人与再保险人的安排当中。前者如分销协议禁止（合理的）手续费折扣，后者如直接保险人必须服从再保险人的费率安排，上述做法都是监管需要关注的对象。

联合企业型共谋行为是指一个联合企业或者若干企业形成的关联集团通过在不同市场或者同一市场的不同部门的合作安排来限制竞争。通常来说，联合企业本身并不能限制竞争，因为其内部企业之间不存在竞争。然而仍然不能排除其限制竞争的可能性，特别是鉴于目前日益增长的金融服务一体化和金融服务集团的出现，比如人们已经逐渐对银行保险采取的“捆绑式”销售表现出了担忧。

2. 禁止限制竞争的兼并和收购

保险监管者经常需要认定某一项兼并或收购建议是否意图形成垄断，从而会抑制竞争。两家大型保险人、再保险人或经纪公司的合并可能导致合并后的公司具有足以限制竞争的能力。对兼并和收购进行监管的目的，就是要防止这类情形的出现。与共谋行为类似，兼并和收购也可能引起水平型、垂直型和联合企业型的市场集中。

3. 禁止滥用统治地位

政府监管者还应当注意防止市场上的主要供应者滥用其统治地位，从而限制竞争。监管的目标就是防止出现排他性和掠夺性行为。因此，保险中介、保险人和再保险人不合理地收取过高的费率，提供不利于被保险人的保单和购买条件等，都可能构成统治地位的滥用。同样，歧视性销售和捆绑销售也被认为是违法行为。市场集中程度越高，滥用统治地位的可能性就越大。这里所说的市场可能是某一特定险种市场，也可能是某一特定地区市场。市场范围越窄，获得市场统治地位的可能性就越大。

11.3.4　如何发现保险人的财务问题

在确定了市场准入标准，实现鼓励竞争和加强监管之间的平衡后，监管部门还会建立一套偿付能力监督和矫正体系。偿付能力的监督通常通过以下三种形式进行：财务报告要求、现场财务检查、专业人员监管。

1. 财务报告要求

财务报告要求是对保险人偿付能力进行监督的核心，绝大多数国家都要求保险人提供详细的年度财务报表。这些报表必须按照当地的会计准则进行编制，主要包括资产负债表、损益表和其他规定的财务记录和凭证。

监管者依据提供的财务报告对保险人进行财务分析。分析过程主要是使用各种比率以及其他财务工具，对保险人的资本充足性、资产质量、利润率、现金流量、财务杠杆和流动性等进行评估。通过财务分析可以发现需要引起监管者注意的保险人，并根据保险人在偿付能力方面出现的不同程度的问题，确定和采取不同的监管措施。

2. 现场财务检查

很多国家都会采取现场财务检查措施。财务检查通常是定期的，如每三年或每五年一次；也可以采取个案检查的方法。如果监管者怀疑某个保险人有财务问题，还会进行针对性（未事先声明的）检查。

现场财务检查的严格程度和质量会有所不同，通常会涉及特定或全部年度报表内容的核实，有些财务检查则仅仅是为了澄清某些特定事项。监管者普遍认为，现场财务检查是有效的监督工具之一。

3. 专业人员监督

监管机构还会依赖专业机构来发现保险公司的不当行为，如借助会计及精算专业人员进行额外的偿付能力监督。因此，对保险公司的费率厘定和准备金充足性的精算意见往往是必须提供的，保险公司的财务报表也通常需要由独立会计师进行年度审核，并将结果提供给监管机构。随着近年来更为严格的公司治理制度的建立，保险公司越来越多地利用审计机构对自己的风险管理进行评估。

此外，监管机构还可以依靠非正式的沟通渠道，收集保险公司可能的不法行为或难以获得的信息。国际保险监督官协会（International Association of Insurance Supervisors，IAIS）就是一种各国监管机构可以实现信息共享的机制。

11.3.5　对陷入财务困境的保险人的处理

保险监管的目标之一是建立适当的激励机制，促进保险人经营的安全性和有效性，并通过建立相应的保障措施，将无偿付能力的保险人的数量控制在可以接受的水平。在竞争性保险市场中，有些保险人陷入财务困境是不可避免的，**一个没有破产发生的保险市场往往是一个价格昂贵、消费者选择受到限制的市场**。

当发现保险人陷入财务困境后，保险监管者可以有四个选择：非正式措施、正式措施、接管和重整、破产和清算。在每一种情况下，制度制定者需要解决的问题是，监管者相对于被监管者应当享有哪些权利。草率的监管行为可能对保险人造成不必要的损害，并通过负面的公众效应加速其破产；不及时的监管措施又可能对消费者甚至纳税人造成更大的损失。

1. 非正式措施

监管部门对财务上出现问题的保险公司作出的第一反应通常是非正式的，特别是对看起来尚不严重的财务问题，一般都是由监管部门和公司的管理层共同寻找问题出现的原因和解决问题的办法。通常的做法是，当在保险公司的财务分析中发现某些财务指标超出了监管控制的合理范围时，监管部门会要求保险公司就有关问题作出解释并提出解决办法。

2. 正式措施

当保险公司的财务问题进一步严重时，监管部门可以采取正式措施，要求保险公司改善其财务状况，通常采用的正式措施包括以下四种：①在从事某些业务之前必须获得监管部门的批准；②限制或停止保险公司承保新的业务；③要求保险公司注入新的资本；④停止保险公司某些原有的业务。

如果保险人未能按照监管部门的要求改善其财务状况，监管部门可以通过媒体公开对该保险人的建议或命令，提醒公众对该保险人的注意。更严厉的措施还包括监管部门可以撤换该公司的管理人员和审计人员，中止或撤销该保险人承保某些险种的资格，甚至吊销其营业执照。

3. 接管和重整

监管部门为了实现对陷入财务困境的保险公司的重整，可以对该保险公司实行接管，取得该公司的控制权。所谓重整是指采取措施恢复该保险公司的市场地位和经营能力。监管部门可以安排指定的保险公司对有财务问题的保险公司进行接管，也可以直接进行接管。接管后，也可能通过安排兼并或收购等活动来实现对陷入财务困境的保险公司的重整。

4. 破产和清算

监管部门对出现财务困境的保险公司的最后一项措施就是进行清算，结束该公司的所有业务。清算人可以由监管部门指定，也可以由法院指定。清算人负责清点保险人的资产，依照保单持有人、债权人、股东的顺序进行清偿。保单持有人通常享有优先权，某些险种的保单持有人享有优于其他保单持有人的权利，如寿险保单持有人优于其他第三方索赔人。清算时可能会启用政府的保险保障基金。

11.3.6 保险人出现无偿付能力的情况时对消费者的保护

竞争性保险市场中出现保险人无偿付能力的情况是不可避免的。因此，政府监管机构必须决定如何对无偿付能力保险人的被保险人提供保护。一种观点认为，政府不应提供任何保护，被保险个人和企业应该对自己的不合理购买承担责任。通过这种方式，市场自己就会提供被保险人正确评估保险人财务实力的方法。即使这种观点看上去比较正确，还是很少有国家会去实践这种理论。事实上，大多数国家都建立了保险给付（赔偿）的担保机制，有些国家还设立了无偿付能力担保机构或设立了保险保障基金，一旦某一保险人偿付能力方面发生了问题，投保人可以通过担保方或保障基金获得一定程度的补偿。

例如，我国《保险法》规定：“为了保障被保险人的利益，支持保险公司稳健经营，保险公司应当按照金融监管部门的规定提存保险保障基金。保险保障基金应当集中管理，统筹使用。”1999 年 1 月起实施的《保险公司财务制度》规定：“公司应按当年自留保费收入的 1% 提取保险保障基金，达到总资产的 6% 时，停止提取。”

在美国，各州都至少设立了两个独立的保险保障基金，分别覆盖寿险业和非寿险业，向每个在该州营业的保险公司征收不超过其保费收入 2% 的保险保障基金。当需要从这些基金中提取给付时，一般都规定了自付额，同时还规定了财产损失索赔的最高给付额是 30 万美元，人寿保险和年金的最高给付额为 10 万美元。

从某种意义上讲，保险保障基金的存在违背了市场规律。如果买者知道即使在保险人破产的情况下他们仍然可以毫发无损（或损失有限），他们就会缺乏调查和监督保险人偿付能力的动机。另外，如果保障基金征收机制中对保险人的风险和财务能力不加区分，就会增加保险人发生道德风险的机会，从而进一步削弱了市场规律。

11.4　中国保险监管实践

11.4.1　中国保险监管体系的构成

中国保险监管体系主要由法律体系和行政体系构成。保险监管的法律体系由全国人民代表大会通过的相关法律、国务院制定的行政法规和政府监管部门制定的部门规章构成。保险监管的行政体系由国务院根据《保险法》的规定成立的保险监管机构（原为 1998 年成立的中国保险监督管理委员会，2018 年改为中国银行保险监督管理委员会，2023 年 3 月后为国家金融监督管理总局）和中国保险行业协会的自律性监管构成。此外，司法、社会、舆论等方面也在一定程度上起到了对保险市场的“监督”作用。图 11-4 给出了中国保险市场监管体系的结构。

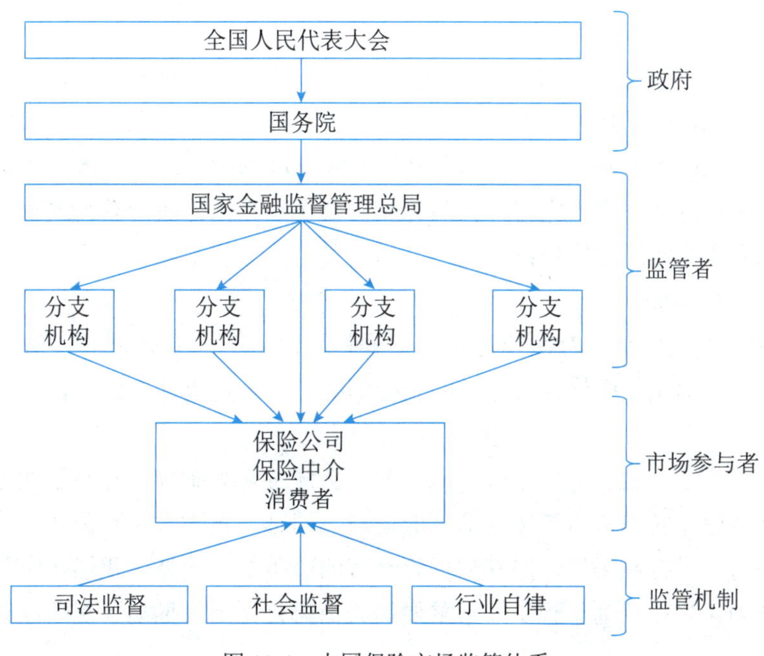

图 11-4　中国保险市场监管体系

1. 全国人民代表大会和《保险法》

《保险法》作为首部针对保险市场运行和监管的法律，于 1995 年由全国人民代表大会审议通过并付诸实施，并在之后的近 30 年时间里不断修订完善。2002 年，全国人民代表大会通过了《保险法》的第一次修正，这次修改的主要目的是保证中国更好地履行加入 WTO 时所作出的承诺。2009 年 2 月第十一届全国人民代表大会常务委员会第七次会议对《保险法》进行了修正，将条款数目从 158 条增加到 187 条，并对原《保险法》中几乎所有的条款都作出了调整。最新的《保险法》于2015年4月修正，在很多重要方面都更为完善。

2. 国务院

国务院是全国人民代表大会的执行机关，行使政府的行政管理职能。国务院在宪法和法律的授权和委托下，负责制定行政法规。同时，国务院将部分监管职能委托给各个行业自身的监管机构。因此，国务院制定的行政法规往往针对的是国民经济中重要的问题，而且往往影响到不止一个经济领域。例如，针对外资保险公司的《中华人民共和国外资保险公司管理条例（2001）》《机动车交通事故责任强制保险条例（2006）》等规范性文件，都是由国务院颁布的。

3. 国家金融监督管理总局

中国银行保险监督管理委员会（简称“银保监会”）成立于 2018 年，是国务院将原中国银行业监督管理委员会和原中国保险监督管理委员会（简称“原保监会”）的职责整合起来成立的，直接负责中国保险市场的监管，拥有独立的行政立法权，在保险法规制定方面扮演着重要角色。2023 年 3 月，在银保监会的基础上，组建了国务院直属的国家金融监督管理总局。

国家金融监督管理总局作为中国保险业的监管机构，承担着很多监管职责，其独立性和影响力一直在不断增强。

4. 行业自律

中国保险行业的自律组织是中国保险行业协会，成立于 2001 年，通过约束会员单位的经营活动而起到自律的作用。在发达保险市场上，行业自律组织通常扮演着非常重要的角色，提供专业化的服务和教育，参与立法和行业标准的制定。在中国，由于保险业发展时间较短，保险监管体系尚不完善，保险行业协会在独立性方面尚较为欠缺，多依附于保险监管部门，也没有实际处罚和执法权。

5. 司法和社会监督

我国最高人民法院负责对法律进行司法解释，出台了一系列针对《保险法》的司法解释。然而，司法体系在强化保险合同的施行和提升市场规范性方面的作用仍然处在不断发展中。

在社会监督方面，我国建立了政府监管部门新闻发言人制度，建立了通过监管机构网站、文告和指定信息披露媒体等发布信息的渠道。同时，我国对保险公司经营信息的披露也作出了明确规定，提高了保险监管和保险经营的透明度。此外，我国各级各类新闻媒体也对保险市场中不规范行为起到了非常重要的舆论监督作用，推动了保险经营主体加强对自身行为的约束。

11.4.2 中国保险监管的主要内容

11.4.2.1 历史沿革

中国保险监管的内容随着保险市场的开放和发展程度不断丰富和完善，大致可以分为三个发展阶段。

第一阶段从原保监会成立开始，当时的市场主体较少，国有保险公司占主导地位，保险监管主要是以市场行为监管为主，虽然已经提出了偿付能力监管的概念，但并未付诸实践。

第二阶段从 2003 年开始。随着市场主体的增加和竞争的日益激烈，防范风险和维护市场稳定开始成为监管部门的重要任务。于是，原保监会于 2003 年发布了《保险公司偿付能力额度及监管指标管理规定》，在偿付能力监管方面迈出了实质性步伐，保险监管也从以市场行为监管为主的阶段转变到市场行为和偿付能力监管并重的阶段。

第三阶段以 2006 年以来“三支柱”监管框架的形成为标志。2006 年初，原保监会发布了《关于规范保险公司治理结构的指导意见（试行）》，建立了保险公司治理结构监管制度，从此初步形成了包括偿付能力、公司治理和市场行为监管的“三支柱”现代保险监管框架。

11.4.2.2 监管内容

1. 市场行为监管

市场行为监管主要是对保险机构（包括保险中介机构）经营中违反有关法律法规、损害被保险人利益、影响保险公司偿付能力、有碍保险市场发展等行为进行监管。通过逐步建立完善市场行为准则，鼓励合法经营和公平竞争，促进保险机构完善经营管理和可持续发展。市场行为监管历来是保险监管的重要内容。

随着保险市场的发展，新的市场主体不断出现，保险产品和销售方式不断创新，市场竞争日趋激烈，各种违法违规经营行为时有发生，如非法设立保险机构、非法开办保险业务、擅自降低费率、抬高手续费等。监管机构通过审批保险机构的设立变更、审批条款费率、规范保险机构和中介机构的市场行为、监督检查保险业务经营活动等监管手段，对保护被保险人合法权益、维护公平的市场竞争环境、促进保险业持续健康发展具有重要意义。

2. 费率监管

保险产品是为社会和广大消费者提供风险保障的特殊产品，它的定价一方面关系到广大投保人的切身利益，另一方面关系到保险人的偿付能力，进而影响到社会的经济安全。因此，对保险产品的定价进行一定程度的政府干预，几乎是所有国家政府在对保险市场进行监管时的普遍做法。从我国的情况来看，由于保险市场的发展仍处于初级阶段，虽然随着市场的不断开放和完善，对保险费率的监管也在逐渐放松，但对多数保险产品的费率仍处于相对较严格的监管状态①。

对保险费率实施监管的主要目的有两个：第一，通过费率监管可以限定产品费率的上

① 由《寿险产品条款及费率管理办法（2011）》和《财产险产品条款及费率管理办法（2010）》可知，主要保险产品的费率需要由原保监会核准后才能投入经营使用。

限，避免保险人形成垄断定价；第二，费率监管可以限定产品费率的下限，避免保险人的恶性价格竞争导致出现偿付能力问题。与成熟保险市场上的费率监管通常是为了实现第一个目的不同，我国对保险费率的监管通常是为了实现第二个目的。

在我国保险市场发展初期，市场上只有中国人民保险公司一家企业，因此垄断定价（政府定价）是很自然的事。那时的保险更像是由国有企业提供的社会服务，商业保险的属性并不明显。随着市场准入的放开，更多的保险人进入市场，保险费率市场化的进程开始加快，同时，保险费率监管也开始逐渐发生演变。

专栏阅读

中国机动车辆保险的费率监管

3. 偿付能力监管

偿付能力监管是中国保险“三支柱”监管体系的核心，是防范和化解保险业风险、保护保单持有人利益的前提，是强化公司资本约束、促进管理水平提升的重要动力，是推动保险公司从粗放式经营向集约化经营转变、从不计成本和效益向注重企业利润增长转变的有效手段，对于增强保险公司经营稳定性、改善财务状况、提高抵御风险能力具有十分重要的意义。多年来，中国保险监管部门在偿付能力监管方面采取了一系列强有力的措施，推动了全行业偿付能力体系建设，强化了偿付能力的刚性约束，保证了保险行业稳定、健康发展。

在 1995 年首次颁布的《保险法》中，就对保险公司偿付能力管理作出了具体规定：“保险公司应当具有与其业务规模和风险程度相适应的最低偿付能力。保险公司的认可资产减去认可负债的差额不得低于国务院保险监督管理机构规定的数额；低于规定数额的，应当按照国务院保险监督管理机构的要求采取相应措施达到规定的数额。”

2001 年 1 月，原中国保监会制定了《保险公司最低偿付能力及监管指标管理规定》，这是中国第一部比较系统全面的关于偿付能力监管的保险规章，为偿付能力监管提供了准确的标准。

2003 年 3 月，原中国保监会为适应保险业发展和对外开放的需要，颁布了《保险公司偿付能力额度及监管指标管理规定》。这份文件是在总结《保险公司最低偿付能力及监管指标管理规定》运行两年来的经验，研究和借鉴国外相关法规基础上制定的，标志着中国偿付能力监管的正式启动。

2008 年，原保监会制定实施了《保险公司偿付能力管理规定》。通过借鉴国际经验，建立以风险为基础的动态偿付能力监管框架，首次提出根据偿付能力状况将保险公司分为三类：不足类公司、充足Ⅰ类公司和充足Ⅱ类公司。管理规定明确了作为偿付能力测试第三方的外部机构的内涵和外延，并对其独立性、应遵循的执业标准、审核范围和要求作出了具体规定。将保险集团母公司、母公司直接或间接控制的子公司、母公司直接拥有的合营企业和联营企业、子公司直接拥有的合营企业和联营企业以及监管机构认为应当纳入评估范围的公司都纳入了保险集团偿付能力评估的范围，进一步加强和规范了对保险集团的偿付能力监管。

2008 年全球金融危机后，随着全球金融监管体系的改革，原中国保监会着手筹建第二代偿付能力（“偿二代”）监管体系，以更好地适应国际偿付能力监管的变化。2012 年，原保监会宣布开始第二代偿付能力监管体系的建设。从 2016 年起，具有风险导向的“偿二代”体系在中国正式开始实施。

目前，中国的偿付能力监管体系主要由五部分组成。

（1）内部风险管理。要求公司建立完善的内部风险管理机制，管理公司的偿付能力，增强自身识别、防范和化解风险的能力。

（2）建立偿付能力报告制度。要求公司定期评估和报送偿付能力报告，出台了 16 项偿付能力报告编报规则，制定了与国际惯例趋同的非寿险准备金评估办法，建立了偿付能力报告的注册会计师审计制度和董事会负责制度，使保险公司的偿付风险得到了科学的量化和反映。

（3）财务分析和财务检查。建立了风险导向的财务分析机制和财务检查机制，及时发现公司存在的问题和风险。

（4）适时监管干预。监管机构规定了对偿付能力不达标公司采取的监管措施，并及时根据公司存在的风险采取针对性的监管措施。

（5）破产救济。建立了保险保障基金制度，在公司破产、清算的情况下，对保单持有人进行救济，维护保单持有人权益和市场稳定。

在偿付能力监管的实施过程中，监管机构高度重视偿付能力监管体制机制建设，通过体制机制的改进完善，不断提高偿付能力监管效率，强化偿付能力监管约束力，具体做法如下。

（1）督促保险公司增强偿付能力约束的意识与观念，明确要求保险公司必须先算账后做业务，强化全面预算管理，全面增强资本对业务的约束力。

（2）采取市场禁入等严厉措施，督促保险公司控制业务规模，降低经营成本。通过下发监管函或风险提示函，分别采取或综合采取限制业务范围、限制分支机构设立、限制高管薪酬、限制股东分红、限制资金运用范围、指出内控管理薄弱环节、明确限时整改要求等监管措施，督促偿付能力不足的保险公司改善经营状况、控制经营成本、尽快改善偿付能力状况。

（3）加强窗口指导和业务监管，严格准备金充足性和再保险监管，引导保险公司调整业务结构和资产结构，控制资本金占用比例高的业务发展，逐步提高自我造血能力，防止偿付能力不断恶化。

（4）督促保险公司通过增资扩股、发行次级债等多种方式，及时增加资本金、增强公司资本实力、改善偿付能力状况。

（5）加大对极少数偿付能力不达标公司的综合检查力度，深入现场查找问题，督促公司研究制定改进措施，面对面指导强化内控管理，帮助其逐步改善公司经营管理水平。

4. 资金运用监管

保险资金运用是保险企业在经营过程中，将积聚的各种保险资金中的一部分用于投资或融资而使资金增值的活动。保险人通过资金运用可以增强自身竞争能力，同时也使保险企业从单纯的补偿机构转变为既有补偿职能又有投融资职能的企业，为金融市场增添了活力。由于保险资金安全高效的运用关系着广大投保人的切身利益和保险公司的持续稳定经营，监管部门历来高度重视对保险资金运用的监管，坚持风险导向原则，通过深化改革、完善制度、健全机制，积极探索对保险资金运用实施监管的有效方式。

目前，我国监管机构在保险资金运用监管方面的主要做法如下。

（1）推动建立专业化的资金运用管理模式。鼓励保险公司由分散运用资金向法人集中管理资金、统一调度、统一划拨、统一运作转变。截至2023年年底，大部分保险公司都设立了独立的资金运用部门，全行业已成立了34家保险资产管理公司，专业化管理模式基本确立。

（2）形成三方制衡的保险资金委托管理机制。借鉴国际通行做法，在保险资产管理方面引入和推行资产托管制度。通过委任资信良好、实力雄厚的国有商业银行作为独立第三方托管机构，保险资产管理实现了资金管理和投资操作的分离，建立起协作制衡、相互监督的运作机制，逐步提高了公开性和透明度，阻挡了违规挪用资金和投资操作的风险，维护了保险资金的安全。

（3）健全保险资产管理的规章制度。为防范保险资金运用风险，监管部门在逐步放宽保险资金运用渠道的同时，坚持“制度先行”，制定了四十多项制度和规定，初步形成了保险资产管理政策法规体系。2018年4月，原保监会在多年保险资金运用监管实践的基础上，制定发布了更为完善的《保险资金运用管理办法》，对保险资金运用的范围和模式、保险资金运用的决策运行机制、保险资金运用过程中的风险控制、保险资金运用的监督管理等方面作出了详尽规定。

（4）加强对保险资金运用的监督检查。在《保险资金运用管理办法》中，明确规定监管部门将采取现场与非现场相结合的方式，对保险资金的运用进行监督管理。监管的方式包括分类监管、持续监管、风险监测和动态评估，根据评估结果，采取相应监管措施，防范和化解风险。具体的监督管理内容涉及资产管理人员的任职资格、重大股权投资、发行或者发起设立的保险资产管理产品、报告和信息披露、违规处罚措施等。

5. 公司治理结构监管

近年来，加强公司治理结构监管成为国际保险监管的重要趋势。国际保险监督官协会和经济合作与发展组织等国际组织以及许多国家和地区先后颁布了完善保险公司治理结构的指导性文件。改革开放以来，我国保险体制改革不断取得突破，以现代股份制为主要特征的混合所有制已成为我国保险企业制度的主要形式，完善治理结构成为促进保险业健康发展的重要体制保障。加强保险公司治理结构监管对于防范和化解风险，实现又快又好发展，做大做强保险业具有深远而重要的意义。

2006年年初，原保监会颁布了《关于规范保险公司治理结构的指导意见（试行）》，内容包括强化股东义务、加强董事会建设、发挥监事会作用、规范管理层运作、加强关联交易和信息披露管理、治理结构监管等，确立了建立、健全保险公司治理结构的制度框架。之后，一系列规范保险公司治理结构指导意见的相关配套制度相继出台，包括《保险公司独立董事管理暂行办法》《保险公司风险管理指引》《保险公司关联交易管理暂行办法》《保险公司内部审计指引》《保险公司总精算师管理办法》《保险公司合规管理指引》等指引性文件。

2008年，原保监会制定了《企业内部控制基本规范》《关于规范保险公司章程的意见》《保险公司董事会运作指引》和《保险公司财务负责人任职资格管理规定》。通过这些规定构建了保险公司内部控制标准框架；明确了保险公司章程内容；从董事会构建和议事规则等方面加强董事会建设，规范董事会运作，提高董事会决策质量，防范公司决策风险；明确了财务负责人的任职条件、职责、权利义务、在公司组织架构中的位置、与董事会的关系和报告路线等，强化了财务负责人在经营管理和公司治理中的作用，促进财务管控作用的发挥。

根据目前已推出实施的各项规章制度，保险公司治理结构监管的内容主要有以下几点。

（1）强化股东义务。要求对保险公司经营管理产生较大影响的主要股东应具有良好的财务状况和较强的持续出资能力，支持保险公司改善偿付能力，不得利用其特殊地位损害保险公司、被保险人、中小股东和其他利益相关者的合法权益。当股东之间形成关联关系时，应主动向董事会申报，并及时将这方面情况报告监管部门，以加强对关联控制和关联交易的监管。

（2）加强董事会建设。首先需要明确董事会职责，从加强风险防范的角度出发，明确要求董事会对内控、风险和合规性承担最终责任。其次是要强化董事责任，董事必须有足够的时间持续关注公司经营管理状况，对决策事项充分审查，在审慎判断的基础上独立作出表决；董事对董事会决议依法承担责任，并且每年要进行尽职说明。再次，建立独立董事制度，独立董事应当维护被保险人和中小股东的利益。最后，还要求董事会下设审计委员会、提名薪酬委员会等。审计委员会承担董事会在内控建设、风险控制和合规管理方面的具体工作；提名薪酬委员会负责审查高管人员的选任、考核和薪酬激励，从而强化董事会在保险公司人事任免和薪酬管理方面的作用，逐步落实董事会选聘经营管理者的职能。

（3）规范管理层运作。要求保险公司建立健全运作机制，公司应制定详细具体的工作规则，清晰界定董事会与管理层之间的关系。强化关键岗位职责，设立总精算师职位，并要求总精算师参与保险公司风险管理、产品开发、资产负债匹配等方面的工作，及时向董事会和监管部门报告重大风险隐患。同时，为建立有效的内部管理机制，减少违规经营行为，防范操作风险，要求公司设立合规负责人职位，既向管理层负责，也向董事会负责，并负有向监管机构及时报告公司重大违规行为的责任。

（4）强化内控机制。首先，要求保险公司将实施全面风险管理作为内控机制建设的主要目标，公司应建立能够迅速识别、测量、评估、报告和控制的全面风险管理制度，使用内部稽核和外部审计等各种手段，定期检查和评估其保险业务的风险及经营过程的合规性，采取适当措施及时解决暴露出的问题。其次，公司应把人力资源管理作为内控机制建设的重点内容，大力加强员工培训和教育，通过考试、考核等多种方式，将内控标准深入员工的日常工作和行为中，提高员工执行和遵守内控制度的自觉性。再次，应把信息化建设作为内控机制建设的重要基础，建立起有效的信息反馈及传递机制；不断加强信息化建设，研究建立以内控机制目标为导向、以数据为中心的信息系统，为内控机制的高效运行提供良好平台。最后，应把外部评价作为内控机制建设的重要保证，监管部门通过对公司内控制度建设情况和执行情况的评估，对内控制度不健全、执行不力、风险隐患较大的公司开展重点监管。

6. 建立保险保障基金

保险保障基金是根据《保险法》及相关法律法规的要求，由保险公司缴纳形成的。当保险公司破产或被撤销，如果其有效资产无法全额履行其保单责任时，保险保障基金可以按照事先确定的规则，向保单持有人提供全额或部分救济，减少保单持有人的损失，确保保险机构平稳退出市场，维护金融稳定和公众对保险业的信心。

1999 年财政部颁布的《保险公司财务制度》中第四十七条规定：“公司应按当年自留保费收入的 1% 提取保险保障基金，达到总资产的 6% 时，停止提取。财产保险、人身意外伤害保险、短期健康保险业务、再保险业务提取保险保障基金；寿险业务、长期健康保险业务不提取保险保障基金。”保险保障基金由各保险公司总公司于每年决算日按当年全系统保险费收入统一提取，在国有独资商业银行专户存储。当保险公司出现偿付能力严重不足的情况或濒临破产需动用保险保障基金时，在报经保险监管部门、财政主管部门批准后方可动用。

按照《保险公司财务制度》的相关规定，保险公司只对财产险、意外险、短期健康险和再保险业务提取保险保障基金，寿险和长期健康险业务不提取保险保障基金。也就是说，占整个保险市场业务总额超过 60% 的寿险和长期健康险的保单持有人不受保险保障基金的保护，保险保障基金应有的保障范围明显受到限制。同时，由于缺乏明确的制度和技术措施，各家保险公司提取的保险保障基金自留在本公司，既没有按照《保险法》的要求进行“集中管理”，也没有做到“统筹使用”，很难形成一种真正具有行业共济的保障基金运行规则。

针对上述问题，原保监会于2005年出台了《保险保障基金管理办法》。该办法是根据《保险法》的要求和授权，按照国际惯例和中国国情相结合的原则制定的防范和化解保险行业风险的一项重要制度。《保险保障基金管理办法》明确界定了保险保障基金缴纳的主体，规定了基金缴纳方式、使用基金的条件和救济比例，确立了基金管理的原则和方法。该办法的出台，标志着中国保险保障基金制度的正式建立，是中国金融领域的一项重大改革和制度创新。保险保障基金制度的建立，一方面保护了被保险人的利益，可以促使投保人增强风险意识，积极选择愿意投保的保险公司；另一方面也增强了对保险公司的市场约束，激励保险公司做大做强，对中国保险市场的健康发展无疑具有重要意义。

根据 2006 年 6 月颁布的《国务院关于保险业改革发展的若干意见》中提出的“完善保险保障基金制度，逐步实现市场化、专业化运作”的要求，原保监会借鉴国际经验，深入研究保险保障基金管理体制的改革方案和实现专业化、市场化运作的具体措施，提出了对保险保障基金采取公司制管理、专业化运作的管理模式的建议。

2008 年 9 月原保监会与财政部、中国人民银行等颁布了新的《保险保障基金管理办法》，明确了保险保障基金的管理模式、缴纳范围、缴纳基数，以及保险业务的缴纳比例，完善了保险保障基金的管理运作，形成了较为完善的、内部管理与外部监管相结合的保险保障基金管理体制。一方面，保险保障基金公司的成立体现了保险保障基金管理“市场化、专业化”运作的要求，增强了保险保障基金保值增值的能力；另一方面，原保监会、财政部、中国人民银行三方协同监管，增强了对保险保障基金的风险管控，初步建立了内控严密、管理高效、监管全面的保险保障基金管理体制。

根据《保险保障基金管理办法》的要求，中国保险保障基金有限责任公司于2008年9月正式成立，依法负责保险保障基金的筹集、管理和使用。公司的业务范围包括以下几方面：筹集、管理和运作保险保障基金，监测、评估保险业风险，参与保险业风险处置，管理和处分受偿资产，国务院批准的其他业务。中国保险保障基金有限责任公司的成立，意味着保险保障基金开始走上市场化运作道路。截至2022年年底，保险保障基金余额已经达到了2033亿元，其中财产保险保障基金1244亿元、人身保险保障基金789亿元。

11.4.3　保险监管的基本手段

1. 现场检查

现场检查是监管部门履行监管职责的重要方式，可以使监管部门独立审查保险公司的经营行为和财务状况，对于规范保险公司的经营行为具有重要作用，是监管部门了解保险公司真实经营管理状况、发现违规问题及风险的重要工具。近年来，我国的保险监管机构围绕关系被保险人合法权益和影响保险业平稳健康发展的突出问题，多次组织开展了现场检查。例如，在2016年，原中国保监会在全系统部署了各类现场检查2800余次，对612家机构、820名个人进行了行政处罚。

2. 非现场监管

非现场监管是实施日常保险监管的重要方式，是指监管机构通过收集保险公司和保险行业的公司治理、偿付能力、经营管理，以及业务、财务数据等各类信息，持续监测并分析保险公司业务运营、提供风险保障和服务的情况，对保险公司和保险行业的整体风险状况进行评估，并采取针对性监管措施的持续性监管过程。

非现场监管的内容大致包括四个方面。

（1）信息收集和整理。监管机构根据非现场监管的需要，从监管机构、保险公司、行业组织、行业信息基础设施等方面收集反映保险公司经营管理情况和风险状况的各类信息，充分利用各类保险监管信息系统采集的报表和报告，整理形成可用于非现场监管的信息。

（2）日常监测。监管机构根据保险公司的业务类型、经营模式识别各业务领域和经营环节的风险点，编制风险监测指标体系，用于对保险公司的经营发展情况进行日常动态监测和风险预警。

（3）非现场监管评估。评估的主要内容包括以下几点。

- 保险公司的基本情况，评估期内业务发展情况及重大事项。
- 非现场监管评估发现的主要问题、风险和评估结果，以及变化趋势。
- 关于监管措施和监管意见的建议。
- 非现场监管人员认为应当提示或讨论的问题和事项。
- 针对上次非现场监管评估发现的问题和风险，公司贯彻落实监管要求实施整改和处置风险的情况。

（4）采取相应的监管措施。监管机构依据有关法律法规，针对风险监测和非现场监管评估发现的问题和风险，及时采取相应的监管措施；并根据保险监管的需要，要求保险公司开展压力测试、制定应急处置预案，指导和督促保险公司及其股东有效防范化解风险隐患。

3. 分类监管

分类监管是以风险控制为着眼点的一项综合监管措施，其目的是通过对保险机构进行风险分类，使监管更具针对性和有效性。监管机构在对保险机构进行综合评价的基础上，集中有限监管资源，用于对风险较高的公司采取针对性监管措施，跟踪分析，加大防范和化解风险的力度。

分类监管包括信息收集、生成监测指标、评价风险等级、实施监管措施四个环节，以年为周期，每季度进行调整。每月监测公司指标，如发现异常，及时采取监管措施。

在分类方面，根据风险程度将保险公司分为四类。

（1）A 类（低风险）公司：偿付能力达标，公司治理、资金运用、市场行为等方面正常。对 A 类公司，不采取特别的监管措施。

（2）B 类（中风险）公司：偿付能力达标，公司治理、资金运用、市场行为等方面虽有问题，但问题不严重。对 B 类公司，可采取以下一项或多项监管措施：监管谈话、风险提示、要求公司限期整改所存在的问题、针对所存在的问题进行现场检查、要求提交和实施预防偿付能力不达标的计划。

（3）C 类（较高风险）公司：偿付能力不达标，或者公司治理、资金运用、市场行为等其他方面存在较大风险。对 C 类公司，除可采取对 B 类公司的监管措施外，还可以根据公司偿付能力不达标的原因采取以下一项或多项监管措施：全面检查，要求提交改善偿付能力的计划，责令增加资本金，限制向股东分红，限制董事和高级管理人员的薪酬水平和在职消费水平，限制商业性广告，限制增设分支机构，限制业务范围、责令停止开展新业务、责令转让保险业务或者责令办理分出业务，责令拍卖资产或者限制固定资产购置；限制资金运用渠道或范围，调整负责人及有关管理人员，向董事会、监事会或主要股东通报公司经营状况。

（4）D 类（高风险）公司：偿付能力严重不达标，或者偿付能力虽然达标，但公司治理、资金运用、市场行为等至少一个方面存在严重问题。对 D 类公司，除可采取对 B 类、C 类公司的监管措施外，还可以采取整顿、接管或监管机构认为必要的其他监管措施。

从 2006 年开始，原保监会就在人身险和财产险领域开始探索分类监管，根据保险经营主体在偿付能力、内控建设、业务特点、风险状况等方面的情况，确立不同的监管重点。经过试点，从 2009 年起正式实施对产险、寿险公司及保险专业中介机构的分类监管。监管部门通过对保险机构综合评价指标动态的监测、分析和处理，考核保险公司偿付能力、公司治理、内控和合规风险、财务风险、资金运用风险、业务经营风险等方面的情况，根据保险公司的风险程度，将保险公司分为不同类型，综合运用市场准入、产品审批、资金运用等不同的监管措施，增强了监管的针对性和有效性。

本 章 习 题

1. 什么是保险市场？它具有哪些特征？
2. 简述保险市场的功能。
3. 保险市场的主要缺陷是什么？政府需要对保险市场进行干预吗？主要的干预方式有哪些？
4. 什么是保险监管？简述保险监管的原则、目标和方式。
5. 简述保险监管的理论基础。
6. 为什么保险监管的重点是偿付能力？
7. 简述保险行业自律的作用。
8. 人寿保险公司为什么要向代理人支付高额首年佣金？能否减少高额首年佣金？这样做有什么利弊？
9. 保险中介人有哪些？应当如何对保险中介进行监管？
10. 影响保险供给和需求的因素分别有哪些？
11. 试论我国保险监管还存在哪些问题。
12. 评述当前我国保险业发展的形势、存在问题及原因。

第 12 章 保险创新发展

学习要点及目标

- 了解创新和保险创新的基本概念
- 了解保险创新发展的主要阶段及特征
- 了解保险创新的主要内容
- 了解保险创新未来的发展趋势及保险科技对保险创新的影响

核心概念

创新　创新范式　保险创新　保险科技

12.1 创新的原理、范式及驱动因素

12.1.1 创新的定义

“创新”一词源于拉丁语的“innovare”，原意是创造新事物、更新更替或创造改变，意在原有事物基础上作出改变，创造新事物。1912 年，哈佛大学教授约瑟夫·熊彼特首次提出了创新理论，从经济学视角阐释了创新，并解释了创新如何作用于资本主义经济发展。熊彼特在其所著的《经济发展概论》中提出：“生产意味着把我们所能支配的原材料和力量组合起来。生产其他的东西，或者用不同的方法生产相同的东西，意味着以不同的方式把这些原材料和力量重新组合。只要是当‘新组合’最终可能通过小步骤的不断调整从旧组合中产生的时候，那么就肯定有变化，可能也有增长，但是却既不产生新现象，也不产生我们所意味的发展。当情况不是如此，而新组合是间断地出现的时候，那么具有发展特点的现象就出现了。……当我们谈到生产手段的新组合时，我们指的只是后一种情况。因此，我们所说的发展，可以定义为执行新的组合。”①

根据对熊彼特关于创新概念的理解，可以将创新进行如下解释。

（1）创造一种新产品，或者创造已有产品的一种新特性，也就是对于产品本身的创新。

（2）采用一种新的生产方法，改变生产流程或工序，不一定建立在科学新发现的基

① 约瑟夫·熊彼特 . 经济发展理论 [M]. 北京：商务印书馆，1991.

础上，也有可能是商业模式角度针对产品生产处理的创新。

（3）开辟一个新的市场，也就是尚未有国家或其他生产者进入的市场，无论这个市场是否曾经存在过。

（4）取得或控制原材料或在制品的一种新的供给来源，改变原材料及其他生产半成品的条件，无论这种生产来源是否被第一次创造出来。

（5）实现任何一种新的产业组合方式或企业重组，实现企业间生产关系或流程的改变。

概括来讲，**创新的本质就是企业家对生产要素的重新组合**，这些生产要素既包括原材料，也包括人力、机器设备等其他要素。正是由于实行了生产要素的重新组合，从而实现了经济的增长与发展。

12.1.2　创新范式与创新理论的演变

在创新研究领域，一般将现代意义下的创新活动大致分成内部创新（创新范式 1.0）、开放式创新（创新范式 2.0）、网络化创新（创新范式 3.0）等发展阶段[①]。

12.1.2.1　第一阶段：创新范式 1.0

创新范式 1.0 时期出现于第二次工业革命之后，持续到 20 世纪 80 年代。第二次工业革命后，生产力出现了飞跃式发展，社会生产和生活方式发生了巨大变化，人们已经开始意识到创新在生产力发展过程中不可或缺的作用。在这个阶段，一系列技术发明推动了生产力与生活方式的进步，如内燃机、发电机、电信等的发明与发展。然而，由于当时的科技与教育相对落后，这些技术革新大多来自发明或个人的创新，因此这一时期的创新主要依赖的是企业内部创新。

这一时期的创新理论可认为大致从熊彼特提出的创新理论开始，该理论指出企业内部创新是经济发展与经济增长的驱动力，并促成了经济繁荣与萧条的交替，以及复杂的经济周期。

12.1.2.2　第二阶段：创新范式 2.0

创新范式 2.0 时期大致从 20 世纪 80 年代到 21 世纪初。这一时期，生产力达到了较高水平，国际政治局势逐渐稳定。随着科学技术的发展和各国对外开放程度的提高，国际交流的范围、规模、程度日益扩大和增强。发达国家在第二次世界大战后纷纷大力发展高等教育，大学逐渐形成了教学、科研和服务三位一体的职能，将知识的创造、传播和发展融合起来。随着市场竞争的加剧，企业仅凭内部创新已经难以在市场竞争中，特别是国际竞争中占据有利位置，高等教育的发展又使很多基础研究成果成为企业创新的推动力，因此形成了以国家创新体系理论为内核，以产学研结合为基本特征的创新范式 2.0。

1987 年，弗里曼在研究日本经济发展和技术政策时首次提出了国家创新体系的概念，他认为日本经济高速发展的重要原因之一就是国家对基础研究的资助，市场随之将其转化为创新成果。1992 年，伦德瓦尔提出创新体系的核心是生产者和用户之间的相互作用，创新不应是内部的、封闭的，而应是开放的。1997 年，经合组织（OECD）也提出，国家

① Manuel L, Elvira U, Kieron F. Policies for science, technology and innovation: translating rationales into regional policies in a multi-level setting[J]. Research Policy, 2008, 37(5): 823-835.

创新体系的关键是产学研的联结，国家在创新过程中有着不可替代的作用。

这一时期的创新理论认为，创新的主体不再局限于企业，而是产学研的协同；国家应加大对研究的投入，促进高校和科研机构与企业的合作，从而形成国家、生产者、高校和科研机构之间的协同“三螺旋”创新范式。

12.1.2.3　第三阶段：创新范式 3.0

创新范式 3.0 时期从 21 世纪初开始。进入 21 世纪后，一方面生产力继续快速发展，经济全球化达到了前所未有的高度，需求开始成为创新的重要驱动力；另一方面，科技高速发展，数字化与互联网的应用为传统行业和产品提供了变革式创新的机遇。科技的进步降低了生产要素重新组合的成本，使创新活动更加活跃。

这一时期的创新理论已经注意到，需求正成为驱动创新的重要因素。2002 年，郎格朗基于对法国和英国案例的研究，在《创新的明天》一书中提出了创新范式 3.0 的概念，指出应将用户需求纳入未来的创新体系中。2005 年，美国白宫科技政策办公室（OSTP）和经合组织（OECD）也相继提出了对创新范式 3.0 的看法，指出了改变创新范式形式的必要性，构建网络化创新与创新生态系统是未来创新范式发展的方向。

创新生态系统是创新范式 3.0 的核心要义，其内在驱动力是科技发展、国际竞争、用户需求等。创新范式 3.0 倡议的创新生态系统使得创新活动不再局限于技术进步推动的需求升级，而是源于消费者构成的“粉丝社区”、创新发明者构成的利益相关者社区、研究者构成的科学社区和专家构成的实践社区。在创新生态系统中，创新更多地依赖于系统资源的整合与共生发展，形成产学研用的共生体。

12.1.2.4　对创新范式及理论发展的简要概括

概括来讲，解释创新范式 1.0 的主要是内生增长理论，创新主体及动力主要来自企业，以自主研发为主要途径，主要目的是发展生产力，提升效率，创新的驱动模式是“需求 + 科研”双螺旋，通过企业内部研发和产出来实现。

创新范式 2.0 的理论依据是国家创新体系理论，创新主体是企业和包括高校在内的科研机构，以国家支持的合作协同研发为主要途径，基本目标是在国际竞争中占据有利位置，创新驱动模式是“需求 + 科研 + 竞争”三螺旋，通过政府增加对基础研究的投入，通过企业和科研机构的协同实现创新。

解释创新范式 3.0 的理论是演化经济学及需求理论，创新主体是产学研用构成的创新生态系统，以系统要素相互作用演化为主要途径，基本目标是满足人民日益增长的需求，创新驱动模式是“需求 + 科研 + 竞争 + 共生”四螺旋，模式是通过要素社区相互作用，自适应、持续性地满足需求侧变化的创新。

12.2　保险创新的定义、内容及类型

12.2.1　保险创新的定义

根据本文前面对创新的界定，可以认为**保险创新就是将保险经营所需要的资源进行重**

新组合的过程。那么，经营保险业务一般需要哪些资源呢？从传统的视角看，经营保险业务需要的资源大致包括四个方面：资金、人才、技术和市场。其中，资金来自企业的自有资金、融资和投资收益等，人才包括管理型人才、专业型人才等，技术包括精算技术、风险管理技术、风险工程技术、信息技术等，市场包括地区市场、产品市场、特定对象市场等。

随着科学技术的进步，近年来保险经营需要的资源开始出现了许多新变化：数据、其他关联实体等成为保险经营的重要资源。数据不仅包括企业自己拥有的数据，也包括和其他机构共享的数据。关联实体可以是保险产业链中的上下游实体，如保险科技公司、保险代理公司等；也可以是保险行业外的实体，如医院、健康管理机构、养老服务机构、第三方平台（如腾讯、支付宝）等。

12.2.2 保险创新的内容

一般来看，企业的创新包括产品创新、流程创新、组织创新和营销创新等，而且人们提到创新时，大多也是和产品创新或某种新技术的引入有关。但要使企业能在激烈的市场竞争中生存和健康发展，仅有产品创新和技术创新是不够的，还需要全面认识创新的范围，实现全方位的创新。根据我们对近代保险业发展过程中各种创新活动的观察，可以将保险创新大致分成六个方面（见图 12-1）：①制度与机制创新，②组织与商业模式创新，③产品与服务创新，④市场与营销创新，⑤流程与管理创新，⑥技术创新。

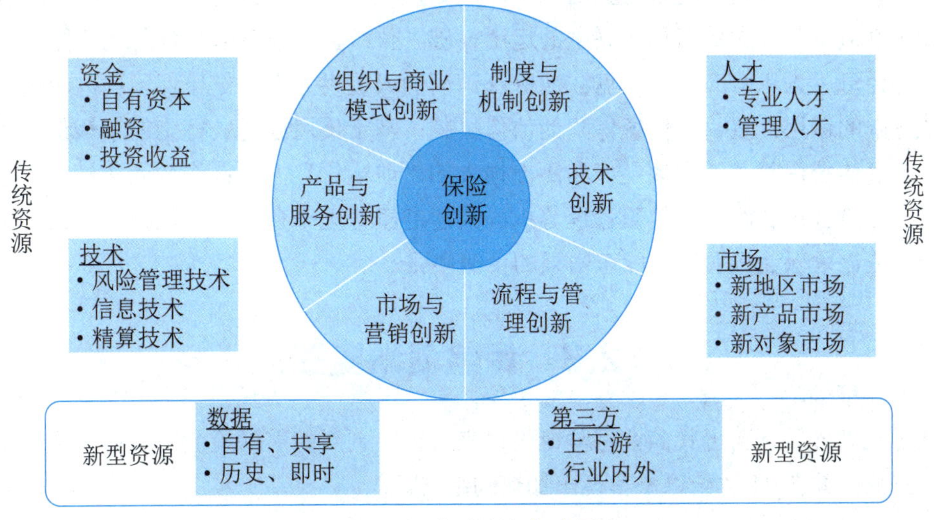

图 12-1 保险创新概念图

12.2.3 保险创新的类型

根据创新程度及影响的大小，可将保险创新分为**渐进式创新**和**变革式创新**。渐进式创新是指通过不断的、渐进的、连续的小创新，最后实现创新的目的。变革式创新是指在传统渐进式创新基础上，由量变引起质变，从逐渐改变到最终实现颠覆，通过创新实现从原有模式蜕变为一种全新模式。

在实践中，如何区分渐进式和变革式创新，很大程度上和人们的解读有关。人们通常会从技术和市场两个维度上将渐进式创新和变革式创新加以区分。首先是技术维度，即看一项创新在多大程度上扩展了现有知识及其应用范围。渐进式创新通常建立在公司或业内现有知识和资源基础上，而变革式创新可能需要全新的知识或资源，因而在技术上更具挑战性。第二个维度是创新对市场的影响。一些创新可能创造出新的市场，并取代现有的市场，从而改变一个行业或市场的竞争格局。这些“颠覆性”创新可能与某一重大技术突破有关。当然，重大技术突破不一定具有破坏性，微小的或渐进式创新也可能具有破坏性①。

基于上述对保险创新类型的划分，我们认为，**保险业近现代以来的创新大都属于渐进式创新，多集中在具有新保障功能的产品创新、新服务内容的服务创新、为改善和提升效率而进行的流程创新、为促进销售而进行的营销创新等方面**。渐进式创新的特点是不改变保险的基本业务流程、保险经营的基本模式和价值主张、保险产品的核心功能。小的渐进式创新活动的例子有：对保险合同条款的修改；为提升效率、改善客户体验、增加客户黏性等在经营管理流程、服务、产品设计等方面进行的改进；将部分产品通过互联网进行销售；为被保险人提供就医、健康管理等增值服务。大的渐进式创新活动的例子有：利用数字化技术、人工智能技术、大数据技术等对传统业务流程进行改造；根据市场需求不断推出具有新保障功能的产品等。

近年来，随着保险经营的市场环境、人口环境、社会环境、技术环境等方面出现剧烈变化，也出现了一些具有变革意义的创新。例如，变额寿险的出现改变了保险人只提供保险保障的价值主张；大数据和物联网的运用打破了传统上不能带病投保的“规矩”，使得保险人已经可以为患有高血压、糖尿病等基础病的人提供人寿和健康保险；区块链技术在保险业务中的运用，重构了传统保险的信任机制；基于使用或驾驶行为的车辆保险正在从根本上改变传统保险基于大数定律和历史损失的“前定价”方式；作为商业模式创新的典型代表，保险公司和医疗、健康管理等机构共建健康管理平台，正在从根本上改变保险公司传统上依靠承保业务实现对股东回报的价值主张。

12.3 保险创新实践

从时间维度看，自近代商业保险诞生以来，保险创新随着保险业的发展呈现出明显的阶段性特征，并在 21 世纪以来呈现出加速的趋势。

12.3.1 保险创新 1.0 时期

从历史上看，保险业由于其自身固有的提供风险保障的特征，是一个追求稳健、相对保守、创新并不活跃的行业。最早的保险由互助形式起源，后来发展为冒险借贷，最后发

① 基于哈奇·卡彭特的博客，2009 年 12 月 1 日，“创新的四个象限：破坏性与增量”，https://bhc3.wordpress.com/2009/12/01/the-four-quadrants-of-innovationdisruptive-vs-incremental/，和文卡特什·拉奥的博客，2007 年 7 月 23 日，“破坏性与激进性创新”，http://www.ribbonfarm.com/2007/07/23/disruptive-versus-radical-innovations/。

展到海上保险并逐渐演变成现代意义上的保险。保险业几个世纪以来的发展，一直是与人类面临的风险紧密联系的，如海上风险、火灾风险、责任风险等。因此 20 世纪 80 年代前，保险创新基本上是以产品创新为主，即保险公司不断根据新出现的风险保障方面的需求，推出新的保险产品。这一时期保险创新的动力主要来自保险公司内部和社会上对新型风险保障的需求，如 17 世纪的伦敦大火之后，催生了火灾保险的发展。

我们将从近代保险业诞生直到 20 世纪 80 年代以前这段时间称为保险创新 1.0 时期，这一时期的保险创新以产品创新为主，保险公司通过不断扩大保障范围和推出新的保险品种，逐步奠定了现代保险业的基础，例如火灾保险、责任保险、机动车保险、信用保险、机器设备保险等都可看作早期的保险产品创新；代理人制度、团体保险等，则可看作早期保险销售创新的代表。

在保险创新 1.0 时期，也出现了一些组织与商业模式创新，且这类创新往往是具有变革性的。早期的保险是一种互助行为，通过集体出资来共担风险。后来，由私人经营的保险最先出现在海上保险中，从 17 世纪中期的劳埃德咖啡馆诞生的劳合社（Lloyd's）就是一个组织形式和商业模式创新的典型例子。20 世纪 60 年代出现的自保公司（captives）可认为是这一时期保险业在组织形式和商业模式方面最重要的创新。至今，自保公司的形式已经包括单一自保公司、联合自保公司、租借式自保公司、特殊目的公司（special purpose vehicle，SPV）等。

总体来说，保险 1.0 时期的创新活动并不活跃，且主要是在保险公司内部完成，创新的驱动因素主要来自内部，企业内部对市场的判断与探索确定了现代保险的基本架构。

12.3.2　保险创新 2.0 时期

20 世纪 80 年代到本世纪初是保险业创新较为活跃的时期，称为保险创新 2.0 时期[①]。这一时期保险创新的一个显著特点是：很多创新来自外部环境的变化和竞争的压力。这段时间里，保险企业面临的经济环境和竞争环境都发生了剧烈变化，传统意义上的可保范围已基本被覆盖，发达市场的保费增速开始趋缓，保险业的发展出现了巨大压力，由此推动了保险企业的创新活动。

在产品创新方面，首先应提及的是 1979 年推出的万能寿险[②]，它的出现在很大程度上改变了传统人寿保险的定价机制和风险分担方式，应该说是一个具有革命意义的创新。同样应该提及的是大致出现在同一时期的变额寿险，在很大程度上改变了传统保险业的价值主张，在为投保人提供保险保障的同时，还提供了资产管理服务。

财产保险方面的创新更是丰富多样。不过我们注意到，这一时期财产保险的创新重点是企业财产保险领域，但并不是以产品创新为主，而是在承保方案方面出现了很多具有重要改变的创新，而推出这些创新型承保方案的目的主要是为企业提供更有效率的风险转移，如"多年期/多险种(multiple-years/multiple-lines products，MMPs)产品"、"多触发型(multiple-triggers products，MTPs）产品"、有限风险再保险（finite risk reinsurance，FRR）、参数/

① 事实上，这一时期可以认为从 20 世纪 70 年代后期就已经开始了。

② 肯尼思•布莱克，哈罗德•斯基博．人寿与健康保险（13 版）．经济科学出版社，2003 年 8 月，118-119.

指数型保险等。以多险种/多年期产品为例，该产品可以将多种风险结合在一起，在多年内进行分散，其主要特点是：①在同一个保险计划中可以将多种保险风险捆绑在一起，采用一个综合费率；还可以同时承保一些特殊风险，如商品价格波动风险，以及一些以往被认为无法承保的风险，如政治和商业风险。②承保人的责任限额和投保人的免赔额可以在所有险种和全部合同期的基础上来计算，因而除了可以在风险组合内分散风险，还可以在一定时间段内分摊风险。

这一时期在组织与商业模式创新方面最值得关注的有三点：①相互制保险公司向股份制保险公司的转型。②保险公司和银行出于适应市场竞争的需要，利用各自的优势，推出了新的商业模式——“银行保险”。③同样是出于市场竞争环境的变化，金融控股公司应运而生，推动了金融业的综合经营。

在服务创新方面，为了更好地赢得客户，保险公司进行了多角度的创新，包括为客户提供风险咨询、风险管理、健康管理、财富管理、信托计划等与保险有关的增值服务，提供损失发生后的救急用品和生活设施，24 小时电话服务和海外紧急求援服务，甚至包括如帮助照顾小孩、家务服务、损害和热线信息等与保险无直接关联的服务。

在营销创新方面，授权总代理与地方代理人制度的出现，提高了营销的效率和管理水平，并通过保险经纪人和保险代理人，极大地扩大了保险的覆盖人群。

在流程与管理创新方面，出现了集中核保、集中核赔等新的流程和管理方式，还出现了将销售、信息系统维护、数据分析、呼叫中心等业务实行外包的新模式。

在技术创新方面，特别应提及的是保险业在风险管理技术方面的创新。首先是资产负债管理技术的创新，其次是保险公司将**在险值**（Value at Risk，VaR）用于资产端的风险评估，大大提升了以往只在负债风险评估方面具有优势的保险企业的风险管理能力。还须指出的是，美国保险监管部门推出的**基于风险的资本**（risk-based capital，RBC）的偿付能力监管技术，提升了保险监管的科学水平，实现了对保险公司偿付能力的早期预警和监管。

12.3.3　保险创新 3.0 时期

进入 21 世纪后，随着互联网、大数据技术等的广泛应用，保险创新出现了加速和扩大的态势。从驱动因素看，以科技和数字化驱动为主要特征的创新正逐渐成为创新的主流。这一时期保险创新呈现出渐进式创新和变革式创新并举的态势，一些对传统保险经营逻辑和经营方式具有挑战甚至颠覆意义的创新不断涌现，如线上保险、数字化经营等。虽然这一时期创新的主要驱动因素仍然是来自市场的需求，但科学技术、市场竞争、政府政策等也同样是重要的驱动因素。

在保险产品和服务创新方面，财产保险、健康保险在产品和服务创新方面都比较活跃，而人寿保险则更多是在服务创新方面推出一些新举措。例如，在财产保险方面出现的创新产品主要有基于使用的即用即付式保险产品、营业中断保险、供应链保险、网络风险保险、产品召回保险、知识产权保险、新能源保险、碳保险（碳排放保险、碳汇保险）、名誉损害保险、艺术品保险、农作物收入保险等。其中值得一提的是基于使用的机动车保险（use-based insurance，UBI），可以认为是保险产品的一个具有变革意义的创新，因为它打破了传统保险“前定价”的规则。另外，营业中断保险方面的创新力度也非常大，根据企业的需要已经推出了连带营业中断保险（contingent business interruption，CBI）和非物理损害营业中断保险（non-damage business interruption，NDBI），大大拓展了传统营业中断保险的保障范围，也使我们看到，随着保险企业管理风险能力的不断提升，可保风险的范围会越来越大，传统上被认为不可保的损失，如“非物理原因”导致的企业营业中断，如今已经成为可保风险。

从上面很多例子可以看出，这一时期企业财产保险创新的重点首先体现为如何为企业提供保障现金流和盈利稳定性的风险转移解决方案，如连带营业中断保险、非物理损害营业中断保险、网络风险保险、产品召回保险、为药品制造商提供监管造成的盈利损失保险、声誉风险保险、为天气和能源价格风险提供盈利保险等。其次，体现为为企业战略和增长提供支持的风险转移解决方案方面的创新。比如，帮助实现新型经营模式（如共享经济初创公司）的方案，已经出现了越来越多的针对共享经营模式的保险产品；帮助公司获取新市场的方案，为到境外投资的公司提供政治风险保险，如货币不可兑换保险；协助完成并购项目的方案，如并购保险；帮助企业利用风险转移实现营销支持和产品差异化的方案，如农药制造商将保险公司提供的自然灾害保险嵌入其产品，构成客户忠诚度计划的一部分。

21 世纪以来最具变革意义的保险创新出现在组织与商业模式创新方面，这方面的典型例子有 P2P 保险（peer to peer insurance）、网络互助、“保险 +”。P2P 保险是基于互联网，通过聚集若干风险类型相似的投保人组建风险共担互助小组，小组成员间一般是亲戚、朋友等熟人关系。P2P 保险形成的相互监督机制和声誉机制，可以较好地解决传统保险市场中的道德风险问题。

网络互助是互联网和保险原始形态的结合，是 2010 年后在中国大陆发展非常迅速的一种类“保险”形式。网络互助平台利用互联网进行了两个创新：一是互担风险协议，类似于互惠保险制度，即没有法人实体，成员通过协议承诺承担彼此的风险损失；二是个人风险总量控制，如单次互助基金缴纳不超过 3 元，这样就避免了个人负担过重，也避免了偿付能力问题。网络互助一经出现，就受到了广大中青年网民的欢迎，一些网络互助平台高峰时参加互助的成员超过了 1 亿人。不过我国的网络互助正处于发展初期，未来的发展方向仍不确定。

随着保险消费者需求的快速变化，保险业借助互联网、大数据、人工智能等技术的支撑，开始整合保险业外的相关资源，形成了多种“保险 +”形态的商业模式创新，这些创新为消费者提供了包括保险在内的多种产品和服务，增加了消费者的福祉，也开始改变了人们对保险业的一些传统认识。这方面最值得提到的是，从国际到国内，都有不少保险公司和医院、医生、健康管理机构、体检机构、保健设备生产企业、护理服务机构、养老地产机构等合作，建立了多种形式的生态圈，为不同类型的消费者，如糖尿病患者、患有慢病的老年人、一般老年人群等提供保险保障、医疗保健、日常护理等多方面的服务。除了在健康保健方面的商业模式创新，保险业还推出了一系列基于“保险 +”的新型商业模式，如为能源企业和农作物提供的“保险 + 期货”的模式；为解决小微企业和个体经营者融资难问题而推出的“保险+信贷”的模式；保险公司和银行、信托等机构合作为中高净值人群提供的“保险+信托”“保险+财富管理”等模式；保险公司为助力减少碳排放而推出的“碳汇+保险、林业碳汇质押+远期碳汇融资+林业保险”等模式。

在流程与管理创新方面，这一时期最引人瞩目的现象是保险业务流程的数字化，即保险经营向数字化的转型，这一进程是从2010年左右开始的。近年来，中国保险企业也开始了全面推进业务流程数字化的进程，数字化经营的实现大大提高了保险业务流程中各环节的效率和安全性。

在技术创新方面，保险公司借助现代科学技术的支撑，和保险科技公司合作，创新了一大批用于保险经营的新技术，如数字化理赔技术、智能化核保技术、为互联网保险提供支撑的传感技术和通信技术、数字化反欺诈技术、农业保险中的遥感技术、财产和自然灾害保险中的无人机技术等。值得指出的是，技术的创新甚至有可能改变传统保险的经营基础。2017年，保险业巨头美国国际集团（AIG）与国际商业机器公司（IBM）合作，为渣打银行推出了首个基于区块链的保险。而基于区块链的保险未来将如何发展、到底会给传统保险业的经营基础带来多大影响，目前还是一个未知的问题。

保险创新3.0时期在营销方面最大的创新是渠道的创新，几乎所有保险公司都会借助互联网来进行产品的营销，且在方式上多种多样：有仅在线上进行营销并完成后续全部经营环节的线上保险公司，也有保险公司利用自己的网站、手机和电脑App、微信小程序等展开营销。更多的保险公司则是通过与第三方机构，如保险代理/经纪公司、平台公司等的网站进行营销。我们注意到，一些保险公司已经开始不仅将互联网作为一个推销产品的新渠道，而是通过互联网实现和客户的互动，了解客户的需求，从而为客户提供更有针对性的产品和服务。比如，有的保险公司与互联网销售平台建立了讨论社区，并依靠互联网平台实现保险产品的智能化推荐。这就改变了以往保险产品的创新以内部决策为主的做法，直接从用户与市场需求的角度出发，定制化给出保险产品解决方案。

专栏阅读

近代以来保险业的主要创新活动

12.4 未来保险创新的发展趋势

12.4.1 创新将更多地以客户需求为中心

12.4.1.1 新的需求主体

随着经济和社会的不断发展和进步，**保险需求主体已经发生了深刻变化**，保险企业应充分认识到这一点，了解并适应需求主体，特别是新兴需求主体在需求方面的新内容、新特点，在经营理念、目标市场、产品和服务方式等方面实现创新。

（1）**现代经济催生了一大批新兴行业和企业**，如高科技企业、物流企业、新型服务业等，这些新型经济体的经营特点和面临的风险与传统型企业有很大不同，因而对保险保障和风险管理服务的需求也有很大不同。例如，随着产业结构的转型升级，很多企业的风险开始向无形资产集中。近20～30年来，很多公司价值的来源已经逐渐从有形资产为主转变为无形资产为主。1975 年时，不动产、设备和存货等有形资产占了标普 500 公司市场估值的 83%；到 2015 年，这一比例降至 13%，而知识产权、商业价值、分销网络、平台、数据、客户关系等无形资产占到了总估值的 87%。因此，企业在风险管理方面已经开始日益关注无形资产所面临的风险。

（2）**出现了新型保险消费群体**。首先是以“80 后”“90 后”乃至“00 后”为代表的年轻一代保险消费者的出现，他们在保险产品需求、服务需求、购买方式、过程体验等方面与父辈有很大不同。其次，随着老龄化社会的到来，老年人群体正开始成为一个新型保险需求主体，他们在养老年金保险、健康保险、护理保险以及相关养老金融服务等方面有着巨大潜在需求。

（3）从全球来看，**政府正开始成为保险产品或服务的购买者**。随着近年来巨灾、老年护理等风险的加剧，加上传统商业保险在为这些风险提供保障方面存在明显不足，使得政府开始以多种方式介入这些风险的保险市场，其中一种方式就是政府直接购买相关保险产品或服务。例如，我国一些地方政府利用财政资金购买巨灾风险保险，为所在地区的企业、居民提供基本的巨灾损失补偿；还有一些地方政府利用医疗保险基金向保险公司购买城乡居民大病保险、长期护理保险，或者是向保险公司购买相关的保险服务等。

12.4.1.2　新的需求特点

新型需求主体表现出了鲜明的新特点。首先，相比传统保险消费者，新一代**消费者群体会更加主动地选择保险产品**，而不愿被动地接受推销的产品。他们具有更高的风险意识、更多的保险知识、更强的获取信息和选择保险产品的能力，即在新一代保险消费者身上愈发体现出对保险的主动性需求，**保险将不再是“卖”的**。其次，**保险需求日益呈现出多元化特点**，即一个企业或家庭不再是仅需要单一的保险产品，他们希望保险人提供量身定制的由多种保险产品组成的综合性保险解决方案，甚至希望保险人能提供传统保险保障以外的其他风险保障和服务，如农民希望保险人不仅能提供自然灾害导致的产量减少的保险，更希望能提供农副产品价格波动使其收入减少的保险；企业更需要保险人提供灾害和意外事故等导致的营业中断带来的收入或利润损失的补偿；购买个人长期护理保险的消费者可能更需要保险人承诺可以提供的护理服务而不是护理费用。最后，**新的保险需求呈现出场景触发的特点**。尽管传统保险需求也可以是场景触发的，但在互联网、大数据技术快速发展和普及的时代，消费者接触到的场景不仅可以迅速将触发的保险需求转化为实际购买，还可以触发很多新的需求，如网络游戏的场景就触发了玩家为虚拟财产购买保险的需求。

除了在需求表现形式上呈现出的上述三个特点，在需求实现过程中，与传统保险相比，新一代消费者更关注的是能否获得良好的体验。具体来说，现代保险消费者希望在整个保险消费过程中能获得更透明的信息、更方便的购买和更便捷的理赔。

基于对保险需求出现的新变化可以预见，未来希望能在市场中生存下去的保险企业会更多地将客户需求作为推动企业创新的驱动力，根据客户需求的变化实现整个保险价值链上的创新。和以往的保险创新相比，未来的保险创新将更多地体现为以满足客户需求为目标的创新。

12.4.1.3 新的需求内容

由于面临风险的新变化，以及生产和消费的转型升级，未来企业和个人对保险产品和服务的需求也将呈现出很多新变化。

1. 对新型风险保障的需求

从企业的视角看，对新型风险保障的需求有以下几种：①由于大量资产开始向无形资产集中，增加了对无形资产风险保障的需求，如专利保险、知识产权保险、数据保险等。②经济的全球化给企业带来的供应链和业务中断风险空前加剧，许多突发事件使全球的企业深深感受到供应链和业务中断风险的严重性，由此导致企业更为关注对业务中断及相关风险的管理。③新型公司和新商业模式的兴起带来了很多新型风险，如共享经济的出现，使得一些企业并不拥有实物资产就可以经营和盈利；一些企业的盈利模式已经开始由提供产品转变为提供租赁、维护等服务。这就为企业的风险承担提出了新问题：谁拥有资产和服务的可保权益，谁将承担其中的风险？④新技术导致的新风险。企业技术创新固然可提升效率、缓解风险，但也会带来新的风险。比如，通过传感设备和通信技术将工厂、建筑物、设备等物理对象进行互联可以有效改善风险管理，降低事故频率和严重性，但同时也会产生数据及隐私泄露问题，还会增大业务中断风险的损失程度。⑤可再生能源行业的兴起导致了天气风险的加剧，因为像风力、太阳能发电等设施的供电能力在很大程度上依赖于天气，而天气的不确定性导致的可再生能源企业生产的不确定性，所以需要创新保险提供解决方案。

从个人视角看，虽然现有的针对个人和家庭的保险产品的保障范围整体上看不会有较大变化，但无论是在人身险还是财产险方面，都已经并且会继续出现一些新的风险保障需求，如对长期护理保险的需求；慢病患者对可以带病投保的需求；新一代消费者对某些传统上看似保障意义不大的风险保障的需求，如已经推出的“航班延误险”“手机碎屏险”“退货运费险”等。

2. 对更好的增值服务的需求

从企业视角看，未来会对全面风险管理服务有更多的需求。企业面临风险的多样性、影响范围的广泛性，导致企业不会只关心个别风险的管理，会希望保险公司能为其提供更为全面的风险管理和保险解决方案。这方面已经出现的变化可以从专门为企业提供风险管理与保险经纪服务的达信集团（Marsh McLennan）2017 年的业务收入构成中看出：达信集团当年业务收入的 46% 来自风险管理咨询业务，而不是传统的保险经纪业务。**企业在风险管理与保险需求方面的变化，要求保险企业转变传统的经营理念乃至价值主张，在为企业提供全面风险管理解决方案方面积极探索和创新**，为企业提供更有效率的风险转移解决方案，还要为企业提供保障现金流和盈利稳定性的风险转移解决方案，乃至为企业战略和增长提供支持的风险转移解决方案。

从个人视角看，也同样出现了对获得更多保险增值服务的需求。例如，随着生活水平的提高，人们在获得医疗保险的同时，希望获得更全面的健康管理服务；广大中等收入家庭不仅需要一般的保险产品，还需要将保险规划和家庭理财规划结合起来；快速崛起的高净值人群则需要将保险产品和服务融入家庭财富管理，利用保险手段实现财富的保全和传承。

12.4.2 商业模式创新将成为保险创新的重要内容

商业模式通常是指企业通过何种途径或方式来盈利，构成商业模式的基本要素包括以下几点：①客户的价值主张，指企业通过其产品和服务所能向消费者提供的价值；②资源和生产过程，指企业为支持客户价值主张和盈利模式的具体经营模式；③盈利方式，指企业为股东实现经济价值的过程。传统保险的商业模式可以理解为通过获取保险经营需要的资本等资源，经过由定价、销售、核保、理赔、再保险分出、资金运用等环节构成的经营过程，为消费者提供保险风险保障和为资本提供者提供合理的回报。未来，随着保险需求的变化、市场竞争的加剧和科学技术的推动，传统的保险商业模式在已经发生了很多变化的基础上仍可能出现具有变革意义的创新，成为未来保险创新的一个新特征。

12.4.2.1 新的价值主张

保险商业模式的创新首先体现为客户价值主张方面的创新，即重新诠释保险公司存在的意义，诠释保险企业为客户提供的价值。传统上保险对客户的价值是为其提供风险保障，依靠为客户转移风险而实现盈利。后来，人寿保险公司通过提供资产管理服务为客户创造价值。未来，我们认为保险企业会通过提供更加多元化的服务为客户创造价值，也就是说保险企业对于客户的价值已经不再仅仅充当转移风险的角色，而是可以为客户提供诸如风险管理、健康管理、财富管理等服务，并通过提供这些服务盈利。

12.4.2.2 新的资源和生产过程

未来保险商业模式的创新还将大量表现为新的资源和传统保险经营的结合，即在**保险经营的价值链中会出现越来越多的利益相关者**。例如，保险企业与掌握大量客户数据和接口的平台公司合作，销售保险产品，提供保险服务；保险企业与专业的数据分析和计算公司合作，降低成本、提升效率；保险企业和医院、医生、健康管理和服务机构、养老机构等合作，为社会（不仅是投保人）提供医疗保险、健康管理、养老等服务；保险企业和握有客户资源的组织机构，如政府、企业、学校、有特定风险保障需求的群体等合作，定制保险产品和服务。

在数字经济快速崛起的时代，保险企业无疑会加强对新兴数字生态系统的关注。目前已经出现并比较成熟的有数字健康生态系统、数字出行生态系统、数字餐饮生态系统；未来大有发展潜力的是企业经营数字生态系统、养老数字生态系统等。保险企业需要做出的选择是，在未来的数字生态系统中如何定位，即以何种角色参与到数字生态系统的建设中。

12.4.2.3 新的盈利方式

保险产品定价本质上遵循的是基于成本的预定价，因此如果实际经营结果好于定价假设，保险公司就可以实现盈利[①]。最初保险公司希望通过承保来盈利，即希望实际的赔付金额少于预期的赔付金额；后来，很多公司，特别是人寿保险公司开始重视通过投资实现盈利，即希望实际的投资收益高于定价时假设的投资收益。随着科学技术的引入，很多保

① 由于保险公司在定价时已经包含了给资本提供者的合理回报，所以严格地讲，只要实际经营结果和保险定价假设一致，就已经为保险公司的股东提供了预定的回报。

险企业开始在如何运用新技术降低保险经营成本方面下功夫，希望通过减少经营成本而实现盈利。因而我们看到，以往的很多保险创新都是试图从不同程度改变或增加保险公司的上述盈利来源。例如，通过互联网实现营销渠道的创新可以减少保险销售的成本；通过为客户提供防损减损服务可以减少实际的保险赔付；通过推出分红险、万能险、投连险等创新型寿险产品可以将投资收益在保险人和投保人之间实现再分配。

未来保险商业模式创新导致的盈利方式的创新将打破保险业传统的盈利模式，完全可能并且事实上已经开始出现全新的盈利模式，即**未来的保险企业可能不再是靠承保、投资、降费来实现盈利，而是借助商业模式的创新获得新的收入来源和盈利**。在这方面，不同公司会有适合自己的做法，每个公司只有通过提供他人难以复制的产品和服务才有可能获得新的盈利来源。

现在已经出现的保险公司在盈利方式方面的创新包括以下几种：通过和政府合作，为政府代办社会医疗保险、长期护理保险等业务而获得收入；通过与平台公司、数据分析和计算公司合作，与医院、医生、健康管理和服务机构、养老机构合作，与握有客户资源的组织、机构等合作，获得了新的收入来源。未来更为值得期待的是，保险公司通过为客户提供更多元化的服务，如风险管理、健康管理、财富管理等，实现新的盈利创造。

12.4.3 渐进式创新和变革式创新的并举

历史上保险业的创新以渐进式创新为主，这体现了保险业相对保守的行业文化。未来，**渐进式创新仍将是保险创新的主要领域**，但需要关注的是，由于客户在风险保障需求方面出现的巨大变化，以及科学技术对保险创新的支撑和驱动作用，**未来保险业或许会出现更多具有变革性的创新**，原因如下。

（1）从保险业内部看，它是个相对保守的行业，在接受创新方面一般比较迟缓，因为其本身就是为客户提供风险规避和风险转移服务的行业，因而对创新带来的“风险”具有天然的敬畏，很多方面只有在看得比较清楚的情况下才会向前推进，由此决定了保险企业内部会更倾向于渐进式创新活动。

（2）从保险业外部环境看，首先，客户需求的变化要求保险企业展现更多的变革式创新。其次，科学技术的日新月异也使保险业实现变革式创新具备了条件。例如，自动驾驶技术的出现或许将彻底改变传统机动车保险的经营方式，区块链技术的运用或许会重构保险的信任机制。最后，金融行业内竞争的不断加剧，要求保险业在产品、服务，特别是风险管理服务方面具有更多差异性的竞争优势。

12.4.4 保险科技推动的保险创新

12.4.4.1 保险科技与保险创新

保险科技的兴起是以一种现象的形式，2010 年前后出现于欧美发达国家保险市场。当时，国际保险业在经过数百年的发展，中国等新兴保险市场在经过数十年的快速发展后，正处于如何进一步发展的瓶颈期，传统的保险需求已趋于饱和，保险市场进一步增长的空间越来越小，增长动力不足。保险科技的出现，不仅为在十字路口徘徊的保险业指明了未来的发展方向，同时也为保险业未来的创新发展注入了新动力。

12.4.4.2　保险科技对保险创新的引领和推动

鉴于未来技术与需求的关系，有望出现从需求指引技术发展转变为技术创造新的需求的变化，因此**围绕需求的保险创新将转变为技术引领的保险创新，科学技术将成为保险创新的主要驱动因素**。

1. 保险科技会催生新的保险需求

从保险需求的角度看，保险科技正在改变着人们对传统保险的认识并催生出大量新的保险需求。

首先，保险科技从一开始就注意适应新一代消费者对保险的认知和消费习惯。他们有着较高的风险意识和对保险的了解，更注重保险产品对自身的适用性，注重购买和使用保险产品过程的体验，希望自己主动选择产品和作出购买决策。根据年轻消费者的这些特征，保险企业利用互联网、云计算、大数据等技术，将新的保险产品和更具特色的服务送到了广大消费者的手机端和电脑桌面上，在激发广大消费者购买保险的愿望的同时，也推动了小众与个性化需求、场景触发式需求的实现。

其次，保险科技通过有效缓解信息不对称问题，大大降低道德风险和逆选择成本，使得传统意义下的一些“不可保”风险变为可保风险。

2. 保险供给的创新会更多地受新技术的推动

（1）**保险科技会使保险经营者重新审视传统的经营理念，实现从以往被动接受索赔到主动为客户提供风险管理等增值服务的转型**，即保险的功能已经不再主要是经济保障，而是为投保人提供风险管理；保险的作用将从以往的“检测和补偿”进化为“预测和预防”，从而彻底改变保险经营的方方面面。例如，车联网的应用在很大程度上鼓励和引导驾驶员更为安全地驾驶；基于智能家居的互联保险的价值体现在帮助客户防损和减损上；基于可穿戴设备的医联网的应用突出的是健康管理的价值。保险科技带来的保险供给理念的创新，将改变保险人的角色定位，使其从客户的“保险人”转变为客户的“风险管理人”，保险的价值也将从事后的损失补偿转变为事先的损失预防，保险的盈利模式也不再只是依靠承保和投资，而是靠提供风险管理服务和降低保险经营成本。

（2）**保险科技会深刻影响甚至从根本上重构保险经营的数理基础**。传统保险定价主要是根据历史赔付数据和经验，根据大数定律来分散风险。随着大数据和物联网（IoT）的出现，这一情形将发生根本性变化。物联网可以收集、记录和传输在特定地点和时间发生的大量物理数据，意味着保险人在承保时对可能发生的索赔的了解可以不再依赖以往的数据和经验，而是可以根据高质量的客观数据来评估客户确实发生索赔的机会，这就从根本上改变了传统的定价方式，从基于以往索赔数据的“前定价”变为基于大数据的“后定价”“前定价＋后定价”“预定价”等，支撑定价的将是数据科学技术，保险公司将会需要更多的数据科学家和数据工程师。

（3）**保险科技将深刻改变保险经营的基本模式，重构保险的信任机制**。保险经营是建立在保险人和投保人相互信任的基础上的，但事实上这种相互信任一直难以实现，这是导致保险销售难和社会形象不佳的重要原因。这种相互不信任的根本原因是信息不对称、核实成本高等，保险科技，特别是区块链技术的运用可以很好地解决相互信任问题，重构保险的信任机制。

（4）**保险科技将大大拓展可保风险的边界，很多传统意义上的不可保风险将成为可保风险**。例如，保险公司利用互联网和可穿戴设备，可以动态监测被保险人的身体及饮食状况，及时向被保险人提供相关建议，动态调整保单的保额，使糖尿病患者可以获得保险；某些过去因技术原因难以对损失进行预测和评估的风险，如天气风险、农作物产量风险、新能源企业收入损失风险等也都可以成为可保风险。此外，传统观点认为某些不严重的损失不需要保险，但随着互联网、人工智能技术的发展和数字化经营的实现，很多针对小额损失风险的保险业务也会得以发展，如已经出现的航班延误险、退货运费险、手机碎屏险等。特别是对具有参数不确定性的风险，通过大数据技术、物联网的应用，保险公司可以对保险标的的风险进行动态监测和评估，从而通过动态调整保险价格的方式减少参数不确定性的影响，使此类风险成为可保风险。以往由于保险人担心存在较严重道德风险或逆选择问题而不愿开展的业务，如医疗费用保险，随着大数据、区块链技术的运用，道德风险和逆选择问题可以得到有效控制和缓解，从而成为保险公司愿意承保的风险。

总之我们看到，现代科学技术的进步及其在保险领域的运用，已经给今天的保险业带来了巨大变化，改变了传统保险经营的很多方面。那么，未来科学技术的发展最终能否彻底颠覆传统保险业呢？区块链去中心化的功能会不会使传统保险公司消失呢？自动驾驶技术终将如何改变传统的汽车保险[①]？遗传技术、3D打印技术等会给疾病保险、人寿保险带来怎样的影响？未来还会出现哪些新技术？这些新技术会对保险产生什么样的影响？……对于这些问题我们今天或许还难以给出清晰的判断，但可以肯定的是，由于保险是建立在风险汇聚、风险转移、风险预测和信用机制上的，虽然在科学技术高度发展的时代，人们的生产和生活方式会发生很大变化，但**当社会面临风险的时候，当需要通过风险转移将未来的不确定性转变为相对确定性的时候，保险这种机制就会继续存在，保险业就会存在，改变的只是保险的经营理念、经营方式和经营技术**。我们并不需要纠结于未来的科学技术是否会淘汰传统的保险业，我们需要做的应该是顺势而为，积极拥抱保险科技，实现保险业的创新发展。

① 在可预见的未来，机动车事故理赔仍主要来自个人险。但是，先进科技在车辆中的普及将使制造商及保险公司承保的风险发生变化，从而造成更大的责任风险敞口，并产生其他特殊险种的机会。特别是，随着车辆装备更多的安全功能并日益数字化互联，产品责任和网络安全风险会增多。随着安全科技的进步，个人责任风险将被商业保险保障，未来安全驾驶责任将由汽车或制造商（而非驾驶员）承担，这将会产生产品责任风险。自动驾驶技术复杂度的提升以及向共享经济出行模式的转变，将是推升网络安全风险的部分原因。随着车辆和出行业务模式日益互联化，事故频率可能下降，但严重程度可能上升（即关联度增加），这也将给承保带来挑战。

参考文献 REFERENCE

[1] K.Black, H. D.Skipper. Life and Health Insurance (13th Edition)[M]. Upper Saddle River: Prentice-Hall, 2000.

[2] Peter L. Bernstein. Against the Gods: The Remarkable Story of Risk[M]. New York: John Wiley and Sons, 1996.

[3] COSO 制定发布 . 企业风险管理——整合框架 [M]. 大连：东北财经大学出版社，2004.

[4] Stephen P. D'Arcy. Presidential Address[C]. Annual Meeting of Association of Risk Management and Insurance, 1998.

[5] Scotton E. Harrington, Gregory R. Niehaus, Risk Management and Insurance (2nd Edition)[M]. McGraw-Hill, 2004.

[6] Scotton E. Harrington, Gregory R. Niehaus. 风险管理与保险（第 2 版）[M]. 陈秉正，王珺，周伏平，译 . 北京：清华大学出版社，2005.

[7] S.S. Hueber, Kenneth Black Jr.. Property and Liability Insurance (4th Edition)[M]. Upper Saddle River: Prentice-Hall, 1996.

[8] Harold D.Skipper, Jr.. International Risk and Insurance: An Environmental-Managerial Approach[M]. New York: McGraw-Hill, 1998.

[9] George E. Rejda. Social Insurance and Economic Security (7th Edition)[M]. Upper Saddle River: Prentice-Hall, 2012.

[10] M.E. Yaari. Uncertain Lifetime. Life Insurance and the Theory of the Consumer[J]. Review of Economic Studies,1965, 32(2):137-150.

[11] 陈秉正 . 保险创新的理论、实践及发展趋势 [J]. 保险理论与实践，2022（3）：1-24.

[12] 陈秉正 . 保险科技与保险业的重构 [J]. 中国保险，2020（4）：8-14.

[13] 陈秉正 . 公司整体化风险管理 [M]. 北京：清华大学出版社，2003.

[14] 肯尼思 • 布莱克，哈罗德 • 斯基博 . 人寿与健康保险（第 13 版）[M]. 孙祁祥，郑伟，等译 . 北京：经济科学出版社，2003.

[15] 尼尔 • 多尔蒂 . 综合风险管理—控制公司风险的技术与策略 [M]. 陈秉正，王珺，译 . 北京：经济科学出版社，2005.

[16] 乔治 • E. 雷吉达 . 社会保险与经济保障（第 6 版）[M]. 陈秉正，译 . 北京：经济科学出版社，2005.

[17] 乔林，王绪瑾 . 财产保险 [M]. 北京：中国人民大学出版社，2004.

[18] 霍萨克，波拉德，策恩维茨 . 非寿险精算基础 [M]. 北京：中国金融出版社，1992.

[19] 约瑟夫 • 熊彼特 . 经济发展理论 [M]. 北京：商务印书馆，1991.

教师服务

感谢您选用清华大学出版社的教材！为了更好地服务教学，我们为授课教师提供本书的教学辅助资源，以及本学科重点教材信息。请您扫码获取。

» 教辅获取

本书教辅资源，授课教师扫码获取

» 样书赠送

财政与金融类重点教材，教师扫码获取样书

清华大学出版社

E-mail: tupfuwu@163.com
电话：010-83470332 / 83470142
地址：北京市海淀区双清路学研大厦 B 座 509

网址：https://www.tup.com.cn/
传真：8610-83470107
邮编：100084